国家社会科学基金重大项目

《文心雕龙》汇释及百年“龙学”学案

（批准号：17ZDA253）阶段性成果

千古文心

牟世金先生诞辰九十周年纪念文集

戚良德 编

凤凰出版社

图书在版编目（CIP）数据

千古文心 : 牟世金先生诞辰九十周年纪念文集 / 戚良德编. -- 南京 : 凤凰出版社, 2018.10
ISBN 978-7-5506-2833-5

Ⅰ. ①千… Ⅱ. ①戚… Ⅲ. ①牟世金（1928-1989）—纪念文集 Ⅳ. ①K825.6-53

中国版本图书馆CIP数据核字(2018)第216894号

书　　名	千古文心——牟世金先生诞辰九十周年纪念文集
编　　者	戚良德
责任编辑	尤丹丹
装帧设计	徐　慧
出版发行	凤凰出版社(原江苏古籍出版社) 发行部电话025-83223462
出版社地址	南京市中央路165号,邮编:210009
出版社网址	http://www.fhcbs.com
照　　排	南京凯建图文制作有限公司
印　　刷	上海世纪嘉晋数字信息技术有限公司 上海市汇金路899号,邮编:201700
开　　本	787×1092毫米　1/16
印　　张	28.25
字　　数	619千字
版　　次	2018年10月第1版　2018年10月第1次印刷
标准书号	ISBN 978-7-5506-2833-5
定　　价	128.00元

(本书凡印装错误可向承印厂调换,电话:021-69214197)

牟世金先生

牟先生在书房

与夫人赵璧清在校园

与王元化先生合影

与杨明照先生合影

与张文勋先生合影

与刘文忠先生合影

与韩湖初先生合影

与涂光社先生合影

与张少康（左一）、罗宗强（右一）等先生合影

与徐中玉（左二）、曹顺庆（左一）等先生合影

与王元化（右二）、冈村繁（右三）、
章培恒（左二）等先生合影

1987年第四届香港国际比较文学会议（前排左三为牟先生）

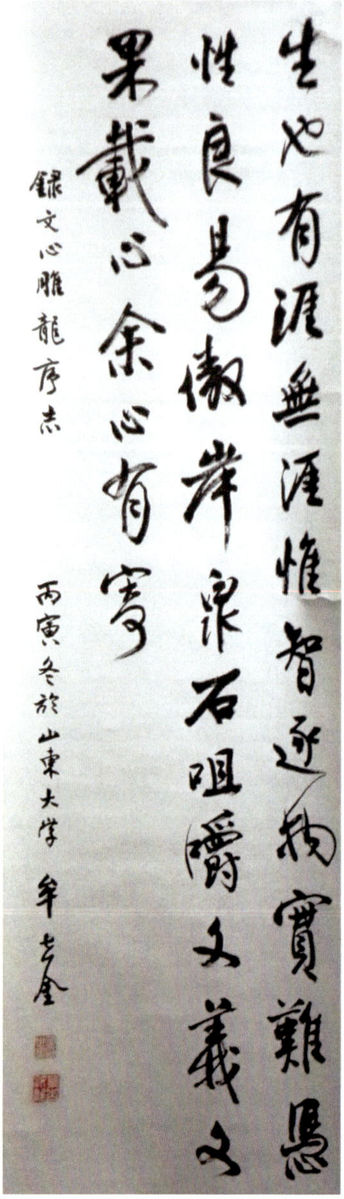

牟先生书《序志赞》

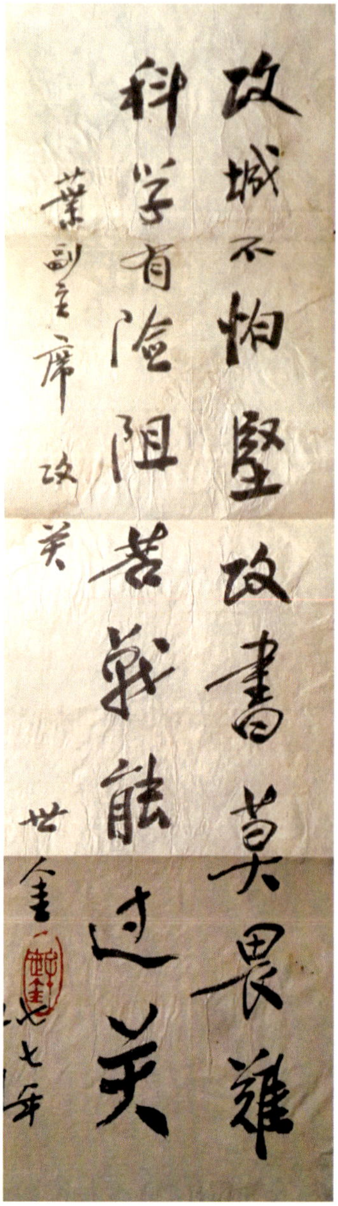

牟先生书《攻关》

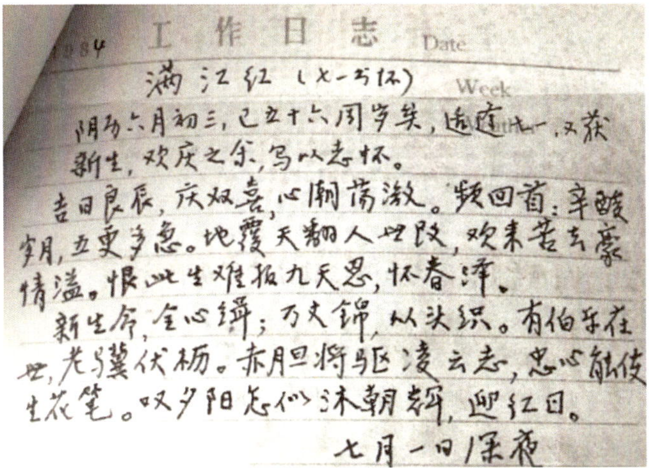

1984 工作日志 Date

满江红（七一书怀） Week

阴历六月初三，已五十六周岁矣，适逢七一，又获新生，欢庆之余，写以志怀。

吉日良辰，庆双喜，心潮荡激。频回首：辛酸岁月，五更多急。地覆天翻人世改，欢来苦去豪情溢。恨此生难报九天恩，怀春泽。

新生命，全心铸；万丈锦，从头织。有伯乐在世，老骥伏枥。赤胆将驱凌云志，忠心能使生花笔。叹夕阳怎似沐朝辉，迎红日。

七月一日深夜

牟先生写在日记上的《满江红》

牟先生绘画

文心雕龍選譯
山东人民出版社
文心雕龍選譯
山东人民出版社
劉勰論創作

书影之一

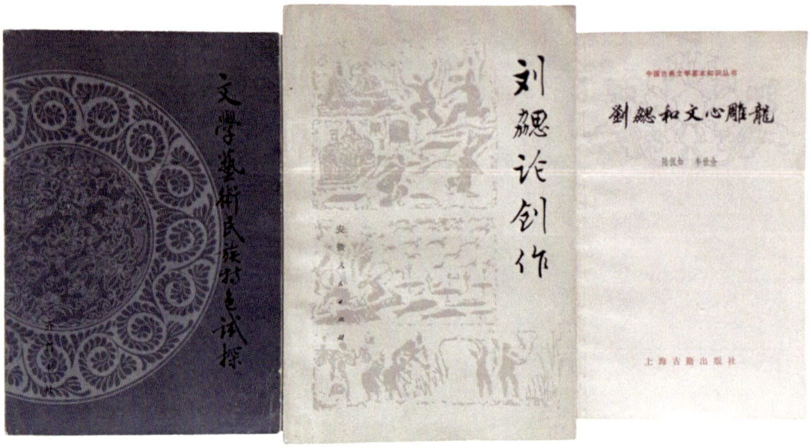
文學藝術民族特色試探
刘勰论创作
劉勰和文心雕龍
上海古籍出版社

书影之二

书影之三

书影之四

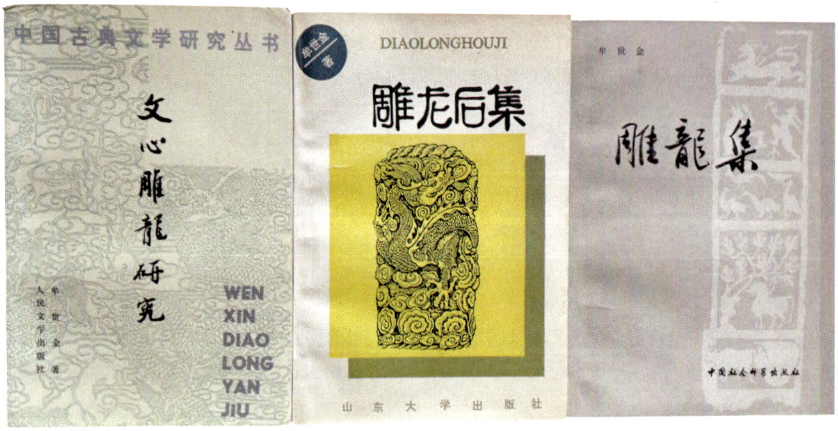
中国古典文学研究丛书
文心雕龍研究
WEN XIN DIAO LONG YAN JIU
牟世金著
人民文学出版社
牟世金著
DIAOLONGHOUJI
雕龙后集
山东大学出版社
牟世金
雕龍集
中国社会科学出版社

书影之五

文心雕龍研究論文集
从孔子到王国维，集中国古代文论家之精英。
从资料到研究，代表当代古文论研究之最高水平。
中国古代文论家评传
下册
从孔子到王国维，集中国古代文论家之精英。
从资料到研究，代表当代古文论研究之最高水平。
中国古代文论家评传
上册

书影之六

纪念牟先生诞辰九十周年大会主席台

纪念牟先生诞辰九十周年大会代表合影

目　　录

下编 忆念与追思

纪念牟世金先生诞辰九十周年大会发言(代序)

《文心雕龙》研究的山大学派

左东岭

各位领导,各位师长,各位同仁,今天在山东大学开这样两个会,一个是牟世金先生的纪念会,一个是戚良德先生的开题会。我想,这两个会在山东大学开,都是非常合适的,是有重大意义的。《文心雕龙》学会建立前的预备会议,就是由山东大学主办的,1983年的成立大会在青岛召开,也是由山大主持的,2013年我们又在山东大学召开了纪念《文心雕龙》学会成立三十周年大会。可以说,山东大学对于《文心雕龙》的研究,是做出过巨大贡献的,当然这样说还比较空泛。戚良德教授给我发了这个通知以后,我曾经想写一篇文章,题目也提炼出来了,但是,因为最近这十几天接受了一个重要任务,要给罗宗强先生的全集写序,所以就先干这个活儿了。我提炼出来的题目叫《论"家法"》,这是我早就想写的一个内容,牟先生这个纪念会,和良德先生的这个开题会,促使我提炼了这样一个题目。

什么叫"家法"呢?我认为中国学术当中,在《文心雕龙》研究当中,传统延续最好,也最为重要的,就是以牟世金先生为代表的,所形成的一种学术传统,我把它用传统的话说叫"家法",这个"家法"包括什么?我把牟先生的研究,概括为"四个方面""三个结合"。

所谓"四个方面",是指他在《文心雕龙》研究当中,有文本研究,他和陆侃如先生在一块儿注释、翻译的《文心雕龙》,便属于文本研究;有文献研究,他的《刘勰年谱汇考》,就属于文献研究;有理论研究,他对《文心雕龙》理论体系的探索,开展得很早;还有一个是他对学术史的研究,他的《台湾文心雕龙研究鸟瞰》便是。这四个方面,体现了《文心雕龙》研究的最为重要的四个方面,应该说,在学界也有人在做这个工作,但是我认为,牟先生的研究有自己的特点,那就是他的"三个结合"做得非常好。

第一个结合,是文献和理论的结合。我们知道在《文心雕龙》研究界,有两支队伍,一支是文艺学的队伍,一支是古代文学的队伍,经常有这种文献做得很扎实,但是理论思辨跟不上去;也有的理论思辨很成体系,但是文献根基不牢。牟先生是把这两点结合得最好的一位学者。

第二个结合，是宏观研究和微观研究的结合。牟先生一生致力于《文心雕龙》的研究，但是，他并不眼界狭窄，他有着非常宏观的学术视野，非常深厚的理论素养，所以他在点上的研究能够做得深入透彻。我去年在呼和浩特会上说，我反对一辈子只做一本书，但是，牟先生是个例外，他的一生当中，他的《文心雕龙》研究，眼界开阔，深入系统，应该说，是把点和面结合得最好的一位学者。

第三个结合，是中国学术和境外学术的结合。上个世纪八十年代，我们很多人还只关注国内的时候，牟先生就对港台，甚至国外的《文心雕龙》研究状况了如指掌了，所以他的研究眼界开阔，能够做得深入系统。

我认为，这三个结合，不仅仅是牟先生的学术特点。因为我们知道，牟先生一开始研究，是跟陆侃如先生一起的，这就叫"家法"，他的这种研究的习惯，研究的套路，研究的特点，是有师承的。我们再看戚良德教授，他这些年做的研究，也是守住《文心雕龙》进行研究，也是对《文心雕龙》的文本、文献做深入细致的研究，也是对《文心雕龙》学术史做全面的清理和研究。应该说在《文心雕龙》研究当中，我们不少人做了很多工作，但是像戚良德先生做得这样系统细致，长期坚持的，我认为，还是很少见的。

一个学校，一个学科，我觉得它在国内有没有地位，一是看它的研究水平，再是看它有没有传统，这很重要。几十年，几代人，坚持不懈地进行研究，我觉得，这就叫作"家法"。中国现在的学术研究，看起来很繁荣，但是有一大缺点，就是学派不够，流派不够。山东大学在《文心雕龙》方面，我认为，有它自己的"家法"，有它自己的学术传统，也可以说，形成了它自己的学派。我觉得，在这个方面，山东大学是为《文心雕龙》做出了巨大贡献的。换句话说，通过牟世金先生等前后三代人的努力，已经可以看出，他们对于中国学术是做出了巨大贡献的，对《文心雕龙》是做出了巨大贡献的，对山东大学的学科建设是做出了巨大贡献的，对山东大学中文学科也是做出了巨大贡献的。因此，今天在这里开这个会，我觉得很有意义，牟先生的学术思想和学术特点，是值得认真总结的。

下面这个"龙学"重大项目的开题，也展示了牟先生的学术思想和学术特点。去年立这个项目的时候，我就非常支持。我们大家可以看，这个项目包含了两大块，就是对于《文心雕龙》文本、文献的全面整理工作和对学术史的全面清理，这正好展现了牟先生所最重视的两个特点。从这一研究当中，可以想见其对于理论的思考，和对于《文心雕龙》的深入研究，将会起到巨大的推动作用。对这个项目，我是非常有期待的，所以，我在此预祝这次大会能够圆满成功，这个项目能够做出高水平、高质量的成果，谢谢各位！

山大"龙学"，香火赓续

王琪珑

尊敬的各位来宾，女士们、先生们，大家上午好！

三月的泉城，乍暖还寒；三月的山大，春意融融。今天的知新楼校董厅，高朋满座、嘉宾云集,来自中国《文心雕龙》学会的各位领导,以及牟世金先生生前的各位好友和故交,在此纪念牟先生诞辰九十周年,并进行国家社科基金“龙学”重大项目的开题报告。我代表山东大学,向各位嘉宾表示真诚的谢意和热烈的欢迎!

山东大学向以文史见长,我们有着一大批著名学者,曾在古文、古史、古哲研究领域取得了出色成就,牟世金先生就是其中的一位。他生于1928年,不幸于1989年去世,活了六十一岁。但他给我们留下了数百万字的著作,正在编辑的《牟世金文集》有六卷,他的《文心雕龙译注》《雕龙集》《文心雕龙研究》等著作,都已经成为“龙学”名著,是研究《文心雕龙》和中国古代文论的必读之书。牟先生又是中国《文心雕龙》学会的创始人,为该学会的创立和发展做出了不可磨灭的重要贡献。牟先生生前还是山东大学文科学术委员会主任、中文系主任,为山东大学文科的建设和发展做出了重要贡献。正因如此,在牟先生诞辰九十周年之际,我们隆重纪念这位为山东大学做出过重要贡献的著名学者,表示我们深切的怀念!

当然,我们不只是怀念,我们还要继承他的事业。去年,国家社科基金为“龙学”设立了一个重大招标项目,这个项目最终花落山东大学。这是对我校“龙学”研究力量的肯定,这里面有着牟世金先生的巨大功劳。可以说,正是陆侃如、牟世金等先生为山大奠定了深厚的“龙学”根基,我们才有可能成为这一重大项目的中标者。该项目的首席专家戚良德教授是牟先生的学生,是我们山大“龙的传人”。他三十年如一日扎根“龙学”,最终继承了我们山大“龙学”的一脉香火。希望在各位专家的指导帮助下,他可以出色完成这个重大项目,为发扬山大文史见长的传统贡献自己的力量。

大家知道,我们已经进入了新的时代,我们的古典学术研究面临着前所未有的机遇和发展契机。或者说,我们迎来了古典学术研究的最好时代。为此,山东大学下决心振兴古典学术,我们的国学(儒学)学科已经列为学校的高峰计划,古典学科也成为我校准备重点建设的“双一流”学科,而且是唯一的人文学科。希望中国《文心雕龙》学会的领导和专家,多为山大建言献策,帮助山大古典学科再创辉煌!

最后,祝愿各位专家在山大的春光里心情愉快、身体健康,祝大会取得圆满成功!谢谢大家!

牟世金先生的“龙学”成就

曾繁仁

尊敬的各位领导,各位朋友,各位同事,非常感谢能够邀请我来参加今天这个会议。我觉得这个会有着非常重要的意义,因为牟世金先生不仅为山东大学人文学科的发展做出了重大贡献,同时,在我国的人文学科的发展上,特别是改革开放以后,在八十年代那样一个解放思想的起步时期,在《文心雕龙》研究上,他是一个标志性人物,做出了巨大贡献,因此我们应当纪念他。我可能是今天在座的学者当中,唯一不是搞古代文论的,不是搞《文心雕龙》的,所以我是外行,我主要围绕着牟先生的贡献,讲一点看法,讲的不对的地方,大家批评。

首先是对牟先生的学术评价。我有一个总的看法,从我校的角度,牟世金先生是具有国际国内重大影响的领军式人物,一个时代"龙学"研究的标志性人物。这是我总结的一个看法。学术界总的评价,则认为牟世金先生是我国二十世纪八十年代"龙学"研究新的高峰。至于为什么是新的高峰,刚才东岭兄已经做了全面的评价:牟先生从文献、年谱,一直到理论研究,都做得非常系统。那么下面我引用两位重要学者对牟世金先生的评价。一个是王元化先生,王先生说,牟世金先生"对《文心雕龙》怀有深厚的感情,研究工作几十年如一日,从未中辍,令人敬佩"。这是王先生的评价。再一个是张少康先生,张先生曾在《文史哲》发表一篇文章,标题就是"纪念《文心雕龙》的功臣",认为牟世金不愧是"龙学"发展的一位卓越的功臣。我觉得这些评价基本上对牟世金先生的学术贡献,其在"龙学"研究上的贡献,做了一个比较准确的评价。

具体而言,我觉得,第一,牟世金先生在改革开放后对"龙学"研究做出了全面的开创性贡献。注意,是在改革开放后,是全面的开创性的贡献,对我国文学的研究,特别是中国文论的研究,起到了引领性作用。在改革开放后,包括突破固有的某些传统偏见,开创新的局面,具有这样的价值和意义。

第二,牟世金先生对"龙学"研究的定位,一直影响到现在。牟先生将"龙学"分为三个阶段:诞生、发展和兴盛三个时期。从上个世纪八十年代开始即为兴盛期,对这个时期,牟先生有一个评价:实事求是地探讨刘勰理论的本来面貌,按照艺术规律进行科学总结。也就是说,回归到学术本身,特别是回归"龙学"自身的学术语境,尽量排除各种外在的附加的东西,特别是特定时代的时代特点和以西释中的问题。我觉得这为我国"龙学"复兴开了个好头,对我们今天的人文学术研究仍然具有重要价值。

第三,解放思想,做出了突破性贡献。牟先生在自己的研究工作中解放思想,做了一系列突破性的工作,包括对陆侃如先生某些研究工作的突破。当然,陆先生是我们的国学大家,我国"龙学"研究的开拓者之一,但是终究难免时代的局限,例如将"自然"解释为客观"自然界",我想,陆先生从内心肯定不会认为"自然"就是"自然界",当时是受到唯物、唯心之分思想风气的影响,普遍地把它解释为自然界。牟先生则以"我爱我师,我更爱真理"的精神,将它阐释为"自然而然,顺其自然",道法自然,回归到了"龙学"自身,也回归到了中国传统文化自身,意义深远。

第四,对于牟先生关于《文心雕龙》"中心思想"的一点粗浅的看法。牟先生将《文心雕龙》的中心思想概括为《宗经》篇的"衔华佩实",以之论述"物"与"情"、"情"与"言"、"言"与"物"三种关系,以此作为研究纲领,应该说,言之有据,自然成理,成为一个体系。但我个人认为,这一看法,在某种程度上,还是受到我们曾经流行的现实主义和浪漫主义是文学斗争的主线的影响。大家都记得,1957年,茅盾先生有一本著名的书,叫《夜读偶记》,把外国文学的现实主义和浪漫主义的斗争主线推介到中国,影响很大。我觉得,从回归中国传统本身考虑,《文心雕龙》的研究中心,还是《原道》《征圣》与《宗经》,特别是《原道》,即天人之道,阴阳之道。所谓"文之为德也,大矣,与天地并生者","人文之源,肇自太极","言之文也,天地之心",等等。

然后，顺带谈谈关于中国古代文论的非理性、非逻辑性问题的看法。在座的党圣元兄已有文章，他的观点我非常同意，很受启发。我觉得，第一，西方学者按照西方标准认为，中国文论包括《文心雕龙》是非理性、非逻辑性的。大家都知道，鲍桑奎有一句著名的话，在《美学史》的序言里，“中国古代美学没有上升到理性与逻辑的高度”。我们还知道，黑格尔认为，中国美学是前美学阶段的象征性美学，属于还没有达到真正的美学的古典时期，是还没有达到真正的理性高度的前美学阶段。所谓象征性，是理性没有得到充分发展，需要借助于具体的物象加以象征，这是黑格尔的看法。

第二，中国美学与文论的理性呈现特点，总的看法是，中华民族是一个早熟的民族，很多我们的前辈学者，都讲过中华民族是一个早熟的民族，早在先秦时代，理性精神就达到了很高的程度，中国美学和文论具有自己特有的理性精神和逻辑力量。

中国古代美学和文论，没有西方自然科学的工具理性精神，也没有西方的逻各斯中心主义，这些大都是工业革命时代的产物，中国美学和文论建设，需要结合新的时代，适当加以借鉴和吸收。张世英先生就说，我们没有科学精神。这个科学精神，我个人认为，要适当地加以借鉴和吸收。

中国古代美学与文论具有很强的理性精神，是道德理性和人文理性。大家都知道，孔子的仁学和礼学，《道德经》五千言的理性力量，是被世界古今所公认的，影响了多少代；还有《周易》、庄子和禅宗，都有对道德理性和人文理性的深入探讨。与《文心雕龙》相媲美的，两千多年前的汉初的《乐记》，我个人认为，《乐记》是部非常重要的著作，但是它的重要性，它的研究的热度，还没有达到《文心雕龙》的高度。《文心雕龙》也稍稍有点冷，我们现在又重新复兴起来；《乐记》没有达到《文心雕龙》研究的高度，但是值得我们高度重视。《乐记》提出著名的“乐者，通伦理者也”的重要命题，强调“德音”，把道德理性提到很高的高度，展现了一个重要的问题。

中国古代美学与文论没有西方传统主客二分的认识论的逻辑性，但有东方古典存在论对“象外之象”“韵外之致”“言外之意”等进行探寻的逻辑性，也就是对于“道”进行探寻的逻辑性。“道可道，非常道”，“道法自然”，对“道”的探寻的这种逻辑力量，所谓“知其白，守其黑”“绘事后素”“心斋”“坐忘”等等，这种东方的哲学精神和逻辑力量，曾经影响了西方哲学家海德格尔。这是已经有充分材料证明的事实，张祥龙教授曾有著作进行分析。牟宗三先生曾经在《中国哲学的特质》里把人的哲学思路概括为两种，一种是客观的思辨的逻辑力量，一种是对存在和生命探寻的这种思辨路径。他认为中国哲学的思路就是一种不同于客观思辨的逻辑力量，而是对存在、道和生命进行探寻的这种哲思路线。他说：“以客观思辨理解的方式去活动固是一形态，然岂不可在当下自我超拔的实践方式，现在存在主义所说的‘存在的’方式去活动？……以当下自我超拔的实践方式，‘存在的’方式，活动于‘生命’，是真切于人生的。”大家都知道章学诚在《文史通义》里面有一个说法，“《文心》体大而虑周，《诗品》思深而意远”，把《文心雕龙》概括为“体大而虑周”，肯定是没有问题的，除了《原道》《征圣》《宗经》以外，像文体论、创作论、批评论，应该是逻辑严密的，当然这个逻辑不是思辨逻辑；同时，我个人认为，“思深而意远”这个评价运用到《文心雕龙》上也是合适的，《文心雕龙》不仅“体大而虑周”，而且“思深而意远”，对天人之道，对阴阳之道，都是“思深而意远”的。

总而言之，包括《文心雕龙》在内的中国古代美学和文论，所达到的理性水平和逻辑力量，并不亚于西方美学和文论，只是表现形态不同，可以说各有特色，是可以共存互补的。

以上是我的一得之见，请在座的各位专家批评。最后，我衷心地祝愿戚良德教授主持的这个重大项目，能够取得圆满成功，特别是众多《文心雕龙》方面的专家和学者齐聚一堂，在大家的共同支持下取得圆满成功。继承和发扬我们陆先生、牟先生，还有我们在座的张（可礼）老师、于（维璋）老师，以及各位老师研究的成果，延续下去，迎接我们人文学科研究的春天。并希望能在研究当中，真正地体现出《文心雕龙》和中国古代文论的底蕴和真谛，开创《文心雕龙》和中国文论研究的新的春天！衷心感谢学术界同仁的支持，谢谢大家！

牟世金先生的“龙学”贡献

张可礼

各位同志，今天我来参加纪念牟世金先生诞辰九十周年会议，感慨很多。牟世金先生是我的兄长，他是 1960 年山大中文系毕业的，我是 1962 年毕业的，毕业以后跟随陆侃如先生做研究生，当时牟先生是陆侃如先生的助教，我们一同在陆先生的指导下学习了好多年。我研究生毕业以后，又和牟先生在一个教研室工作，后来牟世金先生曾经担任过山东大学中文系主任，我当时担任总支书记，我们在这方面也合作过相当长的时间。从我和牟先生的接触当中，我觉得他有很多高贵的品行值得我们学习，他的好多言行对我这个师弟也有很多的激励。后来我回想起来，他在毕业之后，在担任繁重的教学工作的同时，一直是兢兢业业地从事学术研究。他的贡献就我的接触来看是多方面的，其中特别突出的、被国内外认可的那当然是在“龙学”上。我感到他对“龙学”的贡献，可以总结为四个方面：

一是在“龙学”的学术研究上，他在陆侃如先生的指导下，从“龙学”的基础研究开始，首先编著了《文心雕龙》的选译和《文心雕龙》的全译，这是一个基础性的工作。在这个基础上，他接连出版了很多在国内外有影响的“龙学”著作，包括刘勰的年谱、《文心雕龙》的论著，特别是他在《文心雕龙》的理论探讨这一方面，他的贡献应当是相当大的、很突出的。他的《台湾文心雕龙研究鸟瞰》一书，是国内最早的一部研究台湾《文心雕龙》研究状况的书，影响相当大。

二是我觉得值得我们纪念的是他在陆侃如先生的指导下，一开始就非常重视《文心雕龙》的普及工作，他和陆先生一起在六十年代初期就出版了《文心雕龙选译》，这部书反响是相当大的，在《文心雕龙》的普及史上做出了很重要的贡献。我总感到《文心雕龙》一方面在理论研究、基础研究方面不断地深入，同时应当重视《文心雕龙》的普及，在这方面陆侃如先生和牟世金先生为我们做出了很好的榜样，值得我们珍视、学习。

三是他对学会的贡献,《文心雕龙》学会从开始成立到逐渐成长,再到后来的不断地发展,在这方面牟世金先生确实是功臣。在这个学会的筹备过程当中,当时我在系里工作,我曾经协助牟先生筹备召开《文心雕龙》学会,这方面他付出了很多的劳动,付出了很多心血。《文心雕龙》学会建立了一个好的会风,好的学风,影响很大。牟世金先生在这方面立下了很大的功劳,值得我们永远怀念。我觉得我们撰写百年"龙学"史的时候,在这方面不要忘记他付出了那么多的心血。

四是在人才培养这一方面,牟世金先生曾经给本科生开设《文心雕龙》研究的课程,后来他又带过至少两届研究生,还给博士生上过课。通过不同的师徒关系,他培养了一些"龙学"的后起之秀,在座的戚良德教授就是由牟世金先生一手培养起来的。这样使得山大的《文心雕龙》研究后继有人。我觉得牟先生在这个方面值得我怀念,也值得我学习。

我就讲这么多,谢谢大家!

辛勤为学,奉献一生

王志民

尊敬的各位学者,各位老师,各位来宾,今天被邀请来参加这个会议,非常高兴,我的心情非常激动!牟老师去世二十周年的时候,2009年,我就跟戚良德老师商量,我说是不是应该给牟老师开一个研讨会,研讨牟老师的治学精神、治学方法,他的贡献,很值得研讨。徐显明先生做山大校长的时候,我曾经跟他说:山东大学已经故去的一批知名教授,是极为宝贵的财富,他们的治学精神和治学方法,学校应该很好地总结,从事《文心雕龙》研究的牟世金先生就是其中之一。今天终于在戚良德老师的主持下开成了这个会,尽管我们可以更早地召开,但今天开,可以说正当其时。刚才几位领导,从很多角度总结了牟老师的治学精神和治学方法。我是八十年代初在山东大学进修,可以说是牟老师收的第一个进修高校老师。那时是牟老师学术精力最旺盛的时候,好像他还没有开始招研究生,所以我算是他的第一个学生,跟着牟老师进修将近一年的时间。虽然我并没研究《文心雕龙》,但1983年秋天的《文心雕龙》学会在青岛黄海饭店的成立会议,我是去参加了的,而且是作为会务组成员,在那里做过工作的,记得当时周扬、王元化等先生都参加了。进修的那段时间,跟牟老师接触比较多,受到牟老师的影响和教诲,应该说也非常多。所以,我就从一个学生的感受,谈一点对牟老师治学精神的体会,也表示作为一个学生对牟老师的怀念。

牟老师的治学精神,很值得我们今天去传承和发扬光大。刚才,校长,特别是咱们左会长,还有曾老师,我觉得总结得都已经非常好。我对牟老师印象最深的,是牟老师治学的那种勤奋精神。当时师生关系是非常密切的,我经常在牟老师家吃饭,吃了饭我就陪他散步,有时赵老师也一块儿散步,我知道牟老师治学的勤奋,我觉得确实是很难有人企及的。据我了解,牟老师不睡午觉,晚上一般要到三四点钟,他觉得这个时间夜深人静，正是思维最活跃的时候。他出这么多的成果，我记得在十年当中，出了十一本书。如此丰硕的成果，与他治学的勤奋，是有直接的关系的。我们当然也应该从牟老师身上吸取一点教训，不能用力过猛。但是我觉得，他已经进入到一种以治学为乐的境界之中了，所以首先一点，牟世金先生献身学术的这样一种精神，的确非常值得我们学习。

其次，在牟老师身上，体现了一种传统治学精神和新时代治学精神的结合。牟老师是陆侃如先生的学生，当然受传统的影响还是很深的，包括他对《文心雕龙》文本做了大量的注释和研究工作，但是他特别注重运用新的理论。你看在牟老师的著作中，已经提到了信息时代的问题，认为在信息时代，不能沿用一些原来的比较陈旧的研究方法，可以说牟老师是把我们传统的治学方法，和一些新的方法，包括一些国外的方法，以及我们新时期的治学方法，结合得非常好的一位学者。我觉得，在《文心雕龙》研究和古代文论研究上，牟老师之所以到今天仍然有这么大的影响，应该与他这种研究的方法和精神是分不开的。

第三，牟老师很重要的治学精神，还体现在他的"读书三字法"上。这点当时牟老师给我谈的是最多的，就是"以书为友，以书为敌，以书为师"。这么多年来，牟老师这一点对我影响非常大，包括对我指导我的博士生。以书为友，就是爱读书，手不释卷。你首先对读书要有兴趣，书籍是朋友，床头、案头，以书相伴，总之得有一种读书的兴趣和爱好。以书为敌的问题，我觉得他提得非常好，戚良德老师在《雕龙后集》附录当中，也进行过总结，这一点对我影响很大。比如牟老师讲魏晋南北朝文学，用的是游国恩等五人编的文学史，他给学生讲的时候，我到现在还记得，三十多年过去了，我还记得，他提出了 104 处问题，有的是观点问题，有的则是字词运用不当。在读书的过程中，他从一种新的角度去提出问题，或者叫挑毛病，或者叫怀疑精神，这可以说是创新的起点。这样来给你讲古典文学，我觉得，对学生的思维的活力，的确是一种很大的激发，非常大的激发。我跟牟老师学习不到一年的时间，我写的第一个作业，就是对文学史上一个内容的质疑。牟老师看了以后，说"你写得非常好，你干脆把它投出去"，这是我的第一篇论文，发在《古典文学论丛》第四辑上。我觉得，牟老师能够在《文心雕龙》和古代文论研究上取得这么突出的成绩，应该就得益于这样一种怀疑、创新的精神，这一点非常重要，对我们的影响，当然也就非常大。牟老师的文章大气磅礴，论证一件事情，雄辩滔滔，他的《文学艺术民族特色试探》《台湾文心雕龙研究鸟瞰》等书，我都详细看过，我虽然不研究《文心雕龙》，但是，我从他这种治学精神上，受到了很大的启发。后来我指导学生，指导学生的博士论文，就把怀疑、创新精神，当成一篇文章的灵魂。回想一下我自己学术的发展和成长，尽管我们的成绩没办法和牟老师比，但是从牟老师这里，的确学到了很多。

第四，牟老师是一个非常有学术雄心和规划的人。我记得当时牟老师主持编了一个中国古代文艺理论目录，他是想做《中国文艺理论史》，可能在座的于维璋老师、张可礼老师就更清楚，他本来有一个非常宏大的计划，可惜这个计划没能实现。从这样一个角度，我觉得，我们今天开这样一个研讨会，深入地探讨、梳理并挖掘牟老师的这种治学精神、治学特点，对我们今天和以后的几代人，都是有重要意义的。特别是，刚才王琪珑校长已经说了，山大有振兴文史的计划。我觉得应该这样，山东大学就应该振兴文史，首先要弘扬和发扬咱们这些知名学者的治学精神、治学方法等优良传统。像刚才咱们左会长总结的，的确非常好，左会长总结的这几点，我都是有亲身感受的，可以说感受非常深，这对我们以后的学术研究，也会有非常大的影响。

最后，我还要说一下，我对牟老师的深切怀念。牟老师生病的时候，我在淄博工作，交通也不太便利，我来看过他几次。记得有一次，我到病房里去看他，当时病房条件比较差，牟老师从床底下拿出来一幅给我写的字。牟老师的书法是非常好的，抄了《文心雕龙》的一段话，专门赠送给我，我到现在都还保留着。所以，我希望今天是一个开端。我们应该把纪念和总结、弘扬和传承牟世金老师的治学精神、治学传统和治学方法，作为我们山东大学今后学术发展，特别是文史学术发展的一个闪光的亮点。祝愿我们这个研讨会，特别是这个重大项目的开题报告，能够取得圆满成功。祝各位老师、各位专家身体健康，家庭幸福，谢谢大家！

以学术为生命的精神

谭好哲

尊敬的赵璧清老师，尊敬的各位师长、同仁、校友，今天参加这个牟世金先生诞辰九十周年的纪念会和"龙学"国家重大项目开题报告，既激动又高兴！在我看来，应该说我们这个会，是对牟世金先生的缅怀，也是对他的学术的一份致敬，是我们对他表达致敬的一个姿态。同时，下午的开题，重大项目的开题，也昭示着牟世金先生的学术事业和学术精神在山东大学的继承传扬。牟先生的学术成就，我想在座的很多师长、同仁，都是《文心雕龙》研究的权威、大家，有诸位的评价，我不能置喙，但是我要从另外一个角度，就是从学生的角度来谈一点牟世金先生对我的影响。我上大学的时候，曾经两度给牟世金先生做过课代表，一个是《文心雕龙》课的课代表，一个是中国古代文论史课代表。作为一个学生，牟先生给我留下的最深刻的印象，我觉得有两点，刚才志民主席，其实已经做了概括，我还是要重复一下。

第一就是牟世金先生身上以学术为生命的这样一种学术精神，是我印象最深刻的。二十世纪初期，西方学者马克斯·韦伯，中国的学术大家梁启超，在西方和东方，不约而同地提出了一个关于"学术人格"的概念。马克斯·韦伯甚至讲，一个人只有当他终身把学术作为他的生命的时候，他才有学术人格可谈，我觉得牟先生就是这样一个有学术人格、把学术当生命的人。事实上大家看，牟先生的学术，所表现出来的学术成就，就是只有十几年的时间所取得的。当然他前面有一个厚积的过程，但这个厚积的过程同样建立在勤奋的基础上，否则他后面不可能取得这么多成果。他的书我基本上都有，他的那种勤奋，与他对于学术的执着追求，的确是有紧密的关联的。志民主席讲，他经常在牟先生家吃饭，我那时候还是本科生，只是给牟先生当课代表，但是那时候的课代表，有一种小权利，就是可以经常跑到老师家去请教问题。我记得非常清楚，就算晚上，我向牟先生请教问题他也不烦，一谈论学术问题，时间长点短点都没有关系，冲一杯茶，跟我聊了很多学术上的事情。刚才志民主席提到了，牟先生那个“友、敌、师”的三字法，可以说是治学的“三字经”，他当时也给我讲过，他还给我讲过学术方法问题，下面再谈。这里我想说，一个人，把学术当成他的朋友，当成他的敌人，当成他的老师，这其实都是他生命过程中所要经历的一些角色，所以我说他把他的学术和他的生命结合在一起了。牟先生在1988年的大概2月份，查出身体出问题了，可是在1988年底，大概11月份，在广州举办《文心雕龙》国际学术会议，他还抱着病躯，向学校领导请示，要去开这个会。我们现在的很多人，一旦有了一点小病，就把这个病看得了不得，但牟先生得的是重病，他也知道自己得了重病，还要坚持去参加这个会。

同时，牟先生也不是闷着头做学术的，刚才东岭兄讲了牟先生做学问的一些特点，牟先生做古典学术，他是做《文心雕龙》起家，但他的学术研究，在不停地向外扩展，他研究中国古代文论的民族特色，后来还研究中西戏剧艺术。牟先生和我的导师，即后来我上研究生的导师狄其骢先生关系非常好。我知道，牟先生有一次要去香港参加一个学术会议，是关于东西戏剧比较方面的一个会，因为戏剧研究不是牟先生的特长，他就把准备参会的文章让狄先生看，征求狄先生的意见，因为狄先生是搞基本文学理论、比较诗学的。实际上，牟先生比狄老师年长，但是他把学术看得很重。牟先生那时候已经非常有名气了，非常著名，他当时的名气，应该说非常大了，可是写了文章，还是征求同行的意见，让同行给他看，这就说明，他把学术看得非常重要。我想，如果没有这样一种精神的支撑，就是把学术当生命的精神，可以说，他是不会取得这么大的成就的。这是给我印象很深的一个方面。

第二，牟先生在我的感觉里，是一个治学有方的学者，他跟我聊的时候，说过这样一段话：一个学者就像一个农民种地一样，你不要觉得自己十八般武艺什么都行，你首先要会运用好一种工具，种好你自己那一块地。牟先生当时甚至说得很白话：“你首先要种好你自己的那一亩三分地。”这个治学的方法，对我的影响也很大。尽管由于各种原因，我留校以后做马列文论的教学，搞基本文学理论，没有在中国古代文论这个方向去发展，但是牟先生传授给我的这样一种他自己的治学经验，可以说是成功的治学经验，对我影响是很大的。我后来做马克思主义文学理论，做基本文学理论，我基本上沿着牟先生教的这个做法。我写文章，基本上就是在自己所做的这个学科领域里，使劲往下沉，而不是像有些人，想写什么文章就写什么文章，什么文章容易发表就写什么文章。我想这是牟先生通过他的学术，言传身教，教给我的东西。他治学非常有方法，他在《文心雕龙》研究的基础上也逐渐向外扩展，延伸到对中国古代文论的民族特性的研究。他的民族特色研究开始得很早，八十年代初期，改革开放之初的时候，我们很多人刚刚睁开眼睛看世界，更多的是讲究世界性的时候，他已经在研究民族性了。其实到八十年代末期九十年代以后，民族性才成为中国文艺理论界比较强调的东西，随着中国的发展，随着自己的民族意识的觉醒，民族性才越来越成为重要的东西。牟先生的做法就是，挖一口深井，往下使劲挖，把自己的一亩三分地种好，然后再向外种，拓展自己的领域。我想，我们今天的后学，能够从这里面获得不少的启迪。

今天这个会，前面我说我非常激动，其实我也很伤感。我在山东大学已经四十年了,四十年经历了很多我的老师、先生们去世,有一个月份对我是记忆深刻的,让我容易引起伤感,就是6月份。牟先生是1989年6月19号去世的,我的导师狄其骢先生是1997年6月1号去世的,牟先生六十一岁,狄先生六十四岁,都比较年轻,他们在我的生命印迹当中,给与我很多美好的回忆,也有一些伤感的东西。我曾经写过一篇文章回忆自己的大学生活,写到牟先生,写到狄先生。好在我们今天在这里纪念牟先生诞辰,缅怀他的学术,向他的学术精神致敬,也很快就能见到牟先生的学术文集的出版。另外,良德他们承担这个国家重大项目,以这样的方式,和今天这个会议结合在一起,来表达对牟先生的缅怀和敬意,我觉得是非常非常有意义的。这说明山东大学的"龙学",山东大学的古典学术,广而言之,山东大学的人文学术传承有序,这是令人欣喜的。

先生之风,山高水长

郑　春

尊敬的各位来宾、老师,同学们,大家好。

在大地回春的美好季节,大家聚集在这里,纪念牟世金先生诞辰九十周年,并举行"龙学"重大项目的开题报告会。牟世金先生是我们中文系的老先生、老主任,《文心雕龙》研究也是我们山东大学具有重要传统和影响的研究领域。首先,我谨代表山大文学院,对诸位先生的与会表示热情的欢迎,对长期以来,对于我们学院和我们中文学科给予各种支持和帮助的老师们,表示真诚地感谢!

牟世金先生是四川忠县人,1956年,他从部队转业以后,考入了我们中文系,1960年毕业以后,一直在这里工作,1973年任讲师,1980年任副教授,1983年升任教授。曾任我们山大中文系的主任,山大文科学术委员会的主任,为我们学院的建设和中文学科的发展付出了巨大的努力,做出了突出的贡献。牟世金先生早在少年时期便有志于"龙学"研究,进入山大以后,更是因缘际会,常年沉浸于"龙学"。几十年中,他用十一种专著,六十余篇论文,对《文心雕龙》进行了全面精到的系统研究。

牟世金先生的"龙学"研究,在四个方面尤为突出。他是刘勰生平研究的集大成者,是《文心雕龙》现代注释和翻译的开拓者,还是《文心雕龙》理论体系研究和"龙学"史研究的第一人。无论在广度还是深度上,牟世金先生的《文心雕龙》研究都达到了相当高的水平,因而我们可以自豪地说,他是二十世纪"龙学"研究的一座里程碑。

今天我看到来了很多我们文学院的校友,我与在座的许多校友一样,求学于山大中文系,是牟世金先生教过的学生,在大学阶段,曾经选修、聆听过先生的课程;毕业以后,更是在诸多方面得到过牟先生的提携和关照,像文学院走出的许多学生一样,我对牟世金先生有着深深的感情。牟世金先生一生的学术事业,与我们山大中文密切相连,先生读书求学于此,工作生活于此,事业辉煌于此,特别是担任我们中文系的系主任,为我们的学科发展做出了历史性的贡献,我们深深地感谢先生,我们也将竭尽全力守护、发展好我们的中文学科,我们以为,这是对牟世金先生最好的怀念。

先生之风，山高水长。在山东大学一百多年的历程中，自有一股丰沛坚实的文脉，我们今天在这里纪念牟世金先生诞辰九十周年，既是对前人深深地缅怀和追思，更希望能将前辈们的学术事业发扬光大，将文脉一辈辈地传下去，这就是我们这次研讨会的另外一个重要主题，是国家社科基金“龙学”重大项目的开题研讨。戚良德先生是牟世金先生的高足，也是我们山大中文系的学生和老师，是我们的同事，多年以来，对“龙学”研究，特别是“龙学”在山大的发展，起到了独特的作用，我们祝贺戚良德先生获得这样一项重要的国家社科基金重大项目；更期待着，在诸位先生的大力支持和帮助下，戚良德先生的学术团队，圆满完成项目，把山大中文由陆侃如、牟世金先生开创的“龙学”研究事业推向新的辉煌。最后，预祝本次研讨会圆满成功，祝各位先生生活愉快，工作愉快，谢谢大家！

推进山大古典学术研究

巴金文

尊敬的左东岭会长，尊敬的王琪珑校长、曾繁仁校长、王志民主席，各位领导，各位学者，各位朋友，非常感谢诸位先生前来参加会议。今天本来是王学典院长来，代表儒学高等研究院向到会的先生们表示诚挚问候和感谢，但因为恰好是省政协召开会议，王院长实在是来不了，因此他委托我，代表儒学院，代表王学典院长，向今天到会的各位领导，各位学者，各位新老朋友，表示深深的敬意和由衷的感谢！特别是左东岭先生，欣然前来与会，我们非常高兴，左先生是《文史哲》杂志的栋梁作者，王院长特让我向左先生敬致！今天我们是纪念著名学者牟世金先生诞辰九十周年，并进行“龙学”重大项目的开题报告，这都是非常有意义的。

牟先生在《文心雕龙》研究领域的学术贡献，赢得了中外学者的一致赞誉，是《文心雕龙》研究的一座丰碑。山东大学在古典学术领域的地位和声誉，正是在以牟先生为代表的几代学者的辛勤耕耘下，才建立起来的，牟先生的英名，将与《文心雕龙》这部不朽的著作同在，将永远彪炳在中国古典学术的历史上。在党和国家高度重视古典文化的今天，我们缅怀在传统文化研究上功勋卓著的牟世金先生，缅怀先生的人格风范和学术业绩，更有其特殊的意义。我院戚良德教授，作为牟世金先生当年的研究生和学术助手，秉承先生遗志，几十年来潜心“龙学”研究，取得了丰硕的成就。戚老师申请的《文心雕龙》研究课题，被立为国家社科基金重大项目，这既是对戚良德教授在《文心雕龙》研究领域成绩的肯定和褒奖，也是对牟世金先生最好的纪念。相信牟先生在九泉之下，也会为自己弟子的成绩而倍感欣慰！

我们儒学高等研究院，自2012年整合组建以来，坚持以项目立院的理念，全院老师承担各类科研项目达一百三十余项，形成了“人人都有项目做，人人都在做项目”的良好氛围。2017年，我院又新增国家级项目八项，其中国家社科基金重大项目四项，教育部重大社科委托项目一项，我院老师承担的全球汉籍合璧工程，受到李克强总理的亲笔批示，项目经费达 2.2 亿元,成为国家级文化工程。我院承担的"马克思主义与儒学""十三经注疏汇校""百年儒学精华粹编""儒家小丛书一百种"等若干科研项目,进展良好,前期成果已经陆续送交中华书局、上海古籍等出版社,今年将要出版一批成果。在教学方面,我院对在读的一百多位博士生、近三百名硕士生,实行学年论文报告会制度,进一步激发了他们的学习积极性。由我院承办的古典学术人才培养实验班尼山学堂,在本科教学评审当中,受到北京大学校长林建华为组长的教育部评审组的很高评价,评审组的美国专家在反馈会议上,对山东大学尼山学堂本科生的毕业论文,给予高度评价。2017 年,我们院受国家文化部和山东省委、省政府委托,筹办了第八届世界儒学大会,海内外五大洲、三十四个国家的四百多位学者和嘉宾参加了会议,在国内外产生了广泛的影响,受到文化部和省委省政府的表扬。这一年,我们还举办了各种人文高端论坛、儒学与自由主义对话、孔子思想与治国理政研讨会等一系列学术会议,推动了以儒学为代表的传统学术研究。现在,我院在做好日常科研教学的同时,正在加紧筹备拟于今年 5 月召开的第五届尼山世界文明论坛等一系列学术会议,我们将紧紧抓住党和国家高度重视传统文化的历史机遇,在学校的大力支持下,在兄弟高校和学界朋友的帮助下,进一步大力推进包括《文心雕龙》在内的古典学术的研究,为继承和弘扬中华优秀传统文化做出更大贡献。

祝会议圆满成功,谢谢大家!

中国"龙坛"的成功传承

李建中

今天上午的大会报告有七位教授发言,我觉得很有意思,这七位先生的身份都不太一样,构成了我们这个学界和牟世金先生的各种复杂的关系。张可礼先生是我非常崇敬的老师,他的书我是跟着读过来的。他是牟先生的师弟,他们两位同师陆侃如先生。他们两位又是当时山大中文系的党政一把手,共掌山大中文系。涂光社先生是牟先生虔诚的追随者,差一点点就到山大来了,有时候命运就是很难预料的。徐传武先生是亲炙牟先生教诲的学生,刚刚也谈到他的感受,有很多细节。陶礼天先生可以说在我们这个领域里面最早系统地全面地总结了牟先生的学术成就。在他 2000 年出版的那部《文心雕龙研究史》里面就有相关的章节。李平先生说他是牟先生的私淑弟子,对牟先生的学问有很多的研究。朱文民先生和万奇先生都是牟先生的研究者,他们从各自的角度对牟先生都提出了独特的见解。

我在想一个问题,就是"龙坛",或者"龙学",还有叫"文心学",它是什么?"龙坛"有各种说法,像万奇老师,他选那个"龙潭",三点水那个"潭",很深很深的那个潭。这个"龙潭"是什么,或者"龙学"到底是什么?它对我们在座的各位,我们这些老师,还有在座的学生,到底意味着什么?我从牟世金先生的学术经历、学术贡献来看,今天听了一上午发言,我有一个体会。"龙坛"首先是一个讲坛,它是一个大学的讲坛。因为"龙学"传承,它的最经典的方式就是通过大学讲坛来传承的。牟世金先生当年在山大讲《文心雕龙》的时候,下面就坐着戚良德同学；正如黄侃先生1914年在北大讲《文心雕龙》的时候，下面就坐着范文澜同学。它是这样传承下来的。北大的张少康先生在北大讲《文心雕龙》，下面就坐着陶礼天同学，它是通过大学讲坛这样一代一代往下传。而我们就这个讲坛来说，从陆侃如先生到牟世金先生到戚良德先生，可以说是中国龙坛一次最为成功的传承。这是我想讲的第一个意思，它是一个讲坛，是一个师生讲坛，是一个师生传承。我们还要借助这样一个传承，再往下传。这个传承是有渊源的，我们山东是一块圣地，是孔子的家乡，孔子就是最早的老师。儒学的传承，就是靠这种师承，从孔子开始。这是我想要谈的第一点。

第二，"龙坛"又是一个书院。为什么说是书院呢？中国的书院有两大特色，一个它是博雅的，书院没有专业课，没有专业设置，不分什么学院、什么系，它是什么都学的，它是一个很大的学，它是一个博雅学问。朱文民先生的文章就写了，说"龙学"是一个大系统，它有外延有内涵，它的外延有前延有后延，这就很有趣。所以我们现在把"龙学"限定在文艺学，限定在文学理论，这是很不对的。它不是哪一个学，它是一个非常广博的学问。刘勰《文心雕龙》里面有两个关键词，一个就是"博"，一个就是"雅"。我们知道他的创作论也讲"博见"，实际上他的"知音"也是讲"博"的。然后就是"雅"，"博雅"是我们书院的特点，"博雅"也是"龙学"的一个特点。书院的第二个特点就是它有"很鲜明的地方特色"。我们知道中国传统的"四大书院"都是有非常明显的地方特色的。那么，我们这个"龙坛"也是有鲜明的地方特色的，而我们山东大学的"龙学"研究，就是我刚才讲的这种成功的传承，它构成了我们山大"龙学"，就是刚才万奇先生讲的齐鲁"龙学"鲜明的地方特色。它既不同于沪上，也就是上海滩的"龙学"，像王元化的"龙学"。也不同于西蜀，以杨明照为代表的"龙学"，也不同于我在的武汉的珞珈"龙学"。说到这里我再加个注，我们戚良德老师有一个弟子正在做博士论文，她的论文就是做的"珞珈龙学"。就是说，它有它自己的地方特色，而这个特色，我们今天上午左会长讲的"四个方面""三个结合"，就是一个很好的概括。这"四个方面"就是齐鲁"龙学"的"博雅"，这"三个结合"就是齐鲁"龙学"的地方特色。这是我想讲的第二点。

第三，"龙潭"还是一个题库。它里面有很多题目，而且是取之不尽的。我常常感到很悲哀的是，以前也讲过好多次，我说"龙学"会每两年要开一次，开了好多届了，每次一开会我就看论文的题目。我觉得这些题目非常地陈旧，2017年的题目，如果放在2007年，或者放在1997年，或者放在1987年，甚至放在1977年，好像都没有很大的变化。我觉得这个就是没有找到《文心雕龙》最有价值的地方。《文心雕龙》是一个"龙潭"，它是一个宝库，是一个取不尽的宝库，它里面藏着好多题目。这样取之不尽的题目，可是我们怎么就不能找到一些很有新意、很有时代感、很让人耳目一新的题目呢？总是老调重弹，几十年如一日的老调重弹。我觉得是没有很好地理解《文心雕龙》，实际上是不够资格做这个的。而我们看牟世金先生，牟先生1989年去世，在他那个时代，七八十年代相对还是比较封闭的，对外开放的部分非常地小，可是在有限的条件下，他已经找到很好的题目了。比如研究台湾的"龙学"，研究香港的"龙学"，然后既有文本的研究，又有文学理论方面的研究，牟先生在那样一个时代已经找到了很多很有价值的问题。因此，我们今天是感到非常惭愧的，我们今天这个时代，跟那个时候相比，我们的2018年，和牟先生那个时代是完全不一样的,这种开放的程度,这种取得信息的快捷的手段,这种方便的程度,都是不一样的。可是我们却找不到有价值的题目,还是原来的重复。所以,我们寄希望于我们在座的这些学生,还有学生的学生,希望你们能够以自己的悟性,以自己的这种眼识,以自己的胆量,能够从"龙潭"里提炼出、捞出很多有价值的题目,然后把我们这样一个伟大的学问一代一代传下去。

我就说这些,谢谢大家!

金玉其质,龙凤其华

赵璧清

我能来参加这个大会,倍感珍惜;能见到大家,非常高兴。

先生从小热爱中国传统文化。他在青岛当兵,海军青岛基地毗邻山东大学,他极为羡慕校园里的大学生们,一心想进入山大学习,复员转业后便投考了山东大学,毕业后留在了山大,再也没有离开。他非常热爱山大,热爱他为之奋斗的中文学科,更热爱《文心雕龙》和"龙学"事业。

先生热爱党,一生追求进步。1984 年 7 月 1 日,先生入党,时年五十六岁。他非常激动,写了一首词:

满江红("七一"书怀)

阴历六月初三,已五十六周岁矣,适逢七一,又获新生,欢庆之余,写以志怀。

吉日良辰,庆双喜,心潮荡激。频回首,辛酸岁月,五更多急。地覆天翻人世改,欢来苦去豪情溢。恨此生难报九天恩,怀春泽。

新生命,全心缉;万丈锦,从头织。有伯乐在世,老骥伏枥。赤胆将驱凌云志,忠心能使生花笔。叹夕阳怎似沐朝辉,迎红日。

先生也爱我们的小家。在我四十岁生日的时候,他写了一首诗:

积善于家,垂勋无涯。金玉其质,龙凤其华。

五年后,先生离我而去,正是这首小诗,激励我勇敢地活下去,撑起了这个小家。如今,先生的三个孩子都已长大成人、成家立业:女儿牟楠,育有一儿一女,大孩子在弗吉尼亚大学;儿子牟新,其子牟文龙被保送北大,毕业后被美国伯克利大学录取读博士;儿子牟大钊,也有一儿一女,孩子今年也要考大学了。

幸福的生活总是伴随着酸甜苦辣的,我会更好地活下去。为了传承"龙学",发扬"龙学"精神,十年后,先生百年诞辰的时候,我们再相聚吧!

谢谢大家!

(以上发言均根据录音整理,未经本人审阅,标题为编者所拟)

上编　牟世金研究

牟世金与二十世纪的"龙学"

戚良德

在近百年的"龙学"史上，有两位出版"龙学"专著最多的人，一位是牟世金先生，另一位是台湾的王更生先生，他们出版的"龙学"著作均超过十种。颇为巧合的是，两位先生均出生于1928年(戊辰龙年)7月，其经历、学养虽各有不同，但其于"龙学"的执着和虔诚却是非常相似的。[①]就牟先生而言，不仅其"龙学"著作的数量为大陆学者之冠，而且更有骄人的质量，其中成为"龙学"名著的不在少数，如《文心雕龙译注》《雕龙集》《刘勰年谱汇考》《文心雕龙研究》等，均为研究者耳熟能详的"龙学"著作，尤其是《文心雕龙译注》一书，成为"龙学"中少有的畅销书和长销书，堪称奇迹。季羡林先生任名誉主编的大型丛书"二十世纪中国文学研究"之《魏晋南北朝文学研究》一书认为："回首百年《文心雕龙》研究，其杰出成果，有目共睹。……前五十年的代表人物是黄侃、范文澜、刘永济，后五十年的代表人物是詹锳、牟世金。"[②]而"在研究上，尽量从大处着眼，从小处着手，应该说牟氏是新一代学者中的佼佼者"[③]。张少康等先生的《文心雕龙研究史》也指出："在八十年代，牟世金是研究《文心雕龙》的中年学者中成就最高、贡献最大、学风严谨的一位非常出色的学者……"[④]应该说，这些评价都是实事求是的。

一、《文心雕龙》的功臣

王元化先生曾指出："世金同志可以说得上是《文心雕龙》的功臣。这一点，有他的大量论著可以为证。"[⑤]《人民日报》三十年前的一篇文章则谓："牟世金……被称为'龙学家'，是因为他关于《文心雕龙》的著作已有注、译、选、编、系统的理论研究和年谱汇考等不下十种，得到国内外学者的首肯。"[⑥]早在三十年前，程千帆先生便指出："世金先生早

① 参见朱文民：《"龙学"家牟世金与王更先生比较研究》，戚良德主编：《儒学视野中的〈文心雕龙〉》，上海：上海古籍出版社，2014年。

② 吴云主编《魏晋南北朝文学研究》，北京：北京出版社，2001年，第699页。

③ 同上，第696页。

④ 张少康、汪春泓、陈允锋、陶礼天：《文心雕龙研究史》，北京：北京大学出版社，2001年，第336页。

⑤ 王元化：《〈文心雕龙研究〉序》，《文学报》1988年7月7日。

⑥ 马瑞芳：《他走着一条艰苦的路——记"龙学"家牟世金》，《人民日报》1988年4月16日。

年跟随陆侃如先生学习，研究《文心雕龙》，卓著成绩，蜚声海内外。”①

牟先生的“龙学”著作，有与陆侃如先生合著的《文心雕龙选译》（上、下，山东人民出版社1962年、1963年出版）、《刘勰论创作》（安徽人民出版社1963年出版、1982年新版）、《刘勰和文心雕龙》（上海古籍出版社1978年出版）、《文心雕龙译注》（上、下，齐鲁书社1981年、1982年出版，1995年新版，2009年三版），与萧洪林合著的《刘勰和文心雕龙》（载于《中国古代文论精粹谈》一书，齐鲁书社1992年出版），与曾晓明、戚良德合编的《〈文心雕龙〉研究论著目录索引》（载于《文心雕龙学综览》一书，上海书店出版社1995年出版），独立完成的《雕龙集》（中国社会科学出版社1983年出版）、《台湾文心雕龙研究鸟瞰》（山东大学出版社1985年出版）、《文心雕龙精选》（山东大学出版社1986年出版）、《刘勰年谱汇考》（巴蜀书社1988年出版，此书被收入《六朝作家年谱辑要》，黑龙江教育出版社1999年出版，又被收入《中古作家年谱汇考辑要》，世界图书出版西安有限公司2014年出版）、《雕龙后集》（山东大学出版社1993年出版）、《文心雕龙研究》（人民文学出版社1995年出版），主编的《文心雕龙研究论文集》（人民文学出版社1990年出版）等，共计十三种；另有关于《文心雕龙》的单篇论文六十余篇。除《文心雕龙研究论文集》为选编他人作品、《〈文心雕龙〉研究论著目录索引》为资料汇编外，牟先生有关“龙学”的论著超过三百万字。这在截至上个世纪八十年代末的《文心雕龙》研究中，可以说是绝无仅有的。仅以此论，说他是“《文心雕龙》的功臣”，显然并非虚言。

当然，牟先生的“龙学”论著绝不仅仅以数量取胜，而是每一本皆为扎扎实实的心血之作。早在六十年代，他便和陆侃如先生一起对《文心雕龙》进行今译，出版了“龙学”史上较早的《文心雕龙》译本——《文心雕龙选译》；进入八十年代之后，他又全力修订补充，出版了“龙学”史上较早的《文心雕龙》全译本——《文心雕龙译注》。他的《台湾文心雕龙研究鸟瞰》是到目前为止大陆唯一一部全面介绍台湾“龙学”成果的专著，他的《刘勰年谱汇考》也是到目前为止大陆唯一一本全面考订刘勰生平的专著。他的《文心雕龙研究》在1988年春天写成之时，是大陆第一本综合研究《文心雕龙》的专著；他主持选编的《文心雕龙研究论文集》则是大陆第一本全面选编近现代“龙学”成果的论文选本。令人惊讶的是，这些主动着眼“龙学”学科全面建设的“第一”，不仅不因其为开拓之作而显得过于粗糙，而且皆为精心结撰之作而显示出深厚的功力，直到今天还是“龙学”的重要参考书，其中不少作品已成为“龙学”的经典。

王元化先生所谓“《文心雕龙》的功臣”，自然还有另一层含义，那就是牟先生是中国《文心雕龙》学会的创始人。早在1982年，牟先生便积极筹备并精心组织，在济南召开了全国第一次《文心雕龙》讨论会，这次会议被称为“开创《文心雕龙》研究新局面的一次重要会议”②，也正是在这次会议上，酝酿成立《文心雕龙》学会，并组成了以王元化先生

① 程千帆：《〈中国古代文论家评传〉序》，牟世金主编：《中国古代文论家评传》，郑州：中州古籍出版社，1988年。

② 《开创〈文心雕龙〉研究新局面的一次重要会议》，《文心雕龙学刊》第一辑，济南：齐鲁书社，1983年，第473页。

为组长的学会筹备小组，"以山东大学为学会基地，进行筹备工作"①。次年8月，中国《文心雕龙》学会在青岛成立，牟先生在会上当选为常务理事兼秘书长，并被推举为《文心雕龙学刊》编辑组组长。因此，王先生说："他也是全国《文心雕龙》学会的倡议筹建者，学会的繁杂事务几乎都是由他承担起来的，因此学会倘在学术界有所贡献，首先得归功于他。"②牟先生去世后，王先生在一篇怀念文章中又说："我可以说全国《文心雕龙》学会是他以他一人的心血筹备而成的，如果不是为他的埋头苦干和对学术的真诚精神所感动，这个学会是不会成立并维持到今天，我也不会滥竽充数地来充当这个学会的负责人之一的。"③

学会成立之后，旋即组成了中国《文心雕龙》考察团访问日本；作为考察团成员之一，牟先生回国后便发表了《日本〈文心雕龙〉研究一瞥》④一文，这是国内最早全面介绍日本"龙学"成果的文章。学会成立的第二年，又在上海举行了中日学者《文心雕龙》学术讨论会。1986年，学会在安徽屯溪召开了第二次年会。1988年，学会在广州召开了《文心雕龙》国际研讨会。到牟先生去世，学会编辑出版了六本《文心雕龙学刊》⑤，选编一本《文心雕龙研究论文集》。这一系列空前而有组织的学术活动，把《文心雕龙》研究推向一个新阶段。可以说，"龙学"真正成为国内外瞩目的显学，正是从此开始的，是与中国《文心雕龙》学会的这些切实的工作密不可分的。在这个意义上，说牟先生是"《文心雕龙》的功臣"，当然也是名副其实的。

正因如此，张文勋先生在所著《文心雕龙研究史》中说："牟世金大半生研究《文心雕龙》，是'中国《文心雕龙》学会'主要创始人之一，对我国'龙学'的发展，做出重大贡献。"⑥张少康等先生的《文心雕龙研究史》也指出："由王元化先生和他（按指牟先生——引者）的发起，在他的具体筹划和安排下，经过了1982年济南《文心雕龙》学术讨论会的酝酿和准备，1983年在青岛成立了中国文心雕龙学会，对团结全国研究《文心雕龙》的力量、交流《文心雕龙》研究的学术信息、推动《文心雕龙》研究的深入，发展和海外研究《文心雕龙》学者的交流，都起到了十分重要的作用。"⑦在谈到牟先生的《文心雕龙研究》时，张少康等先生又深有感触地说："作者生前是山东大学中文系教授，长期从事中国古代文学理论批评史和《文心雕龙》选修课的教学与研究工作，自1983年中国《文心雕龙》学会成立以来，又一直担任学会的秘书长，负责学会日常工作，组织筹备年会、编辑学会刊

---

① 《开创〈文心雕龙〉研究新局面的一次重要会议》，《文心雕龙学刊》第一辑，济南：齐鲁书社，1983年，第477页。

② 王元化：《〈文心雕龙研究〉序》，《文学报》1988年7月7日。

③ 牟先生去世不久，王先生写了一篇纪念短文寄给牟先生家人，此段话即为笔者当时所录；王先生的短文后来是否发表以及发于何处，笔者均难以确定，切望知者以告。

④ 该文发表于《克山师专学报》1984年第1期，收入《雕龙后集》。该文不仅简要介绍了日本的"龙学"，而且附有《日本〈文心雕龙〉论著目录》，为大陆学者了解日本的《文心雕龙》研究提供了便利。

⑤ 《文心雕龙学刊》第六辑虽出版于牟先生去世之后的1992年，但该辑实乃牟先生去世前夕指导笔者所编成。

⑥ 张文勋：《文心雕龙研究史》，昆明：云南大学出版社，2001年，第187页。

⑦ 张少康、汪春泓、陈允锋、陶礼天：《文心雕龙研究史》，北京：北京大学出版社，2001年，第336页。

物等，各种事务十分繁忙。‘春蚕到死丝方尽，蜡炬成灰泪始干’，用这两句古诗来形容作者对《文心雕龙》研究的献身精神，实在并不为过。”①在笔者看来，作为“龙学”发展过程的亲历者，两位张先生的说法不仅仅是一种评价，也是一种怀念，其中蕴含着因“龙学”而结成的深厚情谊，让人感动。

直到2013年9月，学会在山东大学召开“纪念中国《文心雕龙》学会成立三十周年国际学术研讨会暨中国《文心雕龙》学会第十二次年会”，目的正是为了纪念牟先生对《文心雕龙》研究以及学会的成立和发展所做出的重要贡献。在这次大会的开幕式上，专程从香港赶来参加会议的前会长张少康先生以《纪念“〈文心雕龙〉的功臣”——谈谈牟世金的〈文心雕龙〉研究》为题，动情地回忆了牟先生在学会成立过程中的种种辛劳，其中三次谈到牟先生当为“功臣”，其云：

> 《文心雕龙》学会之成立，牟世金是最主要的功臣。……世金把《文心雕龙》研究看作是他整个生命的主体，所以在上个世纪八十年代初就在酝酿着创办《文心雕龙》学会，来推动《文心雕龙》的研究。……1982年，世金在山东济南举办了第一次《文心雕龙》学术研讨会，这是为成立《文心雕龙》学会做准备的。当时我也参加了这次会议，会上就成立了以元化先生为首的创建《文心雕龙》学会筹备组，而世金则是实际的具体操办人。为此，世金付出了巨大的努力，终于在1983年在山东青岛成功地举办了中国《文心雕龙》学会的成立大会。……在《文心雕龙》学会的产生和发展过程中，世金是主要的核心人物和真正的功臣。……他不愧是“龙学”发展的一位卓越的功臣，在中国《文心雕龙》学会成立三十周年之际，我们不应当忘记牟世金的功绩，让我们永远纪念他！②

张先生认为，就学会的成立而言，牟先生是“最主要的功臣”；就学会的产生和发展而言，牟先生是“真正的功臣”；对“龙学”的发展而言，牟先生是“卓越的功臣”。可以说，张先生这三个“功臣”，要言不烦而用意深厚，高度准确地评价了牟先生在百年“龙学”史上的地位和贡献，不愧为牟先生的同道和“知音”。

牟先生之于刘勰及其《文心雕龙》的“功臣”之义，香港的黄维梁先生则用了另一个说法：“《文心雕龙》之友牟世金”③，笔者看到后不免为之动容。笔者为学日浅，直到2017年8月才有缘于内蒙古会上得识黄先生，其清隽潇洒，一如先生之文，锋颖通脱，令人难忘。据笔者所知，牟先生与黄先生之会，当于1988年11月在广州举行的国际《文心雕龙》讨论会上。细看黄先生之义，他是借用了刘勰之口，称呼牟先生为“《文心雕龙》之友牟世金”，并谓“世金兄十多年前来到天上，常常与我在文心阁聊天”④，等等，如此特别的设计，如此亲切、平易而又不凡的称呼，其内涵之丰富，不知有几人可当？试想，该

---

① 张少康、汪春泓、陈允锋、陶礼天：《文心雕龙研究史》，北京：北京大学出版社，2001年，第392页。

② 张少康：《纪念“〈文心雕龙〉的功臣”——谈谈牟世金的〈文心雕龙〉研究》，戚良德主编：《儒学视野中的〈文心雕龙〉》，上海：上海古籍出版社，2014年，第3—10页。

③④ 黄维梁：《请刘勰来评论顾彬——〈文心雕龙〉“古为今用”一例》，《海南师范大学学报》2008年第1期，《文学前沿》2009年第1期。

以怎样的执着与专一方能有如此之殊遇，该以怎样的情怀付诸“龙学”方可得刘彦和如此之嘉许，该以何等“龙学”成果奉献于世方能得此至高之评语，又该以怎样的相知与相交方能得此“知音”之情谊？

二、刘勰生平研究的集大成者

刘勰生平研究之于“龙学”的重要性，是不言而喻的，而此一研究之困难，在《文心雕龙》研究中亦堪称首屈一指。牟先生说：“而彦和之生平，史料既乏，歧见尤多；证既有矣，而证又待证。”以至于“欲为刘勰之年谱，难矣”①。也许正因如此，关于刘勰的年谱、年表虽多，却都只能简要成篇而无一专著，且其中“可取者多，可辨者亦多”②。面对如此情形，牟先生深有感慨地说：“而龙学至今，已成中外瞩目之显学。刘勰之生平犹未详，颇以为厕身龙学之愧；欲求龙学之全面深入发展，亦当不避其难，甘犯其误而略尽微力。”③全面考察刘勰的生平，确乎是“龙学”深入发展之必需和必然，牟先生《刘勰年谱汇考》一书之撰成出版，正是“龙学”步入其全面发展和成熟时期的重要标志之一。

《汇考》之撰，“以深知为刘勰事迹系年之不易，特取汇考方式，一以吸收诸家研究之所成，一以汇诸家之说于一览，为进一步研究提供方便。乃图汇而考之，庶可于比较之中，折中近是”④。全书汇入中外学者所撰刘勰的年谱、年表达十六种，有作于二十世纪三十年代的霍衣仙《刘彦和简明年谱》，作于六十年代的翁达藻《梁书刘勰传大事系年表》，这两种现已很少为研究者提起；有鲜为人知的陆侃如《刘勰年表》稿本，亦有影响甚大的杨明照作于四十年代和七十年代的《梁书刘勰传笺注》，以及詹锳、张恩普、李庆甲、穆克宏等各家所撰年表、年谱或生平系年考略，这些代表着大陆研究刘勰生平的主要成果。更有台湾张严、王更生、王金凌、李曰刚、龚菱、华仲麐诸家所作年谱、年表以及刘勰身世考索，这是台湾研究刘勰生平的主要著作⑤。还有日本兴膳宏的《文心雕龙大事年表》等，可略显国外研究刘勰生平的成就。除此之外，众多“龙学”论著中兼及刘勰生平者，如有新说已见，《汇考》亦一并考察。可谓搜罗今昔，囊括中外。这种颇富特点的年谱之作，不仅有利于读者全面把握有关刘勰生平研究的主要成果，而且更为重要的是，以对中外今昔研究成果的全面检视与总结为出发点，就有可能更为准确地考明刘勰的一生。所谓“于比较之中，折中近是”，《汇考》成为刘勰生平研究的集大成之作。

（一）关于刘勰生平的几个重大问题

《汇考》着眼刘勰一生事迹，不仅对刘勰的生卒年、《灭惑论》撰年、《文心雕龙》成书年代等“龙学”的许多至关重要的问题，根据大量的第一手资料，作出了新的论证；而且对刘勰生平中其他许多重要问题，如刘勰入定林寺时间、参与抄经事、任南康王记室兼东宫通事舍人是否同时、《梁建安王造剡山石城寺石像碑》一文撰年、刘勰与萧统之关

①②③④ 牟世金：《刘勰年谱汇考·序例》，成都：巴蜀书社，1988年。

⑤ 其中王金凌、华仲麐两位所作年谱，牟先生当时尚未见到，但其主要观点已从王更生、李曰刚等著作中转引。

系、刘勰之出家等，都作了详实而有力的考证，使刘勰生平中许多幽暗不明的问题更为清晰甚或得以显露，从而将这位古代文论巨匠更为丰富多彩的一生呈现在人们面前，也为“龙学”的进一步发展铺平了道路。

第一，关于刘勰的生年问题。

刘勰之生年，早至宋孝武帝大明四年(460)，迟到宋明帝泰豫元年(472)，诸家持说不一。而种种推算，又都是基于对《文心雕龙》成书以及向沈约献书之年的推断。但正如《汇考》所说：“写成三万七千字之《文心雕龙》，短则数月，长则数年，都有可能。且纵定《时序》篇成于齐末，又何以知其全书必成于齐末？沈约之‘贵盛’，固为重要线索，然献书求誉，非关军国大政，又何必待其贵盛之极？”[①]《文心雕龙》成书、献书年代推断之难确，便导致刘勰生年之难定。因此，欲得刘勰之较为确切的生年，理推固不可少，《文心雕龙》成书、献书之年亦自应取之为证，而史证则尤为重要。所谓“无据不足立证，必以有关史实相佐”[②]，《汇考》除以自己对《文心》成书、献书年代的更为精确的推断作为根据外，更求有关史实而证刘勰生年。

《序志》有云：“予生七龄，乃梦彩云若锦，则攀而采之。”[③]若知刘勰梦于何年，则其生年自可确定。《汇考》云：“按彩云乃吉祥之兆，所谓五彩祥云是也，刘勰又能攀而采之，则吉祥之中，又示刘勰少有奇志，当时正壮心满怀也。由是可知，其父必卒于本年之后。”[④]这一细节分析无疑是颇合情理的。则“其父殁于何年”，便成“推断此梦系年之重要依据”[⑤]。

《梁书·刘勰传》只谓“勰早孤”，而未明言其父刘尚的卒年。台湾王更生、龚菱、李曰刚等先生皆以刘勰三岁，“父尚病卒”，却均无所据。《汇考》对此作了全新考证。据《宋书·百官志》《南齐书·百官志》《隋书·百官志》以及《宋书·沈攸之传》等知，“刘宋时之五校尉，必非各置一人”。[⑥]又据萧道成《尚书符征西府檄》知，萧在讨伐沈攸之时，同时派出五校尉中的屯骑校尉三人。因此，元徽二年(474)五月平定桂阳王刘休范的建康激战，既有越骑校尉张敬儿参战，同为越骑校尉的刘尚亦必不能免此一苦战。据《资治通鉴·宋纪十五》载，当时建康皇室兵力已全部投入激战，刘尚战于其中自不必说，且当时战斗结果是：“中外大震，道路皆云：‘台城已陷！’白下、石头之众皆溃……宫中传新亭亦陷，太后执帝手泣曰：‘天下败矣！’”身为越骑校尉的刘尚亦必战死其中。[⑦]

据此，刘勰父亲之卒年有了较为明确之推断，则刘勰七龄之梦的系年便得重要依据，核以《文心雕龙》成书、献书之年，则《汇考》定刘勰生于宋明帝泰始三年(467)，较之以前诸说，庶可谓“近是”。

第二，关于《灭惑论》撰年问题。

《灭惑论》是刘勰的一篇重要佛学论文，而其撰写时间关乎“龙学”的许多重大问题，因而备受瞩目。如李庆甲先生所指出，它撰于齐代还是梁代的分歧“是带有原则性的”，

---

①② 牟世金：《刘勰年谱汇考》，成都：巴蜀书社，1988年，第7页。

③ [南朝梁]刘勰：《文心雕龙·序志》，戚良德辑校：《文心雕龙》，上海：上海古籍出版社，2015年，第286页。

④⑤ 同上，第11页。

⑥⑦ 同上，第13页。

“因为它涉及对刘勰思想、世界观的形成、发展和《文心雕龙》思想体系属于儒家还是佛家这样一些重大问题的分析与评价”[①]。而长期以来,《灭惑论》撰于刘勰后期(梁代)之说几成定论,以至于《文心雕龙》研究者不敢问津刘勰的这篇重要作品,《灭惑论》之“道”成了与《文心雕龙》之“道”水火不容的东西。事实上,《文心雕龙》第一篇虽即标《原道》,但刘勰却并未在其中论述什么是“道”,而《灭惑论》却正堪称一篇“道”论;刘勰在《文心雕龙》中把“道”作为一个既成概念加以运用,且以之为其庞大文论体系的逻辑起点,这不能不使人想起《灭惑论》对“道”的大量论述。[②]《汇考》以全新的考核,力证《灭惑论》撰于齐代,且撰于《文心雕龙》之前,这为充分利用它全面研究刘勰思想以及《文心雕龙》理论体系提供了重要依据。

《汇考》指出,《灭惑论》撰于梁代的主要根据,其一是“碛砂藏本”《弘明集》已题《灭惑论》作者为“东莞刘记室勰”,而刘勰两任记室均在梁时;其二是收编《弘明集》的《出三藏记集》编成于梁。关于第一点,杨明照先生指出:“至碛砂藏本目录《灭惑论》下题‘记室刘勰’,正文《灭惑论》下题‘东莞刘记室勰’,汪道昆木则均题‘梁刘勰’。后人追题,未足为训。犹《文心雕龙》本成于齐,而题为‘梁通事舍人刘勰彦和述’(元至正本)或‘梁通事舍人刘勰’(明弘治本)一样。”[③]此种情形,史所多有。清刘毓崧论《文心雕龙》成于齐时说:“至于约之《宋书》,成于齐世祖永明六年,而自来皆题梁沈约撰,与勰之此书,事正相类。”[④]纪昀论《文心雕龙》成于齐世则举《玉台新咏》而谓:“据《时序》篇,此书实成于齐代。今题曰梁,盖后人所追题,犹《玉台新咏》成于梁而今本题陈徐陵耳。”[⑤]这种后人追题的情形,非题者有误,盖以作者活动的主要朝代而为言,并不以著作成于何时为依凭,也就难以据其所题而认定著作年代。关于《出三藏记集》的编撰,《汇考》详究僧祐《法集总目序》,考定此序撰于499年或500年,不出齐世,从而确认齐世已有十卷本《出三藏记集》,而其十五卷本乃梁天监年间补成。《汇考》并详列十卷本《弘明集》的目录,其三十四目,撰者三十家,除刘勰以外的二十九家,只有牟子为东汉末年人,其他皆为晋、宋、齐三代之人,则说明其中并无梁世作品。则“《灭惑论》撰于齐,必矣”[⑥]。

至于《灭惑论》写作的时代背景以及刘勰一生的思想变化,正如《汇考》所言:“首先应根据史实以认识其思想,不可据思想以推论史实。”[⑦]即如《灭惑论》之“道”,亦并非与《文心雕龙》之“道”毫不相关。梁武帝于佛学之中尤重涅槃般若,《灭惑论》似亦如此,但

---

① 李庆甲:《〈关于《灭惑论》撰年与诸家商兑〉之商兑》,《文心识隅集》,上海:上海古籍出版社,1989年,第68—69页。

② 笔者以为,《文心雕龙·原道》正紧承《灭惑论》对“道”的论证和阐发;“道”作为刘勰的基本宇宙观,成为《文心雕龙》重要的哲学思想基础。详见拙著《文论巨典——〈文心雕龙〉与中国文化》,开封:河南大学出版社,2005年,第156—162页。

③ 杨明照:《刘勰〈灭惑论〉撰年考》注(2),《古代文学理论研究》第一辑,上海:上海古籍出版社,1979年,第179页。

④ [清]刘毓崧:《书文心雕龙后》,《通义堂文集》卷十四,南林刘氏求恕斋刊本。

⑤ [清]黄叔琳注、[清]纪昀评:《文心雕龙辑注》,北京:中华书局,1957年,第23页。

⑥ 牟世金:《刘勰年谱汇考》,成都:巴蜀书社,1988年,第48页。

⑦ 同上,第48—49页。

这并不能说明刘勰乃趋奉梁武帝。成于齐世的《文心雕龙》不正奉“般若之绝境”[①]为圭臬么？“般若学”岂非刘勰慕名已久！又如梁武帝有所谓“三教同源”思想，但他有时又可以只尊佛道而大斥其他各道。如谓：“大经中说，道有九十六种，唯佛一道，是于正道，其余九十五种，皆是外道。朕舍外道，以事如来。若有公卿能入此誓者，各可发菩提心。老子、周公、孔子等，虽是如来弟子，而为化既邪，止是世间之善，不能革凡成圣。公卿百官，侯王宗室，宜反伪就真，舍邪入正。”[②]又说：“弟子经迟迷荒，耽事老子，历叶相承，染此邪法。习因善发，弃迷知返，今舍旧医，归凭正觉。愿使未来世中，童男出家，广弘经教，化度众生，共取成佛，入诸地狱，普济群萌。宁可在正法中，长沦恶道，不乐依老子教，暂得生天。”[③]就《灭惑论》而言，刘勰所谓“至道宗极，理归乎一；妙法真境，本固无二”[④]，显然并非简单的调和，而是以其对“道”的哲学规定和命意为根据。因此，正如李淼先生所考，《灭惑论》之撰并不以梁武帝隆佛倡盛之时为背景[⑤]。《南齐书》卷五十四《高逸·顾欢传》谓：“佛道二家，立教既异，学者互相非毁。”[⑥]道、佛之辨由来已久，《灭惑论》成于齐世，就其时代背景而言，亦合理合情。

第三，关于《文心雕龙》写作及撰成诸问题。

《汇考》之撰，奉刘勰“有同乎旧谈者，非雷同也，势自不可异也；有异乎前论者，非苟异也，理自不可同也”[⑦]为宗旨，既不盲从旧说，又充分吸收前人及今人研究成果。就《文心雕龙》撰年而言，清人刘毓崧已详考其成书、献书之年，一据《时序》以证此书必成于齐和帝之世；二据沈约之“贵盛”以证负书干约亦在同时；三据梁初刘勰“起家奉朝请”，以证沈约延举之力，正在“书适告成”之后。诚如《汇考》所言，“三者互证，理周事密”[⑧]，其主要成果，已不容抹煞。在强调“必知此三证互为表里，构成整体，方为确证”[⑨]之同时，《汇考》对《文心雕龙》撰年作了更为精审的考订。

首先，《汇考》指出，《文心雕龙》之撰，并不以刘勰校定经藏“至齐明帝建武三四年，诸功已毕”[⑩]为前提，而是刘勰于建武五年(29)以后，“以主要精力撰写《文心》，而协助僧祐撰经之任务，亦未尝中断”[⑪]。其次，《汇考》据《时序》颂齐和帝而无东昏推知，此篇必写于中兴元年十二月东昏被杀之后；而中兴二年(502)三月二十八日，萧齐王朝结束，则《时序》及其以下五篇必成于中兴二年元月至三月二十八日这三个月之中。这样，刘勰写作的大致进度便可由此推知：“其大致进度为三月内完成六篇，约每月两篇。但前二

---

① [南朝梁]刘勰：《文心雕龙·论说》，戚良德辑校：《文心雕龙》，上海：上海古籍出版社，2015年，第117页。

② [南朝梁]萧衍：《敕舍道事佛》，《全梁文》卷四，[清]严可均校辑：《全上古三代秦汉三国六朝文》，北京：中华书局，1985年，第2970页。

③ [南朝梁]萧衍：《舍道事佛疏文》，《全梁文》卷六，同上，第2986页。

④ [南朝梁]刘勰：《灭惑论》，石峻等编：《中国佛教思想资料选编》(第一卷)，第326页。

⑤ 李淼：《关于〈灭惑论〉撰年与诸家商兑》，《社会科学战线》1983年第2期。

⑥ [南朝梁]萧子显：《南齐书》，北京：中华书局，1972年，第931页。

⑦ [南朝梁]刘勰：《文心雕龙·序志》，戚良德辑校：《文心雕龙》，上海：上海古籍出版社，2015年，第287页。

⑧ 牟世金：《刘勰年谱汇考》，成都：巴蜀书社，1988年，第60页。

⑨ 同上，第64页。

⑩ 范文澜：《文心雕龙注》，北京：人民文学出版社，1958年，第731页。

⑪ 牟世金：《刘勰年谱汇考》，成都：巴蜀书社，1988年，第52页。

十五篇难度较大、篇幅较长，估计至少每月可得一篇。如是算来，上篇费时二十五月，下篇费时十二月，全书约三年可成。另一年左右为继续佐僧祐撰经，故总计仍需四年完成《文心》。”[①]如此，则其始撰之年亦可得而明。又据《序志》“齿在逾立”而撰《文心雕龙》之说明，则刘勰生年亦得有力之佐证。再次，《汇考》细酌刘毓崧三证，考订刘勰负书干约不在齐末和帝之时，而在萧梁王朝就绪后之下半年内。从而，《文心雕龙》之撰年及成书、献书之年都得以更为确切而有力的考订。

实际上，关于《文心雕龙》的写作年代，尤其是作于齐代还是梁代的问题，一直颇有争议，有些学者坚持认为《文心雕龙》成于梁世，应该说也是有其道理的。这从一个方面说明，由于确凿史料的匮乏，牟先生的考订仍难谓其必当如此。但史证既不足，则全面衡量和综合推断就显得格外重要，以此而论，牟先生的考订就显得更具合理性了。韩湖初先生便指出：“在笔者看来，经杨明照考订、牟世金先生修正和完善的刘毓崧齐末说难以撼动。细看贾、周之说，尽管‘证据’令人眼花缭乱，却经不起检验，有的则近于可笑。”韩先生并指出一个重要的问题，那就是既要认真体会《文心雕龙》原文，又要“细看杨、牟之说”，否则“其论怎能服人”？[②]笔者也觉得，《汇考》之作不仅全力搜寻有用、可用的资料，而且思虑极为细致周密，确是需要仔细研读的。

第四，关于刘勰的卒年问题。

史料之缺乏，几乎使有关刘勰生平的每一个问题都聚讼纷纭。刘勰卒年，分歧更大。范文澜先生推断刘勰卒于普通元年或二年（520 或 521），影响较大，但由于“徒凭推想”[③]，故难成定谳。范说之后，影响较大的是李庆甲先生的考定。他据宋释祖琇《隆兴佛教编年通论》等释书的记载，考定刘勰卒于中大通四年（532）。新版《辞海》便取李说。然而，《梁书》《南史》均未明言刘勰卒年，时至南宋，诸释书又从何得知刘勰表求出家的具体年代？且将刘勰卒年延至 532 年，十余年之中，刘勰所任所在，《梁书》《南史》为何竟不置一字？

《汇考》将有关刘勰卒年诸说大别为二：一在普通初年，一在萧统卒后。进而推断：“虽两类之间又互有歧异，察其关键，唯在何年奉敕与慧震于定林寺撰经。”[④]而奉敕撰经必在刘勰迁步兵校尉之后，始与本传相符。《汇考》详稽《梁书》诸传，列出自天监元年（502）至中大通三年（531）三十年间曾任步兵校尉者二十四人，核以《隋书・百官志》所载梁世官制，考定刘勰迁步兵校尉之职当在天监十七年（518）而止于天监十八年，从而证实刘勰奉敕撰经必在天监十八年，亦由此推断刘勰卒于其后第三年，即普通三年（522）。

长期以来，许多论者都把刘勰奉敕撰经与萧统之卒联系在一起，从而刘勰之卒亦每与萧统之卒紧密相关。面对这些重要而关键的问题，《汇考》列举大量史料，力证“刘勰

① 牟世金：《刘勰年谱汇考》，成都：巴蜀书社，1988 年，第 53—54 页。

② 韩湖初：《牟世金先生考证〈文心雕龙〉成书年代和刘勰生卒之年的贡献》，戚良德主编：《中国文论》（第三辑），上海：上海古籍出版社，2016 年，第 222—223 页。

③ 范文澜：《文心雕龙注》，北京：人民文学出版社，1958 年，第 730 页。

④ 牟世金：《刘勰年谱汇考》，第 108 页。

之奉敕撰经、燔发出家，均与萧统之卒了不相关”[1]，不仅澄清了这一史实，而且亦有力地说明刘勰卒于中大通年间的说法是未必可靠的。

不过，韩湖初先生指出，牟先生厘清刘勰之撰经、出家均与萧统之卒“了不相关”的史实，以及详考与慧震奉敕撰经“必在”刘勰迁步兵校尉之后即天监十八年（519），都是正确的，但范文澜先生认为刘勰撰经“大抵一二年即毕功”[2]，而牟先生认为“其说近是”，其实这都是“大可商榷”的。韩先生认为：“此次刘勰与慧震撰经任务要繁重得多，绝非一两年所能完成，时间也要长得多，参与人数亦远不止三十人。”[3]如此，则刘勰出家之年必当延后，其卒年亦当顺延，这也正是关于刘勰卒年至今尚难以定论的原因。但如韩先生所说：“关于刘勰卒年的考辨，牟世金先生不但多方搜集资料，汇考众家之说，折中近是，而且提出系列卓越见解，令探究大步向前，并接近最终结论。”[4]

（二）对刘勰生平与思想的综合探索

为古人制谱，向称难事；为刘勰制谱，史料既特别缺乏，已有诸谱又众说纷纭，加之刘勰乃文化名人，“举世睽睽，不容粗疏”[5]，故欲求合理通达而符合史实之说，实为难上加难。《汇考》之成功撰著，不仅在上述有关刘勰一生之重大问题的全力探索，而且在于对刘勰生平与思想的综合研究。换言之，正是在对刘勰一生事迹及其思想予以全面把握的基础上，对其生平重大问题的衡量才变得更加可信而具有说服力。

《序例》有云：“本书所考，虽大多久蕴于心，然近年应约所撰有关文稿，仍多沿旧说；时见报刊探讨刘勰系年之文，常有触发，亦欲言而止。盖以尚未通盘考核，未能自信也。”“通盘考核”，对于考察刘勰生平而言，确是尤为需要的。有关刘勰生平的许多说法，单独看似都能成立，而最终又经不住推敲，其原因正在于未能“通盘考核”。如刘勰入定林寺的时间，许多谱表定为永明元、二年（483、484）便是不准确的。其一，刘勰至天监二、三年（503、504）方出定林，则居寺时间已超二十载，此与本传所谓“与之居处，积十余年”显然不符。其二，本传谓刘勰“家贫不婚娶，依沙门僧祐”，则不可或忽者，其依僧祐之时，必至婚娶成家之年。据《礼记·曲礼》《孔子家语·本命解》等知，二十岁之前的刘勰，尚未至有室之年，则入寺亦不可能。《汇考》检前验后，详稽史实，定其永明八年（490）入定林寺依僧祐，显然是更为合理的。又如刘勰卒年，延至萧统卒后亦不可谓无据，然而，将刘勰增寿十余年，而其事迹一无所闻，已于事理难通；且刘勰年逾古稀，无官无职后欲遁佛门，又有何必要“先燔鬓发以自誓”，而求“敕许之”呢？这样，唯一的可能就是“奉敕撰经”的时间真的如贾树新先生所说，“需时约十五年，才能证功毕”[6]，然而其可靠性是值得怀疑的。《汇考》着眼刘勰一生，广征史料，细推事理，认为宋元释书所载

---

① 牟世金：《刘勰年谱汇考》，成都：巴蜀书社，1988年，第116页。

② 范文澜：《文心雕龙注》，北京：人民文学出版社，1958年，第731页。

③④ 韩湖初：《牟世金先生考证〈文心雕龙〉成书年代和刘勰生卒之年的贡献》，戚良德主编：《中国文论》（第三辑），上海：上海古籍出版社，2016年，第229页。

⑤ 牟世金：《刘勰年谱汇考·序例》。

⑥ 贾树新：《〈文心雕龙〉历史疑案新考》，《文心雕龙研究》第一辑，北京：北京大学出版社，1995年，第226页。

并不可靠，笔者觉得还是极有说服力的，而定刘勰卒于普通三年(522)，也就有其道理了。

实际上，如果孤立地看待《汇考》对刘勰事迹的系年，则很多考证仍可说未必尽是。如考刘勰生年，以其七龄之梦而推其父卒必在刘勰七岁之后，以建康激战史实而考刘尚必战死于元徽二年(474)，都是相当可靠的。但这仍未能肯定刘尚卒时刘勰一定八岁，从而亦难确断刘勰生年。当然，其前后出入已不太大。而再与《文心雕龙》成书、献书之年联系考察，则刘勰生年的可信程度就大为加强了。又如《文心雕龙》之撰年，细推《时序》以下六篇之写作进度固已大致可知全书撰期，但仅据此而谓此书撰成需时四年实仍有可酌。而核以四年之中，刘勰仍有撰经任务，以及献书沈约之时间，则其撰期方更为确信。《汇考》之所以能对刘勰一生事迹作出“近是”的推断，正因其着眼刘勰一生而进行全面考核和综合衡量。不限于一时一事，不拘于一枝一节，而是从总体上，从全部史料的前后照应和情理的综合推断上，去考定刘勰一生的一行一动。这种方式的合理性，对于考察刘勰这样极少明确记载之人的生平事迹而言，显然是不难理解的，但其难度则是可想而知的。

牟世金先生以精研《文心雕龙》三十载，出版“龙学”著作八九种之后而撰刘勰年谱，其资于内证而得心应手，方使考证左右逢源。如论刘勰三年居丧，证以《指瑕》评“左思《七讽》，说孝而不从；反道若斯，余不足观矣”①，而谓“其重孝道若此，则刘勰守丧三年自不可少”②，则其理惬当。又如论僧祐《法集总目序》很可能系刘勰代为抄撰辑录，此说早为前人所及，然只推想为言；《汇考》进而举《丽辞》“丽句与深采并流，偶意共逸韵俱发”，与《法集总目序》之“短力共尺波争驰，浅识与寸阴竞晷”相较，而疑后者或亦是刘勰得意之句③，亦可谓实而有征了。《汇考》推断《文心雕龙》写作进度，范注早有“《文心》各篇前后相衔，必于前篇之末，预告后篇所将论者”之说④，牟先生更证以刘勰论“附会之术”而强调“制首以通尾”，反对“尺接以寸附”⑤之语，既证范说之不诬，亦为推断《文心雕龙》写作进度提供重要依据。又如沈约大重《文心雕龙》而“谓为深得文理”⑥，多以《文心雕龙》之《声律》篇正合沈约之旨，或亦据此而论门户之见。《汇考》证诸《声律》本文及《正纬》等篇，揭示“刘勰之声律论，乃按自然之道立论”，“与沈约之论异趣”⑦，从而可见沈约之重视《文心雕龙》一书，本正从其“深得文理”处着眼，并不存所谓门户之见。《文心雕龙》是刘勰现存最重要的著作，探索刘勰生平而充分利用之，正是使结论臻于“近是”的重要途径。

正是以对《文心雕龙》的深入研究为基础，牟先生的《汇考》既精心探求刘勰一生事迹，又以深知刘勰思想之探究实为“龙学”一重要难题，故不遗余力而详搜有关儒、释、道

---

① [南朝梁]刘勰：《文心雕龙·指瑕》，戚良德辑校：《文心雕龙》，上海：上海古籍出版社，2015年，第235页。
② 牟世金：《刘勰年谱汇考》，成都：巴蜀书社，1988年，第26页。
③ 同上，第40页。
④ 范文澜：《文心雕龙注》，北京：人民文学出版社，1958年，第504页。
⑤ [南朝梁]刘勰：《文心雕龙·附会》，戚良德辑校：《文心雕龙》，第243页。
⑥ [唐]姚思廉：《梁书》，北京：中华书局，1983年，第712页。
⑦ 牟世金：《刘勰年谱汇考》，第40页。

及文艺思想资料，以展示刘勰思想形成的文化背景和时代氛围。应该说，这属于一本年谱之作的意外收获，但也显然有助于刘勰生平事迹的深入考察。

例如，刘勰既以感梦孔子而立志论文，《文心雕龙》之作，更以“圣”“经”为立文之准则，则刘勰的儒家思想必非久受浸渍而难成。《廿二史札记·南朝经学》谓：“齐高帝少为诸生，即位后，王俭为辅，又长于经礼，是以儒学大振。”衡诸《南齐书·高帝纪》等，知此说信非虚言。《汇考》据以论云：“按刘勰此时正值求学之际，齐祖尚儒，辅以王俭，其后数年之‘儒学大振’，对彦和之重儒必深有影响。”[①]同时，《汇考》又引沈约《为文惠太子解讲疏》及《南齐书·高逸、顾欢传》等关于僧入玄圃、齐征道家学者顾欢为太学博士等的记载，说明“当时之儒学，与两汉大异”[②]，则影响于刘勰之儒风亦自不同于两汉经学；说明刘勰重儒而不废佛道，其来有自。齐永明以后，“儒风更浓”，而“佛教思想亦为皇室所重”[③]。《汇考》以《南齐书·刘瓛、陆澄传论》《资治通鉴·齐纪》《高僧传·僧柔传》及《僧远传》等说明，浓厚的儒风既影响于刘勰，而佛徒之为帝王敬重，亦“当使刘勰为之动心”[④]。永明五年(487)以后，以萧子良为中心的文学集团开始形成，“与此同时，子良不断招致名僧，大讲佛法，又形成江左佛学高潮”[⑤]，所谓“道俗之胜，江左未有也”[⑥]。《汇考》指出：“刘勰之‘道俗’相兼，其非时风所致?”[⑦]

仅从上述对刘勰二十一岁前社会思想状况的描绘便可看出，《汇考》确乎相当有力而全面地揭示了刘勰思想形成的整个文化背景，这对于理解刘勰思想的多重成分及复杂程度，对于认识《文心雕龙》的指导思想及理论基础，都是极为重要的。

需要指出的是，由于史料之缺乏，有关刘勰生平的每一个问题几乎都聚讼纷纭而难有定谳。因此，《汇考》之作，亦不可能没有疏漏之处。如韩湖初先生最近专门撰文，就牟先生对刘勰生平研究所做出的贡献进行研究，并给予高度评价，认为《刘勰年谱汇考》一书“汇总众家之说，评价得失客观公允，辨析异同深入细致，而且提出系列卓越见解，步步推动探究的深入，并为接近最终结论奠下坚实的根基”[⑧]。但同时指出牟先生对刘勰晚年于定林寺撰经时间的估算，便有些不确。近年来，张少康先生也对刘勰生平进行了一些研究，并就牟先生的《刘勰年谱汇考》指出：“牟著收集了当时所能见到的海内外十多种研究刘勰身世的著作，参考了许多有关的研究论文，能够在总结各家研究成果基础上进一步提出自己的新见解，应该说是一部研究刘勰身世的集大成之作，但因考订有明显失误之处，有些见解就离谱了，故不能尽如人意。”[⑨]这一说法一方面肯定了牟先生《汇考》的“集大成”之功，另一方面又认为“考订有明显失误之处”，以至“有些见解就离

① 牟世金：《刘勰年谱汇考》，成都：巴蜀书社，1988年，第16页。

② 同上，第18页。

③④ 同上，第19页。

⑤ 同上，第23页。

⑥ [南朝梁]萧子显：《南齐书·竟陵王萧子良传》，《南齐书》，北京：中华书局，1972年，第698页。

⑦ 牟世金：《刘勰年谱汇考》，第23页。

⑧ 韩湖初：《牟世金先生考证〈文心雕龙〉成书年代和刘勰生卒之年的贡献》，戚良德主编：《中国文论》(第三辑)，上海：上海古籍出版社，2016年，第219页。

⑨ 张少康：《刘勰的家世和生平》，《文心与书画乐论》，北京：北京大学出版社，2006年，第3页。

谱了”，这是需要略予辨别的。其实，细读张先生大作，虽有一些与《汇考》不同之见，但应当说还是赞成、肯定为多；其真正认为牟先生之考具有“明显失误”而至“离谱”之处，盖惟刘勰任步兵校尉之时间问题而已[①]。笔者觉得，《汇考》对此一问题的考证即使有不确之处，却也未必真的十分“离谱”。况且，诚如张先生所说，“由于文献资料的欠缺，我们不可能非常确切地撰写刘勰的年谱”，也就不可能没有“推测的因素”[②]。因此，总体来说，牟先生对刘勰生平的考证，其系统全面而“折中近是”，亦可谓刘勰的功臣了。

三、《文心雕龙译注》的成就

牟先生的“龙学”之路，可以说是从《文心雕龙》的今译起步的，在他的“龙学”著作中，以翻译为主的著作就有四种。先生在《文心雕龙研究》的“自序”中，曾谈到自己与“龙学”的因缘：

> 解放前，我在四川老家的一所中学任教，当时还年少无知，但听到同事中的年长者谈起《文心雕龙》，引起我的兴趣，便从书店买来一本标以“广注”的《文心雕龙》[③]，却根本看不懂。因而萌生一种愿望：能读到一种今译本就好了。当时还绝无自己来译的奢望，只希人家译出，以利自己学习而已。直到 1958 年，山东大学成仿吾校长亲率中文系师生编写文学史，陆侃如先生和我被任命为汉魏六朝段的负责人，分工时只好任别人先选，最后剩下绪论和《文心雕龙》两个部分，便由陆先生写绪论，我分《文心雕龙》。这就再一次促使我产生读到《文心雕龙》译本的强烈愿望。但那时仍然没有译本可读，历史就为我安排了这样的道路：三年之后，陆先生和我决定，自己来译。[④]

1962 年 9 月，两位先生合作的《文心雕龙选译》上册由山东人民出版社出版，1963 年 7 月又出版了该书下册。这是《文心雕龙》研究史上的第一个译注本。全书译注《文心雕龙》二十五篇，每篇写有“题解”，书前有近四万字的“引言”，对《文心雕龙》进行了较为系统的论述。1963 年 5 月，两位先生合作的《刘勰论创作》也由安徽人民出版社出版。对《文心雕龙》的创作论进行专题研究和注译，这在“龙学”史上也是第一次。1981 年、1982 年，牟先生修订并补充完成的《文心雕龙译注》上、下册相继由齐鲁书社出版，这是“龙学”史上第一个《文心雕龙》全译注本。它虽然仍可说以六十年代的《选译》为基础，但牟先生不仅补译补注了《选译》未收的二十五篇，而且对《选译》的二十五篇也全部仔细推敲，统一修订。因此，《译注》实际上已成面目全新之作了。对此，石家宜先生曾经作过深入分析。他说：

> 新著面貌焕然，须刮目相看。首先，新著的整体感强……取得了理论整体上

① 张少康：《刘勰的家世和生平》，《文心与书画乐论》，北京：北京大学出版社，2006 年，第 28 页。
② 同上，第 35 页。
③ 牟先生原注：“杜天縻注，世界书局 1947 年版。此书至今尚存身边。”
④ 牟世金：《文心雕龙研究·自序》，北京：人民文学出版社，1995 年。

比较准确的把握。其次，牟著的理论质地好：一篇引言，洋洋洒洒达六七万字，纵横捭阖，层层推进；条分缕析，益见谨细；从《文心》整个体系上作出这样全面深入的理论剖析，目前是不多见的。……同时，新著的科学性也大大加强了。……作者博取众长，尊重权威，但更尊重科学，他对所引的每一条资料包括范注的全部引文都找原文查核，从不用第二手资料，这种尊重历史的基本态度贯穿在整个校注工作中。……正是这种执着地注重论据使牟著充满了首创性。……牟著取得的成就是和他始终坚持尊重历史、尊重事实的执着认真分不开的，我们应当从这里总结他的已经引起海内外重视的理论研究工作。①

可以看出，石先生不仅作了切中肯綮的分析，而且给以高度评价。詹锳先生也曾说："牟世金同志新出的《文心雕龙译注》比 1963 年他和陆侃如先生合写的《文心雕龙选译》提高了一大步。"②张少康等先生的《文心雕龙研究史》也指出："《文心雕龙译注》是牟世金在研究《文心雕龙》文本方面的代表作。《译注》与原来的《选译》相比，不仅是补齐了原来未译注的篇章，而且在学术水平上有了很大的提高，补充了作者许多新的研究成果，成为一部融学术性和普及性于一炉的《文心雕龙》全注本和全译本。"③

作为范注之后的《文心雕龙》新注本，《文心雕龙译注》的注释首先体现出详尽的特点。据王树村《评〈文心雕龙译注〉》一文统计："对于《原道》到《檄移》的二十篇，范注本只设有 911 条注，平均每篇 45.6 条；周注本设有 698 条注，平均每篇 34.9 条；《译注》则设注 2315 条，平均每篇 115.8 条，这个数目差不多是范、周两本注条总和的一倍半。"④应该说明的是，由于注释体例的不同，条目数量的多少并不能完全反映注释的详略，如周振甫先生的《文心雕龙注释》，往往数句一条注释，但这条注释里面实际上包含了多条注释内容，因此注释条目的数量有时并非完全可比的。不过，《译注》"平均每篇 115.8 条"的注释，这在同类著作中确实是比较详尽的；尤其是作为较早的《文心雕龙》读本，详尽的注释对读者的便利是不言而喻的。更重要的是，《译注》的注释不仅条目多，而且其具体的注释内容更是焕然一新。如《史传》篇有"宣后乱秦，吕氏危汉"之句，范注引《史记·匈奴列传》之语，以"乱"为淫乱⑤，其后注家皆从此说。但牟先生细究原文，认为"宣后乱秦"与"吕氏危汉"性质相同，而与"淫乱"毫不相干，并证以《史记·穰侯列传》和《范雎列传》的史实，"宣后乱秦"之本义始明⑥。再如《书记》篇有"休琏好事"一语，范注谓："彦和谓其好事，必有所本，不可考矣。"⑦周振甫先生也说："所谓好事，未详，或和好作书信有关。"⑧牟先生则以《三国志·王粲传》注引华峤《汉书》以及《后汉书·应劭传》《后汉

① 石家宜：《〈文心雕龙〉研究的勃兴》，《读书》1984 年第 5 期。

② 詹锳：《〈文心雕龙〉的风格学》，北京：人民文学出版社，1982 年，第 165 页。

③ 张少康、汪春泓、陈允锋、陶礼天：《文心雕龙研究史》，北京：北京大学出版社，2001 年，第 336 页。

④ 王树村：《评〈文心雕龙译注〉》，《文学评论》1984 年第 3 期。

⑤ 范文澜：《文心雕龙注》，北京：人民文学出版社，1958 年，第 296 页。

⑥ 陆侃如、牟世金：《文心雕龙译注》上册，济南：齐鲁书社，1981 年，第 200 页。

⑦ 范文澜：《文心雕龙注》，第 473 页。

⑧ 周振甫：《文心雕龙注释》，北京：人民文学出版社，1983 年，第 284 页。

书·班彪传》等记载为据，指出这个“好事”乃是“缀集时事”以编写史书[①]，令人豁然开朗。又如《丽辞》篇“气无奇类”一语，各家一般不注，但理解却各有不同。周振甫先生先译为“内容没有创见”[②]，后改为“意气没有独创”[③]，郭晋稀先生译为“一篇作品情态很平常”[④]，赵仲邑先生则译为“才气没有什么突出之处”[⑤]，等等。牟先生则引《周易·乾·文言》“同声相应，同气相求……则各从其类也”为据，指出“气类”乃“同类，借指对偶”[⑥]，这一注释显然是颇为符合《丽辞》之旨的。可以说，《译注》对《文心雕龙》注释的这种首创之功，乃是屡见不鲜的。

牟先生曾有一段话谈到注释的重要性，其云：

> 尊《文心雕龙》今译为“专门学术中的专门学术”，窃以为实有识之论。其为“专”者甚多，主要是难于确切地转达原意。海峡两岸学者虽经二十多年的努力，至今仍难得一本公认的准确译本……究其原因，关键是在对原文的理解。信达的译文，必以准确的注释为基础。若得精确翔实的注本为据，则所谓“信达雅”的译事，无论今译或外译，就和一般翻译相去不远了。故所谓专门中的“专门”，其根在注。[⑦]

《文心雕龙》的今译很难，因此牟先生不止一次地对王更生先生所谓“专门学术中的专门学术”一说表示赞同，如说：“王更生曾谓：‘近代言翻译，已成专门的学术，而《文心雕龙》的翻译，更是专门学术中的专门学术。’这说明他对《文心雕龙》的翻译是颇有见地的。”[⑧]但翻译的基础是对原文的理解，因而“信达的译文，必以准确的注释为基础”，牟先生之所以对注释极为用力，也就可想而知了。应该说，牟先生追求的这一“精确翔实”的注释目标，经过三十多年的实践检验，他基本达到了，这是其《译注》一书至今畅销不衰的两大原因之一。

另一个重要的原因，当然是牟先生同样看重的翻译。《译注》对《文心雕龙》的翻译，可谓圆润畅达，既忠实于原著，力求搞清本义，又灵活变通，做到以现代的理论语言准确地传达出一千五百年前的文学思想。诚如评者所说，“《文心雕龙译注》……恰到好处地注释、翻译了《文心雕龙》全书”[⑨]。这种“恰到好处”，说起来容易，做起来很难，这应该是曾经翻译过《文心雕龙》者的共同感受。王更生先生之所以说这是“专门学术中的专门学术”，我觉得就是因为他感触很深，知道《文心雕龙》的今译，实在不同于一般的古文翻译。这里我们试举二例。

《辨骚》篇有这样几句：

---

① 陆侃如、牟世金：《文心雕龙译注》下册，济南：齐鲁书社，1982年，第62页。
② 周振甫：《文心雕龙选译》，北京：中华书局，1980年，第206页。
③ 周振甫：《文心雕龙今译》，北京：中华书局，1986年，第318页。
④ 郭晋稀：《文心雕龙注译》，兰州：甘肃人民出版社，1982年，第456页。
⑤ 赵仲邑：《文心雕龙译注》，南宁：漓江出版社，1982年，第304页。
⑥ 陆侃如、牟世金：《文心雕龙译注》下册，第197页。
⑦ 牟世金：《台湾文心雕龙研究鸟瞰》，济南：山东大学出版社，1985年，第19页。
⑧ 同上，第17页。
⑨ 王树村：《评〈文心雕龙译注〉》，《文学评论》1984年第3期。

若能凭轼以倚《雅》《颂》，悬辔以驭楚篇，酌奇而不失其贞，玩华而不坠其实；则顾盼可以驱辞力，欬唾可以穷文致，亦不复乞灵于长卿，假宠于子渊矣。①

这段话是《辨骚》篇有名的结论，其中没有什么晦涩之词，也没有什么难解之句，我们随便举这样一个例子，来看一下什么是“恰到好处”，为什么说这是“专门学术中的专门学术”。几家有代表性的译文是这样的：

牟世金：如果我们在写作的时候，一方面依靠着《诗经》，一方面又掌握着《楚辞》，吸取奇伟的东西而能保持正常，玩味华艳的事物而不违背实际；那么刹那间就可以发挥文辞的作用，不费什么力就能够穷究文章的情趣，也就无须乎向司马相如和王褒借光叨教了。②

周振甫：倘能严肃地遵照《雅》《颂》的准则，有控制地驾驭《楚辞》，采择奇伟的内容而不失去它的正确；鉴赏香花而不失掉它的果实；那么在一回顾间可以发挥文辞的作用，一开口间可以彻底探索文章的情致，不再向司马相如求助，向王褒去借光了。③

郭晋稀：因此可知，创作必须以学习《雅》《颂》为准则，行文要有控制地效法楚《骚》，斟酌采用它的奇诞而能保持雅正，玩味体会它的华辞而不忘记实意，那么一顾一盼也可以驱遣文辞气力，一咳一唾都可以穷极文情委曲，无须向长卿乞灵感，向子渊求宠爱了。④

王运熙、周锋：如果写作能像乘车靠着车前横木那样倚靠《雅》《颂》，能像驱车拉着马缰那样驾驭《楚辞》，酌取奇伟而不丧失雅正，玩味华艳而不失去朴实；那么马上便能驱遣辞情才力，很快就可穷尽文章情致，也不必向司马相如讨教、向王褒求助了。⑤

刘勰这句话的开始是“若能……”，则译为“如果……”最为准确，所谓“因此可知”就莫名其妙了。“凭轼”“悬辔”二句是个比喻，要在强调《诗经》《楚辞》的榜样作用，译为“一方面依靠着《诗经》，一方面又掌握着《楚辞》”，用“依靠”和“掌握”既简要而准确地翻译出“凭轼”“悬辔”的比喻义，又很明白地传达了其中心思想。“酌奇”“玩华”二句是这段话里最有名的两句，因而翻译就格外难，上述译文可以说均不甚出色，但把“玩华而不坠其实”翻译成“鉴赏香花而不失掉它的果实”，未免就离题远一些了。“顾盼”“欬唾”二句也是比喻，前者表示时间之快速，后者比喻事情之容易，因而翻译成“刹那间就……不费什么力就……”才是最准确的，其他都是似是而非的。最后的“乞灵”“假宠”二句是个很形象的说法，译为“借光叨教”亦最为合适。可见，牟先生这一最早出的译文胜出一筹是毋庸置疑的。

---

① ［南朝梁］刘勰：《文心雕龙·辨骚》，戚良德辑校：《文心雕龙》，上海：上海古籍出版社，2015 年，第 25 页。

② 陆侃如、牟世金：《文心雕龙译注》上册，济南：齐鲁书社，1981 年，第 55 页。

③ 周振甫：《〈文心雕龙〉译注》（修订本），南京：江苏教育出版社，2005 年，第 98—99 页。

④ 郭晋稀：《文心雕龙注译》，兰州：甘肃人民出版社，1982 年，第 53—54 页。

⑤ 王运熙、周锋：《文心雕龙译注》，上海：上海古籍出版社，1998 年，第 39 页。

再如《文心雕龙·练字》篇中，有这样几句：“是以前汉小学，率多玮字，非独制异，乃共晓难也。”不仅没有援用故实，而且文字上似也无特别难解之处。各家译文是这样的：

周振甫：因此前汉讲文字的书，往往多奇异的字，不仅当时的制度和后来不同，也是所用文字大家难懂。[①]

赵仲邑：因此前汉的文字之学，一般说来，怪字很多，不但字形的制作特别，而且大家都很难认识。[②]

郭晋稀：所以前汉作家都懂得小学，作品中很多怪字，不单是字形奇异，而且意义也难明白。[③]

向长清：所以前汉的小学书籍，多有奇异的字，不仅文字体制与后世不同，而且即在当时，大家认识它也很困难。[④]

这些译文略有差异，但其理解原文的思路则大体相同。尤其对“非独制异，乃共晓难也”一句的理解，完全一致。然而，正如牟先生所指出，“非独……乃……”的结构，显然不能译为“不仅……而且……”，“难”字亦不是“困难”“难懂”之意，而是指“难字”，杨明照先生早有注释[⑤]。因此，牟先生将刘勰这段话译为：“因此，西汉时期擅长文字学的作家，大都好用奇文异字。这并非他们特意要标新立异，而是当时的作家都通晓难字。”[⑥]这个译文显然是独辟蹊径的。它的精彩，不仅在于它符合上下文意，从而准确地把握了原文，而且它揭示出刘勰的一个重要思想：文学作品的语言是具有时代特征的。刘勰的这一思想，对后人更好地理解、正确地评价古代的作家作品是非常重要的。事实上，牟先生的这一理解，已为后出的各家译本所接受。如周振甫先生的《文心雕龙今译》，便将《文心雕龙选译》中的“也是所用文字大家难懂”一句，改为“是当时大家都懂得难字”[⑦]。龙必锟《文心雕龙全译》将这句译为：“所以西汉的文字学，大多有很多玮奇的字，这不独是作家制造异样的字体，乃是当时大家都通晓这些难识的文字。”[⑧]张灯先生《文心雕龙新注新译》将这句译为：“所以前汉创作的语词运用，大都爱取玮奇的文字，这倒并非单为故作惊诧怪异，实质还在于作者都能通晓难字。”[⑨]王运熙、周锋先生《文心雕龙译注》将这句译为：“因此西汉的文字训诂之学，多有奇异的文字，不只是有意制作奇异文字，而是当时许多作者都通晓难字。”[⑩]笔者也是遵从牟先生的理解来翻译这句的：“所以西汉时期的字书，多有奇异之字。这并非有意创造奇字，而是因为他们都熟悉疑

① 周振甫：《文心雕龙选译》，北京：人民文学出版社，1983年，第232页。
② 赵仲邑：《文心雕龙译注》，南宁：漓江出版社，1982年，第329页。
③ 郭晋稀：《文心雕龙注译》，兰州：甘肃人民出版社，第432页。
④ 向长清：《文心雕龙浅释》，长春：吉林人民出版社，1984年，第338页。
⑤ 牟世金：《文心雕龙研究》，北京：人民文学出版社，1995年，第536页。
⑥ 陆侃如、牟世金：《文心雕龙译注》下册，济南：齐鲁书社，1982年，第241页。
⑦ 周振甫：《文心雕龙今译》，北京：中华书局，1986年，第344页。
⑧ 龙必锟：《文心雕龙全译》，贵阳：贵州人民出版社，1992年，第469页。
⑨ 张灯：《文心雕龙新注新译》，贵阳：贵州教育出版社，2003年，第370页。
⑩ 王运熙、周锋：《文心雕龙译注》，上海：上海古籍出版社，1998年，第351页。

难之字。”①可以说,牟先生在《文心雕龙》翻译中的这种准确性和原创性更是不胜枚举的,其于后世“龙学”的发展所产生的重要影响也是显然可见的。正如张少康等先生所说:“虽然《文心雕龙》的译注本在牟世金的《译注》之后,又出版了很多种,尽管各有优点和长处,但从正确、精练、深刻、流畅等方面综合起来看,都没有能超过《译注》所达到的水平。”②

《文心雕龙译注》出版后几经再版,发行盖近十万册。饶有趣味的是,仅笔者所见,即有数种《文心雕龙》读本乃以陆、牟两位先生的《文心雕龙译注》为蓝本而成。一是以北京燕山出版社名义出版的《中国古典文学荟萃·文心雕龙》(上、下,2001年版),其上册译文基本照搬《译注》,而其下册“附录”又把牟先生在《译注》中的长篇“引论”全部录入。二是内蒙古人民出版社2009年2月出版的《中国传统文化经典丛书·文心雕龙》,其每篇“导读”和“译文”更基本抄录《译注》。三是北京燕山出版社2009年3月出版的《中国古代文化集成·文心雕龙》,其大部分译文亦来自《译注》。遗憾的是,这三种书均未注明引用或参考陆、牟两位先生的著作;笔者这里只是说明,《文心雕龙译注》一书的影响于此可见一斑了。

四、《文心雕龙研究》的贡献

1989年6月19日,六十一岁的牟世金先生与世长辞。两年后,我为恩师编成《雕龙后集》一书,并由山东大学出版社于1993年出版。在这本书的“编后记”中,我写了这样一段话:“遵师母之命,草成《牟世金传略》一篇,亦附书后。实际上,以我才疏学浅之后生小子,既难探牟先生博大精深学问之万一,更难窥先生高山景行之一隅。惟师恩难忘,又师母所托,故略记一二,以铭感怀。文中多称前辈时贤之高论宏裁,乃藉以深识先生之道德学问,亦以补拙笔之无力。继续探索先生在‘龙学’上的成就和贡献,愿俟他日。”③这些话既非虚言,也不是托词,而是基于两个考虑:一是牟先生去世不久,作为蹒跚学步的“龙学”后生,我实在无力为先生的学术成就置词;二是先生虽去,但他“毕生所能雕画的一条‘全龙’”④——《文心雕龙研究》尚未出版,这正是所谓“愿俟他日”的原因。而今,当年的“后生小子”虽无改其才疏学浅,但已是“尘满面,鬓如霜”了。更重要的是,牟先生的《文心雕龙研究》早已付梓行世⑤,并得到学术界的高度评价,如张文勋《文心雕

① 戚良德:《文心雕龙校注通译》,上海:上海古籍出版社,2008年,第448页。

② 张少康、汪春泓、陈允锋、陶礼天:《文心雕龙研究史》,北京:北京大学出版社,2001年,第338页。

③ 戚良德:《雕龙后集·编后记》,牟世金:《雕龙后集》,济南:山东大学出版社,1993年,第497页。

④ 牟世金:《文心雕龙研究·自序》,北京:人民文学出版社,1995年。

⑤ 《文心雕龙研究》一书是应人民文学出版社古典文学编辑室原副主任刘文忠编审之约而作,于1987年年底交稿(大部分),直到1995年8月方得面世,其时牟先生已去世六年。刘文忠先生在其自传性著作《人争一口气》中说:“这是牟世金生前最后完成的一部力作,最后的一部分是在病中完成的……”(北京:人民文学出版社,2008年,第427页)。实际上,该书最后一章乃是牟先生身卧病榻之时,笔者受先生之托,按照先生自己拟定的章节目录,根据先生已发表的有关论著整理而成;交给出版社时未作说明,故刘先生不知此情。为了这本书的出版,刘先生“呼喊、力争了六年”,期间还得到王元化先生的出面关照(详见《人争一口气》,第426—427页)。刘先生深有感触地说:“牟世金的《文心雕龙研究》出书后受到国内外‘龙’学家的好评。可是却无人知道它出版过程的艰难与曲折。”(《人争一口气》,第428页)。

龙研究史》说:“这是我国著名的‘龙学’家牟世金生前殚精竭虑完成的一部研究专著……《文心雕龙研究》是他的一部具有总结性的学术专著,也是九十年代我国‘龙学’研究的标志性成果。”[①]又如张少康等《文心雕龙研究史》说:“《文心雕龙研究》无疑是新时期以来众多《文心雕龙》论著中最为优秀的一部。”[②]

早在1979年,当牟先生第一次看到台湾王更生先生的《文心雕龙研究》时,就为大陆未能有一部完整、系统的《文心雕龙研究》而深感遗憾;同时,他也下定决心,要写出一部真正超越前人的《文心雕龙研究》来,并为此开始了种种准备。牟先生在《文心雕龙研究》的“自序”中说:自己的各种“龙学”著作,无论注、译、考、论,还是对前人研究的总结,都是为完成《研究》一书所做的准备。他指出:“虽然早在1944年便有朱恕之的《文心雕龙研究》[③]问世,近年来,台湾也有王更生、龚菱等人的《文心雕龙研究》陆续出版,本书仍不避其重复,盖特取其‘研究’之意。……以《研究》为名的‘龙’著先我而出者虽多,但中国大陆解放之后,这还是第一部……”[④]实际上,当牟先生的《文心雕龙研究》一书于1995年出版时,大陆已经出版了穆克宏先生的《文心雕龙研究》(福建教育出版社,1991年)和孙蓉蓉教授的《文心雕龙研究》(江苏教育出版社,1994年),不过牟先生1988年春天为自己的《文心雕龙研究》写“序”的时候,确实“还是第一部”。更重要的是,即使到了今天,在大陆、台湾以及日本已出名为《文心雕龙研究》的著作虽有八九种[⑤],但不仅在规模上牟先生的这本著作仍为第一,而且真正综合研究刘勰及其《文心雕龙》而具有重大创见者,也只有王更生先生的《重修增订文心雕龙研究》(台湾文史哲出版社,1979年、1989年)可以与之媲美。

牟先生的《文心雕龙研究》全书分为八章。第一章是“绪论”,首先论述了《文心雕龙》乃“中国古代文论的典型”,从而阐明了《文心雕龙》研究在中国文论史研究中的举足轻重的意义;然后对“龙学”的历史进行了回顾和展望;最后论述了“产生《文心雕龙》的时代思潮”。第二章为“刘勰”,对刘勰的家世、生平进行了新的考证,并论述了刘勰的思想。第三章专门探讨“《文心雕龙》的理论体系”,首先清理了“《文心雕龙》的篇次问题”,然后探讨“《文心雕龙》的总论”,再次说明“《辨骚》篇的归属问题”,最后对“‘体大思精’的理论体系”作出系统表述。第四章论“文之枢纽”,探究了“‘原道’论的实质和意义”“‘征圣’‘宗经’思想”以及“《正纬》和《辨骚》的枢纽意义”。第五章研究“论文叙笔”,由“概说”和“楚辞论”“论诗”“论赋”“论民间文学”几部分组成。第六章探讨“创作论”,首先研究了“创作论的体系”,然后论述了《文心雕龙》的“艺术构思论”“风格论”“风骨论”“通变论”和“情采论”。第七章研究“批评论”,首先介绍了刘勰对建安文学的评价,然后

① 张文勋:《文心雕龙研究史》,昆明:云南大学出版社,2001年,第187页。

② 张少康、汪春泓、陈允锋、陶礼天:《文心雕龙研究史》,北京:北京大学出版社,2001年,第392页。

③ 按朱恕之的《文心雕龙研究》乃1945年4月由南郑县立民生工厂印行。该书规模不大,不到五万字,但却是体系完备的一本专著,共分十一章,分别为绪论、本质论、鉴赏论、创作论、批评论、文体论、文学史的雏形、文心雕龙的两点重要申辩、文学与时代、文心雕龙的研究、结论。

④ 牟世金:《文心雕龙研究·自序》,北京:人民文学出版社,1995年。

⑤ 如大陆有孙蓉蓉、穆克宏、赵耀锋等先生的著作,台湾有王更生、龚菱、简良如等先生的著作,日本有户田浩晓、门胁广文等先生的著作。

论述了刘勰的“批评论和鉴赏论”以及“作家论”。第八章是“几个专题研究”，分为四节：刘勰对古代现实主义理论的贡献、从《文心雕龙》看古代文论的民族特色、从“范注补正”看《文心雕龙》的注释问题、台湾《文心雕龙》研究鸟瞰。

牟先生在“自序”中说：“这是我毕生所能雕画的一条‘全龙’。”①可以说，《文心雕龙研究》的完成，标志着牟世金先生成为一位最全面的“龙学”家。从“龙学”史上看，多数研究者或长于校勘，或重在注释，或精于评点，或深于论证。牟先生则以其不下十种“龙学”著作而集合成《文心雕龙研究》一书，成为在“龙学”之注、译、考、论各个方面都有重要贡献的“龙学”家。这里我们仅就牟先生对《文心雕龙》的基本认识、对《文心雕龙》理论体系的探索、对《文心雕龙》创作论的研究以及《文心雕龙研究》一书所体现出的“龙学”方法论等几个问题，略予介绍。

（一）对《文心雕龙》的基本认识

牟先生非常赞赏周扬先生对《文心雕龙》一书的概括，认为其为“中国古代文论的典型”。他说：“《文心雕龙》在中国古代文学理论中的典型意义，主要就在它可说是一部中国古代的文学概论。在这点上，中国古代大量文学理论著作，确是没有第二部可以与之相比的。”②应该说，牟先生这一对《文心雕龙》的基本认识代表了二十世纪绝大多数《文心雕龙》研究者的看法。但同时，牟先生又明确意识到《文心雕龙》的文学理论有着不同于现代文学理论的特点，他说：

> 《文心雕龙》的全面性，可从两个方面来看：一是对各种文体的全面总结，一是对文学理论的全面论述。文体论是本书的一个重要组成部分。不少研究者认为其所论文体多非文学作品，有的甚至斥之为“乱七八糟的东西”。这是用西方的观点或现代“文学概论”的定义来衡量所然，如果从中国古代文文论的实际出发，就不能不承认文体论正是中国古代文论的主要内容之一。可以毫不夸大地说：没有相当周全的文体论，《文心雕龙》就不会成为中国古代文论的典型。③

在二十世纪的“龙学”史上，从黄侃开始，研究者就比较轻视《文心雕龙》的“论文叙笔”部分（即通常所谓文体论）。黄氏生前由北平文化学社于1927年所刊《文心雕龙札记》共二十篇，除《序志》一篇外，乃是从《神思》至《总术》的十九篇，文体论的内容付之阙如。后来中华书局于1962年所出《文心雕龙札记》的全璧共三十一篇，增加了“论文叙笔”（文体论）部分的六篇（《明诗》《乐府》《诠赋》《颂赞》《议对》《书记》），显然仍是以创作论为主体的。我们不能说二十世纪的“龙学”史完全决定于黄侃的这一发端，但黄氏《札记》一直备受推崇，不能不说与其对创作论的重视是有关的，可以说它正好契合了二十世纪的文学理论观念。但牟先生指出，《文心雕龙》本身是“全面的”，这种全面性，“一是对各种文体的全面总结，一是对文学理论的全面论述”，缺一不可。应该说，把“文体论”

---

① 牟世金：《文心雕龙研究·自序》，北京：人民文学出版社，1995年。

② 牟世金：《文心雕龙研究》，第3页。

③ 同上，第5页。

和“文学理论”如此区分，既说明了《文心雕龙》之文体论与二十世纪的文学观念是颇为不同的，也正好解释了二十世纪的“龙学”何以忽视文体论。但牟先生说“没有相当周全的文体论，《文心雕龙》就不会成为中国古代文论的典型”，这一对《文心雕龙》的总体认识是非常全面而深刻的。

从牟先生《文心雕龙研究》一书的结构看，其第五章为“论文叙笔”，他没有叫“文体论”，可以说充分顾及了《文心雕龙》与现代文学理论的不同；这一章的内容一共有五节，而第六章“创作论”一共有六节，亦显然照顾到了两个部分的平衡，表示着他对《文心雕龙》之全面性的充分重视。因此我们可以说，《文心雕龙研究》一书确是真正全面把握《文心雕龙》，力图对其进行综合研究的一部空前之作。这对认为《文心雕龙》是“一部中国古代的文学概论”的二十世纪“龙学”而言，实在是难能可贵的了。较之黄侃，显然是前进了一大步。这也充分说明，力图读懂原文、搞清本义的牟先生，尽管有着不同于刘勰的现代文艺观念，但其实事求是的研究原则还是发挥了最强大的作用，这可以说是百年“龙学”的宝贵经验之一。

但我们也不能不指出，任何研究者都是无法超越时代的，所谓“文变染乎世情，兴废系乎时序”[①]，在把《文心雕龙》作为文学理论著作的前提下，重视其创作论可以说是一个必然的选择。牟先生说：“另一个更为重要的方面，是《文心雕龙》相当全面地论述了我国古代文学理论中的种种重要问题。……正因如此，它才成为中国古代文论的典型，它的重要意义才历久不衰，并直到今天还愈来愈受到研究者的重视。”[②]因此，尽管牟先生很明确地意识到，“用六朝时期‘文学’与‘文章’的概念来说，当以‘文章论’为是”，“《文心》所论是当时的‘文章’，而非‘文学’”，但他同时又指出：“到近世‘文学’与‘文章’二义有了很大变化和明确区分之后，如果用今人的观念来说，就只有‘文学论’才和六朝时期的‘文章论’意近”，“六朝人所讲的‘文章’，是和近世的‘文学’义近的”，因为“今人所讲的‘文章’，通常是不包括诗歌、乐府、颂赞等韵文作品的。因此，今天仍以《文心雕龙》为‘文章论’，就与原意不符了”。[③]应该说，这些认识是清晰的，但这显然又是以现代文艺理论为指导和原则的。在此情形下，对《文心雕龙》全面性的认识有时就主要停留于一种理论上的认识，而导致事实上对创作论的偏重。在《文心雕龙研究》一书中，这种偏重也是明显的：一方面，第五章的“论文叙笔”虽有五节内容，但其篇幅为七十六页；而第六章“创作论”虽也只是六节，但其篇幅达到了一百四十四页。另一方面，“论文叙笔”一章的具体内容，除了“概说”以外，只研究了“楚辞论”“论诗”“论赋”“论民间文学”等几个问题，其文学理论的视角是显然可见的。

牟先生对《文心雕龙》的基本认识，有一个重要的贡献必须提到，那就是对《文心雕龙》篇次原貌的维护。从范文澜、刘永济先生开始，不少研究者都认为《文心雕龙》现行版本的篇次有错乱，需要加以调整。大陆学者中以郭晋稀先生为代表，台湾学者中以李曰刚先生为代表，对《文心雕龙》篇目（主要是《神思》篇以后）的次序作了较大调整。对

① ［南朝梁］刘勰：《文心雕龙·时序》，戚良德辑校：《文心雕龙》，上海：上海古籍出版社，2015年，第253页。
② 同上，第6—7页。
③ 同上，第86、87页。

此，牟先生作了非常有力的说明和论证，认为《文心雕龙》的篇次并无错乱，不应随便予以更正。他说：

> 《文心》的组织结构虽素称严密，但一方面不过是在古籍中相对而言，岂必天衣无缝，完美无瑕？一方面又有古今之别，刘勰以为是者，今人未必以为尽是，何况同一《文心》，今人也是言人人殊。对《文心》篇次的调整，各家的依据不外《序志》篇讲其书纲目的一段话和各篇之间的脉络关系。以此为据虽也不无道理，但由于著者的用意和论者的考虑难一，古人的严密与今人的严密有别，欲求其确是困难的。刘勰的论点既有误，其篇章次第的安排又怎能完全合理？今有一人，若恨其论述之不当而图改正原文，是必皆以为非；觉其篇次不当而径行改正，其可乎！所以，调整篇次者虽主观上是图复其原貌，但在客观上很可能远离原貌。①

显然，这一番道理讲得是极为正确而无可辩驳的。事实也是，随着研究者理解的不同，对篇目次序的调整必然不同，则结果只能是“远离原貌”了。即如《物色》一篇，不少研究者都认为不应该在《时序》篇之后，笔者也曾经认为《物色》应该属于“剖情析采”的创作论部分，但把它放在哪个位置呢？必然是言人人殊的。仅此一篇的调整尚且如此困难，何况涉及多篇，又怎能找到正确的答案？正如祖保泉先生所说：“今之论者只凭自己的理解便断定下篇篇次错乱，哪会把对问题的研究导入‘公讲公有理，婆讲婆有理’的境地。当人们没有新的发现之前，我认为还是尊重现有的古本为好。”②

当然，道理是一回事，事实是另一回事。研究者由于理解不同而造成的篇次调整差异，只能说明在没有根据的情况下不可随意更动，却并不能说明《文心雕龙》原来的篇次一定没有错误。正是考虑到这一点，牟先生提出了两个富有说服力的论据。他说：“从元刻至正本以下，明清大量刻本的篇次全与通行本篇次一致；今存最早的唐写本虽是残卷，但从《原道》至《谐隐》的十五篇，也与现行本的篇次完全相同。早在唐代《文心雕龙》便已传入日本，而日本现存最早的刻本尚古堂本和冈白驹本，和通行本的篇次也是一致的。明清时期的大量校本，亦无只字提及尚有不同篇次的版本。这些都只能证其篇次本来无误。”③笔者以为，这一连串的说明是极有说服力的。唐代去刘勰未远，唐写本虽仅存少部分，但其恰好不乱的事实足以提醒我们，《文心雕龙》的原本次序应该就是这样的。之后的元至正本以及明清的系列版本，这一切应该可以组成一个证据链，证明“其篇次本来无误”的结论。同时，牟先生又指出：“从今存唐写本已逐篇标有篇次（如《明诗第六》《杂文第十四》等）看，无论宋本、元本或明清本、日本本，都不容再有更易。这是今存国内外一切版本篇次一致的根本原因。如《时序第四十五》《物色第四十六》等，既已标定，则不论其前后次第是否适当，后人就无从致误，也无权改动了。”④应该说，这又是一个极为有力的说明和论证。我们虽无法确定刘勰著书时一定标明了篇次，但唐写本

① ［南朝梁］刘勰：《文心雕龙·时序》，戚良德辑校：《文心雕龙》，上海：上海古籍出版社，2015年，第93页。

② 祖保泉：《文心雕龙解说》，合肥：安徽教育出版社，1993年，“前言”，第6页。

③ 同上，第94页。

④ 同上，第95—96页。

却明白无误地标注了篇次(在这一点上,其是否残卷就无关紧要了,十三篇的顺序足以说明问题),其后所有版本均一致的事实说明,它们都是延续唐写本而来的,至少也是与其一致的。可以说,加上这两个方面的论据,牟先生的论证真的就可以称之为“牟世金精密的理论”①了。

正如日本安东谅先生所说:“书的篇次是被精密的理论所体系化的、著者宏大构思的产物,因此,这是一个不容忽视的问题。”② 牟先生把对《文心雕龙》篇次的探讨作为论述其理论体系的第一个问题,就是因为“《文心雕龙》的理论体系是通过其篇章结构体现出来的”③,对篇次的不同理解“涉及对《文心雕龙》理论体系的理解”④。与此密切相关,笔者觉得尊重《文心雕龙》的现行篇次,才能认真理解刘勰的文论话语,从而认识中国古代文论话语体系的特点,尤其是其与现代文学理论话语体系的重大区别。这在《物色》篇的次序问题上体现得尤为明显。我们之所以觉得“物色”问题应该属于创作论,正是基于现代文艺学对情景关系的理解,但在刘勰的文论话语体系中,它虽然也是一个与创作过程密不可分的“小”问题,但更是一个影响整个文章事业的“大”问题,所谓“江山之助”⑤,与“文变染乎世情,兴废系乎时序”⑥具有同等重要的意义,因此刘勰把《物色》安排在了《时序》之后进行论述;同时,从刘勰的具体论述看,《物色》篇的提出及其安排又与六朝时期兴起的山水诗文密切相关,而这在刘勰看来关乎文章发展的方向和趋势,所谓“近代以来,文贵形似”,所谓“物色尽而情有余者,晓会通也”⑦,都不仅仅是一个具体的“剖情析采”问题。因此,刘勰的安排首先需要我们用心体会,而不是随便予以更改。

(二) 论《文心雕龙》的理论体系

牟先生从二十世纪六十年代便强调研究“《文心雕龙》自身的理论体系”,认为“有探讨刘勰自己的文学理论体系的必要”,并呼吁“《文心雕龙》的研究者们考虑这个问题”⑧,可谓独具慧眼。至八十年代,他在《中国社会科学》发表了《〈文心雕龙〉的总论及其理论体系》一文,提出:“‘衔华佩实’是刘勰全部理论体系的主干。《文心雕龙》全书,就是以‘衔华佩实’为总论,又以此观点用于‘论文叙笔’,更以‘割情析采’为纲,来建立其创作论和批评论。这就是《文心雕龙》理论体系的概貌,也是其理论体系的基本特点。”⑨牟先生并通过对《文心雕龙》创作论体系的具体考察,进一步指出:“《文心雕龙》的理论体系是以‘衔华佩实’为核心,以研究物、情、言的相互关系为纲组成的。”⑩这是牟先生二十年

①② [日]安东谅:《〈文心雕龙〉下篇的篇次》,《中华文史论丛》1985 年第 2 辑。

③ 牟世金:《文心雕龙研究》,北京:人民文学出版社,1995 年,第 90 页。

④ 祖保泉:《文心雕龙解说》,“前言”,合肥:安徽教育出版社,1993 年,第 1 页。

⑤ [南朝梁]刘勰:《文心雕龙·物色》,戚良德辑校:《文心雕龙》,上海:上海古籍出版社,第 265 页。

⑥ [南朝梁]刘勰:《文心雕龙·时序》,同上,第 253 页。

⑦ [南朝梁]刘勰:《文心雕龙·物色》,同上,第 264、265 页。

⑧ 牟世金:《近年来〈文心雕龙〉研究中存在的几个问题》,《雕龙集》,北京:中国社会科学出版社,1983 年,第 154 页。

⑨ 牟世金:《〈文心雕龙〉的总论及其理论体系》,《〈文心雕龙〉研究论文选》,济南:齐鲁书社,1987 年,第 227 页。

⑩ 同上,第 232 页。

思考《文心雕龙》理论体系的结晶，也是对《文心雕龙》理论体系所作的第一次科学表述。此后，牟先生又为自己的《雕龙集》专门完成了长达三万字的《〈文心雕龙〉理论体系初探》一文，并在他的《文心雕龙研究》中专列近五万字的"《文心雕龙》的理论体系"一章，对《文心雕龙》的理论体系作了系统研究和理论表述。其云：

> 《文心雕龙》由"文之枢纽""论文叙笔""割情析采"和批评鉴赏论（包括作家论）四个互有联系的组成部分，构成一个严密而完整的文学理论体系；这个体系以儒家思想为主导，以"衔华佩实"为轴心，以论述物与情、情与言、言与物三种关系为纲领，把全书五十篇结成一个有机的整体。这样的文学理论体系，不仅在中国古代文论中是稀有的，在世界古代文论中也是罕见的。[①]

应该说，对《文心雕龙》理论体系的这一系统概括不仅是牟先生数十年思考这一问题的结论，更是二十世纪"龙学"的重要收获。

牟先生对《文心雕龙》理论体系的思考和研究，始终以创作论为中心和重点，这是因为"刘勰的文学理论集中在创作论部分，其理论体系在这部分表现得更为完整和细致"[②]。牟先生的这一做法，一方面抓住了《文心雕龙》理论体系的根本，另一方面则在《文心雕龙》创作论体系的研究上取得了令人瞩目的成果。1982年，牟先生在《社会科学战线》发表了三万余字的长文《〈文心雕龙〉创作论新探》，对《文心雕龙》的创作论体系作了系统论述。他说："刘勰的创作论体系，是以《神思》篇为纲，以情言关系为主线，对物情言三者相互关系的全面论述构成的。"[③]并指出："从情、物、言三种关系可以清楚地看到，刘勰的创作论是相当全面的，文学创作上的一些基本问题，都有了程度不同的论述。……这说明，刘勰的创作论，确是抓住文学创作理论上的一些根本问题了。从物、情、言三者的关系来考察刘勰的创作论，不仅可发现一些为我们过去注意不够的问题，也可更准确地铨衡其理论的成就与不足之处。"[④]应该说，这种对《文心雕龙》创作论体系的概括，是非常富有理论意义的，是前所未有的。正因如此，这一概括得到了多数研究者的认同，"物""情""言"三者的相互关系为《文心雕龙》理论体系之主干的观点，庶几成为少数"龙学"共识之一，以至有的"龙学"著作专列"创作中物、情、辞的关系"的章节[⑤]，这不能不说是牟先生对"龙学"的重要贡献。

正如滕福海先生所说："最执着于探索《文心》体系的学者当推牟世金。"[⑥]牟先生何以不遗余力地对《文心雕龙》理论体系进行坚持不懈的探索呢？他说："搞清刘勰的这个体系，对我们进一步深入研究《文心雕龙》，准确地认识其成就和不足之处，都可提供重

---

① 牟世金：《文心雕龙研究》，北京：人民文学出版社，1995年，第143页。按"罕见的"原文作"罕见有的"，"有"为衍文。

② 牟世金：《〈文心雕龙〉的总论及其理论体系》，《〈文心雕龙〉研究论文选》，济南：齐鲁书社，1987年，第227页。

③ 牟世金：《〈文心雕龙〉创作论新探》，《〈文心雕龙〉研究论文选》，第472页。

④ 同上，第512页。

⑤ 钟子翱、黄安祯：《刘勰论写作之道》，北京：长征出版社，1984年，第558页。

⑥ 滕福海：《〈文心雕龙〉理论体系研究述评》，《语文导报》1985年第7期。

要的依据。”[①]同时，“《文心雕龙》研究中存在一些长期争论不休的问题，如果从刘勰的整个理论体系着眼来研究，把这些问题放到刘勰的理论体系中去考察，是很容易辨识清楚的”[②]。如《从刘勰的理论体系看风骨论》[③]一文便是牟先生从《文心雕龙》理论体系出发来解决“龙学”中富有争议的具体问题的尝试。该文指出：“要解决长期以来的‘风骨’之争，没有一个正确而统一的角度是不可能的。”[④]“而从刘勰的总的理论体系来考察，我以为正是能够认清‘风骨’的实质的正确角度。”[⑤]因为“《风骨》篇不仅没有离开这个体系，且正是这个体系的重要组成部分”[⑥]。基于此，牟先生认为：刘勰的“风骨”论属于其“衔华佩实”“文质相称”的文质论，“风”和“骨”乃是构成“文质”论的两个方面[⑦]，因而《风骨》篇所谓“风、骨、采”的关系，正相当于儒家“志、言、文”的关系[⑧]。应该说，这一认识是富有新意的，而这正是从刘勰理论体系出发得出的结论。正如李平、范伟军两位先生所说：“牟先生一方面从《文心》自身实际出发，探讨其理论体系；另一方面又处处联系《文心》的理论体系，分析其具体问题，将宏观把握与微观考辨结合起来，对《文心》的理论体系问题进行了见林又见树、见树又见林的研究，取得了超越前贤的研究成果，也把《文心》理论体系的研究向前推进了一大步。”[⑨]

除了着眼“龙学”本身的发展，牟先生对《文心雕龙》理论体系的重视和研究还有另一层原因，那就是从中窥探中国古代文论的民族特色和理论体系。牟先生视自己的《文心雕龙》研究为“雕龙”，更以自己对中国古代文学艺术理论的综合研究为“雕龙”[⑩]，且后者是其长远的规划和目标[⑪]。如上所述，牟先生非常赞同周扬先生关于“《文心雕龙》是一个典型”[⑫]的论断，他对这个“典型”的不懈探索，正是为把握中国古代文论全貌所找到的一个突破口。牟先生曾深刻地指出：《文心雕龙》所论述的问题，在中国古代文学艺术的许多传统问题的发展过程中，都起着重要作用，且后者都是《文心雕龙》已安排的体系

---

① 牟世金：《〈文心雕龙〉的总论及其理论体系》，《〈文心雕龙〉研究论文选》，济南：齐鲁书社，1987年，第232页。

② 同上，第233页。

③ 该文发表于《古代文学理论研究》第四辑（上海：上海古籍出版社，1981年），收入《〈文心雕龙〉研究论文选》和《文心雕龙研究论文集》（北京：人民文学出版社，1990年）。

④ 牟世金：《从刘勰的理论体系看风骨论》，《古代文学理论研究》第四辑，上海：上海古籍出版社，1981年，第180页。

⑤ 同上，第181页。

⑥ 同上，第187页。

⑦ 同上，第187—188页。

⑧ 同上，第195页。

⑨ 李平、范伟军：《试论牟世金对〈文心雕龙〉理论体系的研究》，《安徽商贸职业技术学院学报》2006年第4期。

⑩ 牟先生在《雕龙集·前言》中说：“这个集子收了两组文章，或可谓之上下编。上编从历史的发展上，对古代文学艺术的几个传统问题，进行一点综合探讨；下编主要谈魏晋南北朝期间有代表性的三种文论：《文赋》《文心雕龙》和《诗品》。”

⑪ 牟先生在《文心雕龙研究·自序》中说：“本来还有少许打算，且‘龙’门深似海，常叹难得而入，不愿废于半途。但屈指年华，已承担的其他任务不允许在这条路上蹒跚下去了。”这里所谓“其他任务”乃指牟先生当时承担的国家教委博士点基金项目“中国文艺理论史”。（参见笔者《雕龙后集·编后记》，牟世金：《雕龙后集》，第496页）

⑫ 周扬：《关于建设具有中国民族特点的马克思主义文艺理论问题》，《社会科学战线》1983年第4期。

的延伸[①]。因此,对《文心雕龙》理论体系的深刻理解和完整把握,确乎就成了研究中国古代文论的一个关键和"枢纽"。牟先生的长文《从〈文心雕龙〉看中国古代文论的民族特色》[②]也清楚地说明,他绝不满足于研究《文心雕龙》一书,而是企图通过对这个"典型"的深入分析,找到一把打开中国古代文学艺术理论宝库的钥匙。如谓:

> 刘勰的理论体系,是以儒家思想为主导,以诗言志为中心,以文质关系为骨干建立起来的。这个体系,基本上反映了古代文论理论体系的概貌。而以儒家思想为主导,以诗言志为中心,以文质关系为主干,也概括了中国古代文论的三大特点。唐宋以后的文论,当然各有其不同的具体特点,但大多数文论的概貌,是具有这种基本特点的。[③]

这短短的一段话,既蕴含着对《文心雕龙》理论体系形成的深刻理解,也反映了对中国古代文论体系及其基本特点的完整把握。即使在今天看来,这一对《文心雕龙》理论体系与中国古代文论体系之基本特点的概括,所谓"以儒家思想为主导,以诗言志为中心,以文质关系为主干",笔者觉得仍然是准确而深刻的。

(三)对《文心雕龙》创作论的研究

牟先生的《文心雕龙研究》,着力最多的是创作论,其取得的理论成果自然也最为丰富,尤其是对创作论前六篇中的五篇(《神思》《体性》《风骨》《通变》《情采》)均作了深入的专题研究。总括而言,笔者以为牟先生研究《文心雕龙》之创作论的突出特点,表现在以下几个方面:

一是重视把握创作论的理论体系,认为刘勰建构了一个严密的创作论话语体系。牟先生指出,《文心雕龙》的创作论部分,各篇为一相对独立的专论,如《神思》篇是艺术构思的专论,《体性》篇是艺术风格的专论等。但各篇之间又有一定的内在联系。从《神思》《体性》《风骨》以至《总术》,各篇先后有序,不可移易,其理论层层推进,形成各篇之间纵的联系。而刘勰对物、情、言三者关系的论述,则是各篇之间横的联系。如此纵横交织,《文心雕龙》的创作论形成一个相当严密的整体。[④]尤其是牟先生对创作论所涉物、情、言三者关系的揭示,可以说是一重要的理论发明。其云:

> 客观的"物",主观的"情",和抒情状物的"辞",是文学创作的三个基本要素。文学创作论所要研究的,主要就是如何处理这三者之间的相互关系:物怎样制约情,情怎样来自物,情与物怎样结合而构成艺术形象,如何用语言文辞来抒情状物,以及如何处理文与质的关系等。……刘勰在前人有关论述的基础上,相当系统而全面地论述了这三种关系。《物色》篇说的"情以物迁,辞以情发",就可说是他对这

---

① 牟世金:《雕龙集·前言》,北京:中国社会科学出版社,1983年。

② 该文发表于《学术研究》1983年第4、5期,牟先生《文心雕龙研究》第八章第二节即据此整理而成。

③ 牟世金:《文心雕龙研究》,北京:人民文学出版社,1995年,第503页。

④ 同上,第316页。

三种关系的基本观点。[①]

如牟先生所说，刘勰确实不止一次地论述了物、情、辞(言)的关系，除了“情以物迁，辞以情发”的名论之外，如《铨赋》云：“原夫登高之旨，盖睹物兴情。情以物兴，故义必明雅；物以情睹，故词必巧丽。”[②]《神思》亦云：“故思理为妙，神与物游。神居胸臆，而志气统其关键；物沿耳目，而辞令管其枢机。”[③]可以说都非常明确地涉及了写作过程中物、情、辞(言)的关系。但在牟先生之前，研究者一般只从情景交融的角度论述刘勰的这些思想，没有从创作普遍原理的高度去进行挖掘。可以说，牟先生第一次把刘勰多次提到的这些说法，系统概括为文学创作的“三种关系”，并做了完整的理论表述，认为刘勰“相当系统而全面地论述了这三种关系”，从而成为其创作论的理论体系，这对《文心雕龙》创作论的研究而言，无疑是一个重要的理论贡献。

二是对刘勰的创作论话语追根溯源，知其然且知其所以然。无论对刘勰艺术构思论的研究，还是对其风格论、风骨论、通变论或情采论的研究，牟先生普遍采用的方式是追根求源、知本知末，从而较为彻底地理清刘勰思想的来龙去脉。如关于风格论的研究，从《周易·系辞》到《孟子·公孙丑》，从《礼记·乐记》到扬雄之说，从司马迁之论到曹丕、曹植之说，然后扩展到六朝的才性之辨，从而保证了“既能发其意蕴而又不失原貌”[④]地探讨刘勰关于风格的思想。正是在这种追本求原的探索中，牟先生对刘勰的许多理论思想有了更深入的理解甚或发现。如刘勰著名的“神与物游”之说，研究者从来予以很高的评价，但多流于泛泛之谈。牟先生则指出：

> 画论的“迁想妙得”，书论的“意在笔前”，加上文论的“神与物游”，可说是六朝艺术构思论的三绝，或者说是三大成就。而提出“神与物游”的神思论，既是集六朝艺术构思论之大成者，也是出现“迁想妙得”“意在笔前”等论的时代产物。[⑤]

这一概括看似简要，但其蕴含丰富的理论内容令人豁然开朗，则是显然可见的；若非对六朝风云变幻的文坛艺苑了如指掌，是很难有此精到之论的。又如对“情采”论的认识，牟先生既从《文心雕龙》整个理论体系着眼，认为“刘勰以‘衔华而佩实’为全书的理论纲领，情采论可说是对其必要性的有力论证”[⑥]，又把“情采”论纳入中国古代文质论的范畴，从而认识刘勰的独特贡献。其云：

> 不仅“文附质”“质待文”是文质论，整个《情采》篇对“情”“采”关系的探讨，都可谓之文质论。本篇以“文不灭质，博不溺心”的“彬彬君子”作结，也以此为对“情”“采”关系的最高理想，正说明他的“情采”论就是文质论。很明显，刘勰的文质论是

① 牟世金：《文心雕龙研究》，北京：人民文学出版社，1995年，278页。

② [南朝梁]刘勰：《文心雕龙·铨赋》，戚良德辑校：《文心雕龙》，上海：上海古籍出版社，2015年，第50页。

③ [南朝梁]刘勰：《文心雕龙·神思》，同上，第173页。

④ 牟世金：《文心雕龙研究》，第335页。

⑤ 同上，第327页。

⑥ 同上，第417页。

较前大为丰富和全面了。从孔门的文质论到刘勰的文质论,《情采》篇是一座里程碑。[①]

这一论断也非常简要,但却又十分精当地对刘勰的情采论作了多方面的独特概括。首先,《情采》篇既以情采立论又有文质之说,二者是什么关系,这是历来存在的问题。牟先生明确指出它们"都可谓之文质论"。第二,为什么都是文质论呢?牟先生一针见血地指出,刘勰情、采关系的最高理想乃是"彬彬君子",这不正是儒家一贯的对文质关系处理的要求吗?第三,然则,刘勰毕竟是用"情采"而不是用"文质"名篇的,这正是文质论的时代发展,体现了"刘勰的文质论是较前大为丰富和全面了"。从而,牟先生说"《情采》篇是一座里程碑",也就令人心悦诚服了。

三是把各种艺术理论融为一体,如画论、书论、乐论等六朝发达的艺术理论,都与《文心雕龙》创作论一起成为时代的交响曲。在中国文论研究领域,牟先生是最早开展文学艺术理论综合研究的学者之一,并以其卓越的成果受到研究者的关注,其《文学艺术民族特色试探》(齐鲁书社,1980 年)一书,把各种文学艺术理论融为一体,对中国古代文论中的许多重要范畴进行了深入阐释,曾受到程千帆等先生的赞扬[②]。牟先生把这一学术经历带到了"龙学"之中,把这种综合研究用到了对《文心雕龙》创作论的研究上,同样收到了良好的效果。他认为,"刘勰受六朝书画艺术的一定影响是无疑的"[③]。因而,在研究艺术构思论、风骨论等重要理论范畴时,牟先生都全力探索各种文学艺术理论之间的相互融通,以此展现刘勰理论产生的时代思潮背景,从而便于对其内涵的准确把握。如谓:"刘勰论艺术构思能取得较大的成就,和当时的画论、书论以至整个富有艺术精神的时代是分不开的。"[④]上述所谓"六朝艺术构思论的三绝",正是这样总结出来的。

需要特别指出的是,牟先生的这种综合研究,并非蜻蜓点水式的浅尝辄止,随便举几个例子就可以了,而是做大规模的深挖细掘,真正占有充分的资料,真正做到融会贯通。如"风骨论"一节近三万言,仅探索"风骨"一词的来龙去脉及其与书画艺术的联系,其用到的资料即有(重复不计):《论语·卫灵公》《孟子·万章上》《左传·襄公二十五年》《礼记·表记》《史记·夏本纪》《史记·吴太伯世家》《汉书·鲍宣传》《汉书·扬雄传》《后汉书·来歙传》《三国志·魏书·蒋济传》《晋书·张华传》《古画品录、续画品录》《历代名画记》《画品丛书》《唐朝叙书录》《五代名画补遗·走兽门》《画鉴·宋画》《广艺舟双楫》《法书要录》《历代书法论文选》《诗品》《世说新语》《文选》《刘子》《陈伯玉文集》《王勃集序》《韩昌黎文集》《宋文宪公全集》《唐人选唐诗十种》《文论》《读赋卮言》《词源》《诗人玉屑》《诗薮》《太平御览》《四库总目提要》《艺概》《管锥编》,等等。可以想见,这种检索之力、爬梳之功,正是王元化先生所谓"立论之严谨,断案之精审"[⑤]的根本保证。

四是对自己原有的认识予以修正,提出新说。牟先生用心"雕龙"三十年,经历"文

---

① 牟世金:《文心雕龙研究》,第 421 页。

② 牟世金:《文学艺术民族特色试探·前言》,济南:齐鲁书社,1980 年。

③ 牟世金:《文心雕龙研究》,北京:人民文学出版社,1995 年,第 410 页。

④ 同上,第 331 页。

⑤ 王元化:《〈文心雕龙研究〉序》,牟世金:《文心雕龙研究》卷首。

革”这样的劫难，对一些问题的研究和观点自然会发生变化。虽然先生说“当一个人的学术观点逐渐形成之后，就有某种顽固性”[①]，但他还是不断发展自己，或补充或修正或完善，从而“准确地理解原文原意”，并“作正确的、实事求是的论析”[②]。如关于“通变论”的观点，从《文心雕龙译注》到《文心雕龙研究》便有很大的发展和变化。“译注”对“通变”的基本认识是：“《通变》是《文心雕龙》的重要论题之一。所谓‘通变’，也就是本篇‘参伍因革’、《明诗》篇‘体有因革’的‘因革’之意，和今天所说的继承与革新大体相近，但有很大的局限性。”这个“局限性”，指的是“‘通变’主要讲形式技巧的继承和革新”[③]。但在“研究”中，牟先生已有了全新的观点。他指出，《通变》并非继承与革新及其相互关系的专论，不过其中确实论述到了继承与革新问题，其中讲到的“因”就近于继承，“通变”就近于革新。把“通变”二字理解成“革新”，这显然是一个重要的新认识。牟先生进一步指出：“刘勰不是一般地论述继承与革新，而是从当时文学创作的实际情况出发，专论其文体之必‘相因’，文辞之必‘通变’。……这里值得思考的是，刘勰既习用‘因革’一词，且以‘因革’为‘通变之数’，何以不题本篇为《因革》论，却以《通变》名篇？他这样做，只能是有意突出文学创作的发展创新。”[④]从而，牟先生对刘勰的“通变论”作出了全新的解读和阐释。其云：

> 《通变》篇中的“通变”一词，虽指“文辞气力”的“酌于新声”和“通变则久”而言，但当刘勰以“通变”二字名篇时，就不仅仅是指“文辞气力”的发展了。作为篇题的《通变》，实为对整个文学创作的总体而言，只是借“通变”的发展变化之义，以论整个文学创作怎样才能“日新其业”。[⑤]

> “文律运周，日新其业”，是刘勰“通变”论的基本思想。他不仅主张新变，也以有高超的光彩为理想：“采如宛虹之奋鬐，光若长离之振翼”，这是一种刚健而卓越的美。刘勰不满于“讹而新”，就因为这种“新”是“弥近弥澹”，愈新愈乏味。其实质是在文学事业能否真正的发展、长远的发展。因此，不能背离最基本的“文则”，而要“参伍因革”，才是文学发展的正确道路。[⑥]

从“译注”到“研究”，我们虽然仍可看出其间的发展轨迹，但这种认识上的变化和创新是巨大的。牟先生不仅彻底改变了以“因革”释“通变”的观点，把“通变”完全理解成了“发展创新”，而且这个创新不再仅仅指“文辞气力”，而是“整个文学创作”和“文学事业”；更重要的是，牟先生还指出了刘勰创新的理想，那就是“高超的光彩”，这样的“光彩”不仅不再是具有“局限性”的“形式技巧”问题，而且是“一种刚健而卓越的美”。可以说，牟先生对“通变”的认识有了根本性的发展。

---

①② 牟世金：《文心雕龙研究・自序》，北京：人民文学出版社，1995年。

③ 陆侃如、牟世金：《文心雕龙译注》上册，济南：齐鲁书社，1981年，第81、82页。

④ 牟世金：《文心雕龙研究》，第397页。

⑤ 同上，第398页。

⑥ 同上，第406页。

当然，需要指出的是，决定于《文心雕龙》为中国古代之文学概论这一基本认识，牟先生对创作论研究的局限也是明显的。如对前六篇中的《定势》篇不作专论，尤其是对《情采》篇之后的许多探讨语言运用技术（形式技巧）的篇章较为轻视，应该说都是以现代文艺理论观念要求《文心雕龙》的结果。在笔者看来，即使是上述几个卓有建树的专论中，由于过于强调《文心雕龙》的文学理论性质，有些认识也是未必完全合理的。如对"艺术构思论"的研究，有这样一段话：

> 一切文章论著的写作，无不先有构思，然后下笔，这是刘勰的创作论以《神思》篇为首的原因之一。但本篇所论，有别于一般的写作构思，而是艺术构思的专论。黄侃早已有识于此了，他很明确地讲道："即彦和泛论文章，而《神思》篇已下之文，乃专有所属，非泛为著之竹帛者而言，亦不能遍通于经传诸子。"其不能通用而"专有所属"者，就是文学创作。我们用今天的观念称"《神思》篇已下之文"为创作论，并为当今研究者普遍认可和采用，就因其所论，确"非泛为著之竹帛者而言"。所谓"创作"，就是艺术创造，而非直陈实录或起承转合之作。在艺术创造中，构思的任务、方法、性质，都有其独特的要求而迥异于一般文章的写作构思。刘勰在本篇所论，正是具有艺术创造特点的艺术构思论……[①]

诚如牟先生所说，这样的认识已"为当今研究者普遍认可和采用"，因而并非牟先生一个人的认识；尤其是牟先生讲到的黄侃的著名论断，更为许多研究者所称道，笔者以前也是这样认识的。但居今而言，笔者觉得这恰恰是未必符合刘勰的"原文原意"的。说刘勰的"神思"论通于今天的文学创作，符合文学艺术之理，这肯定是没有问题的，但若谓其"非泛为著之竹帛者而言"，则未免强加于刘勰了。所谓"艺术构思"，固然有不同于一般文章写作构思之处，但在刘勰的心目中，这个不同是否存在尚且未必，即便有也肯定没有我们今天偌大之不同。更重要的是，"一般文章的写作构思"同样是不可轻忽的，换言之，"艺术构思"并不比"一般文章的写作构思"更为尊贵。笔者以为，这是我们今天应有的观念。

（四）"龙学"方法论

早在《文心雕龙译注》出版以后，石家宜先生便指出："牟著取得的成就是和他始终坚持尊重历史、尊重事实的执着认真分不开的，我们应当从这里总结他的已经引起海内外重视的理论研究工作。"[②]笔者以为，石先生这里所指，主要应该就是牟先生的研究态度和"龙学"方法。这种"坚持尊重历史、尊重事实的执着认真"，在《文心雕龙研究》一书中亦明显地体现出来，牟先生把它具体化为"理清《文心》的原貌"。他说："倘能理清《文心》的原貌，就是我最大的愿望。但这个愿望并不是容易实现的。识其原貌，主要就是准确地理解原文原意，才能从而作正确的、实事求是的论析。"[③]牟先生进而指出：

---

① 牟世金：《文心雕龙研究》，北京：人民文学出版社，1995年，第316—317页。

② 石家宜：《〈文心雕龙〉研究的勃兴》，《读书》1984年第5期。

③ 牟世金：《文心雕龙研究·自序》。

> 读懂《文心》的原文，可以说既是龙学的起点，也是龙学的终点。不懂原文，谈何研究？真正地懂，可以断言其本意如何，做了定论，岂非龙学的结束？所以，我始终认为读原著和研究是并行的，从逐字逐句、一篇一题到全书，由全书的理解再回到字句；由个别认识以助整体，再由整体认识以提高个别。如此反复，逐步修正，逐步加深和提高，这就是龙学的发展史。[①]

可以说，在现代百年“龙学”史上，如此强调读懂刘勰的原文原意，不仅把它作为最重要的“龙学”方法论，而且以之为“龙学”的“起点”和“终点”，视之为“龙学的发展史”，乃是绝无仅有的。尽管在笔者看来，牟先生的一些具体阐释未必能够完全符合刘勰的“原文原意”，但这是我们每一个研究者都逃脱不了的历史局限，更是一代有一代之“龙学”的必然发展，而就“龙学”的方法论而言，如此虔诚而执着地强调读懂《文心雕龙》的原文，搞清刘勰的本义，这不仅是牟先生《文心雕龙研究》取得成功的重要原因，也不仅是牟先生那些坚实的“龙学”成果历久弥新的原因，更是二十世纪“龙学”所取得的最可宝贵的经验。其之所以宝贵，不仅是因为就“龙学”而言，我们有着太多远离刘勰之本意的教训，有着太多对《文心雕龙》之曲解，而且对整个中国传统文化的研究来说，我们最需要的也正是这种执着而虔诚的“求实”态度和由之而来的一切方法。尽管历史的研究不可能真的复原，少不了每个时代的新的“打扮”，尽管在对历史著作的阐释过程中，我们难免有偏差和误读，但重要的是态度和出发点，是态度的端正、虔敬和出发点的正确。诚心而论，“读懂原文，搞清本义”是牟先生留给笔者最宝贵的“龙学”方法，尽管做起来很难，尤其是难以做好，但笔者愿意永远践行之。

实际上，最早对牟先生《文心雕龙研究》一书的研究态度和方法做出准确概括的是王元化先生。他指出：“世金同志这部书毫无哗众取宠之心，也许会被认为过于质朴，但这也是它的长处。因为从这种质朴中可以看到一种实事求是的治学态度，既不刻意求新，也不苟同于人。……他力图揭示原著的本来意蕴，而决不望文生解，穿凿附会。书中那些看起来平淡无奇的文字，都蕴涵着作者的反复思考、慎重衡量，其立论之严谨，断案之精审，我想细心的读者是可以体察到作者用心的。”[②]《古诗十九首·西北有高楼》有曰：“不惜歌者苦，但伤知音稀。”[③]刘勰更感叹：“知音其难哉！”[④]笔者以为，王先生这段话，不仅是“龙学”大家之确评，更堪称牟先生的“知音”。[⑤]他不仅准确揭示了牟先生《文心雕龙研究》的研究态度、研究方法，非常到位地概括了牟先生这部书的独特价值，甚至还传达出了牟先生投身“龙学”、戛戛独造的神韵，所谓“反复思考、慎重衡量”，确乎正是牟先生数十年只求“理清《文心》的原貌”之求索神态。若非“知音”，何以能为？

牟先生的这种“既不刻意求新，也不苟同于人”的求实态度，来自他的“反复思考、慎

---

① 牟世金：《文心雕龙研究·自序》，北京：人民文学出版社，1995年。

② 王元化：《〈文心雕龙研究〉序》，牟世金：《文心雕龙研究》卷首。

③ [南朝梁]萧统编、[唐]李善注：《文选》，上海：上海古籍出版社，1986年，第1345页。

④ [南朝梁]刘勰：《文心雕龙·知音》，戚良德辑校：《文心雕龙》，上海：上海古籍出版社，2015年，第276页。

⑤ 《文心雕龙研究》一书虽出版于牟先生去世以后，但王先生的“序”却早就写出了，且发表于1988年7月份的《文学报》上，因此牟先生应该是看到了的，这实在是令人欣慰的。

重衡量”，从而带来其“立论之严谨，断案之精审”的结果。我们试以他对“原道”论的理解为例，来看一下王先生所说的其“平淡无奇”的“质朴”之境：

> “原道”论的实质，主要就是《原道》篇所论物自有文、言必有美的内容决定的。认清了“原道”论的实质，则其所原何道就很明确了。刘勰以天地万物都自然有文为“道”，这个“道”就只能是指概括这种普遍现象的规律。文学创作必须遵循这个规律，文学理论也必须以这个规律为本，所谓“盖《文心》之作也，本乎道”，即在于此。因为这个“道”是万物自然有文的规律，所以不少研究者常常就用刘勰的话称这个规律为“自然之道”。这个“道”既是天地间的普遍规律，一切圣人也只能遵循它，而不能违反它，所以说：“玄圣创典，素王述训，莫不原道心以敷章，研神理而设教。”正因为儒家圣人能遵循自然有文的规律来写成文章和进行教化，所以，这个规律能通过圣人而写成文章，圣人又以他们的文章来阐明自然有文的规律：“道沿圣以垂文，圣因文而明道。”这样，刘勰以《原道》第一而次以《征圣》《宗经》，“道”“圣”“经”就可结合成一个整体而不矛盾。[①]

众所周知，在百年“龙学”史上，最富争议的问题之一就是“原道”论，儒道、佛道、道家之道、玄学之道等等，不一而足。与这些大道相较，牟先生讲得甚为平易，但笔者觉得却是颇为符合刘勰之“原文原意”的。《原道》篇只字未提什么是“道”，那就只能根据其上下文义来理解，这就是牟先生所讲的“以天地万物都自然有文为‘道’”，因为这原本就是刘勰说出来的意思。以此为基础，则“原道心以敷章，研神理而设教”也好，《征圣》《宗经》也好，也就可以无往而不通，“就可结合成一个整体而不矛盾”。刘勰“原道”论的研究还在继续，各种新说层出不穷，但笔者觉得牟先生的这一“质朴”的断案，仍然是“严谨”的、“精审”的，因而是可信的。

在上个世纪八十年代，文艺学、美学等方法论的讨论曾风靡一时，牟先生亦偶尔参与其中，发表了一些有关方法论的文章。他曾指出：“任何学科的发展，都是和它的研究方法的发展相辅相成的。”他既反对“在研究方法上取抱残守缺的态度”，又强调古代文论研究方法的革新，应着眼“中国古代文论研究本身发展的需要”。他说：“吸收外来的新思想、新方法和一切有用的东西，都是应该的、必要的。中国文化一直是在不断吸取外来营养中发展的，但中国文化始终是中国文化。所以，‘以我为主’是必须坚持的原则。”[②]从这种基本认识出发，牟先生治学首先强调“必须有扎扎实实的基本功”，这是运用各种新方法的前提。而这种“基本功”，“并不是记诵某些死的知识和条文，而是活的创造能力；它应该是一个研究者必备的基本知识、基本理论、基本技能和基本方法的总合”[③]。应该说，即使在今天看来，牟先生这些说法仍然是重要而深刻的。

同时，牟先生强调微观研究和宏观研究相结合。他认为，“历史的要求把宏观研究提到首要地位”，“加强对古代文论的宏观研究是完全必要的”[④]。但是，正如有的学者所

---

① 牟世金：《文心雕龙研究》，北京：人民文学出版社，1995年，第162页。

②④ 牟世金：《古代文论研究现状之我见》，《文学遗产》1985年第4期。

③ 牟世金：《基本功和新方法》，《文史知识》1986年第4期。

指出，“假如宏观研究不以大量的微观研究作为基础，那只能是一种毫无根据的空谈”①，对此，牟先生亦深以为然。他说：“从资料的搜集、鉴别、整理，到准确判断其原意等微观研究，并不是古代文论研究的分外之事，它本身就是古代文论研究的有机组成部分。”②牟先生强调：“要树立一种扎扎实实的学风，首先要从字词的功夫做起。”③他不仅是这样说的，也是这样做的。无论是《文心雕龙译注》，还是《文心雕龙研究》，其一丝不苟的严谨、扎实可以说有目共睹，而所谓“尽量从大处着眼，从小处着手”④，正是指出了牟先生注重微观研究与宏观研究相结合的特点。

其实，对人文学科而言，既没有一成不变的研究方法，更没有一个放之四海而皆准的通用方法；即使同样的研究方法，在不同研究者那里，还是会有不同的结果，这是不难想见的。所以牟先生强调：“方法的掌握者是人。要能长期坚持，必须有一种坚强的信念：人生价值在于有自己的作为；前人的知识与成就应该尊重和继承，但必须在前人的基础上有所前进或发展。这就是我最基本的人生信条。”⑤笔者以为，这是牟先生在“读懂原文，搞清本义”之外第二条最可宝贵的经验。这是一种治学的态度，更是一种“人生信条”。正因如此，牟先生看得格外重要。他评价台湾王更生先生的《文心雕龙研究》时说：

> 就《文心雕龙研究》全书来看，其首创之功及其独到的成就还是主要的。这里要特别提到的，是王更生的研究态度。著者在《文心雕龙导读》的自序中曾说：“我认为学问之道，贵求自得”。这并非空话，确是王更生做学问的一大特色，也是台湾龙学家中最可宝贵之处。在很多具体问题的研究中，王更生都显示了他师心自见的特点。⑥

又说：“这本成书较早的《文心雕龙研究》，虽有某些问题尚待做进一步的研究，但从设篇到立论，是一部独具特色而又有独到之处的研究著作。要了解台湾的《文心雕龙》研究，此书是值得一读的。”⑦可以看出，牟先生看重的是“独具特色”“独到之处”，是“贵求自得”“师心自见”。而这本是刘勰推崇和欣赏的“论说”之道⑧，也应该是做任何学问的基本要求。试想，有这样的治学态度，并以之为“人生信条”，还会发生所谓抄袭、剽窃等学术不端行为吗？

---

① 南帆：《我国古代文论的宏观研究》，《上海文学》1984 年第 5 期。

② 牟世金：《古代文论研究现状之我见》，《文学遗产》1985 年第 4 期。

③ 牟世金：《门外字谈》，《字词天地》1985 年第 1 期。

④ 张连科：《20 世纪〈文心雕龙〉研究》，《辽宁大学学报》2001 年第 4 期。

⑤ 此段话引自牟先生手稿。

⑥ 牟世金：《台湾文心雕龙研究鸟瞰》，济南：山东大学出版社，1985 年，第 82 页。

⑦ 同上，第 83 页。

⑧ ［南朝梁］刘勰：《文心雕龙・论说》：“并师心独见，锋颖精密。”戚良德辑校：《文心雕龙》，上海：上海古籍出版社，2015 年，第 116 页。

五、“龙学”史研究第一人

牟世金先生是自觉而系统地开展近百年“龙学”史研究的第一人。早在二十世纪六十年代，他就发表了《近年来〈文心雕龙〉研究中存在的几个问题》[①]一文，对此前的《文心雕龙》研究进行初步总结。到了八十年代初，他借为《〈文心雕龙〉研究论文选》（甫之、涂光社主编，齐鲁书社1987年出版）作序的机会，写出了《〈文心雕龙〉研究的回顾与展望》[②]一文，对几十年来的《文心雕龙》研究进行了较为系统的总结。1987—1988年，牟先生在《社会科学战线》分三期连续发表了四万余字的《“龙学”七十年概观》的长文，对近现代“龙学”的形成和发展做了系统论述，可以说是第一部“龙学”简史。这篇长文不仅以在《〈文心雕龙〉研究的回顾与展望》一文中所提出的“龙学”一名为题，而且在序言中说：“中国古代的许多学者，对《文心雕龙》做过大量不可磨灭的工作，但除校注之外，大都是猎其艳辞，拾其香草而已。真正的研究，还只是近几十年来的事。但这块古璞一经琢磨，很快就光华四溢，并发展成一门举世瞩目的‘龙学’了。”[③]牟先生进一步指出：“近代《文心雕龙》研究的奠基者当推黄侃。……黄氏《札记》虽问世稍晚，但它是在1914至1919年讲授《文心雕龙》于北京大学期间撰写的。把《文心雕龙》作为一门学科搬上大学讲坛，这是有史以来的第一次。……这说明从黄侃开始，《文心雕龙》研究就是一门独立的学科：龙学。”[④]显然，牟先生是带着明确的学科意识来总结近现代《文心雕龙》研究史的。他说：“《文心雕龙》研究发展成一门有校勘、考证、注释、今译、理论研究，并密切联系着经学、史学、子学、佛学、玄学、文学和美学等复杂的系统学科，是有一个过程的。这个过程大体上分为‘龙学’的诞生、发展和兴盛三个时期……”[⑤]

牟先生所谓“三个时期”是这样划分的：“从1914到1949年的三十六年，可说是龙学的诞生时期”[⑥]“1950至1964的十五年为龙学发展时期”[⑦]“1977年至今的九年为龙学的兴盛时期”[⑧]。牟先生不仅对“龙学”发展“三个时期”[⑨]的主要观点加以介绍和评述，更注意总结每个时期不同的“龙学”风貌，以把握学科发展的规律，从而指导以后的《文心雕龙》研究。如关于“龙学”的诞生期，其谓：“在龙学诞生时期的三十多年中，除以上几个方面外，研究所及的问题还不少。虽然这些研究大都具有一种学科的初期特征，却不仅具有承前启后的重要作用，在一千四百年来的《文心雕龙》研究史上，开始进入一个

---

① 该文发表于《江海学刊》1964年第1期，后收入《雕龙集》。

② 该文发表于《文心雕龙学刊》第二辑（济南：齐鲁书社，1984年），后为《〈文心雕龙〉研究论文选》一书之“序”。

③⑤ 牟世金：《“龙学”七十年概观》，《雕龙后集》，济南：山东大学出版社，1993年，第2页。

④ 同上，第2—3页。

⑥ 同上，第4页。

⑦ 同上，第11页。

⑧ 同上，第25页。

⑨ 这一分期已为一些“龙学”著作所采用，如朱文民先生主编《齐鲁诸子名家志·刘勰志》谓：“当代中国对刘勰的研究，可分为发展期（1950—1965年）、沉寂期（1966—1976年）、兴盛期（1977—2008年）三个阶段。”（济南：山东人民出版社2009年，第345页）。笔者在《文论巨典——〈文心雕龙〉与中国文化》一书中也采纳了牟先生对龙学史的分期，参见该书第39—41页（开封：河南大学出版社，2005年）。

新的里程,成为一门新的学科,其意义是巨大的。此期成果虽然有限,但产生了《文心雕龙札记》和《文心雕龙注》两部不朽的著作,为龙学的新发展打下了良好的基础。此期更培育了一批新时期的重要人材,正酝酿着一些重要论著,以待迎接更新的龙学之春。”①关于“龙学”的发展期,则谓:“在龙学的发展时期,无论是专著和论文,数量和质量,以及研究的深度和广度,无不有了巨大的发展。这种发展虽然在‘十年动乱’中中止了,但龙学的强大生命力是不可遏止的。”②在论述兴盛期的“龙学”论文时,专列“美学研究”一节,指出这是“本期龙学的又一重要发展”③,并说:“《文心雕龙》不仅丰富了世界美学的宝库,且早就改变了世界美学史的发展进程。把以欧洲为中心的美学史如实地改正过来,还有待艰苦的努力。……由此看来,对《文心雕龙》的美学研究还是任重而道远的”④。应该说,这些总结都是富有力度而发人深省的。

通过对“龙学”史的总结,牟先生提出一个引人深思的问题:“三万七千字的《文心雕龙》,迄今研究论著已逾三千万言,龙学的发展是否已到尽头?”⑤对此,牟先生给出了这样的答案:

> 从先秦到齐梁,古代文学的发展已相当成熟,文学艺术最基本的特征,最一般的规律,最根本的经验,都已充分显示出来。因此,《文心雕龙》本身虽不可能有何发展变化,但它所汇集的大量文学艺术经验,反映的文学艺术现象,就使龙学有了难以限度的容量。不仅我们至今已经论及的美学观、鉴赏论等等,可以在《文心雕龙》中找到一系列应有的论述,随着当代文艺思想的发展,今后还可能发现种种迄今尚未触及的新问题。⑥

这段论述既回答了《文心雕龙》之所以产生的历史必然性,也回答了《文心雕龙》之所以伟大而典型的内在根源,从而也就坚定而令人信服地回答了“龙学的发展是否已到尽头”的问题,那就是:“龙学具有强大生命力,这是龙学七十年的结论。”⑦实际上,据笔者的粗略统计,关于《文心雕龙》的研究论著,迄今已有大约两亿字;三十年间,从三千万言到两亿字,“龙学”的发展事实证明,牟先生当年的结论是完全正确的,“龙学”确乎是具有强大生命力的。

牟先生对“龙学”史的研究,还表现在他对台湾“龙学”的格外关注上。1983年9、10月间,牟先生参加中国《文心雕龙》考察团访问日本,在那里见到了许多台湾的“龙学”著作。他深感“我们不少研究者对他们还一无所知”,“回国后便一直设法搜集这方面的材料”⑧,终于在1985年撰成出版《台湾文心雕龙研究鸟瞰》一书,对近三十年来台湾的“龙学”作了全面介绍,并以自己多年研治《文心雕龙》的心得,本着“知无不言”的态度,就

① 牟世金:《“龙学”七十年概观》,《雕龙后集》,济南:山东大学出版社,1993年,第10—11页。
② 同上,第24页。
③ 同上,第50页。
④ 同上,第52页。
⑤ 同上,第56页。
⑥⑦ 同上,第57页。
⑧ 牟世金:《台湾文心雕龙研究鸟瞰·前言》,济南:山东大学出版社,1985年。

“龙学”的诸多问题，与台湾学者展开了严肃认真的讨论。

牟先生认为，台湾“龙学”与大陆“龙学”同为中华文化的组成部分，有着割不断的联系，有着高度的一致性。他指出，海峡两岸的文坛艺苑，都程度不同地面临着现代派的挑战。我们都尊重自己的民族和文化传统，我们都有责任发扬民族文化之精英，而不能数典忘祖而仰人鼻息。“因此，在文学理论上必须建立起我们自己的‘分析线路’‘批评标准’和‘研究方法’，一句话，就是要走我们自己的道路，使我们的作品、批评和理论，都具有中国作风和中国气派。”[①]他认为，台湾的《文心雕龙》研究，正是在这种背景下形成“显学”的，因而是值得我们予以认真总结的。

牟先生注意到，台湾的大量《文心雕龙》论著，其中不仅很难见到诸如现实主义、浪漫主义、形象思维之类概念，甚至称“论文叙笔”部分为“文体论”，也被斥为“数典忘祖”。“他们按照传统观念，称《文心雕龙》的‘文之枢纽’部分为‘文原论’，‘论文叙笔’部分叫‘文类论’，创作论部分则称‘文术论’，批评论部分谓之‘文衡论’。”[②]虽然也有一些著作使用“文体论”“创作论”“批评论”等概念，但还是以前者为正统观念。牟先生指出：“不仅概念术语的运用是这样，对整部《文心雕龙》的研究，也是传统式的。”[③]对这种“坚守传统方式”的《文心雕龙》研究，牟先生是颇为赞赏的。他说：“如果古代文论研究也变得洋气十足，言必希腊，论必欧美，就很可能失掉民族文学的最后一个重要阵地。台湾学者坚守这个阵地，并使之发展而为‘显学’，就其功不小了。另一方面，他们对发展民族文学，不是空谈，而是在实践，古代文论研究本身就是传统式的、民族式的，本身就是在为发展民族文学而努力，形式和内容一致，行动和目标一致，这就不仅有现实意义，对探究古代文论的民族特点，也是很有好处的。”[④]

可以看出，牟先生对台湾“龙学”的重视和研究，除了“龙学”本身的一些重要问题外，更重要的是有着与考察大陆“龙学”完全不同的视角。正如萧华荣先生所说：“鉴于评论对象的特殊性，以及众所周知的一峡之隔的非正常状态，作者‘瞰’的角度与视野就不能不更加广阔与深远，更加富有现实感与历史感，更加富有‘炎黄子孙’‘龙的传人’的使命感，质言之，作者始终着眼于中华‘全龙’，这就使全书有了比纯粹的学术讨论更加深厚的底蕴。”[⑤]如牟先生对李曰刚先生及其《文心雕龙斠诠》一书，是这样介绍的：

> 此书分上下两册，长达二五八〇页。如此宏构，实为海内外龙学之第一巨制。其博大如此，主要就是它在校、注、释、论各个方面，都相当详尽而又力图各方面皆集前人之大成。黄侃之论、范文澜之注、刘永济之释、王利器之校、杨明照的校笺，以及台湾诸家、日本的斯波六郎等，各家之精论妙解，几毕集于是书。王更生评此书说：“他这部巨著实具有黄札、范注、刘释、杨校的优点”，这是并不为过的。特别是黄札、刘释，差不多已被全转录于《斠诠》之中。偶有一篇之内，黄刘二家之说并不一致，亦取一说而兼录另一说以备参考。像李曰刚先生这样一位颇负盛望的学

① 牟世金：《台湾文心雕龙研究鸟瞰》，济南：山东大学出版社，1985年，第107页。

②③ 同上，第108页。

④ 同上，第110页。

⑤ 萧华荣：《着眼于中华“全龙”的腾飞》，《社会科学战线》1986年第4期。

者，其能若此，固与其虚怀若谷的态度有关，而目的却是为我中华民族文化的发展。故其自序有云：“笔者末学肤受，明知蚊力不足以负山，蠡瓢不足以测海，然不揣谫陋，勉成斯编者，冀能存千虑之一得，为复兴中华文化、发展民族文学，而略尽其绵薄耳！”这种精神是令人钦佩而值得发扬的。[①]

显然，牟先生的介绍和评价是具体而切实的，是着眼于“龙学”发展史的，但又是“更加广阔与深远”的，有着“比纯粹的学术讨论更加深厚的底蕴”。更重要的是，这种“底蕴”并非强加上去的非学术的色彩，而是原本深深地蕴含其中的。当李曰刚先生建构其“海内外龙学之第一巨制”的时候，他想到的原本就是“为复兴中华文化、发展民族文学，而略尽其绵薄耳”，所谓“天下兴亡，匹夫有责”[②]，所谓“为往圣继绝学，为万世开太平”[③]，人文学术原本就承载着许多不可推卸的历史使命，则牟先生考察台湾“龙学”的独特视角，实在就是必须而重要的了。

对此，牟先生不仅毫不讳言，而且致意再三。他说：“在阅读台湾诸论和写这个小册子的过程中，我一直存在这样的看法：台湾和大陆的学术工作者，尽管思想有别，观点或异，但从《文心雕龙》研究这一具体事实可见，两岸学者的共通处是很多的。该书的全部内容，显然与持何种政见并无关系，研讨这些问题，是不因论者的政见而异的。如论刘勰的‘原道’观，其所原何道，无论是海峡两岸或海内海外学人，都是可以共同讨论的。既然如此，又出于发展民族文学的共同目标，是没有理由互不通气的。”牟先生坚定地指出：“我相信两岸龙学家坐在一起来共同研究这一祖国宝贵遗产，已为时不会太久了。但为什么要坐待来日呢？所以，本书便图成为引玉之砖，为中国的全龙鸣锣开道。”[④]

因此，牟先生希望：“两岸学者若真从学术着眼，便应加强交流，取长补短，为我中华全龙的发展而努力。”[⑤]这正是“寓深意于学术研究，寄至情于字里行间”[⑥]了。正因有此深衷，牟先生在身患重病以后，仍坚持参加 1988 年 11 月在广州举行的首届国际《文心雕龙》讨论会。因为他得知台湾著名“龙学”家王更生等先生也将出席会议，他希望海峡两岸炎黄子孙能够坐在一起研讨我们共同的文化遗产，以“为中国的全龙鸣锣开道”[⑦]。令人遗憾的是，“当时台湾方面尚未开放到可以赴大陆从事学术交流的程度”[⑧]，牟先生的愿望未能实现。可以告慰于先生的是，他的《台湾文心雕龙研究鸟瞰》等著作引起了台湾“龙学”家的极大共鸣。王更生先生由衷地称赞《鸟瞰》一书：“从他那行文如流水的字里行间，透出高妙的学养和皎洁的人格。”[⑨]并指出：“他那种具有深度和广度的分析与组织，洋溢着智慧的火花，给台湾学者极大的鼓励。先生不仅学有专精，对龙学的研究

① 牟世金：《台湾文心雕龙研究鸟瞰》，济南：山东大学出版社，1985 年，第 100 页。
② 梁启超：《痛定罪言》，《梁启超全集》，北京：北京出版社，1999 年，第 2778 页。
③ [宋]张载：《张子全书》，文渊阁《四库全书》本。
④⑦ 牟世金：《台湾文心雕龙研究鸟瞰》，第 121 页。
⑤ 同上，第 122 页。
⑥ 萧华荣：《着眼于中华“全龙”的腾飞》，《社会科学战线》1986 年第 4 期。
⑧⑨ 王更生：《〈雕龙后集〉序》，牟世金《雕龙后集》卷首。

和推广，付出极大的心力，从每本书的行文措词上，还肯定知道他是一位古道热肠、外刚内柔、彬彬多礼的君子。所以先生的去世，不但在学术上，使我失去一位可供切磋的知己，就在为人处世方面，也使我失去一位学习取法的楷模。"①1990 年 2 月，王更生先生"远从台湾专程来吊祭这位志同道合永未谋面的知音"②，《鸟瞰》一书，不正起了"鸣锣开道"的作用么？

当然，更可告慰先生的是，他的"两岸龙学家坐在一起来共同研究这一祖国宝贵遗产"的美好愿望早已实现了。1995 年 7 月 28 日至 31 日，《文心雕龙》国际学术讨论会在北京举行，台湾的黄锦鋐、王更生、张敬、李景溁、蔡宗阳、黄景进等先生，均出席此次会议。③ 1999 年 5 月份，大陆研究《文心雕龙》的学者十六人应台湾师范大学国文学系和语文学会之邀，参加了刘勰《文心雕龙》学术研讨会和会后的参观、访问活动。④ 进入二十一世纪以后，每两年召开一次的大陆"龙学"会议均有相当规模的台湾"龙学"代表队参加，可以说海峡两岸的"龙学"已初步融为一体。"竹外桃花三两枝，春江水暖鸭先知"，从当年牟先生说"两岸龙学家坐在一起""已为时不会太久"，到这一判断变为现实，用了近十年时间。那么我们有理由相信，中华全龙腾飞于世界的日子也"已为时不会太久"了。

正如不少"龙学"论著所指出，无论在广度还是深度上，牟世金先生的《文心雕龙》研究都达到了一个相当高的水平，在"龙学"史上树起一座不朽的丰碑。牟先生有意雕画"全龙"⑤，因而对"龙学"的方方面面均用力至勤，见解精到。无论《刘勰"原道"论的实质和意义》⑥一文对"道"的辨析以及"道"对《文心雕龙》整个理论体系之重要意义的阐释，还是《从汉人论赋到刘勰的赋论》⑦一文所体现出的对刘勰文体论的高屋建瓴的把握；无论《从〈文赋〉到〈神思〉——六朝艺术构思论研究》⑧一文对整个六朝艺术构思论的全面概括以及对刘勰艺术构思论渊源和发展的探究，还是《文律运周，日新其业——〈文心雕龙·通变〉新探》⑨一文对刘勰"通变"观的全新认识，都体现出牟先生《文心雕龙》研究的博大精深。因此，笔者对牟先生"龙学"的粗浅勾勒，借用先生的话说，"最多也是绘其半爪，模其片鳞而已"⑩。

综上所述，在近百年的"龙学"史上，牟世金先生以其十余种专著、六十余篇论文，对《文心雕龙》进行了全面精到的系统研究，从而成为"《文心雕龙》的功臣"。他不仅是刘

---

① 此段引文摘自王更生先生给牟先生家人的书信。

② 王更生：《〈雕龙后集〉序》，牟世金《雕龙后集》卷首。

③ 参见《北京〈文心雕龙〉国际学术讨论会简讯》，《文心雕龙研究》第二辑，北京：北京大学出版社，1996 年，第 393—394 页。

④ 参见《大陆学者参加台湾〈文心雕龙〉学术研讨会》，《文艺理论研究》1999 年第 4 期。

⑤ 牟世金：《文心雕龙研究·自序》，北京：人民文学出版社，1995 年。

⑥ 该文发表于《文心雕龙学刊》第四辑，济南：齐鲁书社，1986 年。

⑦ 该文发表于《文史哲》1988 年第 1 期。

⑧ 该文发表于《中国文艺思想史论丛》第一辑，北京：北京大学出版社，1984 年。

⑨ 该文发表于《文史哲》1989 年第 3 期。

⑩ 牟世金：《文心雕龙研究·自序》。

勰生平研究的集大成者，也是《文心雕龙》现代注释和翻译的开拓者，更是《文心雕龙》理论体系研究第一人以及“龙学”史研究第一人，他还是中国《文心雕龙》学会的创始人，“对我国‘龙学’的发展，做出重大贡献”。正因如此，可以毫不夸张地说，牟世金先生是二十世纪“龙学”的一座里程碑。

（作者单位：山东大学儒学高等研究院）

牟世金《文心雕龙研究》评述
——兼评作者毕生之《文心雕龙》研究著述及其贡献

陶礼天

牟世金先生(1928—1989)生前为山东大学中文系教授,其《文心雕龙研究》一书,对刘勰的生平思想和《文心雕龙》的理论内容进行了全面的研究,是作者生前抱病完成的对他自己长期研究《文心雕龙》进行总结的一部学术专著,该书较为全面地吸取、参稽近现代以来海内外研究成果,对《文心雕龙》进行了再认识、再估价,所以它也是作者对近现代以来海内外学者研究《文心雕龙》进行初步总结和评论的一部学术专著,其学术分量厚重、论述细致客观。全书写成于1988年,约四十二万字,由人民文学出版社1995年出版,而作者已于1989年不幸因病去世,该书成为作者两本遗著之一(另一部为《雕龙后集》),令人敬佩而叹惋。

牟先生是我国著名的古代文学理论与批评研究专家,而《文心雕龙》的研究,在其毕生的学术生涯中占据最主要的方面。作者对《文心雕龙》研究近三十年,发表论文近90篇,出版著作有自著六部,合著五部。其关于《文心雕龙》研究的著作有:《文心雕龙选译》(与陆侃如合著)、《文心雕龙译注》(与陆侃如合著)、《刘勰和文心雕龙》(与陆侃如合著)、《刘勰论创作》(与陆侃如合著)、《雕龙集》、《刘勰年谱汇考》、《台湾文心雕龙研究鸟瞰》、《雕龙后集》和这部《文心雕龙研究》等。而《文心雕龙研究》一书,取得的成就最大,受到学术界很高的赞誉,是作者的代表性研究成果。所以,对《文心雕龙研究》一书进行评述、对作者毕生《文心雕龙》研究著述进行评述,有助于《文心雕龙》研究的进一步深入,知古鉴今,了解前人的学术成就,始终是我们后继者进行学术研究的基础与前提。

一、作者《文心雕龙研究》以前的著述以及写作该书的准备

作者对《文心雕龙》文学理论批评的体系结构、基本思想和主要精神内容的分析见解,已在《〈文心雕龙译注〉引论》中基本得到体现(本文主要着重于作者对《文心雕龙》理论研究著述的评述,对其“今译”工作基本略而不论),其实《引论》相当于一部全面研究《文心雕龙》的“专著”。《文心雕龙研究》一书,除了对《文心雕龙》理论内容的研究,如作者《自序》所说,在以前的研究基础上有所发展,提出了许多新的观点,并且扩大了研究范围。它是作者进行长期准备和研究积累的结果。其《自序》对此也作了追述:“为了了解龙学的历史,吸取前人成果,总结经验教训,写了《龙学七十年概观》(引按:《文心雕龙研究》第一

章第二节标为‘《文心雕龙》研究的回顾与展望’,部分体现了这一长篇论文的研究成果);为确知刘勰生平,便遍搜海内外已刊行之刘勰年谱、年表十六种,撰成《刘勰年谱汇考》(引按:《文心雕龙研究》第二章标为‘刘勰’,其对刘勰家世、生平的研究,集中体现了《汇考》一书的基本研究成果);为一知日本龙学而赴日察访,写了《日本文心雕龙研究一瞥》;为掌握港台研究成果,写了《台湾文心雕龙研究鸟瞰》(引按:《文心雕龙研究》第八章第四节直接标为‘台湾《文心雕龙》研究鸟瞰’,基本上收入了该著的内容)……此外,为认清刘勰的思想,曾写过《试论六朝时期儒道玄佛的斗争与融会》等。”[①]可以说,作者在《文心雕龙研究》一书中,虽然不少观点有所修正,研究更有精进,但基本上也将其以前的几部重要著作(专著和论文集)的主要内容融入进去。

作者与陆侃如合著的上海古籍出版社 1978 年出版的《刘勰和文心雕龙》一书[②],约四万字,分为五个部分,分别题为“刘勰以前的文学理论”“刘勰的生平和基本观点”“刘勰的文体论和批评论”“刘勰的创作论”“刘勰的地位和影响”,初步较为全面地研究了刘勰的生平思想和《文心雕龙》的文学理论内容。有些观点,在《文心雕龙研究》一书中继续保持,如认为刘勰的思想倾向属于儒家思想等,但有些观点如认为通变观是崇古的观点等却作了重大的修正。作者与陆侃如合著的《刘勰论创作》一书[③],1963 年由安徽人民出版社初版,1982 年修订再版。作者对再版本作了较大的修改,将原由引言、译注和几篇附录组成的内容,调整为论述和译注两部分,约十三万字。“译注”部分由原来的八篇增加为十篇,增加的为《比兴》和《总术》两篇,作者认为“《比兴》是刘勰创作论中较为重要的一篇,在古代文论史上有着重要的历史地位;《总术》则为刘勰创作论的总结。加上这两篇,刘勰创作论的重要篇章就基本上选全了”[④]。这反映了作者对刘勰创作论认识的提高和变化。“论述”由六篇论文构成:(1)《刘勰及其文学理论》,是由原版的引言修改而成,分“刘勰以前的文学理论”“刘勰的生平和著作”“刘勰的文学思想”“刘勰的创作理论”和“刘勰的批评理论与实践”五个专题;(2)《文心雕龙创作论新探》,为作者新撰,从“物与情”“物与言”以及“言与情”的关系这三个方面探讨了刘勰的创作论,这一观点在《文心雕龙译注》的《引论》和《文心雕龙研究》中一直得到贯彻;(3)《〈文心雕龙〉中有关现实主义的论点》;(4)《〈文心雕龙〉中有关浪漫主义的论点》;(5)《刘勰论诗的幻想和夸饰》,以上三篇内容,在《文心雕龙研究》中也有反映;(6)《文心雕龙术语初探》,分基本义、引申义、普通义三个层次,对文(附“文学”“文艺”)、道(附“神道”)、气、体、情、采、风(附“风格”)、骨(附“骨髓”“骨鲠”)、实、华、正(附“贞”)、奇等重要理论范畴进行了诠释。

作者的《雕龙集》,由中国社会科学出版社 1983 年出版,是一部论文集,计二十六万字。作者在该书《前言》中说:“这个集子收了两组文章,或可谓之上下编。上编从历史的发展上,对古代文学艺术的几个传统问题,进行一点综合探讨;下编主要谈魏晋南北

① 牟世金:《文心雕龙研究》,北京:人民文学出版社,1995 年,第 2—3 页。

② 陆侃如、牟世金:《刘勰和文心雕龙》,上海:上海古籍出版社,1978 年版,2011 年。

③ 陆侃如、牟世金:《刘勰和文心雕龙》,合肥:安徽人民出版社,1963 初版,1982 年。

④ 陆侃如、牟世金:《刘勰和文心雕龙》之《再版前言》,合肥:安徽人民出版社,1982 年。

朝期间有代表性的三种文论:《文赋》《文心雕龙》和《诗品》。”[①]该书收录论文共十一篇,其中有关于《文心雕龙》研究的论文四篇,除《〈文心雕龙译注〉引论》外,其他为《近年来〈文心雕龙〉研究中存在的几个问题》《〈文心雕龙〉理论体系初探》和《刘勰论文学欣赏》三篇。《近年来〈文心雕龙〉研究中存在的几个问题》一文,较早地全面总结了自1956年以来《文心雕龙》研究中存在的一些问题,批评了建国以来学术界在对待古代文学遗产(包括《文心雕龙》在内)问题上的一些片面看法,这也说明作者一直注意总结《文心雕龙》的现代研究成果,通过自己的认真研究,分析存在问题,以期进一步推动“龙学”研究的进展。《〈文心雕龙〉理论体系初探》一文,最能集中体现作者对《文心雕龙》理论体系的分析认识。台湾《文心雕龙》研究专家王更生评道:“书中的两组十一篇论文,篇篇都具有创发性;特别是《文心雕龙理论体系初探》一文,议论精辟,胆识过人。”[②]《〈文心雕龙〉理论体系初探》一文的主要观点在《文心雕龙研究》的第三章“《文心雕龙》的理论体系”中得到了全面的体现。《刘勰论文学欣赏》一文,也不乏新见,特别是作者对《知音》中“六观”说进行了辨析,认为:“‘六观’不过是从六个方面来进行观察的方法,而不是衡量作品优劣的六条标准。”[③]。《雕龙集》的其他论文为:《中国古代文学艺术的形神问题》《从文与道的关系看儒家思想在古代文学发展中的作用》《景无情不发,情无景不生——艺术构思民族特色试探之一》《诗学之正源,法度之准则——艺术构思民族特色试探之二》《意得传神,笔精形似——艺术构思民族特色试探之三》《〈文赋〉的主要贡献何在》及《钟嵘的诗歌评论》七篇。这七篇论文反映了作者的古代文学理论批评史的研究功力,有“点”有“面”,如“形神”问题、“文与道”关系、“艺术构思论”等,都是传统文论的重要理论专题,对这些问题的纵横研究,如关于“文与道”的关系,作者从汉魏六朝谈到唐宋古文运动直至明清时期的古代文学理论批评家对此的争议,理清了历史发展的线索,这也是作者写出《文心雕龙研究》一书的基础。

作者1988年出版的《刘勰年谱汇考》一书[④],约九万字,是其精心结撰、详细考辨的一部关于刘勰生平与思想的著作,可以说是目前研究刘勰生平的“集大成”之作。全书由“序例”“刘勰年谱汇考”及“附录”三部分组成。《汇考》部分主要包括三项内容:第一、关于谱主刘勰的生平事迹的考辨;第二、每年系之以同时期的重要人物的生卒年,或更载其形迹以及重大历史事件等。这些重要人物包括其时的著名政治家、哲学家、文学家等,特别是与刘勰生平活动有关的人物;第三、汇集十四种刘勰年谱、年表,排比其歧异,并进行折衷、评述。《附录》三种:一为刘勰年谱年表总表;二为陆侃如《刘勰年表》,文系陆侃如1963年应莒县刘勰纪念堂之请而撰;三为《梁书·刘勰传》。该书资料丰赡,按断慎重。不仅有助于从刘勰生平活动中去研究其思想的发展,也有助于研究南朝时期文学史、文学批评史的发展演变。

① 牟世金:《雕龙集》之《前言》,北京:中国社会科学出版社,1983年。
② 王更生《〈雕龙后集〉序》。牟世金:《雕龙后集》,济南:山东大学出版社,1993年。
③ 牟世金:《雕龙后集》,济南:山东大学出版社,1993年,第294页。
④ 牟世金:《刘勰年谱汇考》,成都:巴蜀出版社,1988年。

作者1985年出版的《台湾文心雕龙研究鸟瞰》一书①，约十二万字，除简短的“前言”和附录《台湾省文心雕龙研究专书目录》《台湾省文心雕龙研究论文目录》以外，全书共分七个部分，即：(1) 显学；(2) 校勘；(3) 注释；(4) 理论研究，分理论体系、自然之道、文之枢纽、风格论、风骨论和三准论等六个方面；(5) 主要论著，主要评价王更生、黄春贵、沈谦、王金凌、龚菱和李曰刚诸家的论著；(6) 发展民族文学；(7) 赘述。当时大陆学者对台湾《文心雕龙》研究情况了解较少，而该书第一次较为全面地评述了其研究，描述了其概况，为海峡两岸的《文心雕龙》学术交流做出了贡献。

作者曾把上述这些研究说成是为《文心雕龙研究》一书写作所打的“外围战”，经过如此呕心沥血的准备，终于得以完成《文心雕龙研究》这部学术分量厚重、立论平实而精审的著作。

二、牟著《文心雕龙研究》的主要内容和成就

《文心雕龙研究》一书，除前面所冠王元化的《序》和作者《自序》外，共分八章。第一章为“绪论”，又分为“中国古代文论的典型”“《文心雕龙》研究的回顾与展望”及“产生《文心雕龙》的时代思潮”三节。作者认为“《文心雕龙》在中国古代文学理论中的典型意义，主要就在于它可说是一部中国古代的文学概论”。其典型意义，表现在四个方面：第一，“刘勰所处的历史时期，本身就是一个构筑典型的古代文论的典型时期”，其时古代文学进入较为成熟的发展时期，而古代文论许多重大的基本的理论命题已经充分展开；第二，《文心雕龙》是“集前代文论之大成”的一部著作，刘勰之前的各种文学理论批评观点，在《文心雕龙》中得到充分反映；第三，其论述全面，刘勰写作此书，抱着“弥纶群言”的目的，不仅对各种文体进行全面的总结，而且对文学理论进行了全面的论述。作者认为“从《神思》以下，刘勰用二十四篇专论，对艺术构思、风格论、风骨论、通变论、内容和形式的关系、文学与现实的关系，以及声律、对偶、比兴、夸张等修辞方法”，进行了全面的论述，而且所论具有民族特色；第四，其体系完密、结构谨严。② 由此，作者对《文心雕龙》的历史地位作出了确切的崇高评价，同时也是对那些未经深入研究而漠视乃至贬斥《文心雕龙》者予以了最有力的批驳。其第二节“《文心雕龙》研究的回顾与展望”，是在其长篇论文《龙学七十年概观》的基础上修订而成的，基本上相当于一部“《文心雕龙》研究简史或者说纲要”，作者认为“近世《文心雕龙》研究的开始，便是一门学科，故近年来学术界简称为‘龙学’。‘龙学’的实际，已是一门广涉经学、史学、子学、佛学、玄学、文学、美学，而又有自己独特的校勘、考证、注释和理论研究的系统学科”。这就给“龙学”或称为“《文心雕龙》学”的内涵，作了较为准确的阐述，有助于人们进一步认识它、研究它。作者把二十世纪“龙学”史概括为这样几个阶段：(一) 从二十世纪初到解放前的半个世纪，为发展时期，是科学地研究《文心雕龙》的开端。其中代表性成果有黄侃《文心

① 牟世金：《台湾文心雕龙研究鸟瞰》，济南：山东大学出版社，1985年。

② 牟世金：《文心雕龙研究》，北京：人民文学出版社，1995年，第3—9页。

雕龙札记》、范文澜《文心雕龙注》等，奠定了《文心雕龙》研究的基础，但理论研究较为薄弱。(二)解放以后，从1955年到1964年十年期间，是新的发展时期。研究者运用马克思主义文艺观进行研究，使之面貌一新，发表论文约两百篇，对《文心雕龙》的历史意义和价值，开始进行较为深入的、系统的、科学的研究。这时期出版的杨明照《文心雕龙校注》和刘永济《文心雕龙校释》，是这十年内最重要的收获；另外，学者们对《文心雕龙》今译工作也取得较大的进展。(三)"文革"十年为《文心雕龙》研究的停滞时期。(四)1978年以来(作者大约论到1988年)这十年间，是《文心雕龙》研究的大发展时期，或者说是繁荣昌盛时期，发表论文一千多篇，出版专著三十五种，又出版《文心雕龙学刊》五辑，研究队伍也空前扩大。作者还对这十年间的研究特点、存在问题以及《文心雕龙》研究的未来发展作了论述。关于《文心雕龙》产生的时代思潮，作者着重分析了六朝期间儒、道、玄、佛相互斗争、相互融会的思想背景及其特征，指出《文心雕龙》就是在这样的时代思潮下才得以产生的，认识这一点，是"认识刘勰及其书的思想基础"①的依据。

第二章标为"刘勰"，又分为"刘勰的家世""刘勰生平考略"和"刘勰的思想"三节，这里略述其研究的主要结论。作者认为"刘勰乃出身寒门而非世家大族"②，刘勰约出生于宋泰始三年(467)，约二十四岁入定林寺依沙门僧祐，三十七八岁离寺为官，其《灭惑论》写在南齐时期居定林寺期间，比同在此时期末所撰写的《文心雕龙》要早，《文心雕龙》的写成约在南齐中兴二年即公元502年三月，此说基本取自清刘毓崧《通谊堂集·书文心雕龙后》的考证结论，主要证据是僧祐《出三藏记集》十卷本当完成于南齐，而其中记载僧祐所编定的《弘明集》初编目录已记载有刘勰撰写的《灭惑论》。关于刘勰的卒年，作者仍然认为范文澜所说较为可信，主张刘勰约卒于梁普通三年(522)，而不取李庆甲(谓刘勰卒于梁中大通四年即公元532年)、杨明照(谓刘勰卒于梁大同四、五年即公元538或539年)提出的"新说"，因为"新说"证据不足。其列出的刘勰生平事迹简明年表如下：

宋泰始三年(467)生。
元徽元年(473)七岁，梦攀彩云。
元徽二年(474)八岁，父尚卒。
齐永明四年(486)二十岁，母没。
永明八年(490)二十四岁，入定林寺。
建武四年(497)三十一岁，撰《灭惑论》。
建武五年(498)三十二岁，梦随孔子南行，始撰《文心雕龙》。
中兴二年(502)三十六岁，三月前完成《文心雕龙》。
梁天监元年(502)负书干求沈约。
天监二年(503)三十七岁，起家奉朝请。
天监三年(504)三十八岁，任中军将军临川王萧宏记室。

---

① 牟世金：《文心雕龙研究》，北京：人民文学出版社，1995年，第45页。
② 同上，第49页。

天监四年(505)三十九岁,任车骑将军、湘州刺史夏侯详仓曹参军。

天监六年(507)四十一岁,任太末令。

天监十一年(512)四十六岁,任仁威将军南康王萧绩记室,兼昭明太子萧统东宫通事舍人。

天监十五年(516)五十岁,撰《梁建安王造剡山石城寺石像碑》。

天监十七年(518)五十二岁,表二郊宜与七庙同用蔬果。迁步兵校尉,兼舍人如故。

天监十八年(519)五十三岁,奉敕与慧震于定林寺撰经。

普通三年(522)五十六岁,卒。[①]

以上年表中,关于刘勰的生卒年和刘勰的父母之卒年以及《灭惑论》的撰年,我们认为还不能具体扣死在那一年(但大体是在该年左右),从总体上讲,作者所列之年表是在对史料进行细致辨析并汇考多种年谱、年表做出的,基本可以采信。特别是定《灭惑论》为南齐时代所作并早于《文心雕龙》的撰年,与杨明照等结论较近,而立论妥当,我们认为这比定《灭惑论》为刘勰入梁以后的作品更为有理,当然也不是没有讨论的余地。这也就进一步涉及对刘勰思想的研究问题了。作者认为:"刘勰的思想属儒家思想,无论就其全人或《文心》全书来看,这都是毫无疑义的。但必须明确,他的儒家思想是六朝时期的儒家思想。"[②]而"从当时的时代思潮着眼,不仅可以理解《文心》的融合释道玄诸家是很自然的,更能认清刘勰的儒家思想是六朝时期的儒家思想"。进而作者认为刘勰撰写《文心雕龙》能够得以成功,也与他吸收释道玄诸家思想有关,不过,"《文心》的成就是和它以儒家思想为主,特别是充分运用一系列儒家文学思想的精华分不开的。但《文心》的保守性、其中的封建糟粕和某些偏见,也主要来自儒家思想"[③]。我们认为这样立论比较融通、分析比较周全。

第三章题为"《文心雕龙》的理论体系",又分为"《文心雕龙》的性质和篇次问题""《文心雕龙》的总论""《辨骚》篇的归属问题""'体大而思精'的理论体系"四节。作者认为范文澜、刘永济、周振甫、郭晋熙、李曰刚、陈书良等提出现在的通行本《文心雕龙》篇次存在问题,或以为是后代浅人妄改,或以为是版次错乱造成的,均根据不足,认为"现行本的篇次基本可以视为刘勰撰定的原貌。其中少数篇序现在看来似不合理,这主要是如何理解的问题"[④]。关于《文心雕龙》"总论"的问题,作者将之与"文之枢纽"的前五篇区别开来,因为"作为一本理论著作的总论,只能是全书立论的基本观点,而不是笼统的某几篇。"[⑤]明确地说,"在'文之枢纽'的五篇中,可以视为《文心》全书总论的,只有前三篇提出的原道论、征圣论和宗经论。此三论和'正纬''辨骚'的根本区别,就在它是贯

① 牟世金:《文心雕龙研究》,北京:人民文学出版社,1995年,第68—69页。

② 同上,第73页。

③ 同上,以上引见第78页。

④ 同上,第96页。

⑤ 同上,第97页。

穿于全书的基本观点，也是全书立论的基本原则”[①]。《文心雕龙》的理论体系不是别的理论体系而是文学理论体系，三篇总论也说明了这一点，虽然三篇论说的侧重点不同，而其共同构成了“总论”，其“最基本的原则就是：‘衔华而佩实’”。作者认为“《辨骚》篇虽为‘文之枢纽’的前五篇之一，但不是《文心雕龙》的总论”。《辨骚》篇兼有枢纽论和文体论的性质[②]。所以，《辨骚》以下二十一篇属于文体论，《文心雕龙》下编“割情析采”部分属于创作论，《序志》所说的“崇替于《时序》，褒贬于《才略》，怊怅于《知音》，耿介于《程器》”，属于批评论，而《序志》篇是全书的总序。作者最后总结说：“《文心雕龙》由‘文之枢纽’‘论文叙笔’‘割情析采’和批评鉴赏论（包括作家论）四个互有联系的组成部分，构成一个严密而完整的文学理论体系；这个体系以儒家思想为主导，以‘衔华佩实’为轴心，以论述物与情、情与言、言与物三种关系为纲领，把五十篇结成一个有机的整体。这样的文学理论体系，不仅在中国古代文论中是稀有的，在世界古代文论中也是罕见的。”[③]

接着第三章的总体分析，以下第四、五、六、七这四章分别专门研究了《文心雕龙》的文之枢纽、论文叙笔、创作论和批评论问题。第四章为“文之枢纽”论，又分为“‘原道’论的实质和意义”“‘征圣’‘宗经’思想”“《正纬》和《辨骚》的枢纽意义”三节；第五章为“论文叙笔”论，又分为“概说”“楚辞论”“论诗”“论赋”“论民间文学”五节；第六章为“创作论”，又分为“创作论的体系”“艺术构思论”“风格论”“风骨论”“通变论”“情采论”六节；第七章为“批评论”又分为“评建安文学”“批评论和鉴赏论”“作家论”三节。限于篇幅，下文拈其重要论述和观点，简要归结并略作评介。

（一）“文之枢纽”的研究

第一，关于“原道”的实质和意义，作者认为“‘原道’论的实质，主要就是《原道》篇所论物自有文、言必有美的内容决定的”[④]。而“道”指的是一种有普遍性的规律，刘勰侧重指的是天地万物自然呈现其美的原理（或宇宙精神），“刘勰既以此‘自然之道’，为‘本乎道’以论文之‘道’，他就建立了崭新的‘道—圣—文’观念，特别是新创了有别于诸子百家之道的文家之道，在中国文学批评史上是有其重要意义的”[⑤]。在内容和形式的关系上，刘勰实质主张内容决定形式，故主张“为情而造文”“述志为本”、文质相符，“正因为重内容，所以在《原道》之后，继以《征圣》《宗经》二篇。但刘勰在‘文’与‘道’的关系上，仍是坚持了‘文’的独立性，他没有让‘文’成为载道之器，重新变成经学的附庸，而把儒家圣人改造成文章的祖师，把五经视为文章的典范，实际上是使之为刘勰的文学主张服务”[⑥]。第二，从《征圣》《宗经》两篇看，“刘勰的文学思想和儒家经典是较为密切的，他从

① 牟世金：《文心雕龙研究》，北京：人民文学出版社，1995 年，第 100 页。
② 同上，第 110 页。
③ 同上，第 143 页。
④ 同上，第 162 页。
⑤ 同上，第 164 页。
⑥ 同上，第 166 页。

中吸取了很多有益于文的因素，这是有助于《文心雕龙》在文学理论上的成就的”[1]。但并非以“敷赞圣旨”为目的，亦未严守儒家师说而是有所改造和发展的。第三，关于《正纬》和《辨骚》两篇，刘勰虽将之均列入枢纽论中，但其意义不同，《正纬》目的在于配经，在于“有益文章”，因为汉魏六朝时代的作家多在创作中利用谶纬；而《辨骚》的性质属于楚辞论，这正体现了其“深得文理”的特点。

（二）“论文叙笔”的研究

首先，作者认为“《文心雕龙》的‘论文叙笔’部分，从《明诗》到《书记》共二十篇，加上兼属‘文类之首’的《辨骚》则为二十一篇，在全书中是比重最大的一个组成部分”[2]。其次，“论文叙笔”的目的，“主要是分体总结前人的各种写作经验”，这部分共论及三十多种文体，其中部分不属于文学的文体，但不能由此“断言《文心》全书的非文学性”[3]。再次，作者认为文体论和创作论并不是两个平行的组成部分，“二者的关系是：文体论从历史发展上分别总结各种文体的具体创作经验，创作论则以这些具体经验为基础，提升为一般的、各体皆宜的共同法则或规律”[4]。最后，作者又具体结合其楚辞论、诗赋论及民间文学论，将文体论中有关文学创作的重要问题作了分析。作者认为：刘勰在《辨骚》篇中，有总论有分论，既重内容又重形式，详究其影响并提出学习楚辞的基本原则，是一篇很全面的楚辞评论；刘勰对诗歌的研究，除《明诗》《乐府》专篇外，全书论及诗歌的有三十多篇，《文心雕龙》整个理论体系，主要是以诗歌理论为基础建立起来的。其诗论主要包含四个基本方面的内容，即：“情志并重和‘顺美匡恶’的主张属于内容方面，赋比兴和‘以少总多’属于艺术方法方面”[5]；对赋的创作，刘勰提出的“写物图貌”的特点、“体物写志”的要求和“理贵侧附”的方法等，都是从汉赋中总结出来的，而其主张“情以物兴”和“物以情观”的结合，揭示了文学创作的普遍规律，超越了“立赋之大体”的意义，物与情、情与言、言与物三者之关系，正是刘勰创作论的核心纲领[6]；刘勰对民间文学的态度，总的来说是好的，重视的，“《文选》各体具选，唯不选民间作品。刘勰则不仅论及神话、歌谣、谚语、笑话、谜语等”[7]，而且予以一定肯定。

（三）创作论的研究

首先，讨论了创作论的体系问题。作者认为：“刘勰的创作论体系，是以《神思》篇为纲，以论述物与情、物与言、言与情三种关系为主构成的。”[8]其次，分析了刘勰的艺术构思论。作者指出：第一，“‘神与物游’四字是刘勰论艺术构思的核心论点，也是他论情物

① 牟世金：《文心雕龙研究》，北京：人民文学出版社，1995年，第184页。
② 同上，第202页。
③ 同上，以上引见第203、206页。
④ 同上，第215页。
⑤ 同上，第243页。
⑥ 同上，第260页。
⑦ 同上，第277页。
⑧ 同上，第279页。

关系所取得的重要成就”，“神与物游”四字，明确地概括了艺术思维的特殊规律，即“艺术想象是和具体的物象联系起来进行的”，可见，《神思》篇是“历史上第一篇相当全面而系统的艺术构思专论”[①]；第二，刘勰注意到并强调语言文辞在艺术构思中的重要作用；第三，刘勰指出了作家艺术构思时，作家主体必须具备一定的条件，所谓“积学以储宝，酌理以富才，研阅以穷照，驯致以绎辞。然后使玄解之宰，寻声律而定墨；独照之匠，窥意象而运斤；此盖驭文之首术，谋篇之大端”；第四，对陆机颇感困惑的思路“开塞之所由”，刘勰作了正确的解决。再次，论述了刘勰的风格论。作者认为除刘勰深刻讨论了个性与风格及其风格多样化问题外，其风格论“有两点新的发展：一是第一次提出风格的类型（引按：指《体性》篇‘数穷八体’的划分），一是‘功以学成’”[②]。又次，分析了刘勰的风骨论、通变论和情采论。关于风骨，作者认为“风”是指“通过‘文意’或作品的内容所形成的感人力量”，“骨”是对言辞的要求，“能‘结言端直’、‘析辞必精’、‘捶字坚而难移’，而非‘瘠义肥辞，繁杂失统’者，便是有‘骨’。这样的‘骨’，当然不等于言辞”[③]。总之，风为对情志的要求，骨为言辞的要求，风和骨、采的关系与志和言、文的关系，与实（佩实）和华（衔华）的关系是统一的。关于通变，作者认为存在两种不同的解释：一为继承与革新，一为贯通变化，作者主张刘勰的“通变”之涵义属于后者，不过其中涉及继承与革新的思想，尽管如此，《通变》篇也绝不是什么论文学的继承与革新关系的专篇。关于《情采》，作者认为主要就是论内容和形式的统一关系，其“‘形文’、‘声文’、‘情文’之说，正是就文学艺术本身的特征提出的‘立文之道’”[④]。我们认为这一解释比较合理。

（四）批评论研究

首先，作者重点论述了刘勰对建安文学的批评，由此指出刘勰对历代作家作品的评论，是其批评论的重要组成部分；其次，作者主要以《知音》篇为主，集中讨论了其批评与鉴赏理论，认为刘勰的“六观”说，就是指从六个主要方面（位体、置辞、通变、奇正、宫商），来对作品进行鉴赏的方法而不是批评标准；又认为“刘勰虽未在其他篇内提出批评标准，但‘文之枢纽’中提出的基本文学观是贯穿全书的。《知音》篇就既不能违背全书的基本观点，也不应另立什么批评标准”。再次，分析了其作家论。作者认为《文心雕龙》的作家论集中在《才略》《程器》两篇中，其评论亦分散于全书，在文体论、创作论都有对作家的评论，在批评论中，主要讨论的是作家的才能和道德问题。全书论及作家二百多位，大都论及其人其文的多种情况。

第八章标为“几个专题研究”，即为“刘勰对古代现实主义理论的贡献”“从《文心雕龙》看古代文论的民族特色”“从‘范注补正’看《文心雕龙》注释问题”及“台湾《文心雕龙》研究鸟瞰”四个专节。首先，作者认为刘勰的“写真论”，提出“拟容取心”“以少总多”“善于适要”等观点，在一般要求外部形貌真实的基础上，向前跨进了一步，触及现实主

① 牟世金：《文心雕龙研究》，北京：人民文学出版社，1995年，以上引见第280、332页。

② 同上，第345页。

③ 同上，以上引见第378、384页。

④ 同上，第412页。

义“写本质”的理论，至少可以说在中国古代文论史上，这是属于写实倾向的理论。其次，作者从《文心雕龙》出发，认为中国古代文论的民族特点，“是用体貌的方式，从实际出发进行综合论述的结构；在儒家思想支配下，以‘诗言志’为中心，以文质论为主干构成的理论体系；用一套传统的术语，概念和论题而进行一系列评论”①。再次，作者在高度评价了范文澜《文心雕龙注》的同时，又举出值得商榷的实例三十五条，说明“范注”存在的不足，从而提出《文心雕龙》重注的必要性以及应该注意的问题。最后，关于台湾《文心雕龙》研究鸟瞰一节，上文已加介绍，不赘。

三、牟著《文心雕龙研究》之方法及作者对《文心雕龙》研究的贡献

王元化《〈文心雕龙研究〉序》说：作者“为了总结前人与当代学人的经验，写出了《龙学七十年概观》《刘勰年谱汇考》《日本研究文心雕龙一瞥》《台湾文心雕龙研究鸟瞰》等著作。他在蒐集资料上，用力甚勤，继承了清人不病琐、获之创的求实学风，决不贪图省力，以第二手资料充数”②。对此我们在上文的分析中，已较为充分地作了说明。王元化又说：“世金同志这部书毫无哗众取宠之心，也许会被认为过于质朴，但这也是它的长处。因为从这种质朴中可以看到一种实事求是的治学态度，既不刻意求新，也不苟同于人。他所说的‘有人异于我，也有我异于人’，大概就是为了说明这一点吧。他力图揭示原著的本来意蕴，而决不望文生解，穿凿附会。书中那些看来平淡无奇的文字，都蕴涵着作者的反复思考、慎重衡量，其立论之严谨，断案之精审，我想细心的读者是可以体察到作者用心的。”③这段话集中评述了其研究方法的特点，可谓公允精到。作者《〈文心雕龙研究〉自序》自谓：“以《引论》（按：指《〈文心雕龙译注〉引论》）所把握的整体为基础，重新回到一字一句的再认识（按：指《文心雕龙》原文）。我没有记录曾有过多少次这样的反复，但在写作这本书的过程中，也由于中途有间断，差不多每一个小结，都要从中心点出发，绕场一周，跑个大圆圈，再回到中心点，绕行若干个小圈。”经过如此反复深入研究，使本书“每章每节，都或多或少有一些新的发现，新的认识。如‘通变’论等个别问题，甚至和过去的见解有了根本性的改变。但在总体上，只是就原有基础，力图有所发展”④。可见，作者为了能够做到解释符合原意而研究又能有所创新，态度是多么严谨，思考是多么慎重。当然牟著《文心雕龙研究》也有所不足，特别是在理论的阐述上，概括有时不够精练，少数章节有些重复累赘，有些观点也值得商榷，但瑕不掩瑜，牟先生这部《文心雕龙研究》，无疑是新时期以来众多《文心雕龙》论著中优秀的一部。

说到新时期《文心雕龙》研究的兴盛，我们不应忘记作者为推动学术研究繁荣所做出的大量工作，王元化《〈文心雕龙研究〉序》说：“世金同志可以说得上是《文心雕龙》的

---

① 牟世金：《文心雕龙研究》，北京：人民文学出版社，1995年，第11页。

② 王元化：《〈文心雕龙研究〉序》。牟世金：《文心雕龙研究》，第1页。

③ 同上，第2页。

④ 牟世金：《文心雕龙研究》之《自序》，第4页。

功臣。这一点有大量的论著可以为证。他也是全国《文心雕龙》学会的倡议筹建者，学会的繁杂事务几乎都是由他承担起来的，因此学会倘在学术界有所贡献，首先得归功于他。”[1]这是对作者之著述和学术活动的最好评价。“春蚕到死丝方尽，蜡炬成灰泪始干”，用这两句古诗来形容作者对《文心雕龙》研究的献身精神，可谓最为确切。

附记：本文原作于2000年3月，是为《文心雕龙研究》（与张少康师等合著，北京大学出版社，2001年9月出版）撰写的一节初稿，后增订为单篇论文，作为约稿发表于《镇江师专学报》（社会科学版）2001年第2期，是学界最早较为全面地评述牟世金先生《文心雕龙》研究成就的论文。从研读牟先生所有《文心雕龙》研究著作，到开始准备撰写本文，时光匆匆，差不多已经过去二十年矣，竟未能有时间重读牟先生的著作，撰写新的研究论文。谨根据底稿并参照发表的这篇论文，再次略作修订，为纪念牟先生诞辰九十周年献上心香一瓣，特此说明。

2018年元月8日

（作者单位：首都师范大学文学院）

① 王元化：《〈文心雕龙研究〉序》。牟世金：《文心雕龙研究》，北京：人民文学出版社，1995年，第2页。

论牟世金的《文心雕龙》研究*

李 平　　范伟军

引 言

牟世金先生将毕生的大部分心血倾注在《文心雕龙》的研究上，治“龙学”长达三十余年，硕果累累。他和陆侃如先生合作，先后撰写出版了《文心雕龙选译》（山东人民出版社，1962 年上册、1963 年下册）、《刘勰论创作》（安徽人民出版社，1963 年）、《刘勰和文心雕龙》（上海古籍出版社，1978 年）等著作。这些著作不仅推动了“龙学”研究的发展，而且也使他本人开始为学界所瞩目。

牟先生的《文心雕龙》研究在 20 世纪 80 年代跃上新的高峰，在注、译、考、论等方面都做出了重要的贡献。1981—1982 年，《文心雕龙译注》上下册（齐鲁书社）相继出版，这是大陆第一部《文心雕龙》全书的现代汉语译注本，其长篇引言对《文心》全书体系作了全面深入的剖析。1988 年出版的《刘勰年谱汇考》（巴蜀书社）一书，是目前研究刘勰生平的“集大成”之作。此外，牟先生还开辟了“龙学”研究的一些新领域。他较早地关注“龙学”史，四万余言的《“龙学”七十年概观》一文，分析总结了“龙学”七十年的研究成果，具有“龙学”简史的性质；而《台湾文心雕龙研究鸟瞰》（山东大学出版社，1985 年）一书，第一次评述了台湾的“龙学”研究概况，为海峡两岸“龙学”学术交流做出了极大的贡献。以上种种论著的完成，为其“龙学”研究的集大成之作《文心雕龙研究》的撰写做了充分的准备。1988 年，牟先生抱病完成了一部四十万字的《文心雕龙研究》（人民文学出版社，1995 年），这是他长期“龙学”研究的一部总结性著作，“书中那些看来平淡无奇的文字，都蕴涵着作者的反复思考、慎重衡量，其立论之严谨、断案之精审，我想细心的读者是可以体察到作者用心的”[①]。该书对刘勰的生平思想和《文心雕龙》的理论体系与具体内容作了全面系统的探讨，堪称“龙学”综合研究中的扛鼎之作，同时也标志着牟先生“龙学”研究的全面成熟。正如有人所说：“在八十年代，牟世金是研究《文心雕龙》的中

---

* 本文系 2015 年度国家社科基金项目“海峡两岸‘龙学’比较研究”（15BZW040）和 2014 年度国家社科基金重大项目“东亚《诗品》《文心雕龙》文献研究集成”（14ZDB068）阶段成果。

① 王元化：《文心雕龙研究序》，见牟世金《文心雕龙研究》，北京：人民文学出版社，1995 年，第 2 页。

年学者中成就最高、贡献最大、学风严谨的一位非常出色的学者。”[1]因此，评述牟先生的“龙学”研究成果，探讨其“龙学”研究的方法特点，总结其“龙学”研究的成就地位，对当下的“龙学”研究大有裨益。

一、《文心雕龙》字句的校注译释

研究《文心雕龙》首先要读懂原文，搞清本义。牟先生为了正确解读《文心》，首先对字句进行校注译释。这种疏通清理、训词释义的工作为进一步探求文意、阐明义旨提供了必要的条件，也体现了牟先生扎实深厚的国学根柢。

（一）字句校勘

校勘是《文心雕龙》研究的基础工程，字不正则义难明，文本的阅读、注释、研究也就失去了可靠的依据。所以，牟先生非常重视字句校勘工作，他在《文心雕龙译注》（以下简称《译注》，凡引此书文字不再出注）中[2]，比对诸本，扫叶拂尘，频频厘正前人谬误，补正诸家阙漏，努力扫除文字障碍，使全书基本通畅可读。由于《译注》着眼于通俗普及，故其校勘简明扼要，即使如此，仍不乏自己的特点。

1. 利用唐写本与《太平御览》精校熟雠

“唐写本”是《文心雕龙》现存最早、最具有权威性的一个本子，其校勘学价值为学界公认。牟先生在《译注》中充分利用“唐写本”订正今本字句之讹误。

首先，以唐写本校正误字。以《明诗》为例，“嗤笑徇务之志，崇盛亡机之谈”句，牟注：“亡，唐写本作‘忘’，译文据‘忘’字。”“茂先凝其清”句，牟注：“凝，唐写本作‘拟’，译文据‘拟’字。”“离合之发，则明于图谶”句，牟注：“明，唐写本作‘萌’，起源的意思。译文据‘萌’字。”这是利用唐写本直接校正误字。此外，在一些重要的地方，牟先生还利用旁证或据上下文以增强唐写本的可信度。《祝盟》“既总硕儒之仪”句，牟注：“仪，唐写本作‘义’，义通议。译文据‘义’字。《史记·封禅书》说汉武帝曾与‘诸生议封禅’。”《正纬》“原夫图箓之见”句，牟注：“图箓，唐写本作‘绿图’，从下文看应为‘绿图’。这里泛指河图、洛书。”

其次，以唐写本补正阙漏、纠正倒简。如《正纬》“通儒讨核，谓起哀、平”，牟注：“唐写本‘谓’字后有‘伪’字。”《乐府》“暨后郊庙，惟杂雅章”，牟注：“‘后’字下面唐写本有‘汉’字。译文据‘后汉’。”《明诗》“随性适分，鲜能通圆”，牟注：“通圆，唐写本作‘圆通’，是佛教术语。”

当然，牟先生对唐写本亦非迷信盲从，而是详加考辨，提出己见。《铭箴》“观器必也正名，审用贵乎盛德”，牟注：“‘观器’二句，唐写本作：‘亲器必名焉，正名审用，贵乎慎

---

① 张少康等：《文心雕龙研究史》，北京：北京大学出版社，2001年，第336页。

② 牟先生与陆侃如先生曾合作出版《文心雕龙选译》一书。1978年陆先生逝世后，牟先生对原书选译的二十五篇进行了全面修订，并将未选的二十五篇重新译注，撰写了长篇《引论》，更名为《文心雕龙译注》。

德。’‘亲器’误，仍应为‘观器’。”《颂赞》“容告神明谓之颂”，牟注：“容告神明：唐写本作‘雅容告神’，近人多从其说。那是将上句‘风正四方’的‘风’字误解为‘风、雅、颂’的‘风’所致。”按：《毛诗序》所谓“是以一国之事，系一人之本，谓之风；言天下之事，形四方之风，谓之雅……颂者，美盛德之形容，以其成功告于神明者也”，正是这三句所本。“风正四方”犹“形四方之风”也。

《译注》除根据唐写本订正错讹，裨补缺漏以外，还利用宋本《太平御览》进行他校。《太平御览》征引《文心雕龙》较多，利用其征引进行校勘，既可与唐写本互为印证，又能弥补唐写本残卷的不足，从而使校勘更加全面、准确、可信。以《论说》为例，列表如下：

今　本	《太平御览》	《译注》	附　　记
仰其经目	抑其经目	抑其经目	郭晋稀《文心雕龙注译》依《御览》作“抑其经目”
仲宣之《去代》	仲宣之《去伐》	仲宣之《去伐》	周振甫《文心雕龙注释》从《御览》作“仲宣之《去伐》”
迹坚求通	钻坚求通	钻坚求通	杨明照《文心雕龙校注拾遗补正》谓当据《御览》改
而检迹如妄	而检迹知妄	而检迹知妄	杨明照《文心雕龙校注拾遗补正》谓谓当据《御览》改

2．继承、完善前人校勘成果

牟先生之前或同时代的“龙学”家在《文心雕龙》字句校勘方面取得了显著的成绩，如黄侃的《文心雕龙札记》、范文澜的《文心雕龙注》、杨明照的《文心雕龙校注》、王利器的《文心雕龙校证》等。《译注》充分继承了前贤和同时代学者的校勘成果，并且在此基础上，博采众长，择善从优，旁征博引，补证前说，精研覃思，自出机杼。

《译注》的校勘往往比对诸家，择善而从。《奏启》：“说者，偏也。”范注疑有脱字，以为当作“说者，正偏也”。杨明照疑当作“无偏”。《译注》据“无偏”。按：如作“正偏”则与下句“王道有偏，乖乎荡荡”不相应。而作“无偏”则上下文语义通畅。故牟注从杨校。《声律》：“故言语者，文章神明枢机，吐纳律吕，唇吻而已。”对此各家有不同的理解：黄侃以为“文章”下当脱二字，范文澜进一步认为疑脱“关键”二字，杨明照则断为“文章神明，枢机吐纳，律吕唇吻而已”。《译注》译文从范说：“言语，谓声音，此言声音为文章之关键，又为神明之枢机；声音通畅，则文采鲜而精神爽矣。至于律吕之吐纳，须验之唇吻，以求谐适，下赞所云‘吹律胸臆，调钟唇吻’，即其义也。《神思》篇用‘关键’‘枢机’字。”范注采用理校法和本校法加以说明，令人信服。王利器《校证》说：“案范氏说可从，今据以补正。”周振甫《文心雕龙注释》、祖保泉《文心雕龙解说》亦均同范注。《附会》：“夫才量学文，宜正体制。”“才量”，范注疑当作“才优”，王利器校作“才童”：“‘才童’原作‘才量’，今据《御览》五八五引改。《体性》篇‘童子雕琢，必先雅制’，文意正与此相同。”[①]《译注》从王校。按：“优”与“量”形音均相去甚远，恐难致误。另《太平御览》亦引作“童”。

牟先生对他人的校勘成果往往反复斟酌，考而后信，并进一步提供证据，以补正前说。《比兴》：“纷纭杂遝，信旧章矣。”范注：“信，当作倍，倍即背也。”牟按：“《文心雕龙》全书无‘背’字，《正纬》篇说‘经正纬奇，倍擿千里’，‘倍’即用背意。”故从范说。《练字》：“字靡异流，文阻难运。”黄侃《札记》校曰：“‘异’当作‘易’。”牟注：“就本篇‘同字相犯’的论点来看，若为‘异流’，正与上句‘异分’相犯。”由此证明黄校正确，故译文从“易”字。

此外，牟先生还上下参稽，旁征博考，反复研求，匡讹纠谬。《奏启》“皂饬司直，肃清风禁”。“皂饬”二字，各家校字均疑有误：黄丕烈校为“皂饰”，孙诒让疑为“皂袀”，杨明照疑为“白简”；李详、范文澜取孙说，刘永济、王利器取黄说，尚无定论。牟按：“‘皂’，造也；‘饬’，整治。这二字与下句‘肃清’对举，当与‘肃清’是同类用意，就是整顿之意，所以这二字未必有误。”《书记》有言“观此四条”，“四条”各家对此说法不一。黄叔琳疑为“数条”，范文澜疑为“六条”，杨明照、王利器校为“众条”，牟先生则认为此处不误。因为《练字》有“凡此四条”，《指瑕》亦有“略举‘四条’”之说。另，上文“笔札杂名，古今多品”，指以上六类属“多品”，每类各四名，即“四条”；下文“或事本相通，而文意各异”，正是指每类之内的四条而言，如“律”“令”“契”“券”等，就是相通而各异，各类之间就不存在这种情形。因此，此处“四条”当为“各类四条”之省。凡此均言之成理，发前人所未发。

《事类》“及扬雄《百官箴》”，范文澜疑“百”为“州”之误，牟先生据《铭箴》“至扬雄稽古，始范《虞箴》，作卿尹、州牧二十五篇。及崔（崔骃父子）、胡（广）补缀：总称《百官》”，推断刘勰认为《百官箴》乃崔、胡等人补充扬雄之作而成，并参稽史实加以证明。《后汉书·胡广传》说：“初，扬雄依《虞箴》作《十二州》《二十五官箴》，其九箴亡阙，后涿郡崔骃及子瑗，又临邑侯，刘騊駼增补十六篇，广夏继作四篇，文甚典美，乃悉撰次首目，为之解释，名曰《百官箴》，凡四十八篇。”据此，所谓“百官”并非实数，总数四十八篇又以扬雄的最多。所以，《古文苑》卷十五，就以扬雄的《光禄勋箴》等，总名为《百官箴》。可见此处未必有误。《才略》“辞人最深”，范注：“人当作义，俗写致讹。”王利器《校证》从范注改作“辞义最深”。牟按：“作‘义’与上句‘意’字犯复。‘义’‘人’字形迥异，也无由致误。《物色》篇说：‘诗人丽则而言约，辞人丽淫而繁句也。’全书这类说法甚多，共用‘辞人’十三次，正是刘勰的常用语。范注引《汉书·扬雄传》：‘雄少而好学……默而好深湛之思。’刘勰也一再说‘扬雄覃（深）思文阔（阁），业深综述’（《杂文》）；‘扬雄自称心好沉博绝丽之文，其（不）事浮浅，亦可知矣’（《知音》）。这都说明‘辞人最深’既合扬雄其人的实际，也是刘勰对他的看法。”可见，《译注》常常把琐细的字句校勘与全篇乃至全书的宏观整体结合起来，而不是只专注于字句的考证，“只见树木，不见森林”。

当然，《译注》校字亦偶讹误，如《铭箴》“勒铭岷汉”，牟注：“勒铭，唐写本作‘诏铭’，译文据‘诏铭’。”唐写本实作“诏勒”，而非“诏铭”，《太平御览》则作“铭勒”。

① 王利器：《文心雕龙校证》，上海：上海古籍出版社，1980年，第214、263页。

（二）词语释义

《文心雕龙》是用骈文写成的，与今天的语言文字存在一定的距离，如出注不精、释义不明就很难为今人所理解，也会影响到对其深刻意蕴的探寻与把握。牟先生十分重视《文心雕龙》的注释工作，《译注》既注重对一般词语的释义，以便为读者阅读扫清文字上的障碍，又加强了对重点难点部分的注释，并且细心钩稽，对其他注家未曾用过的资料酌予引证，从而使《译注》成为一部兼具普及性与学术性的全新注译本。

1. 注重对一般字句的释义

《译注》以前，如范文澜、杨明照等先生的注本，大多重典实而略词意。然而，出典已明并不代表注释工作已经完成。例如，《时序》"贰离含章"，黄叔琳、范文澜已征引史料，标明出典，但各家注本对此仍歧见迭出，或注"心思明敏"，或注"有明德而继承帝位"，或解为"光明而有文章"……各摅己见，莫衷一是。同时，对一般字句的注释往往也关系到宏观整体，如对《神思》"物沿耳目"中"物"的理解，范文澜注为"事理"，王元化对此提出异议，认为"刘勰的心物交融说的物字，即王国维所举出的引申义：'万有不齐之庶物'。因而，论者把它解释为外境，或解释为自然，或解释为万物，都是可以说得通的"[①]。这里，"物"的含义是解释为"事理"还是解释为"外物"，将直接影响到对《文心雕龙》理论体系的理解。所以，牟先生强调："在注释上，更大量的工作还是对一般字句的注解。"在《译注》中，他对一般字句精审详核，认真作注。如《才略》"李尤赋铭，志慕鸿裁"，"鸿裁"二字，诸家或不屑为注或望文生义地注为"长篇大作""鸿大体制"或"巨大的体裁"等。《译注》谓："李尤的铭，多是四句十六字的短篇，最长的《刻漏铭》也不足百字。所以这里的'鸿'，不指篇幅的鸿大，而是说意义的巨大。"

2. 出典求精，以助释义

许多"龙学"家在注释《文心》时，十分注重典故征引的全面翔实。往往溯源讨流、旁搜远绍、兼收并蓄。《译注》对于用事用典出处本源的征引不求详尽而以有助于理解原文为主，所谓："标注古书词语的出典有自己的特殊目的，它不一定要找到最原始的出处，而以有助理解所注文义为准则。"例如，《事类》"号依《诗》人"的出处，诸本多未注明，这影响到对原句的理解。《译注》指出："王逸《楚辞章句序》：'屈原履忠被谮，忧悲愁思，独依《诗》人之义而作《离骚》。'是为刘勰所本。"此出典使原句意思更加明确。《丽辞》"气无奇类"句，范注无出典，诸家无补注，而理解互异。李曰刚解为"辞气既无瑰奇义类，相与配偶"；周振甫译为"内容没有创见"；郭晋稀译为"作品的情态很平常"等。牟先生认为："此皆因'气''类'二字未得确解所致。"他酌引有关材料另出新解：《周易·乾·文言》："同声相应，同气相求，水流湿，火就燥；云从龙，风从虎；圣人作而万物睹，本乎天者亲上，本乎地者亲下，则各从其类也。"孔疏："各从其类者，言天地之间共相感应，各从

① 王元化：《文心雕龙讲疏》，上海：上海古籍出版社，1992 年，第 98 页。

其气类。"《全三国文》卷二十五钟会《与蒋斌书》:"巴蜀贤智文武之士多矣,至于足下,诸葛思远,譬诸草木,吾气类也。"据此推断:"气类,同类也,彦和借指对偶,'气无奇类'即'无奇特之气类',所谓'碌碌丽辞'是也。"[①]

3. 贯通全书,原文互释

牟先生注释《文心》往往着眼于全书来探求真义。如《丽辞》"至于诗人偶章,大夫联辞"句,斯波六郎《文心雕龙范注补正》曰:"按上句'诗人偶章',指诗三百篇而言,此句应指楚辞。大夫即三闾大夫,谓屈原也,或亦包括大夫宋玉在内。"牟先生认为"此说非是"。《明诗》:"自商暨周,雅颂圆备;四始彪炳,六义环深。……自王泽殄竭,风人辍采。春秋观志,讽诵旧章;酬酢以为宾荣,吐纳而成身文。逮楚国讽怨,则《离骚》为刺。"《才略》:"商周之世……及乎春秋大夫,则修辞聘会,磊落如琅玕之圃,焜耀似缛锦之肆。……战代任武,而文士不绝。诸子以道术取资,屈宋以《楚辞》发采。"这里都明确分商周篇什、春秋观志、屈宋发采为三阶段。因此,《丽辞》中的"大夫联辞",亦即"春秋大夫,则修辞聘会"之谓也。此外,他还常抓住前后文之间相互对应、彼此发明的词语进行释义,既揭示了前后文之间的联系,又有助于从整体上理解文义。如《神思》"物以貌求,心以理应",牟注:"'物以貌求'二句,讲构思活动中作者的心和物的关系,和本书《物色》篇中所说'物色之动,心亦摇焉';'写气图貌,既随物以宛转;属采附声,亦与心而徘徊'等句意思相通。"《章句》"情数运周,随时代用矣",牟先生指出:"情数:指作品内容的多种多样,和《神思》篇中'情数诡杂'的'情数'二字意同。运周:即运转不停,和《通变》篇中'文律运周'的'运周'二字意同。"

4. 细心钩稽,纠谬补正

《译注》搜罗经史子集,详稽诸子百家,取材宏富,并能在浩如烟海的典籍中,剔抉爬梳,抉精发微,厘正前人缪失。"范注"引典详细,材料丰赡,为学界所推崇,但是在引证中也出现了不少失误,牟先生细心钩稽,严格考证,纠正了其中一些不确或不妥之处。如《史传》"宣后乱秦,吕氏危汉",范注引《史记·匈奴列传》"秦昭王时,义渠戎王与宣太后乱,有二子",释"乱"为"淫乱"。此说用黄叔琳注,斯波六郎及诸家均无补正,海内外诸译本基本都从黄、范之说。牟先生通过文本细读认为:"这段话首先反对班固、司马迁为吕后立纪,因为自'庖牺以来,未闻女帝者也'。继举周武王的誓词:'牝鸡无晨';齐桓公的盟词:'妇无与国',以反对妇女参与国政,因而提到'宣后乱秦,吕氏危汉'的历史教训。'宣后乱秦'和'吕氏危汉'的性质是相同的,都与淫乱毫不相干。"可见,以"淫乱"释此是违背刘勰原意的。而《史记·穰侯列传》和《范雎列传》所载史实,就是"乱秦"的部分内容。《议对》"舜畴五人",范注据《尚书·舜典》认为五人指禹、弃、契、皋陶、垂。李曰刚、周振甫、赵仲邑等人均从范说。牟先生提出了与范注不同的看法:"按《论语·泰伯》:'舜有臣五人而天下治。'……《正义》:'《舜典》言舜命禹宅百揆,弃为稷,契为司徒,

① 牟世金:《文心雕龙研究》,北京:人民文学出版社,1995年,第522—523、532页。

皋陶作士，益作虞，此五人才最盛也。'据此，五人当是禹、弃、契、皋陶、益。"[①]杨明照《文心雕龙校注拾遗》同牟注。

（三）语句翻译

牟先生是较早从事《文心》现代汉语翻译工作且成绩突出的一位学者。早在二十世纪六十年代，他就与陆侃如先生合作出版了《文心雕龙选译》一书，而同时期的此类著作颇为少见，仅有郭晋稀先生的《文心雕龙译注十八篇》（甘肃人民出版社，1963 年）一部。后来，牟先生在对《选译》进行增补、修订的基础上，撰成《译注》一书出版。这是大陆第一部《文心》全书的现代汉语译注本。译文忠实原著，严谨确切，深刻精练，通顺流畅，符合信达雅的要求，亦能传达出《文心》之神韵。

1. 准确

准确是翻译的生命，准确的译文是读者正确理解原义的基础。由于《文心》为骈体写成，用事用典较多，因此要想译准原文也并非易事。牟先生反复斟酌，力戒离开原著而任意发挥，以求准确地传达《文心》意旨。如《练字》"是以前汉小学，率多玮字，非独制异，乃共晓难也"一句，表面上无甚难解之处，但各家对此理解却很不一致。牟先生将包括自己在内的各家译文列示如下：

周振甫：因此前汉讲文字的书，往往多奇异的字，不仅当时的制度和后来不同，也是所用文字大家难懂。

李曰刚：因此前汉小学著述，大率收集甚多玮奇字汇，不独制作特异，而且训义古奥，非浅学之士所易共晓也。

赵仲邑：因此前汉的文字之学，一般说来，怪字很多，不但字形的制作特别，而且大家都很难认识。

郭晋稀：所以前汉作家都懂得小学，作品中很多怪字，不单是字形奇异，而且意义也难明白。

向长清：所以前汉的小学书籍，多有奇异的，不仅文字体制与后世不同，而且即在当时，大家认识它也很困难。

牟世金：因此，西汉时期擅长文字学的作家，大都好用奇文异字，这并非他们特意要标新立异，而是当时的作家都通晓难字。[②]

诸家译文不一，主要分歧集中在对"小学"这个关键词语的理解上。牟先生认为把"小学率多玮字"，理解为"小学"著述著作，大率收集甚多玮奇字汇，于理未安。因为"小学"之义汉代指对文字学的研究，也指基本性的识字课本。"小学"应理解为"精通小学的作家"。这样一来，既紧承上文"鸿笔之徒"，其作品"率多玮字"，又可以顺理成章地联系下文，且切合当时的事理。此与下文"共晓难也"自然衔接，正是"擅长文字学的作家，好用奇文异字，

① 牟世金：《文心雕龙研究》，北京：人民文学出版社，1995 年，第 515—516、519 页。
② 同上，第 534—535 页。

非独制异，乃共晓难字也”之义。可见，牟译以准确为宗旨，而不惑于表面字句。

2．深刻

牟先生在翻译的时候，还注意联系全篇、全书，力求传达出原文深刻的意蕴。《熔裁》曰：“是以草创鸿笔，先标三准：履端于始，则设情以位体；举正于中，则酌事以取类；归余于终，则撮辞以举要。”对于这段话，多数研究者因着眼于句中的“始”“中”“终”以及从“草创”到“终”，故认为“三准”是讲文学创作的全部过程。牟先生联系全篇，认为《镕裁》主要是讲熔意与裁辞两个方面，而且接下来便说，“然后舒华布实，献替节文”，并不是创作的结束，而是三条准则的最后一条。据此，牟先生主张“三准”是讲熔意的三条准则，而非创作的全过程。《情采》“故立文之道，其理有三”中的“立文”二字，多数译者认为是“构成文采”之意。牟先生译为“文学创作”。这种解释不仅因为篇中的“经正而后纬成，理定而后辞畅：此立文之本源也”中的“立文”，并无构成文采之意，而且《事类》“属意立文，心与笔谋”以及《指瑕》“立文之道，惟字与义”两处“立文”均与构成文采无关，更为重要的是，联系下文可以发现，刘勰此处正阐明了“物必有文”乃是“天地本性”，即“文”是“神理”决定的思想。故释“立文”为“文学创作”符合刘勰的意旨。

3．流畅

牟先生的翻译还做到了直而不死，不拘泥于字面而究其实。在不失原意的前提下，力求译得通顺流畅，为今天的古文今译提供了可资借鉴的经验。如《檄移》“相如之《难蜀老》，文晓而喻博，有移檄之骨焉”一句，牟先生译为：“司马相如的《难蜀父老》，文辞明白而比喻广博，已具有移和檄的（基本）特征。”这里，译“骨”为“特征”，表面上看相去万里，实际上却把握了句中“骨”字的原意。《难蜀父老》具有移文、檄文之骨，自然具有其基本特征，以“特征”释“骨”，避免“神髓”“事义”“风骨”“骨力”诸多概念的纠缠，确切地把握了原意，又不死守章句，故译文明白晓畅，深入浅出。

二、《文心雕龙》作者的身世考订

台湾著名“龙学”家王更生先生说：“知人必先论世，而论世又莫善于纪传和编年。”①这道出了刘勰生平研究在“龙学”中的重要性。然而，由于有关刘勰身世史料语焉不详，其他资料又极其简缺，所以刘勰的身世考订成为“龙学”中的一大难点。牟先生对此曾深有感触地说：“而龙学至今，已成中外瞩目之显学。刘勰之生平犹未详，颇以为厕身龙学之愧；欲求龙学之全面深入发展，亦当不避其难，甘犯其误而略尽微力。”②诚如斯言，牟先生为推进“龙学”的深入发展，不畏艰难，详细考辨，精心结撰，终成《刘勰年谱汇考》（以下简称《汇考》，凡引此书文字不再出注）一书。这是一部全面考察刘勰家世生平的著作，

① 王更生：《文心雕龙范注驳正》，台北：华正书局，1979 年，第 8 页。
② 牟世金：《刘勰年谱汇考・序例》，见《刘勰年谱汇考》，成都：巴蜀书社，1988 年，第 2 页。

堪称刘勰年谱的“集大成”之作。《汇考》一书资料丰赡,考订精审,断案慎重,为“龙学”同行所称道。综观相关论述,可以发现,牟先生关于刘勰生平的研究主要有以下特点:

（一）搜罗齐备,考辨详确

牟先生之于刘勰年谱、年表,搜罗历年,多有所获。共觅得海内外刘勰年谱、年表十六种。其中,既有影响巨大的杨明照的《梁书刘勰传笺注》,又有鲜为人知的陆侃如的《刘勰年表》稿本;既有作于解放前、鲜有提及的霍衣仙的《刘彦和简明年谱》,又有后来詹锳、张恩普、李庆甲、穆克宏等人所撰的年表、年谱或生平系年考略等。牟先生还历经艰辛,想方设法搜集台湾和海外学者有关刘勰生平研究的著作,觅得台湾张严、王更生、王金凌、李曰刚、龚菱、华仲麐等人所作的年表、年谱,以及日本兴膳宏的《文心雕龙大事年表》等。

对于以上诸家研究成果,牟先生采取汇考方式,“但其独到之见,或有重要参考价值之考证,或有异说,亦酌予辑录”。以便于读者全面把握有关刘勰生平研究的主要成果,也有利于人们对照、比较阅读。牟先生还在比较折中后,进而申以己意。其立论平实公允,亦多有创获,启人心智。

牟先生在汇集海内外刘勰年谱、年表的基础上,参考大量文献资料,经过细密考订,编撰了刘勰年谱。有关刘勰的生平事略,范文澜、杨明照均钩沉史料,详加考索,提出了自己的看法,在龙学界影响甚大。现据范文澜《文心雕龙序志》注6、杨明照《梁书刘勰传笺注》及牟世金《汇考》,将三家有关刘勰的生平系年列表对照如下:

<table>
<tr><th>年代</th><th colspan="2">范表</th><th>杨表</th><th>牟表</th></tr>
<tr><td>宋明帝泰始元年(465)前后</td><td colspan="2">刘勰出生。族人并寄居京口(今江苏镇江)</td><td></td><td></td></tr>
<tr><td>泰始二年(466)</td><td colspan="2"></td><td rowspan="2">刘勰出生,世居京口</td><td></td></tr>
<tr><td>泰始三年(467)</td><td colspan="2" rowspan="4">父,刘尚,早丧。奉母家居读书</td><td>刘勰出生</td></tr>
<tr><td>元徽元年(473)</td><td></td><td>七岁,梦攀采云</td></tr>
<tr><td>元徽二年(474)</td><td></td><td>八岁,父尚卒</td></tr>
<tr><td>齐武帝永明元年(483)</td><td></td><td></td></tr>
<tr><td>齐武帝永明二、三年(484—485)</td><td colspan="2">二十岁左右,母丧。家贫,居丧,不婚娶</td><td></td><td></td></tr>
<tr><td>齐武帝永明四年(486)</td><td colspan="2"></td><td></td><td>二十岁,母殁</td></tr>
<tr><td>齐武帝永明五年(487)</td><td rowspan="2">二十三四岁,三年丧毕。此正僧祐宏法之时,依之居定林寺佐祐搜罗典籍,校定经藏</td><td rowspan="2">居定林寺近十载,研典校经</td><td></td><td></td></tr>
<tr><td>齐武帝永明六年(488)</td><td></td><td></td></tr>
</table>

续表

年代	范表	杨表	牟表
齐武帝永明八年(490)	撰写《三藏记》等书，诸功告成		二十四岁，入定林寺
齐明帝建武三年(496)	三十三四岁，开始撰写《文心》，历三四年，方杀青写定。时正和帝之世。沈约贵盛时也		
齐明帝建武四年(497)			三十一岁，撰《灭惑论》
齐明帝建武五年(498)			三十二岁，梦随孔子南行，始撰《文心》
永泰元年(498)		开始撰写《文心》	
齐和帝中兴元年(501)		《文心》杀青	
齐和帝中兴二年(502)			三十六岁，三月前完成《文心》
梁武帝天监元年(502)	三十八九岁，起家奉朝请，开始仕途生涯	起家奉朝请	负书干求沈约
梁武帝天监二年(503)			三十七岁，起家奉朝请
梁武帝天监三年(504)	于萧宏府中任记室		三十八岁，任中军将军临川王萧宏记室
梁武帝天监四年(505)			三十九岁，任车骑将军，湘州刺史夏侯详仓曹参军
梁武帝天监六年(507)			四十一岁，任太末令
梁武帝天监七年(508)			
梁武帝天监八年(509)		四月后迁车骑仓曹参军	
梁武帝天监九年(510)		任太末令	
梁武帝天监十年(511)			
梁武帝天监十一年(512)		任萧绩记室	四十六岁，任仁威将军南康王萧绩记室，兼昭明太子萧统东宫通事舍人
梁武帝天监十二年(513)	剡山石城寺大石佛像始造并完成。彦和为之作碑铭		
梁武帝天监十五年(516)			五十岁，撰《梁建安王造剡山石城寺石像碑》
梁武帝天监十六年(517)	冬十月，上表建议二郊农社改用蔬果		
梁武帝天监十七年(518)八月	僧祐卒于建初寺，弟子正度立碑颂德，彦和为之制文。奉敕与慧震在定林寺整理佛经	迁步兵校尉	五十二岁，表二郊宜与七庙同用蔬果。迁步兵校尉，兼舍人如故
梁武帝天监十七年(518)八月后			

续表

<table>
<tr><th>年　代</th><th>范　表</th><th>杨　表</th><th>牟　表</th></tr>
<tr><td>梁武帝天监十八年(519)</td><td></td><td></td><td>五十三岁，奉敕与慧震于定村寺撰经</td></tr>
<tr><td>普通元年(520)</td><td rowspan="2">理经毕功，在定林寺出家，未期而卒。终年五十六七岁</td><td rowspan="2"></td><td></td></tr>
<tr><td>普通二年(521)</td><td>五十五岁，燔发出家于定林寺</td></tr>
<tr><td>普通三年(522)</td><td></td><td></td><td>五十六岁，卒</td></tr>
<tr><td>中大通三年(531)四月</td><td></td><td>昭明太子薨</td><td></td></tr>
<tr><td>中大通三年(531)四月后</td><td></td><td>受敕于上定林寺与慧震共事撰经</td><td></td></tr>
<tr><td>大同四年或五年(538—539)</td><td></td><td>出家并去世</td><td></td></tr>
</table>

从上表可以见出，牟先生关于刘勰生平系年的考证，相对范、杨二家而言，一是更加详细，如他对勰父(尚)的卒年、刘勰梦随孔子南行的时间等作了考辨，而范、杨二家则无；二是更加精确，如他对刘勰母殁、刘勰入定林寺、《文心》的完成等，均给出了十分确定的时间。

(二)详稽史实，细究事理

《汇考》一书在对丰富翔实的第一手资料进行通盘考核的基础上，衡之以史籍，察之以事理，就有关刘勰身世的重大问题，提出了自己的看法。关于刘勰的生年，史无明文，范文澜、杨明照依据史料，作出了推断。范文澜认为“彦和自宋泰始初生”；杨明照也持相近的观点，即“当生于宋明帝泰始二、三年间”。他们的依据都是《文心》成书于齐末。牟先生究以情理，认为一部三万七千字的《文心》，可以短则数月，长则数年而成，具体时间是不易确定的。他详稽勰父卒年，推得刘勰七龄之梦的系年，核以《文心》成书、献书之年，考定刘勰生于宋明帝泰始三年(467)。《梁书·刘勰传》记载：“勰早孤，笃志好学。”牟先生通过对《孟子·梁惠王下》《礼记·曲礼上》《仪礼·丧服》《论语·泰伯》等书的考察，认为其“孤”与“学”相应，义近《曲礼》，则其父之殁，当在刘勰八岁到十岁之间。《序志》云：“予生七龄，乃梦采云若锦，则攀而采之。”从而作出合情合理的推论：“按采云乃吉祥之兆，所谓五采祥云是也，刘勰又能攀而采之，则吉祥之中，又示刘勰少有奇志，当时正壮心满怀也。由是可知，其父必卒于本年之后。”与上说形成互证。

牟先生又钩沉史料，对勰父的卒年进行考证，由《资治通鉴·宋纪十五》的记载可知，宋元徽二年(474)五月发生了一场平定桂阳王刘休范的激战，而建康皇帝兵力全部投入了战斗，当时身为越骑校尉的刘尚也一定战死其中，因其职卑无功，而未见于书。那么，公元474年刘尚是否在越骑校尉任上，牟先生又据《宋书·百官志下》《南齐书·百官志》《隋书·百官志上》以及《宋书·沈攸之传》等史料进行详细的考证，作出了肯定的回答。勰父卒年已明，他又联系《文心》成书、献书之年通盘考核，最终推断出勰父卒时，刘勰八岁，从而确定刘勰的生年为宋明帝泰始三年(467)。

(三) 考订精审，指示违误

《汇考》一书，精心考订，指示关节，其细节论证充分，逻辑联系紧密，同时立论不偏激，不屈文就己，从而为结论的可靠性提供了保证。关于刘勰的卒年，各家持说不一，歧见尤多。《汇考》对现有诸说详加考察，得出刘勰何年奉敕与慧震于定林寺撰经是出现歧义的关键所在。刘勰奉敕与慧震撰经必在刘勰迁步兵校尉之后，这一点已为诸家谱表所公认。牟先生一方面设想刘勰若于萧统卒后始奉敕撰经，则步兵校尉之职延至中大通三年(531)既不可能，而在此长达十余年内若授新职，则史不能不书。另一方面，综合史料，比较对照，多方考证。据《梁书》诸传，详列自天监元年(502)至中大通三年的三十五年间曾任步兵校尉者二十四人，并核以《隋书·百官志》所载梁世官制，考定刘勰迁步兵校尉之职于天监十七年而止于天监十八年，亦由此推断出刘勰卒于其后第三年，即普通三年(522)。

牟先生详考《梁书》诸传，如《刘杳传》《何思澄传》《殷钧传》《陆襄传》《王筠传》《孔休源传》等，发现萧统卒前的通事舍人有何思澄、刘杳二人。而其他东宫属官在昭明太子卒后，其何去何从，史书也有交代。由此推及刘勰，推断若刘勰其时为萧统属官，则本传必闻，“若刘勰果为昭明之卒而誓不为官，或萧统生前便不见刘勰出家，则他传或可不书‘昭明太子薨’后云云，勰传则不仅必书，且应大书特书”。但是，《刘勰传》有关撰经、变服、萧统之卒之事却无丝毫记载。牟先生由此得出结论：刘勰之奉敕撰经、燔发出家，均与萧统之卒没有关系。这一论断推翻了长期以来许多论者把刘勰奉敕撰经、刘勰之卒与萧统之卒联系在一起的观点，也说明了刘勰并非卒于中大通年间。李庆甲先生一直致力于对刘勰卒年问题的探讨。他继《刘勰卒年考》之后，又撰《再谈刘勰的卒年问题》，详考《梁书·文学传》各传之次第，进一步提供证据，补充旧说。牟先生对李先生的证据，在严加考析的基础上，提出质疑并指示违误。牟先生指出，对《刘勰传》之编次可否为其卒年之依据应慎重对待。因为有关《梁书·文学传》的次第中，既有只能存疑的，也有尚难考证的，更有出现错误的。因此，李先生以此为据，让人疑窦丛生、难以信服。

(四) 补正旧说，完善前人

关于刘勰的家世，“龙学”界历来存在士庶之争。主张刘勰出身士族的一派，主要有王利器和杨明照先生，依据是《梁书·刘勰传》《宋书·刘秀之传》等。此说在“龙学”界产生了很大的影响，为众多学者所接受。

范文澜和王元化先生均对此说提出质疑。尤其是王元化先生，他在1977年发表的《刘勰身世与士庶区别问题》一文中，依据《宋书·刘穆之传》所载“汉齐悼(惠)王肥后”一句为《南史》所删等力证，对杨笺所列世表表示异议，认定“刘勰并不是出身于士族，而是出身于家道中落的贫寒庶族”①。牟先生同意王元化等人的观点，并进一步予以补充。

① 王元化：《文心雕龙讲疏》，上海：上海古籍出版社，1992年，第5页。

他抓住《南史》何以删去《刘勰传》中“祖灵真,宋司空秀之弟也”这一关节,详加考辨,补充前说。他以《王昙首传》等证明《南史》以家传体例为主,把同族同宗者合为一传。由此,原史中“司空秀之弟”之类就不应删掉。如不删则必列入合传,正因不能列入合传,所以必删,“其未以从子从孙的附传形式列刘尚、刘勰于《刘穆之传》中去,盖非同宗甚明”。此外,他又查明《梁书·文学传》二十五人,《南史》将其中十四人并入家传中,从而排除了因《南史》须把《刘勰传》归入《文学传》而未入家传的可能性,也更加有力地说明家传是《南史》列传的主要原则。由此可见,刘勰与刘穆之既非同宗,这就为刘勰出身寒门而非世家大族提供了力证。

三、《文心雕龙》义理的探求研讨

牟先生关于《文心雕龙》的理论研究极富特色。他不是架空立说,而是知人论世,对当时的历史背景及刘勰其人其文作综合考察;也不是简单地把古人现代化,轻率地用现代文学理论体系去套刘勰的观点,而是实事求是,从文本自身的实际出发,以对《文心》全书各个部分的具体研究为基础,力求探讨其理论体系的原貌,并且从其理论体系这一整体出发,探求各个部分的含义。

(一)知人论世,联系文本,综合考察《文心》的思想倾向

关于《文心》的思想倾向这一重要理论问题,“龙学”界曾进行过激烈的争鸣,主要有以下几种看法:一是以马宏山为代表的以佛家思想为主说;二是蔡钟翔等人主张的以道家思想为主说;三是影响深远的以儒家思想为主说,由范文澜先生率先提出,为大多数“龙学”研究者所接受。牟先生对待此问题,不盲从前人,不迷信权威,而是联系刘勰生平行事、时代思潮和文本自身进行具体分析,然后提出中肯的看法。

牟先生对刘勰身世所作的精确考订为研究其思想奠定了重要的基础,他综合刘勰一生,发现“奉时以骋绩”是其思想的主导方面。从刘勰幼有壮志,入定林寺多年而不落发,托身佛门而夜梦孔子,作《文心》以叙其志等等,可以看出刘勰思想正是一种积极入世的儒家思想。但是,刘勰的儒家思想不同于以往,而是具有鲜明的时代特征。牟先生从当时的时代思潮着眼,通过考察进一步认识到刘勰的思想是六朝时期的儒家思想。时代孕育了《文心》这一伟大的著作,也深深影响了刘勰本人的思想,他详稽经史,深入分析,认为刘勰所处的时期,“老庄思想显然已形成一种新的,与佛儒结合的玄学;佛学则与玄儒相杂而成为一种东方的佛学;儒学自然也不再是秦汉时期的原始儒学了,也可说纯儒已不复存在,但六朝时期仍有国学、有五经博士,有儒学,只不过是兼容了佛道特别是玄学思想的儒学,或当称之为‘六朝时期的儒学’”[1]。六朝时期这种儒、道、玄、佛斗争融合的思想背景,深刻影响了刘勰本人及其书的思想。牟先生还联系《文心》全书的相关论述以窥见刘勰的思想,如《才略》“贵乎时”,《序志》“腾声飞实”以及《程器》“将相

① 牟世金:《文心雕龙研究》,北京:人民文学出版社,1995年,第40页。

以位隆特达，文士以职卑多诮”等论述，均表现了刘勰积极进取的儒学思想。

通过综合考察刘勰的生平遭际、时代思潮和《文心》本身，牟先生认为刘勰的思想不是纯粹的、完全的、严格的儒学思想，而是六朝时期的儒家思想，即儒家思想为主，但同时也融合了道家、玄学，甚至佛教的思想。由于这一结论是通过周全、缜密地分析所得到的，所以颇具说服力，也与大多数学者达成共识。如王元化先生也强调要从发展了的儒家思想看问题。他说：“刘勰虽然在《文心雕龙》中恪守儒学风范，但是他对于作为当时时代思潮的释、道、玄诸家，也有融合吸收的一面……儒学本身也在发展，甚至变化，当时的儒学跟早期原始儒学以至其后两汉的儒学已经不同了。”[①]这也进一步说明《文心》之所以成为古代文论的典型，正是由于刘勰善于吸收各家思想资源而又加以融会贯通的结果。

（二）从《文心》自身实际出发，探讨其理论体系

《文心雕龙》结构谨严，体系完备，为历代学者所称道。元代钱惟善说此书“立论井井有条不紊”；明代叶联芳谓该书“若锦绮错揉，而毫缕有条，若星斗杂丽，而象纬自定”；清代章学诚则认为此书“体大而虑周”；今人范文澜在认识到“《文心雕龙》之作，科条分明，往古所无”的同时，于《原道》和《神思》两篇的注中，为上下二十五篇各立一表，开始对《文心》的严密组织结构和完整理论体系予以初步揭示。

牟先生认识到对理论体系的探讨将有助于《文心》研究的深入，故他长期致力于此，从未懈怠过。早在二十世纪六十年代，他就针对当时研究中出现的流于简单化的生搬硬套的情况，呼吁要探讨《文心》自身的理论体系。随着《文心》研究的发展，他认识到加强理论体系研究将有助于对概念的理解，避免把古人现代化，也有助于对《文心》的深入研究。他于1981年发表了《〈文心雕龙〉的总论及其理论体系》一文（《中国社会科学》，1981年第2期），第一次全面系统地论证了《文心》的理论体系，观点为多数同行学者首肯和采用。后来又发表了《〈文心雕龙〉理论体系初探》（见《雕龙集》）、《从刘勰的理论体系看风骨论》（《古代文学理论研究》第四辑）、《〈文心雕龙〉创作论新探》（《社会科学战线》，1982年第1—2期）等文，对《文心》的理论体系进行了全面深入的探讨，其中创获颇多，乃至有人谓：“最执着于探索《文心》体系的学者当推牟世金。”[②]

牟先生认为，《文心》的理论体系研究要取得新的进展，必须注意三点：“其一，刘勰的理论体系，应该是它自己的原貌，而不是硬套今人的理论体系，更不是论者的任何主观意图；其二，理论体系应该是理论的体系，它与篇章结构的安排有关，却不等同于结构体系；其三，我们要探究的是其文学理论的体系，它和作者的思想有关，却也不等同于思想体系。”[③]以此为基本出发点，他在对《文心》的性质与篇次问题、枢纽是否即总论问题以及《辨骚》篇的归属问题，进行深入细致的研究后，进而探讨其“体大思精”的理论体系。

① 王元化：《〈文心雕龙〉札记三则》，《中华文史论丛》1984年第二辑。

② 滕福海：《〈文心雕龙〉理论体系研究》，《语文导报》1985年第7期。

③ 牟世金：《文心雕龙研究》，北京：人民文学出版社，1995年，第21—22页。

1.《文心》的性质和篇次问题

关于《文心》性质，主要存在"《文心》是一部文章学著作，还是一部文学理论批评著作"这两种观点的争议。牟先生认为《文心》是一部文学理论著作，因此他所探讨的也应是文学理论的体系。

他首先从《文心》是否是子书谈起，认为刘永济先生谓彦和此书"专论文章"即为子书的说法欠妥。《论说》篇"论也者，弥纶群言，而研精一理者也"之句，说明彦和所论虽涉及复杂的社会现象，但无一不从论文出发，无一不以阐明文理为目的，从而可证《文心》为论文之书。接着他又对《文心》的性质是否为文章论进行辨析。在考察了历史上"文学""文章"含义的变迁以及《文心》全书的二十四处实际用例后，得出结论：《文心》所论是当时的"文章"，而非"文学"，而六朝人所讲的"文章"是和近世的"文学"意义相近的。因此，今天如仍以《文心》为"文章论"就违背了刘勰的原意了。同时，"文心者，言为文之用心也"的主旨，也决定了《文心》是一部文学理论著作。因为"为文之用心"的内容，即《神思》以下部分，正是总结了文学创作的基本经验与规律。

《文心》这一文学理论著作的理论体系是通过篇章结构体现出来的。因此，探讨其理论体系，还必须明确现在通行本《文心》的篇次是否为刘勰自定的原貌，范文澜、杨明照、刘永济等学者以传写谬误、浅人妄改等缘由，对《文心》的个别篇次进行质疑，而郭晋稀、李曰刚等人更是按自己意见对今本次序进行调整。牟先生认为，后人对篇次的调整完全是从主观出发，其结果是"调整篇次者虽主观上是图复其原貌，但在客观上很可能远离原貌"。

对《文心》篇次作出调整的专家多是出于主观臆断而缺乏确凿证据：既无早于通行本的版本依据，也无古人引用与今本篇次不一的史料佐证。相反，证明篇次无误的证据却很多，"从元刻至正本以下，明清大量刻本的篇次全与通行本篇次一致；今存最早的唐写本虽是残卷，但从《原道》至《谐隐》的十五篇，也与现行本的篇次完全相同"。牟先生据此提出："通行本《文心雕龙》篇次，当以不改为妥。"①

篇次问题与《文心》的理论体系密切相关。篇次的随意改动将会影响到对原书体系的理解。牟先生为了探寻《文心》自身的理论体系，主张不要武断地、轻易地更改篇次、变动文字，以尊重原著为主。这也体现出他对待古籍的慎重态度。国内的"龙学"专家祖保泉先生，日本的"龙学"专家安东谅先生均与牟先生持相同的看法。

2."枢纽"是否即总论问题

关于《文心》的总论，多数研究者认为刘勰说的"文之枢纽"的五篇(《原道》《征圣》《宗经》《正纬》《辨骚》)即是《文心》全书的总论。而牟先生认为："所谓总论，对一部理论著作来说，应该是贯穿全书的基本观点，或者是建立其理论体系的指导思想。"②基于对

① 牟世金：《文心雕龙研究》，北京：人民文学出版社，1995年，第93、94、96页。

② 同上，第99页。

总论的这种理解，他认为在“文之枢纽”的五篇中，只有前三篇提出的原道论、征圣论和宗经论为《文心》全书的总论，而《正纬》《辨骚》则不符合有关总论的要求。

关于“总论”之首《原道》篇“道”的含义，牟先生的老师陆侃如先生曾首创“规律说”。陆先生指出：刘勰“所谓‘道’，就是‘自然之道’……自然是客观事物，道是原则或规律，自然之道就是客观事物的原则或规律”①。牟先生深受其师观点的影响，认为“道”就是“自然之道”。后来随着研究的深入，他本着“吾爱吾师，吾更爱真理”的精神，对陆先生的某些观点作了修正。如“自然”的含义，他说：“中国古代所说的‘自然’，乃天然、自然而然之意，与后世的‘自然界’是不同的概念，把‘自然之道’的‘自然’解作‘客观事物’是错误的。”②

他认为“自然之道”就是物必有文的规律：“‘文’是和天地同时产生的，因为有日月便有日月之美，有山川便有山川之丽，这就是‘道之文’。”③牟先生关于这种不属于任何一家，天地万物都自然有文的普遍规律——“自然之道”的阐释，为理解刘勰之所以能够超越儒家思想而放手评论诸子百家之文以及发现《文心》全书的论文准则提供了帮助。韩湖初认为关于《文心》中“语言必有文采，乃是天地自有本性”的思想，是牟先生对《文心》研究的重大贡献。④

牟先生认为“自然之道”借助五经来发明，即“道沿圣以垂文，圣因文而明道”，而《征圣》和《宗经》两篇，正是从道——圣——文的关系来论“圣”和“文”两个环节，《原道》《征圣》《宗经》三篇所论，虽各有不同的侧重点和具体要求，但三篇构成了《文心》的总论，确立了刘勰论文的最基本的原则——“衔华而佩实”。

3.《辨骚》篇的归属问题

关于《辨骚》篇的归属，共有三种看法：属上说（即属于“文之枢纽”部分）、属下说（即属于文体论部分）、兼有说（即兼有“枢纽”论和文体论的性质）。牟先生倾向于“兼有说”。他认为《辨骚》并非总论，却兼有“枢纽”论和文体论的性质。这是他从《文心》实际出发，联系全书的体例，详辨“枢纽”一词的含意，细考刘勰的有关论述而得出的结论。联系全书体例可以发现：《杂文》《谐隐》二篇界于“文”“笔”两类之间，《时序》《物色》二篇处于论创作与批评两类之间，“这样，《辨骚》篇具有‘枢纽’和‘文体论’的双重性质，也就不足为奇了”⑤。牟先生解释“枢纽”在“文之枢纽”这个特定的语言环境下的含义为“关键”而非“核心”，而《辨骚》篇的观点既非贯穿于全书，亦非全书的指导思想，所以《辨骚》属于枢纽论而非总论。同时，他又认为《辨骚》是历史上第一篇全面详论楚辞的“楚辞论”，而楚辞论的实际意义，正是分体的作家作品之一。因此，《辨骚》当属文体论。

牟先生通过对《辨骚》本身的考察与研究而提出的“兼有”说，走出了长期以来《辨

① 陆侃如：《文心雕龙论“道”》，见《陆侃如古典文学论文集》，上海：上海古籍出版社，1987年，第835页。
② 牟世金：《刘勰“原道”论管见》，《文史哲》1984年第6期。
③ 牟世金：《文心雕龙研究》，北京：人民文学出版社，1995年，第101页。
④ 韩湖初：《再论文心雕龙的生命美学思想》，《论刘勰及其文心雕龙》，北京：学苑出版社，2000年，第64页。
⑤ 牟世金：《文心雕龙研究》，北京：人民文学出版社，1995年，第119页。

骚》性质及归属问题研究中各执其一、只求一隅的研究模式与思路，给人以有益的启示，也推动了该问题研究的进一步深入。如缪俊杰、王达津、黄广华等人也都持“兼有”说。

4.《文心》的理论体系

《文心》的性质、篇次、枢纽、总论等问题已明，牟先生便开始进一步探讨其理论体系。《文心》的理论体系往往通过组织结构表现出来，牟先生首先研究了《文心》各部分的组织结构，进而探讨其内在的体系。他首先绘制了《文心》的组织结构图：

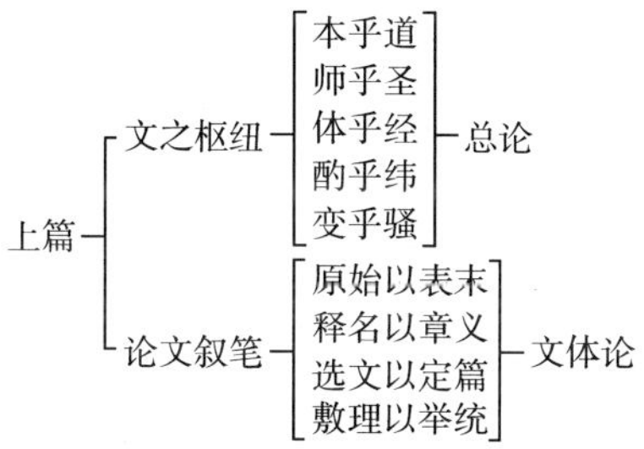

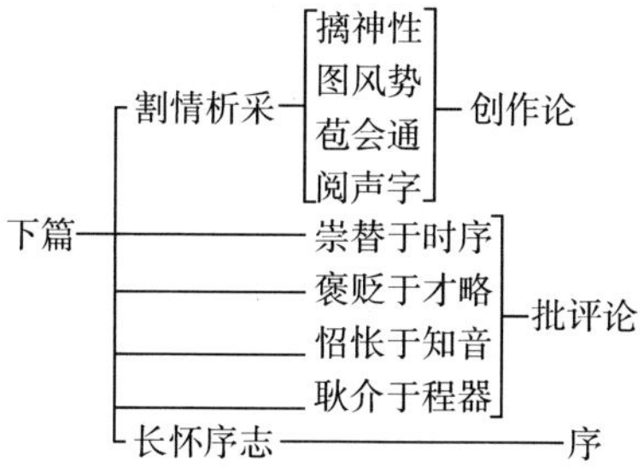

由图可见，刘勰在“文之枢纽”提出全书的基本观点，紧接着在“论文叙笔”部分，总结了各种文体的概况和前人丰富的创作经验，然后在“割情析采”中进行了文学创作和批评的理论概括与提炼。

但是，根据牟先生的观点，他绘制的这个组织结构图似乎有两个问题。一是既然认为“枢纽”不等于“总论”，那么结构图就应对此作出区别才显得合理，从这个图来看，“文之枢纽”五篇仍然等于“总论”。二是既然说“以前人的实际经验为基础来‘割情析采’，提炼出文学创作和批评的一些理论问题”，那么“割情析采”的统辖范围似应包括“批评论”才妥当，而不应把“割情析采”仅仅与“创作论”对应起来。实际上，按刘勰所言，“割情析采”本来就包括《文心》下篇除《序志》外的二十四篇。

《文心》的组织结构虽已十分明确，但欲认识其理论体系还要进一步探讨各部分之间的内在逻辑关系。牟先生通过对全书的各个部分的具体研究，努力挖掘刘勰的原意，力图再现其理论体系的原貌。经过研究，他发现《文心》的各个部分是围绕一个中心而互有内在联系的整体，这个中心就是“衔华佩实”。刘勰在总论部分提出了这一基本观点，“论文叙笔”部分则是以其衡量历代作家作品，而“割情析采”部分则在“论文叙笔”的历史经验的基础上，讨论如何使作品达到“衔华佩实”。这表明全书以“衔华佩实”为中心，构成了一个互有内在联系的整体。对此，他作出了这样的概括：

> 《文心雕龙》由“文之枢纽”“论文叙笔”“割情析采”和批评鉴赏论（包括作家论）四个互有联系的组成部分，构成一个严密而完整的文学理论体系；这个体系以儒家思想为主导，以“衔华佩实”为轴心，以论述物与情、情与言、言与物三种关系为纲领，把全书五十篇结成一个有机的整体。这样的文学理论体系，不仅在中国古代文论中是稀有的，在世界古代文论中也是罕见的。《文心雕龙》之可贵，这是一个重要方面。①

在这个互有联系的有机整体中，关键是三个问题：一是情和物的结合问题，二是以言写物问题，三是以言达情问题。而这三个问题的完满解决实际上就是如何做到完美的言辞与充实的内容和谐统一。故以“衔华佩实”为全书核心，是抓住了问题的实质。这四个字集中概括了刘勰对文学创作的理想，是刘勰论文的基本观点。

牟先生关于《文心》理论体系的研究，在“龙学”界产生了较大的反响，引起了人们对《文心》理论体系问题的重视。自他发表第一篇专论《〈文心雕龙〉的总论及其理论体系》以来，至今已有几十篇这方面的文章，另有杜黎均的《文心雕龙文学理论研究和译释》(1981)、张少康的《文心雕龙新探》(1987)、石家宜的《文心雕龙整体研究》(1993)等专著，对此问题进行深入探索。1985年，滕福海曾发表《〈文心雕龙〉理论体系研究述评》一文，对这方面的研究成果进行综述评价。研究者对于牟说或反对、或赞成、或补充。如滕福海在《中国社会科学》1982年第3期发表的《应该重视“通变”观的研究》一文，正是对牟文的补充，文中提出：“《文心》的理论体系就是标原道宗经旗帜，沿法古变今（即通变）通衢，达衔华佩实目的的文学理论体系。”

（三）从理论体系出发，探讨《文心》的具体问题

王元化先生说：“在研究一种学说或一位思想家的时候，应当从体系上，从总体上加以把握，而不能各取所需，用摘句法。”②牟先生正是如此，他以所把握的整体为基础，再回到各个部分，从《文心》本身的理论体系出发，考察长期争论不休的概念、问题，从而获得了许多全新的认识。下面择要加以评说。

1. 创作论体系问题

牟先生在研究中往往把微观研究与宏观研究、局部研究与整体研究很好地结合起来，如对创作论体系的探讨即是如此。创作论部分是《文心》的精华所在，《文心》的理论成就主要集中于此。牟先生首先从宏观上对文学创作的基本要素进行概括：“客观的‘物’，主观的‘情’和抒情状物的‘辞’，是文学创作的三个基本要素。文学创作论所要研究的，主要就是如何处理这三者之间的相互关系：物怎样制约情，情怎样来自物，情与物

---

① 牟世金：《文心雕龙研究》，北京：人民文学出版社，1995年，第134、143页。

② 王元化：《〈文心雕龙〉新解三题》，见《文心雕龙研究荟萃》，上海：上海书店出版社，1992年，第15页。

怎样结合而构成艺术形象，如何用语言文辞来抒情状物，以及如何处理文与质的关系等。”

接着，他又对创作论内部逻辑关系进行细致分析，并总结了刘勰创作的理论体系及其基本特点：“刘勰的创作论，主要是由对物与情、物与言、情与言三种关系的论述构成的，这三种关系又以情和言的关系为主体。”[①]这正体现了《文心》全书的理论体系，他又联系创作论乃至《文心》的整个理论体系，对《神思》篇作了集中探究，认为《神思》是《文心雕龙》创作论的总纲。这一观点首先由王元化先生提出，牟先生受到了启示，并从物、情、言三者关系的角度作了发挥。认为《神思》的总纲主要体现在：“故思理为妙，神与物游，神居胸臆，而志气统其关键；物沿耳目，而辞令管其枢机。枢机方通，则物无隐貌，关键将塞，则神有遁心……是以意授于思，言授于意，密则无际，疏则千里。”这段话论述了文学创作中情物结合，以言写物，以言达情这三个基本问题。此总纲在创作论其他部分也得到了具体体现，如《神思》篇以下从《体性》到《物色》等篇，都涉及了物、情、言三者关系。由此可见，《神思》揭示了创作论所要研究的全部内容。

2.“风骨”与“通变”问题

“风骨”问题是《文心》研究中争议颇多、分歧较大的问题，在二十世纪六十年代曾经引起激烈的争论。人们就黄侃提出的“风即文意，骨即文辞”的观点各抒己见，或赞成、或反对、或发展、或修正。有人认为风是文意、骨是文辞或风是文辞、骨是文意；也有人认为风骨两者既关乎内容又关乎形式；还有人认为风骨即风格或格调……各种观点竞相呈放，但是多流于概念之争。针对这种情况，《光明日报·文学遗产》290期(1959年12月6日)发表编辑部的《关于“风骨”的解释——来稿综述》一文，指出讨论应“从大处着眼，用马克思列宁主义的尺度实事求是地(最好多举作品实例证明)评述我国文学理论遗产，不要只胶着在个别词汇的解释上”。牟先生也认识到这种从概念到概念式研究的局限性，主张考察“‘风骨’论在他(指刘勰——引者注)的整个文学理论体系中占什么位置，和他的创作论有何联系，‘风骨’论是怎样有机地贯通在他的文学观点和理论体系中的……这样结合整个理论体系来研究所得到的认识，比起孤立地钻研概念所得到的结论，是更有可能接近刘勰的原意的”[②]。就是说要把“风骨”置于理论体系的框架中进行考察，从宏观角度即全书的理论体系来考察“风骨”。他在《从刘勰的理论体系看风骨论》一文中指出：“儒家对待‘志’‘言’‘文’三种关系的原则，也贯穿于《文心》全书，《风骨》篇的‘风’‘骨’‘采’三者的关系，不过是儒家‘志’‘言’‘文’三种关系的翻版。”[③]石家宜先生在《“风骨”及其美学意蕴》一文中说：“如果我们能从整体着眼，把它(指风骨——引者注)放在与其他部分的有机联系中，找到它在《文心》体系中的位置，对‘风骨’这个

---

① 牟世金：《文心雕龙研究》，北京：人民文学出版社，1995年，第142、278页。

② 牟世金：《近年来〈文心雕龙〉研究中存在的几个问题》，见《雕龙集》，北京：中国社会科学出版社，1983年，第153页。

③ 牟世金：《从刘勰的理论体系看风骨论》，《古代文学理论研究》第四辑，上海：上海古籍出版社，1981年。

命题的来龙去脉作一番历史的考察，那么，我们的探讨就可能取得比较切实的进步。”①牟先生的研究正如石先生所言，突破了《风骨》单篇的限制，超越了对“风骨”的概念排比罗列的研究方式，而从宏观角度即从全书整体来考察，提供了崭新的思路，更新了研究的方法，让人耳目一新，推动了“风骨”问题综合研究的深入。

牟先生以所把握的整体为基础，重新回到对一字一句的再认识，如此反复，有的观点更加巩固，也有的见解前后相比发生了根本性的改变。例如对“通变”的认识，他在《文心雕龙译注》中论及“通变”的含义时说：“所谓‘通变’，也就是本篇‘参伍因革’，《明诗》篇‘体有因革’的‘因革’之意，和今天所说的继承与革新大体相近，但有很大的局限性。”②后来，牟先生从《通变》全篇及全书总体继续对“通变”进行深入研究，提出了新的看法，认为“通变”的含义是“贯通变化”。这种转变，也表明“龙学”界对“通变”论认识的日趋全面与深入，许多学者认为不能简单地释“通变”为继承与创新，也不能仅仅理解“通变”论是以复古为主要倾向，而要着眼于文学的发展即“新变”予以探究，由此“通变”论被上升为全书的基本观点之一。如寇效信先生通过精微辨析，对“通变”论进行全面深入的探讨，他考辨“通变”一词的来源，考察其在《文心》中的沿用情况，认为“通变”就是“变而通之”，也可叫作“变通”，“变”与“通”不是对立的，不是矛盾的两面，而是连接的、相通的。“就语言的词义来说，‘通变’为革新、变化，而不能解作继承与革新。”③祖保泉先生在《〈文心·通变〉通解》《〈文心·征圣〉指要》等文中，认为刘勰是从创作角度阐述“通变”问题的，而“通变”论是贯穿《文心》全书的一个重要思想。他在《文心雕龙解说》一书中对这一观点作了进一步的总结，认为刘勰“通变”论的核心是：“作家根据自己的情思和创作个性，融会贯通地在体裁和文辞上适当地汲取前人作品所提供的艺术养料，从而创造出适应时势需要的崭新作品。”④这一论述证明了“通变”论在刘勰的文论体系中占有十分重要的地位。石家宜先生则从研究通变观的局限性及其与刘勰基本文学观、理论体系的内在联系的角度，肯定了刘勰通变论的主旨是言“变”。另，滕福海等人也从“通变”论在《文心》体系中的重要地位的角度作了探究。

3. 批评标准问题

批评论是《文心》的一个重要组成部分，刘勰总结批评原理、评论作家作品，涉及一个批评标准的问题。学界向以《宗经》“六义”说或《知音》“六观”说为刘勰文学批评的标准。牟世金对待此问题的看法有一个发展变化的过程，在 1978 年出版的与陆侃如先生合著的《刘勰和文心雕龙》一书中，牟先生认为，《宗经》篇的“六义”，“既是刘勰对创作的要求，也是他论文的六个批评标准”⑤。在《刘勰论文学欣赏》一文中，他也坦言：“《知音》篇中的‘六观’，差不多已被公认是刘勰提出的文学批评标准。我过去谈到这问题时，虽

① 石家宜：《“风骨”及其美学意蕴》，《古代文学理论研究》第四辑，上海：上海古籍出版社，1981 年。

② 陆侃如、牟世金：《文心雕龙译注》（上册），济南：齐鲁书社，1981 年，第 81 页。

③ 寇效信：《〈通变〉释疑》，《陕西师范大学学报》1985 年第 4 期。

④ 祖保泉：《文心雕龙解说》，合肥：安徽教育出版社，1993 年，第 583 页。

⑤ 陆侃如、牟世金：《刘勰和文心雕龙》，上海：上海古籍出版社，1978 年，第 27 页。

有自己的解释，但也承认了它是'标准'。"[①]

随着研究的深入，他意识到，必须突破《宗经》或《知音》篇的限制，从《文心》全书整体着眼来探讨批评标准问题。其实，无论古今，文学批评自当有一定的批评标准。但无论"六观"或"六义"，刘勰并未说明是他的批评标准。请看：

> 故文能宗经，体有六义：一则情深而不诡，二则风清而不杂，三则事信而不诞，四则义直而不回，五则体约而不芜，六则文丽而不淫。（《文心雕龙·宗经》）

> 是以将阅文情，先标六观：一观位体，二观置辞，三观通变，四观奇正，五观事义，六观宫商，斯术既行，则优劣见矣。（《文心雕龙·知音》）

牟先生以为："若以《知音》篇为批评论的专论，似乎理应提出标准问题；但从《文心雕龙》全书是一个整体着眼，其'文之枢纽'也应是《知音》篇的'枢纽'。这样，视'枢纽'论中提出的基本观点为刘勰的批评标准就有其合理性。"[②]基于这样的考虑，他改变了以前的看法，在1981年出版的《文心雕龙译注·引论》中提出："'原道'和'宗经'，就是刘勰文学批评的标准了。从全书对作家作品的批评实践来看，刘勰基本上是用是否符合'自然之道'、是否违反'征圣''宗经'之旨这两个尺度，来衡量作家作品的。"[③]在1995年出版的《文心雕龙研究》中，他进一步发展《引论》中的看法，否定了大多数学者以"六观"为批评标准的观点，认为"'六观'是'披文以入情'之'术'，并未提出衡量优劣的标准。……所以，没有必要把《知音》篇视为一篇完全独立的批评论；刘勰并未讲批评标准，就不必在《知音》篇中强求。应该把《文心雕龙》全书视为一个整体，须从这个整体中，才能看到刘勰全面的批评论。刘勰虽未在其他篇内提出批评标准，但'文之枢纽'中提出的基本文学观点是贯穿全书的。《知音》篇就既不能违背全书的基本观点，也不应另立什么批评标准。'本乎道，师乎圣，体乎经'是全书立论的总观点，总原则，也是刘勰评论一切作家作品的总观点，总原则。除此之外，《文心雕龙》中别无批评标准"[④]。由于牟先生认识到刘勰评文"会通适变"的方法特征及《文心》体系的内在联系，所以他避免了对"六观""六义"等个别概念的纠缠，而是从全书整体出发，考察刘勰评文的标准，由此得出的结论显然更符合《文心》的实际。

综上所述，牟先生一方面从《文心》自身实际出发，探讨其理论体系；另一方面又处处联系《文心》的理论体系，分析其具体问题，将宏观把握与微观考辨结合起来，对《文心》的理论体系问题进行了见林又见树、见树又见林的研究，取得了超越前贤的研究成果，也把《文心》理论体系的研究向前推进了一大步。

---

① 牟世金：《雕龙集》，北京：中国社会科学出版社，1983年，第294页。

② 牟世金：《"龙学"七十年概观》，见《文心雕龙研究论文集》，北京：人民文学出版社，1990年，第51页。

③ 陆侃如、牟世金：《文心雕龙译注》（上册），济南：齐鲁书社，1981年，第106页。

④ 牟世金：《文心雕龙研究》，北京：人民文学出版社，1995年，第449页。

四、《文心雕龙》研究的历史考察

学术研究的发展是以前人的研究成果为基础的。当代研究者应该总结归纳学术研究中的历史经验，从中汲取学术养分，以提高研究起点。牟先生正是如此，他较早开始关注“龙学”史，开辟了“龙学”研究新领域。1964 年他在《江海学刊》第 1 期发表了《近年来〈文心雕龙〉研究中存在的几个问题》一文，对 1956 年以来“龙学”研究状况进行了较为全面的总结。后来又发表了《〈文心雕龙〉研究的回顾与展望》（《文心雕龙学刊》第二辑，1984 年）、《近三十年来的〈文心雕龙〉研究》（《语文导报》1985 年第 7 期）等文。而在《社会科学战线》（1987 年第 3、4 期和 1988 年第 1 期）连续发表的《“龙学”七十年概观》（上中下）一文，长达四万余言，是对现当代《文心》研究成果的全面清理、总结和反思，具有“龙学”简史的性质。《文心雕龙研究》一书中的第一章第二节“《文心雕龙》研究的回顾与展望”，正是在此文的基础上修订而成。牟先生还十分关注台湾地区及国外的《文心》研究状况，著有《台湾文心雕龙研究鸟瞰》一书（山东大学出版社，1985 年），第一次对台湾的“龙学”研究概况进行了评述。另外还撰有《日本〈文心雕龙〉研究一瞥》（《克山师专学报》1984 年第 1 期）一文，介绍了日本的“龙学”研究情况。这些论文和著作，在时间上、地域上相互衔接、形成系列，较为完整地反映了海内外的“龙学”研究状况。

（一）“龙学”七十年概观

牟先生作为一名资深的“龙学”专家，加上对本学科研究进展的长期关注，使得他能够以高屋建瓴的眼光，对“龙学”发展中异彩纷呈的研究情况予以梳理和总结，并作出实事求是的学术评价，同时也善于发现“龙学”研究中的不足和薄弱环节，从而提出新课题，展望发展趋势。

“龙学”在长期的发展过程中，已经形成一门具有自身规律与特色的系统学科。牟先生准确把握了“龙学”的学科性质及其基本特征，他说：“黄侃于本世纪（指二十世纪）初在北京大学开设《文心雕龙》课，刘师培、范文澜、刘永济等，亦先后在各大学开设此课；日本铃木虎雄也于 1925 年在京都大学课以《文心》。所以，近世《文心雕龙》研究的开始，便是一门学科，故近年来学术界简称为‘龙学’。‘龙学’的实际，已是一门广涉经学、史学、子学、佛学、玄学、文学、美学，而又有自己独特的校勘、考证、注译和理论研究的系统学科。1983 年中国《文心雕龙》学会成立，同时出版了自己的专刊《文心雕龙学刊》，名符其实的‘龙学’进入了一个新的历史时期。”这是对“龙学”的学科性质及基本特征的第一次准确定位。

牟先生以其深厚的学术素养、广阔的历史视野和准确的学术把握，清晰地勾画出“龙学”研究的历史发展趋向，他把自黄侃以来到二十世纪八十年代中后期的《文心》研究历史分为三个时期，即“龙学”的诞生、发展和兴盛三个时期。从 1914—1949 年的三十六年，可说是“龙学”的诞生期；1950—1964 年的十五年为“龙学”的发展时期；1977 至 1987 年的十余年为“龙学”的兴盛时期。牟先生还十分注意揭示归纳有关《文心》研究领域中指导思想和操作方法的运用情况，着重从学术视野的开拓、理论方法的更新和研究成果的突破等方面，深入剖析和切实评价。如关于“龙学”研究的思想方法，他认为“第一期较之古人虽不乏新意，但主要还是用传统的观点来研究”；“第二期开始用马克思主义的观点方法来从事新的研究”；而第三期则“实事求是地探讨刘勰理论的本来面目，按艺术规律进行科学地总结”。

牟先生在分析《文心》研究领域中理论的更迭、方法的增长的同时，还注意从宏观角度发现研究中带有普遍性、倾向性的问题，分析研究热点，发现研究中的薄弱环节和不足之处。如他发现第一期发表的论文中“鲜有深入的专题研究，大多数是一般性的概述泛论”；第二期的某些研究者“由于初识马列而求新心切，庸俗社会学的倾向使某些研究者笔下的刘勰面目全非”。研究史不仅仅是总结历史，它还肩负着启示未来的重任。牟先生在深入研究，宏观地把握过去的基础上，展望“龙学”的发展趋势，并在理论上予以指导规范，以促进“龙学”研究的良性发展。他通过对七十年“龙学”发展状况的分析与评判，认识到“宏观与微观研究的结合，文史哲研究的结合，以及诗文书画等艺术理论相结合的综合研究，则为‘龙学’发展的新趋势”。另外，“视《文心雕龙》为古代美学的典型，可能给龙学开拓更为广阔的天地”。通过对七十年“龙学”研究状况的考察，他坚信“龙学是有强大生命力的”[①]。

（二）台湾三十余年“龙学”鸟瞰

《文心》是中华民族子孙共同的文化遗产，海峡两岸的学者对此都十分珍视并作了深入研究。但是，由于众所周知的原因，两岸学者在“龙学”方面缺少沟通，缺乏了解。牟先生抱着“早得中国全龙”的殷切期望，关注彼岸的“龙学”研究情况，他广为搜罗台湾“龙学”研究资料，于1985年撰成《台湾文心雕龙研究鸟瞰》一书，对近三十年来台湾的“龙学”作了全面简要的介绍，并结合自己多年研究《文心》的心得，客观评述了台湾“龙学”研究的得与失。

《台湾文心雕龙研究鸟瞰》首先将台湾三十余年的“龙学”界定为“显学”，从总体上介绍了台湾“龙学”的研究情况，并进而考察这一显学在台湾的发展大势，得出如下结论：“台湾的《文心雕龙》研究，以七十年代中期为分界线，前期以校注译释为主，后期以理论研究为主；理论研究又循着从部分到整体，进而深入某些专题研究的道路发展。这就是三十年来台湾省《文心雕龙》研究的发展大势。”具体研究成果方面，到1982年底，已出版论文集七种，校注译释十一种，理论研究十种，其他（年谱、导读）两种，总计三十种。论文截至1980年共发表二百多篇，其中考校笺释四十余篇，评介序跋二十余篇，“文之枢纽”部分二十余篇，文体论约十篇，创作论三十余篇，批评论十余篇，其他四十余篇。以作者而论，发表论文最多的是王更生，共二十余篇，次为张严、徐复观，各十余篇，它如李曰刚、沈谦、王梦鸥、陈拱、廉永英等，也在七八篇以上。总计台湾曾出版专书和发表论文的研究者共九十余人。以台湾省有限的地域、人员和条件而论，《文心雕龙》的

① 牟世金：《文心雕龙研究》，北京：人民文学出版社，1995年，第10—28页。

这个研究队伍是相当庞大的，其论著的成果也是相当可观的。“从以上种种情况来看，称《文心雕龙》研究为当代中国之显学，也就诚非虚言了。”[①]这一概括使大陆学者对台湾“龙学”的历史与现状及发展趋势有了一定的了解。

台湾学者用力甚勤，在资料奇缺的情况下，仍在校注译论方面做出了一定的成绩，牟先生对台湾学者来之不易的成绩给予充分肯定。他认为在校勘方面，李曰刚先生的《文心雕龙斠诠》比勘各家，兼采众长，补正前人之失，成为台湾最好的校本。如《明诗》校雠六十七条，其中与王利器所校相同或直引王校者十五条，在王校的基础上加以补证者二十一条，诸家未校而为李氏新出者四条，王校所无者七条，改正王校之误者两条，此外还有取范文澜、杨明照、潘重规、铃木虎雄及斯波六郎诸说而附以己意者十余条。注译方面台湾学者也颇多创获，如《总术》“动用挥扇”一辞，各家均认为其讹误难解，向无注释。黄叔琳本无注，范注也未详其义。台湾学者张立斋先生在《文心雕龙注订》中大胆推断：“挥扇一辞诸家皆未详，纪氏亦疑讹误难解。按‘扇’疑为‘羽’字，盖形近而讹。据下文‘初终之韵’，及‘比篇章于音乐’句，知‘挥扇’应作‘挥羽’，则得其解矣。”潘重规继之，据《说苑·善说》及蔡邕《琴赋》，推此四字当为“动角挥羽”。此与杨明照先生《文心雕龙校注拾遗》的看法暗合。李曰刚认为潘说“就字形之误而论，仅更正‘用’‘扇’二字，甚合情理。惟‘动角’‘挥羽’二词皆平列对称，与上文‘伶人’‘告和’二词一纵一横之性格有异，非丽辞常态”，引据嵇康《琴赋》中的“田连操张”，校“动用挥扇”为“田连挥羽”。此乃“‘田’先形误为‘用’，传写者以‘用连’不辞，又改‘连’为‘动’而乙之。语虽勉通，而不知与上文‘伶人’不相对应矣。”对此，牟先生评曰：“此虽推测之辞，但有一定道理。‘田连挥羽’（李善注，田连乃‘天下善鼓琴者也’）比之‘动用挥羽’‘动角挥羽’，都有新的发展。这也是台湾诸多研究者经过长期努力的结果。”[②]

牟先生认为台湾学者在理论研究方面也有可圈可点之处。如王更生先生在《文心雕龙研究》中提出《文心》的“两大脉络”：“这两大脉络，一是‘经学思想’，一是‘史学识见’。常人只知道他有《宗经》《史传》二篇，殊不知在《文心雕龙》全书里，‘经学思想’和‘史学识见’汇成两道纵横交织的主流。‘宗经’是刘勰的思想主导，‘史学’是刘勰运笔的金针。”牟先生评曰：“这虽不是正论《文心雕龙》的理论体系，但其论对理解刘勰的理论体系也有参考意义。‘宗经思想’纵贯全书已是公论，文学发展的‘史学识见’，确是超越《史传》篇而实际运用于全书多数问题的论述，其对《文心雕龙》理论体系的形成，是一个值得注意的重要因素。”[③]

牟先生还本着实事求是、知无不言的科学态度，坦率地指出台湾学者“龙学”研究中的失误与不足。如台湾学者研究的重点《文心》的风格论问题，虽研究较深、成绩较大，但也有失之偏颇之处。“龙学”前辈李曰刚先生治学严谨，对风格论问题颇有研究，但也有自相矛盾、令人费解之处。他一方面明知“风格”一词“不能代替传统之文体观念”；一方面在注解“文体”时，却云“今皆通称之为风格”“亦即文之风格”。牟先生于此看到：

① 牟世金：《台湾文心雕龙研究鸟瞰》，济南：山东大学出版社，1985年，第5—7页。

② 同上，第26—27页。

③ 同上，第33页。

"台湾的某些研究者,旧的混淆尚未彻底理清,却又纠缠于新的混淆之中了。风格论本是他们成就较大的一个论题,唯惜未能把握个性的决定作用这个核心,因而造成概念上的混乱,致使一些研究者对何谓风格论,也是模糊不清的。"[①]他还直言不讳地对台湾"龙学"界粗疏的学风进行了批评。

当然,牟先生更看到了海峡两岸"龙学"一脉相承、阻隔不断的血缘联系。台湾学者往往以国家整体的观念对待"龙学",在继承民族传统思想资源时,充分吸收大陆学者黄侃、范文澜和杨明照诸先生的"龙学"成果,对刘永济、陆侃如、牟世金、郭晋稀等人的"龙学"见解及著作也颇多称引。如《原道》"自然之道"一语,台湾学者几乎众口一词地解为"客观事物之原则或规律"。这是大陆学者陆侃如先生在二十世纪六十年代发表的文章中的观点。另外,台湾学者和大陆学者一样都怀着发展民族文学的良好愿望,这通过他们"用传统的观念和传统方法来研究传统文论"的研究特点亦能窥见一斑。这种传统研究方法凝聚着台湾学人深厚的民族情感。针对"台湾学者坚守传统的研究方式",牟先生一方面肯定其在台湾具体环境下的一定必要性,另一方面又指出其保守性,因为如果一味以古证古,只会造成《文心》研究因循守旧,停滞不前。而对于现代文论,也不必视为洪水猛兽,"如果无违于古代文论的原旨原貌,而更有利于阐明其固有的精神,更能发扬传统文论的民族精华,则现代文论就无完全拒绝的必要了"。他主张既要继承传统的治学方式中有生命力的东西,又要善于吸收西方有益的新观念新方法,兼收并蓄,方能使中华"全龙"腾飞。

牟先生对"龙学"史的关注,开辟了"龙学"新的领域。许多学者也纷纷对"龙学"研究中的成绩和存在的问题进行总结和反思。其中,既有对一个时段的"龙学"概况的研究,如王运熙、李庆甲、杨明的《建国以来国内〈文心雕龙〉研究情况概述》,石家宜的《〈文心雕龙〉研究的勃兴》等文;也有对百年"龙学"进行清理、探讨的文章,如涂光社的《现代〈文心雕龙〉研究述评》,张少康的《〈文心雕龙〉研究的现状和问题》,李平的《20世纪中国〈文心雕龙〉研究的回顾与反思》等。既有对"龙学"专家专著的深入探讨,如祖保泉的《试论杨、曹、钟对〈文心雕龙〉的批点》和《〈文心雕龙纪评〉琐议》,李平的《"范注"三论》和《"范注"三题》;又有对"龙学"专题的评述,如滕福海的《〈文心雕龙〉理论体系研究述评》等;还有对"龙学"的研究方法进行反思的文章。总结过去是为了开辟未来,人们对"龙学"历史的系统科学的总结,指引并促进了当代"龙学"研究的健康发展。

结 语

牟先生可谓刘勰隔世之知音、彦和异代之功臣。他始终倾力于"龙学"研究,耗费数十年之功,对其进行了全面而深入的探讨,在校注译释、身世考订、义理探求、研究史论等方面勤耕不辍,勇于探索,取得的成绩早已为海内外"龙学"家所公认。同时,他在研治"龙学"的过程中,做到了实证研究和理论研究、宏观研究与微观研究、传统的知人论

① 牟世金:《台湾文心雕龙研究鸟瞰》,济南:山东大学出版社,1985年,第64页。

世与现代的唯物史观相结合。这种既坚持传统又立足现实的研究方法与治学路向的形成，是他继承传统思想资源及借鉴吸收新方法的结果。对于今天的“龙学”研究也具有一定的启示意义。

清代学者治学在材料搜求上务求齐备，常以“竭泽而渔”的方式，将有关材料搜罗净尽，然后加以排列整理，分析考辨，最后得出结论。牟先生研究“龙学”也十分注意材料的搜集与积累。王元化先生曾对其作过这样的评价：“他在蒐集资料上，用力甚勤，继承了清人不病琐、获之创的求实学风，决不贪图省力，以第二手资料充数。”[①]这从《译注》中也可窥见一斑。《译注》洋洋六十万言，涉及百家，出入经史，资料翔实丰富。这正是他从汗牛充栋的典籍中剔抉爬梳、广为搜罗、披沙拣金的结果。关于刘勰年谱的编制也是如此。牟先生早有为刘勰制谱的想法，但苦于材料准备不足，而久未动笔。在广泛搜集大量的第一手材料并网罗囊括古今中外十六家年谱之后，他完成了《汇考》一书。正是由于掌握了大量可靠的史料，所以他在刘勰生卒年、《灭惑论》撰年及《文心》成书年代等重要问题上均提出了有理有据、富有新意的看法。

牟先生十分注意弘扬传统学术的优长之处。他以求真求实为宗旨，着力于校勘注释、身世考订等实证研究。为了认识《文心雕龙》的原貌，准确理解其原意，他吸收了乾嘉学风的合理因素，极其重视考据工作。对《文心》的每字每句都正讹误、订妄伪，对各篇中引用的出处及典故，也都详细训释、悉心探索其来源。他还极其重视相关史实的考订。如考证了《灭惑论》的写作年代、刘勰奉敕与慧震于定林寺撰经的年代等，为作者的生平考订提供帮助。在实证研究的过程中，牟先生常常是反复思考、慎重衡量，体现了为学严谨、务实的态度与精神。前代一些学者的考据由于受到历史条件的限制，往往陷于琐碎饾饤，只停留在个别字句的考释上，而未能上升到理论层面作更深的发掘。牟先生在吸收传统治学方法长处的同时，能够做到不囿于传统。他不是为考据而考据，而是把考据的成果上升到批评的高度。如关于《文心》的篇次安排问题，他在再三斟酌之后，认为应该保持原著篇次不变为好。但是他并非就此停止研究而是由此生发，对《文心》的体系作了积极探求。认为《物色》在《时序》之后，正是分论自然现象和社会现象两个方面，这与《原道》分“天文”和“人文”两个方面相吻合，也说明了《文心》体系内在逻辑之严密。

牟先生一直在努力尝试用马克思主义理论来指导自己的“龙学”研究。二十世纪五十至六十年代，他对历史唯物主义热烈追求，参加了关于《文心》思想倾向是“唯心”还是“唯物”的论争，指出“刘勰的唯物思想虽然不自觉，却基本上是唯物的”。后来，他对自己的研究方法进行了反思，走出了生搬硬套马克思主义理论的误区，而更加注重坚持马克思主义的实事求是精神和科学分析方法，这一点在他的力作《文心雕龙研究》中得到了很好的体现。正如他在该书《自序》中所言：“从另一个角度说，本书未曾引证一句马克思主义的经典著作，这固因我习之未精而有恐误用，却是力图用其观点、立场和方法来研究问题，这样的尝试，也是第一次。”他坚持宏观研究与微观研究相结合，对《文心》

① 王元化：《文心雕龙研究序》，见牟世金《文心雕龙研究》，北京：人民文学出版社，1995年，第1页。

各个方面问题都进行了反复探求。他曾回忆道:“我始终认为读原著和研究是并行的,从逐字逐句、一篇一题到全书,由全书的理解再回到字句;由个别认识以助整体,再由整体认识以提高个别。如此反复,逐步修正,逐步加深和提高,这就是龙学的发展史。至少我自己正是这样。”[①]这正是马克思主义辩证唯物论的方法论的自觉运用,即从个别认识到掌握整体,再由整体认识以提高个别认识。如此反复,逐步提高,以认清事物的本质。运用此方法,他对“原道”论、“辨骚”论等问题的看法更加牢固,也对某些观点作出了修正,从而得到了更加符合《文心》实际的认识。

牟先生还把传统的“知人论世”与现代唯物史观结合起来,用于分析评判刘勰其人。他在强调“知人论世”,注重考索刘勰生平,致力于探求其创作时代背景的同时,又实事求是地分析其思想成因、理论贡献及时代局限性,从而使我们对刘勰有了一个全面辩证的认识。牟先生既有深厚的国学根基,精于考释,又思想新颖,善于理论开掘,并且将传统方法与现代方法加以融会贯通,正如熊十力先生所言:“根柢无易其固,而裁断必出于己。”他在“龙学”领域所取得的丰硕成果和做出的巨大贡献,不仅为新世纪的“龙学”研究奠定了坚实的基础,也为后人的进一步研究提供一些有益的启示!

(作者单位:安徽师范大学文学院)

① 牟世金:《文心雕龙研究》,北京:人民文学出版社,1995年,第3、4页。

牟世金先生与“文心雕龙学”

朱文民

一、牟世金其人

牟世金先生是四川忠县(今属于重庆市)东坡镇人,1928 年 7 月生。父亲牟海贵是一位在县城经营土白布生意的商人,母亲谭氏,生有十二个子女,抚养成人者八人,皆具有中等以上学历,其中享受处级以上干部待遇者五人,妹妹牟世芬为中国科学院著名化学家。家乡有“八仙过海,五子登科”之评价。牟世金是家中老二,1945 年忠县精忠中学毕业后,考入万县师范学校,1948 年毕业,到忠县南賨中学教书。1949 年 12 月考入军政大学,1950 年提前毕业分配到二野十一军军部,寻调青岛海军基地工作,1955 年转业到地方。1956 年考入山东大学中文系,1960 年毕业留校任教,1978 年升任讲师,1980 年升任副教授,1983 年晋升教授,终生研究的主要课题是《文心雕龙》,全国著名的“龙学”家。1984 年加入中国共产党,曾任山东大学中文系主任,《文心雕龙》研究室主任。1989 年 6 月 19 日因患恶疾病逝于济南,享年六十一岁。

牟世金先生的“龙学”专著主要有《文心雕龙选译》(上下册)、《刘勰论创作》《刘勰和文心雕龙》《文心雕龙译注》(以上四书与陆侃如合著)、《文学艺术民族特色试探》《台湾文心雕龙研究鸟瞰》《雕龙集》《刘勰年谱汇考》《文心雕龙精选》《雕龙后集》《文心雕龙研究》等;主编的有:《中国古代文学作品选》《中国古代文论家评传》《文心雕龙研究论文集》等。另外发表论文近百篇,其中关于《文心雕龙》的有五十六篇。

二、什么是“文心雕龙学”

“文心雕龙学”已经成为一门显学,研究队伍庞大,中国《文心雕龙》学会也是国家注册的一级学会。什么是“文心雕龙学”呢?这个概念提出多年了,但还没有一个人做过阐释,由于本文论说的需要,笔者不揣浅陋,试想简略地提出自己的意见,以就教于对此感兴趣的高人。

《白虎通·辟雍》篇说:“学之为言觉也,悟所不知也。”根据这个解释,我们可以说,对《文心雕龙》的研究和领悟，从不知到知，以悟其理的学问，即研究《文心雕龙》的学问，简单地说，就叫“文心雕龙学”，它的内涵包括对《文心雕龙》的版本、校勘、语译、注释、理论阐释等。其外延部分涉及的面极广。由于《文心雕龙》是一个复杂的文化系统，所以这个学问可大了。外延又可以分为前延和后延，前延就是对《文心雕龙》产生之前刘勰学养所含的经学、子学、历史学、玄学、佛学、文学等有所了解，以便于探究《文心雕龙》的思想渊源；仅此还不够，还得对作者刘勰的家世、生平等都要了解，对其家学渊源进行探究（刘勰家世生平也可称之谓“刘学”）。这就是《孟子·万章下》说的：“读其书，颂其诗，不知其人可乎？”后延就是由于《文心雕龙》从产生到现在已经一千五百余年的历史了，各种版本互异，这又涉及版本学、校勘学，还涉及它在目录学的归类问题，历代学人对《文心雕龙》的传播、研究成果以及《文心雕龙》对后世的影响等等，这又涉及《文心雕龙》的研究史问题，还要涉及《文心雕龙》文献学、目录学等[①]。这就要求研究者必须有一定的历史知识，不然就会出现硬伤。比如，在谈到刘勰家世时，把刘肥的母亲曹夫人说成是刘夫人，把梁武帝的六弟临川王萧宏说成是梁武帝的儿子，这就与《史记》《汉书》《梁书》的记载不符了。刘勰除了《文心雕龙》之外，还有其他著作，这些对刘勰其他著作的研究，也应当归于“文心雕龙学”的外延部分。刘勰的《文心雕龙》产生在定林寺里，文中有没有佛学思想，学界争论不休，刘勰还写了几篇有关佛教的文章，在寺院里整理佛典耗费了刘勰大量的心血，这就要求研究者必须懂得一点佛学；另有一部存在著作权争论的《刘子》问题，又涉及文献学和思想史。《文心雕龙》的“文之枢纽”部分，涉及“征圣”“宗经”，如果对经学茫然无知，则不可能问津“文心雕龙学”，更何况《文心雕龙》全书引用《周易》二百二十八处，散见在全书的四十七篇中。五经中弄懂一经都非易事，更何况弄懂五经。《文心雕龙》显示出刘勰的学问博大精深，这也就是《文心雕龙》为什么被后人称为奇书，就是因为它前无古人，后无来者。《文心雕龙》的主旨虽然是讲文章作法，但是他又不是单纯讲作法，而是从文的源头上开始讲起，最后找到“文原于道”；又因为“道沿圣以垂文，圣因文而明道”，这就是“文之枢纽”的“征圣”“宗经”，圣人的著作体现了道的精神，找到了各种文体产生于五经，这就是研究《文心雕龙》为什么涉及经学。《文心雕龙》中专设《诸子》篇，如果对子学没有研究，也是读不懂的。《文心雕龙》设有《练字》篇，现实是由于有人缺少文字学常识，把文中的“联边”“半字”等文字学常识性的用语认为是取自佛教，把一篇严谨的文字学著作读歪了。刘勰生活在南朝玄学兴旺时期，他的思想和方法论不可能不受当时学术思潮的影响，这就要求研究者必须懂得一点玄学，懂得学术史。

所以，牟世金先生说：“‘龙学’实际已是一门广涉经学、史学、子学、佛学、玄学、文学、美学，而又有自己独特的校勘、考证、注释和理论研究的系统科学。”[②]牟世金先生的这个体会说明了《文心雕龙》是中国文化的大系统，体现了牟世金先生研究《文心雕龙》下了大工夫，只有用尽毕生精力雕刻“全龙”的人才能有此体会和总结。如果仅仅是停

① 《文心雕龙》研究史和《文心雕龙》文献学，似乎应该属于“文心雕龙学”的内含部分，因为涉及《文心雕龙》对后世的影响，为了在本论文中论述方便，笔者把它放在了外延部分。

② 牟世金：《文心雕龙研究》，北京：人民文学出版社，1990年，第10页。

留在能阅读《文心雕龙》文字上，是无法问津“文心雕龙学”的。文人相轻，古今通病。据说在牟世金生前，曾有人在背地里讥笑他说：“牟世金只会《文心雕龙》。”言外之意是牟世金没有其他学问，而我读牟世金《六朝经学的中衰与发展》《论六朝时期儒道玄佛的斗争与融汇》《玄学与文学》三文，见其对经学、玄学之娴熟，再见三文末尾的引录文献，深为牟先生之博学而折服，可见这位讥笑者根本不懂《文心雕龙》为何物，其“讥笑”，不仅不能降低牟先生在学林的学术地位，反而暴露了讥笑者自身的浅薄。

三、对内涵部分的研究

牟先生对于“文心雕龙学”内涵的研究，主要集中表现在《文心雕龙译注》和《文心雕龙研究》两书中，其他所有论文和尝试，用牟先生自己的话说，都是为以上两书所作的外围工作。

（一）文本研究

1. 文本篇次问题

牟先生认为，现行通行本《文心雕龙》的篇次基本保留了原貌。范文澜、杨明照、刘永济等先生对现行本《文心雕龙》的篇次提出质疑，而以上三家之书仍按通行本篇次编排。但是郭晋稀的《文心雕龙译注十八篇》《文心雕龙注译》、周振甫的《文心雕龙选译》均按照著者的不同意见改编成书。尤其是台湾李曰刚《文心雕龙斠诠》改动最大，而且又扩大到上篇篇次，引起了海内外学者的极大关注，一时间的文章屡见报刊。牟先生认为：“著者按照自己的见解来调整或改正篇次，其必然的结果是所改不同而改后的面目互异。毫无疑问，研究者是认为通行本的篇次有误而欲复其原貌，各家的调整与改编都是有自己的根据或理由的。但是从改动的结果来看，难免形成各是其所是的局面。”①因而牟先生认为：“通行本《文心雕龙》篇次，当以不改为好。虽然难以断言五十篇的次第绝对无一错乱，但为对古籍持慎重态度，在没有找到可靠的史证之前对研究者认为有问题的篇次，可以存疑，可以讨论研究，也可断言应作何种改正，但对原书还是暂不改编为好。鄙见以为，现行本的篇次基本可视为刘勰撰定的原貌。其中少数篇序现在看来似不合理，这主要是如何理解的问题。对待古人的论著，显然是不应要求古人就我，而应我就古人。就是说，应从考察古人的用意出发，力求准确地了解其原意。其安排合理的篇次结构，则予以肯定，其不合理者，只能指出其不当，而不是予以改编或调整。否则，各以己见改编其书，很可能使之面目全非。若按某种新编本来探讨刘勰的理论体系，就未必是刘勰的理论体系了。”②牟先生的主张是科学的，从现行的研究成果来看，牟先生主张“现行本的篇次基本可视为刘勰撰定的原貌”的观点也是正确的。

① 牟世金：《文心雕龙研究》，北京：人民文学出版社，1990 年，第 92—93 页。

② 同上，第 96—97 页。

2. 文本注释问题

牟先生对文本的注释出版物有四种:《文心雕龙选译》上下册、《刘勰论创作》《文心雕龙精选》《文心雕龙译注》,在这四种出版物中,《文心雕龙译注》是前三种的集大成之作,因而,本文谈注释,以《文心雕龙译注》为主。我们从《文心雕龙译注》首先感到的是一个“详”字。全书注释 5448 条,这在同时期出版的同类著作中是无人可比的。今将《文心雕龙》各篇注释条数统计表录如下:

《文心雕龙译注》各篇注释条数统计表(共计 5448 条)

篇序	一	二	三	四	五	六	七	八	九	十
篇名	原道	征圣	宗经	正纬	辨骚	明诗	乐府	诠赋	颂赞	祝盟
条数	94	68	92	77	112	104	118	113	103	111
篇序	十一	十二	十三	十四	十五	十六	十七	十八	十九	二十
篇名	铭箴	诔碑	哀吊	杂文	谐隐	史传	诸子	论说	诏策	檄移
条数	96	99	96	107	98	181	128	145	125	93
篇序	二一	二二	二三	二四	二五	二六	二七	二八	二九	三十
篇名	封禅	章表	奏启	议对	书记	神思	体性	风骨	通变	定势
条数	95	97	118	126	201	94	95	96	95	103
篇序	三一	三二	三三	三四	三五	三六	三七	三八	三九	四十
篇名	情采	熔裁	声律	章句	丽辞	比兴	夸饰	事类	练字	隐秀
条数	91	78	94	89	74	81	79	106	110	102
篇序	四一	四二	四三	四四	四五	四六	四七	四八	四九	五十
篇名	指瑕	养气	附会	总术	时序	物色	才略	知音	程器	序志
条数	101	81	87	90	259	98	239	107	95	107

我们从这个统计表可以看到,每篇的注释条数,最少的是第二篇《征圣》68 条。最多的是第四十七篇《才略》239 条,大体同期出版的周振甫《文心雕龙注释·征圣》篇注释 23 条;郭晋稀《文心雕龙注译·征圣》注释 43 条;赵仲邑《文心雕龙译注·征圣》篇注释 22 条。就《才略》篇说,周振甫《文心雕龙注释·才略》篇注释 50 条;郭晋稀《文心雕龙注译·才略》注释 102 条;赵仲邑《文心雕龙译注·才略》篇注释 75 条。

陆侃如、牟世金《文心雕龙译注》依据现行通行本为底本,即使字句有问题,也没有改动,只在注释中做了说明。翻译用直译的方式,以便与原文对照;不得已而用意译的时候,是比较少的。每篇先有题解,然后对每篇原文分段译注。不常见的字和一字多音的字,括注汉语拼音和汉字读音。可以说详略得当。说它详,主要是指注释一个问题的典故,不仅指出出处,还要详加解释。例如《知音》篇,注“酱瓿之议”时,牟世金注:“瓿(bù 布):小瓮。《汉书·扬雄传》中说,扬雄著《太玄经》时,‘刘歆亦尝观之,谓雄曰:空自苦！今学者有禄利，然尚不能明《易》，又如《玄》何？吾恐后人用覆酱瓿也’。这里是藉以比喻指在以上种种不正的批评风气之下，真正有价值的作品只能被人用来盖酱坛子，难以得到正确的评价。”[①]郭晋稀的注释是：《汉书·扬雄传·赞》：“雄著《太玄》，刘歆尝观之，谓雄曰：‘空自苦……吾恐后人用覆酱瓿(pǒu)也。’”[②]周振甫注释：“《汉书·扬雄传赞》：‘雄著《太玄》，刘歆尝观之，谓雄曰：空(徒)自苦！今学者有禄利，然尚不能明《易》，又如《玄》何？吾恐后人用覆酱瓿也。’”[③]周振甫没有对“瓿”字注音，“瓿”字的读音，《辞海》注音说“瓿”：“bù部，旧读pǒu”。就注音来说，郭晋稀的注音为pǒu，是用的旧读，显然是不妥的；就释典来说，牟世金先生不仅指出了典故的出处，还交代了典故的语言环境，同时指出了在本书的用意，这就较之郭、周的注释，更加有利于读者理解原文，详而不觉繁芜。

说它略，是指有的注释只有一个字，有的只有几个字、十几个字。例如《正纬》篇的“神道阐幽”的“神道”，注释曰：“神道：自然之道。阐：明。幽：不明。”“河出图，洛出书，圣人则之。”注释曰：“这几句见于《周易·系辞上》。则：效法。”“斯之谓也”的“斯”，注释曰：“斯：此。”这说明所谓略，以说明问题为准则。

尤为称道的是对于使用版本的尊重。例如《正纬》篇末尾：“糅其雕蔚”的“糅”字，注释曰：“糅(róu柔)：唐写本写作‘采’，译文按‘采’字。”这个“糅”字，在明王惟俭《文心雕龙训故》本也是“采”字，“糅”字显然错误，王利器《文心雕龙新书》《文心雕龙校证》都改了，而牟先生为了尊重原版本，不做改动，只在注释中加以说明，牟先生对于《文心雕龙》版本的校勘大都是如此处理的，这是为了保持各种版本的纯洁性，与前面谈到对《文心雕龙》篇次以不改为好是一致的，其治学态度可嘉。

笔者见一些学者的注释跳着做，别人不会的他也不会，就瞒过去了，而牟先生是密集注释，不放过每一个词语，这样虽不能遮丑，却给人以诚实、不避难点、忠于学术之感。

(二)理论研究

1. 关于《文心雕龙》一书的性质，牟先生认为是一部“典型的文学理论专著”，是“古代的文学概论”。“集先秦以来古文论之大成的《文心雕龙》具有承上启下的重要作用，因此，从中是可看到整个古代文论的某些基本特色的。体大思精的《文心雕龙》，至少可说是中国古代文论中较有代表性的一部。”[④]

2. 在理论研究方面，牟先生最大的关注是《文心雕龙》的理论体系。早在1964年，牟世金先生就指出：“有探讨刘勰文学理论体系的必要。”[⑤]1981年又在《中国社会科学》第2期发表了《〈文心雕龙〉的总论及其理论体系》一文。牟先生认为《文心雕龙》的文学理论体系是“由‘文之枢纽’‘论文叙笔’‘割情析采’和批评鉴赏论(包括作家论)四个互

---

① 陆侃如、牟世金：《文心雕龙译注》下册，济南：齐鲁书社，1982年，第385页。
② 郭晋稀：《文心雕龙注译》，兰州：甘肃人民出版社，1982年，第557页。
③ 周振甫：《文心雕龙注释》，北京：人民文学出版社，1981年，第520页。
④ 牟世金：《文心雕龙研究》，北京：人民文学出版社，1995年，第484页。
⑤ 牟世金：《近年来〈文心雕龙〉研究中存在的问题》，《江海学刊》1964年第1期。

有联系的组成部分，构成一个严密而完整的文学理论体系；这个体系以儒家思想为主导，以‘衔华佩实’为轴心，以论述物与情、情与言、言与物三种关系为纲领，把全书五十篇结成一个有机的整体。”[①]

牟先生对《文心雕龙》理论体系的挖掘和总结，是前无古人的。正是他的研究和发掘开启了学术界对这一问题的讨论。对《文心雕龙》研究的好多领域和课题而言，牟先生是垦掘者，这也是我为什么说牟先生是领军人物的原因。

3. 关于刘勰的思想，牟先生说：“刘勰的思想属于儒家，无论就其全人或《文心》全书来看，这都是毫无疑义的。但必须明确，他的儒家思想是六朝时期的儒家思想。”[②]牟先生认为，“刘勰的文学思想决定于他的政治思想和儒家思想。他的政治思想、儒家思想，又通过文学思想反映出来”[③]。“刘勰的文学思想虽可归属于儒家思想，却不主张为仁义道德服务；他要求文学为封建治道效力，却鼓动作者以自己的作品去‘抑止昏暴’，倾吐自己的哀伤和怨怒。因此，在刘勰的文学思想中，又有不从属于某一家，更不从属于少数豪门贵族的积极因素。”[④]

（三）语体翻译问题

在语体翻译方面，牟先生采用的是直译，直译的目的是使读者更好地对照理解原文，只有不得已的情况下，才采用了意译，且这种情况很少。

例如《才略》篇：“观夫后汉才林，可参西京；晋世文苑，足俪邺都。然而魏时话言，必以元封为称首；宋来美谈，亦以建安为口实。何也？岂非崇文之盛世，招才之嘉会哉？嗟夫！此古人所以贵乎时也。”

牟先生的译文是：“查看东汉的作家，和西汉的作家也相差无几；晋代的文坛，几乎可以和建安文学媲美。但曹魏时期的议论，必然以汉武帝时期为最高理想；刘宋以后的高论，又总是以建安时期为话题。这是为什么呢？岂不是因为这两个时期是崇尚文学的盛世，广招才士的最好时期。唉！这就是古人不能不重视时机的原因了。”

同一段原文，郭晋稀的译文是：“看来东汉人才济济，可以和西汉相比并；晋代作家鳞集，也和邺都差不多；但是魏时说文章好，总是把元封年代称为第一；宋代人讲作家多，也把建安时期作为话柄；难道不是由于汉武时代是推崇文学的盛世，曹氏父子招揽人才集中邺都吗？唉！所以古人都希望生活在一个好的时代啊！”

两相比较，可以看出牟译的文采高于郭译。例如：原文的“足俪邺都”，牟译为：“几乎可以和建安文学媲美。”郭译为“也和邺都差不多”，牟先生对“俪”的翻译用了“媲美”，既符合直译原则，也显得有文采，郭译为“差不多”，就显得干瘪；再说牟译“何也？”为“这是为什么呢？”郭晋稀的译文就省掉了；再说“口实”，郭先生译为“话柄”，虽属于直译，但不如牟译为“话题”显得文雅。其高下尽显全书，不胜枚举。

---

① 牟世金：《文心雕龙研究》，北京：人民文学出版社，1990年，第148页。
② 同上，第73页。
③ 同上，第78页。
④ 同上，第82页。

四、对外延部分的研究

牟世金先生是一位雕刻"全龙"的学者,所谓雕刻"全龙",就是说牟世金先生对"文心雕龙学"的研究,从内涵到外延都下了大功夫。从刘勰家世到刘勰生平他都做过认真的研究,并搜集了当时凡是能够找得到的所有研究刘勰生平的年谱,共计十六家。

(一)刘勰的生平及家世的研究

1. 生卒年

《梁书》《南史》均没有明确记载刘勰的生卒年,现在的各种说法,都是学人根据自己的研究推测出来的。

(1)生年研究。关于刘勰生年的研究,历史上有生于公元464、465、466、467、469、470年诸说,范文澜先生在《文心雕龙注》中提出,刘勰宋"泰始初生"。宋泰始(465—471)年号共享了七年,其实际是六年,改元时已经是12月份。牟世金先生当时在诸家意见中选定了杨明照的"刘勰生于泰始二、三年为是"。在《刘勰年谱汇考》的宋泰始三年(467)下说:"刘勰生于本年。"这个确定也是根据刘勰"七龄梦彩云"、早孤、献书、起家奉朝请等一系列事件推出来的,尤其是根据刘勰的父亲刘尚可能战死于元徽元年(473)的推测上。我认为这个推测是有道理的,所以我在权衡诸家意见的时候,同意了牟世金先生的这个意见,在拙著《刘勰传》《刘勰志》中就采用了。

对刘勰父亲刘尚的研究,学术界大都认为不可考,而牟世金下了大工夫,认为这关乎到刘勰生年的问题。牟世金先生首先从刘勰"七龄梦彩云""早孤"中考证,特别是"余生七龄乃梦彩云若锦,则攀而采之",说明刘勰八岁前的生活是处在无忧无虑的处境中,且对于自己的未来充满了无限的憧憬。牟先生就在"勰早孤,笃志好学"上下功夫,从《孟子·梁惠王下》:"幼而无父曰孤",又找到郑玄注《周礼·秋官》"幼弱":"年未满八岁。"又从《礼记·曲礼上》找到"人生十年曰幼,学"。这就可以判定"刘勰之早孤好学,义近《曲礼》,是其父殁,当在八至十岁之间"。刘勰父亲去世,作为越骑校尉的军人,无非是病故或者战死两种情况,如果病死应该记上一笔,而战死有功也应该记上一笔,然而皆不见记录。如果是战死,又是死于何时呢?牟先生认为,假定刘勰生于宋泰始三年是正确的,刘勰八至十岁之前是宋元徽二年至四年,那么这期间有哪些战争呢?牟先生查到了宋元徽二年"五月范阳王刘休范举兵反于寻阳,直入建康朱雀门。右将军王道隆、领军将军刘勔等战死,越骑校尉张敬儿诈降,杀刘休范。……建康皇室兵力全部投入了激战,若非越骑校尉张敬儿伪降,建康危矣。刘尚必战死其中,以无功而殁,史不书也。刘勰七龄梦彩云,自不能在本年之后;若提前一二年,则又与'早孤'不符。"[①]牟先生的这个研究,无疑是一个创建和发明,非常有价值,这使得刘勰生于宋泰始三年的认定

① 牟世金:《刘勰年谱汇考》,成都:巴蜀书社,1988年,第12—14页。

很扎实。

(2) 卒年研究。对于刘勰卒年的研究,牟先生采用了刘勰卒于梁普通二年(521)的说法。牟先生在《刘勰年谱汇考》的“梁普通二年”下说:“考刘勰与慧震之撰经,虽不足二年可毕,然刘勰启求出家既是其一生之大事,谅非仓促间所定;又由燔发自誓、启求、敕许到变服,须有时日,当非上年内所能完成。故其出家之事虽紧承撰经功毕之后,亦必在普通二年之初,刘勰自天监十八年受敕重返定林寺之后,虽已解步兵校尉之任,犹兼东宫通事舍人之职,盖以此官既非一人(定员二人),又多以他管兼领,本不必入直东宫,故可保留。刘勰出家,实弃官为僧,尚待乞求敕许,盖以此也。”[①]牟先生这个判断是建立在僧祐去世的第二年即天监十八年(519)刘勰奉敕入定林寺撰经的,而且是遵照了范文澜先生撰经“大抵一二年即毕功,因启求出家,未期而卒,事当在武帝普通元二年间”[②]。牟先生断定刘勰奉敕入定林寺与慧震一起撰经的时间在天监十八年是颇有道理的,但是范文澜断定这次撰经“大抵一二年即毕功”则根据不足,因而牟先生断定刘勰卒于梁普通二年的说法也欠妥。因为有两条数据应该注意。

第一条,僧祐《出三藏记集》卷七《道行经后记》第二记曰:“光和二年十月八日,河南洛阳孟元士,口授天竺菩萨竺朔佛。时传言译者月支菩萨支谶,时侍者南阳张少安、南海子碧,劝助者孙和、周提立。正光二年九月十五日,洛阳城西菩萨寺中沙门佛大写之。”

僧祐卒于天监十七年。这里的“光和”为汉灵帝年号。“正光”为北魏孝明帝年号。“正光二年”为公元521年,即梁普通二年。道安撰《道行经序》时尚缺译者姓名和译出年代,当是刘勰见到后来的《后记》新补入之。“此《后记》由北魏传至梁王朝,根据当时传媒速度,在敌对的两国,正常情况至少也需数年的时间。这说明梁普通四五年间刘勰仍健在。因此,周绍恒先生的刘勰卒于普通四五年间说是难以成立的。”[③]以上的几句话是我在辩驳周绍恒先生主张“刘勰卒于普通四五年间说”不能成立时用的资料,在这里更能适用。因为现存的僧祐《出三藏记集》除了刘勰和慧震最后编定外,别无有人增删过。2005年我在贵阳师大会议期间曾当面告诉周绍恒先生说:“这条资料越不过去,其他推测都显得没有力量。”

既然范文澜认为这次奉敕校经“大抵一二年即毕功”的根据不足,那么根据什么就有可信度呢?笔者在《刘勰年谱考论》中,认为贾树新先生在《文心雕龙研究》第一辑发表的《〈文心雕龙〉历史疑案新考》认为根据“受敕撰经的撰经量约为七千五百卷。以依据时撰经的量数与年数比例为据,则受敕撰经需时约十五年,才能证功毕”。我们根据《出三藏记集》的具体情况,“贾树新先生的推算是颇有道理的,因为僧祐是梁武帝时期的经律权威,其卒后,定林寺经藏作为一向重佛的梁武帝来说,一定相当重视,所以亲自安排‘长于佛理’的刘勰等整理,用时十几年是可以信得过的。故此时及其后的相当长

① 牟世金:《刘勰年谱汇考》,成都:巴蜀书社,1988年,第105—106页。
② 范文澜:《文心雕龙注》,北京:人民文学出版社,1998年,第731页。
③ 朱文民:《刘勰志》,济南:山东人民出版社,2010年,第114页。

一个时期刘勰一直在定林寺撰经”[①]。因而由天监十八年(519)奉敕入定林寺与慧震一起撰经,历时十五六年的时间,已经到534—535年,再加上启求出家、到敕许、变服,已经是537年或者是538年左右了。总之,认为刘勰卒于梁普通间的推算无论如何也是难以成立的。

2.《文心雕龙》成书时间及刘勰“负书干约”和任奉朝请时间之研究

对于《文心雕龙》成书时间的研究,牟先生认为《文心雕龙》成书于中兴二年(502)三月前,颇有道理。因为《梁书》本传记载:“撰《文心雕龙》既成,未为时流所称。”说明书成以后,已有一段时间了,还不被学界认可,然而,“勰自重其书,欲取定于沈约”。牟先生认为,刘勰求见沈约之时,沈约“贵盛”,“皆不在东昏之时,而在和帝之时明矣”。但是牟先生又认为,萧衍登上帝位之时,沈约照样“贵盛”。“刘勰之负书干约必在天监二年沈约丁母忧之前,以刘勰以天监三年初为临川王萧宏记室推之,其奉朝请必在天监二年,故负书干约,当在本年(天监元年)萧梁王朝就绪后之下半年内。”[②]此推断大致不差。

3. 刘勰的几个任职时间问题

(1) 任中军记室、车骑仓曹参军时间问题。出任中军临川王记室时间在梁天监三年,学界没有大的分歧。而在中军临川王府任记室一共有几年时间,学界颇有分歧。牟先生认为“记室定员一人”。天监四年十月,临川王北伐,记室已经是丘迟,而刘勰必是出任夏侯详车骑仓曹参军。对此笔者有不同意见。我在《刘勰年谱考略》中说:

“唐道宣《续高僧传·僧旻传》:‘……仍选才学道俗释僧智、僧旻、临川王记室东莞刘勰等三十人,同集上定林寺,抄一切经论,以类相从,凡八十(八)卷,皆令取衷于旻。’隋代的费长房《历代三宝记》也记有此事:‘《众经要抄》一部并目录,八十八卷。……天监七年十一月,帝以法海浩博,浅识窥寻,卒难该究。因敕庄严寺沙门释僧旻等于定林上寺,辑撰此部,到八年四月方了。’杨明照说:‘在天监七年十一月之前,舍人仍任职于萧宏府中,故道宣称其衔也。’(杨明照:《〈梁书·刘勰传〉笺注》)牟世金先生在《刘勰年谱汇考》中认为天监四年(公元505年)十月中军临川王萧宏率军北伐,记室已换成丘迟,因《梁书·丘迟传》中说:‘四年,中军临川王宏北伐,迟为咨议参军,领记室。’因此认为天监七年刘勰已迁车骑仓曹参军;而天监六年至天监八年间的车骑将军唯有夏侯详和王茂二人,并且认为刘勰是任夏侯详的仓曹参军。朱文民认为道宣在《僧旻传》中记‘临川王记室东莞刘勰’一定是有根据的,即使中军记室定制设一人,而天监四年萧宏率军北伐,因为非常时期,工作一定相当繁忙,或许刘勰留府中,丘迟在前线,丘迟只是前线上的记室。”[③]这一点《丘迟传》说的很明白:“四年,中军临川王宏北伐,迟为咨议参军,领记室。……还拜中书郎。”一个“还”字,说明是从前线“还”就“拜中书郎”,刘勰继续他在中军府的记室一职,直至天监六年四月,萧宏改任骠骑将军止。

---

① 朱文民:《刘勰志》,济南:山东人民出版社,2010年,第109页。
② 牟世金:《刘勰年谱汇考》,成都:巴蜀书社,1988年,第62页。
③ 朱文民:《刘勰志》,第98页。

刘勰奉敕入定林寺与僧旻一起撰经的时间，史料记载有差，《续高僧传·僧旻传》说事在天监六年(507)，费长房《历代三宝记》说事在天监七年十一月，天监八年四月事毕。牟先生同意后者。但是，牟先生不同意此时刘勰为临川王记室，而认为此时为太末县令任上，此说似乎不大可能，因地方长官一把手，不可擅离职守去专心抄经，有待商榷。

关于出任车骑将军仓曹参军的时间问题，牟先生认为是出任夏侯详的仓曹参军，时在天监六年。此说学界也有不同意见。笔者认为：天监八年四月，刘勰在定林寺与僧旻等人完成《众经要抄》以后，遂调入车骑将军府任仓曹参军。此时任车骑将军的是王茂。天监六年十二月车骑将军夏侯详逝去之后，王茂是在七年正月进号车骑将军的，但未即本号。至天监八年四月才得以即本号，开府仪同三司。时刘勰正好在上定林寺完成《众经要抄》，此时的临川王已改任骠骑将军。

(2) 出任太末县令时间及除仁威将军南康王萧绩之记室问题。牟先生认为：“刘勰于天监六年下半年出太末令，到天监九年下半年适为‘小满’……刘勰太末令任满之后，‘除仁威南康王记室，兼东宫通事舍人’……刘勰除仁威将军南康王萧绩之记室，即在天监十年正月，本年刘勰四十五岁。其兼东宫通事舍人，亦在此时。”[①]刘勰出任仁威南康王记室兼东宫通事舍人，“兼领之初，并未‘入直阁内’，而以记室之任为主。大约直到天监十六年，征萧绩为宣毅将军、领石头戍军事，或十七年二月出为南兖州刺史时，刘勰才离仁威记室之职而入直东宫，继续任通事舍人”[②]。

(3) 出任步兵校尉的时间问题。出任步兵校尉时间，牟先生定在天监十七年。刘勰上表农社与七庙同改之后，遂迁步兵校尉，兼舍人如故。时年刘勰五十二岁[③]。此说学界分歧不大。

对刘勰家世的研究，牟先生没有专文，但是在《刘勰年谱汇考》及《刘勰评传》中有涉猎。牟先生自己下功夫不多，主要是受王元化和程天祜的观点的影响，怀疑刘勰为齐悼惠王刘肥后裔之说，因而主张刘勰出身于庶族家庭，而非士族家世。

(二) 对《文心雕龙》研究史的研究

牟先生对《文心雕龙》研究史的研究文章开始发表于二十世纪八十年代，稍微晚于台湾的王更生和日本的户田浩晓、釜谷武志，但是在中国大陆地区却是第一人。这表现在 1984 年发表在《文心雕龙学刊》上的《〈文心雕龙〉研究的回顾与展望》，这篇文章的跨越时间是从新中国的五十年代至八十年代，大约三十年的时段。1985 年在《语文导报》发表的《近三十年来的〈文心雕龙〉研究》其跨越时段与前文相同。最全面的一篇《文心雕龙》研究史是 1987 年在《社会科学战线》发表的《“龙学”七十年概观》，跨越时间七十年。是指从黄侃 1914 至 1919 年在北大开设《文心雕龙》专题课和《文心雕龙札记》问世开始，至二十世纪八十年代(即 1987 年文章发表止)，牟先生把这一段时间分为“文心雕龙学”诞生期(1914—1949 年)、发展期(1950—1964)、兴盛期(1977—1986)。

---

① 牟世金：《刘勰生平新考》，见《雕龙后集》，济南：山东大学出版社，1993 年，第 68—69 页。

② 同上，第 69 页。

③ 同上，第 74 页。

1. 在诞生期(1914—1949),牟先生列举了黄侃《文心雕龙札记》、李详《文心雕龙补注》、范文澜《文心雕龙讲疏》《文心雕龙注》、叶长青《文心雕龙杂记》、朱恕之《文心雕龙研究》、刘永济《文心雕龙校释》等著作。这些著作,以黄侃的《文心雕龙札记》为理论研究的开端,以范文澜的《文心雕龙注》为“在《文心雕龙》的注释方面开一新纪元”,“迄今仍是一部迥拔诸家、类超群注的巨制……在龙学诞生的三十多年中,发表研究《文心雕龙》的文章近百篇”。[①]牟先生指出:在“龙学诞生期”出现了第一个刘勰年谱和刘勰家族世系表;这期间,不仅讨论了刘勰的思想,也讨论了《文心雕龙》的性质;对于《文心雕龙》的具体内容如“原道”论、“风骨”论、“批评”论等均有文章涉猎。“虽然这些研究大都具有一种学科初期的特征,却不仅具有承前启后的重要作用,在一千四百年来的《文心雕龙》研究史上,开始进入一个新的里程,成为一门新的学科,其意义是巨大的。”

2. 在“龙学”的发展期(1950—1964),出版的重要著作是以王利器《文心雕龙新书》、杨明照《文心雕龙注》、刘永济《文心雕龙校释》为代表作,进入发展期之后,研究者和读者的面日益扩大,从二十世纪六十年代开始,从张光年“语体翻译”开始,继之者有陆侃如、牟世金、郭晋稀、周振甫、赵仲邑等语体翻译的著作相继面世。这一时期发表的“二百多篇论文涉及的内容很广泛,研究最多的是‘风骨论’‘神思论’,其次是风格论、创作论和创作方法、刘勰的世界观和《文心雕龙》的哲学思想;……特别是刘绶松的《文心雕龙初探》,可说是龙学由诞生时期转入发展时期的一个里程碑。”在牟先生看来,刘绶松的这篇文章,之所以成为诞生时期转入发展时期的里程碑,就在于刘绶松“初步运用了马克思主义的观点和方法,站在现代文艺理论的高度,开始对《文心雕龙》的理论价值进行深入研究,第一次向读者揭示了《文心雕龙》的主要成就”[②]。“在龙学的发展时期,无论是专著和论文,数量和质量,以及研究的深度和广度,无不有了巨大的发展。”[③]

3. 在兴盛时期(1977—1986),出版专著三十一种,发表论文八百余篇。牟先生认为,这一时期在理论研究方面开始进入大丰收季节,其标志性的专著有王元化的《文心雕龙创作论》、詹锳的《文心雕龙的风格学》、张文勋的《刘勰的文学史论》、牟世金的《雕龙集》等。本时期的论文,在刘勰生平家世方面,著名的有杨明照《刘勰卒年初探》《梁书·刘勰传笺注》、李庆甲《刘勰卒年考》、王元化《刘勰身世与士庶区别问题》;在思想研究方面,“比之前期,从哲学角度的论述相对减少了,儒佛思想之争却较为激烈”。在“原道”方面争论更大,有“佛道”说、“儒道”说、“佛儒融合”说、“儒、道并用,老易相渗”说等等。这一时期最耀眼的是“文心雕龙理论体系”的研究。最早提出这一课题的是1964年牟世金先生在《近年来文心雕龙研究中存在的几个问题》,进入兴盛期之后,张文勋、贾树新等人也都提出并论述过,但是真正作出系统阐述的却是牟世金先生。

4. 海外研究史。牟先生对台湾地区《文心雕龙》研究状况的推介,主要表现在《台湾文心雕龙研究鸟瞰》一书中,该书出版于1985年。该书内容分为七部分,外加两个附录。一、显学;二、校勘;三、注释;四、理论研究;五、主要著作(介绍);六、发展民族文

① 牟世金:《龙学七十年概观》,见《雕龙后集》,济南:山东大学出版社,1993年,第4—5页。

② 同上,第12页。

③ 同上,第24页。

学；七、赘语；附录：台湾省《文心雕龙》研究专书目录；台湾省《文心雕龙》研究论文目录。

对于日本《文心雕龙》研究史的推介，主要表现在1984年发表的《日本〈文心雕龙〉研究一瞥》一文中，并附有《日本〈文心雕龙〉论著目录》。

另外，牟先生还在1984年发表了《〈文心雕龙〉在国外》一文。该文除了总结介绍日本研究的大概状况之外，还介绍了美国、苏联、匈牙利、韩国、新加坡等国家学者的研究和成果及出版情况。

（三）对《文心雕龙》研究文献的搜集和编纂

在中国大陆地区，对《文心雕龙》研究论文做索引的，“文革”前后，大都夹杂在中国文学研究或者文论研究论文索引之中。就笔者所见，单独的索引，从发表的先后来看，最早是王耕1983年发表在《文学研究动态》第三期的《〈文心雕龙〉研究论文篇目索引》，该索引分为：一、1907—1949；二、1962—1978（港台地区）；三、外国部分（日本、朝鲜、新加坡）。其后是汤炳能发表在《文心雕龙学刊》第三期的《〈文心雕龙〉研究论文索引（1907—1983）》，以及未见他发表在何处的《刘勰和〈文心雕龙〉研究论文索引（续一，1983年至1986年1月）》（打印稿）。再就是牟世金先生和曾晓明发表在《文心雕龙研究论文集》的《文心雕龙研究论著索引（1907—1985）》一文。该“索引收录了近八十年来《文心雕龙》的论文、注释、序跋、通讯和专著一千三百条，加附录台湾、香港和日本的有关论著共一千六百多条。除各种报纸杂志外，各论文集或专著中的有关论文也一并收入”。这是一个分类编辑的资料，共分为九类，外加两个附录。“每类按发表先后编次；专著不分类，以出版先后为序。有的论文涉及多篇内容，除其论旨为‘总论’和各类‘概论’者外，基本上按照原书（当指《文心雕龙》）篇目排列；如构思者编入《神思》篇、论风格者编入《体性》篇。”[①]牟先生这个资料，虽然发表时间略晚于前面提到的王耕、汤炳能，估计开始的时间不会晚于以上两人，因为这是每一位有志于“龙学”的学人必须做的一项工作，且相当艰苦。特别是在计算机不普及的时代，完全从全国已经出版的杂志上手工抄录。笔者当年撰写《刘勰志》也做过这项工作，亲自到北京大学、南京大学、山东大学和人民大学去搜集，直到发现《文心雕龙学综览》上收录了牟世金、曾晓明、戚良德先生的《文心雕龙研究论著索引》，才与之相较补充到近四千条，可惜出版时被山东省史志办的编辑给删去了。这是一项非常有意义的研究。幸好戚良德教授后来再次费心搜集补充到2005年5月时已经达到六千五百多条，重新分类编辑，于2005年12月出版发行，成为一部集大成者，惠及学林。

（四）对经学和玄学的研究

1. 对经学的研究，主要体现在对《文心雕龙》文本的注释中和1985年在《青海社会科学》第一期发表的《六朝经学的中衰与发展》一文，还表现在作者的集大成之作《文心

① 中国《文心雕龙》学会编：《文心雕龙研究论文集》，北京：人民文学出版社，1990年，第756页。

雕龙研究》的“产生《文心雕龙》的时代思潮”一节中①。这里主要谈一下牟先生对于经学史的研究。在经学史方面,清代的经学家皮锡瑞认为:“经学盛于汉,汉亡而经学衰。”②直到现在,皮锡瑞的观点也还是主流意见。但是牟先生并没有人云亦云,而是根据自己的研究,利用目录学和文献学,从实际发出自己与皮锡瑞完全相反的声音。牟先生说:“称儒学为‘经’,《庄子·天运》中就有了:‘丘治《诗》《书》《礼》《乐》《易》《春秋》六经,自以为久矣。’这时的‘六经’不过是六种典籍。……到了汉代,才赋以‘常’的意思。进而把五经视为‘五常之道。’”③“汉代的经学之所以大盛,是和定于一尊而大开利禄之路分不开的,这就决定了它愈盛就愈临近衰败。……汉代‘儒术’实际上是一种统治术。这种性质决定了汉代儒学兴盛的过程,也正是一个自杀的过程。”④牟先生看到了汉末儒学走向衰微的要害,但是他又精明地看到衰微的是什么。他说:从现象看,“儒教确是中衰了。但首先应该看到的是,魏晋以后经学之‘衰’,是‘衰’掉了汉代师弟之众、章句之烦和谶纬神学;其次是应区别儒道、儒教和经学、儒学,不能混为一谈。历来讲六朝儒学之衰者,往往忽略了儒学和儒道的区别。六朝人蔑视礼法,纲纪不振,虽和儒学有关,但一是伦理道德,一是学术研究;伦理道德之衰,并不等同于学术研究之衰,这和反对孔教、礼法并不等于反对经学、儒学是一样的。……所以,具体考察所谓‘盛衰’的内容,分清‘盛’的是什么,‘衰’的是什么,不难发现历史上常说的六朝经学之衰是不很确切的”⑤。六朝经学“衰”掉了什么,前面牟先生已经交代,而真正的经学不但没有衰败,而且还有大发展。牟先生从目录学和文献学给予了证明。两汉四百二十六年的时间,有关五经和《论语》的成果是六十种,魏晋南北朝共计三百六十年时间,从《隋志》看是“多达二百五十三种,在汉代四倍以上”。此可以证明“经学在魏晋以后确有不小的发展”。⑥ 牟先生说:“梁人皇侃有《论语义疏》。此书亡于南宋,可能在编纂《十三经注疏》之先;……为经学作义疏,是经学的一大发展,而今存《十三经注疏》,全出唐宋人之手,则皇侃此疏,就未可轻视了。查《隋书·经籍志》所录各种义疏、讲疏近五十种,凡标注作者姓名的,全是南北朝时期之作。仅就这一点来说,此期经学仍是大为可观而有新发展的。”⑦更令人佩服的是牟先生没有随大流把郑玄看成是迂腐的纯汉儒,而是一个“网罗众家的”从汉儒到魏晋玄学的过渡人物。牟先生引范文澜的话说:“东汉古文经学以训诂章句纠正西汉今文经学的穿凿附会,是一个进步,魏晋经学以探求义理纠正东汉古文经学的琐碎寡要,又是一个进步。南朝开始有讲疏义疏,是魏晋经学的继续发展。”⑧我们可以从牟先生的文章中,看到牟先生有一种反潮流的精神和勇气,这种勇气源于他对经学及经学史的掌握和研究水平作为底气。

---

① 牟世金:《文心雕龙研究·产生〈文心雕龙〉的时代思潮》是吸收了《六朝经学的中衰与发展》一文而作的。

② 皮锡瑞:《经学史·经学中衰时代》,北京:中华书局,1981年。

③ 牟世金:《六朝经学的中衰与发展》,见《雕龙后集》,济南:山东大学出版社,1993年,第319页。

④ 同上,第320—321页。

⑤ 同上,第322—323页。

⑥ 同上,第328页。

⑦ 同上,第330页。

⑧ 同上,第330—331页。

2. 对魏晋玄学的研究，主要表现在他《论六朝时期儒道玄佛的斗争与融汇》《玄学与文学》中。牟先生说：“汤用彤论魏晋玄学，屡称‘新学’。”牟先生认为，这种“新”，表现在和汉代的独尊儒术及其章句之学相较，其学术思想和方法，都大异于汉代，但是却源于汉代。这一时期的儒道玄佛思想之间既斗争又融合，推动了六朝学术思想的发展。所谓玄学，实际上是道学发展到魏晋时期的新名称，这种新名称的内容是《老》《庄》《易》，这种新道家的内容较之汉代，增加了《周易》。汉代独尊儒术，儒家把《周易》看成是自己的主要文献，所以汉代的道家就把《周易》排除在外了，实际上，《周易》主要是讲阴阳的，是儒道两家的共祖。所以魏晋玄学把《老》《庄》《易》谓之“三玄”。牟先生说：“老庄思想通过对《周易》《论语》的注解而得以发展成‘蔚为大国’的玄学；没有《周易》，盛极一时的玄学是很难形成的。名教与自然的同异离合，实际上就是研究儒家思想和老庄思想的种种关系。佛教是一种外来的宗教，其教旨不见于儒家经传，不依附于华夏固有的思想言论，是难以立足和广布的。所以，其传入之初，不能不依附于东汉的道教。魏晋以来，不仅依附于当时盛行的玄学，且西来的高僧多精研儒学。……魏晋佛学凭借玄学而得以发展……而玄学本身又凭借儒学发展起来，经过魏晋时期名教与自然同异离合的大辩论，名教与自然合一派逐渐取得优势，也就是儒教和老庄思想在一定意义上被当时的思想家们统一起来了。”牟先生引任继愈的话说：“南朝佛教最初以玄学的附庸资格出现，而玄学本身就是儒家的封建伦理思想的另一种表现形式。也可以说玄学是以老庄思想为外衣而骨子里是儒家封建伦理道德的积极支持者。”[①]牟先生说：“六朝思想的大势是：魏晋以玄盛，东晋至南北朝以佛盛。其具体情况是相当复杂的。”[②]“在六朝的思想家们的手下，终于在一定程度上把这一切统一起来了，都成了封建帝王赏识和重用的统治术。”[③]牟先生不仅清楚各种思想发展的脉络，而且对他们之间既斗争又融合的各个层面也看得清楚，更高明处，在于认为各个时期无论是哪一种思想占优势，都是统治阶级的一种统治术，这一点梁武帝是一个典型的例子。

五、余论

牟世金先生对“文心雕龙学”的研究，其成果主要显示在《刘勰年谱汇考》《文心雕龙译注》和《文心雕龙研究》三书中，其他包括两部论文集的主要观点也都体现在前三书中，前面已经大致涉及了。

牟先生的成果也并不是没有商榷空间，有的甚至还有很大的空间，但是这不影响牟先生在学术界尤其是他为“文心雕龙学”所建立的丰功伟绩。

我们从牟先生的著作和行事中，可以看到牟先生的学风非常端正、民主，对于一些有争议的问题非常慎重，一直遵循着学术常规，从不以己律人，给别人以武断之感，即使

① 牟世金：《试论六朝时期儒道玄佛的斗争与融汇》，见《雕龙后集》，济南：山东大学出版社，1993 年，第 340—341 页。

② 同上，第 336 页。

③ 同上，第 3456 页。

自己有把握的问题，也不把话说得很满，总是以商量的口气，给别人留出说话的余地，这不仅表现在他的著作中，也表现在与其他普通学者的通信中，还表现在他与《文心雕龙》学会的其他领导人的通信中。我们从已经出版的王元化《清园书简》中都可以体会到，这种学风实在需要发扬。即使在不得已回复马宏山的论文《实事求是地研究〈文心雕龙〉——答马宏山同志》一文，也用一个“实事求是地研究”说明面对有人违背学术伦理、失去学术规范的争鸣，也总是平和地提出自己的见解，而不给对方以伤害感。在他实际为主编的《文心雕龙学刊》的第五辑还刊登了几篇有关《刘子》的论文，这在牟世金先生去世之后，相当长的时间内，我们学会的会刊没有刊登过涉及《刘子》的文章。《刘子》问题，在学会第一代领导层中虽然也有分歧，但是会长张光年是肯定《刘子》为刘勰著，副会长王元化是倾向于刘勰，但是尚有两点疑问：第一点是刘勰在思想上不及《刘子》那样相容并蓄，第二点是《刘子》在改革问题上儒不如法，刘勰似乎没有如此豁达，因为“他是谨守反法尊儒立场的”。[①]王元化的观点我曾进行过辩驳，认为问题出在王元化没有搞清楚道家和法家的关系[②]。这不影响作为学会领导对《刘子》研究的支持，这表现在王元化与会长张光年的通信中。王先生说：“屯溪会议上你谈《刘子集校》的讲稿，发出来很好，你的讲话是经过反复推敲的，细心定稿的……其中可能引起争议的问题，仅在刘子是否为刘勰。这一点目前尚未定谳。目前赞成此说的有顾廷龙及日本学者户田浩晓诸人，反对者则为杨明照。我原来的意思建议你再撰一文，将杨的反驳考虑在内，并予以辨明。……你的文章照目前样子发出我也赞成，这对推进问题的研究是有裨益的。在龙学界互相辩驳不会发生副作用的。这点请你放心。”[③]王元化在1988年12月21日给张光年的信中又说：“我赞成你主张将‘龙学’改称‘文心学’的意见。此次会议×老的表现令人诧异，他的学生……一上来就锋芒毕露地乱说一气。这都是由于胸襟狭小，不能容人容物所引起。自林文发表后，此老一直耿耿于怀，此次看到对林表示支持，有些耐不住了。我万没料到，他是如此量小。我常说文心学会学风一直很好，今后恐怕难以预料了。世金也十分含蓄地略有吐露。这学会是他创办，我参加的。如今他身患重病，一旦有问题，恐怕学会也会出事。”[④]后来的发展，被王元化一语言中了。牟先生对×老学风的不满，“也十分含蓄地略有吐露”与前面我提到他的学风是一致的。我曾想，我们学会第一代领导人的结合，是珠联璧合，他们各司其职互不争功，在成绩面前互相礼让，王元化一句“这学会是他创办，我参加的”，说的多么准确到位，也体现了王元化的高风亮节。事实上，牟世金先生在世的时候，特别是二十世纪八九十年代，不仅是文心学界在学术上的领军人物，也是学会中众望所归的领导核心。

牟先生对于“文心雕龙学”的贡献除了他全面研究、雕刻“全龙”之外，还在于他把分散的研究者组织起来，成立学会，把分散的力量拧成一股绳，加大和推进了“文心雕龙学”的研究、宣传力度。在学会成立之前，牟先生就出版了《文心雕龙学刊》第一辑，我上

① 王元化：《清园书简》，武汉：湖北教育出版社，2003年，第451页。

② 详见朱文民：《再论刘子的著作者为刘勰》，《鲁东大学学报》2009年第1期。

③ 王元化：《清园书简》，第431页。

④ 同上，第456—457页。

个世纪八十年代在济南买到第一辑和第二辑的时候，非常喜欢，感到这个刊物大气，有宣传、鼓动性，把《文心雕龙》研究作为一种“学”，用作刊物名称，真是一种创见。“文心雕龙学”这门学科，我就是从这个刊物上明确下来的。不知道后来我们学会何以改为了《文心雕龙研究》，也不见改名的说明和理由，除了显得“文心雕龙学”刊物的容纳面更窄了之外，其改名的意义又表现在哪里？

牟世金先生对于“文心雕龙学”的研究、推动、宣传，学界多有介绍，现在学术界把牟世金先生作为“文心雕龙学”的标志性人物，反映了学术界对牟先生研究成果的认可和表彰。他的《文心雕龙译注》是一部雅俗共赏的畅销书，正是畅销，也多次被盗版。他的《文心雕龙研究》一书，在中国大陆上，给人以弥纶群言、师心独见之感，虽然在个别问题上，现在已经有人超越了他的认识，但就整体性、全面性、系统性、前卫性而言，至今无人超越；他的《刘勰年谱汇考》，被学界誉为集大成之作。他的这三部专著，在“文心雕龙学”的每一个领域都是一座里程碑，可谓刘勰之第一功臣。面对这样一位文心学界的巨擘，可惜他的“粉丝”和弟子们或许受牟先生学风之影响，从不把话说满之缘故，在大师和泰斗满天飞的今天，一直没有人称牟世金为“文心雕龙学”研究的泰斗或者大师。

（作者单位：莒县刘勰《文心雕龙》研究所）

精雕“全龙”，泽被后学

——浅谈牟世金先生的“龙学”贡献

万　奇

说起二十世纪“龙学”，牟世金先生是绕不开的。牟世金先生是《文心雕龙》研究的集大成者。他在刘勰生平考证、文本注译、理论阐释、传播普及、“龙学”史研究等诸多方面均有创获。王元化称他为“《文心雕龙》的功臣”，季羡林等先生认为，“回首百年《文心雕龙》研究……前五十年的代表人物是黄侃、范文澜、刘永济，后五十年的代表人物是詹锳、牟世金”。这些评价，肯定了牟世金先生的“龙学”贡献及其不可替代的地位。戚良德、陶礼天、李平、范伟军等学者曾撰专文全面评析牟世金先生的“龙学”成就。笔者所学不深，只能谈一谈粗浅的心得，或许见笑于大方之家。然文陋心诚，以此纪念牟世金先生诞辰九十周年。

从文本译注到综合研究

经典译注是重要的基础性工作。译注的好坏将直接关系到经典的解读质量与传播效果。《文心雕龙》诞生于齐末，用骈文写成，译注难度之大，可想而知。牟世金先生与陆侃如先生合作，于上个世纪六十年代初推出了大陆的第一个译注本《文心雕龙选译》（以下简称《选译》本）。全书分上、下两册。上册由“引言”和“卷上”组成。引言由“作者的生平和思想”“文体论”“文学与现实的关系”“内容与形式的关系”“创作论”“有关现实主义的一些观点”“有关浪漫主义的一些观点”“批评论”“作家论”和“《文心雕龙》的成就和现实意义”等十个专题组成；卷上选译《序志》《原道》《征圣》《宗经》《辨骚》《明诗》《乐府》《诠赋》《谐隐》《诸子》十篇。下册（卷下）选译《神思》《体性》《风骨》《通变》《定势》《情采》《镕裁》《比兴》《夸饰》《附会》《总术》《时序》《物色》《知音》《程器》十五篇。以现在的眼光来看，《选译》本的某些提法有当时的时代烙印，译注或有可商榷之处，但《文心雕龙》的重要篇目基本上都选了，其开创之功是不可磨灭的。到了八十年代初，牟世金先生以《选译》本为基础，补齐余下的二十五篇，修订部分译注，在齐鲁书社出版了《文心雕龙译注》（以下简称《译注》本）。这是大陆第一个全注全译本。全书由“引论”和“译注”组成。引论由“产生《文心雕龙》的历史条件”“刘勰的生平和思想”“《文心雕龙》的总论及其理论体系”“论文叙笔——对前人创作经验的总结”“创作论”“批评论”等六个专题组成，较之《选译》的“引言”，删掉有时代痕迹的部分，并对保留的部分予以重新组合、改写，体现了牟世金先生认识的转变和深化。“译注”由题解、原文、译文、注释四部分组成。题解简明，译文流畅，注释详尽。《译注》本堪称兼具学术性与普及性的优秀读本。正因为如此，《译注》本分别于 1995 年、2009 年、2014 年三次再版，并被有关专家列为“案头书”。①

牟世金先生指出，校注译释“并不是研究《文心雕龙》的目的，它只是理论研究的基础。要使《文心雕龙》发挥作用于今日，只能是其理论中的民族精华”。② 为了全面研究《文心雕龙》的理论，吸取可用于今日之精华，他做了长期的准备：除译注《文心雕龙》外，梳理“龙学”历史，汇考刘勰年谱，考察日本“龙学”现状，评介港台“龙学”成果……正是有了这样厚实的研究积累，他在 1988 年抱病完成了《文心雕龙研究》（以下简称《研究》）的撰写③，全书约四十二万字，后为人民文学出版社列入“中国古典文学丛书”，于 1995 年印行。《研究》是牟世金先生的标志性成果。全书由八章组成：第一章“绪论”，阐明《文心雕龙》的性质，回顾、展望《文心雕龙》研究，考察《文心雕龙》产生的时代思潮；第二章“刘勰”，考证刘勰的家世、生平，分析刘勰的思想；第三章“《文心雕龙》的理论体系”，辨析《文心雕龙》的篇次，视《原道》《征圣》《宗经》为《文心雕龙》的总论，指出《辨骚》篇的归属和双重性质，概括《文心雕龙》的理论体系为“以儒家思想为主导，以‘衔华佩实’为轴心，以论述物与情、情与言、言与物三种关系为纲领，把五十篇结成一个有机的整体”；第四章“文之枢纽”，分别阐述“原道”论的实质和意义、“征圣”“宗经”思想、《正纬》和《辨骚》的枢纽意义；第五章“论文叙笔”，阐明对文体论的认识以及文体论与创作论的关系，分论楚辞、诗、赋、民间文学；第六章“创作论”，阐说创作论的体系，重点研讨艺术构思、风格、风骨、通变、情采等问题；第七章“批评论”，评建安文学，谈批评和鉴赏，论作者的才能和品德；第八章“几个专题研究”，即“刘勰对古代现实主义理论的贡献”“从《文心雕龙》看古代文论的民族特色”“从‘范注补正’看《文心雕龙》注释问题”以及“台湾《文心雕龙》研究鸟瞰”。牟世金先生以圆照的慧眼，雕画“全龙”。其中对《文心雕龙》篇次、理论体系、创作论之物、情、辞三者的关系等问题的认识，均有独到之见，给人以启发。当然，任何学者的观点都要受到他所处时代的局限。如：牟世金意识到《文心雕龙》与现代文学理论的不同，但囿于当时的主流观点，仍视《文心雕龙》为“中国古代的文学概论”。这未免令人有些遗憾。平心而论，《文心雕龙》笼罩群言，体大而虑周，绝不是“文学概论”所能范围的，故台湾学者王更生说它是“文评中的子书，子书中的文评”。然瑕不掩瑜，《研究》不仅是牟世金先生的晚年力作，也是二十世纪“龙学”综合研究的代表作。

---

① 据笔者所见，香港黄维梁教授论文所引《文心雕龙》文句及译文，大多采自陆侃如、牟世金《文心雕龙译注》。

② 牟世金：《台湾文心雕龙研究鸟瞰》，济南：山东大学出版社，1985 年，第 8—9 页。

③ 《研究》的最后一章是戚良德教授受牟世金先生之托，按照牟先生拟定的章节目录，根据牟先生已发表的有关论著整理而成。见戚良德《〈文心雕龙〉的功臣——牟世金先生与“龙学”》之“注①”，《〈文心雕龙〉与当代文艺学》，北京：中央编译出版社，2012 年，第 198 页。

第一次评述台湾“龙学”

从1949年至1987年，海峡两岸处于对峙与隔绝时期。那时要了解台湾的《文心雕龙》研究情况，殊为不易。牟世金先生自1979年起，开始关注台湾“龙学”。他克服种种困难，通过国内借阅、国外购买等途径，获得台湾《文心雕龙》研究的重要著作，掌握相关研究信息；尽管还不是台湾的“全龙”，但已经十分可贵了。1985年，牟世金先生在山东大学出版社出版《台湾文心雕龙研究鸟瞰》(以下简称《鸟瞰》)，第一次评述台湾《文心雕龙》研究成果，使大陆读者首次了解、认识台湾“龙学”，可谓嘉惠学林，功不可没。

《鸟瞰》由九个部分组成：“前言”交代了本书的写作缘起，期盼早得“中国的全龙”。“一、显学”简介台湾“龙学”的基本情况，指出台湾学者视《文心雕龙》为“显学”。“二、校勘”谈到张立斋、潘重规、王叔岷、蒙传铭、李曰刚五位学者的著作，重点考察张立斋、李曰刚二家校勘的得与失。“三、注译”论及李景濚、张立斋、王叔岷、李曰刚四家，指出李曰刚的《文心雕龙斠诠》“在台湾诸注中是成就较高、影响最大的一部”，并做重点评述。“四、理论研究”分“理论体系”“自然之道”“文之枢纽”“风格论”“风骨论”“三准论”六个专题详细介绍台湾学者的代表性观点，既肯定他们的独到见解，也指出可商榷、质疑之处。所占的篇幅最大。“五、主要论著”选评台湾七部主要的“龙学”著作，即王更生的《文心雕龙研究》、黄春贵的《文心雕龙之创作论》、沈谦的《文心雕龙批评论发微》和《文心雕龙之文学理论与批评》、王金凌的《文心雕龙文论术语析论》、龚菱的《文心雕龙研究》、李曰刚的《文心雕龙斠诠》。在论述中，牟世金先生主要介绍每一本书的“基本面貌和主要特点”，同时也不回避“各书较突出的问题”，持论客观、公允。篇幅仅次于“理论研究”。“六、发展民族文学”分析了《文心雕龙》研究在台湾能成为“显学”的原因，概括台湾“龙学”的主要特点是“用传统的观念和传统的方法来研究传统的文论”，具体说明台湾“龙学”值得商榷的“某些做法”和值得注意的“某些教训”，进而从方法论角度反思古今、中西如何对接的问题。“七、赘语”是《鸟瞰》的结语、余论，分“知无不言”和“笔后之感”。“知无不言”指出台湾“龙学”“不应有的”“粗疏”，以及因其尊重师说而裹足不前等局限；“笔后之感”感叹未见台湾“全龙”之憾，希望两岸龙学家“能坐在一起共同研究”，最后对台湾“龙学”做出“在校注译论各方面都有一定成就，但其深入独到之处却是有限的”“很值得重视”的评价。“附录”收录台湾“龙学”专书目录三十部(1967—1982)，台湾“龙学”论文目录一百八十七篇(1951—1981)。

《鸟瞰》“点”“面”“线”三位一体。“点”是台湾“龙学”的“理论研究”和“主要著作”，“面”是台湾“龙学”的“显学”“校勘”“注译”“发展民族文学”以及附录的“专书目录”和“论文目录”，“线”是台湾学者的中华文化情结与牟世金先生的同胞情谊。更令人叹服的是，牟世金先生在博观台湾“龙学”之后，能平理若衡，照辞如镜，以“诤友”的身份直言其缺憾与不足，做到无私于轻重，不偏于爱憎。

《鸟瞰》给笔者的《文心雕龙》教学与研究、硕士研究生学位论文指导起到重要的导引作用。笔者给本科生、研究生讲授《文心雕龙》，涉及台湾“龙学”，多以《鸟瞰》为据；做

《文心雕龙》研究，也以《鸟瞰》提供的线索，查找台湾“龙学”著作和论文；指导研究生学位论文选题，亦得益于《鸟瞰》。[①]

《鸟瞰》虽然篇幅不大，但对大陆读者来说，无疑是一张台湾“龙学”的高级“导游图”。正如牟世金先生自己所说：“纵知一鳞半爪，全龙就宛然在目了。”[②]

齐鲁“龙学”有传人

禅宗传法谓之“传灯”，意思是“以法传人，如灯火相传，辗转不绝”。学科的建设与发展又何尝不是如此？牟世金先生早年师承陆侃如先生，与陆先生合作研治“龙学”；后自成一脉，成为“龙学”祭酒，推动“龙学”在齐鲁的发展，使山东大学成为大陆“龙学”的重镇。牟世金先生又开门授徒，传“龙学”于后人，而戚良德教授正是牟世金先生精心栽培的“龙学”传人。

戚良德教授潜心“龙学”，成绩斐然。先后出版《文心雕龙学分类索引》《文心雕龙校注通译》《文论巨典——〈文心雕龙〉与中国文化》《〈文心雕龙〉与当代文艺学》《〈文心雕龙〉与中国文论》《国学典藏·文心雕龙》等论著，主编《中国文论》（丛刊），主持并出色完成国家社会科学基金项目“百年‘龙学’探究”（2012—2016），去年年尾又喜获国家社会科学基金重大项目“《文心雕龙》汇释及百年‘龙学’学案”，可谓锦上添花。

在笔者看来，戚良德教授的《文心雕龙》研究，主要有以下几点值得重视：

一是推出《文心雕龙》“新文本”（指《文心雕龙校注通译》，或曰“戚校本”），最大限度地接近刘勰之原文。此前，《文心雕龙》校注本已有多种面世，如黄叔琳《辑注》本（实际上是《文心雕龙》的通行本）、范文澜《注》本、王利器《校正》本、杨明照《校注》本、詹锳《义证》本，以及林其锬、陈凤金合著的《新校白文本》等。戚良德教授在吸收上述诸家校勘成果的基础上，全面吸收唐写本的校勘成果，整理出不同于通行本的“新文本”（戚校本），且校改均有“较早版本依据”，追求“最为符合刘勰的用语习惯”[③]，可谓后出转精。如：改《诠赋》篇之“诠”为“铨”，依据的是唐写本；改《神思》篇的“虽云未费”之“费”为“贵”，依据的是杨升庵批点梅庆生音注本；改《序志》篇的“心哉美矣”之“矣”为“矣夫”，依据的是《梁书·刘勰传》和元至正本。这种校改必有据而无凭空推测的学风，增强了“新文本”（戚校本）的可信度和可靠性。也正因为如此，笔者近年撰写的“龙学”论文[④]，与香港黄维梁先生合著的《文心雕龙精选读本》，均以“新文本”（戚校本）为据。

二是置《文心雕龙》于儒学视野中，重新诠释它的性质。戚良德教授意识到“文艺学视野中的《文心雕龙》或许有些变形”，“《文心雕龙》研究不仅需要文艺学的视野，更需要

---

① 笔者指导的2011届硕士研究生学位论文就是以沈谦、黄春贵为研究对象的：一篇是白文志的《沈谦〈文心雕龙之文学理论与批评〉探要》，一篇是赵改丽的《黄春贵〈文心雕龙之创作论〉辨要》。

② 牟世金：《台湾文心雕龙研究鸟瞰·前言》，济南：山东大学出版社，1985年，第2页。

③ 戚良德：《文心雕龙校注通译·前言》，上海：上海古籍出版社，2008年，第2页。

④ 指《〈文心雕龙·铨赋〉篇探微》和《声得盐梅，寄在吟咏：〈文心雕龙·声律〉篇探析》。

多维度、超文艺学的视角”。[①] 因此，他从儒学角度考察《文心雕龙》，而后指出：“《文心雕龙》不仅是一部文学理论，更是一部儒家人文修养和文章写作的教科书。”又说：“《文心雕龙》既是一部中国文章写作之实用宝典，又是一部中国人文精神培育的教科书；既是中国文艺学和美学之枢纽，也是中国文章宝库开启之锁钥。”[②]其圆通的识见超越了视《文心雕龙》为“文艺学”“文学概论”“文学理论批评著作”等狭隘、片面的观点，对全面认识这条精美的“龙”，使之用于今天的人文修养、人文精神培育及文章写作等方面，大有裨益。

三是指出《周易》（主要是《易传》）是《文心雕龙》的思想之本。戚良德教授认为：“《周易》对《文心雕龙》的影响不是枝节性的，而是全方位的；尤其是《易传》哲学，乃是《文心雕龙》的思想之魂。可以说，离开《周易》，我们是很难准确认识和把握《文心雕龙》的。”[③]笔者深以为然。长期以来，许多学者往往强调佛学对《文心雕龙》的影响，其理由是：刘勰撰写《文心雕龙》时，身居定林寺，精通佛学，其佛学背景一定会对他写《文心雕龙》有较大的影响。这种佛学影响的主张，不能说没有道理；然将《文心雕龙》与《周易》对读，会发现：真正对《文心雕龙》产生整体影响的是《周易》，而不是佛学。且《周易》的影响不单单是表现为《文心雕龙》引用《周易》的语句，更深的是刘勰对《周易》的思想借用、改造、化用，如：借用“通变”说，描述黄帝时代至南朝宋代的诗文演变；改造“言—意—象”理论，阐明文章写作中三者的转换关系；化用“黄中通理，正位居体”之易理为“擘肌分理，唯务折衷”之文理。[④] 由此观之，戚良德教授追本溯源，从《周易》中找到《文心雕龙》的思想本原，是颇有见识的。

四是阐明《情采》篇是《文心雕龙》创作论的“总纲”。王元化先生在《文心雕龙创作论》中首次提出“《神思》篇是《文心雕龙》创作论的总纲”的观点，影响较大。戚良德教授则认为：“‘神思’乃是创作过程之始，并不表明《神思》篇乃是创作论的‘总纲’。”[⑤]进而指出，《文心雕龙》创作论的“总纲”是《情采》篇。“刘勰以‘剖情析采’概括《文心雕龙》创作论，正表明他对文章写作基本问题的认识。”[⑥]而《文心雕龙》创作论，“正是以感情之表现为根本和中心”，其体系是“‘以情为本，文辞尽情’的‘情本’论”。[⑦] 戚良德教授的看法，不仅澄清对《神思》篇的误读，而且阐明《情采》篇是《文心雕龙》创作论的总纲。一些学者仅以内容和形式来解释“情采”，有较大的局限，是不符合刘勰“为文之用心”的。特别值得注意的是，《情采》篇在《文心雕龙》创作论中的位置：《情采》篇之前的《神思》篇至《定势》篇重在“剖情”；《情采》篇之后的《镕裁》篇至《养气》篇重在“析采”；《附会》篇与《总术》篇是“剖情析采”的总结。显然，《情采》篇是处于承上启下的枢纽位置，可谓“前

---

① 戚良德：《〈文心雕龙〉的文章观念与儒学视野》，《〈文心雕龙〉与中国文论》，北京：中国书籍出版社，2017年，第45页。

② 同上，第49、55页。

③ 戚良德：《〈文心雕龙〉的思想之本》，《〈文心雕龙〉与中国文论》，北京：中国书籍出版社，2017年，第57页。

④ 游志诚：《刘勰与〈易经〉再论》，《文心雕龙与刘子系统研究》，台北：文史哲出版社，2010年，第43—44页。

⑤ 戚良德：《〈文心雕龙〉的“情采”论》，《〈文心雕龙〉与中国文论》，北京：中国书籍出版社，2017年，第163页。

⑥ 同上，第164页。

⑦ 同上，第167、168页。

注之，后顾之”。因之，对《情采》篇是不能孤立来看的，须置于《文心雕龙》创作论中来考察，方能得到清晰、完整的认识。

五是立足骈文论述格式解析众说纷纭的“风骨”。《风骨》篇是《文心雕龙》研究的重点、难点。何谓“风骨”，至今莫衷一是。戚良德教授分析了“风骨”难解的原因：一是“风”“骨”皆以物为喻，不是精确的理论范畴，容易产生歧义；二是刘勰在本篇的论述，确有不少较难理解之处。同时又指出：“但仔细体察刘勰的用意，充分重视骈文论述的格式，并尽可能地进入刘勰的思维，则‘风骨’的主旨及其含义还是可以准确把握的。”①在他看来，《风骨》篇将“风”与“骨”二者对举，是骈文常用的“互文足义”的论述格式。“风”是指“作品能够充分表达作者的思想感情和突出鲜明的艺术个性，从而具有感人至深的艺术力量”，“骨”是指“文章挺拔、劲健而有力量”。②“‘风骨’可以分而言之，更应合而观之。‘风’和‘骨’的含义确是各有侧重，但‘风骨’更是作为一个整体概念而成为《文心雕龙》之重要的美学范畴。……‘风骨’论可以说是刘勰的文章理想论，是刘勰提出的文章写作的一种美学理想，也是他对文章写作的总要求。”③戚良德教授着眼于骈文论述格式解读“风骨”，颇具启发性。《文心雕龙》是用骈文写成的，“互文足义”是骈文的突出特点。研读《文心雕龙》时要充分考虑这一点，才能避免误读，接近刘勰之“文心”。左东岭教授在谈到几位著名学者对《文心雕龙·神思》字句解释讹误时也指出：“出现此种失误的主要原因是忽视了骈体文的文体特征以及刘勰本人的骈体文写作实践经验，乃至在时代隔阂中误读了文本。”④看来，骈体文的文体特征及其表述方式是破解《文心雕龙》疑点、难点的锁钥。

六是发掘隐蔽的“龙学”大家刘咸炘，肯定其理论贡献及在“龙学”史上的地位。谈到近现代“龙学”，坊间所见的“龙学”史著作多讲黄侃及其“龙学”奠基之作《文心雕龙札记》（以下简称《札记》）。戚良德教授则发掘出另外一位龙学大家刘咸炘和他的“龙学”力作《文心雕龙阐说》（以下简称《阐说》）。他撰专文指出，刘咸炘几乎对《文心雕龙》五十篇逐一加以阐说，“可能更接近于刘勰的思想实际和理论本原”，“《札记》和《阐说》堪称近现代龙学开山之作的双璧”。⑤并翔实阐述刘咸炘的写作动机、对《文心雕龙》文体论研究的贡献、对《文心雕龙》创作论体系的卓识以及《阐说》的方法论意义。戚良德教授的发现，给“龙学”史填上了浓重的一笔。自明清以来，研究《文心雕龙》的学者越来越多，《文心雕龙》的影响亦与日俱增。林纾的《春觉斋论文》、姚永朴的《文学研究法》、吴曾祺的《涵芬楼文谈》等文章学论著无不闪现《文心雕龙》的形影精魂。“龙学”史的梳理，为今天重新考察《文心雕龙》提供了历史的维度和有益的借镜。

此外，戚良德教授编纂“龙学”分类索引，极大方便研究者检索。戚良德教授于2005

① 戚良德：《〈文心雕龙〉的“风骨”论》，《〈文心雕龙〉与中国文论》，北京：中国书籍出版社，2017年，第153页。

② 同上，第157页。

③ 同上，第158页。

④ 左东岭：《文体意识、创作经验与〈文心雕龙〉研究》，《文学遗产》2014年第2期，第43页。

⑤ 戚良德：《〈文心雕龙〉文本阐释的开山之作——评刘咸炘的〈文心雕龙阐说〉》，《〈文心雕龙〉与中国文论》，北京：中国书籍出版社，2017年，第176页。

年在上海古籍出版社推出《文心雕龙学分类索引》(1907—2005),是较为全面的“龙学”索引。总条目达到六千五百一十七条,涵盖中国大陆、台湾、香港及国外的“龙学”论文与专著,并按照“刘勰生平和著作”“《文心雕龙》综论”“《文心雕龙》枢纽论”“《文心雕龙》文体论”“《文心雕龙》创作论”“《文心雕龙》批评论”“理论专题”“学科综述”等八个方面的内容分门别类,最后置“作者索引”,检索非常便利。

山东大学和“龙学”有不解之缘。从陆侃如先生到牟世金先生,从牟世金先生到戚良德教授,文脉相传,代不乏人。正所谓“齐鲁有龙潭,龙学有传人”。[①] 相信山东大学会引领齐鲁“龙学”再创佳绩,走向新的辉煌。

(作者单位:内蒙古师范大学文学院)

① 前山东大学徐显明校长语。见:戚良德:《“龙学”与山大》,http://www.rxgdyjy.sdu.edu.cn/info/1023/3478.htm。

牟世金先生考证《文心雕龙》成书年代和刘勰生卒之年的贡献

韩湖初

关于《文心雕龙》的成书年代和刘勰生卒之年的探究，我国海峡两岸及日本近二十位学者前赴后继，百年来未曾停歇。其中牟世金先生不但多方搜集材料，迎难而上撰《刘勰年谱汇考》，汇总众家之说，评价得失客观公允，辨析异同深入细致，而且提出系列卓越见解，步步推动探究的深入，并为接近最终结论奠下坚实的根基。

一、关于《文心雕龙》的成书年代和刘勰生年的探究

关于刘勰生年，牟先生综合有如下众说：梁绳祎 460 年左右[①]，王更生、龚菱 464 年，霍衣仙、张严、王金凌、詹锳、穆克宏、李庆甲、陆侃如、华仲麐、范文澜等 465 年，兴膳宏、杨明照 466 年，牟世金 467 年，翁达藻 469 年，李曰刚 470 年，张恩普 471 年[②]，贾树新 472 年左右[③]。最早与最晚相差十来年，可谓众说纷纭。但证据不足，诸说难定。唯先生之说考辨细致，证据互相关联，构成体系，故能成立，并为学界接受(详下)。

诸说的探究，或以逾立感梦，或以沈约"贵盛"时刘勰献书求誉，或以《文心》成书年代为据，尤以后者最具代表性。如：梁绳祎"假定"成书在永泰、中兴年间(498—502)，刘勰年纪在四十左右，则"应当生于宋孝武帝大明年间(460 年左右)"[④]。贾树新以为该书脱稿于天监二年(503)，再"假定"刘勰时年三十二岁左右，推定其生年为宋明帝泰豫元年(472)左右。张恩普亦以同理认为：刘勰当生于宋明帝泰始七年(471)左右。[⑤]此外还有 464 年、465 年、466 年、467 年、469 年、470 年者，不胜枚举。牟先生认为：《文心》一书"长近四万字，完成时间短则数月，长则数年，都有可能。且纵定《时序》成于齐末，又何以知全书必成于齐末？沈约之'贵盛'，固为重要线索，然献书求誉，非关军国大政，又何必待其贵盛之极？凡其种种，多是推测而孤证无援，推测之理不一，其生年之定自难。"[⑥]

那么，《文心》到底成书于何年呢？牟先生肯定了由刘毓崧提出、经杨明照考订的齐末说，并作了补充、完善，指出其个别不确之处。

---

① 牟世金：《刘勰年谱汇考》，成都：巴蜀书社，1988 年，第 6 页。

② 同上，第 145 页。

③⑤⑥ 同上，第 7 页。

④ 同上，第 6 页。

牟先生指出：清人刘毓崧举有三证详考《文心》成书、献书之时，“此向为论者所宗”[①]：一据《时序》篇“皇齐驭宝”可知该书必成于和帝之世；二以沈约“贵盛”可证刘勰负书干约乃在和帝之时；三为梁初刘勰始起家奉朝请可证沈约延举之力，正在和帝时“书适告成”之后。“三者互证，理周事密”，故范文澜、杨明照诸家，均以肯定。[②]如称《文心》成书于建武五年、永泰元年(498)，杨引《南史·齐本纪下·明帝纪》载：永泰元年秋七月“帝崩”，群臣谥曰“明皇帝，庙号高宗”[③]。据《时序》篇“中宗(杨考当为高宗无疑)以上哲兴运”，则该书成书“必在永泰元年(即498年)七月以后”[④]。杨又据《时序》篇“皇齐驭宝”，由《南齐书·和帝纪》载中兴二年三月“禅位梁王”，则成书“必在中兴二年(502)三月以前”。该书“前后相距，将及四载，全书体思精密，虽非短期所能载笔，然其杀青可写，当在此四年中”[⑤]。牟先生肯定刘、杨之说，并作了三点更为“精审的考订”[⑥]，还考证了全书各篇的撰述时间。

其一，指出刘勰撰写《文心》时协助僧祐撰经未尝中断。先生称：刘毓崧、杨明照之说“与《范注》着眼不同而结论相近”[⑦]。范文澜称：假定刘勰自探研释典以至校定经藏撰成《三藏记》等书费时十年，至齐明帝建武三四年诸功已毕，乃感梦而撰《文心》时大约三十三四岁，“正与《时序篇》‘齿在逾立’之文合”。《文心》体大思精，必非仓卒而成，缔构草稿，杀青写定，如用三四年之功，“则成书适在和帝之世，沈约贵盛时也”。牟先生指出：“二说皆各有其理，然必以‘建武三四年(496—497)，诸功已毕’为前提”[⑧]，然此说不确。因为，僧祐诸法集虽已于建武中告成，但其后不仅陆续有大量增补，且录经是“发源有汉，迄于大梁”，始为定型。是以直到刘勰离寺仍未可言“诸功已毕”。可见，“刘勰于本年之后，以主要精力撰写《文心》，而协助僧祐撰经志任务，亦未尝中断”[⑨]。

其二，关于《文心》成书，牟先生不但赞同上述刘、杨之说[⑩]，还详考《文心》篇章的具体撰写时间。其云：按《文心》各篇“前后相衔”，“乃先有总体规划而后依次撰写”，《时序》篇历叙齐帝至和帝而止，而和帝于中兴元年(501)三月即位至禅梁仅一年时间。其时东昏侯尚继续为齐帝于建康与和帝对峙，至永元三年(中兴元年)十二月被杀。刘勰当时仍在建康之定林寺，岂可在《时序》篇中述齐诸帝而略东昏？由其颂和帝而无东昏，“可知此篇必写于中兴元年十二月东昏被杀之后”；由中兴二年三月二十八日和帝禅位，萧齐王朝结束，则《时序》篇“必写于中兴二年元月至三月二十八日之间”。若该书按元明以来通行本编次撰写，则《时序》以下五篇“亦均写成于此三月之内，若写于入梁之后，必改定《时序》篇之‘皇齐’等说”。由是可知其大致进度为三月内完成六篇，约每月两

① 牟世金：《刘勰年谱汇考》，成都：巴蜀书社，1988年，第58页。

② 同上，第60页。

③ 杨明照：《梁书刘勰传笺注》，《文心雕龙校注拾遗》，上海：上海古籍出版社，1982年，第404页。

④ 牟世金：《刘勰年谱汇考》，第52页。

⑤ 杨明照：《梁书刘勰传笺注》，《文心雕龙校注拾遗》，第405页。

⑥ 戚良德：《刘勰生平研究的集大成之作——读牟世金〈刘勰年谱汇考〉》，《文心雕龙学刊》第六辑，济南：齐鲁书社，1992年，第389页。

⑦⑧⑨ 牟世金：《刘勰年谱汇考》，第52页。

⑩ 同上，第51页。

篇。但前二十五篇难度较大、篇幅较长，估计至少每月一篇。如是算来，上篇费时二十五月，下篇费时十二月，全书约三年可成。另一年左右为继续佐僧祐撰经，故总计该书需四年完成。[①]

其三，指出刘毓崧称刘勰负书干约的时间有误。其云：刘勰负书干约"当在"东昏之亡至禅代之期数月中。牟先生认为"此说不确"。查东昏被杀至齐和帝禅梁实不足四月。刘勰在此四月之内，撰成《时序》以下六篇，立即负书干约"实无可能"[②]。自本年正月萧衍"内有受禅之志"至三月二十八日和帝受禅之前，沈约实是禅代活动之主谋，刘勰"岂能如此急不可待，必在是时负书干约？沈约又何能在此紧急关头，取读车前评以'深得文理'？刘勰本传谓《文心》'既成，未为时流所重'，然后才欲取定沈约。则是书成之后，必然相距有时，始知是否为'时流所重'，是亦三月之内所不容。故饶宗颐以为，负书干约必在梁武受禅之后，此说甚是"[③]。可知刘勰干约必在天监二年(504)沈约丁母忧之前，以刘勰天监三年为临川王萧宏记室推之，其任奉朝请必在天监二年。故刘勰负书干约，当在天监元年萧梁王朝就绪后之下半年[④]。刘毓崧虽把时间提前了一年，但无碍大旨。

自上世纪七十年代末以来，学界多数仍主齐末说，但质疑者不乏其人。如贾树新、施助、广信、叶晨晖、夏志厚、周绍恒，认为成书于梁初。尤其贾树新先生认为刘毓崧的"三证""全属类比性推测"，"或然性很大"[⑤]，继而提出"十证"[⑥]；周绍恒先生亦先是"质疑"[⑦]，继而反复列举"新证"[⑧]，否定齐末说、力主梁初说。但在笔者看来，经杨明照考订、牟世金先生修正和完善的刘毓崧齐末说难以撼动。细看贾、周之说，尽管"证据"令人眼花缭乱，却经不起检验，有的则近于可笑。首先，贾称《时序》篇"皇齐驭宝""绝非""确凿证据"[⑨]。如果仅此一例，自然如此。但牟先生指出："三者互证，理周事密"[⑩]；"互为表里，构成体系，方为确证。若断章取义，孤立曲解，论自难立"。如"皇齐"二字，偶尔用之，"固不足为据"。然如刘毓崧所言："此篇所述，自唐虞以至刘宋，皆但举其代名，而特于齐上加一皇字"，又"其列论'十代'，九代皆但举代名，而独称'皇齐'，其义自明。"[⑪]杨明照更指出：刘勰于齐末撰写《文心》时称齐为"皇齐"，入梁后天监十六年左右撰写《梁建安王造剡山石城寺庙石像碑》叙述齐代事迹时则只称为"齐"(文中凡两见)，而于梁则称为"大梁"(文中凡两见)，都是"对当时王朝例行的尊称"。"刘勰称呼上的前后差

---

① 牟世金：《刘勰年谱汇考》，成都：巴蜀书社，1988年，第54页。
② 同上，第60页。
③ 同上，第61页。
④ 同上，第62页。
⑤ 贾树新：《〈文心雕龙〉历史疑案新考》，《文心雕龙研究》第一辑，北京：北京大学出版社，1995年，第220页。
⑥ 贾树新：《〈文心雕龙〉撰成年代综考》，《文心雕龙研究》第六辑，北京：学苑出版社，2005年，第54页。
⑦ 周绍恒：《文心雕龙散论及其他》(增订本)，北京：学苑出版社，2004年，第21页。
⑧ 同上，第33页。
⑨ 贾树新：《〈文心雕龙〉历史疑案新考》，《文心雕龙研究》第一辑，第220页。
⑩ 牟世金：《刘勰年谱汇考》，第60页。
⑪ 同上，第64页。

异，正是写作年代不同的显著标志，也是最可靠的第一手材料。”[①]如此等等，岂可视而不见，说成是“全属类比性推测”？至于贾先生所举萧子显于梁天监初启撰《南齐书》中屡次出现“皇齐”为证，齐、梁同为萧氏王朝，他这样称呼并不奇怪。又周先生举王子渊称唐为“皇唐”等数例，也是徒劳的，因为以“皇齐”为证是从《时序》篇全篇和全书来看的，并非偶然的和孤立的。又如：周先生的“新证”称《文心》的“近代”指齐代，并举《指瑕》《总术》篇为证[②]。查齐代不过二十来年。要说这两篇分别批评的“近代辞人，率多猜忌”和“多欲练辞，莫肯研术”，以及《物色》篇批评的“自近代以来，文贵形似”的文风，都是针对齐代而发，岂不是笑话？郭绍虞先生解释文与笔之分“自近代耳”称“往往是指南朝刘宋以后的”，周却引为仅指齐代的论据[③]。从文法上说，此句既可训包括刘宋，也可训不包括，否则须予说明。周却训仅指齐代，令人诧异。其实，杨明照亦已指出：《文心》的《明诗》《通变》《指瑕》《才略》四篇“所评皆至宋代而止；于齐世作者，则未涉及，亦其旁证”。[④]《时序》篇云：“蔚映十代，辞采九变”，是说该书具体评述文风变化的为九代。“九代”具体所指各篇可能有所不同，但不包括齐代是显然的。如说“近代”指齐代，岂不是“辞采十变”了？看来两位先生既未查《文心》，又不细看杨、牟之说，其论怎能服人？再如：贾先生称刘勰撰写《文心》一书仅需一年左右，即天监元年动笔，次年完成；[⑤]周则推迟一年，历时近二年。[⑥]这比范文澜、杨明照、牟世金的需时四年要快一倍多。考虑到该书内容丰富，构想缜密，涉及的文献典籍繁多，其时刘勰还要协助僧祐整理释典，故仅需一二年之说令人难以置信，也经不起检验。依贾说《文心》完成时刘勰三十二岁，上推三十二年即宋明帝泰豫元年(472)为其生年。[⑦]刘勰自称七岁梦攀彩云，依贾说此时为齐建元元年(479)。但经牟先生详细考证：其父刘尚已于数年前的元徽二年(474)战死(详下)，如依贾、周之说，其时刘勰怎么可能梦攀彩云？

关于刘勰生年，牟先生认为上述诸说均“缺乏具体确切之史证”，“多是推测而孤证无援”[⑧]，难以成立。正确的途径“一以史为证，一以理推”，“综考其一生以求诸事相宜”，“能两相结合，庶可不违其实”。[⑨]牟先生据刘勰七岁梦攀彩云、传称“早孤”和元徽二年其父刘尚战死，由此推算其生年为泰始三年(467)。其证如下：

其一，《序志篇》云：“予生七龄，乃梦彩云若锦，则攀而采之。”彩云乃吉祥之兆，“攀而采之”，显示刘勰少有奇志，当时正壮心满怀也。由此可知其父必卒于本年之后。若为新丧，则其悲尤在，不可能夜有此梦；若为早逝，则家境渐窘，更难生此吉庆心情。可知“其父殁于何年，是推断此梦系年之重要依据。”[⑩]其二，《梁书》本传称刘勰“早孤”“笃志好学”。《孟子·梁惠王下》“幼而无父曰孤”。《礼记·曲礼上》“人生十年

---

① 牟世金：《刘勰年谱汇考》，成都：巴蜀书社，1988年，第65页。
② 周绍恒：《文心雕龙散论及其他》(增订本)，北京：学苑出版社，2004年，第41页。
③ 同上，第42页。
④ 杨明照：《梁书刘勰传笺注》，《文心雕龙校注拾遗》，上海：上海古籍出版社，1982年，第403页。
⑤⑦ 贾树新：《〈文心雕龙〉历史疑案新考》，《文心雕龙研究》第一辑，第224页。
⑥ 周绍恒：《文心雕龙散论及其他》(增订本)，第47页。
⑧⑨ 牟世金：《刘勰年谱汇考》，第7页。
⑩ 同上，第11页。

曰幼，学"，是其父殁当在八至十岁之间。[①]其三，刘勰八岁，其父刘尚战死。元徽二年(474)五月，桂阳王刘休范举兵反于寻阳，攻入京城建康朱雀门。朝廷用卫尉将军萧道成议，坚守待援，与叛军激战，建康王室兵力全部投入保卫战，率领羽林精兵的右军将军王道隆战死。萧遣越骑校尉张敬儿诈降，杀刘休范，破其余党，建康得保。此次大战《资治通鉴·宋纪十五》有详细记载。本传载勰父刘尚为"越骑校尉"，必然战死于是役，以无功而殁，故史所不载。刘勰七岁梦攀彩云，自不能在本年之后；若提前一二年，则又与"早孤"不符。[②]故由此上推七年即宋泰始三年(467)是为其生年。上述辨析细致周密，以三者互证构成证据链条，故成立可信。前此杨明照《新笺》假定刘勰永泰元年动笔撰写时为三十二三岁，由此往上推算，"当生于宋明帝泰始二三年间"[③]亦与此一致。戚良德指出：再核以牟先生关于《文心》成书、献书之年，"庶可谓'近是'"[④]。学界已接受这一结论。如朱文民的《刘勰传》即取其说[⑤]，李平等的《〈文心雕龙〉研究史论》亦肯定这一考定[⑥]。

二、肯定李庆甲、杨明照关于刘勰卒年的考证功不可没

关于刘勰卒年，学界更众说纷纭。诸说中刘勰享年短者五十五岁，长者七十三岁，相距十八年。影响较大者，先是范文澜先生推定卒于普通元、二年(520—521)间[⑦]，但"徒凭推想"[⑧]，未获学界公认。其后为李庆甲、杨明照两家影响最大，令人注目。

李、杨两家根据释书载萧统卒后刘勰撰经功毕、"表求出家"，最后"未期而卒"；又认为正史传记通例以卒年先后为序，故结合《梁书·文学传》传主次序以考刘勰卒年，但具体结论不同。李认为宋释祖琇之《隆兴佛教编年通论》所载刘勰出家事是"推定其卒年的关键"，该书卷八把刘勰"表求出家"附于"昭明太子薨"条下合段记载，并共用一个系年称"三年四月"，"表明刘勰出家与萧统病故为同一年"；又因祖琇论萧统之言尽出于《南史》本传，故此"三年"当为梁中大通三年(531)无疑。[⑨]再据《梁书》本传所言刘勰出家后"未期而卒"，则其卒年为中大通四年(532)即萧统病故次年"大致可以肯定"[⑩]。李又称"'正史'合传的通例是传主排列以卒年先后为序"[⑪]，对《梁书·文学传》二十三名传主之卒年逐一查考，列出卒年表，刘勰位于谢几卿与王籍之间，二人卒年分别为普通八

---

① 牟世金：《刘勰年谱汇考》，成都：巴蜀书社，1988年，第11页。

② 同上，第14页。

③ 同上，第6页。

④ 戚良德：《刘勰生平研究的集大成之作——读牟世金〈刘勰年谱汇考〉》，《文心雕龙学刊》第六辑，第386页。

⑤ 朱文民：《刘勰传》，西安：三秦出版社，2006年，第280页。

⑥ 李平等：《〈文心雕龙〉研究史论》，合肥：黄山书社，2009年，第308页。

⑦ 牟世金：《刘勰年谱汇考》，第1—5页。

⑧ 戚良德：《刘勰生平研究的集大成之作——读牟世金〈刘勰年谱汇考〉》，《文心雕龙学刊》第六辑，第389页。

⑨⑩ 汪涌豪：《〈文心雕龙〉研究的新收获》，《文心雕龙学刊》第六辑，第404页。

⑪ 李庆甲：《再谈刘勰的卒年问题》，《中国古典文学丛考》第一辑，上海：复旦大学出版社，1985年。

年(527)与大同二年(536),从而为刘勰卒于中大通四年(532)"提供了一个新佐证"①。杨亦引宋释祖琇《隆兴佛教编年通论》、释志磐《佛祖统纪》等五种释书均载中大通三年萧统卒后刘勰"表求出家",认为"五书均以舍人出家于昭明既卒之后,揆诸情理,可信无疑"②。这与李一致。杨亦认为:《梁书·文学传》"盖以(传主)卒年为序",此史家合传通例。刘勰列于谢几卿之后、王籍之前,故亦据以考刘勰卒年。关于王籍卒年两家一致,而谢几卿则异。李据本传考王籍卒年为大同二年。杨亦据本传载:湘东王萧绎任荆州刺史,王籍被引为"安西府咨议参军",鉴于萧绎在荆镇于大同元年十二月进号安西将军,至五年七月始入为护国将军;又引《谢征传》谓征于大同二年卒官,王籍集其文为二十卷,可知其卒必在大同二年谢征卒后、五年七月萧绎未离荆州之前。③结论与李无异。关于谢几卿卒年,李据本传载谢随西昌侯萧渊北伐,军至涡阳退败坐免官,居家时朝中交好者载酒从之,"时左丞庾仲容亦免归,二人意志相得,并肆情诞纵",时湘东王在荆镇,与书慰勉之。据此认为谢卒于普通八年(527)前后④。而杨引这条记载同时再引《庾仲容传》载:"(谢几卿)迁安西武陵王咨议参军,除尚书左丞,坐推纠不直免。……唯与王籍、谢几卿情好相得。二人时亦不调,遂相追随,诞纵谋饮,不复持检操。"根据《梁书·武帝纪(下)》载武陵王萧纪于大同三年闰九月改授安西将军、益州刺史,可知庾任萧纪咨议参军时在大同三年九月之后;为尚书左丞而免官时在大同四年。谢与庾"肆情诞纵"当亦不出是年之外⑤。萧绎第七任荆州刺史止于大同五年(539),其慰勉时间必在大同五年前,可知谢几卿之卒不出此年。故认为:谢几卿卒于大同四年即538年冬⑥。显然杨说为确。鉴于《刘勰传》厕于谢几卿与王籍之间,"其卒年固不应先于谢几卿或晚于王籍"。这不但与上述释书所系舍人出家之年(大同四年)"极吻合",且《梁书》本传"既言舍人变服未期而卒,是其出家与卒均在十二个月以内。如此时段时间前后跨越两年,则舍人之卒,非大同四年即次年也"⑦,即卒于538年或539年,享年七十三或七十四岁,比李说多活六七年。

对李、杨两家之考辨,牟世金先生作了客观公允的评价。一方面,牟经详考指出:上述宋元五种释书不确之处甚多,所载未可如李所说作为"确定刘勰的卒年有决定性的意义"之史证⑧。同时又指出:《梁书·文学传》"并非严格按照传主卒年之先后为序"⑨,如按杨考谢几卿卒于大同四年之冬,则其传应移至《刘杳传》《谢征传》之后(刘杳、谢征二人皆卒于"大同二年");又杨考王籍之卒"必在大同二年谢征卒之后,五年七月萧绎未离荆州之前",则其传应移于谢征之后。⑩再如:谢几卿既卒于大同五年或稍后,该传之后为《刘勰传》《王籍传》《何思澄传》《刘杳传》《谢征传》,前二传未明言传主之卒年,然后二传皆云"大同二年卒官",《何思澄传》虽未直书卒年,然其卒年甚明,亦为大同二年(536)。

① 汪涌豪:《〈文心雕龙〉研究的新收获》,《文心雕龙学刊》第六辑,第405页。

②⑤ 杨明照:《梁书刘勰传笺注》,《文心雕龙校注拾遗》,上海:上海古籍出版社,1982年,第411页。

③⑥ 同上,第412页。

④ 牟世金:《刘勰年谱汇考》,成都:巴蜀书社,1988年,第123页。

⑦ 同上。关于刘勰卒年,杨明照先主普通二年至四年(521—523),后主大同四年至五年(538—539)。

⑧⑨⑩ 牟世金:《刘勰年谱汇考》,第128页。

“是知《谢几卿传》次第之误甚远”。按其实际卒年，其传应移于《谢征传》之后。则《刘勰传》前为《刘峻传》(刘峻卒于普通二年，521 年)。“可见《梁书·文学传》之排列次序未可据为传主卒年之准的”①。另一方面，牟先生仍然肯定两家之重大贡献，指出：考刘勰卒年与萧统卒年之联系，始见于 1935 年问世之敖士英《文学年表》卷三，《霍衣仙刘彦和简明年谱》发表于次年，“是为第一个《刘勰年谱》，已明确萧、刘先后去世之关系”。其后如翁达藻《梁书刘勰传大事系年表》等亦取此说，“然其说乏证，未能引人注视”。出版于 1936 年的刘汝霖《东晋南北朝学术编年》，“系刘勰出家于大同四年，已据《佛祖统纪》为说”。其历五十年而仍未能引人瞩目者，盖如李庆甲所指出：“他既没有提到另外几种不同的说法，也没有说明他为什么引用此说而不用它说的原因，更没有论证志磐此说的可靠性如何”②。现李、杨两家根据相继发现的《隆兴佛教编年通论》等多种史料之有关记载，“并互考其得失，详究诸释书之关系，从而探出其较为合理之记载。李、杨两家，虽取材互异，结论不一，然其证刘勰于萧统卒后撰经则同。刘勰之卒年，既始有具体年代之史料可资；五十年前之旧说，因之而获一大进展。是其考证之价值，固当首先肯定也”。③ 由此刘勰卒年的探索进入有文献可据时期，李、杨两家功不可没。

三、关于刘勰卒年，提出系列卓识远见

关于刘勰卒年的考辨，牟世金先生不但多方搜集资料，汇考众家之说，折中近是，而且提出系列卓越见解，令探究大步向前，并接近最终结论。

(一) 广纳众说而撰《刘勰年谱汇考》，全面考察刘勰生平

牟先生早有为刘勰制谱之志，并多方搜集材料、分年制卡。鉴于有关刘勰生平“史料既乏，歧见尤多；证既有矣，而证又待证”④，故未贸然下笔。至上世纪七八十年代，一者先生已广为搜集海内外资料(如刘勰年表、年谱共有十五六种，先生已获十四种)，刘毓崧、范文澜、杨明照诸家的考索“已奠下良好基础”；二者有关刘勰的年表、年谱的众多著作，先生“时感可取者多，可辨者亦多”⑤，应予辨析；三者面对“龙学”即《文心雕龙》研究已成为中外“显学”的蓬勃发展，而刘勰的生、卒之年犹未详，先生深感责无旁贷(1983 年 8 月中国《文心雕龙》学会成立，牟先生被推举为秘书长)，遂奋然迎难而上，撰《刘勰年谱汇考》。无论大陆杨明照、范文澜，台湾的王更生、李曰刚，以及日本的兴膳宏，等等，共计有近二十人之多的研究著作尽入其中，可谓“搜罗今昔，囊括中外”⑥。该书于众

---

① 牟世金：《刘勰年谱汇考》，成都：巴蜀书社，1988 年，第 124 页。
②③ 同上，第 118 页。
④ 同上，第 1 页。
⑤ 同上，第 2 页。
⑥ 戚良德：《刘勰生平研究的集大成之作——读牟世金〈刘勰年谱汇考〉》，《文心雕龙学刊》第六辑，第 384 页。

说“汇而考之”，“折中近是”[①]，可谓“资料丰赡，考订精审，断案慎重”[②]，是“刘勰生平研究的集大成之作”[③]。它“不仅有利于读者全面把握有关刘勰生平研究的主要成果，而且更为重要的是，以对中外今昔研究成果的全面检视与总结为出发点，就有可能更为准确地考明刘勰的一生”[④]。对刘勰生平的探究无疑是极大的推进。

（二）厘清刘勰之撰经、出家均与萧统之卒“了不相关”的史实

长期以来，一种代表性的说法是刘勰因萧统之卒而奉敕撰经。如杨明照、李庆甲、李曰刚和霍衣仙四家均据萧统卒于中大通三年（531）刘勰始奉旨撰经。杨称：昭明太子薨，刘勰“为昭明旧人，既不得留，又未除其他官职”，于是被敕撰经。李曰刚更据杨说称“（朝廷）正好藉此遣寄”即打发刘勰[⑤]。但牟先生指出：“今考《刘勰传》，其撰经、变服，萧统之卒，实渺无消息。是知刘勰之奉敕撰经，燔发出家，均与萧统之卒了不相关。”[⑥]并考天监十八年后东宫通事舍人已由何思澄和刘杳担任。该职定员（二人）已满，自不容再有刘勰[⑦]。（朱文民先生认为刘杳应是普通五年即524年始复为东宫通事舍人，刘勰当于此年始去东宫通事舍人之职[⑧]）且详考萧统卒后东宫属官去向均有交代，而于刘勰竟一字未提，可见其时刘勰已不在东宫，谈不上因不能留用而奉敕撰经。更重要的是：刘勰奉敕撰经是因僧祐死后对其著作及经藏亟需有人主持编撰整理，与萧统之卒无关。僧祐于定林寺造立经藏，该寺整定撰述释典之事一直由他亲自主持。天监十七年（518）僧祐卒，撰经工作随之停止。《梁书》本传称刘勰入定林寺投靠僧祐，与之居处十余年，“遂博通经论”，并对该寺的经藏进行“区别部类，录而序之”，即协助僧祐整理经藏。天监七年敕僧旻于上定林寺钞一切经论，刘勰亦参与其事。故僧祐死后刘勰是被敕撰经。鉴于此事在僧祐卒后不久（详下），比萧统卒年要早十来年，可知二者并不相干。

（三）概括刘勰卒年为萧统卒前与卒后两说，指出关键在何年奉敕撰经

牟世金先生汇总刘勰卒年众说为：兴膳宏为520年（五十五岁），华仲麐和范文澜为520年（五十六岁），张严、穆克宏和陆侃如为521年（五十七岁），王更生为521年（五十八岁），王金凌为522年（五十八岁），龚菱为522年（五十九岁），詹锳为523年（五十九岁）；而翁达藻为532年（六十四岁），霍衣仙和李庆甲为532年（六十八岁），杨明照为538年（七十三岁）或次年，李曰刚为539年（七十岁）[⑨]。其中刘勰享年短者五十五岁（兴膳宏），长者七十三岁（杨明照），相距十八年（由于所主生年不同，故有卒年相同而年

① 牟世金：《刘勰年谱汇考》，成都：巴蜀书社，1988年，第2页。

② 李平等：《〈文心雕龙〉研究史论》，合肥：黄山书社，2009年，第304页。

③④ 戚良德：《刘勰生平研究的集大成之作——读牟世金〈刘勰年谱汇考〉》，《文心雕龙学刊》第六辑，第384页。

⑤ 牟世金：《刘勰年谱汇考》，第114页。

⑥ 同上，第116页。

⑦ 同上，第115页。

⑧ 朱文民：《刘勰传》，西安：三秦出版社，2006年，第319页。

⑨ 牟世金：《刘勰年谱汇考》，第145—152页。

岁不同)。“虽各有其理,而所据无力,未足令人信服”。先生把众说“大别为二”:以萧统卒年为界,上述詹瑛等十家认为卒于普通初年至四年(520—523),早卒萧统十来年(萧统卒于中大通三年即531年);霍衣仙等五家认为萧统卒后刘勰始奉敕撰经,功毕出家,未期而卒。[①](兴膳宏、杨明照两家先主卒于萧统卒前,后主卒于萧统卒后[②])并指出:虽二者互有歧义,关键“唯在何年”奉敕撰经。[③]为什么呢?依笔者的理解:根据本传记载,此次奉敕撰经乃是刘勰人生的转折点:前此是入寺投靠僧祐,然后进入仕途:由起家奉朝请,先后任临川王萧宏记室,车骑仓曹参军,太末令,南康王萧绩纪室兼东宫通事舍人,最后升迁东宫步兵校尉(兼通事舍人如故);其后便是奉敕返回定林寺撰经,功毕,出家,“未期而卒”。可知其卒年必在撰经功毕、出家之后。只要弄清何年奉敕撰经,便可据此推算卒年的时间期限。这是探究刘勰卒年继续深入的关键。先生此说可谓独具慧眼(详下)。

(四)详考与慧震奉敕撰经“必在”刘勰迁步兵校尉之后即天监十八年

然则到底何年刘勰与慧震奉敕撰经呢?杨明照先生谓“何年受敕撰经,遽难指实”[④]。其实,既然上述已知刘勰撰经是为整理僧祐卒后留下的经藏,时间便应在其卒后不久,即天监十七年(518)五月后至次年。这要从刘勰迁升步兵校尉说起。本传载:“时七庙飨荐已用蔬果,而二郊农舍犹有牺牲,勰乃表言二郊宜与七庙同改。诏付尚书议,依勰所陈。迁步兵校尉,兼(通事)舍人如故。”鉴于僧祐生前已上启建议京畿应禁捕鲜食之族,刘勰上表“与僧祐等之上启如出一辙”[⑤],由此获得武帝欢心,得迁步兵校尉。至于上表的时间,杨称:“按传文于七庙飨荐曰‘已用蔬果’,于二郊农社曰‘犹有牺牲’,以‘犹有’与‘已用’对文,则舍人陈表,为时当在天监十七年八月之后。”[⑥]可知刘勰得迁步兵校尉时在天监十七年八月后不久。至次年僧祐卒后刘勰被敕撰经,牟先生称其时间“必在”刘勰迁步兵校尉之后的天监十八年,如此始与传文一致并为诸家表谱所公认。[⑦]“尤足为证者,是刘勰之奉敕,已解步兵校尉之职。”盖因撰经“费时一二年当不可少,步兵校尉自须随时易人”。牟先生引《梁书·谢举传》载天监十八年谢举已代刘勰领步兵校尉,指出梁代之步兵校尉“连任三年以上者既寡,敕以他任,二年后再复职者则未闻”[⑧]。且见于《梁书》曾任(或兼领)步兵校尉者凡四十余人,牟先生又列出自天监元年(502)至中大通三年(531)即萧统卒年整三十年间任该职可知者二十四人[⑨],平均一人仅十五月,其更任之频繁可知。刘勰任职不能独长,最多延续到天监十八年前数月。因据《隋书·百官志上》梁世官制已由宋初置官太子校尉各有七人改为“其屯骑、步兵、翊军三校尉各一人,谓之三校”。可见刘勰奉敕撰经时已由谢举取代为东宫步兵校尉[⑩],其迁

①②③ 牟世金:《刘勰年谱汇考》,成都:巴蜀书社,1988年,第108页。

④ 杨明照:《梁书刘勰传笺注》,《文心雕龙校注拾遗》,上海:上海古籍出版社,1982年,第410页。

⑤⑥ 同上,第400页。

⑦ 牟世金:《刘勰年谱汇考》,第108页。

⑧ 同上,第101页。

⑨ 同上,第102页。

⑩ 同上,第103页。

该职最早为天监十七年八月后，次年已奉敕撰经。时间如此之短，并不奇怪：一者僧祐是当时朝廷最信任的经律权威，刘勰是主持整理他留下经藏的最佳人选，故被敕撰经；二者撰经任务繁重，非一两年所能完成（详下），难以兼任东宫步兵校尉。加之该职责任非轻，任期历来一年左右，故奉敕撰经同时或随即不久被解该职，应在情理之中。经此详细考证，刘勰奉敕撰经"必在"天监十八年(519)应该不成问题。

四、走向终极结论

关于刘勰卒年，牟先生称：根据上考奉敕撰经必在天监十八年，"斯年既定，则刘勰卒于其后第三年无疑矣"[①]，即卒于普通三年(522)，享年五十六岁。但鉴于撰经非一两年所能完成（详下），时间显然太短，故不能说"无疑"。范文澜《文心雕龙注》称：撰经"大抵一二年即功毕"。牟先生谓："其说近是，按此度撰经，并非新著或始编，唯予僧祐之集辑，重加整理与增订；或有部分序文，亦修定于此时。故大抵始于上年而毕于本年"[②]，即于普通元年完成。此说大可商榷。

（一）贾树新考定撰经大约需时十五年

贾树新先生指出：根据有关资料推算定林寺的释典，总计受旨撰经应包括：一是前藏释典共一万三千卷，其中未撰定者约一千五百卷；二是续藏约四千卷；三是增藏约一千卷；四是依居期间所撰定的需要增订补订者，约一千卷。例如：《弘明集》依居时撰定十卷，受敕撰经期间又补增四卷，从而成为现行十四卷。有一些虽未增补，但需改定。总计起来，受敕撰经的撰经量约七千五百卷。"以依居时撰经的量数与年数比例为据，则受旨撰经需时约十五年，才能证功毕。"[③]上述推算是否合理呢？唐释道宣《续高僧传·释宝唱传》载："天监七年，帝以法海浩汗，浅识难寻，敕庄严（寺）僧旻于定林上寺缵《众经要抄》八十八卷。"《续高僧传·明彻传》亦载："帝以律明万绪，条章富博，欲撮聚简要，以类相从。天监末年，敕入华林园，于宝云僧省，专功抄撰。"刘勰与慧震奉敕撰经，大约与此同时。[④]由上两段记载可知，所谓"撰经"，更重要和更繁重的工作是对数千册佛经进行"撮聚简要，以类相从"，即进行整理分类和写出简要说明。这绝非一两年所能完成。杨明照称："撰经仅有二人，当非短期所能竣事。"[⑤]笔者认为：梁武帝敕令刘勰与慧震二人撰经，是由此二人主持该项工作，而非撰经仅此二人。以天监七年僧旻于上定林寺钞一切经论来说，根据唐道宣撰《续高僧传·僧旻传》记载：僧智、僧晃、僧旻、刘勰等三十人"同集上（定）林寺，抄一切经论，以类相从，凡八十（八）卷"。隋费长房《历代三

---

① 牟世金：《刘勰年谱汇考》，成都：巴蜀书社，1988年，第109页。

② 同上，第104页。

③ 贾树新：《〈文心雕龙〉历史疑案新考》，《文心雕龙研究》第一辑，第226页。

④ 牟世金：《刘勰年谱汇考》，第101页。

⑤ 杨明照：《梁书刘勰传笺注》，《文心雕龙校注拾遗》，上海：上海古籍出版社，1982年，第410页。

宝记》称：此次抄经从天监七年(508)十一月到八年四月，即合三十多人之力近半年才完成。[①]可见贾先生的推算可信无疑。此次刘勰与慧震撰经任务要繁重得多，绝非一两年所能完成，时间也要长得多，参与人数亦远不止三十人。

至于受敕撰经的具体时间，贾树新先生认为：天监十六年刘勰表陈二郊宜与七庙同改蔬果，陈表后迁步兵校尉[②]。次年即天监十七年僧祐死后"旋即"受敕撰经[③]，讫于中大通五年(533)左右[④]。贾说较牟说天监十八年早了一年。而杨明照指出："按传文于七庙飨荐曰'已用蔬果'，于二郊农舍曰'犹有牺牲'，以'犹有'与'已用'对文，则舍人陈表，为时当在天监十七年八月之后。"[⑤]可见牟说为确。

（二）考定奉敕撰经"必在"天监十八年为推断刘勰卒年提供关键性理据

牟先生考定奉敕撰经"必在"天监十八年，尽管先生由此推断刘勰的卒年值得商榷(详下)，但其对于探究刘勰卒年提供了关键性理据。鉴于上述撰经需时大约十五年，则上述兴膳宏、华仲麐、范文澜、王更生、穆克宏、陆侃如、王金凌、龚菱、詹锳和牟先生等十一家，认为刘勰于奉敕撰经的天监十八年后数年之内撰经功毕不久而逝，由于如此之短的时间不可能撰经功毕，故均不能成立；而霍衣仙、李庆甲、翁达藻主要据萧统卒于中大通三年而奉敕撰经[⑥]，并卒于次年[⑦]。上述已辨刘勰撰经与萧统之卒"了不相关"；再说，鉴于本传明确记载刘勰是撰经"功毕"后"未期而卒"的，准此则其撰经时间不过一两年，怎么可能"功毕"？故也不能成立。经此排除，刘勰卒年诸说可能成立者便剩下杨明照和李曰刚两家，而后者"全据"前者而来，"除所定刘勰生年略晚，别无大异"[⑧]。这样便只有杨说一家了。今学界亦多从杨说。

（三）朱文民考证慧震撰经功毕返回荆州不久而逝为杨说提供新的佐证

朱先生认为：根据唐道宣《广弘明集》所载有关慧震撰经功毕返回荆州的时间，"应该就是刘勰出家和卒年的大体时间"。该书卷二十四所载刘之遴的《吊震法师亡书》和《与震兄李敬朏书》两文透露了此中信息。[⑨]后者称慧震"昔在京师，圣上眄接，自还乡国，历政礼重"，是说慧震在京都得到梁武帝的接见，返回荆州受到隆重礼遇；又称"殿下自为作铭，又教鲍记室为志序"，是说慧震之卒湘东王萧绎亲为作铭，并让记室鲍检作序。可知慧震卒时萧绎尚在荆州刺史任内。还称慧震"年事未高，德业方播"，故知其享年当在六十岁左右，大约卒于太清元年至二年(547—548)八月前。因为，刘之遴在此之

---

① 杨明照：《梁书刘勰传笺注》，《文心雕龙校注拾遗》，上海：上海古籍出版社，1982年，第396页。
② 贾树新：《〈文心雕龙〉历史疑案新考》，《文心雕龙研究》第一辑，第227页。
③ 同上，第225页。
④ 同上，第226页。
⑤ 牟世金：《刘勰年谱汇考》，成都：巴蜀书社，1988年，第96页。
⑥ 同上，第117页。
⑦ 同上，第152页。
⑧ 同上，第126页。
⑨ 朱文民：《刘勰传》，西安：三秦出版社，2006年，第327页。

后已落入侯景之手。此前他经一番周折逃奔荆州萧绎辖区，萧绎派人于途中暗杀，又装出痛惜的样子，亲为作铭，且以厚葬。刘之遴对慧震之死应该相当熟悉。如果慧震死于侯景之乱，刘之遴已落侯景之手，自然既不知其事，亦无心作吊文。再说，鲍检以记室的身份作序，“正好透出了鲍检的任职时间和卒年的信息”[①]，也为考证慧震的卒年提供了线索。为了说明问题，朱先生根据《梁书·武帝纪》和《元帝纪》列出梁初至侯景之乱期间历任荆州刺史（共十任）的任职时间表[②]，其中萧绎曾两任荆州刺史：第一次为第七任，时间为普通七年十月至大同五年七月（526—539），第二次为第九任，时间为太清元年正月至大宝元年九月（547—550）[③]。萧绎第二次任职之前荆州刺史（第八任）为卢陵王萧续，三任两人，正与“历政”两字吻合。再看鲍检的卒年：据《南史·武陵王纪传》载：侯景作乱时武陵王萧纪“不赴援，武帝崩后，乃僭号于蜀”。湘东王萧绎曾多次派使者劝告萧纪不要有野心，并于大宝元年七月“遣鲍检报纪以武帝崩问”。《南史·鲍泉传·附弟客卿传》亦载：侯景乱时“检为湘东镇西府记室，使蜀，不屈于武陵王，见害”。鉴于鲍检此次使蜀时间在大宝元年七月之后，故其遇害时间必在萧绎第二次任荆州刺史期间。如将这一时间定在第一次任期，则时间衔接不上。[④]查梁王朝自太清二年（548）八月爆发了侯景叛乱，攻破健康城，梁武帝被围于台城，诸王见死不救，次年三月台城被陷，武帝饿死，侯景立萧纲为帝（实为傀儡）。这段时间正是湘东王萧绎任荆州刺史（第二任）。如果慧震卒于侯景作乱期间，不但萧绎无心作铭，也不可能使鲍检作序。且《梁书·刘之遴传》载其卒于太清二年，既然刘有《吊震法师亡书》，可见“慧震必卒于刘之遴落入侯景之手之前”，即太清元年正月至二年八月间。鉴于萧绎第二次出任荆州刺史是在太清元年正月，由于庐陵王萧续薨于荆州任上，萧绎由镇南将军、江州刺史任上改为镇西将军出任荆州刺史。既然慧震“自还乡国，历政礼重”，即返回荆州受到萧绎的隆重礼遇，其时必在梁大同五年七月湘东王离任之前。鉴于慧震与刘勰同时奉旨撰经，必然同时功毕。故慧震功毕返回荆州应与刘勰撰经功毕“遂启求出家”大体同时。[⑤]本传既言刘勰出家变服“未期而卒”，若出家与卒年跨越年度，则其卒年“非大同三年（537）即次年”[⑥]，结论与杨说相同。其撰经历时十七年，亦与贾说需时十五年大体一致。

（四）贾锦福关于“未期而卒”的新解说明刘勰卒年仍需继续探究

那么，杨说是否就是刘勰卒年的最后结论呢？未必。因为对《梁书》本传所称刘勰“未期而卒”（此句被《南史·刘勰传》删去）尚有不同的诠释。贾锦福先生指出：“期”字古汉语有两个读音：qī 和 jī。读 qī 时主要有两个含义：一是日期、时间，二是期望、要求、待命。读 jī 时指时间的周而复始，可以指一周年、一个月或一整天。若依后者，则该句句意为未满一年就去世了。现杨明照及学界多用此训。但这种用法大多与年、月连用，并举“期年之间，兄弟称王”等八例为证，而《梁书》此处“期”字后并未加年或月。而“期”

---

① 朱文民：《刘勰传》，西安：三秦出版社，2006 年，第 328 页。

②④ 同上，第 329 页。

③ 同上，第 330 页。

⑤⑥ 同上，第 331 页。

字如读 qī,“未期”就不是“未期年”的省称,而是“无期”“未有期”的省称,意为不知何日。这里的“未期”是副词,是修饰“而卒”的,并举秦汉以来古籍九例为证。如《苏武报李陵书》:“乖离邈矣,相见未期”,下句意为不知何年始能相见,而不是来年相见。准此,则本传的“未期而卒”,句意就是“不知道什么时候死的”,即“卒年不详”“不知所终”,而不是“未到一周年就死了”。后人读音错位“误解了姚氏的本意”,并称:“这样理解不仅与《梁书·刘勰传》全篇的意脉、笔调相融通一致,不会显得突兀、费解,而且也为刘勰晚年潜回莒县定林寺埋下了伏笔,提供了一种可能,给人以无穷想象的思考。”[①]上世纪萧洪林、邵立均两先生提出:刘勰出家当在昭明太子未卒之时,出家后不久“潜居故乡莒县”创建该县定林寺,死后葬于该寺,主要依据该寺清代石碑、方志的记载及近年出土有唐代以前的莲花纹瓦当一片。[②]牟世金先生认为此说“史证不足”[③],学界亦多不认同。其后苏兆庆先生又撰文进一步阐述刘勰出家之后并没有“未期而卒”,而是潜回莒州创建定林寺。[④]但本传明确记载直至昭明太子卒时刘勰一直在定林寺撰经尚未功毕。牟世金先生尝质疑霍衣仙、李曰刚、李庆甲等人的年表、年谱于刘勰迁升步兵校尉后十年左右,“均未列刘勰官职和任何事迹”[⑤]。其实鉴于撰经任务繁重,是武帝亲自敕令,刘勰一直在定林寺,撰经尚未功毕,故既不升官也不降职,也无他事可载。本传记载很明确:“未期而卒”乃是撰经功毕之后之事。既然如此,何来潜回莒县?再者,苏先生引唐释道宣《续高僧传·昙观传》云:释昙观,莒州人,“(隋)仁寿中奉敕送舍利子于本州定林寺”。可见莒县定林寺当时已是相当有名,隋仁寿共四年即 601—604 年,距《梁书》编撰者之一姚思廉生活年代不过数十年,年轻时他已继承父业修史,为刘勰所撰本传叙事清晰明确,说明他对刘勰生平事迹十分熟悉。如称“京师寺塔及名僧碑志,必请勰制文”,一个“必”字可谓掷地有声。要说早已成名的刘勰潜回到莒县创建定林寺,如此重大之事他竟不知道而没有记载,是说不过去的。关于刘勰卒年,近年周绍恒先生认为刘勰卒于普通五年即 524 年[⑥];孙蓉蓉先生认为卒年约在中大通五、六年即 533、534 年[⑦]。前者可归入萧统卒前说,后者与上述萧统卒后不久而逝说大体相同,上已证均不能成立。

可见刘勰的卒年仍需继续探究,但其卒年必在撰经功毕出家的大同三年(537)之后,则是显然的。换言之,已经大大接近最终结论了,但学界还需继续努力。

(作者单位:华南师范大学文学院)

① 贾锦福:《漫议李延寿删节〈梁书·刘勰传〉三题》,《文心雕龙研究》第十一辑,北京:学苑出版社,2015 年,第 37 页。

② 萧洪林、邵力均:《刘勰与莒县定林寺》,《文史哲》1984 年第 5 期。

③ 牟世金:《刘勰年谱汇考》,成都:巴蜀书社,1988 年,第 142 页。

④ 苏兆庆:《刘勰晚年北归和浮来山定林寺的创建》,《北京大学学报》1997 年第 3 期。

⑤ 牟世金:《刘勰年谱汇考》,第 112 页。

⑥ 周绍恒:《文心雕龙散论及其他》(增订本),北京:学苑出版社,2004 年,第 99 页。

⑦ 孙蓉蓉:《刘勰与〈文心雕龙〉考论》,北京:中华书局,2008 年,第 26 页。

论牟世金先生《文心雕龙》的微观研究法

黄诚祯

牟世金先生曾说："融汇古今、贯通中外往往是一种美好的理想，更何况用精湛的训诂以探其实，以确切的考据以明其本，用亲手的译文以富其论，用妥帖的比较以究其质等等。王著之可贵，主要就在于统一了这一切。科学的研究方法，庶可于此看到它的实体了。"[①]所言"王著"是指王元化先生的《文心雕龙创作论》。的确，考据以明其本，训诂以探其实，翻译以富其论，比较以究其质，乃是《文心雕龙创作论》科学研究方法的具体表现。事实上，这样的评语用之于牟世金本人的《文心雕龙》研究也恰如其分。牟世金沉潜"龙学"多年，有非常敏锐的问题意识，在刘勰生平考订、《文心雕龙》字词训诂、理论探索等方面多有创获。本文将依据牟世金的"龙学"研究成果，从考据、训诂、比较几个方面，对其研究方法加以说明。

一、考据以明其本

由于年代淹久，史无明录，刘勰的生平以及家世等问题已成为"龙学"研究中的"疑难杂症"。牟世金在《刘勰年谱汇考》一书中就曾表示："'龙学'至今，已成中外瞩目之显学。刘勰之生平犹未详，颇以为厕身'龙学'之愧；欲求'龙学'之全面深入发展，亦当不避其难，甘犯其误而略尽微力。"[②]我们知道，在刘勰生年、卒年以及《文心雕龙》成书时间等关键问题上，纪昀、刘毓崧、范文澜、杨明照等人已据史实详加勾稽，并且得出了不少考证绵密、断案精审的结论。牟世金不可能对前贤之成果熟视无睹，更不可能完全将前人的考证推翻，故而，他唯有不避其难，在前人成说的基础上或加补充，或作厘正，或示阙疑，为"龙学"的深入发展添砖加瓦。此正应了学术史上的一句至理名言——"前修未密，后出转精"。下面，拟择其要，分类说明。

（一）补充

牟世金补证前人观点的成果甚多，围绕刘毓崧、杨明照、王元化等人的结论进行补

---

① 牟世金：《文心雕龙研究》，北京：人民文学出版社，1995年，第23—24页。

② 牟世金：《刘勰年谱汇考》，成都：巴蜀书社，1988年，第2页。

充的亦属不少。[①]下面，仅就牟氏补充刘毓崧、范文澜、杨明照成说的情况展开具体论述，以窥其考据特点及方法之一斑。

我们先看牟世金如何补证"刘毓崧之说"。刘毓崧的《书〈文心雕龙〉后》一文，考证绵密，论析精到，至今仍为《文心雕龙》成书时间等问题的考据力作。刘毓崧对《时序》篇"今圣历方兴，文思光被"中的"今圣"颇加关注，考证出"今圣"应指和帝而非东昏。这一说法有理有据，得到了范文澜等人的认同。牟世金虽然也认为"今圣"应指和帝，但他"犹略嫌其论证间接而有伸缩性"。[②]《资治通鉴·齐纪八》对东昏于定林寺残忍杀害藏于草间的老和尚一事有所记载，这引起了牟世金的注意。他认为，此时刘勰正于定林寺撰写《文心雕龙》，很有可能亲闻或亲历此险，必不会以"经典礼章，跨周轹汉，唐虞之文，其鼎盛乎"(《文心雕龙·时序》)之辞颂扬东昏。此外，他还认为，东昏仅止永元间三年(499—501)，若《文心雕龙》于499年撰毕，则距永泰元年(498)刘勰始梦孔子仅一年多而已，当属不可能；若《文心雕龙》完成于500年或501年，就情理而言则更属不可能，故而"今圣"当指和帝。仅从考据的结果看，刘毓崧之言已言之有据，足以令人信服。然而，牟世金仍对其间接而有伸缩的论证方式稍嫌不满。可见，精益求精是其考据之理想追求。

下面再看牟世金在刘勰生年问题上对范文澜成说的补充。

刘勰之生年可据《文心雕龙》成书时间这一关节细加推论，这已为诸多学者所认可。但是，同以此关节详加推算，范文澜与杨明照二人的结论却并不一致：前者认为刘勰之生年应是宋泰始初(465)，而后者推断刘勰当生于宋泰始二三年(466年或467年)。《文心雕龙》体大虑周，其撰写过程短则需要数月，长则耗费数年，具体何时撰毕，实难确定，范文澜与杨明照的考证结果相差二三年亦属正常。推知刘勰生于泰始初或泰始二三年，已属难得，故而一般学者或持此说，或信彼见。然而，牟世金并不满足于此，他在多方考证的基础上得出结论：刘勰的确切生年应为泰始三年。

与范文澜、杨明照的考证不同，牟世金推论刘勰生年的切入点是刘勰之父刘尚的卒年。关于刘尚卒年的记载，史佚其文，故考证刘尚卒年并非易事。在旁征博引的基础上，牟世金依据《刘勰传》"勰早孤"一语，指出刘尚之卒当在刘勰八岁到十岁之间。进而，他以"彩云"之于古人的特殊文化意义探得刘勰七岁之时其父尚在的消息。此外，他又勾稽史籍，发现刘尚可能死于《资治通鉴·宋纪十五》所记载的一场镇压叛乱的战斗之中。立足于这一大胆设想，牟世金依凭《宋书·百官志下》《南齐书·百官志》以及《宋书·沈攸之传》等史料细心求证，得出刘尚卒于宋元徽二年(474)的结论。刘尚之卒年已明，他又依据宋时庶族子弟为官的一般年龄，加以逻辑推演，终于确认刘勰之生年为泰始三年。

---

① 其中，牟世金对王元化观点的补充，李平等所撰写的《文心雕龙研究史论》一书"论牟世金的《文心雕龙》研究"一章已有所涉及，而且论说详密，所以本文不再赘述。

② 牟世金：《文心雕龙研究》，北京：人民文学出版社，1995年，第60页。

平心而论，牟氏之考证虽非定谳[①]，但亦可备一说。从方法论的层面来说，这一考证可谓经典案例，从中，我们可以窥得牟世金考据运用的三个特点。第一，出入经史，旁征博引。从这一考证之中，我们可以看到，牟世金所引用的典籍约有如下两种：其一，经部著作，其具体篇目为《孟子·梁惠王下》《周礼·秋官·司刺》《礼记·曲礼》《仪礼·丧服》《论语·泰伯》；其二，史类资料，其所涉及的篇目有《宋书·百官志》《资治通鉴·宋纪十五》《梁书·刘勰传》《梁书·谢几卿传》《梁书·王籍传》。出入经史，是老一辈学者所秉承的治学传统，这在牟世金身上得到很好的彰显。第二，训诂考据，两相结合。在刘尚卒年的问题上，李曰刚等人作出不甚严谨之裁断，是由于不明“孤”之用法意义。通过检录文献，牟世金发现，古代之“幼”的年龄数目实随教育、礼仪、刑法等不同语义环境而生发变化。具体到刘勰之实况，《刘勰传》“勰早孤”的“孤”乃与“笃志好学”的“学”相应，“孤”的范围应在八岁到十岁之间。审视牟世金所检录的文献，俨然可见这样一种事实：除了关注《孟子》《周礼》《礼记》《论语》等典籍外，牟世金尤其关注此类典籍的注释之书，比如郑注、邢疏。利用注疏探得意义未明的字词之原意，从而凭借对字义的恰切理解，佐证生平考据，是为训诂与考据相合。第三，大胆假设，小心求证。假设与求证相合的考证理念，与胡适乃至杜威都有极深的渊源关系。从牟世金的考据之中，我们隐隐可见，其考据方式与胡适名言“大胆假设，小心求证”竟有相通之处。刘尚之卒与《资治通鉴·宋纪十五》所载之激战，乍一看来，风马牛不相及。然而，牟世金竟通过时间这一节点将二者联系在了一起，并通过勾稽史书，作出了有一定依据的论证。细察这一考据，其假设不可谓不大胆，其论证不可谓不小心！

除了在刘勰生年问题上对范文澜的成说有所补遗外，牟世金还在杨明照《刘勰〈灭惑论〉撰年考》的基础上，对刘勰撰写《灭惑论》的时间重新确认。在考辨此问题上，他的推证可谓步步为营：

首先，以引文先后断定写作年限。检录现存文献，我们可知，《灭惑论》存于《弘明集》之中，《弘明集目录序》又见诸《出三藏记集》，而《出三藏记集》又编之于《法集总目序》之中。依据常理，必先有《灭惑论》再有《弘明集》，必先有《弘明集》编定次有《弘明集目录序》，必先有《弘明集目录序》再有《出三藏记集》，必《出三藏记集》撰毕始有《法集总目序》。所以，考证出《法集总目序》之写作年代，再加以逆推，则可探得《弘明集》写作的大致年限。牟世金正是遵循这样的推理思路，先依据《高僧传·僧祐传》《法颖传》《十诵义记序》等典籍考证出《法集总目序》最迟撰于齐天监二三年（503 或 504 年），继而以隋唐著作之记载印证《出三藏记集》确成于齐代。《出三藏记集》撰于齐代已明，《弘明集》撰于齐亦可知晓。

其次，以编撰体例裁定论者朝代。若单以引文先后断定《弘明集》的撰写时间，似乎

---

① 年代久远，史传无录的事实决定了考证出刘勰之确切生年洵非易事。牟世金先生知难而进，补证前说，勇气可嘉。其所考虽有一定的依据，但是，若说刘尚必卒于 474 年（元徽二年），仍有可疑之处。首先，他依据“祥云”的特定文化意义来推断刘尚之卒年下限，见解独到，然而，此说亦有可商榷之处。因为家境渐窘与新丧犹在，并不排除刘勰于此间梦祥云的可能。其次，474 年刘尚是否真以越骑校尉死于任上亦属可疑，毕竟史书未载，猜想为多。当然，这里提出两点不成熟的看法，并非有意苛责前辈，只是希望能对牟世金先生的考证提供一点反思。

不够严谨缜密。牟世金想必也觉察到了这一点，故而他又对《弘明集》所录三十四篇文章二十九位作者生活之年代进行逐一统计。下列图表正是在参照牟世金统计成果的基础上绘制而成(见表1)。

表1 《弘明集》作者年代统计简表(除刘勰外)

朝代	汉	晋	宋	齐
作者	牟子	孙绰、道恒、孙盛、慧远、何镇南、何充、支道林、道标、僧䂮、僧迁、耆婆、郗嘉宾、王该	宗炳、颜延之、慧通、僧愍、罗君章(含)、郑道之(鲜之)何尚之、道高、法明	明僧绍、周颙、萧子良、僧岩、玄光
人数	1	13	9	5
总数	28			

从上表可知，《弘明集》所录文章之作者，汉人有一位，晋人有十三位，宋人有九位，齐人有五位，这些数据充分说明了一个事实："《弘明集》中二十八家的三十三篇文章全是齐以前所撰"，牟世金进而推论，"唯编入一篇梁代的《灭惑论》是断不可能。"①(案：玄光一人原本无考。牟世金据严可均《全齐文》卷二十六之注与《历代真仙体道通鉴》卷之《陆静修传》推断玄光最晚为齐人。)

再则，以著作真伪认定回应时间。牟世金认为，刘勰之著《灭惑论》，是为反驳假托张融之名而出的《三破论》。《三破论》既是伪作，自然应在张融死后方才出现。《南齐书·张融传》中谓张融死于建武四年(497)。所以，牟世金断定，刘勰撰写《灭惑论》之时间，应在497年张融卒后，但最迟不迟于建武五年夜梦孔子之前。

(二) 厘正

《文心雕龙》成书后，不仅刘勰本人会受到一定程度的关注，而且其言论亦为不少学者所征引、评论。从这个层面来看，后出于《文心雕龙》的书籍对于刘勰的记载，即使是只言片语，也弥足珍贵。然而诸多典籍，成于众手，既可能有主观失真之处，亦存脱漏讹衍之异文，后人依据流传之典籍进行历史还原，也不免会导致一些纰缪。如此一来，立足于史实，对与《文心雕龙》相关的典籍以及相关的成说予以厘正就尤为必要了。

牟世金对于典籍之厘正，有三处值得我们注意。

一是对《续高僧传·僧旻传》之纠缪。《续高僧传·僧旻传》谓，天监六年(507)，"临川王记室东莞刘勰等三十人，同集上定林寺，抄一切经论"。牟世金认为这显然是误记，"因刘勰此年已离萧宏之记室，且已在任车骑仓曹参军约两年后；而刘勰任萧宏之记室，按本传指'中军临川王宏记室'，据《武帝纪》，萧宏已于天监六年四月改为骠骑将军，同年十月又迁司徒、行太子太傅了"。②在指出《续高僧传·僧旻传》之纰缪之后，他依据僧祐弟子宝唱的《经律异相序》及隋代费长房的《历代三宝记》断定，刘勰参与抄经活动，实

① 牟世金：《文心雕龙研究》，北京：人民文学出版社，1995年，第58页。

② 同上，第61页。

于天监七年(508),而非天监六年。[①]

二是对《晋书·地理志》的补正。东莞郡置建的具体时间,《晋书·地理志》与《宋书·州郡志》记载不一。《晋书·地理志》记载显示,东莞郡建于太康元年(280),而《宋书·州郡志》则谓东莞郡建于晋武帝泰始元年(265)。二说不一,何者为真?杨明照与王更生均认为东莞郡建于太康元年(杨说见于《梁书刘勰传笺注》,而王说见于其所著的《文心雕龙研究》)。杨明照与王更生均为考据功力深厚的"龙学"研究大家,二人见解如此一致,是否真的意味着东莞郡建于太康元年?牟世金在查阅史籍的基础上,利用《晋书·宣五王传》中"武帝践祚,封(司马伷)东莞郡王,邑万六百户。始置二卿,特诏诸王自选令长"的记载,以子之矛,攻子之盾,巧妙地指出了《晋书》之误。除了以《晋书》自证以外,牟世金还寻得又一旁证,即《资治通鉴·晋纪一》记载:"泰始元年十二月,封'伷'东莞王。"值得一提的是,认为《宋书》所载为是的观点在学界并非仅只牟世金一家。台湾学者王金凌在其所著的《刘勰年谱》中也认为东莞始置郡是于泰始元年而非太康元年。

这二处厘正虽然看似细微,其实关乎识见之浅深。细心的读者也可以发现,上面所选牟世金更正典籍之案例,均与时间有关。其实,他对于典籍的厘正,除了在时间问题上下功夫外,还有一处值得一说,即是对《梁书·刘勰传》一文措辞的厘正。

《梁书·刘勰传》中云:"昭明太子好文学,深爱接之。"这一记载既出史部,自然成为许多研究者立论的基础,有论者甚至将昭明太子与刘勰之亲密关系无限放大,认为刘勰一生得志与否完全取决于萧统。牟世金则认为,昭明太子对于刘勰之爱接是有可能的,只是,这"爱接"的程度有多深还有待考究。他指出"深爱接之"一词并不准确,其依据有二:一是刘勰与萧统接触的时间并不长,总计不过两年左右;二是昭明太子对于刘勰之爱接,除了《梁书》有所记载外,其余史籍均无实录。故此,他认为应该审慎对待《梁书》所载之"深爱接之",从而避免将《文心雕龙》的成书时间、刘勰的卒年,甚至刘勰之仕途穷达与萧统牵强联系。查阅《文心雕龙研究》一书,我们可以发现,为了考究"深爱接之"这个看似微不足道的词语,牟世金竟然翻阅了《梁书·刘勰传》《梁书·明山宾传》《梁·书·刘孝绰传》《梁书·王筠传》《梁书·张缅传》《梁书·庾仲容传》《梁书·刘杳传》诸传乃至南朝五史,用一千余字来详加考证!想必,王元化先生亦看出了牟先生的严谨,他在《〈文心雕龙研究〉序》中说:"他(牟世金)在蒐集资料上,用力甚勤,继承了清人不病琐、获之创的求实学风,绝不贪图省力,以第二手资料充数。"[②]正是继承了乾嘉学者不病琐之求实学风,牟世金才得以在"龙学"诸多难题上知难而进,收获良多。

考察牟世金对古代典籍及前贤观点的纠缪补正,我们可以得出这样的结论,即牟世金往往从细处入手,紧扣一字一词或是一月一年,仔细梳理,深入考据,做的多是具体而微的工作。从研究切入点来看,无论是对于"深爱接之"的考究,还是对"天监六年"的质疑,均是由表及里,进而探得字词背后所蕴的历史事实,故而,谓其研究为"心细若发,洞

---

① 穆克宏所撰的《刘勰年谱》也是认为刘勰第二次参与抄经的时间是天监七年。

② 牟世金:《文心雕龙研究》,北京:人民文学出版社,1995年,第1页。

若观火”并不为过。[①]

（三）存疑

牟世金谓：“我以为范、杨诸家据清人刘毓崧《书〈文心雕龙〉后》所考，定成于南齐之末的结论是基本正确的。”同时，他也一针见血地指出：“《时序》篇称齐代为‘皇齐’，不可孤立看待，在某种特定情况下，非汉人而称‘皇汉’，非齐人而称‘皇齐’，在史书中是不乏其例的。”[②]面对前贤成说，犹能依凭史书之实例对关键证据有所存疑，这样一种严谨与清醒，实属难得。事实上，对某些是非难辨而又苦无裁断依据的问题，牟世金并非一味裁断，而是有所阙疑。比如在“《文心雕龙》篇目次第”“《文心雕龙》注释问题”等问题上，他就颇为审慎。

1.《文心雕龙》篇目次第

通行本的《文心雕龙》之篇目是否即为原貌？围绕这个问题，范文澜、刘永济、杨明照等人先后有过探讨。1963年，郭晋稀在其《文心雕龙译注十八篇》中首先对通行本的篇目次第进行调整。其后，周振甫、李曰刚、陈书良等人也各据己见对通行本《文心雕龙》的篇次作了或大或小的调整。在比较诸家调整方案之后，牟世金指出：“篇次之误，或需以早于通行本的版本为证，或当以古人引用与今本篇次不一的史料为证，或应明其始误于何本，或有古代某人曾见其未误之本。”继而，牟世金检录唐以来的诸多文献，并没有发现篇次有误的史证，反而得到了许多通行本篇目无误的反证。在立足史料，审慎权衡的基础上，牟世金得出这样的论断：“虽然难以断言五十篇的次第绝对无一错乱，但为对古籍持慎重态度，在没有找到可靠的史证之前，对研究者认为有问题的篇次，可以存疑，可以讨论研究，也可断言应作何种改正，但对原书还是暂不改编为好。”[③]这样的处理态度与原则显然是审慎的，故而得到了祖保泉等学者的认可。

2.《文心雕龙》注释问题

范文澜的《文心雕龙注》搜罗齐备，注释精湛，有“《文心雕龙》研究史上的里程碑”之美誉。然而，“范注”也存在不少纰缪，需要学者们不断予以纠正和完善。在完善“范注”方面，杨明照、斯波六郎、王更生等人均有论文或论著面世，牟世金亦不例外。在《从“范注补正”看〈文心雕龙〉的注释问题》一文中，牟世金就“范注”所涉的三十五处注释进行了深入考辨，并提出了注释应注意的三点要求，而其中的“改字宜慎”，尤发人深思。如

① 说到心细若发，还可再举一例。纪昀在评点《征圣》篇时有云：“此篇却是装点门面，推到究极，仍是宗经。”王更生在1976年出版的《文心雕龙研究》一书中如是评论道：“我倒觉得纪氏‘装点门面’的说法，也许容得商量；而‘推到极处，仍是宗经’之语，又何尝不对？”一般学者引用王更生这句话，也许不会特意去关注其中的字词是否与纪昀的原文一致。就是王更生在1979年修订自己的《文心雕龙研究》之时也没有多加留意。而牟世金在引用王更生的原文时，不仅注意到了王氏引文不确这一点，而且在“推到极处”旁以括号注明“应为‘究极’”。由此可知，牟氏之心细，并非出于偶然，而是根于一位学者严谨的治学态度与勤于翻检书籍、仔细核对的良好习惯。

② 牟世金：《文心雕龙研究》，北京：人民文学出版社，1995年，第59页。

③ 同上，第94—96页。

《神思》篇有“志气统其关键”一语。范文澜在注释此句时，依凭《礼记·孔子闲居》认为“志气”一词应改为“气志”。日本学者斯波六郎检索《文心雕龙》全书，发现《书记》(“志气槃桓”)、《风骨》(“志气之符契”)中“志气”与《神思》篇之“志气”实为同义，完全没有改动的必要。牟世金肯定了斯波六郎的观点，并说自己反对据一己之疑而妄改古书。他认为：“必须尊重原著，不能随意径改原文，确有版本根据或充分理由而须改动者，只可于校注说明。”[①]这里涉及的虽然是注释问题，但很明显，以严谨之版本为依据进行校改，这正是考据精神之体现。

二、训诂以明其实

牟世金曾说：“倘能理清《文心》的原貌，就是我最大的愿望。但这个愿望并不是容易实现的。识其原貌，主要就是准确地理解原文原意，才能作正确的、实事求是的论析。”[②]而要准确地理解原文，实需借助训诂这一工具。正是借助训诂这一工具，牟世金与其师陆侃如先后合作出版了《文心雕龙选译》和《文心雕龙译注》，为诸多读者扫除了不少阅读障碍。[③]下面以牟氏之注释和研究成果为据，考察其训诂特点与方法。

(一) 牟氏解明字词的特点

在“说明”中，牟世金交代了自己撰写《文心雕龙译注》的一些基本准则，比如“注释求详，文字从简”，比如“引文以有助于理解原著为主，部分与旧注不同或为其他注家未曾引用过的资料，也酌予引证”。[④]这些说明出自牟世金之手，理解这些文字，自然有助于我们对其注释特点的把握。下面且看他如何处理文字注释与表述的“详”“简”关系。

1. 注释求详

为说明这一点，我们先对范文澜、王更生、牟世金、祖保泉四家注本中“文之枢纽”注释条目加以统计。统计如表2所示：

表2 诸家注本“文之枢纽”注释条目统计表

篇目／著作	原道	征圣	宗经	正纬	辨骚	文之枢纽
《文心雕龙注》(1958)	37	29	38	28	32	164
《文心雕龙译注》(1982)	94	68	92	77	112	443

① 牟世金：《文心雕龙研究》，北京：人民文学出版社，1995年，第532页。

② 同上，第3页。

③ 需要说明的是，《文心雕龙译注》虽然是陆侃如与牟世金合作而出的一部专著，但是二人的撰写准则基本一致，而且其中大部分内容是出自牟世金之手，故而，我们可将之视为牟世金的作品。(《文心雕龙译注》一书，是牟世金在陆侃如逝世后以《文心雕龙选译》的二十五篇为基础整理补充而来，这一点从《文心雕龙译注》的“说明”中可以知晓，而比较二书，更可见改动不少。)

④ 陆侃如、牟世金：《文心雕龙译注》(上)，济南：齐鲁书社，1982年，第1页。

续表

篇目 著作	原道	征圣	宗经	正纬	辨骚	文之枢纽
《文心雕龙读本》(1999)	74	50	71	56	85	336
《文心雕龙解说》(2009)	31	30	66	36	63	226

从上表,我们可以得出这样一种总体印象:首先,相较于范注,后出诸家注释条目均有所增加。其次,仅从注释条目上看,无论是既出于前的《文心雕龙注》,还是居后而出的《文心雕龙读本》《文心雕龙解说》,三者注释在单篇数量和"文之枢纽"总数上都无法企及《文心雕龙译注》。而《译注》注释数量浩繁的背后,有一个因素在起关键作用,即牟世金较为关注对《文心雕龙》一般字词的解释。这一点,他在《〈文心雕龙〉的范注补正》一文中已有所交代:"在注释上,更大量的工作还是对一般字词的注解。"[①]这在《文心雕龙选译》的修订中体现更明显。例如,《文心雕龙选译》中《原道》篇的注释条目共有八十四条,而后出的《文心雕龙译注》增加到九十四条,其中增加注释的词语有:垂、卑、天地之心、乾、坤、文言、文王、前哲、区宇、滞、赞、微、仁孝、体、貌、胥。通过数量颇丰的注释,我们可以说,牟世金已基本做到了"注释求详"这一点。

2. 文字从简

追求注释的详细性,很大程度上会损害文字的简洁性;追求文字的简洁性,会损害注释的详细性;既要追求注释详细,又要追求文字从简,这似乎是一个难以解决的矛盾。那么,牟世金又是如何在"注释求详"的基础上做到"文字从简"呢?我们也可通过诸家对个别字词注解的比较,以见其"文字从简"的特点。

注释古书词语,一般注家都是力求找到最原始的出处,这无疑是值得肯定的。但是,是否所有的注释都应如此呢?牟世金在《从"范注补证"看〈文心雕龙〉的注释问题》中就专门谈到这个问题。他认为:"标注古书词语的出典有自己的特殊目的,它不一定要找到最原始的出处,而以有助理解所注文义为准则。如《神思》篇的'轮扁不能语今',黄叔琳注引《庄子·天道》,斯波《补正》认为不如陆机《文赋》中的'是盖轮扁所不得言',关系更为直接,也是对的。"[②]不拘泥于词语的原始出处,而以有助理解所注文义为准则,这样的理念,可谓之为"得意忘本"。在《文心雕龙译注》中,这种"得意忘本"的例子比比皆是。如对"殷鉴"(《文心雕龙·史传》)一词的注解,祖保泉注曰:"殷鉴:殷灭夏,殷的子孙以夏亡的教训为借鉴。鉴:鉴诫。语本《诗·大雅·荡》:'殷鉴不远,在夏后之世。'意即夏的亡国,是殷纣的一面镜子。"[③]而牟世金对此直接注为:"殷人灭夏,殷之子孙以夏亡为借鉴。"[④]可见,为了做到"文字从简",牟世金一方面用浅近的文字对一些专有名

① 牟世金:《〈文心雕龙〉的范注补正》,《社会科学战线》1984年第4期。
② 牟世金:《文心雕龙研究》,北京:人民文学出版社,1995年,第533页。
③ 祖保泉:《文心雕龙解说》,合肥:安徽教育出版社,2009年,第294页。
④ 陆侃如、牟世金:《文心雕龙译注》(上),济南:齐鲁书社,1982年,第206页。

词做出了简要概括;另一方面也对一些引文做出了处理:或是拈出关键字句,或是稍作现代翻译。

我们回顾《文心雕龙》翻译的学术史,不难发现,无论是陆侃如、牟世金,还是郭晋稀、周振甫,他们所从事的《文心雕龙》注译工作,其实都与知识普及的思潮有关。明乎此,我们再来看牟世金在"说明"中所示的第一条"本书除少数人名外,一律用简化字和规范字",便可以体会牟世金注释《文心雕龙》的良苦用心——"为扫除文字上的障碍而略尽微力"。[①]那么,这样一种为追求普及性而开展的注释工作,是否会因"文字从简"的要求而损害其学术性呢?我们可以选择牟世金对"倍擿"一词的注释来说明这个问题。

《文心雕龙译注》第34页的注释"倍擿"(案:牟世金在《译注》中已对"擿"字作了规范化处理,为了避免造成误解,我们现将此字统一改为"擿"。)这条注释除去原文字词,仅止九字,可谓是惜墨如金。我们若比较范文澜《文心雕龙注》所引孙诒让之注与王更生《文心雕龙读本》,亦可发现三家注释同一词语而文字详略迥异的事实。为比较之方便,现将牟世金、孙诒让、王更生三家注释依次尽录如下:

(1) 倍擿:违背。倍:同背。擿:当作"适",抵牾。[②]

(2) 今经正纬奇,倍擿千里,倍擿即下文倍摘,字并与适通。《方言》云;"适,牾也。"(《广雅·释诂》同。)《郭注》云:"相触牾也。"倍适,犹言背迕也。[③]

(3) 倍擿千里:倍,通背。擿,《说文》手部:"投也。"倍擿犹反投,有抵触,违背之意。此承上句来,说明经典雅正,纬书奇诡,违背抵触,其间相差千里。[④]

相较于王更生的追根溯源,孙诒让的引经据典,牟世金的注释似乎显得过于简单。然而,倘若我们细细梳理,仍可发现:虽然牟世金并没有明确阐述论证思路,也没有指明论出何据,但是他的论断与孙、王二人的观点基本是一致的。这正说明牟世金追求《译注》的普及性并不是以牺牲学术的严谨与精审为前提。[⑤]总之,正是凭借注释详赡、文字简练的撰写准则,《译注》做到了普及性与学术性兼顾,从而赢得了"龙学"界的广泛赞誉。

(二) 牟氏解明字词的方法

牟世金借助训诂之学,为《文心雕龙》详加注释,这已为学界周知。那么,他解释字

---

① 陆侃如、牟世金:《文心雕龙译注》(上),济南:齐鲁书社,1982年,第1页。

② 同上,第34页。

③ 转引自范文澜:《文心雕龙注》(上),北京:人民文学出版社,1958年,第36页。

④ 王更生:《文心雕龙读本》(上),台北:文史哲出版社,1999年,第54页。

⑤ 值得注意的是,牟世金在注释《文心雕龙》一书时曾广泛参考了诸家的校注本,对黄叔琳、范文澜、杨明照、刘永济、王利器等人的意见斟酌损益,择善而从,这为学界所周知。然而,牟世金并没有专门撰写译注附记或校勘记,故而我们不好断言某一观点实出某人,也不能见到牟世金简明扼要的注释背后所付出的诸多努力。幸而,牟世金所作《从"范注补正"看〈文心雕龙〉的注释问题》一文涉及三十余处文字注释,且皆附有详细的论证说明,可为我们窥见牟世金注释《文心雕龙》之严谨提供一扇明亮之窗。比如对《论说篇》"迄至正始,务欲守文"中"守文"一词的注释为:"原指帝王受命,遵守前代成法。这里借指论文写作上的继承前人。"这样的注释,其实与范文澜、周振甫、向长青等人的看法相左,与杨明照的意见相近,然而牟世金在《译注》中并未提及。通过《从"范注补正"看〈文心雕龙〉的注释问题》一文,我们不仅可以知晓学界争议,更可以进一步了解牟世金如此注释的充分依据。

词，所用之方法为何？下面，试结合牟世金对一些具体字词的训诂解释，对其解明字词的方法稍加总结。

1. 瞻前顾后，探其正义

立足全书，紧扣《文心雕龙》撰写体例来注释字词，这是《文心雕龙译注》一个比较突出的地方。《文心雕龙·正纬》篇全面论述谶纬之于文学的功用。《文心雕龙·序志》则以“酌乎纬”三字对此加以概括。若“酌”字按一般的理解训为“取”义，“正纬”与“酌乎纬”则有矛盾之处，故而，按一般的理解来解释似乎说不过去。牟世金检索《文心雕龙》全书，发现书中《通变》（“数必酌于新声”）、《练字》（“善酌字者”）、《熔裁》（“酌事以取类”）、《知音》（“酌沧波以喻畎浍”）等篇所出现的“酌”字均非单纯地训为“取”义。尤为典型的是，《神思》篇（“酌理以富才，研阅以穷照”）“酌”与“研”并用，意义实同。据此断定，“酌”应训为“斟酌”或“研究”，而非单纯地训为“酌取”，唯有如此，“正纬”与“酌乎纬”才能统一。当然，他也不否认“酌乎纬”有“研酌而取”的意思，只是强调无论训为何义，将“正”与“酌”统一起来考虑应为前提。

2. 逐一考辨，识其多义

运用统计法可以发现《文心雕龙》中哪些词出现的次数最多，哪些词出现的次数最少。通过统计，可以发现“体”字在《文心雕龙》一书中出现的次数多达一百七十多次，“文”字出现三百三十七次，“道心”一词出现三次。但是，这些词并非每次都以同样的意义出现，单纯依靠全书体例来解释字词显然行不通。牟世金深察乎此，他在实际的注释中往往对同一个字进行逐一考辨，标明其各种意义。“物”字在《神思》中屡次出现，这已为多数学者注意到。牟世金也对这屡现的“物”字进行逐一辨析，并总结出“物”字的三种意义：其一，泛指，例如“神与物游”；其二，指客观存在的物，例如“物以貌求”；其三，指作品中的物象，例如“物无隐貌”。

3. 扣名求实，阐其幽意

《文心雕龙·才略》篇谓：“李尤赋、铭，志慕鸿裁。”牟世金遍查诸家注释，发现各注家对“鸿裁”一词的注释不是轻轻放过，就是将之曲解为“宏大体制”“巨大的体裁”“长篇大作”。有注而似无注，类似的注释让牟世金深感不满。他查阅现存文献所载李尤的赋作及铭文后生发疑问：“今残存《函谷关赋》等五篇，纵有巨制，但其尚存铭文八十余篇，多是四句十六字的短篇，最长的《刻漏铭》也不足百字，岂能‘鸿裁’仅指赋而排除铭？”继而，他搜检出刘勰对李尤的评论，依凭范文澜《文心雕龙注》对“鸿裁”一词的解释，终于得出结论，“鸿裁”一词非关作品的篇幅、体制，而是与作品的内容有关，只有将“志慕鸿裁”释为“其欲写意义重大之作”[①]才能合乎李尤创作的实际。如此一来，原本幽暗未明的词语终于得到合乎实际的阐发。

① 牟世金：《文心雕龙研究》，北京：人民文学出版社，1995年，第533页。

黄侃曾言:“训诂之事,在解明字义与词义。”①解释字词,确实是训诂学的核心和基础。牟世金便是借助训诂这一工具,出入经史,遨游典籍,觅得字词之本原,从而有助于人们更好地探寻《文心雕龙》的原貌。而在《文心雕龙》沿用术语问题的使用上,牟先生所论更深切地体现出其在理论探索上的不懈追求:训诂以明其实。

自黄侃《文心雕龙札记》撰写以来,《文心雕龙》研究的现代转型便已开始。毫无疑问,“龙学”研究的现代转型自然伴随着研究术语的成熟与定型。近人多根据《文心雕龙·序志》,并结合现代的文学理论,将《原道》至《辨骚》五篇统称为“总论”,将《明诗》至《书记》二十篇称为“文体论”,将《神思》至《总术》十九篇称为“创作论”,将《时序》至《程器》五篇称为“批评鉴赏论”,将《序志》称为“序言”。学者们对具体篇目的归类或许不尽相同(比如有人认为《辨骚》属“总论”,有人认为《辨骚》篇属“文体论”),但是,对于“总论”“文体论”“创作论”“批评鉴赏论”等称谓的看法基本是一致的。在实际的研究中,大多数学者也加以沿用这类说法,以致“总论”等词已经成为“龙学”研究中的专门术语。

除《辨骚》等个别篇目外,牟世金基本赞成时人对《文心雕龙》一书内容的划分。不过,他对“总论”“文体论”等术语的使用总有一分审慎。我们粗粗浏览《文心雕龙研究》一书之目录,便可了解,其所设的第四章至第七章之标题分别为“文之枢纽”“论文叙笔”“创作论”“批评论”。通过阅读这几章,我们更可以知道,“文之枢纽”“论文叙笔”两章所论对象与一般学者所论的“总论”“文体论”对象并无二致。既然论说对象相同,为什么牟世金执意要取用刘勰之词汇呢?显然,他是有自己的考虑的。他认为,类似“总论”“文体论”“批评论”的称谓并不准确,只是沿用成习,而又无恰当的名称来代替它。实际上,牟世金曾借助训诂之学对这些沿用的术语有过一番考辨。比如“总论”一词与“枢纽”一词紧密相关,这是无疑的。“枢纽”一词,字面上一般可解释为“关键”,但是,遵照一般的训诂,是否符合《文心雕龙》的实际呢?为探明这一问题,牟世金逐一考察《文心雕龙》之《神思》《议对》篇与《易系辞》《国语·周语下》、崔祖思的《陈政事启》等典籍对“枢纽”“枢机”的使用情况,指出所谓“枢纽”,按其本意,当指以什么事物为枢纽;具体到《文心雕龙》一书,即是指论文以经典为枢纽。如此一来,“文之枢纽”实与现代文艺理论语境下的“总论”一词有极大的差异。而牟世金坚持取用刘勰本人所用之词汇,正是为了尊重原著,以求切合刘勰论文的实际风貌。

三、比较以究其质

在西学东渐、文化碰撞的时代潮流中,涌现了诸如梁漱溟、钱锺书、王元化、乐黛云等深谙比较之理的学者,这是时代的盛事,亦是学术界的盛事。牟世金虽然在比较文学这块沃土上耕耘不多,但是,他在《文心雕龙》研究过程中所采用的比较方法尤为独特,值得我们借鉴。

---

① 转引自郭在贻:《训诂学》(修订本),北京:中华书局,2005年,第5页。

(一) 牟氏比较方法之体现

比较之法的运用几乎遍及牟世金《文心雕龙》研究的领域，无论是刘勰生平考据，还是注释翻译，或是理论研究，抑或是"龙学"研究史梳理，都能找到其对于比较方法的运用。空谈为虚，下面仅择要例，加以佐证。

首先，比较之法在牟氏考订刘勰生平问题时有所运用。如前文已提及，牟世金对《梁书·刘勰传》之"深爱接之"一词心存疑虑。为了考证刘勰与昭明太子的关系，他摘录《梁书》中记述昭明太子与刘孝绰、刘杳等六人关系的语句，细加比较，得出如是结论："以上诸例，是皆供职于东宫者。或尚在职，或已离去；或官位较高，或与刘勰全同；或生离死别，或赐诗助财；或图像，或游宴，涉及面甚广。故昭明太子之'好士爱文'，信非虚言。然于刘勰，生无一言可志，别无一语相赠，死亦漠不关心（刘勰必死于昭明之前），则二人之关系以及所谓'深爱接之'的程度，可想而知矣。"①

其次，比较之法在牟氏注译《文心雕龙》一书时有所运用。比如"天地之心"一词在《原道》篇曾两度出现："为五行之秀，实天地之心""言之文也，天地之心哉"。范文澜在注释时仅注前者，而日本学者斯波六郎在其《文心雕龙范注补正》中亦是仅注前者。查《文心雕龙译注》，牟世金不仅据《礼记·礼运》将前者注释为"意指处于天地之间的人，犹如人体中的心，是起主宰作用的重要机构"，还在后者的注释中指明："这与上面说的'天地之心'不同，是取《易经·复卦》中'复其见天地之心乎'的意思。'心'是本性，指天地有文，是其本来就有的特点。"②他认为，范文澜与斯波六郎在注释中均无一语道及后一次出现的"天地之心"，显然是认为两处的"天地之心"意思相同。其实，认为两处出现的同一个词语意义相同是范文澜与斯波六郎漏注后者的原因，这当无疑问，然而，确切地说，缺乏比较思维似乎才是其深层原因。

复次，比较之法在牟氏探讨《文心雕龙》理论之时有所运用。如《文心雕龙》通行本篇次是否与原貌一致，看似仅为考据问题，其实关乎理论探讨。为了探明事实的真相，牟世金特意绘制图表，对通行本与郭晋稀、周振甫、李曰刚、陈书良等人的改编本进行列表对照。现将其所绘图表（详见牟世金《文心雕龙研究》）的部分内容摘录如下（见表3），以见其比较方法运用的情况。

表3 诸改编本与通行本篇目次第对照表

通行本篇次	十八篇	注译	选译	斠诠	原貌考
杂文第十四					谐隐
谐隐第十五					杂文
神思第二十六	神思	神思	总术	神思	神思
体性第二十七	体性	体性	神思	体性	体性

① 牟世金：《文心雕龙研究》，北京：人民文学出版社，1995年，第67页。

② 陆侃如、牟世金：《文心雕龙译注》（上），济南：齐鲁书社，1982年，第3、5—6页。

续表

通行本篇次	十八篇	注译	选译	斠诠	原貌考
风骨第二十八	风骨	风骨	体性	风骨	养气
通变第二十九	养气	养气	风骨	养气	风骨

牟氏所绘制的图表将各家对通行本改动的篇目次第一一标出，无疑是为其研究此问题提供明晰客观的研究资料，从而有利于比较权衡，加深他对此问题的探讨。

（二）牟氏比较方法之特点

对牟世金运用比较方法进行研究的案例做一番梳理，我们可以得出以下结论：牟世金比较方法运用之特点有二，一是文本对读，沿波讨源；二是比较之中，折中近是。

1. 文本对读，沿波讨源

日本学者户田浩晓的《文心雕龙研究》有“文章载道说的构筑者和实践者——刘彦和与白乐天”一章，通过细致的比较，得出了白居易“一方面基本上继承了刘勰文章载道说的内容，一方面又以独特的见解开创新局面”的论断①，为我们勾勒出了刘勰与白居易在具体文学理论观点上的源流关系。此文是采取比较之法，古今相参，故而观点新颖，论证有力，精彩纷呈。事实上，牟世金在勾勒《文赋》《文心雕龙》《书赋》三者源流关系时，亦运用了此法。

《文赋》与《文心雕龙》的源流关系，论者多有揭示。牟世金在对《文赋》与《文心雕龙》详细对读的基础上指出：“其实，《神思》篇的一些重要论点，正是‘本陆机氏说’而来的。”②然而，《文心雕龙》与南齐王僧虔的《书赋》之间的关系，则较少有人问津。牟世金正是在文本对读的基础上，发现《书赋》中的某些文字，无论句式还是用意都与《文赋》有明显的相承关系。比如《文赋》之“课虚无以责有，叩寂寞而求音”，到了《书赋》这里则演变为“情凭虚而测有，思沿想而图空”。针对此句，牟世金指出：“除论文与论书有别，故论书者不言‘求音’之外，王论点出‘思沿想而图空’，不仅想象虚构的特点更为明确，因而比陆论二句具体明白，且‘图空’二字揭示了艺术创造的微妙。”故而，王僧虔在论述想象虚构上比陆机更进一步。明乎此，我们再来看《文心雕龙・神思》与《书赋》的关系。牟世金亦是通过比较，发现“规矩虚位，刻镂无形”二句实是刘勰对“图空”二字的发挥，具体而言，“规矩”“刻镂”对应的是“图”，而“虚位”“无形”对应的则为“空”。如此一来，《书赋》本是受《文赋》影响，而《文心雕龙・神思》又是对《书赋》想象虚构观点的进一步发挥，那么，“王僧虔《书赋》则是《文赋》与《神思》之间的桥梁”③。所以，想象虚构观点的发展脉络即是从《文赋》到《书赋》再到《文心雕龙・神思》，换言之，刘勰《神思》篇的艺术渊源除了前人文论观点之外还有书论观点。

① ［日］户田浩晓著，曹旭译：《文心雕龙研究》，上海：上海古籍出版社，1992年，第63页。

② 牟世金：《文心雕龙研究》，北京：人民文学出版社，1995年，第322、323页。

③ 同上，第331页。

2. 比较之中，折中近是

牟世金在《刘勰年谱汇考·序例》中谓："以深知为刘勰事迹系年之不易，特取汇考方式，一以吸收诸家研究之所成，一以汇诸家之说于一览，为进一步研究提供方便。乃图汇而考之，庶可于比较之中，折中近是。"①其实，"比较之中，折中近是"，这亦是牟氏比较方法运用之特点。比如，在《辨骚》篇归属问题上，历来争议纷呈。牟世金在解决这个问题时，并非对争议置若罔闻，而是用极大的力气去梳理自二十世纪三十年代以来学者们对此问题的论述。在梳理的过程中，他发现，争议诸家总体可分为三派，一派以朱东润、黄海章、赵仲邑、陆侃如、杨明照为代表，认为《辨骚》篇属文体论；另一派以刘永济、段熙仲、马茂元、王运熙、周振甫、詹锳、郭晋稀等人为代表，认为《辨骚》篇属总论；最后一派则以刘大杰、缪俊杰为代表，认为《辨骚》篇兼属上下。在细察争议各方的理由之后，他认为，刘大杰等人的"兼有说"看似矛盾，其实更接近问题的实质，因为《辨骚》篇本身就具有兼属"枢纽"和"文体论"的双重性。正是在观照争议各方理由的基础上，牟世金看到了《辨骚》篇的双重性质，这也为他坚持"兼有说"的观点提供了扎实的基础。

所谓"比较以究其质"，无论是比较昭明太子对于供职东宫者的不同态度，还是抉发《原道》篇"天地之心"的同词异义现象，或是比较《文赋》与《文心雕龙》两个近似的文本，抑或是考察学术史上诸家对同一问题的不同见解，其实都并非是意在争胜而致惊听回视，亦非徒然翻案以作哗众之论，而是以历史的眼光平允客观地审视、批判似是而非、习以为常的观点，希冀寻觅纷纭现象背后的稳定而真切的联系，还原本质真相。②

四、牟世金的微观研究方法及其学术文化渊源

注重对文献资料的搜集、鉴别、整理，牟世金的研究理念似乎与乾嘉朴学相近。晚清郭嵩焘在其《读书志序》中就说："自乾隆时，表章六籍，老师硕儒承风兴起，为实事求是之学。其间颛门名家言考据者，又约有三途：曰训诂，研审文字，辨析毫芒；曰考证，循求典册，穷极流别；曰雠校，搜罗古籍，参差离合。三者同源异用而各极其能。"③实际上，牟世金的治学理念与"朴学"既有相同之点，也有迥异之处，察其原因，约有三端：一是时代风气，二是师承渊源，三是个人学养。

牟世金在《文心雕龙研究·自序》中回忆了自己初次阅读《文心雕龙》的情况："解放前，我在四川老家的一所中学任教，当时还年幼无知，但听到同事中的年长者谈起《文心雕龙》，引起我的兴趣，便从书店买来一本标以'广注'的《文心雕龙》(案：此书为杜天縻

① 牟世金：《刘勰年谱汇考》，成都：巴蜀书社，1988年，第2页。

② 以上是从考据、训诂、比较三个方面对牟世金《文心雕龙》研究方法的大体分析。需要说明的是，这里从考据、训诂、比较三个角度展开论述，只不过出于行文的方便。实际上，正如比较方法几乎遍及牟世金《文心雕龙》研究之全部领域一样，考据与训诂的方法也渗透在牟氏"龙学"研究的方方面面，有时更是紧密结合，难分彼此。这里拈出以上三点，只是稍加强调，以期窥见牟世金"龙学"研究方法之一斑。

③ 顾颉刚著，印永清辑，魏得良校：《顾颉刚书话》，杭州：浙江人民出版社，1998年，第113页。

注，世界书局1947年版，一直为牟世金所珍藏），却根本看不懂。因而萌生一种愿望：能读到一种今译本就好了。”[①]据戚良德所著《牟世金传略》，牟世金1948年毕业于四川省万县师范学校，1949年12月考入军政大学学习，故此，他初次读到《文心雕龙》的时间应在1949年任忠县南赍中学语文教师期间。牟世金生于1928年7月，此时应为二十一岁，而他自谓“根本看不懂”，可见当时他的文字训诂功力还不是很深厚。牟世金在《门外字谈》中说：“我对文字学完全是门外汉，只能作点门外之谈。”这话虽有自谦之意，但是也并非是故作谦虚。他在同篇文章中就说：“记得幼年上私熟（塾），除了死背古书原文，还要背注文。这是我当时很感头痛的事，所以根基至今仍差。”继而，他又说：“现在的中青年学者，虽不乏根抵（柢）盘深的后起之秀，但象（像）我这样底子薄弱的人还不在少数。对这种人来说，就我的体会，搞点注释是有好处的。为古书作注，并不是根治学贫识弱的良方，却是治学入门的一种基本训练，也可以对字词工（功）力较差者略起补课的作用。”[②]事实上，牟世金与《文心雕龙》结缘，确与注释有密切联系。查牟世金生前自编的《牟世金论著目录》，可以发现，1962年出版的《文心雕龙选译》是他关于“龙学”的最早作品，如此说来，注译可以说是牟世金“龙学”研究的开始。而牟世金的“龙学”研究始于注释与翻译，一方面得益于其师陆侃如，另一方面与时代潮流有关。二十世纪五六十年代，在“为人民服务”“为工农服务”的政治号召下，古代文学和古代文论界出现了许多普及读物，而为《文心雕龙》撰写译注也成了紧迫而艰巨的任务。在这样的背景下，老一辈学者陆侃如响应学术界的呼声，与年轻的牟世金合作注释《文心雕龙》。1962年9月，《文心雕龙选译》上册出版了，在次年的7月，《文心雕龙选译》下册又出版了。所谓“师傅领进门，修行靠个人”，正是在陆侃如的悉心指导下，牟世金走上了“龙学”探索之路，研究领域从注释翻译延伸到生平考订、理论探索、《文心雕龙》学术史总结等，这正是一个由点及面的学术突破历程。[③]而牟世金、龚克昌合撰的《陆侃如传略》一文，正点明他的治学方法与陆侃如有直接渊源。该文指出，陆侃如的治学特点，具体有三：“第一，从他已走过的途程来看，陆先生治古典文学是从一个点的突破（《屈原》和《宋玉》）开始的，然后扩大为面的研究（《中国诗史》和《中国文学史简编》），最后再集中深入到一个点（《中古文学史》）上来；第二，从朴学开始，这是陆先生治古典文学的重要特点；第三，不是孤立的，而是作一系列的、互相联系、互为因果的研究。”[④]从牟世金的研究生涯来看，陆侃如由点及面、重视朴学、综合研究的治学理念在他身上无疑得到了很好的继承。而重视朴学基础，亦重视综合研究，这正是牟世金先生之所以能在细密考据之外，提出确认《文心雕龙》的范畴术语、探索《文心雕龙》的理论体系等学术问题的原因之所在。故而，我们可以说，考据以明其本，训诂以明其实，比较以究其质，其实就是两代学人治学方法薪火相传的具体表现。

假若说清代朴学的发展为牟世金提供了深厚的学术土壤，而陆侃如开阔的学术视

---

① 牟世金：《文心雕龙研究》，北京：人民文学出版社，1995年，第1页。

② 牟世金：《雕龙后集》，济南：山东大学出版社，1993年，第461—462页。

③ 参阅戚良德：《“龙学”里程碑——牟世金先生与20世纪的〈文心雕龙〉研究》，《文史哲》2011年第5期。

④ 牟世金、龚克昌：《陆侃如传略》，《晋阳学刊》1983年第5期。

野为牟世金打开了综合融通的治学格局，那么，牟世金本人的微观研究则是他对朴学与现代学术体系共有之实事求是研究理念的亲身践行。[①]在《古代文论研究现状之我见》一文中，他说："我很赞成南帆的意见，加强对古代文论的宏观研究是完全必要的。但是，'假如宏观研究不以大量的微观研究作为基础，那只能是一种毫无根据的空谈'。"同时，他也指出："从资料的搜集、鉴别、整理，到准确判断其原意等微观研究，并不是古代文论研究的分外之事，它本身就是古代文论研究的有机组成部分。研究者虽有分工的不同，并不须每个研究者都去从事校刊（勘）、考据、训诂、笺注之类，但凡是研究古代的文论，就不能不从古代文论的资料出发，不能不要求资料的可靠性，特别是对有关资料作正确的分析与运用。"[②]很显然，牟世金十分强调宏观研究要以微观研究为基础，使得所言所论落到实处，这样才能更好地探讨古代文论。以上所涉考据以明其本，训诂以明其实，比较以究其质，所谓"本""实""质"，一言以蔽之，皆为落到实处的微观研究。这无疑说明了一点，牟世金先生朝斯夕斯、念兹在兹的乃是这样的学术品格——实事求是的科学研究。[③]

牟世金先生潜心学术探索多年，且一直致力于《文心雕龙》学会的筹建与相关研讨会议的举办，其成就有目共睹。[④]而他本人于"龙学"诸多难题（如刘勰生卒年问题、《文心雕龙》辨骚篇的性质问题）上微观研究方法之运用，虽有时在个别问题上由于论据不足而稍显武断，由于议题过于细微而稍嫌考证琐碎，但是，瑕不掩瑜，从整体上看，牟世金先生在雕画"全龙"的设想下对诸多学术史遗留下来的高难度问题逐一细核评议，这对于"龙学"从发展期到繁荣期稳健平实学术风貌之形成来说[⑤]，可谓意义深远且重大：它一方面联结深长且细密的清代朴学及兼收并蓄、中西融汇的民国学术，另一方面契合以实事求是为基础的现代学术研究体系的要求，为"龙学"之为"学"添上厚重一笔，可谓真正意义上的"守先且待后"。

（作者单位：安徽师范大学文学院）

---

① 胡适曾言："他（指杜威）也帮助我对我国近千年来——尤其是近三百年来——古典学术和史学家治学的方法，诸如'考据学'、'考证学'等等。[这些传统的治学方法]我把它们英译为 evidential investigation（有证据的探讨），也就是根据证据的探讨，[无征不信]。在那个时候，很少人（甚至根本没有人）曾想到现代的科学原则和我国古代的考据学、考证学，在方法上有其相通之处。我是头一个说这话的人；我之所以能说出这话来，实得之于杜威有关思想的理论。"见唐德刚所撰《胡适口述自传》，华东师范大学出版社，1993 年，第 97 页。

② 牟世金：《雕龙后集》，济南：山东大学出版社，1993 年，第 447 页。

③ 牟世金先生率先指出："近世《文心雕龙》研究的开始，便是一门学科，故近年来学术界简称为'龙学'。'龙学'的实际，已是一门广涉经学、史学、子学、佛学、玄学、文学、美学，而又有自己独特的校勘、考证、注译和理论研究的系统学科。"这说明，牟先生始终心系于"五四"新文化运动所倡导的追求科学的传统。

④ 可供参阅的论文有：1. 陶礼天撰：《牟世金〈文心雕龙研究〉评述——兼评作者毕生之〈文心〉研究著述及其贡献》，《镇江师专学报》（社会科学版），2001 年第 2 期。2. 张少康撰：《纪念"〈文心雕龙〉的功臣"——牟世金的〈文心雕龙〉研究》，《文史哲》2014 年第 1 期。

⑤ 事实上，现代"龙学"已经迈过了近百年的历程，大致而言，1914—1919 为现代"龙学"的开创期，1950—1964 为现代"龙学"的发展期，1977 至上世纪九十年代，"龙学"步入繁荣期。

“龙学”家牟世金与王更生先生比较研究

朱文民

李平教授说：“王更生是台湾著名的《文心雕龙》研究专家……王先生的《文心雕龙》研究涉猎广泛、著述甚丰，其‘龙学’成果具有‘百科全书’式的气派，在大陆‘龙学’界也只有牟世金先生堪与媲美。”[①]而王先生和牟先生的“龙学”成果，学界多有论述，对其研究之细致，其他“龙学”家所未能堪比，而对两位“龙学”家的综合比较研究，则不多见，两位先生皆已驾鹤西去，成为历史人物，今试作综合比较研究，以就教于学界大雅。

一、人生际遇及其成才路径比较

（一）人生际遇

牟世金先生是四川忠县东坡镇（今属于重庆市）人，1928 年 7 月生。父亲牟海贵是一位在县城经营土白布生意的商人，母亲谭氏，生有十二个子女，抚养成人者八人，皆具有中等以上学历。其中享受处级以上干部待遇者五人，妹妹牟世芬为中国科学院著名化学家。家乡有“八仙过海，五子登科”之评价。牟世金是家中老二，1945 年忠县精忠中学毕业后，考入万县师范学校，1948 年毕业，到忠县南赍中学教书。1949 年 12 月考入军政大学，1950 年提前毕业分配到二野十一军军部，寻调青岛海军基地工作，1955 年转业到地方。1956 年考入山东大学中文系，1960 年毕业留校任教，1978 年升任讲师，1980 年升任副教授，1983 年晋升教授，终生研究的主要对象是《文心雕龙》，全国著名的“龙学”家。1984 年加入中国共产党，曾任山东大学中文系主任，《文心雕龙》研究室主任。1989 年 6 月 19 日因患恶疾病逝于济南，享年六十一岁。

王更生先生是河南省汝南县官庄镇人，1928 年 7 月生于官庄租赁的张姓人家的一间平房内。父亲王鸿禄，母亲刘氏，乡村主妇。父亲是一位从佣工到自行卖茶水，再到开一家小杂货店的小本生意人。人虽然不识字，却是一位精明的乡村人物。但等王更生先生参军准备开赴台湾的 1948 年 4 月，他的父亲已经发展到自行购地建房了，可见王家是农商合一的人家。其父母生有三女一男，其他三位妹妹有两位居住农村，另一位

---

① 李平：《〈文心雕龙〉研究史论》，合肥：黄山书社，2009 年 10 月，第 330 页。

是工人，王更生是家中长男，自然负有家庭的和社会的传统责任。

王更生七岁入私塾读书，师从王云清先生读经，1941年从汝南私立信义小学毕业，报考河南省立第六中学失败，转而考入私立信义中学读书。中途失学，父亲曾坚持要他留在家中作为记账员，王更生不从。其后，辛苦求学，辗转颠沛流离到甘肃一带，于1945年8月考入国立第十中学（抗战胜利后不久，迁回河南，改名为河南省立中正学校），1946年转入该校附设的师范部读二年级。1948年毕业之前的春夏之交，因恋爱受到情敌的威胁而弃学从军。辗转到台湾之后，旋即脱离军旅，谋得一小学教职糊口。因工作出色，逐步前行，转入一中学教书。1958年考入台湾师范大学夜间部国文系，半工半读。1963年毕业，获本科文凭，学士学位。1964年又考取该校硕士班研究生，1966年毕业，获得硕士学位。应聘私立德明行政管理专科学校副教授，兼训导主任，同时兼任台湾师范大学国文系讲师。1968年考入台湾师范大学国文研究所博士班，1972年8月获得博士文凭。1973年8月应聘台湾师范大学国文系副教授，正式开设《文心雕龙》课。1978年晋升为教授，2010年7月29日，因患恶疾病逝于台北，享年八十二岁。

从以上两位“龙学”家的简略人生履历来看，二人的共同点是：一、同年同月皆出生于商人家庭，父亲皆为精明的小商人。二、王更生和牟世金最初学历皆为中师，都曾当过中学教师，皆以成人身份考入大学本科院校的重点大学。三、后来皆在母校为大学教授，同为海峡两岸著名的“龙学”家。不同点是：一、牟父在县城经商，生意红火，纯粹的商人；王父在乡村亦商亦农，属于小本生意。二、牟世金的父母积极支持子女读书求学，兄妹八人，皆为中专以上学历，且有两位是全国知名学者；王更生的父母对子女的求学支持度远低于牟世金的父母，致使王氏兄妹与牟氏兄妹后来的结果在整体上差距较大。三、同年同月生，年寿却相差了二十一年。四、王更生的大学是半工半读，自筹学费，求学路充满了艰辛；牟世金是脱产全日制学习，且有国家资助。这些差距使得年轻的王更生倍感辛苦，特别是报考河南省立六中失败后，体会之一是：“父母的知识水平，对子女有绝对的影响。”体会之二是：把他报考省立六中的作文题目《历尽艰难好做人》牢牢地记在心里。他说：“《历尽艰难好做人》在我的脑海里，烙下不可磨灭的印象，几乎成了我人生的写照，和工作的南针。”①

（二）成才路径比较

张之洞曰：“读书欲知门径，必须有师。”②王更生和牟世金二位先生之所以成为龙学专家、著名学者，除了他们先天的禀赋和后天的努力以外，还在于他们分别遇到了全国一流的老师。

牟世金先生是以中师学历作为调干生于1956年考入山东大学中文系的，当时的山东大学人才济济，正以文科见长享誉全国。一时间在中文系执教的有：冯沅君、陆侃如、高亨、萧涤非、黄孝纾、殷孟伦、殷焕先、高兰等。正是这一批著名学者共同铸就了山东

① 王更生：《王更生自定义年谱初稿》，台北：文史哲出版社，2007年5月，第95页。

② ［清］张之洞：《书目问答·附录·国朝著述诸家姓名略总目》，上海：上海古籍出版社，2001年7月，第257页。

大学中文系的一段辉煌岁月。牟世金就是在这一段岁月里完成了本科学历，并且留校任教，此后被系里作为重点培养对象交给陆侃如教授具体指导。多年之后，牟世金先生在回忆陆侃如对自己的教诲时说：

> 从(上世纪)六十年代初，领导上确定我做他的助手之后，则扈席待筵，朝夕闻教，长达二十年，这正是我的得天独厚之幸……1962年，陆先生按照系领导的要求，经过数次修订，为我制定了一个经过十五年达到教授水平的长期培养计划……陆先生对我的另一个重要培养方式，是以合作的形式进行科研。在1962年至1964年不到三年的时间内，我们共完成《文心雕龙》《刘勰论创作》《刘勰和文心雕龙》三种专著和一些论文……通过这些研究的实践，不仅使我的基本功得到了相当切实的训练，更(是)使我迅速进入学术领域的有效措施。所谓“切实”和“有效”，主要在于这种“合作”的具体方法：每一项目的进行，一般是由陆先生确定篇目或论题，由我自选约二分之一的内容，便分头执笔，经互相提意见，各自改定而成。这不仅很像是一种平行的“合作”，且明明陆先生是我的指导老师，这时却毫不指导了……很久以后才意识到，陆先生所取方式，或有照顾我的情绪的一面，但最主要的用意则是希望把我迅速带进庙堂，但又必须由我自己走进这座庙堂。回想起来，陆先生多年对我的培育，使我受益最大之处，正在于此。[①]

由以上山东大学中文系对于牟世金的特殊培养来看，他虽然没有继续读研究生，但是这种特殊的教育和培养方式，实在是胜过攻读研究生学历。

王更生先生流落到台湾之后，在中小学教师岗位上摸爬滚打一阵子，特别是1956年再次应招入伍受训一年零四个月之后，尝到了众多的苦头，便带着一种饥饿感，期望求学和科研。台湾师范大学开设的夜间部工读形式，为王更生有机会进入学术的殿堂提供了条件。1958年至1963年的五年中，风餐露宿一千八百个夜晚，在此执教的有程发轫、李曰刚、林尹、高笏之、鲁实先、高明、戴培之、潘重规、毛子水、黄锦鋐等著名学者。其后在此读硕士、读博士，并且在读硕士学位的后期，就成为台湾师大国文系的兼任讲师，每周讲授《诗选》两小时；在读博士学位的后期，就接过系主任李曰刚教授的教鞭，为学生讲授《文心雕龙》课。后来，李曰刚教授又把自己放在案头随时添加修改的《文心雕龙斠诠讲义》送给王更生参考。对此王更生说：“送给我的《文心雕龙斠诠讲义》，红皮精装三巨册，是师大出版组手抄的油印本……书中夹了许多纸条，上面写满了补充考订的文字，细如蝇头，密密麻麻，足见先生毕生精力，尽萃于斯矣。而先生为了勉励我，竟然将自己备用的文稿相赠，对我来说是何等的鼓舞。”[②]王更生博士毕业一年后，就被台湾师大聘为副教授，成为母校的一名正式教员，与自己的老师朝夕相处，耳提面命，身教言传，这种得天独厚的成才条件，与牟世金是完全相同的。

我们从中可以看出，他们二人的成长过程，意志的磨炼，成才的条件，个人的奋斗，

---

① 徐志杰：《陆侃如和冯沅君》，济南：山东画报出版社，2006年5月，第212页。

② 王更生：《我所认识的李曰刚先生》，《文讯月刊》第18期(1975年6月)。收入《更生退思文录》，台北：文史哲出版社，1997年7月。

天时、地利、人和都具备了,成才是必然的,不成材是不可能的。

二、学术成果整体比较

(一) 牟世金著作

1. 专著编年表录如下:

序号	著作名称	出版社名称	出版时间	备　注
1	《文心雕龙选译(上下)》	山东人民出版社	1962,1963	与陆侃如合著
2	《刘勰论创作》	安徽人民出版社	1963	与陆侃如合著
3	《毛主席诗词浅释》	山东人民出版社	1974	集体,以牟为主
4	《刘勰和文心雕龙》	上海古籍出版社	1978	与陆侃如合著
5	《文学艺术民族特色试探》	齐鲁书社	1980	
6	《杜甫诗选》	人民文学出版社	1980	集体,牟参与
7	《中国古代文学作品选》	山东人民出版社	1980	集体,牟参与
8	《中国古代文艺理论资料目录汇编》	齐鲁书社	1981	集体,以牟为主
9	《文心雕龙译注(上下)》	齐鲁书社	1981,1982	与陆侃如合著
10	《刘勰论创作(修订本)》	安徽人民出版社	1982	与陆侃如合著
11	《雕龙集》	中国社会科学出版社	1983	
12	《老一辈革命家诗词选注》	福建人民出版社	1983	集体,牟参与
13	《台湾文心雕龙研究鸟瞰》	山东大学出版社	1985	
14	《文心雕龙精选》	山东大学出版社	1986	
15	《刘勰年谱汇考》	巴蜀书社	1988	
16	《中国古代文论家评传(上下)》	中州出版社	1988	主编
17	《左太冲集校注》			与徐传武合著
18	《文心雕龙研究论文集》	人民文学出版社	1990	集体,以牟为主
19	《文心雕龙研究》	人民文学出版社	1995	
20	《雕龙后集》	山东大学出版社	1993	

牟世金的专著有二十部,其中"龙学"专著十二部,与他人合作的古典文学译注两部,目录学一部,与他人合注的诗词三部,古典文学理论研究专著一部,主编古代文论家评传一部。可见"龙学"研究才是牟先生的主攻方向。

2. 论文(九十九篇,表略)

这九十九篇论文之中,尚有一些与陆侃如、袁世硕、龚克昌、徐传武等人合作撰写的十余篇论文没有统计进来。这九十九篇论文之中,“龙学”论文占了大半,共五十五篇,其他如:古代文论十三篇,文学史十一篇,诗文书画乐论等综合研究八篇,哲学、经学、玄学、文字学、比较文学各一篇,教学两篇,治学方法及其他六篇。[①]

(二)王更生著作

1. 专著编年表录如下:

序号	专著名称	出版社名称	出版时间	备　注
1	《中国文化概论》	海天印刷厂承印	1968.8	自费
2	《籀庼学记:孙诒让先生之生平及其学术》	文史哲出版社	1972.8	博士论文
3	《晏子春秋研究》	文史哲出版社	1976.2	硕士论文
4	《文心雕龙研究》	文史哲出版社	1976.3	
5	《文心雕龙导读》	正中书局	1977.3	
6	《孝园尊者戴传贤传》	先烈先贤传记丛刊	1978.12	丛刊之一
7	《中国历代思想家之一陆贾》	“商务印书馆”	1978.6	
8	《中华文化百科全书》(王撰第二编第一章《历史》、第二章《氏族》,第四编第三章《技工》,第五编第三章《文学》)	中华文化基金会		王更生的博士指导老师高明主编
9	《中国历代思想家之一贾谊》	“商务印书馆”	1978.6	
10	《重修增订文心雕龙研究》	文史哲出版社	1979.5	
11	《文心雕龙范注驳正》	华正书局	1979.11	
12	《文心雕龙研究论文选粹》	育文书局	1980.9	
13	《我们的“国名”》	“中央文物供应社”	1981.3	大众文库套书
14	《我们的“国旗”》	“中央文物供应社”	1981.3	大众文库套书
15	《我们的“国歌”》	“中央文物供应社”	1981.3	大众文库套书
16	《我们的“国徽”与“国花”》	“中央文物供应社”	1981.3	大众文库套书
17	《“国文”教学新论》	明文书局	1982.4	

① 关于以上牟世金的学术成果的数据,均取自牟世金著《雕龙后集》,济南:山东大学出版社,1993年。

续表

序号	专著名称	出版社名称	出版时间	备　注
18	《三民主义文艺的创作原理》	“中央文物供应社”	1983.7	三民主义文艺理论论丛之一
19	《中国历代诗词曲文美读》	师大视听教育观监制（不对外发行）	1983.7	师大员工进修班国文辅助教材
20	《中国历代诗词曲文美读》	华阳文教出版公司监制	1983.6	公开发行
21	《白话资治通鉴》（黄锦鋐主编）	台北文化图书公司	1984.3	王更生翻译了周纪、秦纪
22	《中国国民党与中华文化》	“中央文物供应社”	1984.10	
23	《文心雕龙读本（上下）》	文史哲出版社	1985.4	
24	《晏子春秋今注今译》	“商务印书馆”	1987.8	
25	《中国文学概论》	空中大学用书	1987.11	
26	《重修增订文心雕龙导读》	华正书局	1988.3	
27	《中国文学的本源》	学生书局	1988.11	
28	《中国文学讲话》	三民书局	1990.7	原为军中广播稿
29	《文心雕龙新论》	文史哲出版社	1991.5	论文集
30	《韩愈散文研读》	文史哲出版社	1993.11	
31	《今注今译古文观止》	黎明文化出版社	1993	五位教授合作
32	《柳宗元散文研读》	文史哲出版社	1994.7	
33	《文心雕龙选读》	巨流出版社	1994.10	大学用书
34	《中国古代文学理论的秘宝——文心雕龙》	黎明文化事业公司	1995.7	
35	《欧阳修散文研读》	文史哲出版社	1996.5	
36	《更生退思文录》	文史哲出版社	1996.7	
37	《重修增订国文教学新论》	明文书局	1996.7	
38	《台湾近五十年〈文心雕龙〉研究论著摘要》	文史哲出版社	1999.5	
39	《岁久弥光的龙学家——杨明照教授在“文心雕龙学”上的贡献》	文史哲出版社	2000.11	
40	《国文教学面面观》	五南图书公司	2001.5	
41	《苏轼散文研读》	文史哲出版社	2001.5	
42	《新编晏子春秋》	五南图书公司	2001.6	

续表

序号	专著名称	出版社名称	出版时间	备　注
43	《曾巩散文研读》	文史哲出版社	2006.6	
44	《王更生自定义年谱初稿》	文史哲出版社	2007.5	
45	《文心雕龙管窥》	文史哲出版社	2007.5	

王更生专著四十五部，其中，“龙学”著作十三部，国文教学法两部，有声著作两部，三十几页至一百页左右的小册子八部，关于“唐宋八大家”中的韩愈、柳宗元、曾巩、欧阳修、苏轼五人，各写了一部专著。与他人合作《古文观止》译注一部、《白话资治通鉴》一部、《中华文化百科全书》一部；《晏子春秋》译注两部，《中国文学本源》《中国文学讲话》《中国文学概论》《中国文化概论》各一部，博士论文《籀庼学记》一部，《中国国民党与中华文化》一部，为自己崇拜的戴传贤、杨明照立传各一部，退思文录和个人自定义年谱各一部。

2. 论文（二百三十三篇，表略）

在这二百三十三篇文章中[①]，关于教育教学的四十九篇，《文心雕龙》研究的文章共五十三篇，杂文二十篇，古典文学四十篇，文字学三篇、古代文论八篇、经学十二篇、其他五十八篇。

（三）牟、王学术成果整体比较分析

牟先生的专著除了“龙学”以外，其他没有重量级的专著，而王更生的学术成果总体上远远超过牟世金，一是表现在数量上，二是表现在广度上。王更生专著四十五部，如果把《重修增订文心雕龙研究》《重修增订文心雕龙导读》《重修增订国文教学新论》这三部书与初版各看成是一部的话，其专著是四十二部，再除去一百页以下的五个政治性小册子和两个三四十页的汉代思想家以及两部有声著作，尚有三十三部；再除去个人年谱和一部主编的“龙学”论文集，尚有三十一部，还有两部为自己崇拜的名人树碑立传的也减去的话，还有二十九部，这二十九部都是掷地有声的学术专著。仅是他的博士论文《籀庼学记——孙诒让先生之生平及其学术》，就堪称学术巨著。该书初版于 1972 年 8 月，由台湾文史哲出版社以手稿影印发行。2010 年 9 月，台湾花木兰出版社重新打印、编排出版了纪念版。该书洋洋洒洒近九十万言，“以清代三百年学术殿军孙诒让为中心，广源有清朴学诸门，凡经学、子学、甲骨学、金石学、文字学、斠雠学、目录学等等，皆深入阐明其学之素材、方法与成就。王先生此书涉猎之广、致力之深、识见之精，早已播誉学界，被誉为引领学者进入清学殿堂的钥匙”[②]。花木兰出版社重新打印、编排出版的纪念版为大 16 开本，842 页，分为四册精装发行，可以说，仅此一部，足以达到学界的领

① 王更生教授 2008 年至 2010 年的文章我仅知道两篇，这是极不全的。

② 花木兰出版社《纪念版出版说明》载王更生《籀庼学记——孙诒让先生之生平及其学术》一书。

军地位。

王先生另有为“唐宋散文八大家”中的五人各写了一部三百余页的散文研究专著，再加上《晏子春秋》译注、研究的专著三部，就此八部专著，也可知其学术成果之惊人，就此可谓是古典文学研究家。

为空中大学撰写的《中国文学概论》一书，985页，(其中由第二章《辞赋》、第五章《词曲》由其学生吕武志协助整理)也可想而知耗费了王先生的大量心血，显示了一位文学研究巨匠的功力。再有国文教学研究专著两部，另加教育教学研究的论文十三篇，就此可以看出王更生在教育教学上的理论贡献，又在向着一位教育教学理论家的方向努力着。

以上种种，是牟先生所不及有的。这里我们必须指出一种情况，这就是台湾和大陆的差别，一是教育制度不同，二是客观环境不同。大陆对于国学的强调是近些年的事，而台湾一直强调和重视古典文学的教学。再是“文化大革命”的十年，中国大陆的学术研究是空白，牟世金的专著从1964年至1977年的十三年中，仅有一部与他人合作的时髦著作《毛主席诗词浅释》，论文从1965年至1977年的十二年间，仅有一篇在批林批孔时期写的《曹操为其法治路线服务的诗歌创作》。牟先生的寿命比王先生又少了二十一年，这对于一个正值学术上如日中天的学者来说，简直就是正常人的半生，三十年，正是牟先生学术上的成熟期和爆发期。中国大陆“文化大革命”的十年中王更生在台湾出版了九部专著，发表了二十篇论文。如果我们把王更生的专著上推到牟世金逝世的1989年，甚至再后延至1993年①，王更生的专著是三十一部，如果再退去1966年至1976年的九部，还剩下二十二部，比牟世金多出两部。这两位先生的专著数量上是伯仲之间②，当然，这些假设好像是不应该，但是这确是现实。

再看两者的论文。王先生文章总数为二百三十三篇。如果以牟先生去世的1989年再往后延一年的话③，王先生的文章是一百二十八篇，再退去大陆1966年至1976年大陆十年学术空白的话，在牟世金去世的时候，王更生仅有五十篇文章，比牟世金少了一半左右。可见牟世金去世前的学术研究是处在爆发时期。

三、“龙学”成果单项比较分析

(一) 牟世金的龙学成果

牟世金的二十部专著中，龙学专著十二部。在十二部“龙学”著作中，《刘勰和〈文心雕龙〉》是一部普及性的小册子。《文心雕龙研究论文集》，虽然署名《文心雕龙》学会编，但是，它以牟先生为主联合他人从七十余年的龙学论著中遴选出来的。《台湾文心雕龙

① 牟世金的《文心雕龙研究》虽然1995年才出版，但是，牟先生生前就交稿了。1993年出版的《雕龙后集》是牟世金去世以后，戚良德教授遵照师母的安排编辑的一部论文选集。

② 仅以部数，忽略页码和学术质量，因为像王、牟二人的水平，每一部著作的学术价值，都是不必怀疑的。

③ 考虑到有些论文投出去，不一定当年发表，所以延续到1990年。

研究鸟瞰》是对于台湾“龙学”研究的介绍和评论性的专著，当时影响很大，我对于台湾“龙学”情况的了解，就是通过牟先生的这部书的介绍和评论。《雕龙集》和《雕龙后集》是以《文心雕龙》研究为主的两部论文集。《刘勰年谱汇考》是一部刘勰生平研究的集大成之作，他对于刘勰生年的考辨在我看来是目前论据最充分的一说，其他关节点也有诸多高人之处，唯其卒年定于梁普通三年(522)，令人觉得商榷空间很大，尚有不能逾越的资料被忽视了[①]。当然，这是属于微观，在此不必讨论。

文本译注三部，一部选注，一部精选，一部全译本，虽然选译本是与陆侃如一起合作的，但是，牟世金从中的劳动也不会少于他的老师，我想陆先生的功夫在于把关定准。1981 年出版的全译本，虽然署名是陆侃如和牟世金，我们把上世纪六十年代的选译本和八十年代出版的全译本相比，全译本是以选译本的二十五篇为基础，其余二十五篇由牟世金补全，原二十五篇除体例的改变外，大部分译注也做了修改，引论和题解也都重新另写了。《刘勰论创作》初版于 1963 年，此书仅有 162 页。1982 年出版的修订版已经是 218 页了。这其中修订和增加的部分就是牟先生做的。我把初版和修订版相比，初版是由引言、译注和几篇附录组成，修订版改为论述和译注两部分，而且论述部分的《刘勰及其文学理论》是由初版的引言改写而成的。《〈文心雕龙〉创作论新探》是新增加的。译注部分由原来的八篇增加到十篇，其中《比兴》和《总术》是新加的，译注方面，除了体例由原来的注译文改为注原文外，注释加详了，译文也做了不少修改和润色。

《文心雕龙研究》这部重量级的大著，是牟先生去世之后才出版的，但是牟先生去世前就交给出版社了。该书是牟先生刘勰研究的集大成之作，用牟先生自己的话说，是他“毕生所能雕画的一条‘全龙’”。以前所做的一切研究，都是为这部书打的外围战。“为了了解龙学的历史，吸取前人的成果，总结经验教训，写了《龙学七十年概观》；为确知刘勰生平，便遍搜海内外已刊行之刘勰年谱、年表十六种，撰成《刘勰年谱汇考》；为一知日本龙学而赴日察访，写了《日本文心雕龙研究一瞥》；为了掌握港台研究成果，写了《台湾文心雕龙研究鸟瞰》，并借参加香港国际比较文学会之机，拜访了部分香港龙学家。此外，为认清刘勰的思想，曾写过《试论六朝时期儒道玄佛的斗争与融汇》等。”[②]从牟先生的这些话，可以看出，他的其他研究成果有两种情况，一种是应付环境使他必须做的研究和写作，例如诗词注释类等；其他六朝文学研究，都是为雕画“全龙”所做的准备工作。

牟世金论文一百零九篇，其中龙学文章五十五篇。这五十五篇“龙学”文章中，刘勰生平五篇，枢纽论四篇，文体论一篇，创作论八篇，目录索引两篇，为他人的“龙学”专著作序四篇，综合论述八篇，学法两篇，“龙学”史六篇，批评论两篇，其他十三篇。

通过以上的记述，我们可以看出牟世金先生的“龙学”成果可以归于五类：第一类：系统的理论研究，如《文心雕龙研究》；第二类：知人论世(刘勰生平)类，如《刘勰年谱汇考》；第三类：普及、导读类，如《文心雕龙译注》《文心雕龙选译》《文心雕龙精选》；第四类：《文心雕龙》研究史类的诸篇论文；第五类：海外龙学研究评介，如《台湾文心雕龙研

① 对于刘勰卒年应考虑《出三藏记集》卷七《道行经后记》这条数据，如果这条数据不能跨越，刘勰卒于梁普通年间的一切结论，皆为推测之词。详见拙著《刘勰志》附录《刘勰年谱考略》一文。

② 牟世金：《文心雕龙研究》，北京：人民文学出版社，1995 年，第 2—3 页。

究鸟瞰》《日本文心雕龙研究一瞥》等。此外，还有两部论文集《雕龙集》《雕龙后集》等，可以说，牟先生对《文心雕龙》的研究也是全方位的、系统的。

如果以牟世金逝世时间1989年往后推一年到1990年为断的话，王更生的“龙学”论文仅有三十一篇，比牟世金少了十四篇。

牟世金先生一直是山东大学中文系的教员，由于大陆与台湾教育制度的差别和“文化大革命”十年的耽搁，以及牟世金先生英年早逝造成的空档，指导的研究生数量上自然无法与王更生相比，生前仅招收了两届研究生，共六名学生，其中之一的戚良德教授，完全继承了牟先生的未竟事业，成为“龙学”界的一位佼佼者，保持了山东大学在全国为龙学重镇的学术地位。

牟世金的另一“龙学”成就是发起并组建了中国《文心雕龙》学会，并且生前一直辛勤地工作在秘书长的位子上，好在这一代学会的领导都能高风亮节，功过自明。王元化在为牟世金的大著《文心雕龙研究》写的序言中就说：“世金同志可以说得上是《文心雕龙》的功臣，这一点，有他的大量论著可以为证。他也是全国《文心雕龙》学会的倡议筹建者，学会的繁杂事务几乎都是由他承担起来的，因此学会倘在学术界有所贡献，首先得归功于他。”王元化在牟世金逝世后写的悼念文章再次谈到《文心雕龙》学会时说：“我可以说全国《文心雕龙》学会是以他一人的心血筹备而成的，如果不是为他的埋头苦干和对学术的真诚精神所感动，这个学会是不会成立并维持到今天，我也不会滥竽充数地来充当这个学会负责人之一的。”[①]这个成就是目前“龙学”界谁也无法与之媲美的。

（二）王更生的龙学成果

王更生的四十五部专著中，有十三部是“龙学”著作。这其中主编论文集一部，译注两部，综合研究三部，龙学文献一部，已发论文集结成册两部。驳论一部，导读两部，为杨明照“龙学”传论一部。在这十三部专著中，《重修增订文心雕龙研究》和《重修增订文心雕龙导读》是修订本，如果把两部修订本各看成与原来未修订者各是一部的话，事实上他的龙学著作十一部。在这十一部中，《重修增订文心雕龙研究》《文心雕龙读本》《文心雕龙新论》《中国古代文学理论的秘宝——文心雕龙》《文心雕龙管窥》显得重要一些。但有重复现象，《文心雕龙研究》《重修增订文心雕龙研究》重复是自然的事，而《文心雕龙新论》《文心雕龙管窥》与《文心雕龙研究》《重修增订文心雕龙研究》重复就显得让读者有浪费时间的感觉。例如《文心雕龙新论》中的《刘勰的风格论》《刘勰的声律论》《刘勰的风骨论》在1976年《文心雕龙研究》中已经有了，1990年出版《文心雕龙新论》的时候，又把它收入其中，其修改的地方也寥寥无几，读者不易看出新在哪里。《中国古代文学理论的秘宝——文心雕龙》也是王先生《文心雕龙研究》的延伸。因为《中国古代文学理论的秘宝——文心雕龙》的主体是《文学本源论》《文学体裁论》《文学创作论》《文学批评鉴赏论》，这些内容在《文心雕龙研究》及其增订本，或多或少地有了涉猎。如果要求从王先生的龙学大著中挑选两部最具代表性作品的话，首选的是《重修增订文心雕龙研

① 见戚良德《牟世金传略》，载牟世金遗著《雕龙后集》，济南：山东大学出版社，1993年11月，第490页。

究》和《文心雕龙读本》。《文心雕龙读本》实际上是王先生对学生讲解《文心雕龙》的讲稿的基础上形成的一个超乎普通读者的一部译注本，而《重修增订文心雕龙研究》则是一部从刘勰家世生平谈到刘勰的《文心雕龙》版本，然后按照《文心雕龙》的逻辑，分为“文原论”“文体论”“文术论”“文评论”，中间开发出了“文心雕龙之美学”“文心雕龙之史学”“文心雕龙之子学”，最后以“文心雕龙在中国文学史上之地位”殿后，这是王先生的高人处，在大陆学者看来，《史传篇》和《诸子篇》并不重要，甚至是被斥责的地方。

王更生的二百三十三篇文章中，关于《文心雕龙》研究的文章共五十五篇，约占了王先生全部单篇文章的四分之一。其中为他人的“龙学”专著作序跋五篇，介绍“龙学”家三篇，“龙学”史九篇，述评一篇，驳论一篇，版本考三篇，刘勰生平一篇，成书年代一篇，学法两篇，目录学一篇，枢纽论六篇，文体论一篇，创作论四篇，批评论一篇，综合论述五篇，《文心雕龙》与其他学术的关系五篇。关于“2000 年镇江龙学会议”的杂文一篇。

通过以上的记述，我们可以看出王更生的龙学成果可以归于五类：第一类：系统的理论研究，如《文心雕龙研究》《重修增订文心雕龙研究》《中国古代文学理论的秘宝——〈文心雕龙〉》；第二类：校勘注释类，如《文心雕龙范注驳正》；第三类：普及、导读类，如《文心雕龙读本》《重修增订文心雕龙导读》《文心雕龙选读》；第四类：《文心雕龙》研究史类的诸篇论文；第五类：向岛内学术界介绍海内外龙学研究概况，这表现在《重修增订文心雕龙导读》的几个章节中。此外，还有两部论文集《文心雕龙新论》《文心雕龙管窥》等，可以说，王先生对《文心雕龙》的研究是全方位的、系统的。

王更生先生在整个教学生涯中，从小学、中学、大学专科、本科生，已经没法计算培养了多少学生，但是他指导的硕士、博士生是可数的，见于记载的有五十人，其中硕士生三十一人，博士生十九人。这些研究生以《文心雕龙》作为学位论文研究对象的，就我所知有十三篇，这些论文大都是王先生自己的论题或者观点，指导学生进一步阐发而成为学位论文的。例如《文心雕龙》与经学，是王先生的老课题，他又交给学生蔡宗阳进一步发挥，成为一篇学位论文，日后出版为专著《刘勰〈文心雕龙〉与经学》，综观王更生指导的学位论文，无论是硕士论文还是博士论文，都是掷地有声的宏论。例如方元珍教授的《〈文心雕龙〉与佛教关系之考辨》、黄端阳《刘勰〈文心雕龙〉枢纽论研究》等等。

现在再来看他们二人的“龙学”代表作。

牟世金“龙学”专著十二部，这其中也包括主编的一部“龙学”研究论文选。王更生“龙学”专著共十三部，1991 年以前是八部，也有一部是主编的“龙学”研究论文选。

从其二人一生的“龙学”成果来看，是伯仲之间。牟世金去世的时候，二人的“龙学”重头专著都已经作成。牟世金是大陆第一部选译本的作者，也是第一部全译本的作者。王更生是台湾第一部《文心雕龙研究》的作者。牟世金也是大陆解放后(1944 年朱恕之有《文心雕龙研究》一书)第一部全面阐述《文心雕龙》理论的作者，两人在“龙学”界都创造了第一。王更生有一部全本译注《文心雕龙读本》，牟世金也有一部全译本《文心雕龙译注》，这两部全文译注本，都是“龙学”研究名著。牟世金的《文心雕龙译注》由齐鲁书社初版于 1981 年，其后一印再印，一版再版，不同时期有不同的版本，其发行量已近十万册，成为齐鲁书社的滚滚财源之一。更有趣的是北方有几家出版社看到此书畅销，毫不掩饰地全部盗录该书。王更生的《文心雕龙读本》在台湾每次印刷的数量我不得而知,仅从我手头上藏有的2004年出版的版本来看,已是第九次印刷本,可见在台湾也是一部畅销书。

牟世金的《文心雕龙译注》全书四十九万二千余字。前面是近八万字的导读。五十篇原文的格式是:题解、正文(分段)、注释、译文。书末附有参考书目。张少康等著的《文心雕龙研究史》评论说:"《文心雕龙译注》是牟世金在研究《文心雕龙》文本方面的代表作……是一部融学术性和普及性于一炉的《文心雕龙》全注本和全译本。"①

王更生的《文心雕龙读本》八十余万字,932页,分上下两篇,分两册装订。书的前面是多幅书影,然后是序言、凡例、绪论。其书中每篇格式顺序是:篇题、解题、原文、注释、语译、集评、问题讨论与练习题。关于这部书的写作动机和架构,王更生先生自己说:"回忆在1971年前后,王氏(朱按:指王更生自己)于师范大学国文系讲授此书(朱按:指讲授《文心雕龙》)的当时,参考用书极不易见得,除了从原典中去爬罗剔抉外,几乎很少有助读的凭借,于是决心搜辑资料,别铸一部适合初学者阅读的本子。《文心雕龙读本》,就是这个理想的具体呈现。此书的特色:是依照《文心雕龙·序志》的说法,分全书为上下两篇,上篇由卷一《原道》,至卷五《书记》。下篇由卷六《神思》,至卷十《序志》。每篇二十有五,以符合《文心雕龙》原貌。内容方面:除目次以外,书首列有自序、例言及原校姓氏。书末附有刘勰著作二种,刘勰传略,《文心雕龙》重要版本与刘勰《文心雕龙》考评等四部分。又作者基于实际的教学经验,在《文心雕龙》正文之前,有'解题',文后有'注释''语译''集评''问题讨论与练习'。正文的眉端上方有'分段大意',可以说凡足以帮助初学者理解《文心雕龙》的必要步骤,都照顾到了。所以本书在目前来说,应该是一部比较能深入浅出,而又适合多方面需要的入门读物。"②

王更生对于原文的注释比牟世金的《文心雕龙译注》还要细一些。作者在序言中说:"更生筹思十载,聚材盈箧,承前哲今贤之辉光,朋侪古旧之切磋,殚思竭虑,苦心经营,成此一部《文心雕龙读本》上下篇,八十余万言。学者研读《文心雕龙》,欲藉彦和之说以畅此'为文用心'之旨者,本书倘亦犹乎致运之车马,济海之舟航乎!"张文勋也说:"这是一部标准的'读本',尽管在注释、译文等等方面尚有可商榷之处,但作为'读本'而言,这确乎是一部最完备的著作了。"③

在理论阐释方面,王更生的《重修增订文心雕龙研究》是一部最为系统的、全面的研究专著。这部书初版于1976年,名为《文心雕龙研究》,初版时全书是十四章,第一章绪论,第二章梁刘彦和先生年谱,第三章《文心雕龙》史志著录得失平议,第四章《文心雕龙》版本考略,第五章《文心雕龙》之美学,第六章《文心雕龙》之经学,第七章《文心雕龙》之史学,第八章《文心雕龙》之子学,第九章《文心雕龙》文体论,第十章《文心雕龙》风格论,第十一章《文心雕龙》风骨论,第十二章《文心雕龙》声律论,第十三章《文心雕龙》批评论,第十四章《文心雕龙》在中国文学史上之地位。牟世金先生最初得到的就是这个

① 张少康、汪春泓、陈允峰、陶礼天:《文心雕龙研究史》,北京:北京大学出版社2001年,第336页。
② 王更生:《重修增订文心雕龙导读》,台北:文史哲出版社,2004年2月第五版,第107页。
③ 《张文勋文集》第三卷,昆明:云南大学出版社,2000年,第705页。

分为十四章的《文心雕龙研究》本。牟世金评论说：

> 《文心雕龙研究》共十四章，八十二节，其规模仅次于李曰刚的《文心雕龙斠诠》。……第五章以下各章，大都前有引言，后有结语。对各专题“探源竟委”，做了较为系统的论述。从这一基本内容来看，注者自谓本书为“深入而有系统研究”著作，在当时的台湾，可说是当之无愧的。……较为全面而系统的《文心雕龙》论著，这确是第一部。但所谓“全面”，不仅指比之其前而言，也只是就其对《文心雕龙》的经学、史学、子学、美学等其所论及部分而言。其书最大的不足，是忽略了创作论的研究。……其书有关这方面的研究，只有风格、风骨和声律三章，而略于《神思》《通变》《情采》《物色》等大量重要的论题。故其“系统性”，也只是就已论及的部分而言。……但此书虽失之东隅，也还是有他的独到之处，这就是对于《文心雕龙》之美学、经学、史学、子学的研究。这方面的研究虽不完全是对文学理论的研究，也是为深入理解刘勰文学思想所必须的。本书把较大的篇幅用在这方面正以此而形成其书的主要特点。这就不仅独步当时，至今仍无出其右者。①

可以说，王先生的初版本，忽略了历代学人对《文心雕龙》逻辑架构五个板块的划分，把风格、风骨、声律应属于文术论的问题与文体论并列，这就造成了父子同辈，而且对于枢纽论也没有给予应有的重视。对照王更生的《文心雕龙研究》，看看牟世金的评论，可谓公允，真是“平理若衡，照辞如镜”②。牟世金的文章出版于 1985 年，牟世金获得王更生《文心雕龙研究》的时候，王更生早已经出版了替代本——《重修增订文心雕龙研究》。作者自己说：

> 可是甫经出版不久(朱按：指《文心雕龙研究》出版不久)，作者新发现了很多而又必须加以立刻更改的地方。于是经过将近两年的静思熟虑，或增补其阙，或删除其芜。到 1979 年，重修增订本《文心雕龙研究》正式取代《文心雕龙研究》而正式问世。这是一部把《文心雕龙》当成学术来研究的专门著作。③

《重修增订文心雕龙研究》主体目录是：第一章绪论(《文心雕龙》研究的回顾与前瞻)，第二章梁刘彦和先生年谱，第三章《文心雕龙》版本考，第四章《文心雕龙》之美学，第五章《文心雕龙》之史学，第六章《文心雕龙》之子学，第七章《文心雕龙》“文原论”，第八章《文心雕龙》“文体论”，第九章《文心雕龙》“文术论”，第十章《文心雕龙》“文评论”，第十一章结论(《文心雕龙》在“中国文学史”上之地位)。我们从这个重修增订后的目录可以看出，王先生用“以今日之我，非昨日之我”的精神，对 1976 年出版的《文心雕龙研究》做了全面的修订，把原书的十四章，改为十一章。牟世金先生曾经批评过的不足，王更生全部克服了，牟世金先生称赞过的地方全部保留了，学界公认的《文心雕龙》逻辑架构的几个板块，王更生全部照顾到了。其修订的路径，好像是看到了牟先生的评论一

① 牟世金：《台湾文心雕龙研究鸟瞰》，济南：山东大学出版社，1985 年，第 78—79 页。

② 刘勰：《文心雕龙·知音》。

③ 王更生：《重修增订文心雕龙导读》，台北：文史哲出版社，2004 年 2 月第五版，第 106 页。

样,真是英雄所见略同。

牟世金先生对《文心雕龙》系统的理论研究专著是《文心雕龙研究》一书,完稿于1987年,出版于1995年,共分八章三十一节。其目录为:第一章绪论,第二章刘勰,第三章《文心雕龙》的理论体系,第四章文之枢纽,第五章论文叙笔,第六章创作论,第七章批评论,第八章几个专题研究。[①]牟世金先生在该书的自序中说:"对这本书,对现在的观点,也还必将有不同意见、反对意见。这是毫不奇怪的,因为对原著人有他的理解,我有我的理解,只要龙学的终点未到,有不同的理解就是必然的。正因如此,虽然早在1944年便有朱恕之的《文心雕龙研究》问世,近年来,台湾也有王更生、龚菱等人的《文心雕龙研究》陆续出版,本书仍不避其重复,盖特取其'研究'之意。故其中所论,有人异于我者,有我异于人者,研究而已;故本书略于一般性内容的介绍,详于有争议的重大问题,也是出于对龙学的研究而已;故各个部分都提出某些并不是很成熟的新见解,也不过是提出研究而已。"

如果我们把王更生的《重修增订文心雕龙研究》目录与牟世金的《文心雕龙研究》目录做一对照,发现他们之间的差别在于:王更生比牟世金多出了《文心雕龙》之美学、《文心雕龙》之史学、《文心雕龙》之子学。牟世金比王更生多出了《文心雕龙》的理论体系。这些差异,主要是与两位学者的知识结构有着密切的关系。我曾经在拙著《刘勰传》中说:《文心雕龙》就是一个大货厂,"文论家开门一望,看到的是文学理论;写作理论家开门一望,看到的是写作理论;文章学家开门一望,看到的是文章学理论;兵学家开门一望,看到的是兵学理论;哲学家开门一望,看到的是哲学理论,等等"。[②]

他们的这种差别还在于对于《文心雕龙》性质的不同认定。牟世金先生认为"《文心雕龙》是中国古代文论的典型","在中国古代文学理论中的典型意义,主要就在它可说是一部古代中国的文学概论"。[③]基于这种认识,牟世金先生看到的是《文心雕龙》中的文学理论,并且早在1964年就提出"有探讨刘勰自己的文学理论体系的必要"。[④]"文化大革命"后,相继发表了《〈文心雕龙〉的总论及其理论体系》《〈文心雕龙〉理论体系初探》《从刘勰的理论体系看风骨论》《〈文心雕龙〉创作论新探》等。在其专著《文心雕龙研究》中列专章分为四节阐述《文心雕龙》的文学理论体系,认真地梳理出了《文心雕龙》中文学理论的体系,并且较早地理出了头绪,成为《文心雕龙》理论体系研究成果中的第一人。同时对《文心雕龙》中大量的非文学性的东西提出批评,认为"刘勰的文学观念不明确,从他对各种文体的具体论述和要求中可以看得更为清楚……更能说明这方面不足的是《史传》篇……从文学的角度看,本篇就没有什么可称道的了"。[⑤]牟世金先生所批评的《文心雕龙》的这些不足,在王更生先生看来,又正是其闪光点之一,更是刘勰的伟

---

① 牟世金的学生戚良德教授说:"该书最后一章乃是牟先生身卧病榻之时,笔者受先生之托,按照先生自己拟定的章节目录,根据先生已发表的有关论著整理而成;交给出版社时未作说明"。详见戚良德《"龙学"里程碑——纪念牟世金先生逝世二十周年》一文。载《中国诗学研究》第八辑第457页注①。

② 朱文民:《刘勰传》,西安:三秦出版社,2006年,第268页。

③ 牟世金:《文心雕龙研究·绪论》,北京:人民文学出版社,1995年。

④ 牟世金:《近年来〈文心雕龙〉研究中存在的几个问题》,《江海学刊》1964年第1期。

⑤ 牟世金:《文心雕龙研究》,北京:人民文学出版社,1995年,第210页。

大处之一。

王更生认为《文心雕龙》是一部子书，是“文评中的子书，子书中的文评”。[①]因而，王先生不是把《文心雕龙》作为文学理论专著来研究，他是作为一部子书来分解的。他不仅看到了《文心雕龙》中的文学理论，也看到了《文心雕龙》中的子学、经学、史学。更看到了《文心雕龙》全书的两条脉络：一条是经学思想，另一条是史学识见。他说：“常人只知道他（朱按：指刘勰）有《宗经》《史传》两篇，殊不知在《文心雕龙》全书里，‘宗经思想’和‘史学识见’汇成两道纵横交织的主流。‘宗经’是刘勰思想的主流，‘史学’是刘勰运笔的金针。”[②]这是迄今为止，其他龙学家未曾发现的珍珠。刘勰正是在《文心雕龙》中设置了《史传》篇，才显示了他的史学功力。钱穆在《中国史学名著》一书中，评论刘知几的时候，说：“《文心雕龙》之价值，实还远在《史通》之上……《史通》只是评论‘史书’，不是评论历史……我们从此再回头来看刘勰的《文心雕龙》，那就伟大得多了。他讲文学，便讲到文学的本原。学问中为什么要有文学？文学对整个学术应该有什么样的贡献？他能从大处会通处着眼。他是从经学到文学的，这就见他能见其本原、能见其大，大本大原他能把握住……刘勰讲文学，他能对于学术之大全与其本原处、会通处，都照顾到。因此刘勰并不得仅算是一个文人，当然是一个文人，只不但专而又通了。”[③]王更生先生或许是受了钱穆的启发，才看到了刘勰《文心雕龙》中的这些妙处，看到了《文心雕龙》的两大脉络。事实上，刘勰设置《史传》篇，也是把史学著作的纪传作为文体来研究的，依然是本着“原始以表末，释名以章义，选文以定篇，敷理以举统”的原则来叙述纪传文体的。而且刘勰不仅每一篇文体用的是史法，而且《文心雕龙》的全书也用的是史法。这一点王更生在《文心雕龙读本》的《绪论》中一一举例说明，此不赘述。

（三）牟、王二人学术成果的特点

纵观牟世金和王更生两人的学术成果，我们可以看出都是在强调自己的民族特色。

牟世金的文论专著就是《文学艺术民族特色试探》，这部书的内容，虽然是几篇已经发表的论文的集结，但是，最初却是牟世金先生1978年春天在山东省创作办公室召开的文艺理论讨论会上的发言稿，原本就是一篇有系统性的著作。牟先生“通过对中国古代诗论、文论、画论、乐论、舞论以及书法、戏剧理论进行综合研究，来探讨中国文学艺术的民族特色及其发展的规律问题”。[④]在《文心雕龙研究》一书的末尾一章中，专设一节《从〈文心雕龙〉看古代文论的民族特色》。

王更生在《〈三民主义〉文艺创作原理初探》[⑤]说：“如果我们的文艺创作，丧失了中华固有的本根，则其既无国界，又无民族风格，徒具文艺作品的形式，自然便毫无生命价值

---

① 王更生：《文评中的子书，子书中的文评》，载《书评书目》第33期，1976年1月。

② 王更生：《文心雕龙读本》，台北：文史哲出版社，2004年10月，第29页。

③ 钱穆：《中国史学名著》，三联书店，2001年，第125—132页。

④ 戚良德：《牟世金传略》，见牟世金《雕龙后集》，济南：山东大学出版社，1993年，第483页。

⑤ 该文初刊《幼师学志》十七卷第四期，后收入王更生《更生退思文录》，台北：文史哲出版社，1997年7月，第171—211页。

可言……民国以来，学者常拿西洋的名词，乱在我国文艺发展上贴标签……这种不顾民族文化的特色，强与西洋文艺思潮相牵合的现象可说愈演愈烈。”这是就文艺创作强调民族性。而且，对于台湾现实社会崇洋媚外的现象，斥之为“台湾的文化贫血病”。[①]再看他对于“龙学”研究中的民族情感，也是主张强调民族性特色。王更生说：近年对于《文心雕龙》的研究有了突破性的发展，“不幸的是大家太牵拘西洋的名词，乱向《文心雕龙》贴标签，说它是中国最具系统的一部‘文学评论’专著，刘勰是‘中国古典文论专家’。可是，我们经过反复揣摩，用力愈久，愈觉得《文心雕龙》自有它独特的面目。因为我国往昔对作品多谈‘品鉴’，无所谓‘批评’，这种西方习见的名词，用到我国传统的著作上，总觉得有点不对劲。即令是勉强借用，而《文心雕龙》亦绝非‘文学评论’或‘文学批评’，这种单纯的意义所能范围”。[②]

总之，在他们二人的学术著作中，很少有用什么“浪漫主义”“古典浪漫主义”“写实主义”“唯美主义”等西洋名词去生吞活剥地套用在中国古代文论的现象。

四、政治态度及其信仰比较

牟世金1949年参加中国人民解放军，1955年转业到地方，1984年加入中国共产党，1983年冬天在山东大学组建《文心雕龙》研究室，并担任主任，成员有张可礼、龚克昌、于维璋、凌南申、滕咸惠、萧华荣等研究者，这个职务，只是为了更好地推动“龙学”研究。1988年出任山东大学中文系主任，曾兼任中国《文心雕龙》学会常务理事及秘书长、中国古代文论学会常务理事、山东大学文科学术委员会主任、山东大学中文系学术委员会主任等学术职务。而他出任系主任是不得已的情况下才同意接任这一职务的。按照他的本意是做一名全心全意埋头学术的人，1988年出任系主任时已是推辞两届了。关于这一问题，他在《文心雕龙研究·自序》中谈到该书没有能够按时向出版社交稿时说：“可事与愿违，我这个从未染指于行政的书生，真所谓‘在劫难逃’，已推过两届系务，这次却推之不掉了。这就是此书延迟到龙年的历史安排。”我们可以从中看出一个问题，牟先生六年的军旅生涯，未能加入中国共产党组织里面去，当系主任是“事与愿违”，而且是已经推辞过两届之后不得已而为之。1984年加入共产党是邓小平再次把知识分子看成是工人阶级的一部分之后了。可见他对于政治是淡漠的，对于从政不感兴趣的。牟世金政治淡漠的另一个表现，是在他的学术论著中，找不到政治性的术语和马列主义标签，更看不出他有跟风的倾向。他在《文心雕龙研究》的序言中说：“以《研究》为名的‘龙’著先我而出者虽多，但新中国成立之后，这还是第一部；从另一角度说，本书未曾引证一句马克思主义的经典著作，这固因我习之未精而有恐误用，却是力图用其观点、立场和方法来研究问题，这样的尝试，也是第一次。”这些话，在我看来，是牟先生回避政治的一种障眼法。他明白，“龙学”已经成为世界显学了，这个领域的学者，持各种政治立

① 王更生《台湾的文化贫血病》一文，收入王更生《更生退思文录》，台北：文史哲出版社，1997年7月，第313—319页。

② 王更生：《重修增订文心雕龙导读》，台北：文史哲出版社，2004年2月，第10—11页。

场的人都有，既然是搞学术，就要把它看成是世界性的“公器”，避免刺激一些不同政治观点者的神经。这正是牟先生的又一高明处。

王更生先生1948年春夏之交，加入国民党军，流落到台湾，旋脱离军旅生活，从教期间从小学的教导主任，到小学的校长，从中学的训导主任、教导主任到专科学校的校长都干过。这期间的1955年再次应征入伍训练。对此王更生的感受是：“此次常备兵入伍受训，共一年四个月，在人生中，给我留下极深刻的烙印，为以后鞭策我继续读书，从事学术研究的重要动力。”[①]1964年曾被派往台湾“中兴山庄革命实践研究院党政班第十三期受训”，可知王更生先生是中国国民党党员，而且在青少年时期曾立志当一名“游击军司令”，对于军界的高官表现出极为羡慕的神情。这一点从他学生的文章中看得出来。他的学生王基伦说：“王老师离开大陆的时候，正是上战场的年纪。有一回在课堂上他不经意地说出，小时候的志愿是当游击军总司令。好一个有志疆场的爱国青年！我读研究所期间，寄住在大伯父家。不知为了什么事情，老师忽然打电话来，电话那头是家伯父接的。两个互不相识的外省人，一个河南，一个山东；一位现任大学教授，一位军人行伍出身；同样用北方官话，有说有笑地聊了许久。过几天老师还问我，大伯的年纪、官阶、谈吐等。我告诉他是陆军总部参谋退伍，只见老师眉宇间流露出欣羡的神色，还赞叹了几句。”[②]我们从李平教授的《论王更生的〈文心雕龙〉研究》得知，王更生还是一位资深的中国国民党中央委员。[③]过去，我看到王更生先生对于杨明照褒扬有加，而对于范文澜的大著《文心雕龙注》的《驳正》，虽然有许多闪光点，但是总体上给人一种苛刻之嫌，反复琢磨而不得其解，直到2009年年末，读了李平教授的《文心雕龙研究史论》才使我恍然大悟，原来是政治作祟。王更生和范文澜分别是对立的两个政党中的中央委员，是王更生先生把政治带入了学术领域的缘故。王更生的政治态度，我们还可以在其早年的“龙学”著作里不时遇到“共匪”一词可见。再者，王先生在其著作里对于蒋氏父子的崇拜之情不时地流露出来，是孙中山三民主义的信仰者。这一点有他的专著《三民主义文艺的创作原理》《中国国民党与中华文化》《我们的国名》《我们的国旗》《我们的国歌》《我们的国徽与国花》等著作可以作证。相反，在牟世金先生的著作中，政治性的情绪就鲜有流露。

总之，我们纵观这两位“龙学”界的大家，牟世金对于政治非常淡漠，对于从政，几乎到了回避的地步，其志向就是努力在学术上做出成就，以此贡献于中华民族。而王更生一直在政治与学术的矛盾中煎熬，虽然最终以学术成就显耀于中华民族，但时常有“人在江湖，心存魏阙”的心态，当然，这也是大丈夫应有的心态。刘勰《文心雕龙·程器》篇曰：“安有丈夫学文，而不达于政事哉？”

---

① 《王更生自定义年谱初稿》，台北：文史哲出版社，2007年，第29页。

② 王基伦：《坚毅自持的长者——追悼吾师王更生先生》，“中央网络报”文讯杂志第299期——《人物春秋》。

③ 李平：《文心雕龙研究史论》，合肥：黄山书社，2009年10月，第366页。

五、余论

我们通过对“龙学”界的两位大家王更生和牟世金先生的人生际遇、成才之路径、学术成果以及政治志向的比较，可以说，他们二人的共同处太多。首先是二人同年同月生于大陆的商人家庭，同是读了中等师范学校，同是在中国的战乱时代参加了军旅生涯，在考入大学之前，皆在社会上挣扎蹒跚了一阵子，最终体会到，只有读书科研才是适合于自己的性格与特长。这段的生活感受，不见牟世金的文字资料，今将王更生对自己的感受转录如下：“少小离家，老大难回，我的命运，随着战争的魔棒起舞，忽而西北边疆，忽而大海东南，忽而硝烟弥漫，忽而饥寒交迫，无依无靠，无兄无弟，天涯路阻，乡关何是？如丧家之犬，如亡命之徒，几度晨昏。”①像王更生的这种苦难，牟世金是没有足够的体验，至少在程度上有很大的差别。牟世金在大陆上从军是考入军政大学，此后在青岛驻军，没有战争的苦难。到地方上之后，处在温饱之中，又没有家室之累，且有父母兄妹间的相互鼓励和慰藉。就这一点来说，王更生的生活经历使他意志更坚强，生存技能更具有韧性。

从二人学术成果的质量来看，都是掷地有声的佳作，其深度也都是同类著作的上乘。以“龙学”为例，从《文心雕龙》版本考订，到文本校勘、译注；从理论阐释，到内容分解；从刘勰本人的生平，到东莞刘氏家族世系；从刘勰所处时代，到刘勰思想渊源；从《文心雕龙》产生的历史条件，到后世的影响，均一一发掘。“龙学”成果的架构也非常相似，不仅独步生前，就是去世之后，也未有出其右者；就其成功雕画“全龙”来说，舍此二者，当今找不到第三人。

但是，他们毕竟是海峡两岸不同教育制度下，不同师承下的成功者。我们从其著作的涉猎范围来说，牟世金认为“‘龙’门深似海”，必须做深做透，“不愿半途而废”，他的志向是在古典文论上做深做大。据说他计划把《文心雕龙研究》交稿之后，专心撰写《中国古代文学艺术理论史》的课题，但是，老天夺命，壮志未酬。可见，牟世金先生是朝着“专”的方向奋进。

从王更生的著述成果来看，他涉猎范围广博得多，不仅对古代散文、诗词有着精湛的研究；不仅是一位古典文论家、古典文学研究家，而且对于经学、子学亦有深厚的学养。同时对于历史学也很有研究。这表现在他为《中华文化百科全书》撰写了《历史》《氏族》《工技》《文学》等篇章，还参与《白话资治通鉴》的语译工作，翻译了《周纪》和《秦纪》八卷，约十三万字。他的方向，不仅是自我要求把某一门学问做得深透，而且还向着通人的方向冲去，而且也已经冲到了他想要冲到的位置。

他们二人的“龙学”成果除了上面介绍的以外，还在于他们构建了海峡两岸和中外“龙学”交流的桥梁。牟世金千方百计搜集资料撰写了《台湾文心雕龙研究鸟瞰》《日本文心雕龙研究一瞥》，让国内的同行了解海外的“龙学”。而自己走出国门，访问日本，还

① 王更生：《更生退思文录·自序》，台北：文史哲出版社，1997年7月。

直接促成1984年11月在上海举行的中日学者《文心雕龙》学术讨论会。王更生在海峡政治风云笼罩的形势下，从1969年开始，到1979年，历时十个寒暑，期间跑到香港去搜集大陆上“龙学”研究的资料，选出三十八篇文章，编成一部《文心雕龙研究论文选粹》，供台湾同行参考。自己又把台湾的“龙学”成果，编成一部《台湾近五十年〈文心雕龙〉研究论著摘要》，以供学界更好地了解“龙学”成果。遗憾的是这两位彼此仰慕已久的“全龙”雕画者，上帝不安排他们会面的机会。1988年11月国际龙学会议在广州召开，此时的牟世金听说会议已经邀请到王更生与会，已经身患恶疾的牟世金在夫人赵璧清的陪同下，抱病赶到广州，为的是能够与王更生晤言一室，共论龙学。但是，终因台湾风云阻隔，未能如愿。会后王更生接香港龙友陈耀南书信和黄维梁写的会议报道信息，深感因为自己的缺席而伤心。牟世金逝世的第二年正月，也是王更生离开大陆四十一年后第一次获准到大陆探亲，专程到济南祭奠“这位志同道合永未谋面的知音”——牟世金。1995年的北京龙学国际会议开幕式上，王更生又用了大约三十分钟的时间讲述他在大雪纷飞之日，到济南祭奠牟世金的经过和“睹物神伤”的悲情。他们这种“神交”的友谊，使我们看到了学术的力量能够化解一切政治分歧，他们两人为了学术而表现出来的热血心肠，也为后人树立了榜样。

今年是牟世金先生一手筹划创立的中国《文心雕龙》学会成立三十周年，我们把刘勰研究的两位功臣，“全龙”的雕画者——牟世金和王更生两位先生做一综合比较研究，也算是对二位龙学家的一种纪念，不当之处，敬请方家教正。

牟世金先生与齐鲁“龙学”*

张　然

《文心雕龙》作为中国古代文论的扛鼎之作，对其研究的著作数量可谓蔚为壮观。虽然刘勰此书只有区区不到四万言，但据最新统计，关于这部书的研究专著已超过六百种，专题论文近万篇。[①]若说关于《文心雕龙》的研究已成显学，恐无人诘问。

学界公认现代“龙学”发端于黄侃在北京大学讲授《文心雕龙》[②]，其后将授课讲义汇集成的《文心雕龙札记》更成为不朽的经典之作。自黄侃初登北大讲坛的1914年至今，逾百年的历史让“龙学”研究渐渐有了以地域来命名的几大主要流派。目前，学界偶有学者在论文中提及各个“龙学”学派，如李建中、李锋的《刘永济与珞珈龙学》[③]，此篇论文于篇首谈及“京派龙学”“巴蜀龙学”“海派龙学”“齐鲁龙学”“珞珈龙学”这五大“龙学”流派的主要特征。再如刘业超的《刘永济对现代龙学研究的历史性献功》[④]，此篇论文于篇末对比了“珞珈龙学”与“海派龙学”“京津龙学”“巴蜀龙学”“齐鲁学派”的主要区别所在。就笔者目前所见的研究成果，以学派称之的论文只有这两篇，暂可认定李建中、李锋二人是“龙学”界首次提出“龙学”流派之称的学者。

当然，《文心雕龙》研究作为一门显学，研究它的地域不止这五地。李文、刘文两文所举五大“龙学”流派也是从目前的“龙学”研究情况考量，择研究历史与成果较为突出者而命名之。至于考量的标准，李文和刘文都没有明确说明。以笔者之见，考量标准或可包括以下几点：第一，这五大“龙学”流派都有非常突出的代表人物。“京津龙学”的代表人物是黄侃和范文澜；“海派龙学”的代表人物是王元化；“巴蜀龙学”的代表人物是杨明照；“齐鲁龙学”的代表人物是牟世金；“珞珈龙学”的代表人物是刘永济。第二，这五大“龙学”流派都有非常经典的代表著作，“京津龙学”的代表作是《文心雕龙札记》《文心雕龙注》；“海派龙学”的代表作是《文心雕龙创作论》；“巴蜀龙学”的代表作是《文心雕龙

---

* 基金项目：山东省社会科学规划研究青年项目“章黄学派与20世纪古典文学研究”（批准号：18DZWJ01）阶段性成果。山东大学人文社会科学重大研究项目“《文心雕龙》汇释及百年‘龙学’学案”（17RWZD04）阶段性成果。

① 戚良德：《21世纪“龙学”的三大发展》，《上海师范大学学报（哲学社会科学版）》2017年第2期。

② 对于近代“龙学”的时间起点，也有学者持不同观点，如户田浩晓在其《文心雕龙研究》中认为李详于1909年发表的《文心雕龙黄注补正》是近代“龙学”的起点，再如张文勋在其《文心雕龙研究史》中认为近代“龙学”的确立于1949年后。

③ 李建中、李锋：《刘永济与珞珈龙学》，《中国文化研究》2011年冬之卷。

④ 刘业超：《刘永济对现代龙学研究的历史性献功》，《邵阳学院学报》2017年第1期。

校注》《文心雕龙校注拾遗》；"齐鲁龙学"的代表作是《文心雕龙译注》《文心雕龙研究》；"珞珈龙学"的代表作是《文心雕龙校释》。第三，这五大"龙学"流派都有非常强的接续性[①]。本文拟对齐鲁"龙学"的形成与发展做一番梳理，这在学界尚属首次。

一、齐鲁"龙学"的形成与发展

齐鲁"龙学"，可从素有"龙潭"美誉的山东大学论起。据不完全统计，山大中文学科"四大金刚"之一的陆侃如教授，在 1961 年至 1962 年短短两年间，就有十六篇"龙学"论文和一部"龙学"专著问世。学术成果之多、质量之高，陆先生在两年间爆发出的这种学术之力，得益于他前期长久地对古典文学及《文心雕龙》研究的精深与不辍。牟世金先生是陆先生的学生和助手。1962 年在《山东文学》发表的"《文心雕龙》简介"系列，便是他们二人合著。该系列从刘勰的生平思想到《文心雕龙》的文体论、文学与现实的关系、内容与形式的关系、创作论、批评论、作家论等诸多方面，对《文心雕龙》进行了全方位的介绍与述评，这一系列论文也为牟先生日后"龙学"研究的全面性奠定了坚实的基础。师徒二人还选择了《文心雕龙》中的二十五篇进行翻译，于 1962 年、1963 年出版了《文心雕龙选译》(上、下)，这是《文心雕龙》研究史上的第一个译注本。二十年后，在《选译》的基础上，牟先生补全了其余二十五篇，并加以修改，出版了《文心雕龙译注》。此后，牟先生对"龙学"进行了全方位的开拓。如对刘勰的家世生平进行了集中研究，著有《刘勰年谱汇考》；在《文心雕龙》理论体系方面的研究更卓著，《文心雕龙研究》便是这方面的代表作；而对于大陆"龙学"研究之外的情况，他亦非常关注，《台湾文心雕龙研究鸟瞰》便是从多方面对台湾近三十年的"龙学"做出评介的专著。

牟先生是迄今为止齐鲁"龙学"中最杰出的代表学者，一生有十余种"龙学"专著，六十余篇"龙学"论文，他在注、译、考、论四方面都有高质量的著述，戚良德先生誉其为"二十世纪最全面的'龙学'家"[②]，名副其实。牟先生除在学术上对"龙学"有突出贡献外，他还是中国《文心雕龙》学会建立之初的重要发起者和创办人，王元化先生曾谓："世金同志可以说得上是《文心雕龙》的功臣。这一点，有他的大量论著可以为证。他也是全国《文心雕龙》学会的倡议筹建者，学会的繁杂事务几乎都是由他承担起来的，因此学会倘在学术界有所贡献，首先得归功于他。"[③]张少康先生评曰："在《文心雕龙》学会的产生和发展过程中，世金是主要的核心人物和真正的功臣。"[④]牟先生为 1982 年于山东济南举

① 笔者所指"接续性"，有两个考察维度，第一是师承方面有接续性，即某人与某人之间有直接或间接的教学传承关系，学生往往因老师的影响而走上"龙学"研究的道路，直接的师承如黄侃之于范文澜，间接的师承如黄侃之于李曰刚。第二是地域方面的接续性，即主要以学术成果的诞生地相同为考察标准。当然，这两个维度不可避免地有着互相交融甚至是彼此依托的关系。

② 戚良德：《论牟世金先生的〈文心雕龙研究〉》，《中国〈文心雕龙〉学会第十四次年会论文集》(内蒙古师范大学，2017 年)，第 676 页。

③ 王元化：《〈文心雕龙研究〉序》，牟世金：《文心雕龙研究》，北京：人民文学出版社，1995 年，第 2 页。

④ 张少康：《纪念"〈文心雕龙〉的功臣"——谈谈牟世金的〈文心雕龙〉研究》，戚良德主编：《儒学视野中的〈文心雕龙〉》，上海：上海古籍出版社，2014 年，第 5 页。

办的第一次《文心雕龙》学术研讨会和1983年于山东青岛举办的中国《文心雕龙》学会成立大会，付出了巨大的心血。在学会成立大会上，他被选举为秘书长，山东大学是学会首个会址所在地。陆侃如先生的研究生、山东大学教授张可礼，作为学会筹备时的工作人员，曾专门撰文《忆念中国〈文心雕龙〉学会的成立》[①]。此文不仅回顾了学会的成立不易，更以事实展现了牟先生对学会成立及发展的巨大贡献。同时，张先生还是1983年山东大学为推进“龙学”研究而成立的、由牟先生任主任的“《文心雕龙》研究室”中的第一批成员，有多篇“龙学”论文发表。山大首批“《文心雕龙》研究室”成员还有于维璋、萧华荣两位教授，前者著有《刘勰文艺思想简论》一书和多篇“龙学”论文，后者则是“龙学”研究史上被誉为《文心雕龙》研究小百科全书的《文心雕龙学综览》的副主编，这两位同样是齐鲁“龙学”不可忽视的学者。山大教授冯春田则利用自己的专业背景，从古汉语词汇训诂的角度对《文心雕龙》做了考释和探源的研究，代表著作有《文心雕龙》“三释”：《〈文心雕龙〉释义》《〈文心雕龙〉语词通释》《〈文心雕龙〉阐释》。现任中国《文心雕龙》学会副会长戚良德先生是牟先生的研究生，一直以来专注于“龙学”研究，对牟先生“龙学”研究的全面性特色有充分的继承。他既有《文心雕龙校注通译》之专注于文本研究的成果，也有《〈文心雕龙〉与当代文艺学》之融通古今文论的理论之作，还有《文心雕龙学分类索引》之网罗1907—2005年近百年“龙学”成果的少见的“龙学”工具书。此外，在单篇论文方面，他力求研究视角多元，如《〈文心雕龙〉与中国文论话语体系》《文章千古事——儒学视野中的〈文心雕龙〉》《〈文赋〉与〈文心雕龙〉比较研究》等。他还注重梳理“龙学”研究史，如《历史的选择——关于〈文心雕龙〉的美学研究》《“龙学”里程碑——牟世金先生与20世纪的〈文心雕龙〉研究》《21世纪“龙学”的三大发展》等。此外，他与其学生李婧合作论文《论范文澜〈文心雕龙注〉对黄侃〈文心雕龙札记〉的承袭》，指出范注对《札记》的承袭几达70%。此文可说是从一个全新的角度对“龙学”史进行了解读，提供了一个学术薪火代代相传的范例。以戚良德先生为首席专家的2017年国家社科基金重大项目“《文心雕龙》汇释及百年‘龙学’学案”，是“龙学”的第一个国家社科基金重大项目，已成为“齐鲁龙学”的一个重要事件。同时，戚良德先生近些年还致力于《文心雕龙》的大众化与普及化。由其主编的《中华优秀传统文化读本》，将《文心雕龙》作为一章，以平实的笔法介绍了刘勰与《文心雕龙》，并提出“无论在古代还是现代，《文心雕龙》都应该是一部提升我们文化修养的具有现实意义和指导意义的教科书”[②]。实则齐鲁“龙学”在《文心雕龙》普及这一方面自陆侃如、牟世金两位先生已肇其端，无论是《文心雕龙选译》还是《译注》都对《文心雕龙》的普及做出了很重要的贡献。2018年，戚良德先生应邀在中国大学MOOC(慕课)国家精品课程在线学习平台推出了《文心雕龙导读》。此学习平台由高教社联手网易推出，其开办宗旨是让每一个有提升愿望的用户能够学到中国知名高校的课程。截止2018年4月，已有一万五千余人参与了此课程的APP终端学习。可以说，这种《文心雕龙》的普及效果是很明显的。

① 张可礼：《忆念中国〈文心雕龙〉学会的成立》，《文史哲》2014年第1期。

② 戚良德：《中国优秀传统文化读本》，石家庄：河北人民出版社，2017年8月，第252页。

在刘勰的祖籍山东莒县，也有数位在“龙学”研究方面孜孜以求的学者，他们大多是当地中学的教师。成果最突出的是山东省莒县第三中学高级教师朱文民先生。他著有多篇“龙学”论文，并出版有《刘勰传》《山东省志·诸子名家志·刘勰志》。朱先生的同事唐正立老师，则结合自己的工作出版了《〈文心雕龙〉与校园文学创作》，对指导校园文学创作有一定意义。他还出版了长篇历史小说《旷世刘勰》。原山东省莒县一中校长杨月映，倡导学校积极开发《文心雕龙》特色校本课程，自 2011 年 9 月起，开展《文心雕龙》进课堂活动，这对《文心雕龙》的普及与推广有重要意义。他与该校原教导处主任杨志刚在 2013 年的中国《文心雕龙》学会年会上提交的论文《〈文心雕龙〉进入中学课堂的实验与研究》一文，引起了不少与会学者的高度关注。此外，临沂大学亦有数位“龙学”学者，贾锦福为其代表，他在 1993 年便主编了国内第一部《文心雕龙辞典》，2010 年又出版了该书增订本。

齐鲁大地作为刘勰的祖籍所在，于这片土地上的《文心雕龙》研究者来说，从事刘勰和《文心雕龙》研究有着一种天然的亲切感和弘扬并继承本地域优秀传统文化的历史使命感。从研究团体来说，不仅山东大学在上世纪八十年代就成立了“《文心雕龙》研究室”，在刘勰的祖籍日照地区，也成立有日照市《文心雕龙》研究会，以及朱文民先生主持的莒县刘勰《文心雕龙》研究所。从培养后续力量来说，山东大学非常注重对年轻研究者的培养。以中国知网为检索依据，近五年内（2013 年至 2017 年）以“《文心雕龙》”为关键词的博硕学位论文中，学位授予单位为山东大学的博硕学位论文数量最多，为六篇（实则更多），其中博士学位论文只有一篇，来自山东大学。而在山东省，“龙学”研究的民间力量或说非高校力量，在全国亦居于前列。日照市《文心雕龙》研究会中不少会员都是非专门的科研人员，而日照莒县当地的中学教育中，引入《文心雕龙》作为教学内容的学校也越来越多。对青少年普及推广《文心雕龙》的工作，山东省是居于领先地位的。

当然，一个学派能够异于其他学派而单独存在，缘于它不同于其他学派的主要特点。这种主要特点是其能够成为“某某学派或流派”的核心所在。通过前述梳理，笔者试为齐鲁“龙学”做如下概括：“齐鲁龙学”乃是以二十世纪五六十年代陆侃如先生在山东大学传授《文心雕龙》为发轫，由牟世金先生予以全面发展，经过张可礼、于维璋、冯春田等先生添柴加薪，并由戚良德先生发扬光大的一个《文心雕龙》研究流派。代表学者及其经典作品有陆侃如、牟世金《文心雕龙译注》，牟世金《文心雕龙研究》《刘勰年谱汇考》《台湾文心雕龙研究鸟瞰》，冯春田《文心雕龙阐释》，戚良德《文心雕龙校注通译》《文心雕龙学分类索引》等。该流派的主要特点在于始终致力于《文心雕龙》的译释以及“龙学”史的研究。

二、牟世金先生奠定了齐鲁“龙学”的全面性

牟世金先生自 1956 年考入山东大学中文系，1960 年留校任陆侃如先生的助手，至 1989 年不幸病故，他的学术生涯其实并不长，但他在研治《文心雕龙》的过程中，兢兢业业，硕果累累，专著十余种，论文六十余篇。其“龙学”成就之高，有学者誉其为百年《文

心雕龙》研究中，后五十年内的“佼佼者”[①]。作为“龙学”界不多见的在注、译、考、论等多方面都做出重要贡献的“龙学”大家，这一赞誉对牟先生毫不为过。

若以时间为序，我们可为牟先生列出一份令人敬佩的代表作名录。这些代表作的研究对象不限于一个领域，完全涵盖了“龙学”之注、译、考、论等诸方面。其《文心雕龙译注》(1981 年上册出版、1982 年下册出版)是《文心雕龙》第一部全本的现代汉语译注本；其发表于《中国社会科学》上的论文《〈文心雕龙〉的总论及其理论体系》(1981 年)是学界第一次对《文心雕龙》理论体系的全面且系统的论证；其《台湾文心雕龙研究鸟瞰》(1985 年出版)是学界对台湾“龙学”进行研究的首创之作；其分三次在《社会科学战线》发表的长文《“龙学”七十年概观》(1987 年发表上、中两篇，1988 年发表下篇)是龙学界第一次对近现代“龙学”的形成与发展做具有“简史”意味的系统论述；其《刘勰年谱汇考》(1988 年出版)至今仍是刘勰生平研究中的集大成之作；其《文心雕龙研究》(完稿于 1988 年，出版于 1995 年)至今仍被学界推为《文心雕龙》综合研究中的扛鼎之作。可以说，牟先生的“龙学”研究是全方位的，并在许多领域具有开创意义。因此，谓其奠定了齐鲁“龙学”全面性的研究特征，当不为过。

(一) 对《文心雕龙》的注释和今译

我们可以其《文心雕龙译注》和《文心雕龙研究》两部代表作为例，较为深入地评析牟先生“龙学”研究的全面性特点。前文曾提及《文心雕龙译注》是在《文心雕龙选译》的基础上增加、修订完成的，但从译注水平上来看，正如戚良德先生所言：“《文心雕龙译注》实际上已成面目全新之作。”[②]牟先生不仅将《选译》未收之二十五篇全部收录进《译注》，还仔细修订了原有的二十五篇。这部《译注》在“龙学”研究史上的地位和意义，不仅体现在无论是前出的《选译》还是后出的《译注》都是学界对《文心雕龙》做部分翻译和全文翻译的较早尝试；同时，还体现在时至今日《文心雕龙译注》已历 1981—1982 年版、1995 年版、2009 年版，共三版，用“盛行不衰”一词来形容可谓十分恰当。张少康先生曾明确指出该书旺盛的生命力源于其自身明显的优点——“正确、精炼、通俗”[③]，此处我们可借助张先生的这六字评价来简析一下《译注》的特质。

重点要谈的是第一点“正确”，牟先生曾明确表示：“‘龙学’工作有一个重要特点，它的理论研究和校注译释虽然各别，却又密不可分。《文心雕龙》的文字，本身就是表述理论的文字；而这种文字又必须通过校注译释，才能准确地把握其理论意义。建立在不准确的文字理解基础之上的理论大厦，可能被人轻轻抽掉几块基石而全部倾塌。”[④]牟先生对《文心雕龙》的校勘充分利用了唐写本和《太平御览》等，如《明诗》“至于三六杂言，则

---

① 吴云主编：《魏晋南北朝文学研究》，北京：北京出版社，2001 年，第 699 页。

② 戚良德：《“龙学”里程碑——牟世金先生与 20 世纪的〈文心雕龙〉研究》，《文史哲》2011 年第 5 期。

③ 张少康：《纪念“〈文心雕龙〉的功臣”——谈谈牟世金的〈文心雕龙〉研究》，戚良德主编：《儒学视野中的〈文心雕龙〉》，第 6 页。

④ 牟世金：《〈文心雕龙〉研究的回顾与展望——祝〈文心雕龙〉学会成立并序〈文心雕龙研究论文选〉》，《文心雕龙学刊》(第二辑)，济南：齐鲁书社，1984 年，第 54 页。

出自篇什；离合之发，则明于图谶”，牟先生对“明”字注曰：“唐写本作‘萌’，起源的意思。译文据‘萌’字”[①]；再如《论说》“昔仲尼微言，门人追记，故仰其经目”，牟先生对“仰”字注曰：“《太平御览》卷五九五作‘抑其经目’，指不敢称‘经’。抑：谦退。”[②]此外，他还充分考量了黄侃、范文澜、杨明照、周振甫等诸家的校勘成果，并对他们的说法有吸收，有补正，有正谬。如《书记》“观此四条”，诸家多疑有误，如黄叔琳疑为“数条”，范文澜疑为“六条”，杨明照、王利器疑为“众条”。牟先生却云：“按，《练字》篇有‘凡此四条’之说，《指瑕》篇有‘略举四条’之说。本篇的‘四条’不误。上文说‘笔札杂名，古今多品’，则以上六类属‘多品’，每类各四名，即‘四条’。下文说‘或事本相通，而文意各异’，正指每类之内的四条而言，如‘律’、‘令’，‘契’、‘券’等，就是相通而各异的，各类之间就不存在这种情形。‘四条’当是‘各类四条’之省。”[③]简言之，牟世金先生在前贤校勘成果的基础上，并未安于现状，而是精研覃思，利用对校法、本校法、他校法、理校法等多种校勘手段，上下参稽，旁征博引，常有新见。有了扎实的校勘基础，牟先生于词语释义方面同样精审详核。他曾自述：“在注释上，更大量的工作还是对一般字句的注解。”[④]他的确也是如是做的，在《译注》中会发现一些为大多数注者所不屑为注的词语注解，如《才略》“李尤赋、铭，志慕鸿裁”，周振甫先生译为：“李尤的辞赋铭文，有志追求巨大的体裁”[⑤]，但牟先生通过遍查李尤的赋、铭，发现存世的李尤之赋有五篇，铭有八十余篇，其中铭全部为四句十六字的短篇。因此，他提出：“这里的‘鸿’，不指篇幅的鸿大，而是说意义的巨大。”[⑥]也正是因为他注重对一般字句的注解，不望文生义，更不人云亦云，同时，他还不会跳过诸家都公认的难点，这种学术精神指引下的《译注》一书，注释总条数高达 5448 条。据朱文民先生多方比较，这一总数在“同时期出版的同类著作中是无人可比的”。[⑦]注释条数高产量的同时，其质量也同样很高，有的注释甚至可以说是首创性的。如《史传》“宣后乱秦，吕氏危汉”，范注以“乱”为淫乱[⑧]，并认为典故源于《史记・匈奴列传》，诸家皆从。牟先生却以《史记》的《穰侯列传》和《范雎蔡泽列传》为证，提出“宣后乱秦”与“吕氏危汉”性质相同，都表明了刘勰从封建正统观念出发反对妇女参与国政，而并不应该是“淫乱”之义[⑨]。此后，诸家注解多从牟说。再如《书记》“休琏好事，留意词翰”中的“好事”，范注曰：“彦和谓其好事，必有所本，不可考矣。”[⑩]周振甫先生将“好事”译为“爱好记录时事”[⑪]。牟先生对此着墨颇多，他以《三国志・魏书・王粲传》裴松之注引《汉书》以及《后

① 陆侃如、牟世金：《文心雕龙译注》，济南：齐鲁书社，1995 年，第 147 页。

② 同上，第 265 页。

③ 同上，第 354 页。

④ 牟世金：《〈文心雕龙〉的范注补正》，《社会科学战线》1984 年第 4 期。

⑤ 周振甫：《文心雕龙今译(附词语简释)》，北京：中华书局，2013 年，第 426 页。

⑥ 陆侃如、牟世金：《文心雕龙译注》，第 565 页。

⑦ 朱文民：《牟世金先生与文心雕龙学》，《纪念牟世金先生诞辰九十周年学术研讨会文集》，2018 年，第 96—97 页。

⑧ 范文澜：《文心雕龙注》，北京：人民文学出版社，1958 年，第 296 页。

⑨ 陆侃如、牟世金：《文心雕龙译注》，第 244 页。

⑩ 范文澜：《文心雕龙注》，第 473 页。

⑪ 周振甫：《文心雕龙今译(附词语简释)》，第 232 页。

汉书·应劭传》《后汉书·班彪列传》等记载为证，认为“好事”指“缀集时事”以写史书[①]。

石家宜先生赞扬道：“作者博取众长，尊重权威，但更尊重科学，他对所引的每一条资料包括范注的全部引文都找原文查核，从不用第二手资料，这种尊重历史的基本态度贯穿在整个校注工作中。……正是这种执着的注重论据使牟著充满了首创性。”[②]可以说，《译注》全方位体现了牟先生在文字校注方面的深厚功力和谨严精神。他曾对《文心雕龙》校注提出过几点意见：一、改字宜慎；二、出典求精；三、强加注义[③]。笔者认为，这三点虽出自上世纪八十年代，但放到今天仍不过时，值得后辈学人引以为戒。

扎实的校注使牟先生的译文同样带有“实”的特点——忠实，其译文以忠实于原文的正确为第一要务。《译注》翻译多采用直译，力戒主观任意的发挥，以求忠实于原著。如《练字》“是以前汉小学，率多玮字，非独制异，乃共晓难也”。诸家在这一句的翻译上有着不小的差异，如周振甫先生译为：“因此前汉讲文字的书，往往多奇异的字，不仅当时的制度和后来不同，也是所用文字大家难懂。”[④]另如赵仲邑先生译为：“因此前汉的文字之学，一般说来，怪字很多，不但字形的制作特别，而且大家都很难认识。”[⑤]再如向长清先生译为：“所以前汉的小学书籍，多有奇异的字，不仅文字体制与后世不同，而且即在当时，大家认识它也很困难。”[⑥]牟先生的译文与前述皆不同：“因此，西汉时期擅长文字学的作家，大都好用奇文异字。这并非他们特意要标新立异，而是当时的作家都通晓难字。”[⑦]对比可知，牟先生与前者译文的分歧点主要体现在两个地方：第一，在“小学”的翻译上存在分歧，周译和向译都指向文字之书，赵译指向文字之学，而牟译指向善文字学之人；第二，在“非独制异，乃共晓难也”的翻译上，由于前三家都是围绕书或学来考虑，所以出现了“制度”“字形制作”“文字体制”等译文，而牟译围绕人来考虑，出现了完全不同的翻译。我们联系上下文，此句之前着重谈了多位精通文字学的“鸿笔之徒”，此句之后着重谈了东汉“小学转疏”的情况，一个“转”字，应理解为情况出现了一个正反的转变。因此，牟先生将“小学”译为“擅长文字学的作家”，将“非独制异，乃共晓难也”译为“这并非他们特意要标新立异，而是当时的作家都通晓难字”，顺理成章，契合事理，准确恰切。

此外，张少康先生夸赞的“精炼”特点，亦鲜明体现在《译注》中。有的注释甚至只有一个字或几个字，如《正纬》“神道阐幽”，牟注：“神道：自然之道。阐：明。幽：不明。”[⑧]再如《辨骚》“皭然涅而不缁”，牟注：“皭：洁白。涅：染黑。缁：黑色。”[⑨]这种要言不烦、简洁明了的注释在《译注》中屡见不鲜，充分展现了牟先生作为一名出色的注家，其风格精炼

① 陆侃如、牟世金：《文心雕龙译注》，济南：齐鲁书社，1995年，第342页。
② 石家宜：《〈文心雕龙〉研究的勃兴》，《读书》1984年第5期。
③ 牟世金：《〈文心雕龙〉的范注补正》，《社会科学战线》1984年第4期。
④ 周振甫：《文心雕龙选译》，北京：中华书局，1980年，第232页。
⑤ 赵仲邑：《文心雕龙译注》，南宁：漓江出版社，1982年，第329页。
⑥ 向长清：《文心雕龙浅释》，长春：吉林人民出版社，1984年，第338页。
⑦ 陆侃如、牟世金：《文心雕龙译注》，第474页。
⑧ 同上，第118页。
⑨ 同上，第127页。

的一面。而至于张少康先生所称道牟注之“通俗”，笔者认为需结合《译注》所具有的普及性特点来评价。《文心雕龙译注》本身就属于齐鲁书社出版的“中国古典名著普及丛书”，作为“一部融学术性和普及性于一炉的《文心雕龙》全注本和全译本”①。译文虽力求忠实于原著，但又灵活变通，能以现代理论语言传达一千五百多年前刘勰的文学思想。同时，分段译注，便于读者对照阅读，降低了通篇阅读理解的难度。再者，牟注十分注意对注释中生僻字、多音字，加注汉语拼音和汉字读音。如《知音》“酱瓿之议”，牟注：“瓿（bù 布）：小瓮。”②此外，牟注还站在普通读者的立场上，以普通人的知识储备和古汉语水平来考量注释的深浅程度。再以“酱瓿之议”为例，牟注不仅有注音还有释义“《汉书·扬雄传赞》中说，扬雄著《太玄经》时，‘刘歆亦尝观之，谓雄曰：空自若！今学者有禄利，然尚不能明《易》，又如《玄》何？吾恐后人用覆酱瓿也’。这里是借以喻指在以上种种不正的批评风气之下，真正有价值的作品只能被人用来盖酱坛子，难以得到正确的评价”。③此注释交代了典故的出处，说明了其喻义，指出了在本书的用意，方便了读者理解原文。

牟先生自述：“解放前……从书店买来一本标以‘广注’的《文心雕龙》，却根本看不懂。因而萌生一种愿望：能读到一种今译本就好了。当时还绝无自己来译的奢望，只希人家译出，以利自己学习而已。”④但放眼今日，牟先生不仅全译了《文心雕龙》，《译注》更是历经三版，达到了自己曾经的愿望“以利自己学习”，并“利别人学习”。牟先生不仅在普及《文心雕龙》文本上功绩卓著，更因《译注》本身正确、精炼与通俗等优点，在“龙学”迈入二十一世纪的今日，在各种译注本层出不穷的当下，它仍被众多学者所推崇。有评者高度称赞：“虽然《文心雕龙》的译注本在牟世金的《译注》之后，又出版了很多种，尽管各有优点和长处，但从正确、精练、深刻、流畅等方面综合起来看，都没有能超过《译注》所达到的水平。”⑤戚良德先生将其称为“影响最大的《文心雕龙》读本”⑥，乃非诳语。

（二）对《文心雕龙》理论体系的研究

另一部集中体现牟先生“龙学”成果的著作当属《文心雕龙研究》，张少康先生曾高度评价该书为“二十世纪最完整的一部对《文心雕龙》的系统的理论研究专著”⑦。这本书集中融合了牟先生在“龙学”多个领域的研究成果，该书“自序”说：“为了了解龙学的历史，吸取前人成果，总结经验教训，写了《龙学七十年概观》；为了确知刘勰生平，遍搜海内外已刊行之刘勰年谱、年表十六种，撰成《刘勰年谱汇考》；为一知日本龙学而赴日访察，写了《日本文心雕龙研究一瞥》；为了掌握港台研究成果，写了《台湾文心雕龙研究鸟瞰》，并借参加香港国际比较文学会之机，拜访了香港龙学家。此外，为认清刘勰的思

① 张少康、汪春泓、陈允峰、陶礼天：《文心雕龙研究史》，北京：北京大学出版社，2001 年，第 336 页。

②③ 陆侃如、牟世金：《文心雕龙译注》，第 583 页。

④ 牟世金：《文心雕龙研究·自序》，北京：人民文学出版社，1995 年，第 1 页。

⑤ 张少康、汪春泓、陈允峰、陶礼天：《文心雕龙研究史》，第 338 页。

⑥ 戚良德：《“龙学”里程碑——牟世金先生与 20 世纪的〈文心雕龙〉研究》，《文史哲》2011 年第 5 期。

⑦ 张少康：《纪念“〈文心雕龙〉的功臣”——谈谈牟世金的〈文心雕龙〉研究》，第 8 页。

想，曾写过《试论六朝时期儒道玄佛的斗争与融汇》等。”[①]多年的“外围”成果，在《文心雕龙研究》一书中大放异彩，为该书的构成打下了坚实的基础。如该书第一章“绪论”第二节“《文心雕龙》研究的回顾与展望”就是基于《“龙学”七十年概观》的已有成果，该书第二章“刘勰”集中体现了《刘勰年谱汇考》中的各种资料和观点，该书第八章“几个专题研究”第四节“台湾《文心雕龙》研究鸟瞰”基本是《台湾文心雕龙研究鸟瞰》的主要内容。

笔者浅见，这本书中学术成果最突出的有三个方面：对《文心雕龙》理论体系的研究，对刘勰生平的研究，对“龙学”史的研究。从对《文心雕龙》理论体系的研究来看，牟世金先生曾说校注译释“并不是研究《文心雕龙》的目的，它只是理论研究的基础”[②]。以校注译释的丰厚成果为基础，牟先生在“龙学”多个理论研究领域均取得了很大的成绩，但最引人注目的是他有关《文心雕龙》理论体系的研究。戚良德先生曾高度称赞牟先生为“《文心雕龙》理论体系研究第一人”[③]，细查牟先生在这方面的研究，可追溯到上世纪六十年代，时间之早，恐无人可比。1964 年牟先生在论文中提出“有探讨刘勰文学理论体系的必要”[④]，1981 年，他以《〈文心雕龙〉的总论及其理论体系》为标题，正式陈述了他对这一问题的看法。此文发表在《中国社会科学》上，在“龙学”界引起了不小的反响。在这篇论文中，牟先生提出：“‘衔华佩实’是刘勰全部理论体系的主干。《文心雕龙》全书，就是以‘衔华佩实’为总论，又以此观点用于‘论文叙笔’，更以‘割情析采’为纲，来建立其创作论和批评论。这就是《文心雕龙》理论体系的概貌，也是其理论体系的基本特点。”而这一体系又是以“研究物、情、言的互相关系为纲组成的。”[⑤]在此论文的基础上，1983 年出版的《雕龙集》列三万余字专文《〈文心雕龙〉理论体系初探》。1995 年出版的《文心雕龙研究》则专列一章“《文心雕龙》的理论体系”，以全面而系统的表述阐释了他在这一问题上的思考。从上世纪六十年代起至 1989 年牟先生去世，前后近三十年的历程，记录了牟先生在这一问题上的孜孜以求，对此，滕福海先生说：“最执着于探索《文心》体系的学者当推牟世金。”[⑥]他的这份执着与他对还原刘勰理论体系原貌的愿望有关，牟先生坚持认为：“刘勰的理论体系，应该是自己的原貌，而不是硬套今人的理论体系，更不是论者的任何主观意图；理论体系应该是理论的体系，它与篇章结构的安排有关，却不等同于结构体系；我们要探究的是其文学理论的体系，它和作者的思想有关，却不等同于思想体系。”[⑦]为了还原原貌，他先从搞清楚《文心雕龙》的性质、篇次、总论及《辨骚》篇的归属问题入手，进而探讨了刘勰“体大而思精”的理论体系。

对于《文心雕龙》的性质，学界主要有两种观点，一是认为这是一部文学理论著作，二是认为这是一部文章学著作。牟先生主张此书为一部文学理论著作，他反对如刘永

① 牟世金：《文心雕龙研究·自序》，北京：人民文学出版社，1995 年，第 2—3 页。

② 牟世金：《台湾文心雕龙研究鸟瞰》，济南：山东大学出版社，1985 年，第 8 页。

③ 戚良德：《“龙学”里程碑——牟世金先生与 20 世纪的〈文心雕龙〉研究》，《文史哲》2011 年第 5 期。

④ 牟世金：《近年来〈文心雕龙〉研究中存在的问题》，《江海学刊》1964 年第 1 期。

⑤ 牟世金：《〈文心雕龙〉的总论及其理论体系》，《中国社会科学》1981 年第 2 期。

⑥ 滕福海：《〈文心雕龙〉理论体系研究述评》，《语文导报》1985 年第 7 期。

⑦ 牟世金：《〈文心雕龙〉研究的回顾与展望》，《文心雕龙学刊》第二辑，济南：齐鲁书社，1984 年。

济先生以此书“专论文章”而为子书的观点。他引《诸子》“博明万事为子，适辨一理为论”[①]，说明“《文心》中并无‘博明万事’之论，而是只辨文理一理”[②]。故此书不是子书，乃论文之书。但这并不代表《文心雕龙》就是文章论，牟先生为此考察了“文章”“文学”在六朝与近世的意义，联系了《文心雕龙》全书对这两个词的使用，最终得出结论：“《文心》所论是当时的‘文章’，而非‘文学’，而六朝人所讲的‘文章’，是和近世的‘文学’义近的。今人所讲的‘文章’，通常是不包括诗歌、乐府、颂赞等韵文作品的。因此，今天仍以《文心雕龙》为‘文章论’，就与原意不符了。”[③]此外，刘勰作此书的主旨是揭示“为文之用心”，《神思》以下皆为创作论，且主要是总结文学经验。基于前述的主要论据，牟先生认为其性质还是定文学理论著作为好。

而于篇次问题，牟先生极力主张不要轻易改变篇次。有的学者认为通行本个别篇次存在问题，并在注释中表示质疑，如范文澜、杨明照、刘永济等。但也有的学者在主观质疑的基础上，直接调整了篇次，如郭晋稀、周振甫、李曰刚等。牟先生则认为，目前没有早于通行本的版本或其他史料为证，并且元刻至正本、明清大量刻本、今存最早的唐写本残卷、日本现存最早的尚古堂刻本与冈白驹刻本，皆与通行本一致。因此，牟先生指出“其中少数篇序现在看来似不合理，这主要是如何理解的问题。对待古人的论著，显然不应要求古人就我，而应我就古人。就是说，应从考察古人的用意出发，力求准确地了解其原意。其安排合理的篇次结构，则予肯定；其不合理者，只能指出其不当，而不是予以改编或调整。否则，各以己见改编其书，很可能使之面目全非。若按某种新编本来探讨刘勰的理论体系，就未必是刘勰的理论体系了。”[④]石家宜先生在《文心雕龙系统观》中也说：“刘勰的体系就是刘勰的，用不同时代、不同文化背景、不同思维方式的别的什么体系观去说明它，还不如进行按原样的还原来得可靠，即便这种还原尚在描述的阶段也罢。”[⑤]牟先生对篇次不易的严谨态度，同样也可见于他对通行本校字的态度，有些字诸家都已公认应该修改，并在正文上给予体现。但牟先生采取的是正文不改、注释体现的原则。可以说，从校注到篇次等诸多问题上，都充分显示了他对原版本的尊重和谨慎的学术精神。

谈及《文心雕龙》总论的问题，牟先生也是意见鲜明，他的观点不同于大部分人认为的“文之枢纽”五篇即是总论。他认为：“所谓总论，对一部理论著作来说，应该是贯穿全书的基本观点，或者是建立其理论体系的指导思想。……把现成五篇枢纽论简单地拿过来，便视之为‘总论’，是不可能名符其实的。”[⑥]基于这种认知，他指出《正纬》和《辨骚》就不可能具有总论的性质，只有前三篇提出的原道论、征圣论、宗经论是贯穿全书的基本观点，也是全书理论的基本原则。其中，原道论为全书评文论确立了一个准则：自然

---

① 陆侃如、牟世金：《文心雕龙译注》，济南：齐鲁书社，1995年，第260页。

② 牟世金：《文心雕龙研究》，北京：人民文学出版社，1995年，第86页。

③ 同上，第87页。

④ 同上，第96—97页。

⑤ 石家宜：《文心雕龙系统观》，南京：江苏古籍出版社，2001年，第74页。

⑥ 牟世金：《文心雕龙研究》，第99页。

美，这一准则包含了刘勰重文求美但却反对过分雕饰的主旨，无论是“论文叙笔”还是“割情析采”都以此为立文的准则。而圣人之“文”则是用来发明“自然之道”的，正所谓“道沿圣以垂文，圣因文而明道”[1]，《征圣》《宗经》两篇就是顺承《原道》来沟通道、圣、文三者关系的。三篇所构成的总论，其最基本的原则便是“衔华而佩实”，这也是牟先生著名学术观点之一。

论及《辨骚》篇的归属，争论已久，牟先生也在《文心雕龙研究》中列举了多家观点，几乎对这一问题的议论贯穿了整个“龙学”研究史。是属上还是属下抑或是兼有，这对于厘清《文心雕龙》的理论体系很重要，为此，牟先生花了大篇幅讨论这个问题。他主张《辨骚》不属于总论，但有枢纽论和文体论的双重性质。笔者认为他有一段辩证意味很浓的陈述，体现出了他对学术的细审态度：“‘枢纽’的范围较大，‘总论’的范围较小：‘枢纽’可以包括‘总论’，而不能等于‘总论’。有人认为‘文之枢纽’是‘纲’，‘论文叙笔’是‘领’，这固然是对‘纲领明矣’的误解造成的。‘枢纽’二字的伸缩性较大，虽然放大缩小都有一定理由，却不能不全面考查其实际含意。刘勰确是称前五篇为‘枢纽’，但他对这五篇的态度，所谓‘本乎道，师乎圣，体乎经，酌乎纬，变乎骚’显然是大不相同的。”[2]与牟先生同持兼有论的，还有缪俊杰、王达津、黄广华等学者。

在理清《文心雕龙》性质、篇次、总论等问题的基础上，牟先生力图构建起《文心雕龙》的理论体系。对此，他先捋清了该书的组织结构：“首先，在‘文之枢纽’中总论全书的基本观点；其次，以总论中提出的基本观点为指导来‘论文叙笔’，总结前人创作经验；第三，以前人的实际经验为基础来‘剖情析采’，提炼出文学创作和批评的一些理论问题；最后的序跋，说明著者的意图、目的和全书内容的安排。”[3]各个部分的内在逻辑关系是他陈述的下一个关键，他认为《文心雕龙》各部分是围绕“衔华佩实”这个中心来内在联系，“《文心雕龙》由‘文之枢纽’‘论文叙笔’‘割情析采’和批评鉴赏论（包括作家论）四个互有联系的组成部分，构成一个严密而完整的文学理论体系；这个体系以儒家思想为主导，以‘衔华佩实’为轴心，以论述物与情、情与言、言与物三种关系为纲领，把全书五十篇结成一个有机的整体”。[4]在《文心雕龙研究》中，牟先生紧承对理论体系的概括，分四章论说了“文之枢纽”、“论文叙笔”、创作论、批评论。限于篇幅，此处不再论说。笔者认为，牟先生重视《文心雕龙》理论体系研究的原因反映了他独到的学术眼光和对刘勰文学思想的独到把握。戚良德先生即指出，牟先生做此领域的探索有两个方面的原因，第一，牟先生认为对于一些“龙学”界长期热议的问题放到刘勰的整个理论体系来研究，便容易辨识了；第二，牟先生认为厘清《文心雕龙》的理论体系，有助于把握中国古代文论的民族特色和理论体系。牟先生在 1981 年和 1983 年发表的两篇论文，可以了解他对此的具体研究思路。1981 年发表于《古代文学理论研究》上的《从刘勰的理论体系看风骨论》，牟先生采用从刘勰理论体系的角度来考察“风骨”，从宏观的大视角去观照微

① 陆侃如、牟世金：《文心雕龙译注》，济南：齐鲁书社，1995 年，第 101 页。

② 牟世金：《文心雕龙研究》，北京：人民文学出版社，1995 年，第 120—121 页。

③ 同上，第 134 页。

④ 同上，第 143 页。

观的“小”问题。牟先生认为，刘勰的“风骨”说属于“衔华佩实”的文质论，文质的两个部分就是风与骨，风、骨、采三者之间的关系等同于儒家所说的志、言、文之间的关系。1983年发表于《学术研究》上的《从〈文心雕龙〉看中国古代文论的民族特色》则指出“集先秦以来古文论之大成的《文心雕龙》，具有承上启下的重要作用。因此，从其中是可看到整个古代文论的某些基本特色的。”[①]此文分了若干个板块，以《文心雕龙》以小见大，归结出“我国古代文论的基本特点，是用体貌的方式，从实际出发进行综合论述的结构；在儒家思想支配下，以‘诗言志’为中心，以文质论为主干构成的理论体系；用一套传统的术语、概念和论题而进行一系列评论”[②]。戚老师誉牟先生是“找到了一把打开中国古代文学艺术理论宝库的钥匙”[③]，笔者深以为然。

（三）对刘勰生平事迹的考证

《文心雕龙研究》中另一个学术亮点是牟先生对刘勰生平的研究，本书的第二章第一、二节即是该项研究成果的集中体现。这一部分实则脱胎于牟先生出版于1988年的《刘勰年谱汇考》。学者对此书称誉颇多，张少康先生评曰，该书“是继杨明照《梁书刘勰传笺注》后最为重要的有关刘勰生平事迹考证的专著”。[④]陶礼天先生赞该书“资料丰赡，断案慎重。不仅有助于从刘勰生平活动中去研究其思想的发展，也有助于研究南朝时期文学史、文学批评史的发展演变”。[⑤]戚良德先生更是以刘勰生平研究领域内的“集大成之作”来高度评价《汇考》[⑥]。该书之所以能获好评，主要源于其所含资料多、研究深。其所涉资料，戚老师以“搜罗古今，囊括中外”八字概括之。牟先生所汇年谱、年表共十六种，在上世纪八十年代可谓是最全的了。这些年表的撰写时间，最早的有上世纪三十年代霍衣仙的《刘彦和简明年表》，最“远”的有日本学者兴膳宏的《文心雕龙大事年表》。此外，还有翁达藻、杨明照、詹锳、张恩普、李庆甲、穆克宏等大陆各家的刘勰生平研究主要成果，其中包括未曾公开出版的陆侃如所撰《刘勰年表》的稿本，以及张严、王更生、王金凌、李曰刚、龚菱、华仲麐等台湾地区各家成果。

牟先生不仅资料搜集得全，还在此基础上综合各家成果和大量的史料做综合分析，在诸多刘勰生平的难点问题上有重要突破。如生卒年问题，是生平研究的重中之重，但刘勰的生卒年在《梁书》和《南史》中均无明确记载。牟先生参考诸家意见，认为杨明照先生的刘勰生于泰始二、三年（466年或467年）的推断较为合理。而他判定杨先生意见合理，是依据刘勰诸多生平事迹推断出来的，他曾自述：“刘勰生平事迹年代，虽史无明文，无据不足立证，必以有关史实相佐；按常理推算，不以一时一事为据，而综考其一生

① 牟世金：《从〈文心雕龙〉看中国古代文论的民族特色》，《学术研究》1983年第4期。

② 同上，第5期。

③⑥ 戚良德：《“龙学”里程碑——牟世金先生与20世纪的〈文心雕龙〉研究》，《文史哲》2011年第5期。

④ 张少康：《纪念“〈文心雕龙〉的功臣”——谈谈牟世金的〈文心雕龙〉研究》，戚良德主编：《儒学视野中的〈文心雕龙〉》，第7页。

⑤ 陶礼天：《牟世金〈文心雕龙研究〉评述——兼述作者毕生之〈文心〉研究著述及其贡献》，《镇江师专学报（社会科学版）》，2001年第2期。

以求诸事相宜。能两相结合，庶可不违其实。”[①]正因其在考证刘勰生平方面持此思路，他下大力气对刘勰父亲刘尚战死时间进行了全方位的考索，并引起学界关注。对刘尚的研究可谓是牟先生的独到之见，他根据《梁书》所载“勰早孤，笃志好学”[②]，结合《孟子》《周礼》《礼记》等典籍，判定“刘勰之早孤好学，义近《曲礼》。是其父殁，当在八至十岁之间”[③]。为了进一步充实论据，牟先生深入考察了刘尚作为越骑校尉，为何不见于书。经细查，宋元徽二年(474)“五月，桂阳王刘休范举兵反于寻阳，直入建康朱雀门。右军将军王道隆、领军将军刘勔等战死。越骑校尉张敬儿诈降，杀休范”[④]。牟先生又考证越骑校尉一职的相关史料，认为“五月之建康激战，越骑校尉张敬儿杀刘休范，同为越骑校尉之刘尚亦必参战。……刘尚必战死其中，以无功而殁，史所不书也。刘勰七岁梦采云，自不能在本年之后；若提前一二年，则又与‘早孤’不符。”[⑤]牟先生对刘尚卒年的研究属于学界的一个新见，价值极高，为刘勰生于宋泰始三年(467)提供了坚实的佐证。至于刘勰的卒年，向来纷纭。牟先生认为诸家分歧核心在刘勰奉敕与慧震定林寺撰经的具体年份上，而诸家也都认可这一年份必在刘勰迁步兵校尉之后。牟先生遍考《梁书》诸传，寻出自天监元年(502)至中大通三年(531)年间，曾任步兵校尉的二十四人，再对照《隋书·百官志》中对梁官制的记载，最终得出刘勰迁步兵校尉的时间是天监十七年，卸任并奉敕撰经于天监十八年，“斯年既定，则刘勰卒于其后第三年无疑矣”[⑥]。此外，许多学者都把刘勰卒年与萧统卒年相联系，但牟先生却认为这两者之间没有关系。《梁书》中有关通事舍人的记载所涉及的有何思澄、刘杳，此二人在萧统卒前，其他在萧统卒后的东宫属官也都有史书交代其去处，由是牟先生推断“若刘勰果为昭明之卒而誓不为官，或萧统生前便不允刘勰出家，则他传或可不书‘昭明太子薨’后云云，勰传则不仅必书，且应大书特书。然今考《刘勰传》，其撰经、变服，萧统之卒，实渺无消息。是知刘勰之奉敕撰经、燔发出家，均与萧统之卒了不相关”[⑦]。牟先生除了在刘勰生卒年的问题上考证翔实，细究事理，他还对《文心雕龙》的成书时间、仕途中的几个时间节点等“龙学”研究中的重要问题进行了深入的考证。依他之见，《文心雕龙》应成书于中兴二年(502)三月前，出任中军临川王记室在梁天监三年，出任车骑将军仓曹参军在天监六年，出任太末县令在天监六年，天监十年任仁威南康王记室兼东宫通事舍人，天监十七年迁步兵校尉兼舍人。

牟先生除了对刘勰的生平有精深的研究外，对“龙学”界长久以来刘勰出身士庶的问题也有己见。牟先生倾向庶族说，其有一项立论依据常为学者所引述，他认为《南史》中删去了《梁书》所载“祖灵真，宋司空秀之弟也”[⑧]这句话应引起重视。结合《王昙首传》

---

① 牟世金:《刘勰年谱汇考》，成都：巴蜀书社，1988 年，第 7 页。

②⑧ 牟世金:《刘勰年谱汇考·附录三》，第 159 页。

③ 牟世金:《刘勰年谱汇考》，第 11 页。

④ 同上，第 12 页。

⑤ 同上，第 13—14 页。

⑥ 同上，第 109 页。

⑦ 同上，第 116 页。

等史料，他指出《南史》的体例主要是家传体例，即同族同宗者合为一传，“司空秀之弟”被删除正说明刘勰不应列入《刘穆之传》中去。这也间接证明刘勰与刘穆之本非同宗，刘勰非世族也便多了一个力证。牟先生虽不能称考据学的专家，但他在考证刘勰生平及家世的问题上，展现出了他深厚的考据功力。韩湖初先生赞其“汇总众家之说，评价得失客观公允，辨析异同深入细致，而且提出系列卓越见解，步步推动探究的深入，并为接近最终结论奠下坚实的根基”[①]。史料不足是刘勰生平及家世研究中的困难所在，牟先生对此有着清醒的认识，“彦和之生平，史料既乏，歧见尤多；证既有矣，而证又待证”[②]。如此困难的研究局面下，牟先生拈出两条后学可资借鉴的考据途径，“一以史证，一以理推”[③]。牟先生能成为刘勰生平研究方面的集大成者正得益于此二途。而他在此方面所获成果也使其雕画“全龙”得以更进一步，同时，牟先生的这一研究也成为“‘龙学’步入其全面发展和成熟时期的重要标志之一”[④]。

（四）对“龙学”学术史的梳理

《文心雕龙研究》中的第三个学术亮点是对“龙学”学术史的研究。牟先生是一位有着强烈学科意识的学者，他曾说：“近世《文心雕龙》研究的开始，便是一门学科，故近年来学术界简称为‘龙学’。‘龙学’的实际，已是一门广涉经学、史学、子学、佛学、玄学、文学、美学，而又有自己独特的校勘、考证、注释和理论研究的系统学科。”[⑤]在这种学科意识的促进下，1964年他便发表了论文《近年来〈文心雕龙〉研究中存在的几个问题》[⑥]，堪称是开展《文心雕龙》研究史探索的第一人。1984年《文心雕龙学刊》第二辑上，他又发表了《〈文心雕龙〉研究的回顾与展望》[⑦]，该文较之前一篇论文，其总结要更为系统。1987至1988年，《社会科学战线》用三期发表了牟先生约四万余字的重要论文《“龙学”七十年概观》[⑧]，该文被诸多学者誉为具有“龙学”简史意味，《文心雕龙研究》一书中第一章第二节“《文心雕龙》研究的回顾与展望”便是经由这篇长文修订而成的。此外，对于大陆之外的情况，他亦多有关注。在牟先生所处的时期，大陆之外的学术资料是比较难以取得的，但牟先生通过各种方式与途径，努力收集了许多台湾、香港，日本、美国等地区和国家的“龙学”著述。有的是原版书籍，如台湾地区多位“龙学”家的著作，还有的是影印本，如1962年由饶宗颐主编的香港中文学会年刊《文心雕龙研究专号》，牟先生全本影印。牟先生所藏境外“龙学”资料之丰富和难得，笔者仅举一例即可看出牟先生的用心之深。台湾李曰刚先生的《文心雕龙斠诠》，据笔者的检索，在山东省各地市、各高

① 韩湖初：《牟世金先生考证〈文心雕龙〉成书年代和刘勰生卒之年的贡献》，《纪念牟世金先生诞辰九十周年学术研讨会文集》2018年，第121页。

② 牟世金：《刘勰年谱汇考·序例》，成都：巴蜀书社，1988年，第1页。

③ 牟世金：《刘勰年谱汇考》，第7页。

④ 戚良德：《“龙学”里程碑——牟世金先生与20世纪的〈文心雕龙〉研究》，《文史哲》2011年第5期。

⑤ 牟世金：《文心雕龙研究》，第10页。

⑥ 牟世金：《近年来〈文心雕龙〉研究中存在的几个问题》，《江海学刊》1964年第1期。

⑦ 牟世金：《〈文心雕龙〉研究的回顾与展望》，《文心雕龙学刊》第二辑，济南：齐鲁书社，1984年。

⑧ 牟世金：《“龙学”七十年概观》，《社会科学战线》1987年第3期，1987年第4期，1988年第1期。

校的图书馆藏中只有山东省图书馆的牟世金《文心雕龙》专藏中有。可见，牟先生为得“龙学”“全貌”用力甚深。

牟先生的“龙学”史研究有两个比较引人注目的方面：第一，他对二十世纪“龙学”史的分期；第二，他对台湾地区“龙学”发展的研究。首先从他对上世纪“龙学”史的分期来看，第一个阶段是从二十世纪初到解放前的半个世纪，以 1914 年为始，他认为：“近代《文心雕龙》研究的奠基者当推黄侃。……黄氏《札记》虽问世稍晚，但它是在 1914 至 1919 年讲授《文心雕龙》于北京大学期间撰写的。把《文心雕龙》作为一门学科搬上大学讲坛，这是有史以来的第一次。……这说明从黄侃开始，《文心雕龙》研究就是一门独立的学科：龙学。”[①]此期代表作为黄侃的《文心雕龙札记》和范文澜的《文心雕龙注》。牟先生简评这一阶段的特点是虽奠定了基础但理论研究相对较为薄弱。第二个阶段是从解放以后，1955 年到 1964 年这十年中，研究者们多采用马克思主义文艺观为研究视角，并有论文约两百篇，此时期的研究开始向深入、系统和科学的方向发展，代表作为杨明照的《文心雕龙校注》和刘永济的《文心雕龙校释》，此外，《文心雕龙》的翻译工作也取得了不小的成果。第三个阶段“文革”十年，“龙学”研究基本停滞。第四个阶段为 1978 年至“今”（牟先生论述的时间节点为 1988 年左右），此时期可谓“龙学”大繁荣、大发展，论文约有千篇，专著三十五种，另有《文心雕龙学刊》五辑。此阶段的校注、译注、理论研究均有长足发展，体现了不断壮大的研究队伍。牟先生对“龙学”史的分期不止于简单的时间划分，他还总结了各阶段的特点，如研究的热点、薄弱环节等，时至今日，他的分期及总结、点评仍然是“龙学”学术史研究者们参考与引用的重要材料。

任何学术史的整理、梳理与总结都是为了给研究者们一个前瞻的立足点，如何向前进步，向哪儿进步才是学术史研究的终极、深层目标。牟先生也不例外，他在代表性长文《“龙学”七十年概观》中说：“从先秦到齐梁，古代文学的发展已相当成熟，文学艺术最基本的特征，最一般的规律，最根本的经验，都已充分显示出来。因此，《文心雕龙》本身虽不可能有何发展变化，但它所汇集的大量文学艺术经验，反映的文学艺术现象，就使龙学有了难以限度的容量。不仅我们至今已经论及的美学观、鉴赏论等等，可以在《文心雕龙》中找到一系列应有的论述，随着当代文艺思想的发展，今后还可能发现种种迄今尚未触及的新问题。……龙学具有强大生命力，这是龙学七十年的结论。”[②]据戚老师 2017 年的最新统计，关于《文心雕龙》的研究专著已超过六百种，专题论文近万篇[③]，字数更是过亿，牟先生曾谓之“强大生命力”，可见牟先生作为“龙学”史研究的第一人，他的远见卓识至今仍值得后辈学习、揣摩。

上世纪八十年代，海峡两岸的学术交流远没有现在的条件，牟先生通过各种渠道广泛收集台湾《文心雕龙》研究的相关资料，并于 1985 年率先在大陆出版《台湾文心雕龙研究鸟瞰》，这是大陆“龙学”家第一次对台湾地区的相关研究情况进行评述。该书充分介绍了台湾“龙学”的研究成果并给予中肯点评，《文心雕龙研究》第八章第四节的“台湾

① 牟世金：《“龙学”七十年概观》，《社会科学战线》1987 年第 3 期。

② 牟世金：《“龙学”七十年概观》，《社会科学战线》1988 年第 1 期。

③ 戚良德：《21 世纪“龙学”的三大发展》，《上海师范大学学报（哲学社会科学版）》2017 年第 2 期。

《文心雕龙》研究鸟瞰”便是在该书的基础上修订而成。在第一部分“显学”中，牟先生对台湾“龙学”研究历史做了总体介绍，从书籍出版到教学科研，从研究内容到与大陆的关系，牟先生均有提纲挈领式的陈述。牟先生还提出：“台湾的《文心雕龙》研究，以七十年代中期为分界线，前期以校注译释为主，后期以理论研究为主；理论研究又循着从部分到整体，进而深入某些专题研究的道路发展。”①第二部分“理论体系”中，牟先生主要介绍了王更生之《文心雕龙研究》、沈谦之《文心雕龙批评论发微》和《文心雕龙之文学理论与批评》、龚菱之《文心雕龙研究》、李曰刚《文心雕龙斠诠》。他指出了几家的不同之处，并总结说：“台湾诸家对《文心雕龙》的‘文论体系’的研究虽然不少，登堂入室之论，还不多见。”②第三部分“自然之道”中，牟先生关注到了台湾“龙学”界多将刘勰所谓“自然之道”解释为客观事物之原则、规律之类，他认为对于长期存在争议的“自然之道”的解释却在台湾“龙学”界鲜有异议，着实奇怪。细查根源，他指出台湾诸家之说的总源头乃陆侃如先生之论断。牟先生用这一学术实例说明海峡两岸学术关系之密切，但同时也间接批评了台湾学者在这一问题上的研究没有进展，拘泥于成说，从而由此引出了他对台湾“龙学”界研究现状的整体批评，“台湾研究者不察其实，不仅多年来回骤于庭间，难出前人之藩篱，且既守成说，则黄侃之成说、刘永济之成说、陆侃如之成说，均不得不守。于是兼收并蓄，陷于重重矛盾而不能自拔”③。类似这种对台湾“龙学”界整体或某位学者观点的直言不讳的指摘还有不少例子，牟先生可谓是以“净友”的角色来评判台湾“龙学”界的得失。第四部分“风格论”中，牟先生指出作为台湾“龙学”界研究的重点，取得了不可否认的成绩，但其偏颇之处也显而易见。他尤其评价了李曰刚先生在风格论研究上的自相矛盾，直指其研究出现令人费解的原因在于新旧观念与认知的混淆不清，尤其是在对风格论中个性的这个核心未能充分把握。牟先生的评论一针见血，可见其学术的实事求是、严谨踏实的学术风格。第五部分“风骨论”中，牟先生主要介绍了寥蔚卿、张立斋、曹昇、王更生、王金凌、龚菱、李曰刚七家观点，并将之归纳为从黄侃或从刘永济两种方向。他尤其肯定王更生先生的新解，认为其“风即辞趣，骨为情理”的说法破守成说，富有积极讨索的学术精神。虽然牟先生不尽同意其观点，但在台湾“龙学”界整体呈现圈里打转的研究态势下，王先生的突破就显得尤为珍贵。

牟先生在台湾“龙学”史研究方面还有一个重要的意义，即凸显了他在纯粹学术讨论之下更深厚的一层底蕴——对中国文论尤其是《文心雕龙》研究民族性的强调。《台湾文心雕龙研究鸟瞰》卷首第一句即“《文心雕龙》是我们中华民族的一份光辉遗产”④。作为龙的传人，海峡两岸的“龙学”研究者们对推动《文心雕龙》研究，发展民族文学有着共同的契合之处。它生根于我们共同的民族意识、精神素质和心理文化结构。尤其是台湾“龙学”研究者们善用传统的观念和传统的方法来研究传统文论，多见“文原论”“文类论”“文术论”“文衡论”，少见“总论”“文体论”“创作论”“批评论”等西方术语，可见台湾研究者们在传统治学方法上多有继承，并具备较为扎实的基本功。尤其是古籍研究

①② 牟世金：《文心雕龙研究》，北京：人民文学出版社，1995年，第541页。

③ 牟世金：《台湾文心雕龙鸟瞰》，济南：山东大学出版社，1985年，第42页。

④ 同上，第1页。

方面，永远也不可废弃的校勘、考证、训诂、版本研究等方法，台湾学者始终都在竭尽所能地秉承。牟先生对此是肯定的。前文曾谈及牟先生认为研究《文心雕龙》可以作为打开中国文学艺术关键的一把钥匙，实则他也是在谈民族性的问题。其专著《文学艺术民族特色试探》一书，在探讨文学艺术的民族特色和总结艺术规律方面，颇多创见。他在此书“前言”中说，“具有三千年悠久历史的中华民族，在文学艺术上有一套自己的民族形式和民族风格。……所谓民族特色，不可能是偶然出现的，它必然有一个漫长的形成和发展过程”①。看得出，牟先生对民族性这个问题的把握是十分精准，他认为无论是我们在文学艺术上的创造还是学术科研上的探索都需要认清这个问题，如果在这个问题上认识有偏差，就会出现牟先生所说的两种数典忘祖的情况，“一是瞧不起自己的祖先，而以洋书洋话为高；一是把自己祖先的东西送给洋人，反过来埋怨自己一无所有”②。学界热议了多年的中国古代文论现代转换的问题，学人多用牟先生这句话警醒自己应是大有益处。

此外，笔者认为牟先生作为“龙学”史研究的先驱，他对齐鲁“龙学”学术史研究方向确立的意义还体现在，经他之手形成了一项较为独特的研究传统，即十分重视分类索引对“龙学”研究的意义。1990年人民文学出版社出版了《文心雕龙研究论文集》，该书的最后是“《文心雕龙》研究论著索引（1907—1985）”，其编纂者是牟先生和其研究生曾晓明先生。根据说明，此索引共收录1907到1985年期间《文心雕龙》的论文、注释、序跋、通讯和专著一千三百条，加附录台湾、香港和日本的有关论著共一千六百多条。其具体目次，共分九类：一、作者生平、思想及著录考辨；二、总论及理论体系；三、文之枢纽（原道——辨骚）；四、文体论（明诗——书记）；五、创作论（神思——物色）；六、批评论（才略、知音、程器）；七、专题研究及其他；八、译注；九、专著；附一：台湾及香港研究论著目录；附二：日本研究论著目录。1995年上海书店出版社出版了《文心雕龙学综览》，这本书在整个龙学研究史中的地位不言而喻，汇集了国内外数十位“龙学”家撰稿，被誉为是“龙学”研究的小百科全书。这本书所设置的板块和各板块负责人为：各国（地区）研究综述——林其锬，专题研究综述——李淼，专著专书简介——胡晓明，论文摘编——戚良德，学者简介——蔡钟翔，索引——牟世金、戚良德，附录——萧华荣。及至2005年，戚良德先生推出《文心雕龙学分类索引》。该书收录1907至2005年近百年来有关“文心雕龙学”的论文、注译、序跋、书评、通讯、索引等单篇文章和专著、专书等共六千五百一十七条。戚老师此书已成为“龙学”界公认的具有很高使用价值的工具书，台湾著名“龙学”家王更生先生即有以此书为依据的专文《中国大陆近五十年（一九四九—二〇〇〇）〈文心雕龙〉学研究概观——以戚良德著的〈文心雕龙学分类索引〉为依据》，可见其影响力之大和流布之广。2017年国家社科基金重大项目“《文心雕龙》汇释及百年‘龙学’学案”的研究内容中，继续延续了齐鲁“龙学”在分类索引方面的学统。对比其他几大“龙学”流派，这是齐鲁“龙学”的突出特点之一。无疑，牟先生在分类索引方面的

① 牟世金：《文学艺术民族特色试探·前言》，济南：齐鲁书社，1980年，第1页。

② 牟世金：《台湾文心雕龙鸟瞰》，第80—81页。

建树为齐鲁"龙学"开拓出一片崭新的天地，而戚良德先生又承继传统，发扬光大，对"龙学"研究工具书领域的贡献值得称赞。

三、牟世金先生确立了齐鲁"龙学"的研究方法

牟先生全面开创了齐鲁"龙学"，也包括确立了齐鲁"龙学"的研究方法，需要我们认真加以总结。笔者认为，他的研究方法主要有三个方面：第一，宏观与微观相结合；第二，实证与理论相结合；第三，继承与创新相结合。

第一，牟先生宏观与微观相结合的研究方法，有学者评价牟先生道："在研究上，尽量从大处着眼，从小处着手，应该说牟氏是新一代学者中的佼佼者。"[①]这大处着眼、小处着手，说的便是牟先生宏观与微观相结合的研究方法。牟先生十分强调对《文心雕龙》的研究要有宏观的、整体的、通盘考虑的治学眼光，如他对《文心雕龙》的校勘，就强调从整体着眼，这尤其体现在他的理校中。《才略》有"辞人最深"一句，范注："人当作义，俗写致讹"[②]，王利器直接将正文改作"辞义最深"[③]，但牟先生通过遍查全书，举证共有十三次"辞人"说法，说明这应为刘勰的常用语。此外，《杂文》中有"扬雄覃思文阔，业深综述"[④]，《知音》中有"扬雄自称'心好沉博绝丽之文'，其事浮浅，亦可知矣"[⑤]。这种描述足以看出"辞人最深"的说法是符合扬雄其人的。故，此处原文应无误。这种理校例子还有不少，体现出牟先生能够从宏观的全篇范畴来辨识微观的琐细的字句校勘，从而使文义贯通，避免了就字论字。再如他对刘勰生平的考证，实则牟先生对此研究的想法"大多久蕴于心"但"以尚未通盘考核，未能自信也"。[⑥]前文也论及他对此的研究是"按常理推算，不以一时一事为据，而综其一生以求诸事相宜"[⑦]。这种全局观让牟先生可以在此问题上既详稽史实又可全面考核，得出综合性的结论。若要对比一下其他各家的年表，可知他做出的刘勰生平年表较大多数学者所做年表都要详细和精准，能够有这种成就的原因正在于他是用宏观的视角对具体的微观问题做回答。所以，他对刘勰父亲刘尚卒年、梦随孔子南行的时间等都做了考证，而这些是另两位在刘勰年表研究方面颇有成就的范文澜、杨明照两位先生所做年表中都没有的。再如范、杨两家年表在某些事件的时间点上都比较模糊，但牟先生对刘勰母亲去世、刘勰入定林寺等重要事件都给予了一个准确的年份。笔者相信，如果没有他这种宏观和微观相结合的研究方法，恐不会在刘勰生平问题上有如此大的建树。

而他最典型的宏微观相结合研究方法的使用，当属他对《文心雕龙》理论体系的研究。所要强调的是，此问题的研究反映了牟先生宏微观相结合研究方法的一大特

① 吴云主编：《魏晋南北朝文学研究》，北京：北京出版社，2001年，第696页。
② 范文澜：《文心雕龙注》，北京：人民文学出版社，1958年，第705页。
③ 王利器：《文心雕龙校证》，上海：上海古籍出版社，1980年，第281页。
④ 陆侃如、牟世金：《文心雕龙译注》，济南：齐鲁书社，1995年，第219页。
⑤ 同上，第587页。
⑥ 牟世金：《刘勰年谱汇考·序例》，成都：巴蜀书社，1988年，第2页。
⑦ 牟世金：《刘勰年谱汇考》，第7页。

点——双向维度，既有从宏观到微观，如从《文心雕龙》的理论体系到具体问题，如对风骨的研究；又有从微观到宏观，如从《文心雕龙》理论体系的研究来窥探中国古代文论的民族特色和理论体系。对于牟先生在《文心雕龙》理论体系上的研究成就，前文已有细述，此处，着重要谈的是他将《文心雕龙》作为一个关键和枢纽。由此“节点”向“外”看，他看到《文心雕龙》所论述的问题，在中国古代文学艺术的许多传统问题的发展过程中，都起着重要作用，且后者都是《文心雕龙》已安排的体系的延伸[①]。牟先生的这一认知是很有见地的，周扬先生曾谓“《文心雕龙》是一个典型”[②]，牟先生即是希望通过对这个“典型”的深入分析，由微观到宏观，将《文心雕龙》视为一把钥匙，以期可以打开中国古代文学艺术理论的宝库。而由此“节点”向“内”看，即牟先生认为“《文心雕龙》研究中存在一些长期争论不休的问题，如果从刘勰的整个理论体系着眼来研究，把这些问题放到刘勰的理论体系中去考察，是很容易辨识清楚的”[③]。前文曾提及牟先生研究风骨问题就是这般从宏观到微观的研究思路，“从刘勰的总的理论体系来考察，我以为正是能够认清‘风骨’的实质的正确角度”，“《风骨》篇不仅没有离开这个体系，且正是这个体系的重要组成部分”[④]。

对于牟先生在《文心雕龙》理论体系方面所着重采用的宏微观相结合的研究方法，李平与范伟军两位先生高度评价牟先生“将宏观把握与微观考辨结合起来，对《文心》的理论体系问题进行了见林又见树、见树又见林的研究，取得了超越前贤的研究成果，也把《文心》理论体系的研究向前推进了一大步”[⑤]。两位先生的这一评价，同样适用于牟先生的整体“龙学”研究，不只是《文心雕龙》理论体系研究因采用了这种方法而取得了丰硕的成果，对《文心雕龙》文本的校注译释、对刘勰生平的考证等也都是在这一研究方法的指导下取得了突破性成果。

第二，牟先生实证与理论相结合的研究方法，在他的“龙学”研究中也尤为突出。牟先生注重实证，其《我的读书法》中他说读书有“友”“敌”“师”的三字箴言。在谈论“敌”字法时，他便举了若干如《辞源》《辞海》这类基本的工具书也非完全正确的例子，而这些例子都不是勘误表中所包含的。他秉持“尽信书，则不如无书”的道理，提醒读者“只要读者稍加留神，就会发现无中生有、张冠李戴、以讹传讹之类，在古来论著中是屡见不鲜的”[⑥]。这种对待学术的“敌”之精神，决定了他十分注重实证研究。王元化先生曾高度评价他有乾嘉学风，“他在蒐集资料上，用力甚勤，继承了清人不病琐、获之创的求实学风，决不贪图省力，以第二手资料充数”[⑦]。这尤其体现在他对《文心雕龙》文本的校勘注

---

① 牟世金：《雕龙集·前言》，北京：中国社会科学出版社，1983年，第1页。

② 周扬：《关于建设具有中国民族特点的马克思主义理论问题》，《社会科学战线》1983年第4期。

③ 牟世金：《〈文心雕龙〉的总论及其理论体系》，甫之、涂光社主编：《〈文心雕龙〉研究论文集》，济南：齐鲁书社，1988年，第232、233页。

④ 牟世金：《从刘勰的理论体系看风骨论》，《古代文学理论研究》第四辑，上海：上海古籍出版社，1981年，第181、187页。

⑤ 李平、范伟军：《试论牟世金对〈文心雕龙〉理论体系的研究》，《安徽商贸职业技术学院学报》2006年第4期。

⑥ 牟世金：《我的读书法》，《文史哲》1982年第4期。

⑦ 王元化：《〈文心雕龙研究〉序》，牟世金：《文心雕龙研究》，北京：人民文学出版社，1995年，第1页。

释及刘勰的生平考订方面。其实，在牟先生对《文心雕龙》做校注时，范文澜、杨明照、王利器等先生的版本都在典实方面已然做得很好，但这并不代表一切都已尽善尽美。牟先生在做《选译》《译注》时，遍查经史子集，在浩瀚如烟的资料中，剔抉爬梳，坚决严格考据的实证风格，从而厘正了前人的不少谬误。比如前文提到的《才略》"李尤赋铭，志慕鸿裁"中"鸿裁"一例[①]。诸家皆有些望文生义地认为"鸿裁"大概可以按照"鸿裁巨制"的思路去翻译，但牟先生却到典籍中去遍查李、尤的铭，发现李、尤几乎没有什么长篇大作，最长的篇幅连百字都不到，大多为短篇。

洋洋六十万字的《译注》是他于汗牛充栋的古籍中披沙拣金的重要成果，同样对于刘勰的生平，牟先生也采用实证方法做精深研究。他曾说："为刘勰制谱，余志久矣。惟谱必有据，无据之考，不足立证。而彦和之生平，史料既乏，歧见尤多；证既有矣，而证又待证。……刘勰更是古代文论巨匠，举世睽睽，不容粗疏。故欲为刘勰之年谱，难矣。虽分年制卡，尘积已久，未遽下笔者，以此。"[②]于此，可以看出牟先生对学术慎重、谨严、实证的态度与精神。如在刘勰卒年的问题上，李庆甲先生可谓是这方面用力甚深的代表性学者，他有两篇在"龙学"界有影响力的论文《刘勰卒年考》《再谈刘勰的卒年问题》，提出了有关刘勰卒年的新说与新证。尤其是他根据《梁书·文学传》各传次第来推断刘勰卒年的新思路，成为日后学者们在讨论这一问题时绕不开的环节。牟先生对李说持审慎态度，他认为《梁书·文学传》本身的次第就并非完全正确，如列在刘勰之前的谢几卿，其卒年已被杨明照先生充分证明有问题，这直接说明《谢几卿传》在《文学传》中存在确实的次第错误。如此，《谢几卿传》当在《谢征传》之后。《刘勰传》前为《刘峻传》，牟先生由是推断刘峻卒于普通二年(521)，刘勰卒于普通三年。牟先生在杨先生研究的基础上，进一步实证考据，既参考了李先生的研究思路，又没有囿于杨先生的成说，而是以刘勰何年奉敕与慧震于定林寺撰经时间为考察的重点与突破点，充分综合各家说法，以充足的史料说明学界常将刘勰奉敕撰经，刘勰卒年与萧统卒年联系在一起的思路是有问题的，这便间接说明了中大通年间并非刘勰卒年，为牟先生普通三年的观点增加了合理性。

当然牟先生实证性的考辨研究绝不仅仅只为实证，他的这些实证研究都是为了给进一步的理论研究打下坚实的基础。纵观牟先生的"龙学"研究，他最终将实证考据的成果上升为理论批评的高度，较之传统的治学方法更能够适应当下的学术需要。牟先生的理论研究既然是以实证考据的成果为基础，自然他也不会简单地把古人的观点硬性地套上现代的外衣。总体来看，牟先生虽然善于理论分析，善于挖掘刘勰文学思想与现当代文论之间的关系，但他始终坚持以当时的历史背景来看待当时的刘勰与《文心雕龙》，实事求是。因此，他反复强调研究《文心雕龙》是要试图看清刘勰文学思想的原貌。如他对刘勰在《文心雕龙》中思想倾向的考察，就是典型的实证考据与理论研究相结合的例子。对于刘勰在《文心雕龙》中的思想倾向，向来是"龙学"界热议的问题，现概有三

① 陆侃如、牟世金：《文心雕龙译注》，济南：齐鲁书社，1995年，第565页。

② 牟世金：《刘勰年谱汇考·序例》，成都：巴蜀书社，1988年，第1页。

种倾向，一是佛家思想为主说，二是道家思想为主说，三是儒家思想为主说，现在多数学者倾向于由范文澜先生率先提出的第三种说法。牟先生对此问题的探索从知人论世和《文心雕龙》文本入手，没有因名人名家“有言在先”便盲从观点。他认为，“幼有壮志的刘勰，入定林寺多年而不落发，虽长期托身佛门而以夜梦孔子为荣，写《文心》而叙其志”①，《文心雕龙》中有多处都彰显了其“穷则独善以垂文，达则奉时以骋绩”②的人生理想，故牟先生确定“‘奉时以骋绩’可说是刘勰一生的主导思想”③。他还认为，即便刘勰最后皈依佛门，但只是其人生的“尾声”，不足以定其为贯穿其一生思想的主导面，所以刘勰在《文心雕龙》中所显示出的思想倾向实则是积极入世的儒家思想。这便是牟先生对刘勰的“知人”，从刘勰的人生经历出发，以实证方法实事求是地评价刘勰。而“论世”也是牟先生考察此问题的重要一环，他明确提出，刘勰的“这个儒家思想是六朝时期的儒家思想”④。可以说，牟先生的这种紧密地将“知人”与“论世”相结合的研究思路，也是前述微观与宏观两结合的研究方法的完美实践。将刘勰思想倾向的研究放置到更阔大的历史背景下去考察，牟先生赞同王元化先生的观点：“刘勰虽然在《文心雕龙》中恪守儒学风范，但是他对于作为当时时代思潮的释、道、玄诸家，也有融合吸收的一面……儒学本身也在发展，甚至变化，当时的儒学跟早期原始儒学以至其后两汉的儒学已经不同了。”⑤通过对时代背景的考辨，牟先生以知人论世的实证方法对《文心雕龙》的文本加以细究，最终以理论的高度去衡量此问题，所得结论颇令人信服。更难能可贵的是，他能够对刘勰的思想倾向从理论的高度做辩证地分析：“刘勰文学思想虽可归属于儒家思想，却不主张为仁义道德服务；他要求文学为封建治道效力，却鼓动作者以自己的作品去‘抑止昏暴’，倾吐自己的哀伤和怨怒。因此，在刘勰的文学思想中，又有不从属于某一家，更不从属于少数豪门贵族的积极因素。《文心雕龙》的成就，正在著者由此而博取众长，有助于封建社会整体利益的伸张。”⑥

可以说，前代学者受历史条件限制，对《文心雕龙》的研究往往囿于琐碎的字句考释方面，对于《文心雕龙》这座宝库的挖掘是很不够的。牟先生作为国学功底深厚的学者，他能够充分吸收传统治学方法的长处，同时又将考据成果进一步上升到理论的高度。其在刘勰思想倾向、《文心雕龙》理论体系等多个理论问题上的卓著成果皆与其在方法论上崇尚实证与理论相结合是密不可分的。

第三，牟先生的“龙学”研究方法中，继承与创新相结合的研究方法是他将研究做到既有广度也有深度的重要法宝。他的《我的读书法》一文，不仅介绍其著名的“友、敌、师”三字读书法，在文章开篇，他也明确表示，一定要继承老一代学人丰富的治学经验，如要充分领悟、学到这笔宝贵的财富，需通过长期下苦功去实践，多向老先生学习，向前

①③④ 牟世金：《文心雕龙研究》，北京：人民文学出版社，1995 年，第 70 页。

② 陆侃如、牟世金：《文心雕龙译注》，济南：齐鲁书社，1995 年，第 599 页。

⑤ 王元化：《〈文心雕龙〉札记三则》，《中华文史论丛》1984 年第 2 期。

⑥ 牟世金：《文心雕龙研究》，第 82 页。

辈请教，抓住一切机会提问。[①] 此外他笃定："不了解过去，新的研究是不好着手的。"[②]可见，对于做学问，牟先生不故步自封，对继承前人经验非常认同，且有自己的方法。具体到"龙学"研究中，无论是有关《文心雕龙》文本的校注释译，还是刘勰的生平身世之考，抑或是其他的"龙学"问题，牟先生都很善于利用传统的治学方法，作为国学根基扎实的学者，那种踏实、实事求是、精于考释的治学风范是其研究方法中继承一面的最好诠释。有关牟先生采用继承传统，借鉴并综合他人观点的这种实例前文多有举证，此处主要探讨牟先生研究方法中是如何利用创新之法的。

牟先生思想新颖，很善于开掘新的方向。熊十力先生有云："根柢无易其固，而裁断必出于己"[③]，可以说牟先生继承与创新相结合的方法很好地诠释了这句名言。能够裁断出于己，正是由于他有牢固的根底，同时，他一直以来希望可以雕画"全龙"的愿望，也使他一直有志于在"龙学"的各个方面都有所建树与突破。细查牟先生的所有著述，除了后辈学人一直称道的他在《文心雕龙》理论体系方面的研究堪称其在"龙学"研究领域的一大创新外，对"龙学"史的研究也是其创新之法的成功运用。他对"龙学"研究的新动向非常敏感，洞察力很强。1983 年 9 月，牟先生参与了由王元化先生任团长的访问团，前往日本进行学术交流。京都、九州、广岛、东洋等七所大学均留下了牟先生的足迹。在广岛大学，牟先生与日本汉学家目加田诚、冈树繁、古田敬一、小尾郊一、户田浩晓、兴膳宏等举行座谈，《文心雕龙》研究是座谈的重中之重。归国后，学术眼光敏锐的牟先生 1984 年初便发表《日本〈文心雕龙〉研究一瞥》[④]一文。而在日本访问期间，他还看到了台湾的有关著作，引起了他的进一步注意。此后，他通过各种途径，包括国内的图书馆、日本友人的馈赠、自己从日本购回的书籍等，开始对台湾的"龙学"进行全方位地把握，1985 年便又出版专著《台湾文心雕龙研究鸟瞰》。可以说，正是由于牟先生有敏锐的学术洞察力，可以不断创新学术新领域，在"龙学"研究状况方面，他可以在地域方面做到尽可能地涉及。而这种地域方面的拓展，也让牟先生对《文心雕龙》的研究视角有了更为多元的认识。牟先生作为"龙学"大家，多元与丰富的异域学术资料，让其可以善于发现整体研究中的不足和薄弱环节，从而指出"龙学"未来的发展趋势与新课题。

可以说，正是牟先生具有继承传统与借鉴创新相结合的研究眼光，所以他才能够对《文心雕龙》研究史产生兴趣，更由于他有心搜集到众多大陆之外的研究资料，才能为他的"龙学"史研究带来既有深度又有广度的研究效果，从而也为"龙学"拓展了新的领域。其实不止《文心雕龙》理论体系、"龙学"史这两方面，戚良德先生曾全面评价牟先生："他不仅是刘勰生平研究的集大成者，也是《文心雕龙》现代注释和翻译的开拓者，更是《文心雕龙》理论体系研究和'龙学'史研究第一人，他还是中国《文心雕龙》学会的创始人，'对我国"龙学"的发展，做出重大贡献'。正因如此，可以毫不夸张地说，牟世金先生是

① 牟世金：《我的读书法》，《文史哲》1982 年第 4 期。

② 牟世金：《〈文心雕龙〉研究的回顾与展望——祝〈文心雕龙〉学会成立并序〈文心雕龙研究论文选〉》，《文心雕龙学刊》（第二辑），济南：齐鲁书社，1984 年，第 55 页。

③ 王元化：《乾坤衍·序 读熊十力札记》，上海：上海书店，2008 年，第 1 页。

④ 牟世金：《日本〈文心雕龙〉研究一瞥》，《克山师专学报》1984 年第 1 期。

二十世纪《文心雕龙》研究——‘龙学’的一座里程碑。”[①]能被称为里程碑式的学者，一定是具有巨大创新之功，对学科有明显开拓意义的人。从这一总体评价来看，无疑，牟先生皆以创新之法来探索“龙学”研究的方方面面。甚至于我们对《文心雕龙》学研究约定俗成的说法——“龙学”，都是由牟先生率先发起倡议的[②]。笔者认为，牟先生的整体“龙学”研究都体现出了其在秉承传统基础上，积极创新的学术精神与方法，今日牟氏之“全龙”图景，若无此法恐难以呈现。

今年是牟世金先生诞辰九十周年，作为齐鲁“龙学”的代表学者，牟先生传承了陆侃如先生的学统，为齐鲁“龙学”奠定了坚实的基础，并使其自成一脉。而今，戚良德先生作为牟先生的弟子，在齐鲁“龙学”这块沃土上精耕细作，取得的成绩为业内学者所称道。内蒙古师范大学万奇教授曾总结戚老师的“龙学”贡献为：一、其《文心雕龙校注通译》之可信度和可靠性都较高，万教授自言其近年来的论文及与黄维梁合著之《文心雕龙精选读本》皆以此本为依据。二、将《文心雕龙》放置于儒学的视野中，重新诠释出刘勰之文心对当下人文修养、人文精神培育及文章写作等方面的主要意义。这一更为圆通的研究视角，超越了单独的文艺学、文学概论、文学理论批评著作等的观点。三、指出《周易》乃《文心雕龙》思想之本，万教授认为此观点很有见地，并深以为然。四、对《情采》篇定性为《文心雕龙》创作论“总纲”，万教授认为这是充分考虑到《情采》篇所处之承上启下的枢纽位置，而得出的更有宏观意识的识见。五、对《风骨》篇的解析选取了骈文论述格式这一角度，颇具启发性。六、对长期以来被忽略的“龙学”家刘咸炘及其《文心雕龙阐说》的挖掘，万教授直言这对“龙学”具有填补空白的重要意义。此外，万教授还高度评价了戚老师的“龙学”分类索引。[③]从万奇教授所做的上述简评来看，戚良德先生充分继承了牟先生在“龙学”研究上的全面性的特点，并始终孜孜于加大齐鲁“龙学”的研究深度与广度，开拓齐鲁“龙学”研究的新领域。

牟先生赍志以殁，实乃齐鲁“龙学”一大憾事，但戚良德先生秉承牟先生文心之脉，推动“龙学”薪火相传，笔者相信齐鲁“龙学”将会以更加鲜明的特点成为《文心雕龙》研究中一个不可忽视的流派，为中华文化的传承和走向世界贡献力量。

（作者单位：山东大学儒学高等研究院）

---

① 戚良德：《“龙学”里程碑——牟世金先生与20世纪的〈文心雕龙〉研究》，《文史哲》2011年第5期。

② 在纪念牟世金先生诞辰九十周年暨国家社科基金“龙学”重大项目开题研讨会上，山东大学徐传武教授在发言中对此有明确表述。

③ 万奇：《精雕“全龙”，泽被后学——浅谈牟世金先生的“龙学”贡献》，《纪念牟世金先生诞辰九十周年学术研讨会文集》，2018年，第116—119页。

中编　“龙学”纵横探

《文心雕龙》“典雅”考释

詹福瑞

《文心雕龙·体性》提出的“八体”论，是刘勰文学风格论的重要组成部分。它突破了曹丕、陆机的风格理论，第一次把“各师成心，其异如面”的作家作品风格加以总结归纳，抽象出八种风格类型，并试图以精赅的文字表述出各自的风格特征，开拓了从理论上研究风格类型的先河。

但是，刘勰在概括八种风格类型的特征时，却给我们留下了一个可供研究的问题，而这个问题目前还未引起学术界的注意。

《体性》篇说：“若总其归途，则数穷八体：一曰典雅，二曰远奥，三曰精约，四曰显附，五曰繁缛，六曰壮丽，七曰新奇，八曰轻靡。典雅者，熔式经诰，方轨儒门者也。远奥者，馥采典文，经理玄宗者也。精约者，核字省句，剖析毫厘者也。显附者，辞直义畅，切理厌心者也。繁缛者，博喻酿采，炜烨枝派者也。壮丽者，高论宏裁，卓烁异采者也。新奇者，摈古竞今，危侧趣诡者也。轻靡者，浮文弱植，缥缈附俗者也。”从刘勰对八种风格特征的表述，我们可以看出他是力图从内容或形式等方面准确具体地概括出八种风格类型的各自特点的。所以，除“典雅”一体外，其他七体，我们根据刘勰的表述基本上能把握其风格特点。比如对“远奥”的解释：“馥采典（按：据刘永济《文心雕龙校释》应为‘曲’）文”，是指这种风格类型表现形式上的特点。“经理玄宗”是这种风格类型思想内容上的特点。内容上受玄学思想影响的作品，往往会导致表现形式上的深隐曲折。从“经理玄宗”和“馥采曲文”，我们还可以认识到这种风格内容特征和形式特征的内在联系，即互为制约的关系。其他几体的风格特征也都有其内容和形式上的规定。正因为刘勰对这些风格类型的特征作了内容和形式上的直接规定，所以我们会清晰具体地认识这些风格类型的不同特征。

回过头来再看刘勰对“典雅”风格特征的表述：“典雅者，熔式经诰，方轨儒门者也。”刘勰的意思是说：凡“典雅”的风格，都是从内容到形式上取法经书的。这种表述，谈的只是取得“典雅”风格的途径，并没有直接解释这种风格类型的特点。仅从这个定义，我们无法具体把握取法经书究竟有哪些特点。因此可以说刘勰对“典雅”这种风格类型特征的表述是不明确的。这就给后人的理解带来模糊性，使后人对“典雅”风格类型的训释带有了一定的臆测性质：

陆侃如、牟世金：“典雅，指内容符合儒家学说，文辞比较庄重的。典，儒家经典;雅,正。”[①]

周振甫:“指取法经书,采用儒家,文辞庄重的是典雅。”[②]

马宏山:“所谓‘典雅’,从语言的角度说,是语有来历而又不鄙俗之意;如从思想角度看,是指儒家思想而言。”[③]

张长青、张会恩:“典雅,其特点是学习儒家经典,文质雅正。”[④]

这些解释大体运用了两种方法:一方面,转述刘勰《体性》篇关于“典雅”的概括,把其作为“典雅”的内容特点;另一方面则用训诂方法直解“典雅”,并用于形式特点,因此有“辞取雅驯”[⑤]“文辞庄重”诸说。这些解释因拘守《体性》篇,因此不能说它不符合刘勰在《体性》篇对“典雅”的概括。但也正因为拘守《体性》篇,缺少对《文心雕龙》通贯的考察,因此也就不尽令人满意,所以有进一步探讨的必要。

一、考“熔式经诰,方轨儒门”作品的特点

刘勰解释“典雅”为“熔式经诰,方轨儒门者也”,不只见于《体性》篇,《定势》篇也有相似的论述:“模经为式者,自入典雅之懿。”看得出刘勰是把“典雅”作为取法经书作品的必然风格趋势的,取法经书就会自然而然地使作品具有了“典雅”风格,所以考察熔式经典作品的风格特点,应是探讨“典雅”风格特征的既直接又可靠的途径。

有关熔式经书作品的风格特点,刘勰在《文心雕龙》一书中多有论及,但讲得比较集中的是《宗经》篇:“故文能宗经,体有六义:一则情深而不诡,二则风清而不杂,三则事信而不诞,四则义直而不回,五则体约而不芜,六则文丽而不淫。”这“六义”,就是取法经书而显示出的风格特点的六个方面。刘勰倡导“宗经”的归宿之一就是要使文学作品具备这六方面的风格特点。这六个方面就其侧重而言大体可分为内容特色和形式特色两种。一、三、四项偏重内容。其特点是感情深挚,记事真实,义理纯正。二、五、六项偏重形式。“风清而不杂”,谈的是思想感情表现上的特点。《风骨》篇云:“意气骏爽,则文风清焉。”意思是说思想感情如果表现得明朗有力,作品就有了清朗的风貌,这是对“风清而不杂”的最好诠释。“体约而不芜”,主要谈的是语言特点。刘勰说“辞与体并”,可见文辞是形成风格的重要因素,故周振甫先生释“体”为“风格,指语言”。[⑥]“体约而不芜”,就是《风骨》篇“析辞必精”“辞尚体要”之意。所以就形式而言,取法经书的作品一般具有语言精粹体要、丽而有则、表情明朗有力的特征。把这些特点综合起来看,取法经书的作品,其风格特征是情深义正,辞精风清。这是一种清明、朗健的阳刚风格。

这种风格特征,与《文心雕龙·风骨》提出的“风清骨峻”的特点是基本相同的。“风清骨峻”,是刘勰对“风骨”特征的简明概括。现在,人们对“风骨”的确切所指虽然还没

① 《文心雕龙译注》,济南:齐鲁书社,1981年。

②⑥ 《文心雕龙选译》,北京:中华书局,1980年。

③ 《文心雕龙散论》,乌鲁木齐:新疆人民出版社,1982年。

④ 《文心雕龙诠释》,长沙:湖南人民出版社,1982年。

⑤ 范文澜:《文心雕龙注》,北京:人民文学出版社,1978年。

有一致意见，但“风骨’的特点我们还是可以归纳总结的。

关于“风”，刘勰说：“情之含风，犹形之包气。”这首先说明“风”依存于“情”；同时也告诉我们其有“风”的感情不是泛泛之情，它还有更高的要求，有其自身的特点。刘勰这样论述：“《诗》总六义，风冠其首，斯乃化感之本源，志气之符契也。”又说：“深乎风者，述情必显”，“怊怅述情必始乎风”。这都说明含“风”之情应是一种深挚的感情，而且要表现得鲜明朗赫、真切动人，具有感染教化的力量。这是“风”的第一个特点。刘勰还从反面论证了“风”的另外要求：“思不环周，索莫乏气，则无风之验也。”思虑不周密，枯燥而缺乏生气，乃是没有“风”的表现。反之，有“风”的作品则要求作家的思虑要周密圆通，充满勃勃生气，生动有力。约而言之，一部作品假如感情深切动人、鲜明有力，思虑周严充沛，这就是有了“风”的特征，即“风清”之谓也。

再看“骨”。刘勰说：“辞之待骨，如体之树骸。”又说：“沉吟铺辞，莫先于骨。”说明“骨”的特征主要表现在文辞上。什么样的文辞才是树起了文骨的呢？刘勰这样说明：“结言端直，则文骨成焉。”又云：“故练于骨者，析辞必精。”“捶字坚而难移，结响凝而不滞，此风骨之力也。”构词造句，用心推敲，作品中的文辞端直、坚实、流畅，这是“骨髓峻也”的主要特征。当然，作品中的文辞是否端直、坚实、流畅，主要是文辞表现内容的问题，离开内容，是无法衡量文辞端直与否的。刘勰在《风骨》篇中引用了《周书》的话：“辞尚体要，弗惟好异。”所谓“体要”，一要求文辞表现内容要切实得体，二要求文辞简明扼要。所以一部作品如果能以精粹洗炼的文辞恰切地表现思想内容，而不是文辞浮泛，没有归属，徒尚靡丽，那么这部作品的文辞也就是端直、坚实、流畅的了。刘勰说：“若瘠义肥辞，繁杂失统，则无骨之征也。”《诠赋》篇说：“虽读千赋，愈惑体要，遂使繁华损枝，膏腴害骨。”这些论述也都说明，所谓“骨峻”，就是文辞经过认真推敲，能够以精炼的语言恰切表现内容而显示出的端直、坚实、流畅的特点。

把“熔式经诰”作品的风格特点和“风骨”放在一起比较，我们发现两者并没有什么实质性的区别。就感情而言，它们都要求作品的感情深挚感人，鲜明有力。就文辞来说，它们都要求精粹体要，反对繁杂失统。从表现上看，“风骨”要求作者思虑周密、充满生气，与宗经作品的记事可信、义理纯正似乎没什么联系。其实记事真实与否，义理纯正与否，和作者的思虑是否周密圆通、饱满而有生气的内在联系十分紧密。义正则辞严，理直方能气壮，义理邪僻、记事无凭，作品怎么能生气饱满？就实质而言，谈的还是一个范畴的事。

上面，我们把“熔式经诰，方轨儒门”作品显现出的六方面风格特征，与“风骨”的特点作了一下类比，并获得这样的认识：“典雅”的风格特征就是《风骨》篇所提倡的“风清骨峻”。当然，这不过是我们所获得的初步认识，下结论还为时过早。我们可以再作另外一些考察研究工作，看一看我们获得的初步认识是否正确。

二、考刘勰自称“典雅”作品的特点

《体性》篇论述八种风格类型，均无具体的作家作品以示其例，“典雅”亦不例外。这给我们了解“典雅”的风格特征带来了很大不便，不能不说是个缺憾。但在《文心雕龙》其他一些篇章，刘勰讨论文体和具体作家作品时，有时用“典雅”来概括某种文体的风格特点或某一作家作品的风格特点，刘勰对他所标举的“典雅”作品的分析，也有助于我们掌握“典雅”的风格特征。

《文心雕龙·颂赞》在总结“颂”这种文体的风格特点时指出：“原夫颂惟典雅，辞必清铄，敷写似赋，而不入华侈之区。”又说：“颂主告神，义必纯美。”刘勰认为“颂”这种文体的风格特点是趋向“典雅”的。而这种文体，内容上的特点是纯正美善，形式上的特点是文辞清朗干净，在描写方面虽然像赋一样有所铺张，但与赋的过分华靡还是有根本区别的。我们姑且不谈刘勰所称道的“颂”的代表作的思想内容今天看来是否还有什么价值，“颂”这种文体本身到今天是否还有意义。仅就风格而论，从刘勰对“颂”的特征的表述看，“典雅”的风格是具有“义必纯美”“辞必清铄”这样一些特点的。当然，由于刘勰在这里研究的主要是“颂”这种文体，还不是“典雅”风格本身，他虽然说“颂惟典雅”，而实际上“义必纯美”“辞必清铄”只是“典雅”的某些特征而已，不能完全概括“典雅”的风格特征。即便如此，我们也可以据此而认识到“典雅”一体所具有的“风清骨峻”的特点。

在各种文体中，除“颂”之外，刘勰认为章、表、奏、议几种文体的风格要求也是趋向“典雅”的。《定势》篇指出：“章表奏议，则准的乎典雅。”《文心雕龙·定势》主要是阐述文体与风格关系的篇章，刘勰认为：“夫情致异区，文变殊术，莫不因情立体，即体成势也。”尽管作者的情趣不同，作品变化的方术各异，但都是有规律可寻的：它们必然要依照感情来确定文体，再依据文体而确定相应的风格趋势。而章、表、奏、议的风格趋势就是“典雅”，它们在内容和形式上都有鲜明的特征。

刘勰在《章表》篇的“敷理以举统”部分指出：“章以造阙，风矩应明；表以致禁，骨采宜耀。循名课实，以章为本者也。是以章式炳贲，志在典谟；使要而非略，明而不浅。表体多包，情伪屡迁，必雅义以扇其风，清文以驰其丽。”“赞”的部分又总括曰：“言必贞明，义必弘伟。”这两段话直接以“风”和“骨”来分指章、表的内容特征和形式特征，对我们了解“典雅”的风格特点很有启发。刘勰认为：章、表取法“典谟”，表现出情志鲜明深刻，义理纯正弘伟，文辞清新明洁的风格特点。所谓“风矩应明”“明而不浅”“雅义以扇其风”，就是“风清”之意。所谓“骨采宜耀”“清文以驰其丽”“言必贞明”，就是“骨峻”之谓。“风清骨峻”的特点说得十分清楚。所以詹锳先生评论说“这是说章表要有风骨”。[①]

再看刘勰分析章、表的代表作，也多是从“风骨”立议的：“至于文举之《荐祢衡》，气扬采飞；孔明之《辞后主》，志尽文畅；虽华实异旨，并表之英也。”“陈思之表，独冠群才。观其体赡而律调，辞清而志显，应物掣巧，随变生趣；执辔有余，故能缓急应节矣。”又：“逮晋初笔札，则张华为俊。其三让公封，理周辞要，引义比事，必得其偶。”所谓“气扬采飞”（按《风骨》篇：“意气骏爽，则文风清焉”“骨劲气猛”）、“志尽文畅”、“辞清而志显”（按《风骨》篇：“述情必显”），所谓“律调”（按《风骨》篇：“结响凝而不滞”），所谓“理周辞要”（按《风骨》篇：“思不环周，索莫乏气，则无风之验也”“辞尚体要”），无一不是体现了“风

① 詹锳：《〈文心雕龙〉的风格学》，北京：人民文学出版社，1982 年。

骨"的特点。此外如《奏启》篇要求"奏"体:"宜明体要","气流墨中","声动简外","必使笔端振风,简上凝霜者也";《议对》篇要求"议"这种文体:"断理必纲,摛辞无懦","文以辨洁为能,不以繁缛为巧;事以明核为美,不以深隐为奇"等等,也都是切合"风骨"特点的。

《诏策》篇,刘勰赞扬:"潘勖《九锡》,典雅逸群。"认为潘勖的《册魏公九锡文》,因其风格典雅而超越同类作品之上。耐人寻味的是,《风骨》篇中列举的两个有"风骨"的代表作里,其中之一正是潘勖的《册魏公九锡文》:"昔潘勖锡魏,思摹经典,群才韬笔,乃其骨髓峻也。"潘勖的《册魏公九锡文》,谋篇运思,缀字造语,摹仿《尚书》的典诰之体,文章质朴刚健,被刘勰引为"骨峻"的样板。所谓"思摹经典",正是《体性》篇所说的"熔式经诰",这是形成"典雅"风格的途径;而"骨髓峻也",则是"典雅"的风格特征之一。刘勰把"典雅逸群"的作品作为"风骨"的代表作,这个例子极其有力地证明:"典雅"的风格特征即"风清骨峻"的认识,是符合刘勰本意的。

三、从"新奇"反证"典雅"的特点

刘勰把风格划分为八种类型,但他并不认为这八种风格类型是互相孤立、毫无关系的。刘勰又因其相反相成的关系把八体分为四组:"故雅与奇反,奥与显殊,繁与约舛,壮与轻乖。"这四组八体,就其特征来看,都是基本相反的。刘勰把相反的风格类型划为一组,其目的是清楚的,就是想通过比较的方法,互相印证各自的风格特点,使它们的风格特点更加醒目,更容易被人把握。譬如"壮丽"和"轻靡"这一组:"壮丽"具有议论高超、体制宏伟、文辞特出不凡的风格特征;而"轻靡"则是内容空泛无力,文辞浮浅虚华,其特点恰恰与"壮丽"相反。所以四组中的每一组,即使只交待了其中一体的风格特征,我们也可以据此而推想出另一体的风格特征。

八体中,与"典雅"为一组的风格类型是"新奇"。也就是说"新奇"的风格特征与"典雅"的风格特征是截然相反的。"新奇"的最大特点是摈古趋新,追求诡异奇巧。对这种风格,刘勰是不满意的,论及宋齐文学时经常提出来加以批判。刘勰对"新奇"弊端的批评会使我们从一个侧面捕捉"典雅"的风格特征。

刘勰曾在《定势》篇剖析辞人追求"新奇"的手段:"自近代辞人,率好诡巧,原其为体,讹势所变。厌黩旧式,故穿凿取新;察其讹意,似难而实无他术也,反正而已。故文反正为乏,辞反正为奇。效奇之法,必颠倒文句,上字而抑下,中辞而出外,回互不常,则新色耳。""诡巧"就是《体性》篇所说的"危侧趣诡"。宋齐文人厌倦了经书的"旧规",想要追求一种"新奇"的风格。而这种风格的手段,不外是搞些文字游戏而已。比如把"正"字反写成"乏"字,故意颠倒正常的字序等等。这种文风正是和"风骨"格格不入的。且不说这种离开内容从形式上玩花样,本来与"风清"就是无缘的;仅从形式本身看,那种以搞文字游戏为求新的态度和手段,也是和"结言端直"的"风骨之力"正相反的。刘勰认为,有骨力的作品,其文辞都是经过了严格锤炼,准确精粹到难以更换置移的程度。宋齐文人随意改变正常的文字次序,追求怪诞反常以为"新奇",这正是无"骨"之征。诚如刘勰在《风骨》篇中批评的那样："岂空结奇字，纰缪而成经矣？"

在《通变》篇里，刘勰列数文风由质朴向"新奇"演变时直截了当地指出：这种变化的结果是丧失了"风骨"："搉而论之，则黄唐淳而质，虞夏质而辨，商周丽而雅，楚汉侈而艳，魏晋浅而绮，宋初讹而新：从质及讹，弥近弥淡。何则？竞今疏古，风昧气衰也。"竞今疏古的结果是摒弃了经书的质朴刚健文风，使文坛黯然失去"风骨"。有的研究者认为，"风昧气衰"和《封禅》篇的"风末力寡"意同①，这是极有见地的。"风末力寡"，就是"风骨"衰微，也就是《风骨》篇所说的"风骨不飞"之意。摒斥经典，就会"风昧气衰"，趋向"新奇"；相反，熔式经典则"风清骨峻"，获得"典雅"。由此可见，"新奇"的对立风格"典雅"之特征就是"风清骨峻"。

综上所述，我们可以得出这样的结论："典雅"乃是一种清明、朗健的阳刚风格。这种风格类型的特征是"风清骨峻"，即感情深挚，义理纯正，语言端直，表现思想感情明朗有力。

四、"典雅"与《风骨》的关系

我们把"风清骨峻"作为"典雅"的风格特征，随之而来的是《体性》篇的"典雅"与《风骨》篇的关系问题。有人也许要问，在刘勰的心目中，"典雅"的风格特征就是"风清骨峻"，那么，他为什么专立《风骨》篇，而不以"典雅"名篇呢？解决这个问题，我们不得不卷入"风骨"之争的旋涡中去。

关于"风骨"的论争，目前有两个比较具有代表性的意见：一种意见认为"风骨"是刘勰心目中理想的标准风格，这种意见以詹锳先生为代表，其主要论点见詹先生的专著《〈文心雕龙〉的风格学》。另一种意见则认为"风骨"乃是一切文学创作的总要求，它并不是风格，也不是对风格的总要求，若把"风骨"作为一种标准风格，那么只好改刘勰的"数穷八体"为"数穷九体"。这种意见以牟世金先生为代表，收入《雕龙集》的《〈文心雕龙译注〉引论》，比较充分地阐述了牟先生的观点。我们认为，刘勰于八体之外另立《风骨》篇，的确另有所图。在此篇里，刘勰约意以"风"，约辞以"骨"，"风骨"成为衡量一切作品文意与文辞优劣的标尺，把"风骨"作为一切作品总的要求的主观动机是看得出来的。

然而，由于"风骨"主要是从"典雅"风格中抽取出来的力图具有普遍指导意义的写作要求，尽管刘勰主观上想把这些抽取出来的东西加以提炼、升华，上升为独立于风格之外的写作原则，可是事实上，刘勰在具体论述文意和文辞的总的要求时，并没有摆脱出"典雅"风格特征的影响和制约，这就使"风骨"的论述带有了浓厚的风格论色彩，客观上没有超脱风格论的性质。因此，把"风骨"作为刘勰的标准风格来看，也是无可非议的。"风骨"本来就是"典雅"的风格特征，所以也不存在"数穷八体"或"数穷九体"的问题。

① 陆侃如、牟世金：《文心雕龙译注》，济南：齐鲁书社，1981年。

但这不过是《风骨》篇从理论上显示出来的客观效果。就理论家本人来说，当刘勰建构《文心雕龙》这一庞大的理论体系时，并没有把“风骨”纳入风格论的范畴。所以，“风骨”虽然抽取于“典雅”风格，但刘勰并不把它附于“典雅”名下作为一种风格特征来论述之。而是独立成篇，集中讨论文意、文辞的总的要求问题。

刘勰独独从“典雅”风格特征中抽取主要原质——“风骨”作为一切作品的总的要求，并不是偶然的，系因于他对“典雅”的特殊认识。

刘勰对八体是否有所轩轾？人们的看法目前还不一致。有人认为刘勰对八体是全面肯定的。黄侃先生的《文心雕龙札记》就说：“彦和之意，八体并陈，文状不同，而皆能成体，了无轻重之见存于其间。”有的研究者则认为刘勰对八种风格类型的态度是有区别的。如范文澜、周振甫、詹锳、牟世金几位先生都持这种意见。但这些先生所确认的肯定的风格类型和否定的风格类型又有所不同。[①] 尽管人们的意见尚不一致，但有一点却可以肯定，刘勰对“典雅”是十分推崇的。《体性》篇里，刘勰置“典雅”于八种风格类型之首，不是一种偶然的现象，与他对“典雅”的认识有着密切的关系。“夫才有天资，学慎始习。斲梓染丝，功在初化；器成彩定，难可翻移。故童子雕琢，必先雅制；沿根讨叶，思转自圆。八体虽殊，会通合数；得其环中，则辐辏相成。故宜摹体以定习，因性以练才；文之司南，用此道也。”过去，我们在研究刘勰的风格理论时，往往忽略这一段论述。其实这一段论述表达了刘勰一个很重要的观点：即他对“典雅”风格类型的特殊重视。刘勰认为，风格的形成，主要有两方面的原因：一是先天的才、气；一是后天的学、习。[②] 风格虽然可以大致分为八种类型，但这八种风格类型却又不是僵死不变的，它们处于不断的错综变化之中。促成这种风格变化的主要是后天的学识和习染。所以学识和习染对风格的形成尤其是风格的转变就显得十分重要，从一开始就要非常慎重。风格固然分为八种，却有“根”“叶”之分，只有首先培养那标准的风格，以此为基础，再学其他风格类型，才是掌握了风格变化的原则，使八种风格像车的“辐辏”一样相辅相成，形成风格的多样化。这个标准风格就是“典雅”，也就是刘勰所说的“雅制”。

刘勰是风格的多样化统一论者。他一方面提倡风格的多样化，另一方面又要求多样化的风格统一于“典雅”风格。刘勰在《定势》篇所说的“执正以驭奇”，《辨骚》篇所说的“酌奇而不失其贞”，都贯穿着这一观点。

从理论上说，风格是没有优劣高下之分的。不同的风格都是不同的创作个性、不同的体裁特点、不同的社会生活以及读者多方面需求的必然反映。明代文学理论家李贽说得好：“盖声色之来，发于情性，由乎自然……故性格清彻者音调自然宣畅，性格舒徐者音调自然舒缓，旷达者自然浩荡，雄迈者自然壮烈，沉郁者自然悲酸，古怪者自然奇

① 范文澜先生《文心雕龙注》、周振甫先生《文心雕龙选译》认为，刘勰肯定典雅、远奥、精约、显附、繁缛和壮丽六体，贬抑轻靡、新奇二体。詹锳先生《〈文心雕龙〉的风格学》则认为肯定典雅、精约、显附和壮丽四体，不满意远奥、繁缛、新奇、轻靡四体。

② 《体性》篇：“然才有庸俊，气有刚柔，学有浅深，习有雅郑；并情性所铄，陶染所凝，是以笔区云谲，文苑波诡者矣。”

绝，有是格，便有是调，皆情性自然之谓也。”[1]所以，肯定某种风格类型而否定别种风格类型，或者以某种风格为标准风格去统一其他风格的理论都是不科学的。

不过，风格类型的区分，以及批评家对这些风格类型的态度，都是受制于特定时代的社会生活和文学发展状况的。由于特定的历史条件的制约，批评家往往要从特定的现实出发划分文学风格种类，对不同的风格类型作出不同的评价，这也是文坛常有的事实。所以研究一个批评家的风格理论，应该放到特定的历史环境中，结合他那个时代的社会生活，尤其是文学的发展状况加以考察。刘勰之所以把“典雅”作为标准风格是有其历史原因的。

把“典雅”作为标准风格，首先源自他的“宗经”思想，这一点研究者已经谈得很多了。但这恐怕不是问题的全部。宋齐时期文学的发展状况和“典雅”风格类型本身那种“风清骨峻”的特点，有更为直接的理由促使刘勰确立“典雅”为标准风格。

我国文学发展到宋、齐时期，文风有了明显的变化。宋初山水诗的兴起结束了玄言诗近一个世纪的统治，使诗歌从“理过其辞，淡乎寡味”[2]的文风中解放出来。但这时的诗坛也明显地表现出片面追求形式的倾向：“俪采百字之偶，争价一句之奇；情必极貌以写物，辞必穷力而追新：此近世之所竞也。”这种文风到齐梁时得到恶性发展，形成形式主义的逆流。刘勰对讹滥文风的泛滥深表不安，以改变这种文风为己任，动笔写作《文心雕龙》。对此，《序志》篇有明确的说明：“而去圣久远，文体解散；辞人爱奇，言贵浮诡，饰羽尚画，文绣鞶帨，离本弥甚，将遂讹滥。盖《周书》论辞，贵乎体要；尼父陈训，恶乎异端；辞训之异，宜体于要。于是搦笔和墨，乃始论文。”出于这种动机撰书立说，所以《文心雕龙》一书在许多地方总结讹滥文风的特点，并予以旗帜鲜明地批判。总括刘勰的言论，宋齐文风有这样的一些特点：缺少真情，内容空虚，因为片面追求文辞的新奇诡异，造成“瘠义肥辞”、文辞浮泛失统的现象。[3]这是一种淫靡乏力的柔弱文风，如同人之乏气、无骨一样缺少刚健之力和勃勃生气。矫正这种文风，无疑以清明朗健的阳刚风格最合适。这就非感情深切、义理纯正、文辞精粹体要、风貌清朗的“典雅”风格莫属了。正因为这样，刘勰树立“典雅”为标准风格，要求作家先掌握“典雅”风格，再去驾驭“新奇”等风格。也正基于这个原因，刘勰选定了“典雅”的风格特征——“风骨”，试图把它作为衡量一切文学作品的总的要求，奋力从风格和写作的总的原则要求两个方面，在他那个时代的文坛扬起阳刚之气。

（作者单位：国家图书馆）

---

① ［明］李贽：《读律肤说》，见《焚书》卷三。

② ［南朝梁］钟嵘：《诗品·序》。

③ 刘勰对宋齐文风的批评见于《明诗》《风骨》《通变》《定势》《情采》《比兴》《物色》《序志》以及其他篇章，原文从略。

刘勰子学思想与杂家精神

林其锬

一、刘勰子学思想

“诸子学”自春秋战国百家蜂起、九流驰术，迄今已有两千五百多年了，若以《庄子·天下》为子论开端，后来评论诸子的论述时有间出，如《荀子》非十二子、《尸子·广泽篇》、《吕氏春秋·要略篇》、司马迁《史记》之孟荀、老庄申韩、管晏诸《列传》、班固《汉书·艺文志》、葛洪《抱朴子·百家篇》等等皆是。但是，以上子论或评骘诸家得失，或考其流派，也只能说是“各照偶隙，鲜观衢路；或藏否当时之才，或铨品前修之文，或泛举雅俗之旨，或撮题篇章之意”，“并未能振叶以寻根，观澜而索源”①。对于什么是“子”、什么是“子书”都未能给予明确的定义和深刻的阐述。

魏晋南北朝时期，是我国文化发展历史上又一个转折的时期。“汉末以降，中国政治混乱，国家衰颓。”有人称：“汉末至隋代之前为中国的‘黑暗时代’，同时也是中国的‘启蒙时代’。因为这一时期的精英之士如哲学家、诗人、艺术家基于逃避苦难之要求，在思想上勇于创新，在精神的自由解放中获得了‘人的发现’，或人的自觉，从而使这一时期的思想获得了深刻、鲜明的哲学意蕴。因此，‘汉魏之际，中国学术起甚大变化。’”②所以中国现代许多学科的萌芽可溯源于此时，子学也不例外。

南朝萧梁时期的思想家兼文论家刘勰早年撰著的《文心雕龙·诸子》和晚年撰著的《刘子·九流》对先秦迄于秦汉的子评、子论作了总结，对“子”“子书”给予了比较明确的定义，对“子学”的性质、诸子流派特点、得失以及子史分期、子学内部结构体系都作了简要概述，因而可视为诸子学学科的萌芽。

刘勰身处魏晋南北朝末期社会由分裂走向统一、学术思想由“析同为异”走向“合异为同”的历史巨变时期，他出生在有浓厚天师道影响氛围的低级军官家庭里，早年父亲战死，家境贫寒，青年时期只得依附佛门在定林寺帮助抄写、整理佛经生活。但他胸怀大志，抱负甚高。他充分利用佛寺大量藏书的条件，饱读佛家经典、诸子百家、诗赋杂

① ［南朝梁］刘勰：《文心雕龙·序志》，范文澜：《文心雕龙注》，北京：人民文学出版社，1962年，第726页。

② 汤一介、孙尚扬：《魏晋玄学论稿·导读》，汤用彤：《魏晋玄学论稿》，上海：上海古籍出版社，2005年，第3页。

文。我们从《文心雕龙》对先秦到六朝六百多位各界人物、四百多种经典、文献、作品进行深入研究并加以品评；从《刘子》“互引典文，旁取事据”①，征引、承袭中古以前的古籍竟达百种以上的实际情况，可以看出他读书用力之勤，知识涉猎之广，学问造诣之深。但他志不在文，而在于政，追求的人生目标是“摛文必在纬军国，负重必在任栋梁，穷则独善以垂文，达则奉时以骋绩”②。所以正如子学家孙德谦所言：“彦和于论文之中兼衡诸子，虽所言不无弊短，而能识其源流得失，则此书以‘雕龙’标目，可知彦和盖窃比邹奭，将以自名一子矣。”③他志不在文而在政，故不走儒生之路。而立之年为救当时日趋虚无浮诡社会不良文风的时弊而撰《文心雕龙》；在晚年仕途失意之时，又效法孔子“不得位而行道”以实现“独善以垂文”的人生目标，同时又感慨魏晋子书“谰言兼存，琐语必录，类聚而求，亦充箱照轸矣”④的式微，通过立言，写“入道见志”之书《刘子》。

刘勰著述的原则是“囿别区分，原始以表末，释名以章义，选文以定篇，敷理以举统”⑤。他给“子”“子书”的定义是：

诸子者，入道见志之书。⑥

博明万事为子，适辨一理为论。⑦

然繁辞虽积，而本体易总：述道言治，枝条五经。⑧

九家之学……同其妙理，俱会治道。⑨

综合以上对“子”“子书”“子学”的“释名章义”，我们可以看到刘勰对“子”“子书”“子学”的内涵界定，那便是：首先要“博明万事”，亦即《诸子·赞》中所说的“辩雕万物，智周宇宙”⑩，研究和阐发的是广博天、地、人万物之理，而不是一枝一节个别事物的学问，这是就研究的广度涉及知识面的外延予以界定的。其次“入道”“述道”“妙理”，这是从研究的深度定义。研究要深入事物的本质、阐释的道理要达到深刻精微的程度，而不是肤浅、一般的知识传递和综述。第三，“见志”，就是要体现研究者、作者自己独立创意和独到见解，不管你是“或叙经典，或明政术”⑪，都要有自己独立的思想和主张，真正成一家之言。第四，“言治”“治道”，亦即诸子学问不管你从哪个角度切入，都必须与治道相关，不是无的放矢，归根结底是为拯世救溺服务。所谓治道，自然包括天、地、人，亦即治国、治世和治心。按照刘勰对“子”“子书”“子学”内涵的界定，“子”的概念似与古之通儒、今之思想家相近；“子书”“子学”则是阐述道义、表达意志，亦即研究治心、治国、治世重大课题，广而深地阐释事物原理、并有独立见解和主张、成一家之言的著作和学问。章太

① [明]王道焜：《北齐刘子序》，林其锬：《刘子集校合编》，上海：华东师范大学出版社，2012年，第1134页。

② [南朝梁]刘勰：《文心雕龙·程器》，范文澜：《文心雕龙注》，北京：人民文学出版社，1962年，第720页。

③ 孙德谦：《诸子通考》，上海：华东师范大学出版社，2013年，第81页。

④⑧ [南朝梁]刘勰：《文心雕龙·诸子》，范文澜：《文心雕龙注》，第308页。

⑤ [南朝梁]刘勰：《文心雕龙·序志》，范文澜：《文心雕龙注》，第727页。

⑥ [南朝梁]刘勰：《文心雕龙·诸子》，范文澜：《文心雕龙注》，第307页。

⑦ 同上，第310页。

⑨ [南朝梁]刘勰：《刘子·九流》，林其锬、陈凤金：《刘子集校》，上海：上海古籍出版社，1985年，第302—303页。

⑩⑪ [南朝梁]刘勰：《文心雕龙·诸子》，范文澜：《文心雕龙注》，第310页。

炎曾说过："学说在开人心智，文辞在动人之感情。虽亦互有出入，而大致不能逾此。"①又说："原理惬心，永远不变；一支一节的，过了时就不中用。"②

诸子的出现和诸子学的产生和形成经历了漫长的历史过程。按照刘勰的看法，"子"的肇始可以追溯至上古，而"子书"的出现则在春秋战国。他说："昔风后、力牧、伊尹，咸其流也。篇述者，盖上古遗语，而战代所记者也。至鬻熊知道，而文王咨询，余文遗事，录为《鬻子》，子目肇始，莫先于兹。"③风后，黄帝臣；力牧，黄帝相；伊尹，商汤相；鬻熊，周文王时人。《汉书·艺文志》兵家有《风后》十三篇，《力牧》十五篇，又道家《力牧》二十二篇；《伊尹》五十一篇，又小说家《伊尹说》二七篇；皆注云"依托也"。故刘勰云："盖上古遗语，而战代所记者也。"④即子在前而其书则后出，乃后人辑遗语成书而已。至于《鬻子》，《汉书·艺文志》有道家《鬻子》二十二篇，注"名熊，为周师，自文王以下问焉"⑤。刘勰也称："至鬻熊知道，而文王咨询，余文遗事，录为《鬻子》，子目肇始，莫先于兹。"⑥说明也是鬻子其人在前，而其书也是后人所录辑而成。但是以"子"作为书名则是从《鬻子》开端的。至于子书著述最早的当属老子："及伯阳识礼，而仲尼访问，爰序《道德》，以冠百氏。"⑦"冠百氏"者，乃百家之首，极言老子李耳(字伯阳)《道德》之卓越也。刘勰还认为：在子书出现初期，是没有"经""子"之分的。他说："鬻唯文友，李实孔师；圣、贤并世，而经、子异流矣。"⑧圣、贤生活于同时代，后来经、子才分流。近人江瑔在其《读子卮言》中也说："是可见孔孟之学，虽远过于诸子，而在当时(林按：指先秦时期)各鸣其所学，亦诸子之一也。况《六经》为古人教人之具而传之于道家，非孔子之作。"⑨历史事实也表明"经"之提法虽始于《庄子·天运篇》："丘治《诗》《书》《礼》《乐》《易》《春秋》六经，自以为久矣。"⑩这里的"六经"即是江瑔所说的"古人教人之具"亦即史料，只是孔子'治'(整理、研究)的对象，并非儒家的著作，而将其作为儒家经典，是在汉武帝实行"罢黜百家，独尊儒术"政策后于元朔五年(前124)设太学、置五经博士时，才把《诗》《书》《礼》《易》《春秋》作为"五经"的。后来又不断递增，将辅翼五经的传、记、以及记载孔孟言行的《论语》《孟子》等都尊为"经"：东汉时"六经"增加《论语》为"七经"；唐初以《易》《书》《诗》《周礼》《仪礼》《礼记》《左传》《孝经》《论语》为"九经"；唐文宗时以《周易》《尚书》《毛诗》《三礼》及《论语》《孝经》《尔雅》刻石称"十二经"；宋绍熙年间又将《孟子》列入经部称"十三经"；宋时还有在"十三经"基础上再增加《大戴记》为经称"十四经"的。可见："经"与"子"之分流，是来自外部因素，即儒学成了官学之后，才被逐步加强的。所以就学术实质而言，"经""子"是没有必要分开的。由于经学居于官学特殊地位，子学环境受到压抑，自然失去了先秦时期那种"六经泥蟠，百家飙骇"⑪的自由争鸣态势。但思想

① 章太炎：《论语言文字之学》，《章太炎演讲集》，上海：上海人民出版社，2011年，第21页。

② 章太炎：《论诸子的大概》，《章太炎演讲集》，第87页。

③④⑥⑦⑧ [南朝梁]刘勰：《文心雕龙·诸子》，范文澜：《文心雕龙注》，第308页。

⑤ [汉]班固：《汉书》，北京：中华书局，1964年，第1729页。

⑨ 江瑔：《读子卮言》，上海：华东师范大学出版社，2012年，第39页。

⑩ [清]郭庆藩：《庄子集释》，北京：中华书局，1985年，第531页。

⑪ [南朝梁]刘勰：《文心雕龙·时序》，范文澜：《文心雕龙注》，第671页。

是不能垄断、禁绝的。因此子学虽遭贬抑，甚至被视作“异端”，但仍随社会前进而在不断发展，不过其形态则有所变化。刘勰指出：“逮汉成留思，子政雠校，于是《七略》芬菲，九流鳞萃，杀青所编，百有八十余家矣。迄至魏晋，作者间出，谰言兼存，璅语必录，类聚而求，亦充箱照轸矣。”[①]当然发展中纯粹与踳驳并存，玉石与泥沙俱下。其形态大致可分四种：一是仍然自开户牖，越世高谈，这自然被视作异端，甚至惨遭迫害；二是“承流支附”，以诠释经典、元典的形式，用“六经注我”的方法，寄寓自己的思想和主张；三是“综核众理……集猎众语”[②]，用古说今寄托新思想新主张，刘勰的《刘子》就是典型；四是遁入民间，以宗教面目出现，创作经书表达自己的见解和主张。这种形态变异，诸如“南朝儒生采取《老》《庄》，创造新经学”[③]，宋、明儒者援佛入儒创造“理学”“心学”，“其言颇杂禅理”[④]。宗教家创造《太平经》，以及近现代吸收西学涌出新子家等都是；在表述方式上也由子向论、子集合流方向转变，子、集合流，“家家有制，人人有集”[⑤]成了普遍现象。

二、杂家精神与杂家历史地位

在诸子百家中，杂家虽为“九流”之一，但由于古人囿于学派门户之见，特别是儒学成了官学，长期占主流意识形态的状况下，杂家更被视为“往往杂取九流百家之说，引类援事，随篇为证，皆会粹而成之，不能有所发明，不足预诸子立言之列”[⑥]。《四库全书》子部类目，将杂家置于术数、艺术、谱录之后，分为杂学、杂考、杂说、杂品、杂纂、杂编六类，实际上已经不把杂家作为九流之一与其他八家并列，而将其排出九流。所以究竟应该如何评价杂家、认识杂家、发现杂家的真正价值及其历史作用，是需要我们细加考究的。

“杂”就其本义而言，实有二义：一是集聚、糅同。《玉篇》：“杂，糅也、同也、厕也、最也。”又：“杂”也同“襍”。《类篇》：“襍，集也。”《广韵》：“集，就也，成也，聚也，同也。”所以江瑔说：“‘杂’之义为‘集’、为‘合’、为‘聚’、为‘会’……即集合诸家而不偏于一说，故以‘杂’为名，此其义也。”[⑦]。二是杂碎。《扬子·方言》：“杂，碎也。”《易·系辞》：“其称名也，杂而不越。”[⑧]《疏》：“辞理杂碎”“不相乖越。”[⑨]杂家著作中实有两种，即刘勰在《刘子·九流》中所说：一是“触类取与，不拘一绪”；二是“芜秽蔓衍，无所系心”[⑩]。所以不能一概而论。

二十世纪四十年代，冯友兰和张可为有《原杂家》之作。他们认为：杂家“是应秦汉

① [南朝梁]刘勰：《文心雕龙·诸子》，范文澜：《文心雕龙注》，北京：人民文学出版社，1962年，第308页。

② [日]平安咸愿：《刘子序》，林其锬：《刘子集校合编》，上海：华东师范大学出版社，2012年，第834页。

③ 范文澜：《中国经学史的演变》，《范文澜全集》第十卷，石家庄：河北教育出版社，2002年，第61页。

④ 江藩：《宋学渊源记》，上海：商务印书馆，1935年，第1页。

⑤ [南朝梁]萧绎：《金楼子·立言》，郁沅、张明高编选：《魏晋南北朝文论选》，北京：人民文学出版社，1996年，第366页。

⑥ [宋]黄震：《黄氏日钞》卷五十五，文渊阁《四库全书》本。

⑦ 江瑔：《读子卮言》，第119页。

⑧⑨ [魏]王弼注、[唐]孔颖达疏：《周易正义》，北京：北京大学出版社，2000年，第366页。

⑩ [南朝梁]刘勰：《刘子·九流》，林其锬、陈凤金：《刘子集校》，上海：上海古籍出版社，1985年，第302页。

统一局面之需要,以战国末期'道术统一'说为主要的理论根据,实际企图综合各家之一派思想。这种思想,在秦汉时代,成为主潮。"[①]"他们以为求真理的最好的办法,是从各家的学说,取其所'长',舍其所'短',取其所'见',去其所'蔽',折衷拼凑起来,集众'偏'以成'全'。"[②]"他们主张道术是'一',应该'一';其'一'之并不是否定各家只余其一,而是折衷各家使成为'一'。凡企图把不同或相反的学说,折衷调和,而使之统一的,都是杂家的态度,都是杂家的精神。"[③]由于中国学术一般都着重社会、人生实际问题,在先秦着重形而上的先是有道家,继之有受道家影响的《易传》。道家较各家较着重带根本性的问题,"故杂家有许多地方都采取了道家的观点"[④],但是"杂家不是道家,也宗主任何一家。"[⑤]"道术统一"思想源于《庄子·天下篇》,但道家主张"纯一""无为","认为方术不能统一,又不想去统一它"[⑥];而杂家则主张"舍短取长""熔天下方术于一炉",认为"欲天下之治者,必求方术之统一。统一方术之法,为'齐万不同'"[⑦]。笔者以为冯、张二氏对杂家的评价是中肯的。如果我们客观地考察历史上杂家思潮产生和优秀杂家代表作产生的历史条件,我们就会发现:它们都是在社会由分裂走向统一,学术思潮由"析同为异"到"合异为同"的转折时出现的,杂家所起的特殊作用是其他各家所不能代替的。

综观中国历史,可以看到社会大转折、文化大融合的时期莫过于先秦、魏晋南北朝和近现代。

第一次:先秦时期春秋战国时代。这一时期铁器生产工具开始普及,生产关系发生大变动,原来的"井田制"出现了"民不肯尽力于公田"[⑧]的现象。周边东夷、南蛮、西戎、北狄等少数民族逐步融入华夏民族,特别是长江文明与黄河文明,亦即所谓"巫文化"与"史文化"的交流、碰撞,形成了"七国力政,俊乂蜂起"[⑨]"六经泥蟠,百家飙骇"[⑩]的局面。经过三四百年的动荡、分化、迁徙、融合发展,特别在经济上由于邗沟和鸿沟的开凿,长江、淮河、黄河流域三大经济区域连成一片,形成一体,相互联系和依赖加强了,因此社会出现了统一要求。与社会由分到合的客观要求相适应,在文化上出现原道之心,兼儒墨、合名法,博综诸家之长以为一,由"析同为异"到"合异为同"的形势,"杂家精神""思想统一"思潮也随之产生。其代表作就是《吕氏春秋》。它"上揆之天,下验之地,中审之

---

①⑤ 冯友兰、张可为:《原杂家》,冯友兰:《中国哲学史》(下册)附录,上海:华东师范大学出版社,2002年,第407页。

② 同上,第395页。

③ 同上,第408页。

④ 同上,第406页。

⑥ 同上,第405页。

⑦ 同上,第409页。

⑧ 李学勤主编:《春秋公羊传注疏》,北京:北京大学出版社,2000年,第416页。

⑨ [南朝梁]刘勰:《文心雕龙·诸子》,范文澜:《文心雕龙注》,北京:人民文学出版社,1962年,第308页。

⑩ [南朝梁]刘勰:《文心雕龙·时序》,范文澜:《文心雕龙注》,第671页。

人"[①]"假人之长,以补其短"[②]"齐万不同,愚智工拙,皆尽力竭能,如出乎一穴。"[③]继之在汉初出现的《淮南鸿烈》也是一样,也是为因应社会需要,"用老庄的天道观去消除各家学说的界限和对立,将诸子的思想调和贯通起来,以达到'统天下,理万物'的目的"[④]。由此可见:秦汉时期的杂家代表作《吕氏春秋》与《淮南鸿烈》,就是因应社会统一的客观情势而产生的,它们也的确对推进社会发展起了积极作用。

第二次:魏晋南北朝时期。东汉以后,贵族政治腐败,经学僵化,社会分裂,魏、蜀、吴三国鼎立,西晋短期统一但随着北方少数民族匈奴、鲜卑、羯、氐、羌等入主中原,形成南北对峙局面,汉武帝实行的"罢黜百家,独尊儒术"逐步建立起来以正名、定分、三纲、五常为主要内容作为维系社会的价值体系、精神支柱和管理制度神器的"名教",发生了严重的危机;加之佛教东传,佛经翻译渐多,佛教社会影响扩大,发生了中外文化的交流与碰撞,因而社会又由合到分,学术也由同到异,儒、佛、道争鸣激烈。为寻找新理论,重建社会新价值体系,调谐社会秩序,以名教与自然之辨为核心内容的玄学也就应运而起:"魏之初霸,术兼名法,傅嘏、王粲,校练名理,迄至正始,务欲立文;何晏之徒,始盛玄论,聃周当路,与尼父争途矣。"[⑤]玄学之兴,始于以儒家"正名"和法家"循名责实"的名理学,由"名教"到"名法",进一步上推到"无为",所以玄学是蜕变于名学与易学,既是源自老、庄,也是儒学之蜕变。社会经过近三百年的动荡、分裂,由于大量中原人民南迁江南,南方经济得以开拓发展,加之北方进入中原的少数民族逐渐汉化,社会又出现了要求统一的趋势,与之相适应,学术思想再次涌现"析同为异"到"合异为同"的"杂家精神",其特点是通过儒道会通、佛学玄化的途径进行整合:"洎于梁世,兹风(按:指玄学)复阐,《庄》《老》《周易》谓之三玄。武皇(按:指萧衍)、简文(按:指萧纲),躬身讲论。"[⑥]"暨梁武之世,三教(按:指儒、佛、道)连衡,五乘(按:指佛家人乘、天乘、声闻乘、缘觉乘、菩萨乘,也就是乘着五戒、十善、四谛、十二因缘、六度等五种教法而获得善果)并驾。"[⑦]梁武帝也撰《会三教诗》:"穷源无二圣,测善非三英。"[⑧]揭橥三教同源说。说明此时儒道会通、佛学玄化已成社会风气。此时问世的《刘子》便是因应这一思潮而产生的杂家代表作。日本古代学者说:"《刘子》刘勰所作,取镕《淮南》,自铸其奇。"[⑨]此书曾被清代著名藏书家、校勘家黄丕烈赞为"魏晋子书第一"。中国《文心雕龙》学会创会会长张光年(光未然)也认为:"《刘子》和《文心雕龙》,同是南北朝历史巨变时代产生的有重大历史

---

① [战国]吕不韦:《吕氏春秋·序意》,陈奇猷:《吕氏春秋新校释》,上海:上海古籍出版社,2002年,第654页。
② [战国]吕不韦:《吕氏春秋·用众》,陈奇猷:《吕氏春秋新校释》,第235页。
③ [战国]吕不韦:《吕氏春秋·不二》,陈奇猷:《吕氏春秋新校释》,第1135页。
④ 牟钟鉴:《〈吕氏春秋〉与〈淮南子〉思想研究》,济南:齐鲁出版社,1987年,第107页。
⑤ [南朝梁]刘勰:《文心雕龙·论说》,范文澜:《文心雕龙注》,上海:上海古籍出版社,1962年,第327页。
⑥ [北齐]颜之推:《颜氏家训·勉学》,王利器:《颜氏家训集解》(增补本),北京:中华书局,2002年,第187页。
⑦ [唐]法琳:《对傅奕废佛僧表》,《广弘明集》卷十一,四部丛刊本。
⑧ [南朝梁]萧衍:《会三教诗》,逯钦立辑校:《先秦汉魏晋南北朝诗》,北京:中华书局,1984年,第1532页。
⑨ [日本]播磨清绚:《刘子序》,林其锬:《刘子集校合编》,上海:华东师范大学出版社,2012年,第833页。

价值、学术价值的奇书。”①《刘子》“综核众理，发于独虑；猎集群语，成于一己。”②它泛论治国修身之要，杂以九流之说，是“总结了诸子的学术和思想，来用古说今”③之书。《刘子》产生的背景同《吕氏春秋》《淮南子》极其相似，所不同者是前二书皆权势者“聚客而作”，属集体著述，所以体系庞大，“踳驳不一”，内容庞杂；而后者则是个人私著，简要精炼，全书仅29030字，却蕴含了丰富思想内容，如因时而变的社会历史观和与时竞驰的人生观、从农本出发的富民经济思想、从民本出发的清明政治思想、“知人”“适才”“均任”的人才管理思想、文质并重“各像勋德，应时之变”④的文艺思想，以及清神防欲、惜时崇学、履信慎独等等积极向上、健康的道德修养理念等等。张光年特别肯定它的“因时制宜的变法论”和“献贤受上赏，蔽贤蒙显戳”⑤的主张，“是站在时代潮流前面的勇士”，“都是有针对性的，是不避嫌疑、不计后果的，是勇士的语言。”⑥《刘子·九流》在继承司马谈《论六家要旨》和班固《汉书·艺文志·诸子略》思想的基础上，比较客观、精确地评价了道、儒、阴阳、名、法、墨、纵横、杂、农九家的得失，而且着重点放在“皆同其妙理，俱会治道，迹虽有殊，归趣无异”⑦的会通上。同时还在总体上概括了子学的基本构架：“道者玄化为本，儒者德教为宗，九流之中，二化为最。”⑧正如美国华人学者杜维明所说：“这既肯定了中国文化的‘九流’结构，又强调了其中以‘儒、道’为主体地位。”⑨或者如赵吉惠教授所说：“就是对以儒、道为主体结构的中国多元文化的古典表达。”⑩这是刘勰对子学的历史贡献。此外，在《刘子·九流》中“圣贤并世诸子分流”表明古本无“经”，后来才有“经”“子”之分；中古以前子史分期并指明子书形态向子论、文集转化等等，都是他的独到创新见解，对子学建构都具有重要意义。

由于《刘子》一书比较充分地反映了当时社会发展的趋势，适应了社会由分到合走向统一的历史要求，因此在隋唐广为传播，影响很大，上自唐太宗、武后，下至一般读书人，乃至高僧大德都给予重视。唐太宗于贞观二十二年(648)，为教育太子李治(高宗)撰《帝范》：“所以披镜前踪，博览史籍，聚其要言，以为近诫。”⑪书中就多处承袭、征引《刘子》，明显抄袭的就达二十二处，甚至连一些章名，诸如《诫盈》《赏罚》《阅武》等也与《刘子》雷同。武则天莅位，为教育臣子，亦仿太宗“情隆抚字，心欲助成”“撰修身之训”，乃

---

① 张光年：《关于〈刘子〉——在中国〈文心雕龙〉学会第二届年会上的讲话》，林其锬：《刘子集校合编》，上海：华东师范大学出版社，2012年，第1165页。

② [日本]平安咸愿：《刘子序》，林其锬：《刘子集校合编》，上海：华东师范大学出版社，2012年，第834页。

③ 王重民：《中国目录学史论丛》，北京：中华书局，1964年，第99页。

④ [南朝梁]刘勰：《刘子·辩乐》，林其锬、陈凤金：《刘子集校》，上海：上海古籍出版社，1985年，第36页。

⑤ [南朝梁]刘勰：《刘子·荐贤》，林其锬、陈凤金：《刘子集校》，第114页。

⑥ 张光年《关于〈刘子〉——在中国〈文心雕龙〉学会第二届年会上的讲话》，林其锬：《刘子集校合编》，第1166—1167页。

⑦ [南朝梁]刘勰：《刘子·九流》，林其锬、陈凤金：《刘子集校》，第302—303页。

⑧ 同上，第303页。

⑨ 杜维明：《我看文化中国》，文化中国网 http://www.culcn.cn/，2007。

⑩ 赵吉惠：《论儒道互补的中国文化主体结构与格局》，《陕西师范大学学报》1994年第4期。

⑪ [唐]李世民：《帝范·序》，文渊阁《四库全书》本。

“游心策府”“缀叙所闻以为《臣轨》一部”，“为事上之轨模，作臣下之绳准”。[①] 书中亦承袭、征引《刘子》。其他如成书于隋的虞世南《北堂书钞》、释道宣《广弘明集》、唐之释湛然《辅行记》、释道世《法苑珠林》也多数征引。释慧琳《一切经音义》还两处明确著录《刘子》及其作者刘勰。《刘子》盛行于唐，成了当时社会上“有现实意义的著作”“读书人的一般理论读物”[②]，远播边陲、国外。从已发现的敦煌、西域隋唐的写本《刘子》残卷就有九种，著录《刘子》的小类书写本就有五种，唐时传到日本的《刘子》版本就有三种之多，甚至在新疆和阗伊斯兰贵族古墓中也发现有唐写本《刘子》残卷。以上事实足见《刘子》在唐代影响之大。《刘子》儒道互补、兼容百家的思想，实际为盛唐的“崇道、尊儒、礼佛”、建构社会稳定和谐的指导思想提供了理论支持，也为“贞观之治”的社会管理和道德理念提供了思想资源。由此也可见杂家精神在建构统一、稳定社会中的积极作用。

第三次：近现代。十八世纪，随着欧洲资本主义的发展，开始了征服世界的“全球化”，列强以其坚船利炮在 1840 年打开了中国国门，中国逐渐沦为半殖民地半封建社会，西方文化也随着枪炮和商品洪流强势涌入，中国社会又发生了分裂、动荡，中华民族遭遇了空前危机。由于落后而挨打，救亡压倒一切，中国的精英也着力向西方寻找出路，“现代化等于西化”的理念为许多人所接受。中西文化大碰撞、各种思潮登台争鸣激烈，又有“众义蜂起”“百家飙骇”之势。但这与先秦诸子“自开户牖”“越世高谈”迥异：一是在西方霸道文化强势主导背景之下，二是大多作为外来思潮的二传手出现。这一次异质文化的接触、碰撞、交流、融合的规模是空前的，因此对中华文化的冲击、更新、提升也是前所未有的。经过百多年的酝酿，中华文化汲取西学特别是科学技术，实现传统的现代转轨取得了巨大进步，但也出现宾主易位过度依傍西方文化体系，因而逐渐失去了民族文化的话语权。随着国家的独立、经济的发展、社会的进步，又到了中国要崛起、中华民族要复兴的关头了。2014 年 2 月 24 日习近平在主持政治局学习时强调：“培养和弘扬社会主义核心价值观必须立足中华优秀传统文化”，“博大精深的中华优秀传统文化是我们在世界激荡中站稳脚跟的根基，中华文化源远流长，积淀着中华民族最深沉的精神追求，代表着中华民族独特的精神标识，为中华民族生生不息、发展壮大提供了丰厚滋养”。“不忘本来才能开辟未来，善于继承才能更好创新”，“要坚持古为今用、推陈出新，有鉴别地对待，有扬弃地继承”，“要讲清楚中华优秀传统文化历史渊源、发展脉络、基本走向，要讲清楚中华文化的独特创造，价值理念、鲜明特色，增强文化自信和价值观自信”，“要处理好继承和创新性发展的关系，重点做好创造性转化和创新性发展”。[③] 这一讲话精神对子学和传统文化研究具有指导意义。子学是中华文化理性积淀的载体，面对经济全球化、政治多极化、文化多元化，中外文化空前规模的大交流、大碰撞、大融合的时代，如何立足中华优秀传统文化，通过研究、弄清渊源，理清发展脉络、基本走向、继承精华，实现创造性转化、创新发展，重构中华文化新体系，也需要杂家精神，即取镕诸家之长、舍弃诸家之短（这里的诸家自然也包括外来文化在内），这才能担当和

① ［唐］武曌：《臣轨·序》，《续修四库全书》第 753 册，上海：上海古籍出版社，2001 年，第 105—106 页。

② 王重民：《中国目录学史论丛》，北京：中华书局，1964 年，第 133、134 页。

③ 《文汇报》2014 年 2 月 26 日第一版。

完成新的历史使命，而刘勰的《文心雕龙》和《刘子》蕴藏的丰富的思想资源，正可供借鉴。特别在两书中所倡导的“同之与异，不屑古今；擘肌分理，唯务折衷”“振叶以寻根，观澜而索源”①“弥纶群言，研精一理”②以及“九家之学，虽旨有深浅，辞有详略，偝僪形反，流分乖隔；然皆同其妙理，俱会治道，迹虽有殊，归趣无异”③所体现的杂家视野、襟怀和方法，更值得继承和发扬。

（作者单位：上海社科院五缘文化研究所）

① ［南朝梁］刘勰：《文心雕龙·序志》，范文澜：《文心雕龙注》，北京：人民文学出版社，1962 年，第 727、726 页。

② ［南朝梁］刘勰：《文心雕龙·论说》，范文澜：《文心雕龙注》，第 327 页。

③ ［南朝梁］刘勰：《刘子·九流》，林其锬、陈凤金：《刘子集校》，上海：上海古籍出版社，1985 年，第 302—303 页。

《文心雕龙》与子学精神

袁济喜

刘勰的文学思想博大精深，是为公论。作为一部“体大虑周”的文论专著，《文心雕龙》文学批评体系的建构背后有丰富的理论资源的支撑。从《梁书・刘勰传》的简要记载中，可以看出刘勰是一位“博通经论”的学者；不过，《文心雕龙》除了经论之处，还受到子学精神的直接影响，子学著作是刘勰写作《文心雕龙》的重要理论来源之一。关于子学著作，刘勰《文心雕龙・诸子》通过对于子学著作的历史发展脉络的考察研究，肯定了子学著作的独特价值，认为子学著作的“本体”是“述道言治，枝条五经”，所谓“百家腾跃，终入环内”，这与他征圣、宗经的基本文学思想相吻合。子学著作与子学精神对刘勰的影响不仅仅在于其《诸子》一篇，而是贯穿《文心雕龙》全书当中。从某种意义上来说，《文心雕龙》也是一部富有子学精神的文论著作，是南朝子学向着集部转化的著述。

一、刘勰与子学渊源考辨

刘勰所处的南朝，经学复兴，诸子之学也呈转变的趋势。以梁元帝萧绎为代表的《金楼子》，标志着子学的集大成。刘勰《文心雕龙》中对于传统子书的吸取是十分明显的，体现着一种自觉的意识。

经史子集是中国古代传统的图书分类法，同时也是学术的分类法。其内在的精神便是子学精神，包括成一家之言、和而不同、独立自由之学术精神等，而外在的则是从《汉书・艺文志》到《隋书・经籍志》，再到清代《四库全书》的分类。清人《四库全书总目》子部总叙曰：“自六经以外立说者，皆子书也。其初亦相淆，自《七略》区而列之，名品乃定。其初亦相轧，自董仲舒别而白之，醇驳乃分。其中或佚不传，或传而后莫为继，或古无其目而今增，古各为类而今合，大都篇帙繁富。可以自为部分者，儒家以外有兵家，有法家，有农家，有医家，有天文算法，有术数，有艺术，有谱录，有杂家，有类书，有小说家，其别教则有释家，有道家，叙而次之，凡十四类。”[①]四库馆臣对于子书的解释是“且子

---

① 《四库全书总目》记载：“丙部子录，其类十七：一曰儒家类，二曰道家类，三曰法家类，四曰名家类，五曰墨家类，六曰纵横家类，七曰杂家类，八曰农家类，九曰小说类，十曰天文类，十一曰历算类，十二曰兵书类，十三曰五行类，十四曰杂艺术类，十五曰类书类，十六曰明堂经脉类，十七曰医术类。凡著录六百九家，九百六十七部，一万七千一百五十二卷；不著录五百七家，五千六百一十五卷。”见[清]永瑢等：《四库全书总目》，北京：中华书局，1965 年，第 769 页。

之为名，本以称人，因以称其所著，必为一家之言，乃当此目”[①]，突出了子书乃为“一家之言”的创作特征。先秦时代是子书发展的第一个高峰，诸子百家各有所长，为中国古代思想的发展奠定了深厚的基础。但是在进入西汉之后，随着汉武帝“罢黜百家，独尊儒术”政策的实施，诸子的地位一落千丈，刘勰在《文心雕龙·诸子》中说：“夫自六国以前，去圣未远，故能越世高谈，自开户牖。两汉以后，体势浸弱，虽明乎坦途，而类多依采。”范文澜先生注云：“汉自董仲舒奏罢百家，学归一尊，朝廷用人，贵乎平正，由是诸家撰述，惟有依傍儒学，采掇陈言，为世主备鉴戒，不复敢奇行高论，自投文网，故武帝以后董刘扬雄之徒，不及汉初淮南、陆贾、贾谊、晁错诸人。”[②]儒家经典被官方钦定之后，诸子之说只能相附依傍，这也就难以再现先秦诸子各家之言的盛况。

班固在《汉书·艺文志》中，对于诸子学的形成，进行了分析。他指出：“昔仲尼没而微言绝，七十子丧而大义乖。故《春秋》分为五，《诗》分为四，《易》有数家之传。战国从衡，真伪分争，诸子之言纷然殽乱。至秦患之，乃燔灭文章，以愚黔首。汉兴，改秦之败，大收篇籍，广开献书之路。”[③]班固以儒学六艺作为衡量学术的标准，将孔子之后的学术流派视为散乱流变，“战国从衡，真伪分争，诸子之言纷然殽乱”，这样，诸子之言成为淆乱经术，真伪分争的根源。不过，班固在《汉书·艺文志》中的诸子略中，与司马谈的《论六家指要》一样，采取了《易传》的观点，将诸子视为可以互补的有机体系。他认为：

> 诸子十家，其可观者九家而已。皆起于王道既微，诸侯力政，时君世主，好恶殊方，是以九家之术蜂出并作，各引一端，崇其所善，以此驰说，取合诸侯。其言虽殊，辟犹水火，相灭亦相生也。仁之与义，敬之与和，相反而皆相成也。《易》曰：“天下同归而殊涂，一致而百。”[④]

班固以六艺作为权衡，指出当时诸子十家起源于春秋战国之交，学说纷争，诸侯力政，于是各家学说投其所好，形成了众说纷纭、“各引一端”“取合诸侯”的局面。而这种分离在一定条件下是可以统合的，班固认为统治者若能修六艺之术，观此九家之言，舍短取长，则可以通万方之略。

先秦诸子的诸子学理论，直接促成了古代思想文化的繁盛。《礼记·中庸》说：“万物并育而不相害，道并行而不相悖。小德川流，大德敦化，此天地之所以为大也。”[⑤]这段话说出了中国古代自先秦开始思想文化繁荣的原因。西晋的葛洪在《抱朴子》外篇的《百家》中指出：“百家之言，虽不皆清翰锐藻，弘丽汪涉，然悉才士所寄，心一夫澄思也。正经为道义之渊海，子书为增深之川流。”[⑥]葛洪倡导百家之言，反对出于一得之见而摒弃百家之言的做法，提出“正经为道义之渊海，子书为增深之川流”[⑦]，强调子书与六经可以互补，并不妨害，百川归海，有容乃大，这是子学的价值与特征所在。

① [清]永瑢等：《四库全书总目》，北京：中华书局，1965年，第462页。

② 范文澜：《文心雕龙注》，北京：人民文学出版社，1958年，第325页。

③ [汉]班固：《汉书》，北京：中华书局，1962年，第1701页。

④ 同上，第1746页。

⑤ 《礼记正义》，见《十三经注疏》，北京：中华书局，1980年，第1634页。

⑥⑦ [晋]葛洪：《抱朴子·外篇》，见《诸子集成》，北京：中华书局，1954年，185页。

刘勰的子学观念的形成，首先与他对于先秦两汉以来经学与子学关系的辨正有关。刘勰的思想对于儒道佛采取兼收并蓄的态度。《文心雕龙》的第一篇吸取了儒玄佛的思想观念，对于文学的本原进行了推溯，提出了原道的观念。认为文学起源于自然之道，而这种自然之道的体现，则是儒家的六经，六经是圣人秉承了自然之道而制作的。刘勰援用他的佛学神理思想，将经书的形成与神道设教思想相联系，认为从八卦开始，到《河图》《洛书》。创立文字以后，有了《三坟》，经过夏、商以及周文王、周公，到了孔子那里，集前人之大成，使之成为不朽的经典。为了突出经典的神圣性，刘勰采用了古老的《河图》《洛书》一类的传说，他还指出："爰自风姓，暨于孔氏，玄圣创典，素王述训，莫不原道心以敷章，研神理而设教，取象乎《河》《洛》，问数乎蓍龟，观天文以极变，察人文以成化；然后能经纬区宇，弥纶彝宪，发挥事业，彪炳辞义。故知道沿圣以垂文，圣因文以明道，旁通而无滞，日用而不匮。《易》曰：'鼓天下之动者存乎辞。'辞之所以能鼓天下者，乃道之文也。"①这一段话含义深刻，既强调了圣人熔钧六经，秉承了神秘的神理与天意，同时又说明这种天意是自然之道的彰显，将两汉经学与魏晋以来的自然之道相融合，从而使经书获得了自然之道与神理的支持，有了形而上之提振。这正是刘勰《文心雕龙》论文的智慧所在。

刘勰深知，传承圣典是一种极其高端的事业，而大部分文士的创作是无缘进入这个领域的，同时，圣人之道也必须通过诸子的著述来传述，儒家自孟子、子思开始，也被归入诸子一类。班固《汉书·艺文志》指出："儒家者流，盖出于司徒之官，助人君顺阳阳明教化者也。游文于六经之中，留意于仁义之际，祖述尧、舜，宪章文、武，宗师仲尼，以重其言，于道最为高。孔子曰：'如有所誉，其有所试。'唐、虞之隆，殷、周之盛，仲尼之业，已试之效者也。"②《四库全书总目》子部儒家类指出："古之儒者，立身行己，诵法先王，务以通经适用而已，无敢自命圣贤者。王通教授河汾，始摹拟尼山，递相标榜，此亦世变之渐矣。迨托克托等修宋史，以道学、儒林分为两传。而当时所谓道学者，又自分二派，笔舌交攻。自时厥后，天下惟朱、陆是争，门户别而朋党起，恩仇报复，蔓延者垂数百年。明之末叶，其祸遂及于宗社。惟好名好胜之私心不能自克，故相激而至是也。圣门设教之意，其果若是乎？"③四库馆臣的经学观与刘勰相似，它认为古之儒者只在于诵法先王，立身行己，务以通经适用而已，没有资格以圣贤自命，只有隋代王通之后，才妄称圣人，遂开互相标榜，党同伐异之风气。

在《文心雕龙》中，刘勰专门为诸子开辟一篇进行论述，可以看出刘勰对于诸子的重视。《诸子》篇是我们研究刘勰诸子观的重要材料，刘勰在这一篇中梳理了诸子的发展演变史。诸子是不同流派的思想家，他们的思想构成了中国古代思想史和学术史的源头，因此他们的思想对于后世的思想发展和文学创作等都产生了巨大的影响，为中华文明的总体格局奠定了基础。但刘勰对于诸子思想的借鉴和吸收并非仅见于此篇，在其他篇章中也有对诸子文献的征引和吸纳。

① 范文澜：《文心雕龙注》，北京：人民文学出版社，1958年，第2页。
② [汉]班固：《汉书》，北京：中华书局，1962年，第1728页。
③ [清]永瑢等：《四库全书总目》，北京：中华书局，1965年，第769页。

刘勰认为诸子著作都是“入道见志之书”：“诸子者，入道见志之书。太上立德，其次立言。”[①]《左传·襄公二十四年》有言“大上有立德，其次有立功，其次有立言，虽久不废，此之谓不朽。”《正义》云：“老、庄、荀、孟、管、晏、孙、吴之徒，制作子书，屈原、宋玉、贾逵、扬雄、马迁、班固以后撰集传及制作文章，使后世学习，皆是立言者也。”[②]这里的“道”不是开篇《原道》中所讲的那个作为天地人之本源的总体的、形而上的“道”。这里的“道”指的就是诸子百家不同的核心思想与学说，诸子都是“一家之言”，因此就有“一家之道”。“志”在这里指的也不是汉代诗学思想中“诗言志”的那个普遍的“志”，而是指诸子由于不同的“道”、不同的思想立场所产生的对于混乱失序的社会的不同改造方案，即刘勰所说的“述道言治”之“治”。刘勰认为“宇宙绵邈”“岁月飘忽”，作为个体的人的存在“形同草木之脆”，因此“树德建言”是超越自身有限的、短暂的肉身存在，实现名垂后世的重要手段，这种观点是对于曹丕文章价值说的继承，曹丕认为文章是“经国之大业，不朽之盛事”，从魏晋开始成为中国古代士人的共识，这种认识可以上溯至子学时代。刘勰说：“百姓之群居，苦纷杂而莫显；君子之处世，疾名德之不章。唯英才特达，则炳曜垂文，腾其姓氏，悬诸日月焉。”[③]诸子的著作可以说是刘勰心中的“立言不朽”的典范之作。

《诸子》是《文心雕龙》的“文体论”中的一部分，刘勰将诸子散文单列一体，表明其重要性。刘勰在此篇中力求总结诸子文章的写作特点与思想意义，深入探究诸子著作对于文学创作的借鉴价值。清代纪昀对《诸子》一篇提出了批评：“此亦泛述成篇，不见发明。盖子书之文，又各自一家，在此书原为谰入，故不能有所发挥。”[④]纪昀认为刘勰这篇只是对于诸子著作的一个简单的梳理，泛泛而谈，并没有什么实质性的创见。台湾学者陈拱在《〈文心雕龙〉本义》一书中指出：“按诸子内容极为繁复，而条流纷揉，为义多方，辞亦千差万别。故欲综于此一题而论之，亦止能略具纲领而已，何能深入而勾玄探赜哉？盖题域之限，势有所不能也。”[⑤]这个说法可以说是针对纪昀对于刘勰的责难而做出的解释。将诸子之书作为文体的一类来单独研究，是刘勰的独创之处，但是这种做法也受到了后世学者的质疑。何以将《诸子》列为文体之一，这个问题众人说法不一。我们从刘勰创作《文心雕龙》的意图和规划中大概可以对此做出一些推断，刘勰认为文学研究既要做到“轻采毛发”又要“深及骨髓”，既要“弥纶群言”又要“擘肌分理”，既考虑到全书的整体性又要兼及研究的全面与细致。诸子学说广大精微，文章体裁又为中国古代散文的源头之一。诸子更重要的价值是他们所创造的那种学究天人的学术思潮以及担当忧患的家国情怀，刘勰正是认识到了诸子著作的双重价值，为了强调诸子著作的意义，故将其列为文体之一。

在谈到诸子的起源时，刘勰这样说道：“至鬻熊知道，而文王谘询，馀文遗事，录为《鬻子》。子目肇始，莫先于兹。及伯阳识礼，而仲尼访问，爰序道德，以冠百氏。然则鬻

①③ 范文澜：《文心雕龙注》，北京：人民文学出版社，1958年，第307页。

② 《春秋左传正义》，见《十三经注疏》，北京：中华书局，1980年，第1979页。

④ 同上，第310页。

⑤ 陈拱：《〈文心雕龙〉本义》，上册，台北：“商务印书馆”，1999年，第401页。

惟文友,李实孔师,圣贤并世,而经子异流矣。"[①]刘勰认为老子的《道德经》"以冠百氏",并且"李实孔师",可以说对于传统的儒家正统观进行了一次修正。自汉武帝"罢黜百家,独尊儒术"之后,孔子被推为"至圣",地位至高无上,他所编订的"六经"则是"恒久之至道,不刊之鸿教"[②],儒家所提倡的"道"才是则是最高的"道"。刘勰谓《道德经》"以冠百氏",表现出他对诸子地位及影响力的提升。"圣贤并世"的观点则一反汉儒们神圣化先师的倾向,他把圣人和贤人放到了同等的地位,从历史的角度阐述了"儒家圣人"和"诸子贤人"存在的平等性。

在梳理子学发展脉络中,刘勰的观点是以汉代为界,他认为"两汉以后,体势浸弱",子学的发展也就失去了春秋战国时期那种生命力:

> 若夫陆贾新语,贾谊新书,扬雄法言,刘向说苑,王符潜夫,崔寔政论,仲长昌言,杜夷幽求,咸叙经典,或明政术,虽标论名,归乎诸子。何者?博明万事为子,适辨一理为论,彼皆蔓延杂说,故入诸子之流。[③]

刘勰的这一观点得到后世学者的认同,例如章太炎先生在《诸子学略说》说道:"春秋以上,学说未兴,汉武以后,定一尊于孔子,虽欲放言高论,犹必以无碍孔氏为宗。强相援引,妄为皮傅,愈调和者愈失其本真,愈附会者愈违其解故。"[④]台湾学者王更生说:"此虽然未明言原因,但论子学之兴衰,断自两汉,实在也是空前的创说。至于以'六国以前,去圣未远,故能越世高谈'揭出先秦学术突飞猛进的基本因素,更是别具慧眼。"[⑤]先秦诸子,师法相传,虽遭秦火,难以尽灭。"暨于暴秦烈火,势炎昆冈,而烟燎之毒,不及诸子。"然而诸子之学却衰落于汉武帝之时,武帝采纳了丞相王绾的建议,以"乱国政"之名罢斥"申、商、韩非、苏秦、张仪之言"[⑥],实行"罢黜百家,独尊儒术"的政策,"兴太学","立五经博士",儒家思想定于一尊,从而结束了百家争鸣的时代。此后,经学取代子学进入空前繁荣的时代,子学日渐衰落。

从写作的角度来看,刘勰认为诸子的著作中既有"纯粹者"又有"踳驳者",前者中规中矩,后者"混同虚诞"。然而刘勰并没有武断地否定诸子著作中那些充满想象力的夸饰荒诞之说的价值,他认为"洽闻之士,宜撮纲要,览华而食实,弃邪而采正"[⑦],有眼光、有鉴别能力的作者自然能够做出自己的选择。从文学创作的角度来看,那些被刘勰认定为"踳驳者"的子书,往往对于文学创作具有重要的借鉴价值,因为文学创作更加重视文辞修饰与想象力的发挥,这正是"踳驳者"所具备的特征。刘勰在《正纬》中批评纬书虽然"乖道谬典",但是从文学的角度来看,其价值也是不容忽视的:"若乃羲农轩皞之源,山渎锺律之要,白鱼赤乌之符,黄金紫玉之瑞,事丰奇伟,辞富膏腴,无益经典而有助

---

① 范文澜:《文心雕龙注》,北京:人民文学出版社,1958年,第308页。
② 同上,第21页。
③⑦ 同上,第309页。
④ 章太炎:《诸子学略说》,桂林:广西师范大学出版社,2010年,第1页。
⑤ 王更生:《重修增订〈文心雕龙〉研究》,台北:文史哲出版社,1979年,第267页。
⑥ [汉]班固:《汉书》,北京:中华书局,1962年,第156页。

文章。是以后来辞人,采摭英华。"[1]

刘勰对于诸子各家的写作风格上的态度是非常开放的,他准确地概括了每一家写作的"华采"之处,认识到了诸子散文的独特成就:"研夫孟荀所述,理懿而辞雅;管晏属篇,事核而言练;列御寇之书,气伟而采奇;邹子之说,心奢而辞壮;墨翟随巢,意显而语质;尸佼尉缭,术通而文钝;鹖冠绵绵,亟发深言;鬼谷眇眇,每环奥义;情辨以泽,文子擅其能;辞约而精,尹文得其要;慎到析密理之巧,韩非着博喻之富;吕氏鉴远而体周,淮南泛采而文丽:斯则得百氏之华采,而辞气之大略也。"[2]所以刘勰对于子学著作的价值有非常清醒的认识,纵然其中含有一些糟粕,但是后来的有识之士自然会采摭"百氏之华采",吸收其中的有价值的内容。刘勰在《风骨》中提出:

若风骨乏采,则鸷集翰林;采乏风骨,则雉窜文囿;唯藻耀而高翔,固文笔之鸣凤也。若夫熔铸经典之范,翔集子史之术,洞晓情变,曲昭文体,然后能孚甲新意,雕画奇辞。[3]

刘勰指出,风骨作为一种文章写作的审美理想,要径在于"熔铸经典之范,翔集子史之术,洞晓情变,曲昭文体",这样才能达到风清骨峻的要求。可见,在刘勰心目中,诸子与史传可以与经典互补。

二、《文心雕龙》与子学视野

《文心雕龙》固然从经学中汲取了重要的文学观念,然而这种基本文学观念的形成,恰恰离不开子学中道家思想的渗透,没有道家与玄学精神的启发,刘勰《文心雕龙》便难免成为两汉经学的翻版,了无新意。魏晋玄学其实是经学与子学的有机融合,通过名教与自然的调和,衍生出一种思想智慧。而刘勰《文心雕龙》的高明之处,即在于对这种思想智慧的汲取与运用。

子学对于刘勰的影响,首先表现在他运用老庄的自然之道对于六经文学观的影响。《原道》是《文心雕龙》的全书枢机。刘勰在全书最后的《序志》中自叙"盖文心之作也,本乎道"。可见"道"是《文心雕龙》全书的逻辑起点,是刘勰用以考察文艺现象、探讨文艺本质的理论武器,也是他整个理论体系的根本所在,同时也是今人解读该书首先要明白的一个关键性概念与范畴。《原道》指出:

文之为德也大矣,与天地并生者何哉?夫玄黄色杂,方圆体分,日月叠璧,以垂丽天之象;山川焕绮,以铺理地之形:此盖道之文也。仰观吐曜,俯察含章,高卑定位,故两仪既生矣。惟人参之,性灵所钟,是谓三才。为五行之秀,实天地之心,心生而言立,言立而文明,自然之道也。[4]

---

① 范文澜:《文心雕龙注》,北京:人民文学出版社,1958年,第31页。

② 同上,第309页。

③ 同上,第514页。

④ 同上,第1页。

在两汉时代，原道往往是将道归纳为儒家之道，而儒家之道的具体表现则是六经。至汉魏时期，道融入了子学的老庄之道。自然之道成为调和孔孟与老庄的一个关键范畴。从整体上看，刘勰在本篇中所说的“道”是一个综合性的概念，是将自然、社会与精神统一起来的精神性概念，包含了不同的内容，很难归属于哪一家，既融合了儒道两家的思想，又借鉴了老子、韩非等人对“道”的解说，鲜明地体现出魏晋南北朝思想文化兼容并包的时代特点。但从全篇来看，仍然可以明确其两个方面的基本思想：一是以儒家《易传》为代表的天人合一的宇宙本体论，一是道法自然的思想。以天道说明人事，把社会秩序、道德规范都纳入统一的宇宙万物的运行规律之中，这是自先秦两汉以来逐步形成的一种天人合一的宇宙本体论，如《周易·系辞下》云：“《易》之为书也，广大悉备，有天道焉，有人道焉，有地道焉。”①《说卦》又云：“昔者圣人之作《易》也，将以顺性命之理，是以立天之道曰阴与阳，立地之道曰柔与刚，立人之道曰仁与义。兼三才而两之，故《易》六画而成卦。”②意思是说《易经》的每一卦都由六画组成，其中包含了天、地、人三个方面的内容，这就是“三才”，而每一才又以阴阳、刚柔等两分，故曰“两之”。可见，这种思想在《易传》中体现得最为充分，而本篇受《易传》的影响是非常明显的。

刘勰强调文源于道，认为人文和天文、地文一样，都是“道之文”，是合乎自然的。《韩非子·解老》篇云：“道者，万物之所然也。”③黄侃在《文心雕龙札记》中认为：“案庄、韩之言道，犹言万物之所由然。文章之成，亦由自然，故韩子又言圣人得之以成文章，韩子之言，正彦和所祖也。”④其实《韩非子》中的这句话正是源于《老子》的“道法自然”的思想。刘勰继承了老子等人的思想，把宇宙万物都看成是道的体现。而人文当中最能体现圣人之道的儒家经典则是古代圣人根据自然之道制作出来的，所谓“爰自风姓，暨于孔氏，玄圣创典，素王述训，莫不原道心以敷章，研神理而设教”，把六经也看作是自然之道的体现，这实际上也表现了魏晋玄学名教与自然合一的思想特点。正如清人纪昀所说：“齐梁文藻日竞雕华，标自然以为宗，是彦和吃紧为人处。”⑤因为当时的文学以宫体诗与四六文中的趋新华靡为特征，远离社会人生的真实情貌与自然之道，浮华的时尚与豪贵的趣味，使文学中的审美精神趋于低俗，背离了诗骚精神与汉魏风骨。

刘勰认为文的本质乃是“道”的体现，而他所说的“文”又涵盖了一切美的事物，这就从本质上确立了文章的审美属性。此外，作为人文典范的六经又是圣人根据自然之道制作出来的，这就为文章必须征圣、宗经奠定了基础。因此，刘勰提出，“道沿圣以垂文，圣因文以明道”，强调道、圣、文是三位一体的。纪昀评曰：“文以载道，明其当然；文原于道，明其本然，识其本乃不逐其末。首揭文体之尊，所以截断众流。”⑥刘永济先生指出：“舍人论文，首重自然。二字含义，贵能剖析，与近人所谓‘自然主义’，未可混同。此所谓自然者，即道之异名。道无不被，大而天地山川，小而禽鱼草木，精而人纪物序，粗而

① 《周易正义》，见《十三经注疏》，北京：中华书局，1980年，第90页。

② 同上，第93页。

③ ［清］王先慎：《韩非子集解》，北京：中华书局，1998年，第146页。

④ 黄侃：《文心雕龙札记》，北京：中华书局，2006年，第96页。

⑤⑥ 范文澜：《文心雕龙注》，北京：人民文学出版社，1958年，第4页。

花落鸟啼，各有节文，不相凌杂，皆自然之文也。文家或写人情，或模物态，或析义理，或记古今，凡具伦次，或加藻饰，阅之动情，诵之益智，亦皆自然之文也。”[①]这些，都足以证明刘勰善于运用老庄的道家思想来作为自己立论的智慧。子学对于刘勰的泽溉，首先表现在于老庄与玄学自然之道对于经学思想的互补上面。如果没有老庄子学的启发与运用，刘勰《文心雕龙》的儒家思想也无从构建。

刘勰在《情采》中对于传统的文质理论，引入“情采”这一范畴来解说。而情采说的论证，主要是借用了老庄与玄学的自然之道。刘勰指出：“圣贤书辞，总称文章，非采而何？夫水性虚而沦漪结，木体实而花萼振，文附质也。虎豹无文，则鞟同犬羊；犀兕有皮，而色资丹漆，质待文也。若乃综述性灵，敷写器象，镂心鸟迹之中，织辞鱼网之上，其为彪炳，缛采名矣。”[②]刘勰认为，情采相符乃是自然之道，圣人的文章不仅内容充实，而且富有文采，然而这种文采是以内容作基础的，故名“情采”。在圣人与老庄的书中，可以找到情采概念的来源：

> 《孝经》垂典，丧言不文；故知君子常言未尝质也。老子疾伪，故称“美言不信”，而五千精妙，则非弃美矣。庄周云“辩雕万物”，谓藻饰也。韩非云“艳乎辩说”，谓绮丽也。绮丽以艳说，藻饰以辩雕，文辞之变，于斯极矣。[③]

刘勰强调，《孝经》与《老子》，以及庄周与韩非的著作在处理文质、华实关系时，都是兼而有之的，他们的文章善于运用华丽藻饰，关键是建立在于如何处理好文质相扶之上。刘勰指出：

> 研味《孝》《老》，则知文质附乎性情；详览《庄》《韩》，则见华实过乎淫侈。若择源于泾渭之流，按辔于邪正之路，亦可以驭文采矣。夫铅黛所以饰容，而盼倩生于淑姿；文采所以饰言，而辩丽本于情性。故情者文之经，辞者理之纬；经正而后纬成，理定而后辞畅：此立文之本源也。[④]

值得注意的是，刘勰将《孝经》与《老子》相提，将庄周与韩非并论，用以证明文质相扶，华实匹配，反对文质不符的现象，诸子与圣人的经典在这里完全是同等的。在论述具体的审美理论问题时，刘勰将圣人经典与诸子之书等量齐观。

《序志》中，刘勰坦陈自己的论文立场与方法：“及其品列成文，有同乎旧谈者，非雷同也，势自不可异也；有异乎前论者，非苟异也，理自不可同也。同之与异，不屑古今，擘肌分理，唯务折衷。按辔文雅之场，环络藻绘之府，亦几乎备矣。”[⑤]这种立场与方法，同样明显地体现在他对于经书与诸子之书的视野中，由此，他能够跳出两汉儒生独尊经术、排斥诸子的立场与方法。

刘勰此篇的价值，贵在引入自然之道来论述情采的关系，特别是强调情采之运用要出于真心，反对当时无病呻吟的创作态度，刘勰痛切地指出：“夫以草木之微，依情待实；

---

① 刘永济：《文心雕龙校释》，北京：中华书局，2007年，第4页。

②③④ 范文澜：《文心雕龙注》，北京：人民文学出版社，1958年，第537页。

⑤ 同上，第727页。

况乎文章，述志为本，言与志反，文岂足征！”[①]这可以说是对于当时虚浮成风的创作现状的针砭，对于现实的中国文艺也有深刻的警醒作用。

子学浸润于《文心雕龙》的各个方面。从上半部分的文体论来说，刘勰将诸子列为文体论，可谓别出心裁，表明他对于诸子的重视。本篇论述诸子之文，以先秦为主，兼及两汉。诸子是指先秦时期各种流派的学术思想家，也用来指他们的著作。诸子以各自的学说丰富了中国的思想文化宝库，与传统经学相补充，成为国学的重要组成部分。诸子的学说往往为解决现实问题而发，其内容以“述道言治”为主，是“入道见志之书”。在今天看来，诸子之文大都属于论说类文体。但刘勰却认为，“子”和“论”是有区别的，所谓“博明万事为子，适辨一理为论”。子书的内容“或叙经典，或明政术”，“蔓延杂说”，所以应归入诸子之流。

刘勰《论说》篇主要阐述论和说两种文体，分别按照“释名以章义”“原始以表末”“选文以定篇”和“敷理以举统”的体例展开，非常完整。在文体论中，《论说》是很重要的一篇，魏晋以来，思想解放，玄谈盛行，名理学发达，这些成果充分地为刘勰所吸收。在本篇中，刘勰提出的关于论说文体的一些基本的写作规范如“论也者，弥纶群言，而研精一理”“论如析薪，贵能破理”“义贵圆通，辞忌枝碎”等[②]，对于指导我们今天的思维训练与文章写作，也有重要的借鉴意义。

在《宗经》篇中，刘勰指出五经是后世各类文体的源头，其中提到“论说辞序，则《易》统其首”，所谓《易》主要是指《易传》中的《说卦》《序卦》等，可见，刘勰认为论说这类文体是从阐发经典义理中形成的，他反对不顾事实、强词夺理的“曲论”：

> 是以庄周《齐物》，以论为名；不韦《春秋》，六论昭列。至石渠论艺，白虎通讲，述圣通经，论家之正体也。及班彪《王命》，严尤《三将》，敷述昭情，善入史体。魏之初霸，术兼名法。傅嘏、王粲，校练名理。迄至正始，务欲守文；何晏之徒，始盛玄论。于是聃周当路，与尼父争途矣。详观兰石之《才性》，仲宣之《去伐》，叔夜之《辨声》，太初之《本无》，辅嗣之《两例》，平叔之二论，并师心独见，锋颖精密，盖论之英也。至如李康《运命》，同《论衡》而过之；陆机《辨亡》，效《过秦》而不及，然亦其美矣。次及宋岱、郭象，锐思于几神之区；夷甫、裴頠，交辨于有无之域；并独步当时，流声后代。然滞有者，全系于形用；贵无者，专守于寂寥。徒锐偏解，莫诣正理；动极神源，其般若之绝境乎？逮江左群谈，惟玄是务；虽有日新，而多抽前绪矣。[③]

刘勰这里将庄子《齐物论》与《吕氏春秋》视为诸子之论，认为东汉的石渠阁与白虎观的经学之论为论之正体，表现了他的以儒家为正统的观念。但是对于嵇康、王粲、夏侯玄、王弼、何晏、郭象、裴頠等人的玄学之论也颇为欣赏，誉之为“师心独见，锋颖精密，盖论之英也”，这表现出他的文体论受到子学论辩精神的影响。

刘勰还善于从诸子书中汲取创作论的相关思想理念，在《养气》中他指出：“昔王充

① 范文澜：《文心雕龙注》，北京：人民文学出版社，1958年，第538页。

② 同上，第326页。

③ 同上，第327页。

著述，制《养气》之篇，验己而作，岂虚造哉！夫耳目鼻口，生之役也；心虑言辞，神之用也。率志委和，则理融而情畅；钻砺过分，则神疲而气衰：此性情之数也。”①“养气”说最早源于孟子，他说：“我知言，我善养吾浩然之气。”②但是，孟子所说的养气是指个人的道德修养，与文学创作无关。刘勰的养气说主要是从东汉王充那里借鉴来的。王充在《论衡·自纪》里说：“养气自守，适食则酒。闭明塞聪，爱精自保。适辅服药引导，庶几性命可延，斯须不老。”③所谓“养气”，是指保养精神。所以刘勰在篇中所讲的“气”常常和“神”并称，例如：“率志委和，则理融而情畅；钻砺过分，则神疲而气衰”，“气衰者虑密以伤神”，“玄神宜宝，素气资养”等等④。不过，王充所说的“养气”是生理学上的概念，是讲一种养生之道，而刘勰的“养气”是强调一种顺应自然的创作态度，不仅是从生理学的角度讲，更侧重于心理状态的自我调节。因为创作是需要智慧和悟性的，良好的精神状态是创作活动得以顺利进行的必要条件，只有这样，才能使潜在的创造力充分发挥出来。刘勰反对“钻砺过分”，主张“率志委和”，他指出：“夫学业在勤，故有锥股自厉；志于文也，则有申写郁滞；故宜从容率情，优柔适会。”⑤学习和创作是两种不同的状态，前者应该刻苦自励，后者则应该“从容率情，优柔适会”。文学创作是一项艰苦的脑力劳动，平时要有长期的积累和准备，这样，才有可能在创作中获得灵感。所以，刘勰在《神思》篇中在提出“陶钧文思，贵在虚静”的同时，又强调要“积学以储宝，酌理以富才，研阅以穷照，驯致以绎辞”⑥，二者是相辅相成的。

在《才略》中，刘勰分析了历史上作家才略的概况，值得注意的是，他将以往道德上有瑕疵的作家放到与普通作家一样的地位上来加以评价。另外在《时序》中指出：

> 春秋以后，角战英雄，六经泥蟠，百家飙骇。方是时也，韩魏力政，燕赵任权；五蠹六虱，严于秦令；唯齐、楚两国，颇有文学。齐开庄衢之第，楚广兰台之宫，孟轲宾馆，荀卿宰邑，故稷下扇其清风，兰陵郁其茂俗，邹子以谈天飞誉，驺奭以雕龙驰响，屈平联藻于日月，宋玉交彩于风云。观其艳说，则笼罩《雅》《颂》，故知暐烨之奇意，出乎纵横之诡俗也。⑦

刘勰认为，春秋之后，进入纷争战乱的年代，当时六经遭受灭弃，而诸子百家风起云涌，秦国焚书坑儒，而齐楚两国，学术繁荣，诸子学说各逞一时，孟子与荀子受到当时诸侯的重视，其学说也广泛传播。而邹子、驺奭这样的辩士的文采也逞耀于一时。刘勰强调纵横家的才学与辩术，富于创新，文辞华丽。刘勰将辩士与屈原、宋玉这样的辞赋家相提并论，也证明了诸子地位的不俗。在《才略》中，刘勰在赞扬经学家与辞赋家的同时，对于那些著书立说、批判社会的子书也给予高度的评价：“子云属意，辞义最深，观其涯度幽远，搜选诡丽，而竭才以钻思，故能理赡而辞坚矣。桓谭着论，富号猗顿，宋弘称

①④ 范文澜：《文心雕龙注》，北京：人民文学出版社，1958年，第646页。

② 《孟子注疏》，见《十三经注疏》，北京：中华书局，1980年，第2685页。

③ 张宗祥：《论衡校注》，上海：上海古籍出版社，2013年，第585页。

⑤ 范文澜：《文心雕龙注》，第647页。

⑥ 同上，第493页。

⑦ 同上，第671页。

荐，爰比相如，而《集灵》诸赋，偏浅无才，故知长于讽谕，不及丽文也。敬通雅好辞说，而坎壈盛世，《显志》自序，亦蚌病成珠矣。二班两刘，弈叶继采，旧说以为固文优彪，歆学精向，然《王命》清辩，《新序》该练，璇璧产于昆冈，亦难得而逾本矣。傅毅、崔骃，光采比肩，瑗寔踵武，能世厥风者矣。"①

"知音"是汉魏六朝以来的重要文艺鉴赏与接受的范畴，引起了刘勰的高度重视。在《知音》中，刘勰对于韩非的遭遇给予了同情。韩非这样的法家人物，鼓吹刻薄寡恩、互相残害的学说，他入秦后受到同门李斯的谗害，应证了他的学说。其人遭遇可谓作法自毙，不值得同情；但是韩非的文章却写得极为漂亮，受到秦始皇的赞叹，也因此发兵攻打韩国，迫使韩国将韩非送到秦国，韩非因此而送了命。但刘勰却从惜才的角度出发，慨叹：

> 知音其难哉！音实难知，知实难逢，逢其知音，千载其一乎！夫古来知音，多贱同而思古。所谓"日进前而不御，遥闻声而相思"也。昔《储说》始出，《子虚》初成，秦皇汉武，恨不同时；既同时矣，则韩囚而马轻，岂不明鉴同时之贱哉！②

刘勰这番慨叹，显然有自伤的意味在内。他以韩非、司马相如的例子说明，帝王之于人才往往贵远贱近。韩非在刘勰心目中，成了怀才不遇、惨遭冤屈的典型，是值得同情的才士。这一点与司马迁认为韩非囚秦，写作《说难》《孤愤》的理解有相同之处。

三、《文心雕龙》是六朝子书向集部转变的关键

《文心雕龙》五十篇是南朝齐代刘勰所撰的中国古代文学批评的最负盛名的经典。它在中国传统学术的经史子集四部分类之中，隶属于集部的"诗文评"类。自《隋志》开始，将《诗评》三卷、《文心雕龙》十卷列入总集之中，四库馆臣说，"文章莫盛于两汉，浑浑灏灏，文成法立，无格律之可拘。建安、黄初，体裁渐备，故论文之说出焉。《典论》其首也。其勒为一书，传于今者，则断自刘勰、钟嵘。勰究文体之源流，而评其工拙；嵘第作者之甲乙，而溯厥师承，为例各殊，至皎然《诗式》，备陈法律。孟棨《本事诗》、刘攽《中山诗话》、欧阳修《六一诗话》，文体兼说部，后此论著，不出此五例矣。……《隋志》附总集之内，《唐书》以下，则并于集部之末别立此门。岂非以其讨论瑕瑜，别裁真伪，博参广考，亦稗于文章欤。"③近代著名学者黄侃在《文心雕龙札记》的《题辞及略例》中指出：

> 论文之书，鲜有专籍。自桓潭《新论》、王充《论衡》，杂论篇章。继此以降，作者间出，然文或湮阙，有如《流别》《翰林》之类；语或简括，有如《典论》《文赋》之侪。其敷陈详核，征证丰多，枝叶扶疏，原流粲然者，惟刘氏《文心》一书耳。④

在我们看来，《文心雕龙》是中国文学批评史上的一部经典之作，其内容博大精深，

---

① 范文澜：《文心雕龙注》，北京：人民文学出版社，1958 年，第 699 页。
② 同上，第 713 页。
③ [清]永瑢等：《四库全书总目》，北京：中华书局，1965 年，第 1779 页。
④ 黄侃：《文心雕龙札记》，北京：中华书局，2006 年，第 1 页。

体系完备，不仅全面总结了齐梁以前各类文体的源流和文章写作的丰富经验，而且还贯穿了作者对人文精神的深沉思考和执着追求，其开阔的视野，恢弘的器度，使它超越了一般的“诗文评”类著作，成为一部重要的国学经典。刘勰在《程器》中感叹：“摛文必在纬军国，负重必在任栋梁，穷则独善以垂文，达则奉时以骋绩。若此文人，应梓材之士矣。”①这正是他理想人格的写照，所以在他无法实现“奉时以骋绩”的愿望时，只能“独善以垂文”（《程器》），把所有的希望寄托在自己的写作中，正如他在《序志》篇最后所说的“文果载心，余心有寄”②。刘勰的人生与写作历程，其实正是传承了古代自孔子开拓的“诗可以怨”与司马迁“发愤著书”的传统，是中国古代士人“穷者独善其身，达者兼济天下”心态与人格的展现。同样，《文心雕龙》作为经典的传承性首先来自这种优秀文化精神的泽溉。

然而，六朝时代的子书开始向着集部渐变，具体而言，就是将子书中的一家之言，通过集部的撰述来体现作者的精神人格。刘勰在《诸子》中开始写道：“百姓之群居，苦纷杂而莫显；君子之处世，疾名德之不章。唯英才特达，则炳曜垂文，腾其姓氏，悬诸日月焉。”③在文章的最后感叹：“嗟夫！身与时舛，志共道申，标心于万古之上，而送怀于千载之下，金石靡矣，声其销乎！赞曰：丈夫处世，怀宝挺秀。辨雕万物，智周宇宙。立德何隐，含道必授。条流殊述，若有区囿。”④这可以看作刘勰对于诸子写作精神的概括，在刘勰看来，诸子大多缘于生不逢时，于是在著作中寄托个人的感受。先秦时代的孟子与荀子就是这样的例子。《史记·孟子荀卿列传》中记载：“天下方务于合从连衡，以攻伐为贤，而孟轲乃述唐、虞、三代之德，是以所如者不合。退而与万章之徒序诗书，述仲尼之意，作孟子七篇。其后有驺子之属。”⑤可见，这种诸子精神，是与发愤著书相关系的。而南朝时代，子学开始与文章编选、文学批评相结合，曹丕《典论》本是子书，其中的《论文》一篇，开魏晋文学批评自觉之先河。刘勰《序志》中谈到自己写作《文心雕龙》时的立场与观点：“敷赞圣旨，莫若注经，而马郑诸儒，弘之已精，就有深解，未足立家。唯文章之用，实经典枝条，五礼资之以成，六典因之致用，君臣所以炳焕，军国所以昭明，详其本源，莫非经典。而去圣久远，文体解散，辞人爱奇，言贵浮诡，饰羽尚画，文绣鞶帨，离本弥甚，将遂讹滥。盖《周书》论辞，贵乎体要，尼父陈训，恶乎异端，辞训之异，宜体于要。于是搦笔和墨，乃始论文。”⑥刘勰坦承，自己从小对于孔子与六经钦佩至极，但是在注经方面，不可能超越马融、郑玄这些硕儒，而在文学批评方面，却是大有可为的，针对当时文坛方面“去圣久远，文体解散”的现象，“于是搦笔和墨，乃始论文”。儒家作为一种思想学说，也是诸子的一种，因此，刘勰通过论文来弘扬儒学，著书立说，显然也是儒家立场的彰显。

---

① 范文澜：《文心雕龙注》，北京：人民文学出版社，1958年，第720页。

② 同上，第728页。

③ 同上，第307页。

④ 同上，第310页。

⑤ [汉]司马迁：《史记》，北京：中华书局，2014年，第2847页。

⑥ 范文澜：《文心雕龙注》，第726页。

《文心雕龙》虽然被后世列为集部中诗文评，但同时可以算为论文之子书，何况在六朝后期，子书与集部交融的现象已经形成。余嘉锡先生在《目录学发微》中论之甚详。[①]刘勰在《序志》最后赞曰："生也有涯，无涯惟智。逐物实难，凭性良易。傲岸泉石，咀嚼文义。文果载心，余心有寄。"可见，刘勰写作《文心雕龙》，与他《诸子》中宣示的"辨雕万物，智周宇宙。立德何隐，含道必授"的精神是一致的。在《程器》中，刘勰提出："是以君子藏器，待时而动。发挥事业，固宜蓄素以弸中，散采以彪外，楩楠其质，豫章其干；摛文必在纬军国，负重必在任栋梁，穷则独善以垂文，达则奉时以骋绩。若此文人，应《梓材》之士矣。"《梁书・刘勰传》记载："既成，未为时流所称。勰自重其文，欲取定于沈约。约时贵盛，无由自达，乃负其书，候约出，干之于车前，状若货鬻者。约便命取读，大重之，谓为深得文理，常陈诸几案。"[②]从这段记载可以看出，刘勰对于他的《文心雕龙》是很看重的。然而书成之后，竟然"未为时流所重"，可想而知，刘勰生前并不受社会所重视。刘勰自己在《文心雕龙》的《序志》中自叙：

> 详观近代之论文者多矣：至于魏文述典，陈思序书，应玚文论，陆机《文赋》，仲治《流别》，弘范《翰林》，各照隅隙，鲜观衢路；或臧否当时之才，或铨品前修之文，或泛举雅俗之旨，或撮题篇章之意。魏典密而不周，陈书辩而无当，应论华而疏略，陆赋巧而碎乱，《流别》精而少功，《翰林》浅而寡要。又君山公干之徒，吉甫士龙之辈，泛议文意，往往间出，并未能振叶以寻根，观澜而索源。不述先哲之诰，无益后生之虑。[③]

这说明刘勰对于汉魏以来论文发展的态势以及短长是看得很清楚的，他是自觉地担当起文艺批评的社会责任，传承了先圣的忧患意识，融入了自己的生命体验，从而写出了这本中国古代文学批评著作，也是一本他在《诸子》中所说的"入道见志之书"。

（作者单位：中国人民大学国学院）

① 余嘉锡：《目录学发微　古书通例》，北京：中华书局，2007 年，第 230 页。

② ［唐］姚思廉：《梁书》，北京：中华书局，1973 年，第 710 页。

③ 范文澜：《文心雕龙注》，北京：人民文学出版社，1958 年，第 726 页。

《文心雕龙》范畴系统创用的卓越成就和历史地位

涂光社

刘勰撰著的《文心雕龙》问世于一千五六百年前的齐梁时期，历代论家均予很高评价。唯一稍有保留的宋人黄庭坚也要求人们阅读《文心雕龙》，说："所论虽未极高，然讥弹古人，大中文病，不可不知也。"(《山谷尺牍·与王立之》)仍流露出对《文心》理论阐述的基本认可。清代对古代学术有总结性的研讨，章学诚《文史通义》作了"体大而虑周"之评。西学东渐以后，比较中其理论价值得到中外学者普遍认同，对这部文论经典有"体大思精"(范文澜语)的共识。鲁迅先生说："篇章既富，评骘遂生，东则有刘彦和之《文心》，西则有亚里士多德之《诗学》。解析神质，包举洪纤，开源发流，为世楷式。"[①]日本学者国原吉之助如是说："我无法忘记刚刚开始翻阅《文心雕龙》时所感到的惊讶。与之相比，亚里士多德的《诗学》、贺拉斯的《诗艺》等西欧古代文艺批评或文学理论著作顿时黯然失色。"[②]

汉字的运用对语言形式、理论思考及其表述有深刻影响，令理论范畴的创设运用拥有独到之优长。刘勰完成《文心雕龙》缜密理论体系建构的同时，也成功地进行了文论各层面范畴系列的创用，使若干基础性文学理论问题的论证达于"虑周""思精"的至境。

《序志》篇是《文心》的序，介绍了以"文心雕龙"名书的原委和论文的宗旨以及全书的理论框架、结构统序和立论的方法、原则。可以此为线索对刘勰范畴概念创用方面的建树进行梳理。

一、《序志》申说论文宗旨、理论框架、论证原则方法所用的范畴

《文心雕龙》的体大思精与其范畴系列的富赡严谨以及其在论证中的广泛运用密切相关。缜密体系的文论经典建树，成就了文学理论范畴系列的创设。《序志》对全书思想宗旨、理论体系和立论的原则方法有明确介绍。开篇说：

夫"文心"者，言为文之用心也。昔涓子《琴心》，王孙《巧心》，心哉美矣！故用

---

① 《题记一篇》，《鲁迅全集》第8卷，人民文学出版社1981年版，第332页。

② 《司马迁与塔西佗》，日本《世界古典文学全集》月报，1970年4月号。

之焉。古来文章,雕缛成体,岂取驺奭之群言雕龙也?

古人意识中,心是主思维的器官,是情性所本、智慧和创造力的渊薮。刘勰以“文心”给自己的著作取名,盛赞“心哉美矣”,指出人类具有“超出万物”的灵慧和美的创造力。联系到《原道》篇对人作为宇宙智慧集中体现的“天地之心”、为“性灵所钟”给予的充分肯定,显示出人作为智慧生命能够睥睨万物的高度自信。“岂取驺奭之群言雕龙也”的反诘表明,文章之美何止是言辞雕饰之美!显然,其核心乃在人生命灵慧的美。可谓是对美文文学观最好的表述。

其后介绍其理论体系建构和立论的思想与原则:

> 盖《文心》之作也,本乎道,师乎圣,体乎经,酌乎纬,变乎骚:文之枢纽,亦云极矣。若乃论文叙笔,则囿别区分,原始以表末,释名以章义,选文以定篇,敷理以举统:上篇以上,纲领明矣。至于剖情析采,笼圈条贯,摛《神》《性》,图《风》《势》,苞《会》《通》,阅《声》《字》;崇替于《时序》,褒贬于《才略》,怊怅于《知音》,耿介于《程器》;长怀《序志》,以驭群篇:下篇以下,毛目显矣。位理定名,彰乎大《易》之数,其为文用,四十九篇而已。

可知全书分两部分:《原道》《征圣》《宗经》《正纬》《辨骚》五篇为“文之枢纽”,连同二十篇“论文叙笔”是为“上篇”,刘勰称之“纲领”;“剖情析采”的二十四篇专论加上“以驭群篇”的《序志》合称“下篇”,则属“毛目”。

纲举目张。“纲领”对于“毛目”具有引领作用。

“上篇”的“文之枢纽”为全书提纲挈领的理论基石,论“文”的本源、意义以及写作的指导思想、经典范式和继承变革的基本原则:“本乎道,师乎圣,体乎经,酌乎纬,变乎骚”。值得注意的是,所用范畴组合有“经”与“纬”、“奇”与“正”的对应;《原道》“道沿圣以垂文,圣因文而明道”之论中的“圣”“道”“文”是刘勰标树的创作三要素(主体、客体、媒介和作品)的楷范。

“论文叙笔”分论当时各种文体的写作,其原则是:“原始以表末,释名以章义,选文以定篇,敷理以举统”。“原始表末”述评每一文体生成流变的过程;“释名章义”诠释其称名之所由,彰显其名实和本质特征;“选文定篇”选择各时期有代表性的作品,评定其价值所在;“敷理举统”是把握该体发展演化的统序和得失成败之所然,从中提炼出指导该文体写作的原则规范。之所以也成为“纲领”的组成部分,首先因为它是“毛目”立论的基石。其次,“剖情析采”所得的认识、原则和方法手段也以实践为指归,服务于各类“文”“笔”的写作。

“下篇”“剖情析采,笼圈条贯”是不同层面的创作经验总结、范式的归纳厘定,以及论证方法原则的宣示。所谓“笼圈条贯”当是打破文体的限制,将以范畴和概念组合命名的各个专题进行系统地归类;“剖情析采”宣示“剖析”为论证的基本方法。论题大致分两种类型:“摛《神》《性》,图《风》《势》,苞《会》《通》,阅《声》《字》”概括的一类以探讨创作活动的规律和艺术表现原则为主;“崇替于《时序》,褒贬于《才略》,怊怅于《知音》,耿介于《程器》”一类则侧重论述影响一般原则、规律和鉴赏批评的诸种因素。除《通变》和

《知音》两篇因特定内容有不同需要而外，前一类对文学现象多作横向的剖析，后一类则多征引历代例证作纵向的讨论，对原则规律进行补证。

前一类十九个专题：《神思》论文学创作思维的特点，《体性》论风格，《风骨》论文学的感动力量，《通变》论继承变革，《定势》论作品展示方式的择定，《情采》论内容形式的关系，《镕裁》论内容的规范与形式的剪裁，《声律》论语言的声韵音律，《章句》从字、句、章、篇论句式章法，《丽辞》论文辞的对偶，《比兴》论《诗经》借物寓意间接性传达的功用，《夸饰》论夸张修饰，《事类》论成辞和典故的使用，《练字》论遣词用字，《隐秀》论深厚隐微与卓拔挺秀两种文章之美，《指瑕》论作家行文中用事、比况和字词音义失当等各种文病，《养气》论写作的精神准备——生理、心理的调适，《附会》论文章的结构条理及其协调性、整体性，《总术》论“文”与“笔”的区别和掌握规律、驾驭技巧的意义。

后一类有五篇：《时序》论时代社会政治对文学的影响，《物色》论自然环境和景物对文学的影响，《才略》论作家的才能、个性对创作的影响，《知音》论文学鉴赏，《程器》论作家的德才修为。此外最末的《序志》篇是全书的序，介绍作者以“文心雕龙”名书和矢志论文的原委，以及理论体系的构成和立论原则，并强调论说依循客观规律，“势自不可异也”，“理自不可同也”，“同之与异，不屑古今；擘肌分理，唯务折衷”。

运用统序严谨的范畴系列在不同层面的理论问题进行“剖情析采”“擘肌分理”，依循客观“理势”，大大弥补了古代理论逻辑论证方面的短板；对诸多理论问题“笼圈条贯”的归类，分别作专题论证，很大程度上规定了语境，避免了范畴概念的误读和歧义的产生。

“剖情析采，笼圈条贯”正是刘勰在传统范畴概念创用上能扬长避短的最好例证。以下仅以“下篇”部分以范畴名篇的专论为例，一窥《文心》范畴归类创用进行逻辑论证之优长，及其堪称经典的理论建树。

二、以范畴名篇的文学基础性理论问题经典性论证

“神思”的概念最早并非出现在文论中。[①]《文心雕龙·神思》篇论神奇的文学艺术思维，有了这样“笼圈条贯”的归类，可知其中是不同于其他艺术（如匠作、绘画）而专属文学领域的思维论证，如有“物沿耳目，而辞令管其枢机……关键将塞，则神有遁心”“使玄解之宰，寻声律而定墨”和“刻镂声律”之论，以及“意翻空而易奇，言征实而难巧。是以言意授于思，言授于意，密则无际，疏则千里”与“辞溺者伤乱”“拙辞或孕于巧义”之类表述。

从理论渊源上看，刘勰的“神思”之论深受老庄学说的影响，首先是以静驭动的“虚静”说。开篇即云：

> 古人云：形在江海之上，心存魏阙之下。神思之谓也。文之思也，其神远矣。

① 如魏曹植《宝刀赋》有：“规圆景以定环，摅神思而造象。”刘宋宗炳《画山水序》有：“应会感神，超理得。……圣贤映于绝代，万趣融其神思。”

> 故寂然凝虑，思接千载；悄焉动容，视通万里。……思理为妙，神与物游。神居胸臆，而志气统其关键；物沿耳目，而辞令管其枢机。枢机方通，则物无隐貌，关键将塞，则神有遁心。

“形在江海之上，心存魏阙之下。神思之谓也。文之思也，其神远矣”化用《庄子》语汇，强调神奇的文学思维能大大超越身观局限。“寂然凝虑，思接千载；悄焉动容，视通万里”，表明文学思维能够由静（“寂然”“悄然”）而动（“思接”“视通”）地自由翱翔，“思接千载”实现的是在时间上的超越，“视通万里”则是在空间上的超越。

“思理为妙”在于能实现“神与物游”的主客体交往、融合。“神居胸臆，而志气统其关键；物沿耳目，而辞令管其枢机。枢机方通，则物无隐貌，关键将塞，则神有遁心。”可谓思维领域的文学创作三要素论。“神思”指主体的一方，“物”是描写对象，“辞令”是语言媒介。“神思”受“志气”（意志、精神以及心理因素）的制约，意气萎顿，精神、心理状态不佳，写作兴致和灵感就会消失。驾驭语言若得心应手，表达无障碍，描写对象的表现就能充分和惟妙惟肖。紧接着刘勰用到“虚静”和“意象”的概念：

> 是以陶钧文思，贵在虚静，疏瀹五藏，澡雪精神；积学以储宝，酌理以富才，研阅以穷照，驯致以绎辞；然后使玄解之宰，寻声律以定墨；独照之像，窥意象而运斤：此盖驭文之首术，谋篇之大端。

“陶钧文思，贵在虚静，疏瀹五脏，澡雪精神”，达于“虚静”则完成了创作的精神准备和心理调适，是闲静无扰、空灵自由、从容明敏的境界；“积学以储宝，酌理以富才，研阅以穷照，驯致以怿词”是写作必须的知识积累和阅历经验的理性把握以及语言运用才能训练；“然后使玄解之宰，寻声律而定墨；独照之匠，窥意象而运斤”，有了充分的精神、心理和才学的准备后，按照对事物有深刻理解和独特见地的艺术匠心营构的意象去加工，遵循文学语言美的规律付诸表现。

该篇有言意之辨上的拓展：“意翻空而易奇，言征实而难巧”，可谓文学领域“言不尽意”的简要说明：“意翻空”指创作思维中“意”的运作有易于变幻的跳跃性，常有“言所不追”难以确切表述的奇特意蕴。相比之下，用作人际交流媒介的语言有可以验证之“实”（即有具体、确指的语义和语音规范），否则无法进行交流，“言”（外部语言）常常跟不上“意”（内部语言）的跳跃、达于同样的奇妙境域，出现如陆机所说的“文不逮意”的现象。

言及“神思”的创造力，该篇后来补充说：“拙辞或孕于巧义，庸事或萌于新意。视布于麻，虽云未贵，杼轴献功，焕然乃珍。”拙与巧的转换，平庸中生出新意，可谓为后世“点铁成金”“以拙为巧”“出奇崛于平淡”……之先河。“杼轴”喻“神思”运作如同由织工巧手驾驭织机一样，能把看似平常的材料组织加工成精美的织物，创造出审美价值大幅度跃升的精神产品。

《神思》“赞”中的“神用象通”肯定了文学思维的神奇创造力，能够体察“象”之精微、化解其表现上的障碍。

范畴创用上更为典型的是《体性》，该篇之所以成为公认的风格论，主要因为其中强调了“体”（作品外显的体式、风貌）取决于“性”（蕴蓄于作品中的主体个性）即所谓“沿隐以至显，因内而符外”，“各师成心，其异如面”的意旨。《文心雕龙·议对》就用到“风格”一词，说应劭、傅咸、陆机的驳议各有优长，也不无缺憾，而后称：“亦各有美，风格存焉。”其“风格”已与写作的个性关联，但《体性》篇“才”“气”“学”“习”之论对风格特征的阐发严谨充分；加上有时风格指集群的个性，即非针对某一作家、作品，而是指不同文体和风格流派的艺术个性，《体性》归纳的“八体”也有所及，都远胜《议对》所论。

“体”在《文心》中现身一百八十余次，多独立成词，指样式、范式和篇章基本架构的分类，也有少量的“体式”“体制”和“体势”“体气”等组合。此外，“体”字不仅多义，也可用为动词，“体性”的组合首见于《庄子》，是体认自然天性之义，《文心雕龙》中也有用为动词者，如《序志》的“体乎经”和“宜体于要”，《情采》的“体情之制日疏”，《物色》的“体物为妙”，皆然。由于《体性》将形成风格的因素归诸一篇作充分讨论，其中的“体”是不会有歧义的。

《体性》开篇云：

> 夫情动而言形，理发而文现，盖沿隐以至显，因内而符外者也。然才有庸俊，气有刚柔，学有浅深，习有雅郑，并情性所铄，陶染所凝，是以笔区云谲，文苑波诡者矣。故辞理庸俊，莫能翻其才；风趣刚柔，宁或改其气；事义浅深，未闻乖其学；体式雅郑，鲜有反其习：各师成心，其异如面。

“情动而言形，理发而文现，盖沿隐以至显，因内而符外”道明了“性”和“体”相互间内与外、隐与显的对应关系及其表里的一致性；以及“性”在先而“体”成于后，“性”为主导的一方等意蕴。

“性”与作家禀赋相关；“体”则是人们从积累的审美经验归纳出来的。刘勰指出风格取决于四方面的因素：“才”（艺术才能）、“气”（气质个性）、“学”（学识修养）、“习”（对体式规范的接受、写作习惯的养成）。“性”包括大抵受先天影响的“才”与“气”两方面因素，“体”则与形成风格的后天因素“学”与“习”关联。“各师成心，其异如面”几乎是西方理论家所谓“风格即人”的同义语，却更为精致。

> 若总其归涂，则数穷八体：一曰典雅，二曰远奥，三曰精约，四曰显附，五曰繁缛，六曰壮丽，七曰新奇，八曰轻靡。典雅者，镕式经诰，方轨儒门者也。远奥者，馥采典文，经理玄宗者也。精约者，核字省句，剖析毫厘者也。显附者，辞直义畅，切理厌心者也。繁缛者，博喻酿采，炜烨枝派者也。壮丽者，高论宏裁，卓烁异采者也。新奇者，摈古竞今，危侧趣诡者也。轻靡者，浮文弱植，缥缈附俗者也。

刘勰归纳出八类文章风格，作家学识和摹习对象不同，形成的文风也就不同。而且指出：“雅与奇反，奥与显殊，繁与约舛，壮与轻乖”。可以说揭示了一种带规律性的现象：文学风格的类型上往往两两对应：有典重雅正的就有奇特新异的，有深奥含蓄的就有浅显直露的，有繁博富丽的就有精省简约的，有壮丽雄劲的就有轻柔细腻的……刘勰接着指出：“八体屡迁，功以学成，才力居中，肇自血气；气以实志，志以定言，吐纳英华，莫非情性。”从后天“学”“习”辅佐的必要性说到天赋“才”“气”的主导作用。

刘勰说：“才有天资，学慎始习，斲梓染丝，功在初化，器成彩定，难可翻移。”强调风格培养要从初学写作的时候着手，若已习染成性、风格定型（如木器做成、丝已染色）后再求改变，那就困难了。于是提出“摹体以定习，因性以练才”的原则。“摹体定习”要求通过摹习规范体式养成良好的写作习惯，因所谓“体”是合规律审美经验的结晶；“因性练才”强调必须根据自己的禀赋和个性特点去发展才能，形成优长独具的风格。此论颇有科学性，看来在风格的培养上得根据素质和条件的不同因势利导、扬长避短。

有成功经验的积累才有“体”的创设，才能形成可供摹习和沿袭的规范；而“性”无常规。不过，“体”也是从“性”得来：“性”的丰富多样和创变使“体”的划分成为必要也有了可能，所以“性”的多样性是“体”的规范性的基础；“体”是对若干“性”的归纳和总结，一个“体”是一类“性”审美经验的结晶。文学发展的过程中常常是因“性”的丰富变化而导致“体”的产生和分化、变革，所以《神思》篇说：“情数诡杂，体变迁贸。”反过来，“体”一经确立，又对“性”发挥一定的指导和规范作用。刘勰之所以强调“学”“习”的必要，即要求作家吸收和借鉴前人成功经验，防止任“性”而生的新变无视规范、脱离正轨。

本篇的启示还在于：风格虽可从“体”和“性”两个方面去定义，但其本质和核心都是艺术创作的个性。“性”作为个人风格，是作家及其作品艺术个性的表现；作为流派、时代或者体裁、艺术门类……的风格，是某一集群（“体”）艺术特征的表现。如果取消了艺术家或者艺术门类、题材内容、表现方式、媒介、地域、时代、民族、流派等方面的个性，也就无所谓风格了。

“通变”的概念出自《易传》。《易·系辞》上：“通变之谓事。……圣人有以天下之赜，而拟诸形容，象其物宜。是故谓之象，圣人有以天下之动，而观其会通，以行其典礼。”《易·系辞》下：“《易》穷则变，变则通，通则久。”

刘勰对“通变”的阐释也有合乎文论需要的选择和侧重，开篇就有“名理相因，此有常之体也；文辞气力，通变则久，此无方之数也”的对举，接着解释说：“名理有常，体必资于故实，通变无方，数必酌于新声。”加上后面的“凭情以会通，负气以适变”以及“赞”中所言：“变则其久，通则不乏”，都表明其“通”指通晓（演变的规律）而言。但是否可以说“通”与继承无关呢？笔者以为，作家要达到对变“数”的通晓，必然有对过往文学艺术实践及其演化的方式和途径的了解和思考，找出并掌握其规律。这种了解就有继承的因素在内，当然绝非只是继承；“数”有规律方面的义涵，“必酌于新声”表明还必须加上对“新”趋势的思考，以求对新变规律的把握。

《通变》篇还说到“斯斟酌质文之间，而檃括乎雅俗之际，可与言通变矣”，其中“斟酌”和“檃括”正是古往今来文学现象及其变化趋势的思考和辨证。篇末“参伍因革，通变之数也”的“因”不也是指因袭继承么？

《情采》是内容形式的专论，选择“情”指代内容，“采”指代形式有重要的理论意义。篇中的“文”“言”“辞”“美”“辩丽”都指代形式，“质”“性”“理”“真宰”“心”“志”“实”都指代内容。以“情采”为题，强调的是文学内容及其表达以“情”为核心和动力；文学是艺术，语言形式是美的。《情采》开篇的“圣贤书辞，总称文章，非采而何？”特别标举“圣贤书辞”，表明其“采”并非华而不实，而是高尚思想意义的展现。《序志》中强调“剖情析采”证明“情采”的组合可代指文学现象，在刘勰理论建构中占有特殊的地位，与同篇申述“文心雕龙”书名的义蕴相联系，都可谓传统美文文学观成熟的重要标志。

三、民族文化特色鲜明的专题中的范畴概念创设运用

“下篇”一些以范畴名篇的专论，民族文化特色鲜明。

运用汉字形成特点突出地表现在文学语言形式规范方面。《声律》开篇云：

> 音律所始，本于人声者也。声含宫商；肇自血气，先王因之，以制乐歌。故知器写人声，声非学器者也。言语者，文章关键，神明枢机，吐纳律吕，唇吻而已。……响在彼弦，乃得克谐，声萌我心，更失和律，其何故哉？良由外听易为察，而内听难为聪也。故外听之易，弦以手定；内听之难，声与心纷：可以数求，难以辞逐。

刘勰指出音律所本是人生命活动之自然，有人心所生“内听”与器乐所生“外听”之别。声韵上虽都以“谐”“和”为美，但“内听之难，声与心纷：可以数求，难以辞逐”，探求非常不易。在肯定宋齐时代声律论“以数求”方向正确、有重大突破的同时，委婉地以“难以辞逐”透露出当时以文辞表述的声律规范（包括沈约的“四声八病”说）尚存不足。“言语者文章关键，神明枢机”一语则与《神思》的“关键”“枢机”之说呼应。

> 凡声有飞沉，响有双叠，双声隔字而每舛，叠韵离句而必睽；沉则响发而断，飞则声扬不还：并辘轳交往，逆鳞相比。迕其际会，则往蹇来连，其为疾病，亦文家之吃也。夫吃文为患，生于好诡，逐新趣异，故喉唇纠纷，将欲解结，务在刚断。左碍而寻右，末滞而讨前，则声转于吻，玲玲如振玉；辞靡于耳，累累如贯珠矣。
>
> 是以声画妍蚩，寄在吟咏，滋味流于下句，气力穷于和韵。异音相从谓之和，同声相应谓之韵。韵气一定，故馀声易遣；和体抑扬，故遗响难契。属笔易巧，而选和至难；缀文难精，而作韵甚易，虽纤意曲变，非可缕言，然振其大纲，不出兹论。

与沈约注意到“四声”的差异及其对音韵的影响类似，刘勰也说“声有飞沉”，要求发挥文辞声调美的功用。然而又指出过犹不及：“沉则响发而断，飞则声扬不还”，须遵循美的规律，做到“异音相从”，“并辘轳交往，逆鳞相比”。

指出“声有飞沉”，语句中飞沉交错，平仄互相配合，在不断的对照与呼应中造就文学语言的谐和之美；因“响有双叠”，且“双声隔字而每舛，叠韵离句而必睽”，要不犯“隔字”“离句”之病，合规律地运用双声、叠韵字扬长避短。“迕其际会，则往蹇来连，其为疾病，亦文家之吃也。夫吃文为患，生于好诡，逐新趣异”，无疑使文学语言无法做到“和体抑扬”，失却自然流畅。此论与钟嵘批评永明体的主张使“文多拘忌，伤其真美”有失“自然英旨”暗合。

“滋味流于下句，气力穷于和韵。异音相从谓之和，同声相应谓之韵”，表明上下两句对应声韵蕴含的美感耐人玩味，不同音响的抑扬对立统一形成和声，相同的声韵则能前后呼应。“和”非“同”，而是由相互映照、衬托互补达到的协调与和谐。纪昀评曰：“此又深入一层，言宫商虽和，又有自然、勉强之分。”

《声律》篇不言“四声”“清浊”，唯论“飞沉”“抑扬”以及讲求“和”“韵”之要义。呼应

宋齐以来长足进步的声律说，鼓吹其对诗歌艺术表现的重要意义，出于严谨的理论思考，刘勰既不完全采用“四声八病”说的规范，也未超前地另制一套格律，而是提出有关拟定格律的思路和原则。

对南朝探究诗歌格律的重大收获，刘勰基本上是认可的，但也以“本于人声”“吃文为患”等语作了不可有违自然的警示。永明体与沈约的声病说只能说方向大体正确，相应的律则至多是接近成熟、尚存缺憾，仍须在写作实践及其经验总结中去修正完善。文学史证明，到了唐代近体和古体格律才最后确立的。

汉代已有解析儒家经典“章句”之学，刘勰所谓“章句”则指文章写作由字而句、而章、而篇的组合建构，是文论的“章句”之学。《章句》开篇云：

> 夫人之立言，因字而生句，积句而成章，积章而成篇。篇之彪炳，章无疵也；章之明靡，句无玷也；句之清英，字不妄也。振本而末从，知一而万毕矣。

“因字生句、积句成章、积章成篇”和“章之明靡，句无玷也；句之清英，字不妄也。振本而末从，知一而万毕”表述了字、句、章、篇本末相从的关联。“本”和“一”指全篇的主旨和总体构想而言，“末”和“万”则指在“本”与“一”主旨的统驭下经由“章”“句”“字”的逐层衍生——“篇之彪炳，章无疵也；章之明靡，句无玷也；句之清英，字不妄也”，“振本而末从”则“知一而万毕”；作者命笔时则为“因字生句、积句成章、积章成篇”是“一”脉相承的组合顺序。

其后的“四字密而不促，六字格而非缓，或变之以三五，盖应机之权节”切中语句构成和节奏的要害。多四字句、六字句是古代文学语言的一个特征，更是当时开始流行的骈文的重要特点；为可贵的是，刘勰指出不宜刻板地一律四、六，应不时按表达的要求“变之以三、五”，以奇字数句进行调节。

刘勰说的“丽辞”即古代修辞中所谓“骈俪”，“俪”与《丽辞》之“丽”通同。也常称之骈偶或对偶。对偶指并行或上下两句字数、节奏以及文字词性相同、或两相映衬。《文心》的专论在《丽辞》篇。

古代诗文辞赋运用对偶相当普遍，尤其在律诗和骈文中。两马并驱为骈，成双入对为偶，对偶工整为骈文一大特色。骈文有四大特点：多用对偶得称“骈（体）文”；因以四、六句式为主，唐以后有称之“四六”者；其余为讲究用典和藻饰富丽。《丽辞》开篇即云：

> 造化赋形，支体必双；神理为用，事不孤立。夫心生文辞，运裁百虑，高下相须，自然成对。唐虞之世，辞未极文，而皋陶赞云：“罪疑惟轻，功疑惟重。”益陈谟云：“满招损，谦受益。”岂营丽辞，率然对尔。……至于《诗》人偶章，大夫联辞，奇偶适变，不劳经营。自扬、马、张、蔡，崇盛丽辞，如宋画吴冶，刻形镂法，丽句与深采并流，偶意共逸韵俱发。至魏晋群才，析句弥密，联字合趣，剖毫析厘。然契机者入巧，浮假者无功。

“造化赋形”之“造化”指生成万物之自然，而“支体（即肢体）必双”，乃以人和动物为喻：肢体有左有右，文辞也同样有左右匹配，即“赞”所云：“体植必两，辞动有配”。“自然成对”表明对偶合乎汉语表达的客观规律。刘勰举例说：“皋陶赞云：‘罪疑惟轻，功疑惟重。'益陈谟云:'满招损,谦受益。'岂营丽辞,率然对尔。"后面的"《诗》人偶章,大夫联辞,奇偶适变,不劳经营"的"不劳经营"也含率性而成之意。清孙梅《四六丛话》这样解读:"文之有偶……要亦造化自然之文章,因时而显,有非人力所能为者。"

刘勰言及言、事、反、正四种对偶方式,并说:"言对为易,事对为难,反对为优,正对为劣。"有的学者认为如此说欠妥,或言有嫌绝对。笔者认为,确实不宜把四种对偶的难易优劣绝对化,因为运用其中任何一种方式都会有或优、或劣、或平庸之别。然而必须看到,多数情况下"言对为易,事对为难,反对为优,正对为劣"之说还是可以成立的。对偶的运用以能拓展内蕴、意境见长者为上。"事对"纳入的史事典故多,通常较"言对"为难。"反对"能从对立的两方面作意蕴和境界的开拓,能取得对比、反衬、互补以及对立统一等艺术效果,优于"正对"实属正常。《四六丛话》说得好:"言对为易,事对为难,反对为优,正对为劣,此用意之长也。"

刘勰随后又说:

> 若夫事或孤立,莫与相偶,是夔之一足,趻踔而行也。若气无奇类,文乏异采,碌碌丽辞,则昏睡耳目。必使理圆事密,联璧其章,迭用奇偶,节以杂佩,乃其贵耳。

以为对事物作单一的表述会时显孤立,是缺乏对偶的缘故;然而若无"奇类"(单数的字句)参与组合,辞章又会缺乏新异的文采。于是提出"迭用奇偶"的原则,要求在章句组合中实现又一种对立统一的和谐——奇句与偶句的组合方式并行,在上下文中形成另一种对应,打破"碌碌丽辞,昏睡耳目"的单调冗繁。于是有合乎人们审美心理需要的新奇感,以及奇与偶映照互补的协调与平衡。

俪辞专论中严斥"碌碌丽辞"难能可贵。指出俪辞有美,然过犹不及;对"气无奇类,文乏异采"的强调也体现了他所持的美学原则:追求对立统一的均衡和谐之美。"折衷"能避免偏颇与绝对。讲究骈俪是六朝诗文的特点之一,但刘勰对文章全为俪句深不以为然。《文心》用骈文写成,即"迭用奇偶"的成功典范。

张国庆教授指出:"对偶是广泛运用于古今文学中的重要文学现象,有时甚至其功甚著甚伟(例如除骈文以外,近体诗中间两联亦都是用对偶的,而近体诗已兴盛了千余年,至今在全球的华人世界中仍然生机盎然),总结对偶修辞运用的经验,当然是非常有意义的。附带说,刘勰的时代,诗歌正向近体发展,对丽辞的强调与研究当也有促进近体诗成熟的一定功用。"[①]

"比兴"是古代诗学最为重要、民族文化特色最为鲜明的范畴。它原是《诗经》学的概念,最早见于《周礼·春官·大师》:"大师……教六诗:曰风,曰赋,曰比,曰兴,曰雅,曰颂。"东汉郑玄注云:"赋之言铺,直铺陈今之政教善恶。比,见今之失,不敢斥言,取比类以言之;兴,见今之美,嫌于媚谀,取善事以劝喻之。"又引司农郑众的解释补充说:"比者,比方于物也;兴者,托事于物。"

"比""兴"最早与"赋"都属《诗经》的表现和运用方法。"赋"是直陈式的展开,并非

① 张国庆、涂光社:《文心雕龙集校集释直译》,北京:中国社会科学出版社,2015年,第647页。

必定以“物”间接达义，即使写“物”也是直接铺叙，所展示的意蕴无须转换。“比”和“兴”则必须借助“物”的描绘进行间接的艺术传达。

古代唯独《文心雕龙·比兴》是成篇的专论，其精要涵盖了“比兴”的渊源、意义、思维特征和艺术传达功能效果，对传统诗学做出了重大的理论贡献。

《比兴》开篇即云：

> 《诗》文弘奥，包韫六义，毛公述《传》，独标兴体，岂不以风通而赋同，比显而兴隐哉？故比者，附也；兴者，起也。附理者，切类以指事；起情者，依微以拟议。起情故兴体以立，附理故比例以生。比则畜愤以斥言，兴则环譬以托讽：盖随时之义不一，故诗人之志有二也。

《周礼》记有大师教“六诗”的古制，《诗大序》称之为《诗》之“六义”。《比兴》篇即以此发端。“六诗”与“六义”中风、赋、比、兴、雅、颂的排序相同，此为《诗》学早期的序列。唐孔颖达和宋朱熹则分别有“三体三用”“三经三纬”之说，将风、雅、颂置前为“体”为“经”，视赋、比、兴为“用”为“纬”。

吾师张震泽先生在《〈诗经〉赋比兴本义新探》中指出，“六义”的本义即《诗》的“六用”，是《诗经》的六种用法或所派用场，都在对现成《诗经》篇章的歌咏、诵读中完成，其中“赋”“比”“兴”也同“风”(甚至“雅”“颂”)一样是“用”诗而非作诗之法。弄清这一点有助于理解刘勰“风通赋同”的论断。

《比兴》未直接征引郑众、郑玄的诠释，其“附理”“起情”之释是“比”“兴”传达和表现上的特点，暗承郑众的立论视角；而“蓄愤斥言”“托讽”显然与郑玄一样同指政教功用。刘勰也是从政教和表现手法两个方面去概括“比兴”意义的。“盖随时之义不一，《诗》人之志有二”的补充表明：诗歌赏评中应根据时空(语境)的不同，分别从政治教化或艺术表现两方面去理解诗人的“比兴”。

他随后所举“比”的实例只强调“附”与“切”，而不像郑玄那样把“比”限于“刺”、让“美”专属于“兴”：“且何谓比？盖写物以附意，扬言以切事者也。故金锡以喻明德，珪璋以譬秀民，螟蛉以类教化，蜩螗以写号呼，浣衣以拟心忧，席卷以方志固：凡斯切象，皆比义也。”显然是对前论的补正。

汉代以来的论者都注意到了“比”与“兴”的不同点。刘勰《比兴》篇的创意在于用“隐”“显”“大”“小”以及“起情”“附理”之释来区别“比兴”：

> 观夫兴之托喻，婉而成章，称名也小，取类也大。《关雎》有别，故后妃方德；尸鸠贞一，故夫人象义。义取其贞，无疑于夷禽；德其别，不嫌于鸷鸟：明而未融，故发注而后见也。且何谓比？盖写物以附意，扬言以切事者也。……炎汉虽盛，而辞人夸毗，讽刺道丧，故兴义消亡。于是赋颂先鸣，比体云构，纷纭杂遝，倍旧章矣。夫比之为义，取类不常：或喻于声，或方于貌，或拟于心，或譬于事。……若斯之类，辞赋所先，日用乎比，月忘乎兴，习小而弃大，所以文谢于周人也。

“比”“兴”在借“物”达意上有共同点，故有联成一词的时候，然而两者也有矛盾和对应的一面：刘勰先说其“隐”“显”有别；继而说比是“附理”“切类以指事”，“盖写物以附意，扬言以切事者也”；对兴则言“起情”和“依微以拟义”以及“观夫兴之托喻，婉而成章，称名也小，取类也大”；其后又批评汉代辞赋“比体云构”“日用乎比，月忘乎兴，习小而弃大，所以文谢于周人也”。

“兴”，原训起。以“起情”释“兴”切中肯綮，有重要价值。“起情”是诗人用兴的目的，也能体现文学艺术活动中人们的心理特征，合乎欣赏、接受的需要。理解“兴”的“起情”作用，甚至可与孔子的“兴、观、群、怨”说相联系。“起情”之释为“比兴”论和诗学中的“兴味”“兴致”“兴象”“兴会”诸说提供了依据。宋人论“比兴”对刘勰的取法可以为例，李仲蒙从造艺的主客体关系上说：“索物以托情，谓之比，情附物也；触物以起情，谓之兴，物动情也。”朱熹则从展开方式上说：“比者，以彼物比此物也”；“兴者，先言他物以引起所咏之词也”。李论精到，朱说简明，历来备受推崇，却不难从中见到刘勰“起情”“附理”说的深刻影响。

“起情者，依微以拟议”的“拟议”语出《易·系辞》上：“拟之而后言，议之而后动。”韩康伯注：“拟议以动则尽变化之道也。”说兴“依微拟议”，指依“兴体”与喻指事物间的微妙关系安排意蕴，所得意象较“切类”“附理”的比模糊性更大、指域更宽泛。兴有“起情”功用，有时指审美主体被“物”触发和启动的浓厚情致；诗人通过物象和外境的展示促使诗歌欣赏者的情感、心理和思维合乎审美接受的需要，指域模糊隐微的“兴”与随后抒写的内容常常只有微妙和模糊的联系，故言“依微以拟议”；“兴”也因此得称“隐”而与比的“显”有别。

间接模糊的传达充分蓄蕴和利用了意象的表现力，能提升造艺品位，加大欣赏者审美再创造的自由度，是文学艺术一些大师的作品达于至境的奥秘所在。

刘勰以为“比显兴隐”，从说“炎汉虽盛，而辞人夸毗，《诗》刺道丧，故兴义销亡”，到批评汉赋“日用乎比，月忘乎兴，习小而弃大”能够看出“兴隐”远远胜似“比显”；所谓“大”“小”，指蕴涵、境界的大小，也指艺术成就和价值的大小。表明在诗歌艺术传达上“起情”远较“附理”重要。刘勰青睐“隐”的文笔，《文心雕龙》就专立《隐秀》篇，激赏“以复意为工”有“文外重旨”“深文隐蔚，余味曲包”的“隐”，以为“隐之为体，义主文外，秘响傍通，伏采潜发，譬爻象之变互体，川渎之韫珠玉也”。

“比”之所以“小”在于它限于比况，只是一种修辞手法，“附理”“切至”的贴切使“比”义浅显确切，喻指界限分明。“兴”则因“依微以拟议”指域模糊宽泛，“兴之托喻，婉而成章，称名也小，取类也大”。“比小兴大”当不止于意指范围的小大和“显”“隐”之别，除艺术性的功用、价值外，也常指政治教化意义的“小”与“大”。

《比兴》篇之“赞”总结说：“诗人比兴，触物圆览。物虽胡越，合则肝胆。拟容取心，断辞必敢。”

“物虽胡越，合则肝胆”是谓用作比兴之事物与其所喻指的事物即使风马牛不相及，只要两者的某种属性、特征吻合，就能作恰切的况喻，完美地进行间接的艺术传达。“拟容取心”指出，物象描绘形容的目的在于获取和展示其内在的丰富深厚的意蕴。写容貌要传神，描摹事物的外在形态宗旨在于表现其精神内涵。物象包蕴的“理”与“情”就是比兴所取之“心”。

“拟容取心”四字算得上《比兴》篇中最接近现代理论话语的概括。王元化先生《文心雕龙创作论》的《释〈比兴篇〉拟容取心说》指出：“《比兴篇》是刘勰探讨艺术形象问题的专论，其中‘诗人比兴，拟容取心’一语，可以说是他对于艺术形象问题所提出的要旨和精髓。”“这句话里面的‘容’‘心’二字都属于艺术形象范畴，它们代表了同一艺术形象的两面：在外者为‘容’，在内者为‘心’。”

“拟容取心”是有普遍意义的艺术原则。绘画、雕塑、音乐……一切造型艺术的追求和创造不都是通过广义的“拟容取心”去实现的吗？

由于《文心》所论之“文”泛指文章，《附会》所论结构为一篇作品中的各种构成因素的组合统序，几次直接诠释“附会”，其意义和功用的规定都很明确：“何谓附会？谓总文理，统首尾，定与夺，合涯际，弥纶一篇，使杂而不越者也。”“凡大体文章，类多枝派；整派者依源，理枝者循干。是以附辞会义，务总纲领；驱万途于同归，贞百虑于一致；使众理虽繁，而无倒置之乖；群言虽多，而无棼丝之乱。扶阳而出条，顺阴而藏迹；首尾周密，表里一体：此附会之术也。”“首尾周密，表里一体”表述了古代诗文写作的一个传统：重视篇章结构统序以及作品内蕴情思与外在形式的完整性和协调性。

“附辞会义”表明既有“辞”（语言形式）方面的协调，也有“义”（义理内容）方面的整合。而“扶阳出条，顺阴藏迹”则是“定与夺”“整派理枝”之时因势利导，扬长避短的原则。须分清主次，不能因小失大，必要时牺牲次要和局部、偏狭之长，以强化主要部分，维系文章之“体统”（即系统性和整体性）。故刘勰说：“夫画者谨发而易貌，射者仪毫而失墙；锐精细巧，必疏体统。故宜诎寸以信尺；枉尺以直寻。弃偏善之巧，学具美之绩。”

吟咏自然山水是中国古代诗文的重要内容，在世界上独树一帜。魏晋南北朝山水诗文升堂入室，宋、齐时“模山范水”的诗文题材更成为大宗。生当其时，刘勰《物色》篇所作的理论总结意义可知。所谓“物色”指文学表现的客体（“物”或“物貌”）。《物色》篇先从“心”“物”（创作主客体）关系上讨论外境和景物对作家情感思维的影响：“物色之动，心亦摇焉”，“物色相召，人谁获安”。《文心》其他篇也有“人禀七情，应物斯感”（《明诗》），“情以物兴，物以情观”（《诠赋》）和“神与物游”（《神思》）等论。

心物交融、天人感应在中国是一种从人与万物同构、天人合一理念衍生的传统审美意识。刘勰作了精警的概括：“情以物迁，辞以情发。”其中“情”（主体）、“物”（客体）、“辞”（语言媒介）有创作三要素之称。一般情况下，“情”指作家的感情以及与感情密切联系的思想、志趣、情操等主观方面的因素。“情以物迁”说明在创作的酝酿和构思过程中“情”随着“物”（外境或描写对象）的变化而变化。因此，“情以物迁”的过程是“情”在“物”的影响下不断改造，不断丰富、升华的过程。如“赞”所说：“目既往还，心亦吐纳”。作家“神与物游”反复体察物象，构思活动在主客体的往复联系中不断深入，经酝酿提炼汰粗取精逐渐形成可以纳入作品表达的情致和艺术形象。因“物”而“迁”之后，“情”已兼有了“物”的因素，成为“辞发”的内在动力和依据。“情以物迁，辞以情发”表明，在“情”“物”“辞”三者的联系中，“情”是核心和纽带。本篇“赞”中的“情往似赠，兴来如答”说明它们彼此的往复中主体的“情”是能动的一方。

《物色》篇以“四序纷回，而入兴贵闲”点明物色描绘中作家应有的精神状态和心理准备。又有“写气图貌，既随物以宛转；属采附声，亦与心而徘徊”的名论，王元化先生指出：“气、貌、采、声四事，指的是自然的气象和形貌。写、图、属、附四字，则指的作家的模写与表现……其意犹云：作家一旦进入创作的实践活动，在模写并表现自然的气象和形貌的时候，就以外境为材料，形成一种心物之间融汇交流的现象，一方面心既物以宛转，另方面物亦与心而徘徊。”

刘勰追述了物色描写的发展过程。以《诗经》和楚辞为例概括具典范意义的两种“物色”描写方式，宣示有辩证意味的艺术原则。指出《诗经》“以少总多”可以做到“情貌无遗”；所举“‘依依’尽杨柳之貌”的例子很有说服力，“依依”是唯垂柳所独具的风貌，又可能与人的一种柔性的情感（如眷恋不舍之情，千头万绪的绵长情思）发生联系。能营造特定的情感氛围，唤起读者的联想与共鸣。虽只说“杨柳依依”而未及其他细节，却不失形象的完整性，且意味全出。反过来，“《离骚》代兴，触类而长，物难尽貌，故重沓舒状，于是嵯峨之类聚，葳蕤之群矣”在对细密描叙的认可中，也能体察到缺憾的存在。即使“触类而长”也难做到面面俱到的“尽貌”。整体的把握，模糊宽泛的指域是“以少总多”之长。文学语言毕竟讲究艺术的概括力，以含蕴丰富为上，故推重“析辞尚简”。

“《诗》《骚》所标，并据要害，故后进锐笔，怯于争锋”是谓物色描写上的简约和繁复各由《诗》《骚》达于极致，后进不可争胜，只宜“因方借巧，即势会奇”，“参伍相变，因革为功”——借鉴成功的经验兼取前人所长走出新路，了解“物色尽而情有余”带来造艺的无穷前景，亦可称为“晓会通”的后继者！

篇末说：

> 若乃山林皋壤，实文思之奥府。……然屈平所以能洞监《风》《骚》之情者，抑亦江山之助乎！

山川景物不仅提供了无限丰富的文学描写对象，更能触动、陶冶人们的思想情怀，从而促进艺术创造的境界升华。《庄子·知北游》说：“山林欤！皋壤欤！使我欣欣然而乐欤！”六朝更有这方面的自觉，《世说新语·言语》载：“顾长康从会稽还，人问山川之美。顾云：‘千岩竞秀，万壑争流，草木蒙其上，若云兴霞蔚。’”又记“王子敬曰：‘从山阴道上行，山川自相映发，使人应接不暇。若秋冬之际，尤难为怀。’”袁山松《宜都记》云：“常闻峡中水疾，书记及口传悉以临惧相戒，曾无称有山川之美也，及余践跻此境，既自欣得此奇观，山水有灵，亦当惊知己于千古矣！”刘勰更直言外在的自然景物是蕴藏文思最深厚的府库！

《物色》首言作家可得“江山之助”的妙语，此后亦见诸他人著述，如《新唐书·张说传》：“既谪岳州，而诗亦凄婉，人谓得江山之助。”宋陆游更有“江山之助”的专论。

《文心》中除用为篇名作专题论证的以外，散见各篇的范畴概念遍及每一个理论层面，如“自然”“性灵”“雅俗”“味”“趣”“韵”“格”“调”等不胜枚举，在不同理论组合中发挥关键作用，可谓各得其所，尽其所用。虽然总的说来理论意义阐发和运用不及那些作了专题论证的范畴那么充分，但皆有不可或缺的作用。恰恰是这类概念，在后来的理论批评中被广泛运用，理论内涵得到更充分的阐扬，有的成为不同时代一些流派理论和艺术主张的中心范畴。

刘勰之后，古代的文学评论在范畴概念方面有论少用多的趋势，进入了以中心范畴论为主导的阶段。中心范畴论与各个时代的文学思潮、流派或作家个人的艺术追求和创作实践紧密相关，居于核心地位的范畴（及其所属系列概念）理论组合的美学含蕴、功用和艺术境界不断有新的拓展。比如“风骨”“气”“（风雅）比兴”“（滋）味”“（自然）平淡”“兴趣”“气象”“性灵”“神韵”“肌理”“义法”“境界”等，都曾被标举，乃至形成自己的概念系列，引导某一时期文学思潮、流派的创作和理论批评的实践。

文学实践和理论批评的发展一般合乎时代潮流，在不同样式、各具个性的审美追求中的开拓、提升；有对前论的印证、辨析和再阐发，有对保守固陋、谬误倾向的抨击，更有新潮审美趣向的宣示。各个时期、不同样式、不同流派审美追求都有居其思想理论主导地位的中心范畴，引领和推动造艺的演进。概念系列的衍生体现艺术实践的新收获，于是也有对基本范畴义的补正、深化、开拓、提升。

刘勰是古代移植、创用范畴概念建树最多的文学理论家。中国古代文学批评史上出现的所有范畴概念几乎都能在《文心雕龙》中找到渊源，或者能寻觅到它们生成、演化的一段历史印记。刘勰大大改变了传统理论的建构模式，运用范畴概念系列“剖情析采”，进行严谨的逻辑论证，成就了无愧“虑周”“思精”和“包举洪纤”之誉的经典性理论建树。其中尤以“下篇”那些以范畴题名的篇章所论最富创意，针对的是文学艺术基础性理论以及华夏民族文化特征鲜明的重要论题，可谓前无古人后无来者，居功至伟。这就是此后再无可与《文心》比肩的文论经典问世，而其千百年后被中外学者广泛推崇的缘由。

（作者单位：辽宁大学文学院）

体貌与文相

党圣元

"体"是中国古代文论中的一个重要范畴，古代文献中有以"体"为词根的一系列文论概念群。在中国古代的语境之中，"体"有一种义项是指文章或者文学的整体性存在或整体风貌，双音节词"体貌"等与这一义项相关。魏晋以降的关乎"相"人之法的人物品藻开启了以"体"论"文"的中国特有之批评方式，而以"体"论"文"也是《文心雕龙》的重要内容。这需要从"体"的原始意义和中国传统的思维方式说起。

一、"体"之历史语义学阐释

"体"字的繁体为"體"，是个形声字，从骨，豊声。"骨"是形旁，表示意义，"豊"是声旁，表示读音。《说文》曰："体，总十二属也。"段玉裁《说文解字注》云："十二属，许未详言。今以人体及许书核之。首之属有三：曰顶，曰面，曰颐；身之属有三：曰肩，曰脊，曰尻；手之属有三：曰肱，曰臂，曰手；足之属有三：曰股，曰胫，曰足。他禮切。"[①]所谓十二属，皆承之于骨，故从骨，豊为禮器；凡祭祀，禮器必望厚，因之豊有望厚意。體"总十二属"，體有豊意。故體从豊声，亦从豊意。说明"体"最初是指由"十二属"构成的人的整体，"体"的本义是指身体，是指人的全身，是一个整体性的称谓，是指一个生气灌注的有机的整体，所以体也可以理解为将各部分合成一个有机整体。从这一原始用义可以看出，"整体"义项构成了"体"在古典汉语语境中的基本内涵。但"体"有时也指身体的一部分，比如"四体不勤，五谷不分""五体投地"之"体"，就是指身体的某些部分，但是这种"体"的用法更多的是代指身体的全部。

"体"的本义是指人的身体，所谓"体，身也"[②]。后来引申为泛指事物之存在的实在性、基础和本根，比如"阴阳合德，而刚柔有体"[③]"天之与地，皆体也"[④]等句中的"体"便是；亦可训释为"物质存在的形态"，诸如"液体""固体""气体"等等，总之，凡实在之物皆有"体"，故我们也把物叫作"物体"。此外还指相对抽象的制度性、体制性存在，如我们

---

① ［清］段玉裁：《说文解字注》四篇下，上海书店，1992 年影印清嘉庆二十年(1815)经韵楼刻本，第 166 页上。

② ［清］王念孙：《广雅疏证》卷六下"释亲"，北京：中华书局，1983 年影印清嘉庆王氏家刻本，第 203 页上。

③ 《周易 · 系辞下》，阮元校刻《十三经注疏》，北京：中华书局，1980 年，上册，第 89 页上。

④ 黄晖：《论衡校释》卷七《道虚篇》，北京：中华书局，1990 年，第 319 页。

还说“政体”“国体”等。“体”即物的实在的显现、是完全的完整的显现,因此我们有“整体”“总体”的说法。“体”的本义与“形”密不可分,《庄子·天地》:“物成生理,谓之形;形体保神”①,形在庄子那里是一个生理学的范畴,在中国古人看来,无论人的肢体、物之形体、事之大体主体,都有一定的形态,都有一定的“体”,天地万物如此,文章也应该如此,而“体”正是文章由内容到形式的枢纽。没有这一枢纽,文章就难以成形,而凡文章必有体。因此,古代文论中的“体”在很多情况之下是指文章的存在形态,是指汇通形式、风格、内容等的文章的整体形态。古人以“体”称文的用意之一正是为了突出“文章整体”和主次条理井然有序的有机性这层涵义。

“体”论体现了基于“天人合一”基础上的中国传统思想对于人的身体持有独特的观念。它强调身体的整体性,认为“形与神俱”,“形神合一”,同时认为天人同构,身体是一小宇宙,宇宙是一大身体,即人体作为小宇宙,与大宇宙是相通互融的。尤其汉儒讲天地人合以成体,是把人作为自然系统中的一个重要的不可缺少的要素看待,甚至将之上升到“天人相副”的高度。董仲舒《春秋繁露·为人者天》:“人之形体,化天数而成。人之血气,化天志而仁。人之德行,化天理而义。人之好恶,化天之暖清。人之喜怒,化天之寒暑。人之受命,化天之四时。……天之副在乎人。”②体,本义是人的身体,引申为宇宙整体,这个命题形象地表现了董仲舒把整个宇宙看作为一个普遍联系的有机整体的思想。当然在此之前,中国人在观察世界时,总是将宇宙看成一个有生命的、有机的整体,总是习惯于以人自身来加以拟附。《周易·系辞下》云:“古者包牺氏之王天下也,仰则观象于天,俯则观法于地,观鸟兽之文,与地之宜,近取诸身,远取诸物,于是始作八卦,以通神明之德,以类万物之情。”③“近取诸身,远取诸物”是这种思维的最好概括。

为什么人类社会的早期总是将对外物的认识和自身联系起来,尤其要和自己身体联系起来呢?从认识论角度看,“人是万物的尺度,是存在的事物的存在的尺度,也是不存在的事物不存在的尺度”④,人类并非对所有成为直观对象的事物或现象都形成认识,只是和主体相关的事物或现象才成为现实的认识对象,也就是说,认识客体是为了满足主体的需要。而主体的需要最为迫切的是对自身的认识,所以,为了认识客体就须首先回到认识主体上来,然后再以对主体的认识结果作为参照系去加深对客体的认识。因此人可以以自身为对象,去把握宇宙。西谚说:“认识你自己吧”,人体是上帝的杰作。哲人说:“人啊!请正视你的身体。”所以在古希腊艺术中,对人体美的欣赏比对自然美的欣赏还要早。中国人虽然没有像希腊人那样在艺术中充分表现身体,但是从身体出发认识事物,比附对象,却有着久远的传统。

---

① [清]郭庆藩:《庄子集释》卷五上《天地第十二》,北京:中华书局,2012年,第430页。

② 苏舆:《春秋繁露义证》卷十一《为人者天第四十一》,北京:中华书局,1992年,第318—319页。

③ 《周易·系辞下》,[清]阮元校刻《十三经注疏》,北京:中华书局,1980年,上册,第86页中。

④ 古希腊智者派的主要代表人物普罗泰戈拉提出的关于人的著名的哲学命题,北京大学哲学系外国哲学史教研室编译:《古希腊罗马哲学》,北京:商务印书馆,1961年,第138页。

二、以“体”论文与象喻批评

中国固有文学批评在批评思维和用语上擅用比拟，往往以自然植物为喻、以人为喻、以生命为喻来论文：天人同构，人的身体与天地万物同构，作为人文制作的文章既与人的身体也与天地万物同构，而“一气贯通”，贯穿这一切的是生生不息之“气”。

以自然物象比喻文章的“象喻”批评，体现了古人“远取诸物”而认为文章与天地万物同构的基本思想。关于以自然、植物为喻，我们在此举例说明：

白居易说：“《诗》者，根情、苗言、华声、实义”[①]，视诗如植物。

叶燮：“夫天有四时，四时有春秋，春气滋生，秋气肃杀。滋生则敷荣，肃杀则衰飒。气之候不同，非气之有优劣也。使气有优劣，春与秋亦有优劣乎？故衰飒以为气，秋气也。衰杀以为声，商声也。俱天地之出于自然者，不可以为贬也。又盛唐之诗，春花也。桃李之华，牡丹芍药之妍艳，其品华美贵重，略无寒瘦俭薄之态，固足美也。晚唐之诗，秋花也。江上之芙蓉，篱边之丛菊，极幽艳晚香之韵，可不为美乎？”[②]视迭代诗风如同四季气候转换。

胡应麟将动植物联喻以言诗：“诗之筋骨，犹木之根干也；肌肉犹之叶也；色泽神韵，犹花蕊也。筋骨立于中，肤肉荣于外，色泽神韵充溢其间，而后诗之美善备，犹木根干苍然，枝叶蔚然，花蕊烂然，而后木之生意完。”[③]视诗歌如同树木和动物，两者兼之，可见其比拟具有相通之处。

以自然之物作为比拟在中国古代文学批评中可谓俯拾即是。至于以人、以人体为比拟来论文论艺，更是中国固有文学批评的一个重要特点，体现的是我们古人“近取诸身”而认为文章结构与人的身体结构同构的基本思想。这里我们首先从表象入手，来看看中国固有文学批评的这个特点：

（一）以“体”论“文”

借助人的身体概念来论文，乃是中国古代文学批评中屡见不鲜的事。

刘勰说：“必以情志为神明，事义为骨髓，辞采为肤肌，宫商为声气。”[④]由里而外，由“情志”“事义”“辞采”“宫商”构成的文章整体，就活脱脱地是由“神明”“骨髓”“肌肤”“声气”构成的活人。

颜之推说：“文章当以理致为心肾，气调为筋骨，事义为皮肤，华丽为冠冕。”[⑤]

唐贾岛：“诗体若人之有身。人生世间，禀一元相而成体，中间或风姿峭拔，盖人伦

---

① ［唐］白居易撰，谢思炜校注：《白居易文集校注》卷八《与元九书》，北京：中华书局，2011年，第322页。

② ［清］叶燮：《原诗》外篇下，北京：人民文学出版社，1979年，第66—67页。

③ ［明］胡应麟：《诗薮》外篇卷五，北京：中华书局，1962年，第204页。

④ ［南朝梁］刘勰：《文心雕龙》卷四三《附会》，陆侃如、牟世金译注：《文心雕龙译注》，济南：齐鲁书社，1995年，第511页。以下所引《文心雕龙》皆同此版本。

⑤ 王利器：《颜氏家训集解》卷四《文章第九》，北京：中华书局，1993年，第324页。

之难。”[①]“一元”者，气也，人之“体”乃一气化成，诗之“体”亦复如此。“风姿峭拔”者，人之“体貌”也，也可用来描述诗之“体貌”。

唐徐夤说：“体者，诗之象，如人之体象，须使形神丰被，不露风骨，斯为妙手。”[②]“体象”犹“体貌”。

宋代李廌说：“凡文之不可无者有四：一曰体，二曰志，三曰气，四曰韵。……文章之无体，譬之无耳目口鼻，求能成人；文章之无志，譬之虽有耳目口鼻，而不知视听臭味之所能，若土木偶人，形质皆具而无所用之；文章之无气，虽知视臭味，而血气不充于内，手足求卫于外，若奄奄病人，支离憔悴，生意消削；文章之无韵，譬之壮者，其躯干枵然，骨强气盛，而神气昏懵，言动凡浊，则庸俗鄙人而已。有体、有志、有气、有韵，夫是谓成全。”[③]“全”文当如“全”人，无“志”“气”“韵”之文如断气无神之人（行尸走肉），但无“体”之文则如无所依托的游魂，古人重志气、神韵而不轻体貌。

宋代吴沆说：“诗有肌肤、有血脉、有骨格、有精神。无肌肤则不全，无血脉则不通，无骨格则不健，无精神则不美。四者备，然后成诗。”[④]

南宋姜夔云：“大凡诗，自有气象、体面、血脉、韵度。气象欲其浑厚，其失也露；韵度欲其飘逸，其失也轻。”[⑤]

元代杨维桢说：“评诗之品无异人品也。人有面目骨体，有情性神气，诗之丑好高下亦然。”他还说：“面目未识，而谓得骨骸，妄矣；骨骸未得，而谓得情性，妄矣；情性未得，而谓得其神气，益妄矣。”[⑥]

明代归庄说：“余尝论诗，气、格、声、华，四者缺一不可。譬之于人，气犹人之气，人所赖以生者也，一肢不贯，则成死肌，全体不贯，形神离矣；格如人五官四体，有定位，不可易，易位则非人矣；声如人之音吐及珩璜琚瑀之节；华如人之威仪及衣裳冠履之饰。”[⑦]“格”类陶明濬所谓“体制（体式）”，“华”之“威仪”类若“体貌”。

孙联奎说：“人无精神，便如槁木；文无精神，便如死灰。”[⑧]（《诗品臆说》）

姚鼐在《古文辞类纂·序目》中将文章的要素分成八种，曰：“神、理、气、味、格、律、声、色。神、理、气、味者，文之精也；格、律、声、色者，文之粗也。然苟舍其粗，则精者亦胡以离焉？学者之于古人，必始而遇其粗，中而遇其精，终则御其精者而遗其粗者。”[⑨]“粗”与“精”或“形”与“神”之论，也关乎文之“体”构成的层次性。

---

① [唐]贾岛：《二南密旨》“论裁体升降”条，《丛书集成初编》第2546册，北京：中华书局，1985年，第17页。

② [唐]徐夤：《雅道机要》，张伯伟：《全唐五代诗格汇考》，南京：江苏古籍出版社，2002年，第436页。

③ [宋]李廌：《济南集》卷八《答赵士舞德茂宣义论宏词书》，四川大学古籍整理研究所编《宋集珍本丛刊》第30册，线装书局，2004年，第727页上、下。

④ [清]吴沆：《环溪诗话》卷中，[宋]惠洪、朱弁、[清]吴沆：《冷斋夜话　风月堂诗话　环溪诗话》，北京：中华书局，1988年，第130页。

⑤ [宋]姜夔：《白石道人诗说》，何文焕辑《历代诗话》，北京：中华书局，1981年，第680页。

⑥ [元]杨维桢：《东维子文集》卷七《赵氏诗录序》，四部丛刊景旧钞本。

⑦ [清]归庄：《归庄集》卷三《玉山诗集序》，北京：中华书局，1962年，第206页。

⑧ 孙联奎：《诗品臆说》“精神”条，孙联奎、杨廷芝：《司空图〈诗品〉解说二种》，济南：齐鲁书社，1980年，第29页。

⑨ [清]姚鼐编选，吴孟复等评注：《古文辞类纂评注》，合肥：安徽教育出版社，2004年，第18页。

方东树云："观于人身及万物动植，皆全是气所鼓荡。气才绝，即腐败臭恶不可近：诗文亦然。"[①]（《昭昧詹言》卷一）诗文与人身及万物动植，皆一气化成，故而同构，而品文之法与相人之术通。

近人陶明濬《诗说杂记》疏解严羽"兴趣"说："此盖以诗章与人身体相比拟……体制如人之体干，必须佼壮；格力如人之筋骨，必须劲健；气象如人之仪容，必须庄重；兴趣如人之精神，必须活泼；音节如人之言语，必须清朗。五者既备，然后可以为人；亦为备五者之长，而后可以为诗。"[②]文章之"体制（体式）""格力"如人之"体干""筋骨"，而文章之"气象"则如人之"体貌（仪容）"，文之"体"的构成也是有由内而外的层次性的。

以上列举的言说，都是将人体的结构和文体的结构进行比附、联想和判断、推衍，表达自己对文学艺术的认识的，"盖以诗章与人身体相比拟"。不过以上列举的只是中国故有文学批评以体论文的冰山一角，我们可以想象，如果没有诸如单音节词"气""力""形""体""神""貌""肥""瘦""壮""弱""病""健""首""腹""尾""筋""骨""皮""脉""髓""魄"，双音节词"精神""神韵""气骨""风骨""血脉""皮毛""文心""诗眼""主脑""肌理"等术语，中国传统的诗文评将会是什么样子。可以肯定地说，如果没有这样一些人化的理论术语或者喻象，中国古代文学批评尤其是诗文评甚至是书画理论，都将会陷入"失语"的尴尬之中。可见借体论文已经成了中国故有文学批评的一个特点。时至今日，有人还认为文体结构与人体结构相同，并运用这种方式来论文："一种文体的基本结构，犹如人体结构，应包括从外至内依次递进的四个层次，即：(1) 体制，指文体外在的形状、面貌、构架，犹如人的外表体形；(2) 语体，指文体的语言系统、语言修辞和语言风格，犹如人的语言谈吐；(3) 体式，指文体的表现方式，犹如人的体态动作；(4) 体性，指文体的表现对象和审美精神，犹如人的心灵、性格。"[③]而刘勰《文心雕龙》实际上也暗含此类分层法（详论见后）。

（二）借"体"论"艺"

首先是以身体比附描写对象。在传统山水画论中的评论和对画理的比拟中，往往现"身"说法，总是不离身体：

> 石者，天地之骨也，骨贵坚深而不浅露；水者，大地之血也，血贵周流而不凝滞。[④]

> 山以水为血脉，以草为毛发，以云烟为神彩。故山得水而活，得草木而华，得烟云而秀媚。水以山为面，以亭榭为眉目，以渔樵为精神。故水得山而媚，得亭榭而明快，得渔樵而旷落。此山水之布置也。[⑤]

---

① ［清］方东树：《昭昧詹言》卷一，北京：人民文学出版社，1961年，第25页。

② 陶明濬：《文艺丛考初编·诗说杂记》卷七，盛京时报社1927年刊本。

③ 郭英德：《中国古代文体学论稿》，北京：北京大学出版社，2005年9月第1版，第4页。

④ ［宋］郭熙：《林泉高致》，济南：山东画报出版社，2010年，第50页。

⑤ 同上，第49页。

把石头和水比作天地的骨血，从而引起画者在将自然“迹化”为作品的同时，融入对自己身体的联想，则画必如活人之体而血脉流动、神采焕发。

石有面有肩，有足有腹，一如人之俯仰坐卧。①

山以林木为衣，以草为毛发，以烟霞为神采，以景物为装饰。以水为血脉，以岚雾为气象。②

以身体演示画理，有些画论简直就可以为你描绘出一个活生生的人体来。这在中国画论和绘画术语中屡见不鲜。它们把画中最精彩最传神的细部叫作“画眼”，把关键性的画面处理叫作“点睛”，把拘泥于细节而失去整体效果叫作“谨毛失貌”等等，这背后无不藏着身体及整体的尺度。就连画论中最为推重的“气”“力”“势”“态”之类的概念也无不从“体观念”中来。南齐谢赫的“六法”，其中核心的、纲领性的内容就借助于身体的联想。“气韵生动”“骨法用笔”，都出于对身体状态和身体部件的联想。气与韵以及气韵，都是从人的肉体和生命现象中引申出来的感觉，转而投射于艺术作品，并进而成为品鉴标准，相人之术已成品画之法。“骨法”是更为典型的以身体为蓝本而衍生出的审美标准，这种审美标准从本根上来说是抽象的，其言说方式是比喻、比拟性的，因而给人以生动质感，并能触动人的联想。

在书法理论之中，这种情况更是普遍：

荆浩说：“凡笔有四势，谓筋、骨、肉、气。笔绝而断谓之筋，起伏成文谓之肉，生死刚正谓之骨，迹画不败谓之气。故知墨大质者失其体，色微者败正气，筋列者无肉，迹断者无筋，苟媚者无骨。”③

王僧虔说：“骨丰肉润，入妙通灵。”④

朱长文说：“（沈传师之书）爽快骞举，如许迈学仙，（骨）轻神健，飘飘然欲腾霄云。”⑤

苏轼说：“书必有神、气、骨、血、肉，五者缺一，不为书也。”⑥

米芾说：“字要骨格，肉须裹筋，筋须藏肉。”⑦

丰坊说：“书有筋骨血肉。”⑧

康有为说：“书若人然，须备筋、骨、血、肉。血浓骨老，筋藏肉莹，加之姿态奇逆，可谓美矣。”⑨

---

① [清]龚贤：《画诀》，[清]鲍廷博辑：《知不足斋丛书》第四册，北京：中华书局，1999 年影印本，第 695 页下。

② [宋]韩拙：《山水纯全集·论山》，《丛书集成初编》第 1641 册，北京：中华书局，1985 年，第 2 页。

③ [五代后梁]荆浩：《记异》，[清]秦祖永辑：《画学心印》卷一，《续修四库全书》第 1085 册，子部艺术类，上海：上海古籍出版社，1996 年，第 424 页上。

④ [南朝齐]王僧虔：《笔意赞》，[清]冯武：《书法正传》纂言上，上海：上海书画出版社，1985 年，第 134 页。

⑤ [宋]朱长文纂辑：《墨池编》卷三《续书断上》“妙品十六人”，《文渊阁四库全书》第 812 册，上海：上海古籍出版社，2003 年。

⑥ [宋]苏轼：《论书》，[清]王原祁等纂辑：《佩文斋书画谱》卷六，北京：中国书店，1984 年，第 156 页上。

⑦ [宋]米芾：《海岳名言》，文渊阁《四库全书》第 813 册，上海：上海古籍出版社，2003 年。

⑧ [明]丰坊：《书诀》，《丛书集成续编》第 99 册，台北：新文丰出版公司，1988 年，第 6 页下。

⑨ 康有为：《广艺舟双楫》余论第十九，北京：中国书店，1983 年，第 46 页。

“肉”“血”“骨”“气”“神”也可显见画之结构如人之身体结构在构成上由表及里的层次性。古代的书法家总是视书法为一种生命的艺术，总是力求要在字里行间表现出生命体的筋骨血肉的感觉来，因此在批评书法和描绘书法性状时表现出明显的“体观念”，那就是艺术鉴赏中的拟人化倾向，以人论艺，以体论艺。如前所述，基于人类认识“近取诸身”的思维特点，从身体出发，并向人的综合素质延伸，论述艺术如同人的身体的有机性和整体性，这也是再自然不过的事情，所以，当中国人说“画如其人”的时候，就已经从人的身体散发出了许多东西，衍生出了许多尺度，内中也隐含了中国古人的致思方式——今人如钱锺书、朱光潜等先生多有所论。

这里显示的是将艺术美视为犹如人的形体、生命，重视感性生命，以生命呈现在人体自然中的力量、气质、姿容为美的审美观念和理论思维。表征人体的体“于是在漫长而复杂的思维和审美历程中移用于文学艺术论的‘体’，既用于艺术门类和表现形式的区分，又常常由整体性和主次条理的原则意义引申，指具体作品的基本构局法式和艺术表现的倾向性”[①]。

中国学者对此进行的理论概括应该从钱锺书先生对中西文学批评的比较说起。在钱锺书先生看来，中国文论的这个既具普遍性、独特性，又具有世界性的特点就是：

> 把文章通盘的人化或生命化(animism)。《易·系辞》云：“近取诸身……以通神明之德，以类万物之情”，可以移作解释：我们把文章看成我们自己同类的活人。《文心雕龙·风骨篇》云：“辞之待骨，如体之树骸，情之含风，犹形之包气……瘠义肥辞”；又《附会篇》云：“以情志为神明，事义为骨髓，辞采为肌肤”；……这种例子哪里举得尽呢？我们自己喜欢乱谈诗文的人，做到批评，还会用什么“气”，“骨”，“力”，“魄”，“神”，“脉”，“髓”，“文心”，“句眼”等名词。翁方纲精思卓识，正式拈出“肌理”，为我们的文评，更添一个新颖的生命化名词。

钱锺书先生的上述见解见于其1937年5月23日写成的长文《中国固有的文学批评的一个特点》，刊载于《文学杂志》1卷4期(1937年8月1日)。其中核心的认识就是“把文章通盘的人化或生命化”，亦即所谓的“人化”或者“生命化”。此后钱先生陆续对此说进行补充，使之对中国固有文学批评特点的概括更加完善，论证更加充分。比如钱锺书先生在《谈艺录》中曾说，中国古代文评的一个重要特色是：“谓其能近取诸身，以文拟人；以文拟人，斯形神一贯，文质相宣矣。”[②]钱锺书先生还从中国人认识思维的角度指出：“盖吾人观物，有二结习：一、以无生者作有生看(animism)，二、以非人作人看(anthromorphism)。鉴书衡文，道一以贯。图画得其筋骨气韵，诗文何独不可。”[③]中国传统文化与哲学的这种特征，必然会深深地影响中国传统美学思想、并孕育出相应的富于中国传统文化特征的美学理论，其特色就是以人拟文，以人拟艺。这一特色的形成，从哲学上讲是与中国古代哲学—美学中的“天人合一”思想有关的；从文艺传统上讲，又不能

① 涂光社：《文心十论》，沈阳：春风文艺出版社，1986年，第122页。

② 钱锺书：《谈艺录》，北京：中华书局，1986年，第40页。

③ 钱锺书：《管锥编》第四册，北京：中华书局，1979年8月第1版，第1357页。

不说它在一定程度上受了魏晋以来将人物品藻与诗人评论结合传统的影响(详论见后)。

著名美学家朱光潜先生对此也很认同并作了补充。朱光潜在《文学杂志》1 卷 4 期“编辑后记”中说:“钱锺书先生拿中国文学批评和西方文学批评相比较,指出它的特色在‘人化’,繁征博引,头头是道。儒家论诗,以‘温柔敦厚’为理想,《乐记》论声音,举和柔直廉粗厉发散啴缓噍杀六种差别,《易·系辞》称‘精义入神’都是最早的‘人化’批评。汉以后道家思想盛行,‘气’,‘神’等观念遂成为文艺理论中的重要台柱。魏晋人论诗文,很少没有受道家思想影响的。应用‘人化’观念者不仅有文学批评家,论书画者尤为显著。同时‘人化’之外,‘物化’或‘托物’也是中国文艺批评的一个特色……司空图《诗品》是‘人化’与‘物化’杂糅,最足以代表‘中国固有文学批评’的一部杰作。看过钱先生的论文以后,我们想到如果用他的看法去看中国的文艺思想,可说的话还很多,希望他将来对于这问题能写一部专书。”①可惜除了看见钱先生的专论之外,我们并未看到专书的诞生。可见这一问题也正如中国文学批评的特色,只可通过喻象来形象把握和体会,而不可以充分的理论化。

“近取诸身”,中国人习惯以人体结构来看待客体,中国古代审美心理学思想中的许多范畴和命题,如气脉、气象、体面、血脉、韵度、神韵、风骨、形神等等,都来自这一观念。古代文论十分关注文之“体”的生气充溢的性质,如一些文论概念:风骨、诗眼、气韵生动、活、肌理……都应该是“体”的性质延伸。同时,中国文学批评家喜欢把艺术与人体视为“异质同构”,喜欢用人体结构来比拟艺术结构。这可以视作与中国文论喜欢以“道”“气”等浑朴性概念把握对象相并行的把握方法,如果说用“道”“气”是以难以把握的概念去把握难以把握的对象的话,那么,用身体概念就是以可以把握的概念去把握不能把握的对象,有由实及虚、由粗而精、由表及里、由具象到抽象的认识倾向。这种启发式的理论表述,不是将理论论域封闭起来,而是通过比拟使得表述更形象化、生动化,构筑起一个可以感知和体悟的理论体系,从而将读者也纳入理论的生成过程中,形成开放的理论论域,增强理论的感悟性。

三、体貌与文相:“体”论与人物品藻

魏晋以降的“人物品藻”,是中国即“体”论“文”趋于成熟的一大关节点。在我们古人看来,合而论之,宇宙万物本为一“体”,人是一“体”,文章也是一“体”;分而论之,古人又用两两相对的词或范畴来描述这一“体”:比如人之体有“体性(体气等)”与“体形(形体)”之分,或“神”与“形”之别等等,但两者“不即”,也“不离”——文章亦复如此。因为“不离”,所以古人观察、鉴别人的一个重要方法就是“相面”:由人外在之“面相”“体貌”察人内在之性格等等,相面之法,观人术也——这就是始于汉代的人物品藻的做法,而如果说汉人“相”人是为了政治上选拔人才的话,更重视风神、神韵的魏晋人则使人物品

① 朱光潜:《朱光潜全集(第八卷)》,合肥:安徽教育出版社,1993 年 2 月第 1 版,第 563 页。

藻成为一种审美上的品鉴，并且魏晋人开始逐步把这种“相”人之术转化为“品”文之法，并对后世产生深远影响。[①]

《文心雕龙》大量以“体”论“文”的做法，应受到其时人物品藻的影响。《练字》篇有云：“夫文象列而结绳移，鸟迹明而书契作，斯乃言语之体貌，而文章之宅宇也。”[②]字为言语之“体貌”，而积字成句、积句成篇，则“文章”本身自然也有由文字构成的“体貌”，这种整体的体貌也可称之为“文象（文相）”。“体貌”又作动词用，《时序》篇有云：“陈思以公子之豪，下笔琳琅。并体貌英逸，故俊才云蒸。”[③]《汉书·贾谊传》：“所以体貌大臣，而励其节也。”颜注：“体貌，谓加礼容而敬之。”“体貌”虽可解作“尊敬”，而“加礼容”云云则表明“体貌”也需用外在的仪式加以表现。又，《书记》篇：“状者，貌也。体貌本原，取其事实。”[④]“体貌”虽也解作尊敬、尊重，但也有使“本原”由内而外、由隐而显之意。又，《练字》篇：“状貌山川，古今咸用。”[⑤]《夸饰》：“至如气貌山海，体势宫殿；嵯峨揭业，熠耀焜煌之状，光采炜炜而欲然，声貌岌岌其将动矣：莫不因夸以成状，沿饰而得奇也。”[⑥]作为动词的“状貌”“气貌”与“体貌”义近。推而广之，文章制作之法也需“体貌”之，而文章品鉴之法则需“相”之。

当然，《文心雕龙》中提到更多的是山水景物之貌，《神思》有“物以貌求”之语，而以“貌”求“物”乃是山水景物文章（诗赋等）的基本套路：

> 论山水，则循声而得貌：言节候，则披文而见时。[⑦]（《辨骚》）
> 巧言切状，如印之印泥……故能瞻言而见貌，即字而知时。[⑧]（《物色》）
> 体物为妙，功在密附。[⑨]（《物色》）
> 情貌无遗。[⑩]（《物色》）
> 流连万象之际，沉吟视听之区。[⑪]（《物色》）
> 窥情风景之上，钻貌草木之中。[⑫]（《物色》）
> 造怀指事，不求纤密之巧；驱辞逐貌，唯取昭晰之能。[⑬]（《明诗》）
> 情必极貌以写物，辞必穷力而追新。[⑭]（《明诗》）
> 赋自《诗》出，分歧异派。写物图貌，蔚似雕画。[⑮]（《诠赋》）

---

① 这方面的详细分析，参见张法《中国美学史》第三章“魏晋南北朝美学”相关内容，成都：四川人民出版社，2006年，第83—87页。

② 《文心雕龙译注》，济南：齐鲁书社，1995年，第470页。

③ 同上，第537页。

④ 同上，第348页。

⑤ 同上，第476页。

⑥ 同上，第454—455页。

⑦ 同上，第134页。

⑧⑨⑫ 同上，第552页。

⑩ 同上，第550页。

⑪ 同上，第549页。

⑬ 同上，第143页。

⑭ 同上，第144页。

⑮ 同上，第168页。

延寿继志,瑰颖独标;其善图物写貌,岂枚乘之遗术欤![1] (《才略》)

当文章家能"体物""密附"而用语言成功表现出景物之体貌(写物图貌)时,景物之体貌也就成为文章之体貌。后世唐僧皎然《诗议》即直接以"体貌"论诗:"论人,则康乐公秉独善之姿,振颓靡之俗。沈建昌评:'自灵均已来,一人而已。'此后,江宁侯温而朗,鲍参军丽而气多,《杂体》《从军》,殆凌前古。恨其纵舍盘薄,'体貌'犹少。"[2]又,《文心雕龙》之《辨骚》篇云:"《离骚》之文,依经立义;驷虬、乘翳,则时乘六龙;昆仑、流沙,则《禹贡》敷土;名儒辞赋,莫不拟其仪表;所谓'金相玉质,百世无匹'者也"[3],"不有屈原,岂见《离骚》? 惊才风逸,壮志烟高。山川无极,情理实劳。金相玉式,艳溢锱毫"。[4]"金相"论也可谓"文相"论。

除了"物"之"貌"外,《文心雕龙》中还多有"声貌"之论:

及灵均唱《骚》,始广声貌。[5] (《诠赋》)
遂客主以首引,极声貌以穷文。[6](《诠赋》)
子渊《洞箫》,穷变于声貌。[7] (《诠赋》)
夫夸张声貌,则汉初已极。[8] (《通变》)
王褒构采,以密巧为致,附声测貌,泠然可观。[9] (《才略》)

今人一般认为"声貌"可作两解:或作"声音与状貌",或作"声音的状貌","子渊《洞箫》,穷变于声貌"之"声貌"当作"声音的状貌"解,汉代尤其魏晋以降大量音乐题材的大赋,往往通过繁复的景物描写来状声音之"貌":形貌是诉诸视觉的,大量音乐赋表明:"不可见的"声音特性是可以通过"可见的"景物表现出来的,可谓"体貌(或状貌、气貌)声音";而"不可见的"情感等也是可以通过景物之"貌"表现出来的:

是以诗人感物,联类不穷;流连万象之际,沉吟视听之区。写气图貌,既随物以宛转;属采附声,亦与心而徘徊。故"灼灼"状桃花之鲜,"依依"尽杨柳之貌,"杲杲"为出日之容,"瀌瀌"拟雨雪之状,"喈喈"逐黄鸟之声,"喓喓"学草虫之韵。"皎日""嘒星",一言穷理;"参差""沃若",两字穷形。并以少总多,情貌无遗矣。虽复思经千载,将何易夺? 及《离骚》代兴,触类而长。物貌难尽,故重沓舒状,于是"嵯峨"之类聚,"葳蕤"之群积矣……自近代以来,文贵形似。窥情风景之上,钻貌草木之中;吟咏所发,志惟深远;体物为妙,功在密附。故巧言切状,如印之印泥,不加雕削,而曲写毫芥。故能瞻言而见貌,印字而知时也。[10] (《物色》)

---

① 《文心雕龙译注》,济南:齐鲁书社,1995 年,第 561 页。
② 皎然:《诗议》,遍照金刚:《文镜秘府论》南卷"论文意",北京:人民文学出版社,1975 年,第 142 页。
③ 《文心雕龙译注》,第 126—127 页。
④ 同上,第 136 页。
⑤⑥ 同上,第 160 页。
⑦ 同上,第 165 页。
⑧ 同上,第 388 页。
⑨ 同上,第 561 页。
⑩ 同上,第 552 页。

> 神居胸臆，而志气统其关键；物沿耳目，而辞令管其枢机。枢机方通，则物无隐貌；关键将塞，则神有遁心……赞曰：神用象通，情变所孕。物以貌求，心以理应。刻镂声律，萌芽比兴。结虑司契，垂帷制胜。[①]（《神思》）

物、万象、貌、采、声、形、物貌、风景、草木等为一端，感、气、心、情、志、神、志气等为一端，今人囿于西人分析性二分思维法，将这两端割裂开来理解，视前一端为所谓“形式”，后一端为“内容”，即使再怎么强调两端统一，也未得彦和之理。即使从文章法的角度来看，《文心雕龙》以骈体表述，也当互文见义。《物色》篇还说：“春秋代序，阴阳惨舒，物色之动，心亦摇焉。……献岁发春，悦豫之情畅；滔滔孟夏，郁陶之心凝；天高气清，阴沉之志远；霰雪无垠，矜肃之虑深：岁有其物，物有其容；情以物迁，辞以情发。”[②]“情”既然随物之“容”“貌”而迁并以辞而发，则由辞所描画的物之体貌，可察人之情。上引数语后来多为诗话中的意象、情景论所征引，若云象、景为文之体貌，则由此体貌、文相而察观其中之意、情，方是“相”文、“品”文、“评”文之正道。

又，《文心雕龙·比兴》篇云：“夫‘比’之为义，取类不常：或喻于声，或方于貌，或拟于心，或譬于事。”[③]“诗人比兴，触物圆览；物虽胡越，合则肝胆；拟容取心，断辞必敢。攒杂咏歌，如川之涣”[④]。“拟容取心”亦可谓“体貌”法。《颂赞》又云：“‘四始’之至，颂居其极。颂者，容也，所以美盛德而述形容也。”[⑤]传统的礼乐（诗、舞）交融的活动与身体有直接的关联，特别重视其中的“声”与“容（表情、肢体动作等）”之正，可以说，以音乐、舞蹈艺术结构来“正”人的身体动作进而使“心”正——此乃即“体”言“文”的思想渊源之一。

古人品藻人物、相人之术是有层次性的，一般来说，“貌”或“色”是最外在的层次，所“相”者，“面相”，再进一层则还当观“骨相”——“相”文之法亦复如此，前引陶明濬语即云：“此盖以诗章与人身体相比拟……体制如人之体干，必须佼壮；格力如人之筋骨，必须劲健；气象如人之仪容，必须庄重”；若云观文之“体貌（仪容）”是第一层，则更进一层当相文之“体制”“体式”“体格（类人之‘体干’、‘筋骨’）”，对此《文心雕龙》亦有分析：

> 并情性所铄，陶染所凝，是以笔区云谲，文苑波诡者矣。故辞理庸俊，莫能翻其才；风趣刚柔，宁或改其气；事义浅深，未闻乖其学；体式雅郑，鲜有反其习：各师成心，其异如面。若总其归涂，则数穷八体。[⑥]（《体性》）

> 夫设文之体有常，变文之数无方。何以明其然耶？凡诗、赋、书、记，名理相因，此有常之体也；文辞气力，通变则久，此无方之数也。名理有常，体必资于故实；通变无方，数必酌于新声：故能骋无穷之路，饮不竭之源。然绠短者衔渴，足疲者辍涂；非文理之数尽，乃通变之术疏耳。故论文之方，譬诸草木：根干丽土而同性，臭

① 《文心雕龙译注》，济南：齐鲁书社，1995年，第359—366页。
② 同上，第548页。
③ 同上，第448页。
④ 同上，第450页。
⑤ 同上，第169页。
⑥ 同上，第368页。

味晞阳而异品矣。[①]（《通变》）

今人视以上为西人所谓“风格”论，并以“风格”为所谓“形式特性”，而与所谓“内容”无关——这种支离的理解也是不得彦和之要领的。以上也提到了“情性”“气力”等，“内容”乎？“形式”乎？其实，对应于人之体，相关问题就豁然开朗了：文之“体貌（犹人之肉、容、色等）”对应的是一般所谓的感情、情绪等，对应于文之“体式（体格，犹人之体格、骨骼等）”的则往往被表述为性情、情性、风趣等——而骨肉相连，文之“体貌”与“体式”岂可支离而割肉剔骨乎？以西人之语来表述，我们古人的形式、风格、内容三者是“一气贯通”的，而西人之弊正在支离——明乎此，我们再回过头来看前已引《文心雕龙·附会》之语“必以情志为神明，事义有骨髓，辞采为肌肤，宫商为声气”[②]，其层次性就昭然可见了：若以“情志”“事义”为“内容”，以“辞采”“宫商”为“形式”，则难免支离；若作层次观，则四者可环环相扣而成一整体。总之，理解古人文体“结构”论，结合人体“结构”来看至关重要。“体式雅郑”也是古代文论重要话题，而这其实与相人之术也是相通的，语云：体貌不端，则心术不正；而文章家欲得性情、心术之正，则当重视文之体式之正，当然，“正”不弃“变”，“通变”之谓也，兹不多论。

前引彦和“貌”论，既有“物貌”之说，也有“情貌”“气貌”之语，非惟人有“情”“气”，物亦有之，天地万物、人文制作等皆一气化成。人之情、气不可见，物之情、气乃至“道”亦不可见，也需“体貌”以见。《文心雕龙·原道》赞曰：“道心惟微，神理设教。光采玄圣，炳耀仁孝。龙图献体，龟书呈貌；天文斯观，民胥以效。”[③]若云“道”为文之“体”，则“文”者，“道”之“貌”也。《夸饰》云：“夫形而上者谓之‘道’，形而下者谓之‘器’。神道难摹，精言不能追其极；形器易写，壮辞可得喻其真。才非短长，理自难易耳。故自天地以降，豫入声貌，文辞所被，夸饰恒存。虽《诗》《书》雅言，风格训世，事必宜广，文亦过焉。”[④]辞若得喻形器、万物之真，则近乎“道”。《诠赋》云：“拟诸形容，则言务纤密；象其物宜，则理贵侧附。斯又小制之区畛，奇巧之机要也。”[⑤]用词多化用《易》语，文章若能“象其物宜”则也可以物貌见道。

不管怎么诠释，大致说来，体之貌、文之相（象），首先是感性而非知性把握的对象，而人把握体貌、文相的主要感官是耳目，《文心雕龙》《情采》篇有“声文”“形文”“情文”之“三文”说，前两“文”就是诉诸耳目的体貌、文相的两个方面，而统领《文心雕龙》全书的首篇《原道》其实也贯穿着这三“文”之思路：

文之为德也，大矣；与天地并生者，何哉？夫玄黄色杂，方圆体分，日月叠璧，以垂丽天之象；山川焕绮，以铺理地之形。此盖道之文也。仰观吐曜，俯察含章；高卑定位，故两仪既生矣。惟人参之，性灵所钟，是谓三才。为五行之秀，实天地之心。

① 《文心雕龙译注》，济南：齐鲁书社，1995年，第384页。
② 同上，第511页。
③ 同上，第102页。
④ 同上，第452页。
⑤ 同上，第163页。

> 心生而言立，言立而文明，自然之道也。傍及万品，动植皆文。龙凤以藻绘呈瑞，虎豹以炳蔚凝姿。云霞雕色，有逾画工之妙；草木贲华，无待锦匠之奇。夫岂外饰，盖自然耳。至于林籁结响，调如竽瑟；泉石激韵，和若球锽。故形立则章成矣，声发则文生矣。夫以无识之物，郁然有彩；有心之器，其无文欤？①

“形立则章成”者，“形文”也；“声发则文生”者，“声文”也；天地万物皆以“形文”“声文”显现其貌；万物之形文、声文又皆是“道之文”，或曰“道”以万物之形文、声文而见；而作为“天地之心”的人，又以“言”之形文、声文表现天地万物之“文”，而“道”在其中；而仰观、俯察之法，同样也是“相”文之法。统领全书的末篇《序志》也表达了同样的思路：

> 夫“文心”者，言为文之用心也。昔涓子《琴心》，王孙《巧心》，“心”哉美矣，故用之焉。古来文章，以雕缛成体，岂取驺奭之群言“雕龙”也？夫宇宙绵邈，黎献纷杂；拔萃出类，智术而已。岁月飘忽，性灵不居；腾声飞实，制作而已。夫有肖貌天地，禀性五才，拟耳目于日月，方声气乎风雷；其超出万物，亦已灵矣。形同草木之脆，名逾金石之坚，是以君子处世，树德建言。岂好辩哉？不得已也。②

人以耳目“肖貌”万物，也主要以耳目把握天地万物，并以语言形文、声文之“制作”表现天地万物——此即文章也，而“道”在其中，“性”在其中，“情”在其中。人以文章制作而参天地之化育，并因而不朽——这也是刘勰的基本文章价值观。

总之，“近取诸身，远取诸物”，中国古代的以“体”论文及象喻批评等，体现了中华文化天人合一的宇宙观、人文观、生命观、价值观等，文章等人文制作参天地之化育，与夫天地万物、人之身体等皆一气化成，故而一气贯通，异质同构，而品文之法与夫相人之术及对天地万物的仰观俯察之法，也道通为一。着眼于体现中华文化特性和中华美学精神的当代文论建设，对此理应加以重视。

（作者单位：中国社会科学院外国文学研究所）

① 《文心雕龙译注》，济南：齐鲁书社，1995年，第96页。

② 同上，第602页。

神思与辞令

——刘勰论艺术思维与诗歌语言的关系

张　晶

“言不尽意”“韵外之致”“不着一字，尽得风流”等等，似乎成为中国诗学的审美价值系统的标志，在某种意义上，也可以视为中国美学的重要民族特征。这在不可胜数的关于文论与美学的研究著述中，已经形成共识。而从诗学角度看，关于诗歌语言与其艺术思维的关系及其功能的论述也是随处可见的，从这些论述中我们可以认识到中国美学的独特贡献所在。

我们不妨从刘勰《文心雕龙·神思》篇里有关论述进入话题。“神思”所指并非一般写作构思，而是指文学创作的艺术思维。请以笔者对于“神思”的内涵揭示作为论述之起点，笔者曾对其作过这样的概括：“‘神思’论可视为艺术创作思维的核心范畴。它可以包含狭义和广义两个层面：狭义是指创作出达于出神入化的艺术杰作的思维特征、思维规律和心意状态；广义则是在普遍意义上揭示了艺术创作的思维特征、思维过程和心理状态。它包含了审美感兴、艺术构思、创作灵感、意象形成乃至于审美物化这样的重要的艺术创造思维的要素，同时，它是对艺术创作思维过程的动态描述。”[①]而“神思”篇中关于“辞令”在“神思”中的功能的论述，具有根本的性质。《神思》篇中所说：“故思理为妙，神与物游。神居胸臆，而志气统其关键；物沿耳目，而辞令管其枢机。枢机方通，则物无隐貌；关键将塞，则神有遁心。”[②]刘勰关于语言与文学的艺术思维（以诗歌创作思维为代表）的论述颇多，而《神思》篇作为创作论的首篇，绾合其他篇章及其他诗论家的有关论述，可以看到中国古代诗论的语言观具有独创性的美学内涵。择其要者，一是诗歌语言（“辞令”）是开启整个创作过程、形成完整意象链条的基本要素；二是诗歌语言具有连接创作从内在思维到外在表现的唯一的媒介功能；三是诗歌语言具有特殊的体物功能，诗人运用诗歌语言吸纳外在物象、成为具有个性化性质和独特性价值的审美意象。诗歌语言的这三个方面的审美特质，体现在刘勰《文心雕龙》的有关论述之中。

---

① 张晶：《神思：艺术的精灵》，南昌：百花洲文艺出版社，2009 年，第 6 页。

② 范文澜：《文心雕龙注》，北京：人民文学出版社，1958 年，第 493 页。

一、诗歌语言(“辞令”)是开启整个创作过程、形成完整意象链条的基本要素

从诗歌创作的实践来看,创作的发生是诗人受到外物变化,情感受到触发波动而兴发起创作灵感的。这一点,在中国古代诗论的感兴论中成为最为根本的认识。诗学“六义”中的赋、比、兴之“兴”,发展为作为创作论基本理论的感兴论,就是这种认识成为主流的佐证。《礼记·乐记》中所谈到的“凡音之起,由人心生也。人心之动,物使之然也。感于物而动,故形于声。声相应,故生变;变成方,谓之音”[①]。虽是谈乐,也可用来谈诗歌的发生,诗乐在早期本来就是一体化的。刘勰在谈诗歌发生时也是这么说的:“人禀七情,应物斯感,感物吟志,莫非自然。”[②]其实这是很一般的说法。但是,我们又不能不进一步追问:情感受到外物(包括自然物和社会事物)的兴发感动,就一定有诗歌灵感并写出好诗来吗?或者说,情感兴发是诗歌创作的唯一动因吗?我们觉得,这还是相当不充分的。刘勰的“物沿耳目,而辞令管其枢机”,则是将诗歌语言问题提升到了不可或缺的重要地位。“神思”作为创造出佳作的艺术思维,可以“思接千载”“视通万里”,然而打破身观的限制,超越时空的局束,却不能仅凭情感的胡思乱想,而须是以“辞令”为其“枢机”。“神思”绝不等同于一般人的自然情感,而是包含了从情感发动到意象诞生、结构形成的艺术创造过程。“物沿耳目”,指外在的物象充盈诗人的耳目视听,诗人的“神思”并非空洞无物,而恰是以物象为材质的。所以刘勰说“故思理为妙,神与物游”。“枢机”是什么?它是启动“神思”、运转“神思”的关键。《周易》的《系辞》上云:“言行君子之枢机。”注云:“枢机,制动之主。”孔疏:“枢机者,枢谓户枢,机为弩牙,户枢之转,或明或暗,弩牙之发,或中或否,犹言行之动,从身而发,以及于物,或是或非也。”[③]由此可见,“枢机”不仅是一般所谓的“关键”,而是“神思”启动、运行的关纽。刘勰关于“辞令管其枢机”的观念,并非一时之想,更非心血来潮,而是贯穿其创作论的基本思想。刘勰讲“神思”,就是以“辞令”即诗歌语言作为其运行的基本载体。或者说,没有辞令,也就没有所谓“神思”。刘勰论述“神思”,处处紧扣语言问题来讲。如讲虚静的“陶钧文思”状态时说:“是以陶钧文思,贵在虚静,疏瀹五脏,澡雪精神,积学以储宝,酌理以富才,研阅以穷照,驯致以怿辞,然后使玄解之宰,寻声律以定墨;独照之匠,窥意象而运斤;此盖驭文之首术,谋篇之大端。”[④]“驯致以怿辞”,是通过规范而具有审美性质的“辞令”表现诗的神思。

刘勰在《神思》等篇章里讲的一个重要概念是“契”,这是特别值得关注的。“契”在刘勰的创作论中并非是一个个别的、局部的概念,只是未能引起足够的重视而已。“契”指的是什么呢?就是创作思维与语言的契合程度。能使艺术思维与语言辞令达到出神

① 李壮鹰主编:《中华古文论释林》先秦两汉卷,北京:北京大学出版社,2011年,第234页。

② 范文澜:《文心雕龙注》,北京:人民文学出版社,1958年,第65页。

③ 《十三经注疏》,北京:中华书局,1979年,第79页。

④ 范文澜:《文心雕龙注》,第493页。

入化的自由契合,方是理想的状态。“是以意授于思,言授于意,密则无际,疏则千里,或理在方寸而求之域表,或义在咫尺,而思隔山河。是以秉心养术,无务苦虑,含章司契,不必劳情也。”[①]思维如果和语言不能高度契合,就会形成生硬呆板甚至失之千里的现象;而真正的契合,却是“无务苦虑”“不必劳情”的。《神思》的赞语也将“司契”提升到空前的高度,如其最后四句所言:“刻镂声律,萌芽比兴。结虑司契,垂帷制胜。”[②]司契,就是神思与辞令的高度契合,在刘勰看来,达到“结虑司契”的程度,自然就成功了!《附会》篇是讲作品应文理贯通,和谐一致,成为一个有机的整体。开篇所说的“何谓附会?谓总文理,统首尾,定与夺,合涯际,弥纶一篇,使杂而不越者也”[③]。可见,“附会”讲的是作品的整体协调,结构的和谐。《附会》篇也尤为重视文意与辞令的契合,其赞语后四句云:“道味相附,悬绪自接。如乐之和,心声克协。”[④]认为佳作应如同一首美好的乐曲一样,情感与声音协调契合。刘勰所强调的“契”,是在诗歌创作中的一个具有重要理论价值及实践意义的概念。诗歌语言在何种程度上与诗人的思维契合无间,关系到作品的成败优劣。杜甫所说的“读书破万卷,下笔如有神”,“有神”即指这种高度契合状态。黑格尔谈诗时说过,“诗必须使内在的(心里的)形像适应语言的表达能力,使二者完全契合”[⑤],说的就是这种情形。

在“神思”和“辞令”也即艺术思维和诗歌语言的关系上,似乎应该前者为里,后者为表。在一般的理解中,应该是如同其在《情采》篇里讲“情”与“采”的关系时所说的:“水性虚而沦漪结,木体实而花萼振,文附质也。虎豹无文,则鞟同犬羊;犀兕有皮,而色资丹漆,质待文也。”[⑥]事实上,艺术思维与诗歌语言的关系,比情采关系的契合度更高,它们之间就是一体化的。“神思”必以“辞令”来运行(这在后面讲其媒介性质还要论及)。基于此种情形,刘勰特别强调诗歌语言的创造性质和构形功能,而并非认为诗歌语言只有描述的作用。从这个意义上看,《比兴》篇的赞语有着特别深刻的内涵,尤其是“断辞必敢”的说法,大有深意。赞语是讲“比兴”的,其实涉及诗歌语言的普遍功能。请看《比兴》篇的赞语:“诗人比兴,触物圆览。物虽胡越,合则肝胆。拟容取心,断辞必敢。攒杂咏歌,如川之涣。”[⑦]关于“断辞必敢”,不知是觉得难解还是忽略了其意义所在,看“龙学”诸家注本,大多是不注或语焉不详,即便是注了也言不及义。我从来没有做过这种文献注释的工作,但我认为从《文心雕龙》创作论的一贯思想加以理解,并作美学方面的诠释,“断辞必敢”不但是可以说得通的,而且还是刘勰在创作论上特别重要的命题所在。笔者认为:诗人是以语言来把握世界,吸纳物象,并加以整合或剪裁的,仅凭亦步亦趋的描摹是远远不够的。果断地使用比兴手法的词语,是创构新意象或意境的关键,舍此别无他途。现在,我从诗歌语言的角度进一步认为,“断辞必敢”指诗人以果断的魄力、充

① 范文澜:《文心雕龙注》,北京:人民文学出版社,1958年,第494页。
② 同上,第495页。
③ 同上,第650页。
④ 同上,第652页。
⑤ [德]黑格尔:《美学》第3卷下册,朱光潜译,北京:商务印书馆,1981年,第17页。
⑥ 范文澜:《文心雕龙注》,第537页。
⑦ 同上,第603页。

分的主体能动作用，通过“辞令”来整合物象，创构出新的意象或境界。这是通过对赞语进行整体把握和分析后得出的认识，并非笔者的臆断。“诗人比兴，触物圆览”是说诗人运用比兴手法时的审美创造方式。“触物”是典型的感兴方式。[①]“比”“兴”作为诗歌的创作方式固有不同，但在刘勰看来，都是在与赋的区别中突出了诗人通过“触物兴情”进行意象创造的整合能力。“圆览”，多有注家释为“周密观察”，笔者认为未切刘勰原意。所谓“圆览”在我看来是通过触物兴情的方式，创造出完整的意境。因为下面的“物虽胡越，合则肝胆”，本身就可以作为注脚。“胡越”是指外在物象本来是相距甚远的，然而在诗人的创作中，却将其合为一个完整的意象或意境了。关于“拟容取心”，也是有着不同看法的。“拟容”无甚争议，是指摄取、描绘外在物象的形貌；而关于“取心”，一般认为是提炼对象自身的精神实质。著名文艺理论家王元化先生曾经系统阐述了这种认识，并且上升到了美学高度：“‘拟容取心’这句话里面的‘容’‘心’二字，都属于艺术形象的范畴，它们代表了同一艺术形象的两面：在外者为‘容’，在内者为‘心’。前者是就艺术形象的形式而言，后者是就艺术形象的内容而言。‘容’指的是客体之容，刘勰有时又把它叫作‘名’或叫作‘象’；实际上，这也就是针对艺术形象所提供的现实的表象这一方面。‘心’指的是客体之心，刘勰有时又把它叫作‘理’或叫作‘类’；实际上，这也就是针对艺术形象所提供的现实意义这一方面。‘拟容取心’合起来的意思就是：塑造艺术形象不仅要摹拟现实的表象，而且还要摄取现实的意义，通过现实表象的描绘，以达到现实意义的揭示。”[②]笔者对王元化先生充满了崇敬，在自己的学术道路上受到王先生思想的很多启发；然而，在这个问题上，我却有着自己的看法。我认为取心之“心”，是诗人之心。取自于主体之心，也正如画论中所谓“外师造化，中得心源”，否则的话，前面的“物虽胡越，合则肝胆”，就被忽略了它非常重要的美学价值；后面的“断辞必敢”，也没了着落。而如果解释为主体之心、诗人之心，不仅符合诗歌创作的艺术实践和审美规律，而且彰显了诗人之心的主体地位。“断辞必敢”更是出于诗人之心，与客体之“心”没什么关涉。

《物色》篇是《文心雕龙》的创作论里美学价值尤为突出的一篇，讲的是诗人与外在物象的关系。一般从写实的角度来说，都是讲诗人以外物为镜，刻画描摹物象的形貌；《物色》篇里当然也论及诗人对外在物象的观摹。但是《物色》篇最有价值的地方并不在此，而在于诗人与物象的互动。诗人受到外物的感发而兴发情感，这种感物并非是被动的，而是主动的。更值得注意的是，这个过程中，诗歌语言——“辞”，成为关键的因素。“岁有其物，物有其容，情以物迁，辞以情发。”情的发动是伴随着“辞”的。对于诗人与外物的关系，刘勰主张双向的互动，其言：“是以诗人感物，联类不穷。流连万象之际，沉吟视听之区；写气图貌，既随物以宛转；属采附声，亦与心而徘徊。”“写气图貌”，是规摹外物，“与心徘徊”，则是主体之心对外物的把握驾驭。外在物象进入诗人的艺术思维里，就已经经过了改造、升华，呈现在诗人内心中已是意象，而且这意象已是经过语言的构形了。刘勰尤为重视语言在这个过程中的关键作用：“皎日嘒星，一言穷理；参差沃若，

① 张晶：《触遇：中国诗学感兴论的核心要素》，《复旦学报》2016年第6期。

② 王元化：《文心雕龙创作论》，上海：上海古籍出版社，1984年，第179—180页。

两字穷形。并以少总多，情貌无遗矣。”这也正是佳作的审美效应所在。因此，刘勰认为如此方能传之千载，成为经典：“虽复思经千载，将何易夺。”①离开了诗歌语言（辞），这是无法想象的。《隐秀》篇则是通过作品中的“隐”与“秀”的关系，揭示了诗歌语言对于那种意在言外的审美效应的本体功能。其中说：“夫心术之动远矣，文情之变深矣，源奥而派生，根盛而颖峻，是以文之英蕤，有秀有隐。”“心术之动”“文情之变”是作品的感染力所在，而其中的要素有二，一曰“秀”二曰“隐”。“隐”即中国诗学中一贯看重的“意在言外”，“秀”则是文本中卓异的语言表现。有了“秀”的卓异，才有了“隐”的深远。因而，“源奥”“根盛”指的是“秀”，“派生”“颖峻”指的是“隐”。后面对“隐”“秀”的含义，作了正面的表述，其云：“隐也者，文外之重旨者也；秀也者，篇中之独拔者也。隐以复意为工，秀以卓绝为巧，斯乃旧章之懿绩，才情之嘉会也。”这里对“隐”“秀”内涵的揭示实在是精确而又精彩。“隐”体现在“文外”，“秀”表现在“篇中”。“隐”呈现出多重意蕴，“秀”则是卓绝精彩的“辞令”。“隐”以“秀”为本体，“秀”以“隐”为效应，二者是一个自然的显现，而非刻意求取。因此，刘勰又说：“夫隐之为体，义主文外，秘响傍通，伏采潜发，譬爻象之变互体，川渎之韫珠玉也。故互体变爻，而化成四象；珠玉潜水，而澜表方圆。”看起来是讲“隐”的“秘响傍通”，实则是认为“隐”是篇中秀句自然显发的效果。接着刘勰又论其“隐秀”是自然的结果，而非雕削之功。其言：“朔风动秋草，边马有归心，气寒而事伤，此羁旅之怨曲也。凡文集胜篇，不盈十一；篇章秀句，裁可百二；并思合而自逢，非研虑之所求也。或有晦塞为深，虽奥非隐，雕削取巧，虽美非秀矣。故自然会妙，譬卉木之耀英华；润色取美，譬缯帛之染朱绿。朱绿染缯，深而繁鲜；英华曜树，浅而晔烨；秀句所以照文苑，盖以此也。”刘勰认为篇中秀句，不可多得，不是刻意求取而致的。“思合而自逢”，是诗人的思致与辞令高度契合的产物。以刻意“雕削”的态度求取“秀句”，只能产生“晦塞”之感，而无“隐秀”之功了。“自然会妙”，是秀句的特征，而刘勰对于秀句的功能高度重视，于此可见。在文学的宝库中，秀句如同“英华曜树”一样，秀出众作，成为佳作的标志。对于诗歌而言，如果没有“秀句”，经典也就无从谈起。“秀句”，应是“辞令”中的上乘，由此可见刘勰对诗歌语言价值的彰显。《隐秀》的赞语则更为精粹地道出了“隐秀”的美学内涵：“深文隐蔚，余味曲包。辞生互体，有似变爻。言之秀矣，万虑一交。动心惊耳，逸响笙匏。”②刘勰认为“秀”高度浓缩了诗人对人生和世界的感受，而且产生“动心惊耳”、令人惊奇的效果，这也是诗歌的思维和诗歌语言高度契合的最佳呈现。

二、诗歌语言具有连接创作从内在思维到外在表现的唯一的媒介功能

任何艺术种类都离不开表现媒介。诗歌作为语言艺术，当然也是如此。诗的媒介就是语言（用刘勰的话来说，是“辞令”或“辞”），语言作为媒介不同于绘画、雕塑等物质

① 范文澜：《文心雕龙注》，北京：人民文学出版社，1958年，第693—694页。
② 同上，第632—633页。

性的媒介，但同样是有物性的。物性是艺术作品存在的依据，没有物性，艺术品也就无从谈起。人们很容易理解艺术媒介的物性化特征，如绘画、雕塑或其他造型艺术的媒介，都是具有明显的物性的。当然，物性并非是艺术媒介唯一的性质，因为仅有物性，那很可能就是创作中所使用的材料，还不成其为媒介。媒介是以材料为显现的一套符号形式。一般情况下，人们是从外在表现方面来认识媒介的，认为艺术创作是将内在的构思通过媒介表现出来。在这方面，意大利著名美学家克罗齐主张“直觉即表现”，认为在艺术家、诗人的内心呈现出直觉，就是艺术品的形成了，至于通过媒介进行表现，那只是外在的过程，并不重要。但实际上，媒介是在艺术家或诗人的内在思维过程中就已经存在并不可分离的。笔者一向主张，媒介是艺术家从内在思维到外在表现的唯一通道和依凭。笔者在专门探讨艺术媒介时这样界定：“‘艺术媒介’是指艺术家在艺术创作中凭借特定的物质性材料，将内在艺术构思外化为具有独创性的艺术品的符号体系。艺术创作远非克罗齐所宣称的‘直觉即表现’，而有一个由内及外、由观念到物化的过程，任何艺术作品都是物性的存在，艺术家的创作冲动、艺术构思和作品形成这一联结，其主要的依凭就在于媒介。”[①]很明显，媒介并非仅在创作的外在表现阶段，而是在艺术家感知世界、产生创作冲动时就已经在运用媒介了，只不过这时尚存在于艺术家的观念形态之中，姑且可以称之为媒介感。

诗的语言作为艺术媒介，具有明显的观念性，与绘画、雕塑乃至音乐等艺术门类都有不同。同时，它也不同于哲学或其他科学所运用的语言，它是用语言创造出具有内在视觉性质的意象。正如黑格尔所说的“诗也不能停留在内心的诗的观念上，而是要用语言把臆造的形象表达出来”[②]。也正是在这种意义上，诗歌的艺术媒介更具有由内及外的连贯性和一致性。

诗人对外在的物象，并非仅是模仿和反映，还要通过语言创造出新的形式，至少是将外在的杂乱的东西整合、改造为一个完整的图景和形式。黑格尔关于诗的这种观念也是符合创作实际的，他认为：“因为语言在唤起一种具体图景时，并非用感官去感知一种眼前外在事物，而永远是在心领神会，所以个别细节尽管是先后承续的，却因转化为原来就是统一的精神中的因素而消除了先后承续的关系，把一系列形形色色的事物统摄于一个单整的形象里，而且在想象中牢固地把握住这个形象而对它进行欣赏。”[③]黑格尔指出了诗歌语言在唤起一个具体图景时并非仅是感知，而是在整合创造。

诗人、艺术家并不等艺术构思完成后再用媒介来表现，他们在感知这个世界时就已经以媒介的眼光和感觉来进行感知了。著名的美学家鲍山葵说过这样一段非常富有启示意义的话：“任何艺人都对自己的媒介感到特殊的愉快，而且赏识自己媒介的特殊能力。这种愉快和能力感当然并不仅仅在他实际进行操作时才有的。他的受魅惑的想象就生活在他的媒介的能力里；他靠媒介来思索，来感受；媒介是他的审美想象的特殊身

① 张晶：《艺术媒介论》，《文艺研究》2011年第12期。

② ［德］黑格尔：《美学》第3卷下册，朱光潜译，北京：商务印书馆，1981年，第17页。

③ 同上，第6页。

体，而他的审美想象则是媒介的唯一特殊灵魂。”[①]鲍山葵的观点非常明确，认为诗人或艺术家对世界的感受和思索，就是凭着媒介进行的。二十世纪杰出的思想家卡西尔在谈到艺术创作时，特别反感模仿的观念，而力主心灵的构形功能。他谈到感知的创造能力时说：“关于一般的感知，我们可以在一定程度上接受感伤主义的理论，我们可以像休谟那样说，每一观念都是印象的模本。但在艺术经验中，这个理论破产了。事物的美学不是一个仅用消极的方式就可以来知觉和享受的属性。为了理解美，我们总是需要一种基本的活动，一个人心的特殊能力。在艺术中我们不是对外来刺激作简单的反映，不是简单地再造我们头脑的叙述。为了欣赏事物的形式，我们必须创造它们的形式，艺术是表现，但是一个积极的而不消极的表现，它是想象，但是创造的而不是再造的想象。”卡西尔也明确讲到以形式媒介来感知现实的观点，他说：“在艺术中，不仅我们感性经验范围扩大了，而且是我们对现实的景象和景色的看法也发生了变化，我们用一种新的眼光，用一种活生生的形式媒介来看待现实。”[②]这也就是笔者所主张的，艺术媒介并不止于外在的表现阶段，而是在艺术创作的发生阶段，已经通过媒介来感知外在现实，并且以外在物象为原料，形成内在的意象或意境。

受外在物象的感发，形成作品中的意象或意境，刘勰不是主张一般的描述或反映，而是主张发挥语言的功能，使之形成作品内的意象与形式。从诗的发生阶段开始，外在物象就已进入诗人的视听感官，而刘勰谈到以声律化的语言来创造意象，这是专门对中国的诗歌创作而论的，他把这个过程说得特别清晰。《神思》中所说的“然后使玄解之宰，寻声律而定墨；独照之匠，窥意象而运斤”，就具有非常重要的理论价值。前后这两句，其实具有内在的逻辑联系。“意象”正是当代美学理论中的“意象”说的最原始、最本真的渊源，而且也正是“意象”说最准确的内涵。这两句指出了诗歌创作的内在艺术思维阶段的基本环节。“玄解之宰”谓难以分解的玄奥之思，也即诗人在形成创作冲动之后进入酝酿诗作时的微妙心理。这时的语言当然是内在的，但它已经在寻求符合声律美感的辞令了。“独照之匠”类于“玄解之宰”，但是更突出了诗人的专业化个性化的价值。意象即“意中之象”，这才是“意象”的本质。当代文论中使用“意象”的概念已颇为泛滥，在很大程度上偏离了“意象”的本义。在一段时间内，文论界甚至出现了言必称“意象”的情况，对“意象”的真源却不甚了了。很多人觉得“形象”概念已经过时，“意象”用起来感觉较为新潮。其实，“意象”是有其特定意义的，而这种特定意义就来自于《文心雕龙·神思》篇，这才是真源所在。“意象”是专指呈现于诗人内心的形象，这是作品生成的基础。“意象”在诗人头脑中的形成，已经是诗人运用声律的语言进行构形的结果，而非仅仅是想象。“定墨”已经是诗歌作品的物化表现阶段了，但却恰恰说明了刘勰的艺术思维理论包含了内在的诗歌语言作为诗人观念形态的媒介的内容。刘勰在理论上的独特贡献在于，他指出了意象的创造是具有声律的内在语言的构形所致，这是此前的诗论不曾有过的，也是后来的诗论所不曾有过的。笔者认为，在这个问题上，刘勰所

---

① [英]鲍山葵：《美学三讲》，周煦良译，上海：上海译文出版社，1983年，第31页。

② [德]恩斯特·卡西尔：《语言与神话》，于晓等译，北京：生活·读书·新知三联书店，1988年，第140—141页。

提供的诗学思想具有重要的美学和艺术心理学价值,直至今日,谈论“意象”的美学和诗学著述车载斗量,却没有对此做出应有的阐释,并纳入意象理论的有机构成之中,这不能不说是一个大大的缺失!媒介有其质感,或者说有其物性,而内在于诗人或艺术家的内在思维阶段的媒介,我称之为媒介感。刘勰对这个问题的论述,是对创作经验的升华,并没有心理学的实验,但这正是我们今天认为其可以成立的结论,通过诗人的创作经验即可确认,经验事实足可资证。后面所说的“夫神思方运,万途竞萌,规矩虚位,刻镂无形”,也是说在艺术思维运行之时,各种物象纷至沓来,如陆机所描述的“情曈昽而弥鲜,物昭晰而互进”,黑格尔这样谈到诗人要创造出一种内在的秩序,他说:“诗人的任务就在于在这种无规律之中显出一种秩序,一种感性的界限,因而替他的构思及其结构和感性美界定出一种固定的轮廓和声音的框架。”①刘勰这段话与此意思非常相近。诗人以符合诗歌艺术规律的语言,进行结构与构形,使之在头脑中呈现出较为稳定的意象与结构。

或许有人质疑,刘勰的创作论只是讲内在思维过程而没有艺术表现吗?从笔者的认识看来,《文心雕龙》中的《神思》《物色》乃至《比兴》《体性》等篇,都有一个从内在思维到外在表现的问题。《神思》是尤为明显的。《神思》是讲创作的内在艺术思维的,但并不排除诗的表现。诗歌语言既存在于创作的发生阶段,更存在于表现阶段。在诗歌创作中,这是难以截然分开的。刘勰在《体性》的开篇处说得非常明确:“夫情动而言形,理发而文见,盖沿隐以至显,因内而符外者也。”②这几句话的理论意义也未受到充分重视。在创作论中,这里谈到的一个非常重要的问题,就是内在思维和艺术表现的连接问题。刘勰这里讲的就是创作中艺术表现从内在的神思(隐)到外在的写作(显),内外是贯通而连接着的。语言是一直贯穿于内外的,这也就更加证明了诗歌创作中的媒介是由内及外的。当然,在内在的思维过程中,语言尚有不够确定、较为朦胧的情况,言与意之间的关系存在着不够契合的情形,如刘勰所说的“方其搦翰,气倍辞前,暨乎篇成,半折心始”的状况,刘勰分析其原因在于“意翻空而易奇,言征实而难巧也”③。这说明了艺术创作中思维与语言之间关系的复杂性,而从艺术媒介的意义上看,也正说明了媒介存在于诗人的内在思维阶段的特征。

三、诗歌语言具有特殊的“体物”功能

在中国诗学中,“体物”是一个没有得到重视和发展的范畴,但它又是一个特别重要的基本范畴。相对而言,“感物”作为诗学范畴,得到的阐发与重视程度远远高于“体物”。二者之间有密切的联系,却又有着相当大的差别。二者构成了互补的关系,展示了审美主客体之间的不同趋向。“感物”说着眼于客观外物对创作主体心灵的触引感发,引发创作冲动,同时,又为诗人创作提供了必要的资源。“体物”则侧重于传达过程,

① [德]黑格尔:《美学》第3卷下册,朱光潜译,北京:商务印书馆,1981年,第71页。

② 范文澜:《文心雕龙注》,北京:人民文学出版社,1958年,第505页。

③ 同上,第494页。

更注重的是对客观外物形貌的摹写。“体物”最早见于陆机的《文赋》，其中有“诗缘情而绮靡，赋体物而浏亮”的名句，将“缘情”作为诗的特征，以“体物”作为赋的特征。其实，这二者也不妨互文以观，诗也需要“体物”，赋也需要“缘情”，只是侧重点不同而已。陆机之后，刘勰对“体物”范畴做出了更为充实丰满的展开，并且使其理论内涵得到更深刻地发掘。在刘勰的创作论中，“体物”要形神毕肖地摹写物象的特征，所谓“物无隐貌”。也就是将作为对象的“物”的客体特征，清晰地、具有内在视觉感地摹写出来。刘勰所说的“写物图貌，蔚似雕画”[①]虽是论赋，但赋与诗都是审美化的文学创作，可以通观。刘勰所说的“物”，基本上是自然景物的物象，而鲜有涉及社会事物。同时期的钟嵘在其《诗品序》中所说的“气之动物，物之感人，故摇荡性情，形诸舞咏”，其内涵就不仅包含了自然事物，而且还有社会事物。刘勰讲“体物”，是与语言问题密切联系在一起的。在《物色》篇中，刘勰说：“体物为妙，功在密附。故巧言切状，如印之印泥，不加雕削，而曲写毫芥。故能瞻言而见貌，印字而知时也。”[②]“密附”指诗歌语言在“体物”中非常准确地摹写出对象的形态特征。体物之妙还表现在其内在视觉感，也就是前面所说“蔚似雕画”。诗歌语言的精确，能使读者在阅读中“瞻言而见貌”，即后来梅尧臣所说的“状溢目前”，“体物”的上乘，也非刻意求得，而是“不加雕削”却能“曲写毫芥”。

诗是以语言作为媒介的，语言在“体物”中的作用就显得异常重要。语言作为媒介，与那些造型艺术的门类颇有不同，它没有绘画、雕塑等艺术的媒介那样感性质感，是要诉诸人们的想象，呈现于人们的心灵屏幕。黑格尔对此有深刻的阐述，他认为：“造型艺术通过石头和颜色之类造成可以眼见的感性形状，音乐通过受到生气灌注的和声和旋律，这就是按照艺术方式显现一种内容的外表。诗却不然，它只能通过观念本身去表现，这一点是我们要经常回顾的。所以诗人的创造力表现于能把一个内容在心里塑造成形象，但不外现为实在的外在形状或旋律结构，因此，诗把其他艺术的外在形象转化为内在对象。心灵把这种内在对象外现给观念本身去看，就采取它原来在心灵里始终要采取的那个样式。”[③]诗需要通过想象力和语言去塑造形象，而诗所呈现的图像是通往人们的心灵的。诗人通过吸纳外在物象对形象加以塑造，从而成为人们的审美对象。黑格尔又指出：“诗用外在的现成事件（机缘）不是作为基本目的而是作为手段，而且对吸收进来的现实材料，要运用想象力的权利和自由去加以塑造和琢磨。这样办，诗就不是临机应景和处于依存地位的，现实材料对诗人是一种外在机缘，诗人在这种机缘推动之下，就对这种材料进行深刻的体验和精细的洗练，从而从他自己心灵里创造出在当前情况下没有他这位诗人就不能有以这样自由的方式表现出来的作品。”[④]黑格尔对于外在的材料所做的论述，是可以用来理解中国诗学中的“体物”观念的。

“体物”是要借助外在的物象，创造出作品的审美意象，从而使人们在对意象的观照中，获得审美愉悦，并取得共鸣。“诗纵然也诉诸感性观照，也进行生动鲜明的描绘，但

---

① 范文澜：《文心雕龙注》，北京：人民文学出版社，1958 年，第 136 页。

② 同上，第 694 页。

③ ［德］黑格尔：《美学》第 3 卷下册，朱光潜译，北京：商务印书馆，1981 年，第 56—57 页。

④ 同上，第 50—51 页。

是就连在这方面诗也还是一种精神活动，它只为提供内心观照而工作。”[①]“体”者，体验也。诗人是以自己的心灵观照和体验外物的，在这种观照和体验中，物象已经带上了诗人的主体印迹。刘勰在论述“体物”时，是紧紧围绕着如何用语言来表现物的特征以及如何通过物象唤起人们的情感。《物色》篇云：“然物有恒姿，而思无定检，或率而造极，或精思愈疏。且诗骚所标，并据要害，故后进锐笔，怯于争锋。莫不因方以借巧，即势以会奇，善于适要，则虽旧弥新矣。是以四序纷回，而入兴贵闲；物色虽繁，而析辞尚简；使味飘飘而轻举，情晔晔而更新。古来辞人，异代接武，莫不参伍以相变，因革以为功，物色尽而情有余者，晓会通也。若乃山林皋壤，实文思之奥府，略语则阙，详说则繁。然屈平所以能洞监风骚之情者，抑亦江山之助乎！”[②]这段话的内涵非常丰富。一是物象虽是客观存在，而诗人的心情却是瞬间变化的，描写物象，要抓住物象的要害，也即物象在主体特定心情映照下呈现的瞬间特征；二是“入兴贵闲”，要在心态闲适时才能真正把握物色之美；三是物色繁杂，不应面面俱到地描写，而要运用简省的语言表现，使作品情味弥新；四是物色有尽而情味无穷，物色描写的佳作，可以通达人的心灵。刘勰关于“体物”和诗歌语言关系的论述，至今具有令人深思的美学理论意义。

在以往的“龙学”研究中，关于艺术思维和语言的关系，尚未得到学界的充分关注，但刘勰所表述的有关思想，具有深刻而独到的理论意义。即便是在当今的美学理论中，也鲜有从这个角度进行深入系统研究。对于文学创作的艺术思维及其与物象的关系，刘勰所见所论尤为深刻，而且是与“辞令”即语言表达密切相关的。语言作为诗的媒介，不仅存在于外在的艺术传达，而且与诗歌创作的发生并行。“神思”的运行，必以“辞令”为其枢机，意象的内在生成，也是由语言构形的。在“神思方运”之时，诗人已是“寻声律而定墨”，这对文艺心理学而言，难道不是一个重要的裨补吗！

（作者单位：中国传媒大学艺术研究院）

① ［德］黑格尔：《美学》第3卷下册，朱光潜译，北京：商务印书馆，1981年，第19页。

② 范文澜：《文心雕龙注》，北京：人民文学出版社，1958年，第694—695页。

刘勰文学“通变”论的独特建构*

姚爱斌

学界对刘勰《文心雕龙》中的“通变”论有多种理解，举其大端有“新变”说①、“复古”说②、“继承与革新”说③、“会通与适变”说④、“通则与变化”说⑤等。这些理解有的较为相近，有的差异明显，有的甚至相互对立（如“新变”说与“复古”说）。理解的差异和对立固然会受研究者本人的视角、方法和立场的影响，但在很大程度上也与《通变》篇中存在的诸多“矛盾”表述有直接关系。如，刘勰一面提出“文辞气力，通变则久”，一面又强调“诗赋书记，名理相因”，他为何要在“通变”专论中一再突出与之相对的“名理相因”的重要性？再如，刘勰在此篇前面大半部分都是将“通变”作为一个双音节词使用，但在最后两段又出现了“通”与“变”相对以及“会通”与“适变”相对的表述形式，那么是什么原因导致了词语结构形式的变化？这种变化又意味着什么？又如，刘勰为什么在专论“通变”的篇目中却举了一个以“循环相因”为主要特征的汉赋“夸张声貌”的例子？这个“循环相因”之例与“通变”是何关系？……从现有研究来看，《通变》篇中这些相互矛盾的表述，都曾被用来支持不同研究者对刘勰“通变”论内涵的不同理解。但是，作为一部“体大而虑周”⑥的文论著作中的一篇文学“通变”专论，《文心雕龙·通变》篇显然还有待我们做出一种融会贯通性的整体理解。要做到这一点，研究者的解读就不能停留于文字

---

* 基金项目：教育部人文社会科学重点研究基地重大项目“中国古代文体论概念史研究（先秦至隋唐）”（项目编号：15JJD750004）和国家社科基金一般项目“中国文体论的原初生成与现代嬗变”（项目编号：13BZW016）中期成果。

① 吴圣昔：《评以“变”论文——〈文心雕龙〉综论之一》，《中南民族学院学报》，1981年第2期；牟世金《文律运周　日新其业——〈文心雕龙·通变〉新探》，《文史哲》，1989年第3期；石家宜《〈通变〉：并非“通”“变”对举，而是以“变”求“通”》，《〈文心雕龙〉系统观》，南京：江苏古籍出版社，2001年第1版。

② [清]纪昀：《文心雕龙·通变》篇评注，《纪晓岚评文心雕龙》，扬州：江苏广陵古籍刻印社，1997年，第265页；黄侃《文心雕龙札记》，上海：上海古籍出版社，2000年，第104页；范文澜《文心雕龙注》，北京：人民文学出版社，1958年，第521页；郭绍虞《中国文学批评史》，天津：百花文艺出版社，1999年，第149页。

③ 如程天祜《〈文心雕龙〉的“通变”论》，《吉林大学社会科学学报》，1962年第3期；邱世友《变则可久，通则不乏—〈文心雕龙〉探究之三》，《水明楼小集》，广州：花城出版社，1984年；缪俊杰《“变则可久，通则不乏”——刘勰“通变”说的理论意义》，《文心雕龙美学》，北京：文化艺术出版社，1987年；钟子翱、黄安祯《凭情以会通　负气以适变——谈〈通变〉》，《刘勰论写作之道》，北京：长征出版社，1984年。

④ 祖保泉：《〈文心·通变〉通解》，《艺谭》，1985年第2期；贾树新《试释通变》，《松辽学刊》，1992年第4期。

⑤ 马茂元：《说通变》，《江海学刊》，1961年11月号；詹锳《刘勰与〈文心雕龙〉》，北京：中华书局，1980年，第66页；郭晋稀《文心雕龙译注十八篇》，兰州：甘肃人民出版社，1963年，第103页。

⑥ [清]章学诚著、叶瑛校注：《文史通义校注》，北京：中华书局，1985年，第559页。

表面，而应下一番“以意逆志”和“知人论世”的功夫，从具体表述思入整篇文理，由整篇文理进入撰述语境，由撰述语境探究其“为文之用心”(《文心雕龙·序志》)，再从其“为文之用心”反观整篇思路及文字表述层面的“矛盾”，从而获得一种透彻融通的领会与理解。

一、“变而通”与“通其变”:《周易》“通变”论的基本内涵

刘勰“通变”论的源头是《周易》“通变”论。“夫‘易’者，变化之总名，改换之殊称”[①]，“变化”和“变动”是《周易》的基本精神。“《易》之为书也，不可远。为道也屡迁，变动不居，周流六虚，上下无常，刚柔相易，不可为典要，唯变所适。”(《系辞下》)《周易》之道并不玄远，就在六合之内万事万物永不停息的变动之中;《周易》之道也不可固化为某种典则和纲要，只有变动和变化才是其存身之所。“道有变动，故曰爻”，“爻也者，效天下之动者也”(《系辞下》)，爻象是“道”之变动的直观显现;“刚柔相推，变在其中矣;系辞焉而命之，动在其中矣”(《系辞下》)，刚爻(—)与柔爻(--)的推移是“道”之变动的基本形式，而卦爻所系之辞则是对“道”之变动规律的说明。

若谓“变”是《周易》的基本精神，则“通变”与“变通”就是对《周易》基本精神内涵的进一步说明和展开。不过，作为双音节词的“通变”和“变通”在《周易》中实际被使用的次数很少，而用得最多的是作为单音节词的“变”和“通”。如《周易·系辞上》:

> 是故阖户之谓坤，辟户之谓乾，一阖一辟谓之变，往来不穷谓之通。

> 是故形而上者谓之道，形而下者谓之器，化而裁之谓之变，推而行之谓之通，举而错之天下之民谓之事业。

> 极天下之赜者存乎卦;鼓天下之动者存乎辞;化而裁之存乎变;推而行之存乎通;神而明之存乎其人;默而成之，不言而信，存乎德行。

> 子曰:圣人立象以尽意，设卦以尽情伪，系辞焉以尽其言，变而通之以尽利，鼓之舞之以尽神。

《周易·系辞下》:

> 《易》穷则变，变则通，通则久，是以“自天祐之，吉无不利”。

但是，也正是原始文献中这些分别作为单音节词使用且又相互关联的“变”和“通”，使我们得以更具体、真切地了解“变”与“通”的原初内涵及其关系:

第一，“变”与“通”用义有别，《周易》对“变”与“通”分别描述，赋予二者明显不同的

---

① 文中《周易》引文均见孔颖达《周易正义》，《十三经注疏》简体字横排本，李学勤主编，北京:北京大学出版社，1999年。

具体内涵。

第二，在“变”与“通”的关系中，一般是“变”在前，“通”在后，“变”为主，“通”为辅，“变”是指事物的运动、发展、更改、损益、增减等状态，“通”是指“变”的结果和成效。也就是说，“变”是为了“通”，“通”则需要“变”。事物“一阖一辟”“化而裁之”的变化、变动，是为了使事物的发展“往来不穷”，是为了将事业“推而行之”。

第三，“变”与“通”的这种关系集中体现在“变而通之以尽利”这一概述中，而《周易》中的双音节词“变通”即是“变而通之”的词语式和概念式表达。

第四，从《周易》中的有关表述可以看出，“变”是相对事物过去状态的更改而言，而“通”作为“变”的目的和效果，则是明显指向未来的。如果将事物的发展分为过去、现在和将来三个阶段，那么“变通”就主要是针对现在和将来两个阶段而言。此即所谓“变通者，趣时者也”，“变通”之道，在于趋向适宜的时机。由此也可看出，将《周易》之“通变”理解为“通指继承，变指革新”，显然与其本义相差甚远：一则《周易》中的“通”与“变”的涵义是正面相关，而非相反；二则《周易》中“通”与“变”的时间维度指向现在和未来，而非指向过去，“通”是指“变”之效果，而非指对传统的继承。

第五，在《周易》“系辞上”和“系辞下”中，双音节的“通变”（“通”在前“变”在后）一词仅出现一次，而细辨其义，既非“变通”一词的字序颠倒，也非“通”与“变”的并列合成，更无“继承与革新”之义。准确地说，此例中的“通变”是“通其变”的词语式和概念式表达，恰如“变通”一词是“变而通之”的词语式和概念式表达。《周易·系辞上》云：

> 生生之谓易，成象之谓乾，效法之谓坤，极数知来之为占，通变之谓事，阴阳不测之谓神。

> 参伍以变，错综其数：通其变，遂成天地之文；极其数，遂定天下之象。非天下之至变，其孰能与于此？

《周易·系辞下》：

> 神农氏没，黄帝、尧、舜氏作，通其变，使民不倦；神而化之，使民宜之。

《文心雕龙·通变》篇的研究者经常引述《周易·系辞上》中的“通变之谓事”一句，作为刘勰“通变”论源于《周易》“通变”论的文献根据。而从孔颖达《正义》来看，又明显是将这里的“通变”等同于前面所说的“变通”：“物之穷极，欲使开通，须知其变化乃得通也。凡天下之事，穷则须变，万事乃生，故云‘通变之谓事’。”的确，若单就“通变之谓事”这一个分句看，很难认定其中“通变”一词是什么结构，但若仔细对照同组其他分句中与“通变”一词对应的那些词语的结构，则不难对此处“通变”一词的内在结构和词义获得比较准确的理解。同组第一个分句“生生之谓易”中的“生生”，第二个分句“成象之谓乾”中的“成象”，第三个分句“效法之谓神”中的“效法”，第四个分句“极数知来之为占”中的“极数”和“知来”，这些双音节合成词都属于动宾式结构；其后的第六个分句“阴阳不测之谓神”中与“通变”对应的是一个词组“阴阳不测”，可以视为“不测阴阳”的倒装，本质上也同样属于动宾式结构。在这样一个词语结构和句式结构都很有规律的排比式表述中，“通变”一词除了被理解为“通其变”（意为“通晓其变化规律”），恐怕不会有其他更合乎逻辑的解释。再参考另外两例中直接出现的“通其变”，理应能够明确《周易》中的“通变”一词即“通其变”的词语式和概念式表达。

综上所论，在《周易》文本中，无论是“变通”还是“通变”，其中的“通”与“变”之义皆非并列关系（包括正面相关和反面相对）。在“变通”一词中，“通”是对“变”之结果的补充说明，意为“变而通之”；在“通变”一词中，“通”意为“通晓”，“变”是“通”的对象，意为“通晓其变化之道”。“变通”侧重事物自身的变化及其效果而言，“通变”侧重主体对事物变化规律的认识和掌握而言。在这两个词中，“变”都是语义的关键和核心，看不出其涵义自身与“继承传统”有何直接关系。

在后世文献中，“变通”一词的涵义未发生明显变化，而“通变”一词却衍生出两种不同的结构和词义：

第一种仍然是《周易》之“通晓变化”意义上的“通变”。如《汉书》卷八十九：“汉家承蔽通变，造起律令，即以劝善禁奸，条贯详备，不可复加。”[①]其中“承敝”与“通变”皆为动宾结构，意为“在承接前朝敝政的情况下，通晓新变之道”。《后汉书》卷五十二：“君子通变，各审所履。”[②]其中“通变”所含“通晓变化”之义甚明。阮瑀《为曹公作书与孙权》称伍子胥、辅智果、穆生、邹阳等四位古人：“此四子者，岂圣人哉，徒通变思深，以微知著耳。”[③]其中“通变思深”意为“通晓变化，思致深刻”。南朝宋鲍照《鲍明远集》卷十：“复礼归仁，观恒通变。”[④]其后一句意为“观省恒常之道，通晓变化之术”。在有关此类“通变”的表述中，主语多为人。

第二种“通变”从词义上看其实与《周易》中“变通”一词更为接近，相当于“变通”一词字序颠倒所成。如《后汉书》志第六《礼仪下》：“质文通变，哀敬交从，元序斯立，家邦乃隆。”[⑤]此句意为，或质或文，适时变化，或哀或敬，交替相从，建立了这些基本的伦理秩序，家国便可兴隆。《宋书》卷七十五：“民富国实，教立化光，及时移俗易，则通变适用。”[⑥]意思是说，人民富足，国家殷实，教化也开始兴起并光大，根据时代的推移和风俗的变易，（政策和教化）也不断变通以适合实际运用。郭象《庄子·在宥》篇注云：“皇王之称，随世之上下耳。其于得通变之道，以应无穷，一也。”[⑦]意思是说，称“皇”或称“王”，随世代变化而定，但在遵循变通之道以应对事物的无穷变化这一点上，二者是一样的。在有关此类“通变”的表述中，主语多为客观事物。

由此可见，后世文献中的“通变”一词很多时候即相当于《周易》中的“变通”，是“变通”一词的变形。

---

① ［汉］班固撰、［唐］颜师古注：《汉书》卷八十九《循吏传》，北京：中华书局，1962年，第3633页。

② ［南朝宋］范晔撰、［唐］李贤等注：《后汉书》卷五十二《崔骃传》，北京：中华书局，1965年，第1711页。

③ 俞绍初辑校：《建安七子集》，北京：中华书局，2005年，第167页。

④ ［南朝宋］鲍照著、钱仲联增补集说校：《鲍参军集注》，上海：上海古籍出版社，2008年，第97页。

⑤ ［南朝宋］范晔撰、［唐］李贤等注：《后汉书》志第六《礼仪下》，北京：中华书局，1965年，第3153页。

⑥ ［南朝梁］沈约：《宋书》卷七十五《颜竣传》，北京：中华书局，1974年，第1961页。

⑦ ［晋］郭象注，［唐］成玄英疏：《庄子注疏》，北京：中华书局，2011年，第209页。

二、文体分化与偏离规范：南朝文学“新变”的两种基本倾向

在刘勰看来，“变”乃是贯穿古今文章写作的普遍现象，而着眼于文章写作古今之“变”的梳理、分析、评价和总结，也是贯穿于《文心雕龙》全书的一项基本内容：“文之枢纽”部分有“楚骚”相对于“五经”之变；“论文叙笔”各篇的主要篇幅即是对不同文体之变的历史考察（“原始以表末”）；“剖情析采”各篇也在论述一般创作方法时融入了历史视角，其中《通变》《风骨》《情采》等篇，包含了对文章写作之变的基本原则和方法的总结；其后的《时序》《物色》两篇进一步从社会和自然两个角度揭示了文章之变的规律和动因。在刘勰本人生活的齐梁时代，求“新”求“变”更已成为文坛的风气所向，也是当时论文者绕不开的一个重要话题。而且，这个问题很容易牵动当时人文学观念的神经，以致论文者在谈到这一现象时，会难以避免地表露自己的态度和立场。

说到齐梁时代的文学“新变”，研究者往往以一整体视之。论及刘勰对当时文学“新变”的态度，研究者也往往概而言之，如认为刘勰论文的基本立场是对当时文坛“新变”派与“复古”派的折衷等。此类整体性认识和判断固然大体不差，却也在一定程度上含混了齐梁文坛“新变”现象内部的复杂性，模糊了刘勰对文学“新变”的具体态度。若从其内部作细致分析，则不难发现，不惟齐梁时期的文学“新变”自身呈现出不同的具体倾向，而且当时批评者对这些不同倾向的文学“新变”也表露出不同的态度。综合当时文学“新变”的具体内容及评论者的态度而观之，主要有三种情形：

第一种情形即以萧统、萧绎、萧子显为代表的文学“新变”派。就其主要特征来看，可称为“整体新变”派。这是因为：第一，他们视“新变”为文学的基本特征，对文学“新变”持整体肯定甚至欣赏的态度。如萧统《文选序》云：“文之时义远矣哉！若夫椎轮为大辂之始，大辂宁有椎轮之质？增冰为积水所成，积水曾微增冰之凛，何哉？盖踵其事而增华，变其本而加厉。物既有之，文亦宜然。随时变改，难可详悉。”[①]萧统由物理推及文理，认为“随时改变”是文章的基本性质，“踵事增华”“变本加厉”是文“变”的基本规律，意谓文章的整体变化趋势就是使原有之“质”变得更加丰富、复杂、深刻、精美的过程。萧子显《南齐书·文学传论》云：“习玩为理，事久则渎，在乎文章，弥患凡旧。若无新变，不能代雄。建安一体，《典论》短长互出；潘、陆齐名，机、岳之文永异。江左风味，盛道家之言，郭璞举其灵变，许询极其名理，仲文玄气，犹未尽除，谢混清新，得名未盛。颜、谢并起，乃各擅奇；休、鲍后出，咸亦标世。朱蓝共妍，不相祖述。”[②]萧子显将文章之理与习玩之理类比，认为相较一般的习玩，文章写作更应该力避平凡与陈旧，而是否能够与时“新变”，被视为文章能否称雄一个时代的决定条件。从萧子显所列的建安以来文章诸家来看，他不仅强调不同时代的文章“不相祖述”，而且着意突出同一时代不同作

① 《宋尤袤刻本文选》第一册，北京：国家图书馆出版社，2017年，第1页。

② [南朝梁]萧子显：《南齐书》卷五十二《文学传论》，北京：中华书局，1972年，第908页。

者文体间的个性差异，如谓"建安七子"文章"短长互出"，陆机与潘岳的文体永远不会混同，郭璞和许询的玄言诗有"举其灵变"和"极其名理"之异，颜延之与谢灵运齐名但又各擅其奇……他的这篇《文学传论》从纵横两个维度将文学"新变"观推向极致。第二，他们的文学"新变"观主要是通过宏观层面对"文"之外延与内涵的严格辨析来体现的，也即是说，他们所说的"新变"，并非指单个文章因素的新变，而是文体类型意义上的新变。在《文选序》中，萧统是这样逐步辨析以推出符合其新变文学观的文体类型：

> 若夫姬公之籍，孔父之书，与日月俱悬，鬼神争奥，孝敬之准式，人伦之师友，岂可重以芟夷，加之剪截？老、庄之作，管、孟之流，盖以立意为宗，不以能文为本，今之所撰，又以略诸。若贤人之美辞，忠臣之抗直，谋夫之话，辨士之端，冰释泉涌，金相玉振，所谓坐狙丘，议稷下，仲连之却秦军，食其之下齐国，留侯之发八难，曲逆之吐六奇，盖乃事美一时，语流千载，概见坟籍，旁出子史，若斯之流，又亦繁博。虽传之简牍，而事异篇章，今之所集，亦所不取。至于记事之史，系年之书，所以褒贬是非，纪别异同，方之篇翰，亦已不同。若其赞论之综缉辞采，序述之错比文华，事出于沉思，义归乎翰藻，故与夫篇什，杂而集之。①

萧统首先将地位尊崇、旨在人伦教化的儒家经典"请出"其选文范围，接着将"以立意为宗，不以能文为本"的诸子之文排除在外，进而又将"事异篇章"的策士之语归入不取之列。在对待史书时，萧统一方面因其主要内容为"褒贬是非，纪别异同"而认为史书在整体上与"篇翰"不同，一方面又因为其中的"赞论"和"序述"部分具有"综缉辞采""错比文华"以及"事出于深思，义归乎翰藻"等特点而将其单独归为"篇什"一类。综观萧统的四次取舍，首先可以明确的一点是，萧统所选的主要类型为"篇章"(或称"篇翰""篇什")之文，即相对独立、篇幅完整、文义自足的单篇文章，也即后来与经、史、子相并列的"集"类文章。其次，藉由萧统关于史书之文一舍一取的对照，可以看出其选文所依据的一些具体而关键的标准：词采错综，文辞华美，即使是其中的"事义"(即"事类")也需要融入作者的深沉之思，并以丰富而美丽的辞藻表现出来②。综而言之，萧统的文学"新变"观主要体现为对那些思想感情深沉、辞采丰富华美的篇章之文的青睐。

在《金楼子·立言》篇中，萧绎则通过另一种方式的辨析，系统完整地表述了其"新变"文学观：

> 然而古人之学者二，今人之学者有四。夫子门徒，转相师受，通圣人之经者谓之儒，屈原、宋玉、枚乘、长卿之徒，止于辞赋则谓之文。今之儒博穷子史，但能识其事，不能通其理者，谓之学。至如不便为诗如阎纂，善为章奏如柏松，若此之流，泛

① 《宋尤袤刻本文选》第一册，北京：国家图书馆出版社，2017年，第4—5页。

② 此处"事出于沉思，义归乎翰藻"其本义是针对史书中的"赞论"和"序述"部分而言，并非直接作为其选文的一般标准被提出来的，但是，萧统针对史书中"赞论"和"序述"部分文体特征的这一表述，也应该在很大程度上体现了他选文的一般标准。另外，这两句为互文见义，意为"赞论"和"序述"中的"事义"都是经过了作者的"沉思"并被表现于"翰藻"。其中的"沉思"与"翰藻"其本义也非直接指称文章中的意与言两个构成要素，但是从更高一层来看，也完全可以视为萧统对所选文章中意与言两个要素的一般要求。

谓之笔，吟咏风谣，流连哀思者，谓之文。而学者率多不便属辞，守其章句，迟于通变，质于心用。学者不能定礼乐之是非，辩经教之宗旨，徒能扬榷前言，抵掌多识。然而挹源知流，亦足可贵。笔退则非谓成篇，进则不云取义，神其巧惠笔端而已。至如文者，惟须绮縠纷披，宫徵靡曼，唇吻遒会，情灵摇荡，而古之文笔，今之文笔，其源又异。①

这是一段引用率很高的文字，研究者在分析时多会留意其中包涵的一些基本内容，如从“儒”“文”二分的“古人之学”到“儒”“学”“文”“笔”四分的“今人之学”的演变，“儒”与“学”及“文”与“笔”之间的辨析，“今日之文”的基本特征等。但是，这并不意味着其中所有重要问题都已得到足够关注和恰当阐释。如在辨析“儒”与“学”及“文”与“笔”(尤其是后一组)之间的差异时，研究者多在具体特征层面进行比较，却忽略了具体特征背后的深层结构上差异。不妨再对照一下萧子显关于“今日之学”的两组关键性表述。先看“儒”与“学”：

夫子门徒，转相师受，通圣人之经者谓之儒。

今之儒博穷子史，但能识其事，不能通其理者，谓之学。

“儒”的本质特征在于“通圣人之经”，这种“通”应该是全面的“通”，既能“通”其文，“通”其事，又能“通”其理；而“学”虽然“博穷子史”，却“但能识其事，不能通其理”。显然，“学”相对于“儒”并非别是一家，而是“儒”的某种退化，这种退化的本质表现就是“学”不再具有“儒”原初的完整性。要言之，“儒”之于“学”，“儒”是原初的、完整的，而“学”是退化的、残缺的。另外，相对于“文”，“学者率多不便属辞，守其章句，迟于通变，质于心用”，也就是说，“学者”因为拘守着经文章句，缺少适时随事灵活变通的能力和心思，所以大多不善于写作文章。这实际上又是从另一个角度指出了“学”的不完整性。再看“文”与“笔”：

屈原、宋玉、枚乘、长卿之徒，止于辞赋则谓之文。

不便为诗如阎纂，善为章奏如柏松，若此之流，泛谓之笔。

吟咏风谣，流连哀思者，谓之文。

笔退则非谓成篇，进则不云取义，神其巧惠笔端而已。

至如文者，惟须绮縠纷披，宫徵靡曼，唇吻遒会，情灵摇荡。

萧绎实际上是从纵向和横向两个维度实现了对“今日之文”的论述和界定。从纵向看，萧绎将“今日之文”的直接源头归于楚汉时期屈原、宋玉、枚乘、司马相如等所创作的辞赋之文。这些作品的特点是长于抒情、言志和体物，文辞丰富，有韵律之美，后世产生的那些“吟咏风谣，流连哀思”之文，以及那些“绮縠纷披，宫徵靡曼，唇吻遒会，情灵摇荡”

① [南朝梁]萧绎撰，陈志平、熊清元疏证校注：《金楼子疏证校注》，上海：上海古籍出版社，2014年，第770页。

之作，正是对此类楚汉辞赋文体的继承和发扬。通过揭示和勾连“文”的这一历史脉络，萧绎就为体现其“新变”文学观的“今日之文”确立了历史根基。从横向看，萧绎接过南朝流行的“文笔”之辨这个话题，在两个层面比较了“文”和“笔”，并实现以“笔”衬“文”。其第一步是从文体范围上将“文”与“笔”区分开来：“文”的代表性文体是“吟咏风谣，流连哀思”的诗歌，“笔”主要是指章表奏议等公文之体。其第二步比较的内涵更加具体，意味也更加丰富。其中最容易被研究者关注的是萧绎关于“文”的这一著名的正面描述：“至如文者，惟须绮縠纷披，宫徵靡曼，唇吻遒会，情灵摇荡。”现有关于萧绎所谓“今日之文”基本特征的解读也主要是以这句表述为文本依据，如黄侃先生的“有情、采、韵者为文，无情、采、韵者为笔”[①]之说即由分析此句得出。不过，研究者倘能再进一步通过萧绎关于“笔”的具体评价反观其关于“文”的这些表述，还可获得更深一层的认识。萧绎关于“笔”的描述和评价是否定性的：所谓“退则非谓成篇”，意为“笔”一类的作品从较低标准来看甚至无法构成真正意义上的完整篇章；所谓“进则不云取义”，意为“笔”一类的制作从较高标准来看更缺乏一篇文章必备的思想和情感；而“笔”所真正擅长的不过是“神其巧惠笔端”，意为只能在笔法层面穷极其灵巧和聪明。萧绎的描述和评价表明，“笔”一类作品的真正要害在于其文体自身的不完整性，其文意是欠缺的，其内容是空洞的，即使在语言层面也缺乏真正的文采和韵律之美，徒剩一些笔法上技巧[②]；而与之相对的“文”则是情感、辞采和韵律兼备，文质相胜，形神兼美。这样，“笔”类之体的残缺与贫乏更衬托出“文”类之体的完整与丰富。

与萧统、萧绎所肯定的这种内容与形式完整统一的文学“新变”相比，齐梁文学“新变”中的另外几种倾向则因破坏了文章结构的整体性而受到论文者的批评。

接下来看齐梁文学“新变”的第二种情形，这种情形表现为在文章结构诸要素中尤其热衷于“四声”格律化这一语言形式层面的新变因素。《南齐书・陆厥传》载：“永明末，盛为文章。吴兴沈约、陈郡谢朓、琅邪王融以气类相推毂。汝南周颙善识声韵。约等文皆用宫商，以平上去入为四声，以此制韵，不可增减，世呼为‘永明体’。”[③]《梁书・庾肩吾传》亦载：“齐永明中，文士王融、谢朓、沈约文章始用四声，以为新变，至是转拘声韵，弥尚丽靡，复逾于往时。”[④]“四声”的自觉及其格律化与齐梁时代“盛为文章”的风气密切相关，文章写作规模的扩大，作品数量的剧增，专业程度的提升，交流品评的密切，都促使作者穷尽智慧在文体各个层面出新求变，逐奇好异，力图在竞争激烈的文坛出人一头，以获得关注。作者们“情必极貌以写物，辞必穷力而追新”（《文心雕龙・明诗》），一方面“窥情风景之上，钻貌草木之中”（《文心雕龙・物色》），将笔触伸向他们本不算开阔丰富的社会生活的方方面面，角角落落，竭力发掘一切可以入诗的题材；另一方面“俪

① 黄侃：《文心雕龙札记》之《总术》篇，上海：上海古籍出版社，2000年，第213页。

② 在盛行于古代朝廷、官府的章表奏议类官样文章中，的确充斥着大量的套话、虚词和应景之语，很多文章并无实质性内涵，也并非为了解决实质性问题，纯粹是为了虚应故事，为了履行一些因循的程序，填充一些规定的环节。与那些有感而发、缘情而作的抒情、言志、咏物类诗赋作品相比，这些徒具形式的公文的确算不上言意具足的完整篇章。

③ ［南朝梁］萧子显：《南齐书》卷五十二《陆厥传》，北京：中华书局，1972年，第898页。

④ ［唐］姚思廉：《梁书》卷四十《庾肩吾传》，北京：中华书局，1973年，第690页。

采百句之偶，争价一句之奇”(《文心雕龙·明诗》)，“四声”理论的形成和流行，为他们在语言技巧层面追新逐奇提供了一个前所未有的发挥空间。“四声”格律化技巧对当时文士的巨大吸引力，可从钟嵘《诗品序》中的描述见其一斑：“王元长创其首，谢朓、沈约扬其波。三贤或贵公子孙，幼有文辩，于是士流景慕，务为精密，襞积细微，专相陵架。”[①]与“四声”论相提并论的所谓“八病”说，与其说是诗歌本身表达情感和协调声韵的需要，不如说体现了当时作者对这一新开发的语言技巧的极端迷恋，以及他们希望凭藉掌握这一时新而又复杂的语言技巧以取胜文场的强烈欲望。因此他们不惮烦琐，务求精细和精巧，不惜将诗歌创作一次次转化成高难度的语言文字的游戏和杂技，也导致诗歌“文多拘忌，伤其真美”。

第三种情形表现为在诗歌写作中“竞须新事”而违背了诗歌“吟咏情性”的基本文体要求。这一问题也以钟嵘《诗品序》的论述和批评最为集中：

> 夫属词比事，乃为通谈。若乃经国文符，应资博古，撰德驳奏，宜穷往烈。至乎吟咏情性，亦何贵于用事？“思君如流水”，既是即目。“高台多悲风”，亦惟所见。“清晨登陇首”，羌无故实。“明月照积雪”，讵出经史。观古今胜语，多非补假，皆由直寻。颜延、谢庄，尤为繁密，于时化之。故大明、泰始中，文章殆同书抄，近任昉、王元长等，词不贵奇，竞须新事，尔来作者，浸以成俗。遂乃句无虚语，语无虚字，拘挛补衲，蠹文已甚。但自然英旨，罕值其人。词既失高，则宜加事义。虽谢天才，且表学问，亦一理乎！[②]

钟嵘认为文章“用事”是个人所共知的话题，但能否“用事”则要根据文体类型而定：宜用者为“经国文符”和“撰德驳奏”一类的朝廷公文，忌用者为本当“吟咏情性”的诗歌。钟嵘认为古今诗歌中的胜语秀句皆由“即目”“直寻”所得，而与“故实”“经史”无关。可是自刘宋以降，诗歌中的“用事”现象竟愈演愈烈，在颜延之、谢庄、任昉、王融等人先后影响下，诗坛形成了竞相使用新事的流俗之风，以致出现了诸多“句无虚语，语无虚字，拘挛补衲，蠹文已甚”的堆垛事类的诗作。这些诗人无法凭借天才写出蕴涵“自然英旨”的优秀词句，就只能以炫耀学问为能事，在诗作中添加越来越多的“事义”。这种所谓的创新显然背离了诗歌文体的内在要求。

以上两种情形的文学“新变”，或拘忌于声律病犯，或炫博于用事之多，都偏离了诗歌写作正道，破坏了诗歌文体的内在统一，因此批评者都通过强调诗体的基本特征如“吟咏情性”“自然英旨”“清浊通流”“口吻调利”等以匡正纠偏。如果说前述第一种情形中的萧统、萧绎的文学“新变”观主要体现为对文体类型自然分化的客观总结，那么这后两种所谓“新变”则主要反映了部分作者的主观偏好与文体基本规范之间的冲突。作为自然分化形成的新的文体类型，由于仍然保持了文体自身的完整性(如情、采、韵兼备)，因此论者整体上是予以肯定的；而作为主观偏好的表达技巧和语言形式层面的求新求异，则因背离了文体的基本规范，破坏了文体的完整统一，自然引发了论者的不满和

① [南朝梁]钟嵘著、王叔岷笺证：《钟嵘诗品笺证稿》，北京：中华书局，2007年，第111页。

② 同上，第93—97页。

批评。

三、以"体要"驭"奇辞"：刘勰对待文学"新变"的基本立场

具体到刘勰，他主要关注的是南朝文学"新变"中的哪一种倾向？对这类文学"新变"倾向他是持怎样的态度？他又是如何应对这类文学"新变"的？

不妨先从《文心雕龙·序志》篇看起。《序志》篇是《文心雕龙》全书的"自序"，其主要内容即是刘勰关于撰写此书原因、用意和体例等问题的夫子自道。刘勰在谈到为什么选择论文这一途径来发挥圣人事业时，指出了一个重要的现实原因：

> 唯文章之用，实经典枝条，五礼资之以成，六典因之致用，君臣所以炳焕，军国所以昭明。详其本源，莫非经典。而去圣久远，文体解散，辞人爱奇，言贵浮诡，饰羽尚画，文绣鞶帨，离本弥甚，将遂讹滥。盖《周书》论辞，贵乎体要；尼父陈训，恶乎异端。辞训之异，宜体于要。于是搦笔和墨，乃始论文。[①]

刘勰在这段话里指出了汉代以来文章写作中出现的一个越来越严重的问题，即"文体解散"。所谓"文体解散"，其字面意思就是指本当完整统一的文章已经分解散裂（此处"文体"当作"文章的生命整体"解）；而"文体解散"的根源是因为"去圣久远"，文章写作不再遵循经典文体所确立的基本规范；"文体解散"的直接原因和具体表现是"辞人爱奇，言贵浮诡，饰羽尚画，文绣鞶帨，离本弥甚，将遂讹滥"，意谓那些辞赋作者偏爱新奇之言，崇尚浮诡之语，如同在羽毛上画画，在腰带上绣花，越来越背离了文章之本，走向辞采淫滥的讹误之途。要言之，"文体解散"有两个互为因果的病因：一曰"离本"，即背离经典文章所确立的基本文体规范；二曰"爱奇"，即文章作者在追逐新言奇语的道路上迷不知返。针对这两个症状，刘勰分别从《尚书·周书》和《论语》中拿来两个良方：一曰"贵乎体要"，这是针对"离本"之症而发；二曰"恶乎异端"，这是针对"爱奇"之症而发。

《序志》篇中的这段论述反映了刘勰对近代文坛弊病的基本诊断和应对策略，明确了刘勰论文的问题指向和主要标准，也提示了阅读者、阐释者及研究者理解《文心雕龙》所论诸多具体问题的基本思路。刘勰认为近代文学"新变"中出现的言辞浮诡、讹滥的不良倾向，直接导致了"文体解散"的严重后果；而要恢复文体的完整统一，就必须通过加强"体要"以防止浮诡讹滥之奇辞的产生。一言以蔽之，刘勰的主要任务就是要在文学的"新变"趋势中通过"体要"防范"浮诡讹滥"的"奇辞"以维护文体的完整统一。

如何通过"体要"防范"奇辞"？刘勰在《文心雕龙》不同篇目中提出了多个方案，大体可以概括为这样几个层次：其一是在"情—辞""意—辞"或"义—词"等二分式文体内在结构框架中，强调以"性情""情理"作为"文辞""文采"之本，以克服"采滥"之弊。此方案以《情采》篇所论最为集中深入。刘勰此篇针对由《庄子》《韩非子》所开启的"绮丽以艳说，藻饰以辩雕"的"文辞之变"，明确了"文采所以饰言，辩丽本于情性"这一文体内在

① 本文所引《文心雕龙》原文，均见《文心雕龙注》，［南朝梁］刘勰著、范文澜注，北京：人民文学出版社，1958年。

结构要素间的基本关系，强调“文采”“辩丽”作为言语的修饰皆应以“情性”为本，确立了“情者文之经，辞者理之纬；经正而后纬成，理定而后辞畅”这一“立文之本源”，要求文章写作应以“情理”为经，以“文辞”为纬①。以此文体结构要求为基础，刘勰又对比了“为情而造文”的“诗人什篇”与“为文而造情”的“辞人赋颂”，指出“为情者”的文体特征是“要约而写真”，“为文者”的文体特征是“淫丽而烦滥”。而究其实质，盖前者以“述志为本”，其内心有“风雅之兴，志思蓄愤”，其用意是“吟咏情性，以讽其上”；而后者“言与志反”，其内里“心非郁陶”，缺乏真情，其目的是“苟驰夸饰，鬻声钓世”。而之所以出现“体情之制日疏，逐文之篇愈盛”的状况，盖因“后之作者，采滥忽真，远弃风雅，近师辞赋”，只以辞赋之作为师，放弃了对传统“风雅”经典文体的学习。刘勰在《情采》篇不仅确立了以“情性”为“文采”之本、以“情理”为“文辞”之经这一从文体内部防范“采滥”的机制，而且指出了远师传统“风雅”之体这一制约“淫丽”的根本途径——这实已提示了通过“体要”防范“奇辞”另一个方案（详见第三个方案）。

其二是通过严辨和谨守不同文体的基本规范以控制“奇辞”。这一方案集中见于《定势》篇。所谓“定势”，即刘勰所说的“因情立体，即体成势”，意谓各种类型的文体都是根据不同情志的表达需要形成的，写作具体文章时应遵循不同文体的规范和要求。简言之，文类文体的建立以不同情志为本，具体文章写作则以不同文类文体为本。相对于《情采》篇着重在文章结构内部以情性约束文采，防范“采滥”，《定势》篇要求作者在写作具体文章时，自觉遵循文类文体的基本规范，从而避免因“好诡”“逐奇”所致的“讹势”。与一种非常流行的看法不同，刘勰所说的文类意义上的文体（相当于现在所说的“体裁”），同时包涵了对某一类型文章形式和内容两个方面的基本要求，而不仅仅限于语言形式一面②。因此，在刘勰这里，文类文体对具体文章写作的规范作用既体现在形式层面，也体现在内容层面，既在大体上规范了怎么写，也在大体上规范了写什么，甚至可以说对内容的规范作用更为根本，因为文体本来就是因情而立的。刘勰认为，如果作者能够多向传统典范作品学习，遵循文体规范，就可做到“执正以驭奇”；反之，如果作者“率好诡巧”，“厌黩旧式，穿凿取新”，喜欢在写作中玩弄“颠倒文句”“上字抑下”“中辞出外”等“反正”之术，则会导致“逐奇而失正”，并引发文体的衰弊。如果说《情采》篇侧重在具体文章写作层面强调以作者的真情实感克服“文辞之变”中的“淫丽而烦滥”，那么《定势》篇则侧重从文类文体规范的高度，借助文类文体中所积淀的具有深厚历史感和普遍性的情感内容与语言形式，以引导厌旧喜新、好诡逐奇的“讹势”返归正途。

其三是要求学习“经典之范”与“子史之术”，分别从文体规范和文辞之变两端制约文章中的“新变”因素。这一方案见于《风骨》篇：

> 若夫熔铸经典之范，翔集子史之术，洞晓情变，曲昭文体，然后能孚甲新意，雕画奇辞。昭体，故意新而不乱，晓变，故辞奇而不黩。若骨采未圆，风辞未练，而跨

---

① “情者文之经，辞者理之纬”这两句互文见义，首先可以补足为两组四句：“情者文之经，文者情之纬；理者辞之经，辞者理之纬。”然后分别将一三两句、二四两句合而言之，即成“情理者文辞之经，文辞者情理之纬”。这应该是这两个互文见义句包含着的完整意思。

② 详见本文第四节，或参考拙著《中国古代文体论思辨》有关内容，北京：北京大学出版社，2012 年。

略旧规，驰骛新作，虽获巧意，危败亦多，岂空结奇字，纰缪而成经矣？《周书》云：“辞尚体要，弗惟好异。”盖防文滥也。

与《定势》篇的方案相比，《风骨》篇的方案有两个特色：第一，刘勰此篇要规范和约束的不仅有导致“文滥”的“奇辞”，而且包括易致“危败”的“新意”，也即是说要同时在文章整体层面杜绝“新变”之弊。第二，与此相应，刘勰的对策也各有针对，一方面强调在具体写作中熔铸经典之范以从文体层面正确引导“新意”，另一方面主张通过学习“子史之术”以从文变层面恰当雕画“奇辞”。刘勰关于经典与子史关系的论述，体现了这样一种思想：儒家经典是文章之源，为后世文章写作确立了最基本的规范，也成为后世一切文章的规范之源。子史类文章则是由经典文章派生的距离经典最近的“流”，是一种相对于经典的“新变”之文，其情志更广博，其事义更纷杂，其体式更多变，其文辞更繁富，但因直接派生于经典，所以仍然保持着与经典的密切联系，保留着经典文体的基本品质。因此，广泛参阅子史之书，有助于通晓文情变化的一般规律，掌握文辞新变的恰当方法。这样，当文章作者既能在写作中昭示经典文体的规范，又能通晓文章新变之道，自然就可将“新意”“奇辞”控制在适当的范围，避免其陷入邪乱与污黩。刘勰分别从“新意”与“奇辞”两个方面规范文学“新变”，与本篇特别的整体立意直接相关。本篇名曰“风骨”，即要求文章之情当如“风”一般骏爽有力，文章之辞应像“骨”一样端直凝练，“风骨”之上再恰当饰以文采，便成“风清骨峻，篇体光华”之文。[①]文章“风骨”的形成，从正面来看固然要做到“述情必显”，“析辞必精”，从反面来看还应该对过分追求“新意”“奇辞”的倾向加以规范和引导。

综合《序志》《情采》《定势》《风骨》诸篇所论，刘勰的文学“新变”观体现出三个鲜明特征：第一，如何应对文学发展中的“新变”趋势和不良倾向，是刘勰“搦笔和墨”以论文的一个根本任务，也是贯穿《文心雕龙》全书的一个理论主题，书中大多数篇目都或直接或间接、或集中或随机地论及这一问题，而不同篇目切入这一问题的视角和具体应对策略也各有特色。第二，刘勰对文学“新变”有接受有防范，而防范之意更为突出；刘勰的防范既针对“新意”也针对“奇辞”，但重点是针对“奇辞”所导致的淫丽、浮诡、采滥等文体之弊。第三，刘勰规范“奇辞”、杜绝“淫丽”、防止“采滥”的方式有层次之分，或着眼于文体内部的情采统一，或重视文类文体的规范制约，或强调经典文体的正本清源，但是，无论是从刘勰对“择源于泾渭之流，按辔于邪正之路”（《情采》）、“旧练之才，执正驭奇”（《定势》）、“熔铸经典之范，翔集子史之术”的要求中，还是从刘勰对“远弃风雅，近师辞赋”（《情采》）、“厌黩旧式，穿凿取新”（《定势》）、“跨略旧规，驰骛新作”（《风骨》）的批评中，都可看出刘勰对来自历史传统的文体规范的珍视和倚重，这些源自经典、成于历史、化为传统的文体规范，堪称是刘勰应对文学新变的“定海神针”。根据上述特征，就可以比较清晰地标画出刘勰文学“新变”观的两端：一端是易生流弊的文辞之变，一端是源自传统的文体规范。

① 参看笔者论文《生命之“骨”的特殊位置与刘勰“风骨”论的特殊内涵》，《文艺理论研究》，2016年第1期。

四、化“讹变”[1]为“通变”：刘勰“通变”论重心的转移

整体了解了《文心雕龙》文学新变观的基本特征，再来审视《通变》一篇的文理，诸多相关问题便可获得更加深入透彻的理解。

不过需要先明确的一点是，通观《文心雕龙·通变》全篇，无一例“通变”（或“通”与“变”相对式表述、“会通”与“适变”相对式表述）是在“通晓其变化”（动宾式结构）的意义上被使用的（此种结构与词义特征甚明，只要在阅读中稍加留意即可体会），因此，那种先将《周易》之“通变”（“变通”）的基本涵义归于“通晓其变化”，进而认为刘勰的文章“通变”观直接源于《周易》“通变”观的观点，是缺少文本根据的。刘勰“通变”论的内涵首先是在《通变》篇的具体论述中得以说明和规定的，因此欲认识刘勰“通变”论的内涵，就必须整体解读和细致辨析《通变》篇的内在文理。

首先，《通变》篇论述的是文学“新变”问题，但为什么要以“通变”为题？刘勰为什么要在“通变”名下论述文学“新变”问题？其关键原因在于，“通变”一词不仅明确了刘勰的批评对象——“变”，而且体现了刘勰对文学“新变”的基本态度——“通”。在刘勰看来，汉以后尤其是南朝以来的文学新变中已经产生了太多的爱奇之风、浮诡之言和淫丽之词，导致“文体解散”的严重弊端，这种倾向显然妨害了文学的健康发展，使文章写作日益趋向衰败。也就是说，这种性质的“新变”并没有保证文学发展道路的“通”，乃是一种“不通”之变。刘勰从《周易》引入的“通变”观念和概念，意在为近代辞人所热衷的文学“新变”增加一个“通”的要求，要求文章之“变”应该是可“通”之“变”，是“变而通之以尽利”之“变”，从而避免出现“离本弥甚，将遂讹滥”的后果。因此，刘勰“通变”论是一种包含着价值指向的文学“新变”论，是一种体现着历史与价值双重规定性的文学“新变”论。这也是刘勰“通变”论相较其他“新变”论的丰富和深刻之处。

其次，文章之“变”如何才能是一种可“通”之“变”？在刘勰看来，“变”并不必然会“通”，近代以来的文章之“变”，在辞人“爱奇”“适俗”心理的驱使下，已经“新”得过度，“奇”得过头，滑向了“浮诡”和“讹滥”，导致了“文体解散”。这意味着刘勰所面对的文坛现实问题不是缺少“变”，而是已经“变”得颇为过分（即他常常批评的“滥”），这种过度的“变”已不再是文学发展（“通”）的动力，反而导致文章写作陷入了困境。因此，刘勰在《通变》篇的主要任务就不再是正面论述“变”和提倡“变”，而是要规范“变”和节制“变”。正是这一现实问题与主要任务从根本上决定了《通变》篇论述文章之“变”的基本思路：

> 夫设文之体有常，变文之数无方，何以明其然耶？凡诗赋书记，名理相因，此有常之体也；文辞气力，通变则久，此无方之数也。名理有常，体必资于故实；通变无方，数必酌于新声；故能骋无穷之路，饮不竭之源。然绠短者衔渴，足疲者辍途，非

---

[1] 此处“讹变”一词是对上文提到的《定势》篇“讹势所变”一语的进一步概括。“讹”字由“化”字引申而来，分指错误的变化。如《诗·小雅·节南山》“式讹尔心”，其中“讹”意为“变化”；《书·尧典》“平秩南讹”，其中“讹”意为“差错”。

文理之数尽，乃通变之术疏耳。故论文之方，譬诸草木，根干丽土而同性，臭味晞阳而异品矣。

一方面，刘勰将文章之“变”主要定位在“文辞气力”层面。其中“文辞”就文章结构中的变化因素言，“气力”就作者主观能力中的变化因素言，“气力”推动着“文辞”之变。这既是刘勰对近代文学“新变”主要倾向的总结，也反映了刘勰对文章写作中主要可变因素的认识。从表面上看，刘勰的表述似乎把“文意”排除在了可变因素之外，但从前引《风骨》篇的论述来看，刘勰其实也肯定过文章写作可以有“新意”，既要求“辞奇而不黩”，也要求“意新而不乱”。此处不提“文意”之变而只论“文辞”之变，应该是刘勰在针砭文学“新变”之弊时所采取的一种有主有次、有重有轻的现实策略——毕竟，近代文学“新变”中产生的最突出、最严重的弊端是出现在“文辞”层面的“好奇”“浮诡”和“采滥”等现象。另一方面，刘勰将文章写作中对“有常之体”（如诗赋书记）的“名理相因”，确立为“文辞气力”之变一个重要的前提条件，以“有常之体”规范“无方之数”，以“故实”约束“新声”，以“不变”支撑“变化”，从而将“常”与“变”“故”与“新”结合成一个类似草木根干与花果关系的有机整体，将单向度的文学“新变”观转化为内在辩证统一的文学“通变”观。

那么，何谓“有常之体”？“有常之体”为什么能够使“文辞气力”之变成为一种“通变”？其内在根据和机制是什么？“有常之体”的具体所指其实非常清楚，即是指“诗赋书记”等各种文类之体，但如何准确理解“有常之体”的具体内涵，尤其是如何理解刘勰对“有常之体”的具体论述，还需要我们转变关于“文体”和“体裁”的一些习惯性看法。一种影响广泛的观点认为，文体主要是指文学作品的语言形式，体裁主要是指文类层面的语言形式，但征诸刘勰本人及六朝诸人乃至历代论文者有关文体的基本论述，这一关于文体和体裁内涵的流行之见都是非常片面的。笔者已有专著及多篇论文对此进行辨正和阐述，这里想强调如下几点：

第一，古代文论中的“文体”概念就其最基本的内涵来说，应该是指不同类型、不同特征文学作品自身的整体存在。至于更为具体的文类文体（如“诗体”“赋体”等）、作者文体（如“谢灵运体”“陶渊明体”等）、时代文体（如“盛唐体”“晚唐体”等）、流派文体（如“边塞体”“竟陵体”等）等，实为从不同角度对作为文学作品整体存在的文体进行分类所得，其间差异只在各种类型层面的特征，至于“文体”概念本身的基本内涵乃是统一的，并无“体裁”与“风格”之异。刘勰在《文心雕龙》中多次从一般层面（超越各种具体分类）揭示了文体的内在完整性，如《宗经》篇“体有六义”说：“故文能宗经，体有六义：一则情深而不诡，二则风清而不杂，三则事信而不诞，四则义贞而不回，五则体约而不芜，六则文丽而不淫。”其中一、二两点是对文章情志方面的要求，三、四两点是对文章事义（事类）方面的要求，五、六两点是对文辞方面的要求（其中“体”为“形体”之义），情志、事义、文辞三要素合一即构成了文章之整体。再如《附会》篇的“体制”说：“夫才童学文，宜正体制：必以情志为神明，事义为骨髓，辞采为肌肤，宫商为声气；然后品藻玄黄，摛振金玉，献可替否，以裁厥中：斯缀思之恒数也。”“体制”即指文体的构成。刘勰此处直接将文体构成与人之生命结构的各个层次一一对应，更凸显了文体概念所蕴涵的文章生命整体观。在刘勰看来，文体（或“体制”）一词所示的文章整体结构乃是一切文章写作的基础，只有以此文章整体结构为基底，才可进一步搭配辞藻，协调韵律，讲究修饰之美。从这个意义上说，文体包含的文章整体结构就是具体文章写作应当遵循的最基本的规范和要求。

第二，把握文体概念的上述基本涵义，有助于更好地理解“有常之体”的内涵及意义。刘勰关于“有常之体”的论述非常丰富：《文心雕龙》“论文叙笔”二十篇所论皆为“有常之体”，“剖情析采”部分（从《神思》到《总术》二十篇）的《定势》篇也是“有常之体”之专论。其中《明诗》至《书记》二十篇中的“敷理以举统”一节乃是对各种“有常之体”特征的概要，更清楚地昭示了各“有常之体”的内在整体结构及其对各类文章写作的规范意义。如《诠赋》篇论赋之“有常之体”：“情以物兴，故义必明雅；物以情观，故词必巧丽。丽词雅义，符采相胜，如组织之品朱紫，画绘之著玄黄。文虽新而有质，色虽糅而有本，此立赋之大体也。”《颂赞》篇论赞之“有常之体”：“约举以尽情，昭灼以送文，此其体也。”《议论》篇总结论之“有常之体”：“原夫论之为体，所以辨正然否。……故其义贵圆通，辞忌枝碎，必使心与理合，弥缝莫见其隙；辞共心密，敌人不知所乘：斯其要也。”观其所论，皆着眼于构成各体的“义”与“词”或“情”与“文”这两个基本要素的统一，实质上体现了对此体文章写作的整体要求。

总而言之，“有常之体”乃是相对于具体文章写作而言的，其基本特征体现为整体性与规范性的统一。这种规范性保证了具体文章写作千变万化而不离其宗，革新创造而不失其体。同时，这又是一种整体性的规范，既要求文章内部结构的完整统一，又对文章整体结构中的每个构成要素提出了明确要求。规范性与整体性统一的“有常之体”，成为各体文章发展新变中相对稳定的因素，文章之“变”因此不会成为无本之木，无源之水。

不过，与此同时，《通变》篇首段论述也将“通变”概念的传统用义与刘勰“通变”论实际理论内涵之间的错位直接呈现了出来。一方面，仅就“通变”概念的具体使用来看，刘勰仍然沿续了“通变”一词以“变”为主的传统用法，将“通变”一词直接用于说明文章中“变数无方”的“文辞气力”。[①] 但另一方面就《通变》首段的实际论述来看，刘勰又根据《文心雕龙》论述文学新变的基本思路（即学习典范文体与追求文辞创新的统一），为“文辞气力”之“通变”加上了“有常之体”之“相因”这一必不可少的前提条件，使其所说的文学“通变”事实上成为“有常之体”与“文辞气力”的对立统一，“相因”与“通变”的对立统一，“故实”与“新声”的对立统一。这样，刘勰在《通变》篇首段初步展开的文学“通变”论就表现出与传统“通变”论的明显差异：传统“通变”论的重点在“变”，且笼统地就事物整体而言；但刘勰“通变”论所涉及的对象——文章写作——并非一个笼统单一的整体，而

① 下面一例也可印证“通变”一词的这种普遍用义。唐皎然《诗式》卷五“复古通变体”条：“作者须知复、变之道。反古曰复，不滞曰变。若惟复不变，则陷于相似之格，其状如驽骥同厩，非造父不能辨。能知复、变之手，亦诗人之造父也。……陈子昂复多而变少，沈、宋复少而变多。今代作者，不能尽举。”皎然在小标题中直接将“通变”与“复古”相对；在具体阐述中，又简化为“复”与“变”相对。而且，皎然还分别对“复”与“变”的内涵作了明确界定：“反古曰复，不滞曰变。”“变”（即“通变”）就是指事物不停留在过去和当下的状态，能够通过变化向前运动发展。（皎然著、李壮鹰校注：《诗式校注》，北京：人民文学出版社，2003 年，第 330 页）

是一个内在矛盾关系已经充分展开的整体，是一个由传统文体规范与作者个人创新等对立因素构成的矛盾统一体。因此，刘勰所说的“通变”就不再是指单纯的文章之“变”，而是指“常”与“变”的对立统一。甚至为了克服文章之“变”带来的弊端，刘勰更突出了“有常之体”之“相因”在文学“通变”中的重要性。

由《通变》篇首段也可看出，刘勰文学“通变”论的整体理论内涵实际上已经超出了传统“通变”概念的语义范围，但因为刘勰还没来得及在初步呈现其文学“通变”论整体理论思路和框架的同时，完成对传统“通变”概念意义结构的改造和语义范围的扩展，所以在《通变》篇首段的“通变”论中尚存在着实大于名、名不副实的阶段性矛盾，而这一矛盾也是引发《通变》篇研究中诸多争议的一个直接原因。“通变”概念意义结构与刘勰文学“通变”论实际理论内涵之间的真正统一，要到《通变》篇的最后一层论述中才得以完成。

五、“矫讹翻浅，还宗经诰”：《通变》篇的主旨与主线

一旦理解了刘勰“通变”论的上述基本特点，明白了刘勰“通变”论的主要目的是要以具有规范性和整体性的“有常之体”克服因“文辞气力”过度“新变”而导致的“浮诡”“淫丽”“采滥”之弊，《通变》篇第二段以下具体论述中的文理也就豁然贯通了。先看第二段论述：

> 是以九代咏歌，志合文则。黄歌“断竹”，质之至也；唐歌在昔，则广于黄世；虞歌《卿云》，则文于唐时；夏歌“雕墙”，缛于虞代；商周篇什，丽于夏年。至于序志述时，其揆一也。暨楚之骚文，矩式周人；汉之赋颂，影写楚世；魏之篇制，顾慕汉风；晋之辞章，瞻望魏采。搉而论之，则黄唐淳而质，虞夏质而辨，商周丽而雅，楚汉侈而艳，魏晋浅而绮，宋初讹而新。从质及讹，弥近弥澹，何则？竞今疏古，风昧气衰也。

此段以“是以”一词紧承首段关于文章“通变”之道的基本论述，开始从历史维度印证和说明“有常之体”之“名理”对于“文辞气力”之“通变”的制约规范作用。刘勰将自古及今的文章之变分为两个历史阶段，一正一反，前后对比：第一阶段为黄帝至商周的“九代咏歌”之变，尽管其变化趋势是由质渐文，由文而缛，又由缛而丽，但总的来看，其“序志述时”都是“志合文则”的。无论是黄唐时代的“淳而质”，虞夏时代的“质而辩”，还是商周时代的“丽而雅”，都还保持着文章的内在统一。因此这一阶段的文章之变被视为“通变”的正面典型。第二阶段为楚汉至宋初的文章之变。这一阶段的文章写作出现了“竞今疏古”的倾向，“楚之骚文，矩式周人；汉之赋颂，影写楚世；魏之篇制，顾慕汉风；晋之辞章，瞻望魏采”，尽管其中每一时代的作者也向前人学习，可是主要摹仿对象都是最近那个时代（“今”）的文章，而疏远了商周以前（“古”）那些“志合文则”的经典文章，其结果是出现了从“楚汉侈而艳”到“魏晋浅而奇”再到“宋初讹而新”的“风昧气衰”倾向。在刘勰对自楚至晋文章之变的这段评述中，除了“楚之骚文，矩式周人”的说法还具有比较直

接的肯定意味，接下来所说的汉代赋颂对楚世之“影写”，魏代篇制对汉风之“顾慕”，晋代辞章对魏采之“瞻望”等，都带有明显的贬义①。刘勰通过一正一反两个阶段的对比，强调后世文章写作不能满足于摹仿近世之文，而应取法于更早乃至商周以前的典范作品，因为后者更有资格作为文学通变中的“有常之体”。

再看第三段的文理：

> 今才颖之士，刻意学文，多略汉篇，师范宋集，虽古今备阅，然近附而远疏矣。夫青生于蓝，绛生于蒨，虽逾本色，不能复化。桓君山云：“予见新进丽文，美而无采；及见刘扬言辞，常辄有得。”此其验也。故练青濯绛，必归蓝蒨；矫讹翻浅，还宗经诰。斯斟酌乎质文之间，而檃栝乎雅俗之际，可与言通变矣。

刘勰认为，当今才士学文也存在类似“竞今疏古”的“近附而远疏”的现象，其具体表现是“多略汉篇，师范宋集”。刘勰的意思很明显，正确做法应该是“师范汉篇”而“多略宋集”。不过，刘勰的这种说法会造成一些理解上的困惑：一方面，“汉篇”远较“宋集”为古，更适合作为今人学文的“有常之体”，因此刘勰强调学习“汉篇”自有其道理；但是另一方面，“汉篇”毕竟已有“侈而艳”的倾向，不仅难及“雅而丽”的商周之文，而且与后世“淫丽”“采滥”的文风难脱干系，可是刘勰为什么不要求今人直接学习商周经典，而仍然主张学习缺点已比较明显的“汉篇”？商周之文岂不是最理想的“有常之体”？

如何看待刘勰表述中的这些看似矛盾之处，会直接影响到对下一段以汉赋“夸张声貌”之例说明“通变之数”的理解，而且事实上也引发了学界的一些争论（详见后文）。我想，从下面两个角度思考，应该有助于认识刘勰“矛盾”表述背后的统一性及其根据：第一，尽管刘勰认为楚骚汉赋开启了繁缛、艳丽的倾向，但一则汉代文章毕竟去圣未远，遗泽多有，相对近代文章的“浅而绮”“讹而新”，其丽未淫，其采未滥，整体上是值得取法的；二则与以五经、诸子、史传为主的先秦之文相比，汉代“文章”外延明显扩大，诸多单篇文章之体如章、表、奏、议、书、论等，都是在这一历史阶段发展成熟，作者日繁，佳作琳琅，成为后世此类文体写作的典范。《文心雕龙》中举例甚多，复旦大学周兴陆教授也有过详细梳理和归纳，他认为“刘勰评述各种文体的历代流变，除了颂、赞、祝、盟、封禅几种特殊文体定型于先秦，诏、策、章、表等文体因为朝廷专职或制度的原因（如‘两汉诏诰，职在尚书’，‘自魏晋诏策，职在中书’；‘后汉察举，必试章奏’）各有其胜，诗、赋体制的历代演化情况复杂以外”，铭、箴、诔、碑、哀、吊、对问、七发、连珠、论、驳议、对策等“各种文体的体制规范都是在汉代完备的，每种文体的典型作家、典范作品也都出现在汉代。虽然后世也曾出现了若干中规甚至精美的作品，只是‘后发前至’（《铭箴》）、‘隔代相望’（《诔碑》），也还是以汉代为典型的”②。在其所列之外，本文还可再补充几例。如《明诗》篇称汉代产生的五言体“古诗”“结体散文，直而不野，婉转附物，怊怅切情”，为“五言之冠冕”；《铨赋》篇称汉代枚乘《菟园赋》、相如《上林赋》、贾谊《鹏鸟赋》、王褒《洞

① 周兴陆曾结合《文心雕龙》全书对这些词语及相关表述中所含贬义做过详细论证。见周兴陆《〈文心雕龙·通变〉辨正》，《中国古代文学理论学会第十八届年会论文集》，第463页。

② 周兴陆：《〈文心雕龙·通变〉辨正》，《中国古代文学理论学会第十八届年会论文集》，第464页。

箫赋》、班固《两都赋》、张衡《二京赋》、扬雄《甘泉赋》、王延寿《鲁灵光殿赋》等，为“辞赋之英杰”;《奏启》篇称汉人贾谊、晁错、匡衡、王吉、温舒、谷永等人之奏，“理既切至，辞亦通辨，可谓识大体”。刘勰在《文心雕龙》全书有关汉篇的丰富论述，表明汉代文体在其心目中居于一个比较特殊的位置：对六朝文士来说，汉篇虽不及古典之源，却是距经典最近之流；文体分化成熟的“汉篇”所奠定的“有常之体”较混沌初开的经典之体，显然更方便为当今文士所习。

这已涉及看待刘勰表述中这一“矛盾”之处的第二个角度——通观此段的整体论述会发现，刘勰的“有常之体”观中包含着一个多层次“有常之体”辩证统一的结构。根据此段前面所论，刘勰的确将“汉篇”立为今人写作文章所依据的“有常之体”。而且，为论证其观点的合理性，刘勰先是巧妙地以“青绛”二色与“蓝蒨”二草的关系譬喻“宋集”与“汉篇”的关系，用变化颜色只能以“蓝蒨”二草为本而不能在已经提取的“青绛”二色的基础上进行，说明文章创新只能以“汉篇”为本而不可以“宋集”为范，然后又引桓谭称赞“刘扬言辞”而批评“新进丽文”之语作为进一步的验证。在此基础上，刘勰本段后文借“青绛”与“蓝蒨”之喻，又自然引出了另一层“有常之体”:“故练青濯绛，必归蓝蒨；矫讹翻浅，还宗经诰。”说到底，“经诰”才是矫正讹滥浮浅文风最有力的“有常之体”，才是各色新变之文之所从出的真正的“蓝蒨”。

这样，刘勰在此段实际上就明确了“有常之体”分“经诰”与“汉篇”两个层次。这两层“有常之体”，一为理想之高标，一为现实之取径，是理想“有常之体”与现实“有常之体”的辩证统一，“汉篇”也因此构成了今人文章远绍经典文体的历史中介。这些分析再次表明，刘勰文学“通变”论的重点不在“变”本身，而在以“有常之体”规范“变”的性质和方向；同时也再次表明，刘勰文学“通变”观乃是其以正驭奇、以质济文、以雅济俗的基本文学观在文学发展问题上的具体表现。此段最后所说“斯斟酌乎质文之间，而檃栝乎雅俗之际，可与言通变矣”一句，其主要意义即在于明确地将刘勰“通变”观纳入“檃栝雅俗”“斟酌质文”这一贯穿《文心雕龙》全书的论文框架之中。

下面这段争议较多的文字就是在这个时候出现的。依据上文所论之理，其义也应不再难以理解：

> 夫夸张声貌，则汉初已极，自兹厥后，循环相因，虽轩翥出辙，而终入笼内。枚乘《七发》云：“通望兮东海，虹洞兮苍天。”相如《上林》云：“视之无端，察之无涯，日出东沼，入乎西陂。”马融《广成》云：“天地虹洞，固无端涯，大明出东，入乎西陂”。扬雄《校猎》云：“出入日月，天与地沓”。张衡《西京》云：“日月于是乎出入，象扶桑于濛汜。”此并广寓极状，而五家如一。诸如此类，莫不相循。参伍因革，通变之数也。

这段文字也是《通变》篇研究中的一个争论焦点，相关观点依其态度可分为两大类型：一类认为这是刘勰关于其“通变”观的正面举例。但其中对这一“正面举例”的评价又有不同：一些学者整体肯定刘勰所举之例，如纪均评曰：“此段言前代佳篇，虽巨手不能凌越，以见汉篇之当师，非教人以因袭，宜善会之。”[①]黄侃《札记》引申纪说，认为：“明古有善作，虽工变者不能越其范围，知此，则通变之为复古，更无疑义矣。”[②]范注接受纪昀和黄侃之说并加以补充：“彦和虽举此五家为例，然非教人屋下架屋，模拟取笑也。”[③]周振甫《文心雕龙注释》会其意云：“要是刘勰用辞意不相袭的例子来说明通变，不是更符合通变的理论吗？可是刘勰用了辞意相袭的例子。从这些例子看，那么他的通变不正是模仿而不是新变吗？原来在理论上，刘勰是主张新变的；在矫讹翻浅上，为了救弊，他可能认为与其崇尚新奇而陷于讹浅，还不如谨守规矩而不妨相袭，所以他要引五家如一的例。”[④]另有学者认为刘勰举例虽意在说明其“通变”观，但实际上又与其“通变”观相互矛盾：“就他所举的对于大海和天地日月的描写来看，变化是不大的，所以他才得出‘五家如一’‘莫不相循’的结论。他也说‘参伍因革，通变之数也’，就是说通变的方术是有因袭，有革新，继承与创造交替运用，但在他举出的‘五家如一’的例子里，并没有把创造的因素显示出来。”[⑤]另一类认为这是刘勰对其“通变”观的反面举例，表示他反对在夸张声貌方面如此“循环相因”。如牟世金先生在《文心雕龙研究》中指出：“从本篇逻辑上说，刘勰对文辞方面的‘循环相因’是否定的；从所用语意上看，对‘夸张声貌’而又‘五家如一’是批判的；从‘通变’论的主旨看，是要求‘骋无穷之路，饮不竭之源’，而‘循环相因’者，不过是‘庭间之回骤，岂碗里之逸步哉’。”并认为“参伍因革，通变之数也”两句不是“上文的总结”，而是“下文的领句”[⑥]。

为论述方便，不妨暂且将上述争论性观点放在一边，先从《通变》篇的整体思路中寻求对这段举例文字的理解。诚如持不同观点的学者都认可的，这段文字从举例到论述，其重点都在说明汉赋中“夸张声貌”的手法从汉初到东汉是“循环相因”的。在举例之前，刘勰先有一个整体判断：“夫夸张声貌，则汉初已极，自兹厥后，循环相因，虽轩翥出辙，而终入笼内。”举例之后，刘勰又有一个总的评价：“此并广寓极状，而五家如一。诸如此类，莫不相循。”中间所举五家“夸张声貌”辞例，不仅文意相同，文辞与物象也大相类似。若从一般文章写作观来看，这种辞、象、意前后相袭的做法似乎并不值得称道，更不值得举以为范例。可是，若从刘勰前文已经阐明的其本人文学“通变”观的基本理念来看，其所举之例及前后论述又与其文学“通变”观完全契合。据前所论，刘勰“通变”论的研究对象虽然是历代文学新变问题，但其“通变”论的重点并不在“变”本身，而是在如何通过来自经典和传统的“有常之体”对“新变”因素进行规范和限制，以防走向浮诡和采滥。换言之，刘勰论述文学“通变”的重点就不在于主张推动“变”（“通变无方”的“文辞气力”），而在于主张学习“常”（“名理相因”的“有常之体”）——这是刘勰“通变”论与《周易》“通变”论以及南朝其他文学“新变”论一个重要差异，也造成了刘勰“通变”篇的

① [清]纪昀：《纪晓岚评文心雕龙》，扬州：江苏广陵古籍刻印社，1997年，第267页。
② 黄侃：《文心雕龙札记》，上海：上海古籍出版社，2000年，第104—105页。
③ [南朝梁]刘勰著、范文澜注：《文心雕龙注》，北京：人民文学出版社，1958年，第527页。
④ 周振甫：《文心雕龙注释》，北京：人民文学出版社，1981年，第337页。
⑤ 詹锳：《文心雕龙义证》(中)，上海：上海古籍出版社，1989年，第1100页。
⑥ 牟世金：《文心雕龙研究》，北京：人民文学出版社，1995年，第405页。

论述思路与人们习惯性观念的差异。但是，刘勰“通变”论重点的这种转向，从其所欲解决的现实问题来看是必要的，从其理论自身的论述来看也是完整自洽的。在此段之前，刘勰已从一般原理和历史发展两个层面论证且验证了“有常之体”之“相因”在文学“通变”中的重要意义，明确了今人应学的“有常之体”可分为理想性的“经诰”之体与现实性的“汉篇”之体这两个层次。此段论述紧承其后，其义甚明，即是要为已在上文被确立为“有常之体”的“汉篇”举一例证，向今天的学文之士明示“汉篇”在“夸张声貌”这一点上是如何做到“名理相因”的。故此，段中举例强调“广寓极状，五家如一”；论理强调“循环相因”，“莫不相循”；设喻强调“虽轩翥出辙，而终入笼内”。

若离开《通变》整篇语境，此段中的一些字眼如“循环相因”等，在已普遍视“创新”为正面价值的今人看来，很容易被认为带有贬义，这也是关于此段解读争议多有的一个重要原因：或认为刘勰举例不够准确，不能全面体现其“通变”之义（如詹锳先生所评）；或认为刘勰举此以为“通变”之反例，以示“循环相因”并非真正意义上的“通变”（如牟世金先生所解）。但是，对刘勰此处及此篇所言“循环相因”等字眼，一不可依今人习惯性观点理解，二不可脱离其所处的整体语境理解。在《通变》篇，刘勰所说“循环相因”者非他，皆指作为文章写作规范的“有常之体”。其首段所言“凡诗赋书记，名理相因，此有常之体也”，明言“相因”的对象是“诗赋书记”之“名理”，而非“变数无方”的“文辞”；其后段所言“夫夸张声貌，则汉初已极，自兹厥后，循环相因，虽轩翥出辙，而终入笼内”，乃是举一例以代“汉篇”，其“循环相因”者也是指汉代辞赋中一脉相承的写作范型——“夸张声貌”本是汉代赋体的一个基本特征。如刘永济先生所释：“至举后世文例相循者五家，正示人以通变之术，非教人模拟古人之文也。”[①]刘勰对此五家“夸张声貌”之语皆是作“文例”加以引用的，而非仅在一般文辞层面措意。“文辞气力”自当求其变化，“有常之体”则应重在“相因”，此亦为文之通例，作者之通识。

此段最后一句“参伍因革，通变之数也”，也是使解读产生争议的一个文本层面的原因。本段前面大半篇幅既已反复强调“循环相因”之道在文学“通变”中的重要意义，为何后面复缀以此句，称“参伍因革”为“通变之数”？若以此句为前文总结，“参伍因革”所涵之义也已超出“循环相因”范围。面对这一“矛盾”，牟世金先生曾主张此句“应该是最后一段的领句”[②]，认为依此划分，则上段专论“循环相因”乃是从反面举例，下段兼论“因”与“革”“会通”与“适变”方为正面阐述。这一解决方案看似利索，无乃牺牲太大——整个“夸张声貌”之论就必须由作为学习汉篇“有常之体”的范例变成文章“通变”应避免的反例，更重要的是这种阐释有违《通变》全篇文理。其实，若据《通变》全篇的基本理路及“夸张声貌”一段的语义脉络，此句的段落归属和意义关联会得到一个更融通的理解。首先从语气句式上看，此句置于上段之末，与上一句合为“诸如此类，莫不相循，参伍因革，通变之数也”一个完整的“也”字居尾的判断句式，形成对本段析论的自然总结。若置于下段之首，则其语气和句式都显得比较突兀。且下段以“是以”冠首的“是

① 刘永济：《文心雕龙校释》（上），北京：中华书局，2007 年，第 101 页。

② [南朝梁]刘勰著，陆侃如、牟世金译注：《文心雕龙译注》，济南：齐鲁书社，第 35 页。

以规略文统，宜宏大体”一句，其引领全篇总结段的意味已非常明显，并也与本篇第二段首句“是以九代咏歌，志合文则”的句式遥相呼应。其次从句意文理上看，《通变》篇前文的“九代咏歌”至“可与言通变”一段与后文的“夸张声貌”一段，都是具体说明“有常之体”之“名理相因”对于文学“通变”的重要意义，而这两段的结尾句，无论是前者的结尾句“斯斟酌乎质文之间，而檃栝乎雅俗之际，可与言通变矣”，还是后者的结尾句“参伍因革，通变之数也”，又都是将其所强调的“名理相因”自觉纳入其“通变”观的整体结构之中，从而将分别属于“有常之体”与“文辞气力”的“质”与“文”“雅”与“俗”“因”与“革”统一起来，避免因过于强调“有常之体”之“相因”而忽略了“文辞气力”之变化。《通变》篇段落内部的这种结构，体现了刘勰文学“通变”观的“辩证法”：一方面刘勰针对现实弊端一再强调在变化中要因循“有常之体”的基本规范，一方面又积极肯定在遵循“有常之体”规范基础上的革新。因此，此段最后一句“参伍因革，通变之数也”与前段最后一句“斯斟酌乎质文之间，而檃栝乎雅俗之际，可与言通变矣”一样，都不单纯是对本段论述的总结，而是着眼于全篇思路对本段文意的整合与提升。

如此理解“夫夸张声貌”一段，不仅合乎刘勰《通变》整篇文理，而且对今人之争议也可察其原因及得失所在。其中认为刘勰从反面举例及举例不当的看法固然不合刘勰“通变”之理，而即使一些完全从正面理解刘勰“夸张声貌”之例者，其所言也未为通解。如纪昀称“此段言前代佳篇，虽巨手不能凌越，以见汉篇之当师，非教人以因袭”云云，其意不离，但其解未透。刘勰倡导学习“汉篇”，但重点不在其佳篇，而在佳篇所示的“有常之体”；刘勰认为汉篇当师，但并不反对“相因”，他主张师范汉篇的目的正在于“相因”其“有常之体”。黄侃视刘勰所言“通变”为“复古”，固然抓住了刘勰此篇及此段命意的重点，却未见刘勰“通变”论的全貌——刘勰意在以“经诰”和“汉篇”规范新变，并非一味提倡复古。范注虽合理指出刘勰所举“五家如一”之例“非教人屋下架屋，模拟取笑”，但对刘勰举例的正面用意未能阐明。[①] 相对而言，周振甫先生的解释更能得刘勰之实际用心，但他又将“谨守规矩”与“辞意相袭”视为一体，有些过于拘泥刘勰所举之例本身，未能从更高处察其整体立意——刘勰此处举例意在“以斑窥豹”，借五家如一的“夸张声貌”之例以明汉篇相因之理，而非示人以具体修辞之术，因此“辞意相袭”只是其语象，辞赋之体的“名理相因”才是其要旨。不过，与很多伟大的理论家一样，刘勰的举例说理也难以尽当，例证与理论之间多少存在一些距离和缝隙。如其《风骨》篇单举含“风”之例（潘勖《册魏公九锡文》）与含“骨”之例（司马相如《大人赋》），却未举兼具“风骨”之文，更未举“风骨”与“采”兼备之文。不过，这并不妨碍研究者能够就刘勰本人的文理和思路理解“风骨”论的基本内涵和用意，所谓“不以文害辞，不以辞害志，以意逆志”（《孟子·万章上》），其斯之谓也。

① 牟世金先生对刘勰所谓“古”之实质有确解：“其所谓‘古’，实指‘诗、赋、书、记’的‘名理’。而‘名理有常’，本无古今，无论古人今人，‘诗言志’的原则都不能违背。‘古’的实质既明，其所‘疏’者自不待言。不究其实而遽言‘复古’，失之远矣。”（牟世金：《文心雕龙研究》，北京：人民文学出版社，1995年，第401页。）

六、“变则可久，通则不乏”：刘勰文学“通变”论的完成

由以上分析可见，在《通变》篇已经展开的多层次论述中，刘勰文学“通变”论的基本用意和思路应该说是很清晰的：他一方面沿续“通变”一词的传统用法，认为文章写作中需要“通变”的因素主要是文章层面的“文辞”和作者层面的“气力”，另一方面为防止作者过分“好奇”所导致的浮诡、采滥之弊，又强调在“通变”中要重视对历史传统中形成的“诗赋书记”等“有常之体”的学习和因循——这一方面也在事实上构成了《通变》篇的论述重点。刘勰的这种立意和思路就使得《通变》篇一开始的理论表述形成了一种“通变”之“名”与“通变”之“实”相互错位的状态，即在“通变”一词本来含有的对“变”的侧重与刘勰“通变”论实际上对“常”“变”统一、“因”“革”相参的强调之间，形成了一种近乎“名不副实”的关系。但是，从《通变》篇的整个论理过程来看，刘勰在“通变”之名下对“有常之体”与“文辞气力”“名理相因”与“通变无方”“因”与“革”“质”与“文”“雅”与“俗”等对立因素间相互统一关系的反复强调和论述，反过来也对“通变”一词传统的“一元”意义结构(以“变”为主，“通”为“变”的效果)产生了越来越大的反作用力，并最终在此篇的结尾一段，同时从形式结构与内涵意义两个层面突破了“通变”一词原有的一元结构，使刘勰的文学“通变”论实现了“名副其实”：

> 是以规略文统，宜宏大体。先博览以精阅，总纲纪而摄契；然后拓衢路，置关键，长辔远驭，从容按节，凭情以会通，负气以适变，采如宛虹之奋鬐，光若长离之振翼，乃颖脱之文矣。若乃龌龊于偏解，矜激乎一致，此庭间之回骤，岂万里之逸步哉！

刘勰以“是以规略文统，宜宏大体”作为首起句，表明此段仍然沿续了《通变》全篇对“有常之体”之“名理相因”的重视。接下来的“先博览以精阅，总纲纪而摄契”，进一步指明了掌握“文统”与“大体”的基本途径。“然后拓衢路”至“乃颖脱之文矣”一气而下，乃是描述具体写作中如何以“文统”和“大体”规范引导“文辞气力”之“变”的过程及其结果。刘勰认为，只有以“文体”与“大体”作为文章写作的“纲纪”，才能为文章写作开辟广阔的道路，掌握文章创新变化的关键要领；就像骑马行路，如能张弛有度地控制好缰绳与辔头，就可从容有节地沿着通衢大道行驶下去。

正是在这里，《通变》篇第一次出现了“通”与“变”分用的情形。其中“负气以适变”一句显然还是在首段“文辞气力，通变则久”意义上说的，但是“凭情以会通”一句的“会通”一词却一改前文双音节词“通变”中的“通”一词表意含糊的状态，被赋予了有别于“变”的明确内涵。参照《定势》篇“因情立体，即体成势”的说法，刘勰所说的“凭情以会通”的对象应当就是“因情”而立的“常体”和“大体”；而所谓“会通”，参照《体性》篇的“八体虽殊，会通合数，得其环中，则辐辏相成”及《物色》篇的“古来辞人，异代接武，莫不参伍以相变，因革以为功，物色尽而情有馀者，晓会通也”两例中“会通”一词的用法，应当理解为以自己之情理解古人之情为基础，将古人所确立的“文统”和“大体”与自己的文

章写作会合贯通起来。藉由“会通”与“适变”二分相对，刘勰将前文建立的“相因”与“通变”相对的概念关系转变为“会通”与“适变”相对的概念关系，较前文出现过的“斯斟酌乎质文之间，而檃栝乎雅俗之际，可与言通变矣”与“参伍因革，通变之数也”两种笼统的说法，同时在概念形式和意义层面扩展了“通变”一词的原有用法，使“通”由原指事“变”的目的与效果，转而指向文“变”的基础与前提（即“有常之体”），从而使刘勰的“通变”论完成了从“名不副实”到“名实相副”的逻辑历程。

在《通变》篇之“赞”中，刘勰通过调整《周易》“通变”论中的一句经典表述，更明确体现了他对“通变”一词的创造性用法。同时藉由对“通变”一词意义结构的转换，刘勰集中表达了其文学“通变”论的特殊内涵：

> 赞曰：文律运周，日新其业。变则可久，通则不乏。趋时必果，乘机无怯。望今制奇，参古定法。

与这里带点字对应的《周易》“通变”论的原文是：“易，穷则变，变则通，通则久。”在原句中，“通”是“变”的结果，“久”是“通”的结果，“变”——“通”——“久”构成了一个前因后果的线性关系。但是经刘勰转换后，“变”是指“望今制奇”，“通”是指“参古定法”；“变”的结果是“可久”，“通”的结果是“不乏”；“可久”指向未来（与首段“骋无穷之路”呼应），“不乏”源自传统（与首段“饮无穷之源”呼应），而且“通则不乏”又成为“变则可久”的前提条件。就这样，刘勰将《周易》“变而通之”意义上的一般“通变”论，转换成了《通变》篇“通而变之”（或曰“会通适变”）意义上的文学“通变”论。

（作者单位：北京师范大学文学院）

中国文学思想史上的“文德”论*

夏　静

《文心雕龙·原道》开篇言“文之为德也大矣”①，这里的“文之为德”，与《程器》篇“瞻彼前修，有懿文德”②的“文德”涵义不同。这一点业已被章太炎以来的学者所揭示。至于“文之为德”的解释，当代学者大多认为“德”为性质、功能之意。譬如王更生认为：“文的作用，实在关系重大啊！”③但显而易见的问题在于，有关性质、功能这一类的解释，既找不到传统训诂学的依据，又明显带有西学反映论的痕迹，与刘勰所处时代天地人合一的解释话语相去甚远④，值得商榷。

考察传统时代“文德”一词，涵义有二：一是文之德，即“文”作为德行的一种，在此意义中，“文”与仁、孝、武等德行并举；一是指文人的道德文章，也就是今人最熟知的用法。《原道》篇“文之为德”，是指“文”作为一种德行，与天地并生，意义重大；而《程器》篇“文德”，是指文人的道德文章。前者沿袭了春秋这个重德行时代以来的话语范式，后者沿袭了东汉以来道德文章的话语范式。至于《文心雕龙》为什么首标“文之为德”，这可能与文章的论证策略有关。全书一开篇，刘勰就将“文”置于天地人的意义世界中，借助天道、地道而人道、天文、地文而人文的推演，使之获得不证自明的本体意义。就论证策略而言，将文学的终极意义挂在不可言说的道、德、气之上，是古典学的传统⑤，具有普遍的方法论意义。因此，除了将“文”与道、德并提，恐怕也没有更好的选择了。

上述“文德”的两种涵义，以今天的学科划分来看，前者属于政治学、伦理学的范畴，后者属于文学批评的范畴。在古代文史哲合一的大传统中，两种用法并行不悖，虽日用而不知，但仍有较为清晰的脉络可寻。就源流统绪而言，中国早期“文德”论的出现，源自以“文德”治天下的上古政治理想，经由思想家的阐释以及语意的泛化，先秦时期开始有了文辞德行方面的阐释。自东汉王充明确谈论“文德”以来，文德合一是古人的基本理解，也是谈论“文德”问题的出发点与归宿。伴随着东汉中后期“文人无行”成为一种

---

* 基金项目：本文为国家社科基金重点项目“儒家早期文学价值观研究”（批准号16AZW001）成果。

① 詹锳：《文心雕龙义证》，上海：上海古籍出版社，1989年，第2页。

② 同上，第1896页。

③ 王更生：《文心雕龙读本》，台北：文史哲出版社，1999年，第11页。

④ 参见夏静《〈文心雕龙·原道〉的“惟人参之”》，载《文学评论》2009年3期。

⑤ 参见徐复观《中国思想史论集》，上海：上海书店出版社，2004年，第216页。

普遍的社会现象后，“文德”作为批评伦理的重要规范，大致呈现出两种范式：一是作为理想范式的德充文昌、文德合一；一是带入不同历史性的文德分离、重德轻文。本文将就上述问题展开论述，并旁及一些相关问题，如修辞立诚、文以载道等，以期重新考辨“文德”论发生发展的历程。

一

从字源的角度看，根据目前的考古发现，我们有理由相信，“文”字的起源较之“德”字更早，可以追溯到距今四千余年的夏禹时代。在早期陶寺文化的陶背壶上，考古学家发现了朱书的“文”字，据此认为这是夏社的遗存[①]。见于甲骨文中“文”的写法，有两类字符：“”和“”。金文延续了以上甲骨文的两类字符，延伸出八十多种写法[②]。以上两类字符代表了两组义项：前者象形，《说文解字・文部》：“文，错画也，象交文。”段注：“错画者，交错之画也……造画者，文之本义，彣彰者，彣之本义，义不同也。初造书契，依类象形，故谓之文。”[③]尔后引申出纹路、文采、文字等义项；后者指事，疑为“忞”字前身。中间指事性的“心”符，显示与人的内在质素相关。尔后引申出文德、文人、文献、文学等义项。“德”字的起源，目前尚无定论。甲骨文有“彳直”无“德”，“彳直”字从彳从直，与行走、巡视有关，并不含有“德”之义。金文中“彳直”“德”并存，晚周出现“悳”字。“悳”与“德”疑为同一个字。《说文解字・彳部》：“德，升也。从彳悳声。”[④]《心部》：“悳，外得于人，内得于己。从直心。”段注：“内得于己，谓身心所自得也。外得于人，谓惠泽使人得之也。俗字假‘德’为之。《洪范》：‘三德，一曰正直。’直亦声。”[⑤]许慎、段玉裁未曾见过甲骨文，对于上述字形的演变不甚清楚，但对于“德”的内外之分，还是很有见地的。值得注意的是，在甲骨文字形中，“文”“德”二字的构成有着相同的“心”字符，说明两者在价值取向上有相似之处，均含有德性方面的内在质素要求。就字源学的材料来看，我们可以推论，“文”乃“德”的思想源头，早期有关“德”的观点是借助“文”来传达的。

“文德”思想，渊源甚早。据《史记・夏本纪》《大戴礼记・帝系》《五帝德》所载，夏代始祖禹的名字为“文命”，这与夏代朱书“文”之间可能存在一定联系，加之新出土西周青铜器豳公盨铭文的印证，两者所体现的原始文德观念也就有迹可循了[⑥]。“周人承之以文”[⑦]。周礼的特征是“尚文”[⑧]，“尚文”的价值核心就是“文德”，这一思想特质体现在政治理念、生活规范的各个方面。西周时期的“文德”，既指具体的德行，也指有德行之人。

---

① 参见李健民《陶寺遗址出土的朱书“文”字扁壶》，载《中国社会科学院古代文明研究中心通讯》第1期（2001年1月）；高炜《陶寺出土文字二三事》，载《中国社会科学院古代文明研究中心通讯》第3期（2002年1月）。

② 参见夏静《礼乐文化与中国文论早期形态研究》，北京：中华书局，2007年，第200—201页。

③ ［清］段玉裁：《说文解字段注》，上海：上海古籍出版社，1981年，第425页。

④ 同上，第76页。

⑤ 同上，第502页。

⑥ 参见冯时《儒家道德思想源流考》，载《中国文化研究》2003年秋之卷。

⑦ ［汉］司马迁：《史记》，北京：中华书局，1959年，第393页。

⑧ 参见夏静《“尚文”与中国文论的教化传统》，载《首都师范大学学报》2012年6期。

这一时期的文献，如《周书》《大雅》以及《鲁颂》中，有关“德”的字眼频繁出现。譬如《逸周书》有“九德”“十奸”的说法。所谓“十奸”，是指十种败坏的德行。在《宝典解》《文政解》《常训解》中，“九德”均有提及，既指个人德行与政治德行，又指具体德行规范与抽象德行标准。夏商周三代交替，以德代暴的历史经验是很容易得出的。周人相信“德”是和“天”联系在一起的，由此也确立了以“德”为先的价值原则。金文中习见的正德、懿德、孔德、介德、明德，等等，都是对品行高尚者的称谓，多用于颂赞君王的个人品德或政治道德。如《诗经·周颂·维天之命》“文王之德之纯”①，《国语·鲁语上》“文王以文昭”②，均为文王德行的颂赞，这也是其谥号“文”的缘由。西周时期称先人为文祖、文考，常见于金文、铭文中，“文”乃泛指先祖的美称。所谓文人，也即文德之人、有礼之人，郭沫若据此认为：“古代有德者的一切正当行为的方式汇集了下来便成为后代的礼。”③“文德”思想到周代礼乐政治中得以成熟完善，成为传统时代伦理道德思想的源头，并为尔后修、齐、治、平的内外之道的形成奠定了理论基础。

春秋是重视德行的时代，在那个时代的人们眼里，“德”既是倡导的美德，也是普遍的社会行为规范，许多与个人品行相关的德行要求，均纳入了“德”的范围，而“文”就是诸多德行中的一种，与“忠”“信”“义”“礼”“孝”“仁”“武”等德行并举。譬如楚国的申叔在阐明如何教导太子时，提出“十二德”。《国语·楚语上》：“明施舍以导之忠，明久长以导之信，明度量以导之义，明等级以导之礼，明恭俭以导之孝，明敬戒以导之事，明慈爱以导之仁，明昭利以导之文，明除害以导之武，明精意以导之罚，明正德以导之赏，明齐肃以耀之临。”④申叔认为，在传授太子文献的同时，还要加强德行的培养引导。上述十二种德行，前面六种是一般人的德行要求，后六种是治国者的德行要求。根据《左传》的记载，公元前 514 年，魏献子将羊舌氏的封邑一分为三，其中一个给了魏戊。但他担心别人非议，于是询问成鲊。成鲊对此表示赞同，同时举出“九德”。《昭公二十八年》：“心能制义曰度，德正应和曰莫，照临四方曰明，勤施无私曰类，教诲不倦曰长，赏庆刑威曰君，慈和遍服曰顺，择善而从之曰比，经纬天地曰文。九德不愆，作事无悔，故袭天禄，子孙赖之。主之举也，近文德矣，所及其远哉！”⑤成鲊认为，魏献子的举荐，接近文王的德行。他对于“文”的解释很经典，所谓“经纬天地”，是对个人才能卓越不凡的最高评价。

作为具体的德行，古人对于“文”“武”的理解是对举的。“文德”主内心慈惠，“武德”主外力暴戾。《逸周书·谥法解》：“经纬天地曰文，道德博厚曰文，勤学好问曰文，慈惠爱民曰文，愍民惠礼曰文，赐民爵位曰文。刚强直理曰武，威强睿德曰武，克定祸乱曰武，刑民克服曰武，大志多穷曰武。”⑥这些材料可能经过了后人的整理，但也能从一个侧面反映出，古人对于文武之德，尤其是对君王政治品格的重视。作为三代圣贤政治的价

① 《毛诗正义》，[清]阮元校刻《十三经注疏》，北京：中华书局，1980 年，第 584 页。
② [春秋]左秋明：《国语》，上海：上海古籍出版社，1978 年，第 166 页。
③ 郭沫若：《先秦天道观之进展》，《青铜时代》，北京：科学出版社，1957 年，第 22 页。
④ 《国语》，第 529 页。
⑤ 《春秋左传正义》，《十三经注疏》，第 2119 页。
⑥ 黄怀信：《逸周书汇校集注》，上海：上海古籍出版社，1995 年，第 678—682 页。

值核心，古人推崇文武兼备、华实相符的理想德性，见于早期文献，如《诗经·大雅·江汉》“矢其文德，治此四国”[①]，《大雅·崧高》“文武是宪”[②]，《小雅·六月》“文武吉甫，万邦为宪”[③]，《鲁颂·泮水》“允文允武”[④]，《论语·季氏》“故远人不服，则修文德以来之”[⑤]，《管子·霸言》“一而伐之，武也；服而舍之，文也；文武具满，德也”[⑥]。季镇淮据此认为：“‘武’字表示人的一种事功（征伐），偏于政治的意义；‘文’字表示人的一种行为态度，偏于伦理的意义。”[⑦]随着“文德”意涵的不断扩充，早期的“文德”“武德”开始衍生出文质的观念。“文德”重内心修养，“武德”重外在武力，文质则重文野之辨。《论语·雍也》：“质胜文则野，文胜质则史。文质彬彬，然后君子。”何晏集解：“野，如野人言鄙略也。史者，文多而质少。彬彬，文质相半之貌。”[⑧]《礼记·表记》：“虞夏之文不胜其质，殷周之质不胜其文。”孙希旦集解：“至矣者，言其质文不可复加也。加乎虞夏之质，则为上古之洪荒；加乎殷周之文，则为后世之虚饰。”[⑨]文质包含了“文德”“武德”的思想内蕴。在古人看来，过质之野蛮与过文之虚饰，均非理想状态，只有文质兼备，才能具备完美的德性。

伴随着春秋以来“文”义的泛化，“文”之涵义，无所不包。凡人生一切德行修养，皆可通称为“文”，“文”涵括了“敬”“忠”“信”“仁”“教”等义。典型的例子，譬如《国语·周语下》记载晋悼公的德性，云：“其行也文，能文则得天地。天地所胙，小而后国。夫敬，文之恭也；忠，文之实也；信，文之孚也；仁，文之爱也；义，文之制也；智，文之舆也；勇，文之帅也；教，文之施也；孝，文之本也；惠，文之慈也；让，文之材也。”韦昭注：“文者，德之总名也。”[⑩]晋悼公具备敬、忠、信、仁、义、智、勇等十一种德性，单襄公用一个“文”字来归纳他。对此，饶宗颐认为：“‘文’字可说是一个典型的道德综合体，实在具有道德文化的全体意义。”[⑪]礼乐教化的目的，就在于培养君子之文德品行、文雅气象，直到汉人仍然是这样理解的，如《礼记·乐记》：“礼乐皆得，谓之有德。德者得也。”[⑫]《说苑·修文》：“文德之至也。德不至，则不能文。”[⑬]源自这样的思想传统，齐梁时期的刘勰在《文心雕龙》开篇，感叹“文之为德也大矣，与天地并生者何哉”[⑭]，也就不难理解了。他所秉承的是周人以“文”为德行的言说路子，其中的思想文化脉络依然清晰可见。

---

① 《毛诗正义》，《十三经注疏》，北京：中华书局，1980年，第574页。

② 同上，第567页。

③ 同上，第425页。

④ 同上，第611页。

⑤ 《论语注疏》，《十三经注疏》，第2520页。

⑥ 黎翔凤：《管子校注》，北京：中华书局，2004年，第473页。

⑦ 季镇淮：《来之文录》，北京：北京大学出版社，1992年，第24页。

⑧ 《论语注疏》，《十三经注疏》，第2479页。

⑨ [清]孙希旦：《礼记集解》卷五十一，北京：中华书局，1989年，第1311页。

⑩ 《国语》，第96页。

⑪ 饶宗颐：《孔门修辞学》，《饶宗颐二十世纪学术文集》第十一卷，北京：中国人民大学出版社，2008年，第608页。

⑫ 《礼记正义》，《十三经注疏》，第1328页。

⑬ [汉]刘向：《说苑》，北京：中华书局，1987年，第476页。

⑭ 詹锳：《文心雕龙义证》，上海：上海古籍出版社，1989年，第2页。

二

随着晚周以来“文德”思想的泛化，古人开始在德行、文辞方面有了更加深入的思考，儒家有关德行与言说方面的论述，譬如“修辞立其诚”[①]“有德者必有言，有言者不必有德”[②]等，开启了尔后文学思想层面“文德”论的先河。

在解释《易经》乾卦九三爻辞“君子终日乾乾，夕惕若厉，无咎，何谓也”时，孔子认为：“君子进德修业。忠信所以进德也。修辞立其诚，所以居业也。知至至之，可与几也。知终终之，可与存义也。”[③]针对叔季之世处士之流的状况，孔子认为君子不能欺世盗名，而应进德修业，居上位不骄，居下位不忧，如此这般，即便身处“危厉”，也会“无咎”。紧接着，孔子提出“修辞立其诚”这一命题，将言辞和道德的关系紧紧地联系在一起。对于“修辞”与“立诚”的关系，当代学者虽有歧义，或认为两者是一外一内的两件事，或认为两者是一前一后的同一件事[④]，但对于言辞和道德之间的紧密关联并无异议。关于德行与言辞之间的关系，孔子时有论述。在《论语·先进》中，有“孔门四科”的分类，“德行”与“言语”“政事”“文学”并举，孔子以此将弟子的特长进行分类[⑤]。在《论语·宪问》中，孔子直接将“德”“言”并举：“有德者必有言，有言者不必有德。”在强调德行是言说基础的同时，在孔子眼里，两者之间出现背离，也不是不可能的。

德行与言说之间的关系，是尔后儒家学者言说的一个重要话题。在对公孙丑解释“何谓知言”时，孟子论及言辞和德行的关系。他认为：“诐辞知其所蔽，淫辞知其所陷，邪辞知其所离，遁辞知其所穷。生于其心，害于其政；发于其政，害于其事。圣人复起，必从吾言矣。”[⑥]在孟子看来，偏颇不全面的言辞、过分的言辞、不正当的言辞和闪躲的言辞，源于思想德行方面的片面偏激、背离正道以及理屈词穷，要放淫辞、息邪说，首先就要正人心。在《正名》篇中，荀子论及著书立学的道德操守问题。他认为：“以仁心说，以学心听，以公心辩；不动乎众人之非誉，不治观者之耳目，不赂贵人之权势，不利传僻者之辞。”[⑦]在荀子看来，君子的辩说，不为众人的非议或赞誉而动摇，不修饰言辞去遮掩旁人耳目，不巴结贿赂权贵，不传播邪说者的言辞，而要坚守仁心、学心、公心。在先秦诸子中，荀子是较早谈论文章与道德关系的。虽然孟子和荀子在人性论上认识不同，但是他们都认识到心是道德得以成立的根源，而道德是言辞得以表达的基础。重视德行与言辞的关系，是儒学一系的传统，《礼记·表记》：“君子耻服其服而无其容，耻有其容而

①③ 《周易正义》，《十三经注疏》，北京：中华书局，1980年，第15页。

② 《论语注疏》，《十三经注疏》，第2510页。

④ 譬如周策纵认为“修辞”与“立诚”是一外一内的两件事；饶宗颐认为“修辞”是“立诚”的前提，两者是一件事。参见周策纵《弃园文粹》，上海：上海文艺出版社，1997年，第422页；饶宗颐《孔门修辞学》，《饶宗颐二十世纪学术文集》第11卷，第607页。

⑤ 除“孔门四科”外，《论语·述而》还有“孔门四教”的说法，历代注家歧义颇多。无论将“文”解释为文献或文德，均与“行”“忠”“信”关系不明，逻辑不清。故本文不引用此例。

⑥ 《孟子注疏》，《十三经注疏》，第2686页。

⑦ ［清］王先谦：《荀子集解》，北京：中华书局，1988年，第424—425页。

无其辞，耻有其辞而无其德，耻有其德而无其行。”[①]德行、言辞与容仪、服饰具有内在一致性，其中，德行是最根本的。战国后期以及秦汉之际的文献中，有关德行与言说方面的论述，也是屡见不鲜的。

伴随着经学正统地位的确立，“文德”成为汉代经学阐释的重要问题，加之学术分化，文人群体的出现，儒士与文人之间的矛盾对立，有关文人道德文章的言论，成为汉末思想界关注的热点话题。在《论衡》中，王充阐发了孔子有关“德”“言”的论述，首标“文德”一词。《论衡·书解篇》：“夫文德，世服也。空书为文，实行为德，著之于衣为服。故曰：德弥盛者文弥缛，德弥彰者人弥明。大人德扩其文炳，小人德炽其文斑。”[②]王充此论，言“德”内“文”外，不可分离，基本上是对孔子思想的阐发，无甚新意。《佚文》篇有“五文”之说，论及“文德”，却颇有新意。《佚文》：“文人宜遵，五经六艺为文，诸子传书为文，造论著说为文，上书奏记为文，文德之操为文。立五文在世，皆当贤也。”[③]我们知道，王充一生都想见知于朝廷，在仕途上有所作为，他对东汉章帝的时代颇为赞颂。在他看来，汉承周之礼乐法度，“五文在世”，故而文人理应遵行。虽然“五文”中，王充评价最高的是“造论著说”而非“文德之操”，但他首标“文德”理想，明确了道德内容决定文章形式，且以此为标准努力践行[④]，所以直到近人章太炎，仍然认定王充是第一个提出“文德”思想的人[⑤]。纵观王充的思想，有关“文德”的论述，与文质、实诚的论述，在价值取向上是一致的，均洋溢着浓郁的德性优先、德充文昌的色彩，代表了有汉一代经学的主流话语，也成为尔后文学批评意义上“文德”论的范本。

自东汉灵帝设立鸿都门学，辞赋之士完成了社会政治层面角色的蜕变，也导致了儒士与文人冲突的加剧，形成了一股儒士批评文人品行不端的社会舆论。对于辞赋之徒的批评，稍早的王符便已发端。在《潜夫论·务本》中，王符以本末论“德”与“辞”，他认为：“教训者，以道义为本，以巧辩为末。辞语者，以信顺为本，以诡丽为末……服教训者，所以遂道术而崇德义也。”他批评“学问之士”好言虚无，“品文少识”“伤道德之实”，批评“赋颂之徒”“苟为饶辨屈蹇之辞，竞陈诬罔无然之事”的“不诚之言”[⑥]。对于“文德”问题，他形成了以道德为本，以言辞为末的基本看法。曹魏时期，“文人无行”成为社会的流行看法，故而曹丕《与吴质书》有“观古今文人，类不护细行，鲜能以名节自立”[⑦]的断言，这也成为这一时期评论文人缺乏“文德”的重要论断。曹丕据此在《典论·论文》中列举了“文人相轻”“贵远贱近”“向声背实”[⑧]等毛病，在文学思想史上产生了重要的影响。

---

① 《礼记正义》，《十三经注疏》，北京：中华书局，1980年，第1640页。

② 黄晖：《论衡校释》，北京：中华书局，1990年，第1149页。

③ 《论衡校释》，第867页。

④ 在《自纪》篇中，王充明确表达了“文德不丰，非吾所臧”（《论衡校释》，第1205页）的著述初衷，认为自己的《论衡》，在“德”“言”方面，可以无愧于孔子的君子之德。

⑤ 章太炎：《国故论衡·文学总略》，上海：上海古籍出版社，2003年，第55页。

⑥ 汪继培：《潜夫论笺校正》，北京：中华书局，1985年，第16—19页。

⑦ [三国魏]曹丕：《与吴质书》，《六臣注文选》，北京：中华书局，2012年，第787页。

⑧ [三国魏]曹丕：《典论·论文》，《六臣注文选》，第966—967页。

纵观整个六朝，对于“文人无行”的批评不绝于耳，譬如稍晚于刘勰，北齐杨遵彦《文德论》“古今辞人，皆负才遗行，浇薄险忌”[①]的短语，颜之推《颜氏家训·文章》以“自古文人，多陷轻薄”[②]批评三十六位文人的品德，在文学思想史上影响都是很大的。而对此一问题愤愤不平，一心想为文人正名的，则是齐梁时期的刘勰。《文心雕龙》全书，论及德行与文章问题的地方颇多，“文德”业已成为全书批评伦理的重要规范。譬如《宗经》“文以行立，行以文传”[③]、《祝盟》“立诚在肃，修辞必甘”[④]、《谐隐》“曾是莠言，有亏德音”[⑤]、《诸子》“立德何隐？含道必授”[⑥]、《序志》“君子处世，树德建言”[⑦]，等等。而专论文人德行的《程器》篇，更是言辞急切。《程器》具有明确的针对性，所针对的就是曹丕“古今文人，类不护细行”的断语，以及韦诞对王粲等“建安七子”的苛评。为了纠正时人对上述言论的随声附和，刘勰遍举了十六位文人在品行上的瑕疵，诸如“相如窃妻而受金”“扬雄嗜酒而少算”“仲宣轻锐以躁竞”“丁仪贪婪以乞货”等，与此对照，又列举了七位古代将相品德上的瑕疵，如“管仲孝窃”“吴起之贪淫”，以此说明人人皆有缺点，即便是历史上那些伟大人物也不例外。接着，他又列举了六位具有美德的文人，诸如“屈贾之忠贞”“邹枚之机觉”等，以此说明并非所有文人都不注意小节。刘勰不厌其烦地举例，表达了对“文人无行”这一世俗偏见的强烈不满。最后，他指出理想的文人应该是“梓材之士”，具备“蓄素以弸中，散采以彪外，楩柟其质，豫章其干”的品行。在刘勰看来，只有文质彬彬、文武兼备的文人，才能藏器于身，“待时而动”，成为大才，“穷则独善以垂文，达则奉时以骋绩”，如此这般，方能“瞻彼前修，有懿文德”[⑧]。总体来看，在《程器》篇中，由于刘勰过多地举证，有关“文”与“德”关系的论证反而被疏忽，因而对于批评伦理意义上的“文德”论而言，理论贡献并不明显。

三

古人有关“文德”的理解，自汉代以来取得道德文章的明确涵义后，大体上呈现出两种主要的价值取向：文德并重、重德轻文。有关德行文章并重的看法，较早的论述如晋代的葛洪。在《抱朴子·尚博》中，葛洪对于德行为本、文章为末的观点并不认同，他认为：“文章之与德行，犹十足之与一丈，谓之余事，未之前闻。”[⑨]为此，他以“精粗”为喻进一步阐明文章的重要性，并认为：“德行为有事，优劣易见；文章微妙，其体难识。夫易见者粗也，难识者精也。夫唯粗也，故铨衡有定焉；夫唯精也，故品藻难一也。吾故舍易见

① [北齐]杨愔：《文德论》，[清]严可均《全北齐文》，北京：商务印书馆，1999年，第29页。
② 王利器：《颜氏家训集解》，北京：中华书局，1993年，第237页。
③ 《文心雕龙义证》，第85页。
④ 同上，第385页。
⑤ 同上，第536页。
⑥ 同上，第663页。
⑦ 同上，第1903页。
⑧ 同上，第1865—1895页。
⑨ 杨明照：《抱朴子外篇校笺》(下)，北京：中华书局，1997年，第113页。

之粗，而论难识之精，不亦可乎？”[①]在他看来，德行与文章乃伯仲之间，同等重要。这是历代“文德”论中较为公允的主流看法。

唐宋以后的古文家通常把学问修养放在第一位，但对于词章之学也很重视，在“文德”问题上，大多取“立行”为先、文德并重的观点。韩愈及其门人强调学习古文重在“立行”，《答李翊书》认为要达到古代立言者的标准，必定“根之茂者其实遂，膏之沃者其光晔，仁义之人，其言蔼如也”[②]，《答尉迟生书》认为自身修养对于为文极为重要，“夫所谓文者，必有诸其中，是故君子慎其实”[③]，这与孔孟有关“德”“言”的观点是一脉相承的，均包含了“立言”先于“立行”的思想。至于如何“立行”，韩门弟子李翱认为：“学古文者，悦古人之行者，爱古人之道也。故学其言，不可以不行其行；行其行不可以不重其道。”[④]基本上是承续了韩愈的看法。同一时期的柳宗元，对于“文德”的看法，与韩愈颇为近似。他认为“文者以明道”[⑤]“道假辞而明”[⑥]“大都文以行为本，在先诚其中”[⑦]，要真正有志于道，就必须熟读“六经”，研习孔孟之道，而且要旷日持久，勿求速成。比较而言，尔后北宋的欧阳修，更为强调“立言”的重要性。在《送徐无党南归序》中，他将修身、施事、见言视为圣人的“不朽而存”[⑧]，并以《诗》《书》《史记》等为例，说明修身未必能见言，施事也未必能见言，也就是说，有德行修养者未必有文章言辞，这就极大地提升了“立言”的独立地位。在他看来，只有将上述三者结合起来，“履之以身，施之于事，而又见于文章”，方能“发之以信后世”[⑨]。继欧阳修之后，苏轼主盟文坛，“文”与“德”“文”与“辞”之区别，更加清晰。与苏轼交谊颇深的毕仲游，对于“文”“德”关系有非常清晰的阐发。《文议》：“世之谓文者不系于德，谓德者不系于文。夫文章之士虽不系于有德无德，而无德者不能为有德之文，有文之人不皆有德，有德之人不皆有文，有文者无德，则不尽其善。”[⑩]虽然毕仲游仍然认同文德一体的传统看法，但对于其时“文者不系于德”“德者不系于文”的现实状况也是承认的。在他看来，“文章之士虽不系于有德无德”“而无德者不能为有德之文”，也就是说，“德”之有无，并不影响“文”，他只强调一点，那就是“无德之人不能为有德之文”。按照毕氏的语意脉络，有德者不必有文，无德者亦可有文，这也意味着，“德”不再是衡量“文”的唯一标准，“文”的独立地位愈加突出了。

不同于古文家强调道德文章一致，文章内容形式一致，宋以后的理学家大都重德轻文。理学家所谓的“德”大多与天理性命相关，“文”则是载道的工具而已。周敦颐“文所

---

① 杨明照：《抱朴子外篇校笺》（下），北京：中华书局，1997年，第107页。

② 马其昶：《韩昌黎文集校注》，上海：上海古籍出版社，1987年，第168页。

③ 《韩昌黎文集校注》，第145页。

④ ［唐］李翱：《答朱载言书》，周祖譔《隋唐五代文论选》，北京：人民文学出版社，1990年，第224页。

⑤ ［唐］柳宗元：《答韦中立论师道书》，《柳宗元集》，北京：中华书局，1979年，第873页。

⑥ 《报崔黯秀才论为文书》，《柳宗元集》，第886页。

⑦ 《报袁君陈秀才避师名书》，《柳宗元集》，第880页。

⑧ ［宋］欧阳修：《欧阳修全集》，北京：中华书局，2001年，第631—632页。

⑨ 同上，第978页。

⑩ ［宋］毕仲游：《文议》，《西台集》，文渊阁《四库全书》本。

以载道也”[①]“文辞，艺也，道德，实也”[②]的断言，表达出鲜明的重道德轻文辞的倾向，此论影响巨大，成为理学家有关“文德”问题的基本判断。尔后程颐认为作文害道，为文玩物丧志，将此论推到极致。南宋朱熹不满于苏轼文道合一的观点，认为“文皆是从道中流出”[③]，“道者，文之根本，文者，道之枝叶”[④]。在他看来，以文贯道是本末倒置，因而苏文之害正道，超过佛老。对于文与道之间互为表里的关系，朱子虽然也有比较公允的看法，譬如《论语・子罕》：“文王既没，文不在兹乎？”朱熹集注：“道之显者谓之文，盖礼乐制度之谓。不曰道而曰文，亦谦辞也。”[⑤]但他同时又认为文词为小技，鄙视词章之“文”，甚至偏激地断定诗不学也能作。《答汪叔耕》：“至于文章，一小技耳。以言乎迩，则不足以治己；以言乎远，则无以及人。”[⑥]《答杨宋卿》：“然则诗者，岂复有工拙哉？亦视其志之所向者高下如何耳。是以古之君子，德足以求其志，必出于高明纯一之地，其于诗固不学而能之。至于格律之精粗，用韵属对比事之善否，今以魏晋以前诸贤之作考之，盖未有用意于其间者，而况于古诗之流乎？”[⑦]理学家这种重德轻文的倾向，体现在思想各个方面，譬如在阐发“修辞立其诚”时，理学家更多的会在“诚”上下功夫，引申出思诚、诚之、自诚明、自明诚、至诚诸问题，从而将修养论、功夫论引入他们熟知的境界论、本体论的论域，而对于“修辞”诸问题，则基本存而不论了。值得注意的是，唐宋以后，随着对“文道”问题的愈加关注，古人在论及“文德”诸问题时，常常会与文道问题联系在一起，甚或因谈论文道而带出或旁及“文德”，也是一种较为普遍的做法，这与早期文献中文道的用法有很大的不同。譬如管子视道与德为共相与个相的体用关系，《管子・心术上》：“德者，道之舍。”[⑧]又云：“虚无无行谓之道，化育万物谓之德。”[⑨]此“文道”等同于“文德”。又如《国语・齐语》“隐武事，行文道”[⑩]，《逸周书》“内无文道，外无武迹”[⑪]，此“文道”亦等同于“文德”。

除文道外，汉代以来，以气来阐释“文德”也渐成风尚，尤其是养气与人文德行修养，成为论述“文德”问题时的新维度。譬如汉代董仲舒《春秋繁露・循天之道》、元代刘将孙《彭宏济诗序》、南宋陆游《方德亨诗集序》、清代魏禧《论世堂文集序》等，均为经典之作，其中最具有代表性的，是明代宋濂的《文原》。宋氏位列开国文臣之首，以继承道统为己任，坚持宗经师古、明道致用，其文质朴简洁、雍容典雅，承续了儒家正统一系的文脉。在《文原》中，他提出了有关文章写作中义理、事功、文章一体的主张，对于传统“文

---

① [宋]周敦颐：《通书・文辞》，《周敦颐集》，北京：中华书局，1990年，第35页。
② 《周敦颐集》，第36页。
③ [宋]朱熹著、黎靖德编：《朱子语类》，北京：中华书局，1986年，第3305页。
④ 《朱子语类》，第3319页。
⑤ [宋]朱熹：《四书章句集注》，北京：中华书局，1983年，第110页。
⑥ [宋]朱熹：《朱子文集》，上海：上海商务印书馆，1938年，第290页。
⑦ 《朱子文集》，第366页。
⑧ 《管子校注》，第770页。
⑨ 同上，第759页。
⑩ 《国语》，第242页。
⑪ 《逸周书汇校集注》，第1167页。

德”论的发展具有重要意义。他认为文章的好坏，不仅取决于文字的功夫，更要从为文者的根本，即养气上下功夫。《文原》：“为文必在养气，气与天地同，苟能充之，则可配序三灵，管摄万汇。不然则一介之小夫尔，君子所以攻内不攻外，图大不图小也。”[①]宋氏之养气，远眺孟子，承接曹丕，所指不仅仅在于获得知识层面的认知能力，更为重要的是实现道德上的自我完善，完成价值主体的人格建构。在他看来，只有在身诚、心明、气平、道恒、德成的至善境界中，其身、言、仪皆合礼乐、皆合规矩，方能一切皆“文”，故云“道明而后气充，气充而后文雄”(《文宪集・文说》)，“道德仁义积而气因以充，气充，欲其文之不昌，不可遏也”(《文宪集・浦阳人物记・文学篇序》)。宋濂强调“为文必在养气”，这种养气不同于古文家的行文气势，而是偏于孟子的浩然之气，故谓“人能养气，则情深而文明，气盛而化神，当与天地同功也”(《文宪集・文原》)。此气与天地之气、文章之气循环往复、交相辉映。总的来看，在谈论为文者的道德修养上，宋濂强调养气为先、气充文至，大量借鉴了传统文气论的思想资源。但不同于文气论包含作者修养、文本风格、文章气象等多方面内蕴，他所关注的在于文章写作与修德立言之间的关系。至于如何养气，他遵循的仍然是荀子征圣、宗经、博学的老路子，并无多少新意而言。

最后，值得一提的是清初章学诚的“文德”论。《文史通义》有《文德》《史德》篇，章氏之所以论“文德”，乃是比照“史德”而来。对于“德”的解释，见于《史德》“谓著书者之心术也”[②]。所谓“文德”，按章学诚的说法，就是“临文必敬”“论古必恕”“知临文之不可无敬恕，则知文德矣”[③]，这与传统“文德”论讲文人道德文章是不同的。所谓“临文必敬”“论古必恕”，确如钱锺书所言，乃文士“操觚时之居心”而非“平日之修身”[④]，所关注的是创作者或批评者的态度，诸如要心平气和、设身处地等等，这与本文以上所论述的“文德”的两种基本涵义，均不相同。由此可见。在《文德》开篇，章氏即明言自己的“文德”与孔子德言、孟子知言不同，确实并非虚言。但在接下来进一步论述“文德”时，章氏明显又受制于传统“文德”论言说的牵引，不自觉的借用了传统“文德”论的思想资源。诸如主敬、养气、知人论世、恕道等方式方法或价值规范，因而他所声称的独门秘籍的“文德”，最终还是落入了传统“文德”论的言说套路。就此而论，章太炎说他“窃焉”[⑤]，也并非没有道理。简言之，章氏“文德”，就其定义而言，与传统大不相同；就其论证而言，与传统并无二致。如果设身处地考虑章学诚所处的时代语境及其所针对的考据之风，那么，章氏“文德”论也算是对传统“文德”思想的一种另类总结吧。

（作者单位：首都师范大学文学院）

① [明]宋濂：《文宪集・文原》，文渊阁《四库全书》本。下引《文宪集》皆据此本，仅注篇名。

② 叶瑛：《文史通义校注》，北京：中华书局，1994年，第219页。

③ 《文史通义校注》，第278页。

④ 钱锺书：《管锥编》第4册，北京：中华书局，1979年，第1505页。

⑤ 《国故论衡・文学总略》，第55页。

《文心雕龙·章表》与《文选》表文之选的比较*

赵亦雅

作为中国第一部文论专著和现存第一部诗文总集,《文心雕龙》与《文选》在我国文化史上有着举足轻重的地位。对此,魏素足先生称赞道:"二者一为理论之明示,一为作品之实践,堪称为六朝文坛之双璧,在中国文学史上闪耀着令人不可忽视之光芒。"[①]前代学者如胡应麟、孙梅、骆鸿凯[②]等人已经指出《文心雕龙》和《文选》在选文定篇上有不谋而合处,应当"相辅而行"地进行研究,本文即欲阐述、辨析《文心雕龙·章表》篇与《文选》表文之选在文体认识、评选代表作家作品以及著录观念上的异同。

一、刘勰对章表源流的阐述

作为选集,《文选》并未论及对表文的认识。而《文心雕龙·章表》篇中首先论述了章表的产生和形成过程。刘勰指出在尧舜时期"敷奏以言,明试以功"[③],即朝臣向天子口头陈奏,天子据此论功行赏。"然则敷奏以言,则章表之义也。"刘勰认为此时虽然没有书面成文,但这种口头陈奏已经具有章表的意义了。"至太甲既立,伊尹书诫;思庸归亳,又作书以赞:文翰献替,事斯见矣。"[④]商代伊尹作《伊训》《太甲训》对君主进言,由书面文章来劝善规过就由此开始了。"周监二代,文理弥盛。再拜稽首,对扬休命,承文受册,敢当丕显:虽言笔未分,而陈谢可见。"[⑤]刘勰认为由于借鉴夏、商二代的制度,周代的礼仪更为隆重,那些再三叩头、敢当重任的言辞,虽然没有口头表达和书面陈述的区别,但陈辞答谢之意是明白可见的。刘勰接着说:"降及七国,未变古式;言事于王,皆称上

---

* 基金项目:山东大学人文社会科学重大研究项目"《文心雕龙》汇释及百年'龙学'学案"(17RWZD04)阶段性成果。

① 魏素足:《〈文选序〉与〈文心雕龙〉之比较研究》,《空大人文学报》,2001年12月。

② 明代胡应麟称:"萧统之选,鉴别昭融;刘勰之评,议论精凿。"清代孙梅认为"昭明太子纂辑《文选》,为词宗标准。彦和此书,实总括大凡,妙抉其心。两书宜相辅而行者也"。骆鸿凯认为"《刘勰传》载其兼东宫通事舍人,深被昭明爱接;《雕龙》论文之言,又若为《文选》印证,笙磬同音。是岂不谋而合,抑尝共讨论,故宗旨如一耶"。

③ [南朝梁]刘勰:《文心雕龙·章表》,戚良德:《文心雕龙校注通译》,上海:上海古籍出版社,2008年,第261页。

④⑤ 同上,第262页。

书。秦初定制，改书曰奏。”[①]到了战国，臣下向君主论政事，皆称上书。而秦代把“上书”称为“奏”，汉代进一步细分，把“上书”分为四品：“章”“奏”“表”“议”，同时刘勰指出四者不同在于“章以谢恩，奏以按劾，表以陈请，议以执异”[②]。章表之名就这样确立下来。刘勰进而对章表进行“释名以章义”时指出“章者，明也”，“表者，标也”[③]。刘勰认为所谓“章”，就是明显；所谓“表”，就是表明。章表的名称，就取自于这样的意义。

现存最早对章表进行介绍的是蔡邕的《独断》：

> 凡群臣上书于天子者有四名：一曰章，二曰奏，三曰表，四曰驳议。章者，需头，称“稽首”，上书谢恩、陈事，诣阙通者也。……表者，不需头，上言“臣某言”，下言“臣某诚惶诚恐，顿首顿首，死罪死罪”，左方下附曰“某官臣某甲上”。文多，用编两行；文少，以五行。诣尚书通者也。公卿、校尉、诸将不言姓；大夫以下有同姓官别者言姓。章曰“报闻”。公卿使谒者；将大夫以下至吏民，尚书左丞奏闻报可。表文报“已奏如书”。凡章表皆启封；其言密事，得帛囊盛。[④]

蔡邕早刘勰约三百年，从其论可见当时对章、表的区分还是比较明确的：有无需头[⑤]、称呼和落款以及交付官员[⑥]的不同。虽然设立之初有“表以陈请”“章以谢恩”的不同，但据仇海平先生考证，随着实际发展，“东汉末，章表之界限已模糊。魏晋以后，章表尤难区分”，“两汉时期，表文内容已涉及陈事、贡物、让谢、举荐等。魏晋以后，表文颇为盛行，内容涉及政务之方方面面”。而这正如刘勰所指出的“表体多包”，即表文具有内容丰富的特点。而仇先生同时指出“‘章’与‘表’二体互渗，其文体功能遂广。然而，与其他奏议类文体不同的是，由于谢章无关政要，史书多不收录，其体渐衰”[⑦]。明代徐师曾称：“自唐而后，此制（章）遂亡。”[⑧]

《章表》篇齐头并进式的行文结构也可以从一个侧面说明南朝时章表之界限模糊，该篇在行文上与《文心雕龙》的文体论其他两体一篇的行文结构不同，比如《铭箴》是先讲铭再讲箴，《颂赞》是先说颂后说赞，《章表》篇却是章表并列、齐头并进的行文结构。这说明在齐梁时期，博学如刘勰亦难以用某种标准严格地区分章表了。所以张立斋先生指出“（章表）立体虽殊，而用事常浑，只可大别，未遑细判”。[⑨]

二、《文心雕龙》与《文选》对历代表文的评选

《文选》收表文共一十九篇，除诗、赋这两大类之外，这个数量在其余文类里面排名

①②③　[南朝梁]刘勰：《文心雕龙·章表》，戚良德：《文心雕龙校注通译》，上海：上海古籍出版社，2008年，第263页。

④　[汉]蔡邕：《独断》，北京：中华书局，1985年，第4页。

⑤　据代国玺先生考证，需头指“臣民上章奏之时留数枚空简于其末，以供皇帝批答之用”。代国玺：《汉代章奏文书‘需头’与‘言姓’问题考论》，《兰州学刊》2017年第8期。

⑥　参见何靖：《〈文心雕龙·章表〉考论》（上），《文学与文化》2017年第3期。

⑦　仇海平：《秦汉魏晋南北朝奏议研究》，河北师范大学博士学位论文，2009年。

⑧　[明]徐师曾：《文体明辨序说》，北京：人民文学出版社，1962年，第121页。

⑨　张立斋：《文心雕龙注订》，北京：国家图书馆出版社，2010年，第202页。

第二，不可谓少。其中涉及作家及作品数量见下表：

朝代及总数		作家及作品数量							
三国	4	孔融 1	诸葛亮 1	曹植 2					
晋	8	羊祜 1	李密 1	陆机 1	刘琨 1	张悛 1	庾亮 1	恒温 1	殷仲文 1
南朝	7	傅亮 2	任昉 5						

将表文作者按所处的时代纵向排列，《文选》编者对于各个朝代的选择一目了然，非常类似于《文心雕龙》"选文以定篇"的工作。两书中所选、所论的历代表文涉及两汉至南朝，故分别述之：

1. 两汉表文

汉代表文在《文选》中并未收录。《章表》篇中刘勰说："前汉表谢，寡篇遗存。及后汉察举，必试章奏。"[①]西汉的表文流传很少，到了东汉，官吏的选拔已经必然考察章奏的写作。这里刘勰举出两个代表作家，"左雄表议，台阁为式；胡广章奏，'天下第一'，并当时之杰笔也"。[②]东汉左雄、胡广的章表皆为佳作，并称为当时之"杰笔"。刘勰的议论于史可考，《后汉书·左雄传》载："自雄掌纳言，多所匡肃，每有章表奏议，台阁以为故事。"[③]左雄于汉安帝时举孝廉，后任冀州刺史，顺帝初年，公车征拜任议郎。上书直谏，言辞深切，对朝政多有匡扶肃理。《后汉书·胡广传》载广举孝廉，"既到京师，试以章奏，安帝以广为天下第一。"[④]《后汉书·顺帝纪》载阳嘉元年(132)十一月"初令郡国举孝廉，限年四十以上，诸生通章句，文吏能笺奏，乃得应选。"[⑤]李乃龙先生指出："正是安帝对章表的重视及由此造成的文化舆论，才使顺帝以章表为察试诸生的形式之一。"[⑥]由此可见章表在国家政治中的重要作用。

2. 三国表文

自晋文公以来，形成了受官受爵三辞而后就的传统。《章表》称："汉末让表，以三为限。"[⑦]与政治和经济上提出的简化政令相一致，曹操对传统表文的程序以及浮华的文风进行了改革。《章表》云："曹公称：为表不必三让，又勿得浮华；所以魏初表章，指事造实；求其靡丽，则未足美矣。"[⑧]曹操提出上表不必三让，也不要浮华。所以魏初章表据事直陈，但是刘勰对此提出批评，认为这类章表虽然能够"指事造实"，但文辞修饰不够。

①② [南朝梁]刘勰：《文心雕龙·章表》，戚良德：《文心雕龙校注通译》，上海：上海古籍出版社，2008年，第264页。

③ [南朝宋]范晔：《后汉书·左雄传》，北京：中华书局，1965年，第2022页。

④ [南朝宋]范晔：《后汉书·胡广传》，第1505页。

⑤ [南朝宋]范晔：《后汉书·顺帝纪》，第261页。

⑥ 李乃龙：《文选文研究》，桂林：广西师范大学出版社，2013年，第64页。

⑦ [南朝梁]刘勰：《文心雕龙·章表》，戚良德：《文心雕龙校注通译》，第264页。

⑧ 同上，第264—265页。

这里可以看出，刘勰认为表文除了满足讲述事实的基本条件，还应具有文辞之美。

对于三国时期的表文，《章表》篇和《文选》共同涉及的代表作家有孔融、诸葛亮和曹植。孔融的《荐祢衡表》推重祢衡的品德和才能。祢衡少有才名，文采出众，而性格刚毅傲慢，好侮慢权贵。孔融惜其才华高绝，上表盛赞他“忠果正直，志怀霜雪，见善若惊，疾恶若仇”，“飞辩骋辞，溢气坌涌，解疑释结，临敌有余”①。行文气势昂扬，文采飞动，正因如此，故而该篇被刘勰称为“气扬采飞”②。孔融此文，正体现出建安时期的慷慨之音。清代何焯认为“章表多浮，此建安文敝。特其气犹壮”③，也是对此文气度的高度称赞。

《出师表》是诸葛亮在北伐前给后主刘禅上书的表文，表中阐述了北伐的必要性及对后主刘禅治国寄予的期望，劝勉后主要广开言路、严明赏罚、亲贤远佞，从而兴复汉室，同时也表达自己以身许国的志愿。金圣叹称诸葛亮在文中“切切开导，勤勤叮咛，一回如严父，一回如慈妪”，“盖先生此日此表之涕泣，固自有甚难甚难于嗣主者，而非为汉贼之不两立也。”④此表感情深沉，行文流畅疏当，语言质直朴素。故而被刘勰称为“志尽文畅”，即情志酣畅而文辞通畅。陆游称“出师一表真名世，千古谁堪伯仲间”⑤，既赞此表，也赞诸葛亮。该表文与《荐祢衡表》共同被刘勰称为“虽华实异旨，并表之英也”⑥。

刘勰对曹植的表文评价极高，“陈思之表，独冠群才”。《文选》选其《求自试表》《求通亲亲表》。这两篇表文的写作背景与曹植当时的政治境遇有关，武帝死后，曹植深受文帝、明帝忌惮和打压。纵然如此，在此情况下他仍在《求自试表》中上书明帝请求给予他建功立业的抱负。“虽未能擒权馘亮，庶将虏其雄率，歼其丑类。必效须臾之捷，以减终身之愧，使名挂史笔，事列朝荣。虽身分蜀境，首悬吴阙，犹生之年也。”⑦荡气回肠的情感与气势分毫未减其少年时“捐躯赴国难，视死忽如归”⑧的初衷。《求通亲亲表》里，曹植对“婚媾不通，兄弟永绝，吉凶之问塞，庆吊之礼废。恩纪之违，甚于路人，隔阂之异，殊于胡越”⑨的状况不满，通过大量援引典故和使用比喻的婉转手法，表达对朝廷解除禁令的企望。全文感情恳切沉郁，文采蔚然。刘勰称赞曹植的表文“观其体赡而律调，辞清而志显；应物制巧，随变生趣；执辔有馀，故能缓急应节矣”⑩。刘勰认为其体制完整而音律协调，文辞清朗而情志显达，随物赋形而技巧圆熟，具有很高的驾驭能力从而恰到好处。在《才略》中刘勰称赞曹植“思捷而才俊，诗丽而表逸”⑪，与《章表》篇中的赞扬也是一致的。

此外，刘勰评价“建安七子”中的陈琳、阮瑀“琳、瑀章表，有誉当时；孔璋称健，则其标也”⑫。陈琳、阮瑀的章表称美于当时，而陈琳尤为突出。曹丕《典论论文》称：“琳、瑀

---

① [南朝梁]萧统编、[唐]李善注：《文选》，上海：上海古籍出版社，1986年，第1668—1669页。

② [南朝梁]刘勰：《文心雕龙·章表》，戚良德：《文心雕龙校注通译》，上海：上海古籍出版社，2008年，第265页。

③ [清]何焯：《义门读书记》，上海：上海古籍出版社，1992年，第712页。

④ [清]金圣叹选评：《天下才子必读书》，合肥：安徽文艺出版社，1992年，第549页。

⑤ [宋]陆游：《书愤》，钱仲联校注：《剑南诗稿校注》，上海：上海古籍出版社，1985年，第1346页。

⑥⑩⑫ [南朝梁]刘勰：《文心雕龙·章表》，戚良德：《文心雕龙校注通译》，第265页。

⑦ [南朝梁]萧统编、[唐]李善注：《文选》，第1679页。

⑧ [三国魏]曹植：《白马篇》，赵幼文校注：《曹植集校注》，北京：人民文学出版社，1984年，第412页。

⑨ [南朝梁]萧统编、[唐]李善注：《文选》，第1686页。

⑪ [南朝梁]刘勰：《文心雕龙·才略》，戚良德：《文心雕龙校注通译》，第531页。

之章表书记，今之隽也。”[①]《与吴质书》称：“孔璋章表殊健，微为繁富。”[②]可为旁证。

3. 晋代表文

《文选》选了八位晋代作家的八篇作品，而刘勰提到了张华、羊祜、庾亮、刘琨、张骏五人的作品。二书共同涉及的有羊祜《让开府表》、庾亮《让中书令表》和刘琨的《劝进表》。羊祜因镇守荆州时功励卓著而被武帝赐予表彰，加车骑将军，并开府同三司之仪。表中自陈以外戚之身而获得荣宠的担忧以及对天下才德之士埋没草野未予推荐的羞愧，表达了辞让加封的坚定决心。其不矜贵、不居功的品德当时传为美谈，李充称赞《让开府表》“可谓德音矣”[③]，所以刘勰称此文是“有誉于前谈”[④]。

庾亮《让中书令表》是谦让晋明帝所与之官位而作。作为晋明帝皇后的兄长，庾亮言及自己“凡庸固陋，少无殊操”，本就因外戚的身份而受到亲重，若“领中书，则示天下私”，因而“冒亲以求一才之用，未若防嫌以明公道”。亮身为贵戚却在此表中痛陈两汉、西晋因宠幸外戚并由此导致的倾覆，总结出了“抑后党安，进婚族危”[⑤]的经验教训，力劝皇帝以史为鉴避免姻党之祸。正因心忧天下，情感真挚，庾亮的人格风度尽显，而令后世读者肃然起敬。语言雍容雅致，落落大方。此表被刘勰称为“信美于往载”[⑥]。此处的“美”并不仅仅指文辞，更可理解为对作者心忧社稷、品格端直的赞赏。羊祜、庾亮的这两篇表文被刘勰并称“序志联类，有文雅焉”[⑦]，认为二者无论是抒发情志还是排比事类，文辞都颇为雅正。

对于刘琨的《劝进表》，从当时的历史背景来看，其文超越了一般意义上的文书，是一篇深具爱国情怀的慷慨悲思之作。西晋末年，胡人入侵，晋都失守，晋愍帝被掳杀，于是刘琨上表镇守南方的琅琊王司马睿，劝请其登基。刘琨以出众的文采、真挚沉痛的感情，陈述了国之艰难，诉说自己对晋室的忠诚及对异族侵略的义愤填膺。这篇表文与张骏的自序表被刘勰认为是“文致耿介，并陈事之美表也”[⑧]。刘勰所指出的“耿介”即光明正大的特色，正是从其激昂慷慨的家国情怀着眼的。

此外，刘勰还高度赞扬了张华之表，“逮晋初笔札，则张华为俊：其三让公封，理周辞要；引义比事，必得其偶；世珍《鷦鷯》，莫顾章表”[⑨]。刘勰叹息世人只夸赞张华的《鷦鷯赋》，却忽视其章表的佳作。张华之表文好在何处？那就是“理周辞要”，即说理周详而文辞简要，排比事类上使用了对偶的手法。从对张华表文的评价上可以看出刘勰认为章表应当讲究情理和辞采的统一。

《文选》中所收李密《陈情表》是上给晋武帝的辞封表。时晋武帝立太子后征李密为太子洗马，李密上表辞不应召。文中通过陈述自己与祖母之间的深厚感情，用报答养育之恩为由，婉拒了晋武帝的征召。表中祖孙间的亲情及个人身处忠孝之间的两难境地，

① ［三国魏］曹丕：《典论·论文》，郭绍虞：《中国历代文论选》，上海：上海古籍出版社，2001年，第158页。

② ［三国魏］曹丕：《与吴质书》，郭绍虞：《中国历代文论选》，第165页。

③ ［晋］李充：《翰林论》，穆克宏：《魏晋南北朝文论全编》，上海：上海远东出版社，2012年，第62页。

④⑥⑦⑧⑨ ［南朝梁］刘勰：《文心雕龙·章表》，戚良德：《文心雕龙校注通译》，第266页。

⑤ ［南朝梁］萧统编、［唐］李善注：《文选》，第1716—1718页。

被李密写得如泣如诉、婉转畅达。该文情真意切,语言也堪称精彩。该文在《文心》中未有评论,对于这一现象,有学者指出"纵观《文心雕龙·章表》所论表文,虽亦多重情感的抒发……皆乃事关君国之'公',而很少只关涉一己之私情者","《文心雕龙》不论此篇,则因它在表文一体中较为特殊,其以私情的表达为主要内容与同时代的其他表文不甚相同"[①]。此论确有一定道理,因为刘勰在《章表》中指出"章表奏议,经国之枢机"[②],他是从经国大业的立场上去理解和看待表文的,而《陈情表》未涉国事只关乎个人私情。

《文选》收录的晋代表文还有陆机的《谢平原内史表》,此文是其蒙冤入狱又被平反赐官平原内史一职后所作。陆机在表中叙述了其由恩到冤,再由冤转恩的详细经过,表达了对皇帝的感激之情。文辞优美,典雅富丽。桓温《荐谯元彦表》是为举荐其在平定蜀地后所遇的才士谯元彦而作的,表中还涉及了桓温对朝廷任用人才所提出的意见。全篇气势雄健而语言畅达。殷仲文《解尚书表》的写作背景是桓玄篡位安帝司马德宗,后安帝复辟帝位,作为桓玄亲信的殷仲文上书引咎辞职。这篇表文以简约的文辞,陈述了作者自请解职的原因,凝练简洁,用词精当。但参考史实,其人政治上的投机行为实属士无特操。情辞相违,实为虚伪。反观刘勰在《章表》篇提出"然恳恻者辞为心使,浮侈者情为文出"[③],虽然是上书朝廷的公文,刘勰也强调情的重要性从而在行文时"辞为心使"。

4. 南朝表文

《文选》选录了南朝时期的两位作家的七篇表文,《文心雕龙》则未有涉及。不过统观《文心》全书,刘勰对当代作品评价较少,最晚也只论及宋代。《文选》收傅亮《为宋公至洛阳谒五陵表》《为宋公求加赠刘前军表》。前者描写了刘裕北伐途经洛阳、拜谒五陵的情况,全文不足二百字,却辞约义丰。其中"山川无改,城阙为墟。宫庙隳顿,钟簴空列。观宇之馀,鞠为禾黍。廛里萧条,鸡犬罕音"[④],萧条之景,如在目前。后文是替刘裕向晋安帝为已故的刘穆之请求追加封赠所作,体现出对刘穆之功绩的肯定。全篇文辞精致、感情充沛。《文选》收任昉五篇表文,可见萧统对其作品青睐有加。任昉以善作表、奏、书、启而闻名其时,史称"当世王公表奏,莫不请焉","才思无穷……起草即成,不加点窜"[⑤],他与以诗闻名的沈约并称"沈诗任笔"。《为范始兴作求立太宰碑表》是他替范云为萧子良求赠荣誉所作,《为齐明帝让宣城郡公第一表》《为萧扬州荐士表》《为范尚书让吏部封侯第一表》《为褚谘议蓁让代兄袭封表》均为其代笔之作。其表文语言精丽,用典自如,行文工整,声律讲究,有骈文色彩。任昉之作的确堪称南朝表文的代表。

通过上述历代表文评、选情况可以发现,对于三国时期的表文,《文心雕龙》和《文选》提及的代表作家、作品基本吻合,孔融的《荐祢衡表》、诸葛亮的《出师表》,曹植的表

① 赵俊玲:《〈文心雕龙〉与〈文选〉表文观辨析》,《兰州学刊》2013年第4期。
② [南朝梁]刘勰:《文心雕龙·章表》,戚良德:《文心雕龙校注通译》,第263—264页。
③ 同上,第266页。
④ [南朝梁]萧统编、[唐]李善注:《文选》,第1726页。
⑤ [唐]姚思廉:《梁书·任昉传》,北京:中华书局,1973年,第253页。

文，二书均给予了肯定。晋代羊祜《让开府表》、庾亮《让中书令表》、刘琨《劝进表》，也均出现在两书中。当然许多表文之优秀早已得到当时公认，并不只是他们二人的个人喜好。如李充《翰林论》论曰："表宜远大为本，不从华藻为先。若曹子建之表，可谓成文矣。诸葛亮之表刘主，裴公之辞侍中，羊公之让开府，可谓德音矣。"[①]

三、《文心雕龙》与《文选》对表文的评价标准

1. 审美认识上的不同

《文选》作为一部诗文选集，蕴含着编选者的文学思想，体现了编选者的好尚。学者一般将"事出于沉思，义归乎翰藻"[②]作为《文选》的选录标准。但实际上将这两句理解为针对"记事之史，系年之书"中的赞论、序述而发更为妥当。萧统认为史书的赞论、序述出于作者的精心思考又富有文采，故而入选。从这一点看，《文选》的入选标准确实是很注重文采的。此外，《文选序》在论及当时的文坛盛貌时说"众制锋起，源流间出。譬陶匏异器，并为入耳之娱；黼黻不同，俱为悦目之玩"[③]，这里道出了《文选》之作能归于一统，在于"入耳之娱""悦目之玩"，这是审美的要求，体现出《文选》对作品美的欣赏。

被《文心雕龙》称为表文"独冠群才"的曹植，在《文选》中不过选了两篇，而任昉一人就收录了五篇。任昉是骈文大家，其表文文笔被认为是出自傅亮一脉，却青出于蓝而胜于蓝。任昉将表文的骈文化完成的非常成熟，辞藻华丽、对仗工整、用典精妙、声律讲究，其表文堪为南朝表文新变的成熟代表。此处可见《文选》对辞藻、文采的认可和重视，也与《文选序》中"盖踵其事而增华，变其本而加厉。物既有之，文亦宜然"[④]的认识相一致。物有"踵事增华""变本加厉"的特质，由质朴发展到华丽，既是事物发展的规律也是文章发展的规律，这是对文章重视华彩的肯定，李泽厚、刘纲纪在《中国美学史》一书中认为萧统"强调华丽是文学发展的必然结果，从而为齐梁美学提倡'丽'的思想做了历史的论证"[⑤]。

刘勰论及章表的写作要领时说："章以造阙，风矩应明；表以致禁，骨采宜耀。"章表是要上达王庭呈献给帝王的，那么情思辞采都理应完备。"繁约得正，华实相胜，唇吻不滞，则中律矣。"[⑥]刘勰认为做到繁简得当，华实结合，声律调畅，就算得上符合章表的要求了。需要注意的是，刘勰极其重视"情"的作用，"情"字在《文心雕龙》中出现了一百多次[⑦]，除了专门论"情采"问题的《情采》篇外，全书论及"情"的地方也随处可见。《情采》通过分析《诗经》得出了两种不同的写作方式："昔诗人什篇，为情而造文；辞人赋颂，为

① [晋]李充：《翰林论》，穆克宏：《魏晋南北朝文论全编》，第 62 页。
② [南朝梁]萧统：《文选序》，[南朝梁]萧统编、[唐]李善注：《文选》，第 3 页。
③ 同上，第 2 页。
④ 同上，第 1 页。
⑤ 李泽厚、刘纲纪：《中国美学史》(第二卷)，北京：中国社会科学出版社，1987 年，第 563 页。
⑥ [南朝梁]刘勰：《文心雕龙·章表》，戚良德：《文心雕龙校注通译》，第 268 页。
⑦ 严明：《〈文心雕龙〉中的诗歌批评》，《镇江高专学报》2002 年 1 月。

文而造情……盖《风》《雅》之兴，志思蓄愤，而吟咏情性，以讽其上：此为情而造文也。诸子之徒，心非郁陶，苟驰夸饰，鬻声钓世：此为文而造情也。故为情者要约而写真，为文者淫丽而烦滥。”[①]显然刘勰是提倡“为情而造文”而坚决抵制“为文而造情”的。刘勰在《章表》中强调表是上达王庭的文章，应当“君子秉文，辞令有斐”[②]，但他也强调“然恳恻者辞为心使，浮侈者情为文出”[③]，这和《情采》“为情者要约而写真，为文者淫丽而烦滥”正是如出一辙。所以《章表》也贯彻了刘勰“情经辞纬”的理念。

当然《文选》所选表文也并非一味趋丽，而多为情感真切之作。萧统在《答湘东王求文集及〈诗苑英华〉书》的一段话，也常被用来作为他讲求文质并重的证据，他说：“夫文典则累野，丽亦伤浮；能丽而不浮，典而不野，文质彬彬，有君子之致，吾尝欲为之，但恨未逎耳。”[④]萧统表示“丽而不浮，典而不野”才是文质彬彬之作，文字太过质朴而不美固然是粗鄙，而只有外表华丽而不注重作品内在也会流于浮靡，这里可见萧统并不是只求华丽，不重典正。只不过对文学发展“踵事增华”的肯定和入耳悦目作用的强调体现了其对表文的审美属性是更为看重的。

2. 著录目的的不同

前文已经论及《文选》中收任昉五篇表文所体现出的对辞藻、文采的重视，《文选》之作能归于一统，在于“入耳之娱”“悦目之玩”，这是出自审美的目的。而刘勰写作《章表》，评选历代佳作，树立章表的写作规范，却并不只是出于一种审美的和文学的目的。

“摛文必在纬军国，负重必在任栋梁，穷则独善以垂文，达则奉时以骋绩”[⑤]，这是刘勰的人生价值观。他认为一个人在具备一定的综合素质后，即使是穷困时也应该著书立说，更应顺应时机主动积极地参与政治，投身于报效国家、建功立业的事业中。他孜孜以求的是经邦纬国的政治抱负。而刘勰认为经邦纬国之事是离不开“文”的，他说：“五礼资之以成，六典因之致用；君臣所以炳焕，军国所以昭明”[⑥]。文章关乎国家的礼制、法典、朝廷上下的沟通、国家大事的阐明，可以说每一个“纬军国”“任栋梁”的人都要面对写文章的问题，所以文章能力与刘勰所追求的建功立业息息相关。对于如何进行文章写作，是《文心雕龙》全书探讨的重要问题，“文之枢纽”中刘勰通过征圣、宗经确立了“六义”的基本原则；“论文叙笔”部分梳理了各类文体的写作法则；“剖情析采”中阐明了文章写作的“术”，即各项具体写作方法，可以说从各个方面给予了指引。《章表》篇正属于“论文叙笔”的一部分。

此外，刘勰在《文心雕龙》中极力强调士人应具有处理政事的能力，他说：“盖士之登

① [南朝梁]刘勰：《文心雕龙·情采》，戚良德：《文心雕龙校注通译》，上海：上海古籍出版社，2008年，第368页。

② [南朝梁]刘勰：《文心雕龙·章表》，戚良德：《文心雕龙校注通译》，第269页。

③ 同上，第266页。

④ [南朝梁]萧统：《答湘东王求文集及〈诗苑英华〉书》，穆克宏：《魏晋南北朝文论全编》，第456页。

⑤ [南朝梁]刘勰：《文心雕龙·程器》，戚良德：《文心雕龙校注通译》，第560页。

⑥ [南朝梁]刘勰：《文心雕龙·序志》，戚良德：《文心雕龙校注通译》，第566页。

庸，以成务为用。”[①]“成务”是其着力所在。《程器》赞语中“雕而不器，贞干谁则”[②]也显示了他对实际才干的重视。与此相关，刘勰对政务相关的公文也很重视，《文心雕龙》中《章表》《诏策》《檄移》等篇就可以视为公文写作论，刘勰认为“章表奏议，经国之枢机”[③]，认为它们具有极其重要的价值，于此林中明先生说刘勰“以大量的篇幅讲《祝盟》《诏策》，谈《章表》《奏启》，其实以文论为表，而政功为用”[④]，这确实道出了彦和心中所想。所以刘勰“搦笔和墨，乃始论文”[⑤]，探讨文体法则、为文之术，是因为他重视文章，因为文章关乎他孜孜以求的处理军国大事的人生抱负。

对于章表，刘勰指出“原夫章表之为用也，所以对扬王庭，昭明心曲”[⑥]。章表的用途是上书朝廷，表达自己的心意。赞中“敷表降阙，献替黼扆”[⑦]再次强调了章表的这种特点。作为治理国家的重要文献之一的章表，其佳制或痛陈时弊，或匡世辅政，正是刘勰所说的“经国之枢机”。刘勰认为章表“既其身文，且亦国华”[⑧]，优秀的章表不仅是个人的荣誉，更是国家的荣耀，这与着眼于“入耳之娱”“悦目之玩”的《文选》实有明显的区别。

（作者单位：山东大学儒学高等研究院）

① [南朝梁]刘勰：《文心雕龙·程器》，戚良德：《文心雕龙校注通译》，上海：上海古籍出版社，2008年，第559页。

② 同上，第561页。

③ [南朝梁]刘勰：《文心雕龙·章表》，戚良德：《文心雕龙校注通译》，第263—264页。

④ [南朝美]林中明：《刘勰、〈文心〉与兵略、智术》，《史学理论研究》1996年1期。

⑤ [南朝梁]刘勰：《文心雕龙·序志》，戚良德：《文心雕龙校注通译》，第566页。

⑥⑧ [南朝梁]刘勰：《文心雕龙·章表》，戚良德：《文心雕龙校注通译》，第267页。

⑦ 同上，第269页。

“异音相从”说在《文心雕龙·程器》中的运用*

宫存波

刘勰在撰写《文心雕龙》的过程中，不仅探讨文章的写作精义，而且还以骈文的形式将创作理论与创作实践完美地结合起来。可以说，刘勰的《文心雕龙》既是“体大思精”的文论巨著，也是优美精致的骈文作品。举例来讲，刘勰在《文心雕龙》中，既对声律理论进行了深入的研究，同时，他又将声律理论贯穿到全书的写作之中。整部《文心雕龙》声调错综，顿挫有致，莫不与此有关。因而，探讨《文心雕龙》的声律观，不能仅仅着眼于理论上的阐发，还应该与刘勰的骈文创作结合起来。本文拟以《程器》篇为例，着重分析刘勰对“异音相从”理论的具体运用。

一、对“异音相从”说的误解

刘勰在《文心雕龙·声律》篇中提出了调节声调的原理和方法：“异音相从谓之和。……和体抑扬，故遗响难契。”刘勰的“异音相从谓之和”是对沈约“前有浮声，后有切响”的进一步阐发。刘师培在《中国中古文学史讲义》中指出：“彦和谓‘声有飞沉，沉则响发而断，飞则声飏不还’，即沈氏所谓‘前有浮声，后须切响’，‘两句之中，轻重悉异’，谓一句之内，不得纯用浊声之字，或清声之字也。”①受此观点影响，学术界普遍认为，所谓浮声、切响，所谓飞沉，其实就是平仄，所谓“异音相从”，指的是平声和仄声两种不同声调的交错配合。这是从平仄律的角度来理解的，与实际情况并不相符。

语言学家何九盈认为：“从四声律发展为平仄律，中间约二百年。永明时代的声律说虽有清浊对立，声响对立的观念，但并无平仄对立的观点。将四声按平仄一分为二，乃近体诗的声律标准。”②郭绍虞在主编《中国历代文论选》时，曾以平仄二分的观点解释沈约《宋书·谢灵运传论》中的“欲使宫羽相变，低昂互节”二语。后来，郭绍虞先生在《声律说续考》一文中作了检讨，认为自己是以后人的平仄观念去解释当时的理论，结果

---

* 基金项目：山东大学人文社会科学重大研究项目“《文心雕龙》汇释及百年‘龙学’学案”（17RWZD04）阶段性成果。

① 刘师培：《中国中古文学史讲义》，上海：上海古籍出版社，2000年，第105页。

② 何九盈：《中国古代语言学史》，北京：商务印书馆，2013年，第186页。

将齐梁时期的文学理论引入歧途①。张洪明在《汉语诗律起源——证自沈约诗案例研究》一文中，也批评了这种以今律古的错误做法。他认为，平仄律的广泛接受是在隋唐时期，六朝声律不同于唐诗声律；沈约的声律论提到了声音调配，包括声调和追求听感的对比差异，但沈约本人并未将平声归为一类，将平、上、去三调归为另一类的主张。张洪明通过分析沈约的全部诗作，发现沈约的声律对比规则其实是"平对非平""上对非上""去对非去""入对非入"，而不是平仄对立法则。"浮声"和"切响"可以指构成声律对立的任何不同声调（A调对非A调）。② 这种建立在统计学上的观点扎实可信，应该引起充分重视。

刘勰吸收了沈约的声律理论，他提出了"声有飞沉"的说法，这种表述与沈约的"浮声""切响"之说大同小异，也是强调任何不同声调的对比。所谓"异音相从"，是指平、上、去、入四声声调的对比使用，其中包括平仄律，但也包括上、去、入之间的对比，即仄声内部的声调对比。如果单纯以平仄律来理解刘勰的声律论，极易忽略上、去、入之间的"异音相从"。用张洪明"A调对非A调"的观点来分析《文心雕龙·程器》篇中的声调配置，可以澄清长期以来对"异音相从"说的误解。

二、《程器》篇异音相从的具体表现

齐梁四声律最为关注的是声调问题。声调安排巧妙，既可以形成抑扬顿挫的旋律，也可以畅达地抒情说理。在《程器》篇中，刘勰对声调的配置格外重视，他不仅在一句之中，异音相间，而且还由句到联，由联到篇，皆悉心留意不同声调之间的交错间用。当然，刘勰重视声律的目的并不是逐新趣异，刻意求工，而是出于对声情谐和的追求。

（一）一句之中，异音相间

《程器》篇除"赞曰"以外，总共有118句。③ 其中，四言句有47句，五言句有26句，六言句有11句，七言句有27句，八言句有6句，九言句有1句。

1. 四言句，共47句。

《程器》篇中，四言句的数量最多，一些五言句、六言句、七言句，除去句中领、衬、尾字的话，也是标准的四言句，如果将这些统计在内的话，数量会更多。

四言句由两个双音节组成，两个双音节之间的停顿，形成节奏，节奏点在第二字和第四字。启功先生在《诗文声律论稿》中，根据平仄安排的不同，将四言句分为八种律句和八种非律句，合起来总共有十六种。在《程器》中，除了非律句中的"平平平平"和"仄仄仄仄"没有外，总共有十四种。各类型平仄情况统计如下：④

① 《古代文学理论研究》（第三辑），上海：上海古籍出版社，1981年，第13页。

② 蔡宗齐主编：《岭南学刊》（复刊第五辑），上海：上海古籍出版社，2016年，第114页。

③ 本文的各种统计数字，不包括"赞曰"，皆以118句为基准。

④ 本文所标声调，以《广韵》为准。○代表平声，●代表仄声。

<table>
<tr><th>序号</th><th>平仄格式</th><th>例　句</th><th>数量</th><th>平仄间用情况</th><th>类型</th></tr>
<tr><td>1</td><td>仄仄平平　●●○○</td><td>武亦宜然</td><td>4</td><td rowspan="8">第二、四字平仄相间(共 27 句)</td><td rowspan="8">律句</td></tr>
<tr><td>2</td><td>平仄平平　○●○○</td><td>孙武兵经</td><td>2</td></tr>
<tr><td>3</td><td>平仄仄平　○●●○</td><td>韦诞所评</td><td>3</td></tr>
<tr><td>4</td><td>仄仄仄平　●●●○</td><td>亦有以焉</td><td>1</td></tr>
<tr><td>5</td><td>平平仄仄　○○●●</td><td>雕而不器</td><td>3</td></tr>
<tr><td>6</td><td>仄平仄仄　●○●●</td><td>务华弃实</td><td>6</td></tr>
<tr><td>7</td><td>仄平平仄　●○○●</td><td>待时而动</td><td>6</td></tr>
<tr><td>8</td><td>平平平仄　○○○●</td><td>辞如珠玉</td><td>2</td></tr>
<tr><td>9</td><td>平平仄平　○○●○</td><td>方之梓材</td><td>4</td><td rowspan="4">第一、三字平仄相间(共 13 句)</td><td rowspan="6">非律句</td></tr>
<tr><td>10</td><td>平仄仄仄　○●●●</td><td>诸有此类</td><td>1</td></tr>
<tr><td>11</td><td>仄仄平仄　●●○●</td><td>不可胜数</td><td>5</td></tr>
<tr><td>12</td><td>仄平平平　●○○○</td><td>古今文人</td><td>3</td></tr>
<tr><td>13</td><td>仄平仄平　●○●○</td><td>鲁之敬姜</td><td>2</td><td rowspan="2">第一、二字,第三、四字分别平仄相间(共 7 句)</td></tr>
<tr><td>14</td><td>平仄平仄　○●○●</td><td>修短殊用</td><td>5</td></tr>
</table>

由上表可知,47 句四言句全部都平仄交错,只是平仄相间的位置不同。其中,在第二、四节奏点,平仄相间的八种律句共 27 句,占全篇四言句总数的 57%。

上面的统计是用平仄律来分析四言句的声调配置,与刘勰的创作实际并不相符。在上表中的六种非律句形式中,“平仄仄仄”“仄仄平仄”“平仄平仄”这三种格式的第二、四节奏点均是仄声,按平仄律进行分析,仄声不同声调之间的对比差异常常被忽略。

(1) 平仄仄仄,共 1 句。

诸有此类　○●●●　平上上去

此句有三个仄声,但声调有变化,尤其是在第二、四字节奏点上,上声、去声相间。

(2) 仄仄平仄,共 5 句。

不可胜数　●●○●　入上平上
岂曰文士　●●○●　上入平上
有懿文德　●●○●　上去平入
采动梁北　●●○●　上上平入
亦有光国　●●○●　入上平入

这一格式每句有三个仄声,一个平声。以上五句,每句中的三个仄声至少运用了两个不同的声调。

“不可胜数”句,第二、四节奏点中的“可”和“数”皆为上声,此句既可看作一、三平仄相间,也可视作第一、二字入、上相间,第三、四字平、上相间。

除"不可胜数"句外，其余四句在第二、四节奏点上分别是入上相间、去入相间、上入相间，声调皆不同。

（3）平仄平仄，共5句。

吁可悲矣	○●○●	平上平上
修短殊用	○●○●	平上平去
难以求备	○●○●	平上平去
文武之术	○●○●	平上平入
贞干谁则	○●○●	平去平入

此格式一、二字平仄相间，二、四字平仄相间。除"吁可悲矣"句外，其余四句，第二、四节奏点分别是上去相间、上入相间、去入相间，声调皆不同。

在上面三种格式中，在第二、四字节奏点上，上去入三声相间的句子共有9句，再加上27句律句，在第二、四字节奏点上异音相间的四言句总共有36句，占全篇四言句总数的77%，可见，在第二、四字节奏点上不同声调相间，是《程器》篇四言句基本的声调模式。

2．五言句，共26句。

每句由一个虚词或连词加一个四字句组成。

（1）节奏点平仄相间，共15句。其中的四字句皆是律句。

F+2+2[1]式，共有10句在节奏点上平仄相间，举其中两例：

而近代词人	○●●○○	平去去平平
又历诋群才	●●●○○	去入上平平

2+F+2式，节奏点上平仄相间的句子有5句。举其中两例：

吴起之贪淫	○●○○○	平上平平平
名崇而讥减（也）	○○○○●	平平平平上

（2）节奏点上去入相间，共5句。

2+F+2式，共5句。

绛灌之谗嫉	●●○○●	去去平平入
潘岳之下位（哉）	○●○●●	平入平上去
丁路之贫薄（哉）	○●○○●	平去平平入
徐幹之沉默	○●○○●	平去平平入
散采以彪外	●●●○●	去上上平去

以上五句，第二、五字节奏点皆为仄声，皆不同仄声声调相间。

① F为语法功能词，此处采用卢冠忠《论六言诗与骈文六言句韵律及句法之异同》中的标记法，见冯胜利主编：《汉语韵律语法新探》，上海：中西书局，2015年。

(3) 节奏点声调相同,共 6 句。

F+2+2 式,共 5 句。

故魏文以为 ●●○●○ 去去平上平
以成务为用 ●○●○● 上平去平去

以上两句在节奏点上皆声调相同,但第二、三字和第四、五字分别平仄相间。

盖士之登庸 ●●○○○ 去上平平平

该例在节奏点上声调相同,但第二字与第四字平仄相间。

故文艺不称 ●○●●● 去平去入去

该句三、五节奏点皆为去声,声调相同,节奏点上的三个去声字之间,先后用了一个平声和入声,全句声律极为谐美。

类不护细行 ●●●●● 去入去去去

该句五字全是仄声,仅去声就有四个,为避免声调单一,于第二字处用了一个入声字"不",第二字与第四字入去相间。这样的句子在《程器》篇中极少。

2+F+2 式,共 1 句。

妇人之聪明(耳) ●○○○○ 上平平平平

该句共有四个平声,节奏点上声调相同,但"妇"和"聪"平仄相间。另外,句末用了一个语气词"耳",音声摇曳,避免了单调化。

总之,《程器》篇中的五言句在节奏点上,平仄相间的有 15 句,上去入三声相间的有 5 句,两者加起来占五言句总数的 77%。其他 6 句虽然在节奏点上声调相同,但依然异音交错。

3. 六言句,共 11 句。

除去虚词和连词,主要由四言句和六言句组成。

(1) 节奏点平仄相间,共 4 句。

F+2+F+2 式,共 1 句。

况马杜之磬悬 ●●●○●○ 去上上平去平

该句节奏点"杜"和"悬"平仄相间。

FF+2+2 式,共 1 句。

所以终乎下位(也) ●●○○●● 上上平平上去

该句节奏点"乎"和"位"平仄相间。

2+FF+2 式,共 1 句。

涓流所以寸折(者也) ○○●●●● 平平上上去入

此句节奏点在第二字和第六字,平仄相间。整句由两个平声和四个仄声组成,平、上、去、入交错,声情并茂,形象地传达出刘勰的抑郁之情。

2+2+2 式,共 1 句。

略观文士之疵 ●○○●○○ 入平平上平平

此句二、四、六节奏点皆平仄相间。

(2) 节奏点上去入三声相间,共 4 句。

F+2+F+2 式,共 3 句。

并文士之瑕累 ●○●○○● 去平上平平去
况班马之贱职 ●○●○●● 去平上平去入
而不达于政事(哉) ○●●○●● 平入入平去去

以上三句,节奏点"士"与"累"上去相间,"马"与"职"上入相间,"达"与"事"入去相间。

FF+2+2 式,共 1 句。

是以君子藏器 ●●○●○● 上上平上平去

该句节奏点"子"与"器"上去相间。

(3) 部分节奏点平仄相间,共 2 句。

2+2+2 式,共 2 句。

孔光负衡据鼎 ●○●○●● 上平上平去上
王戎开国上秩 ○○○●●● 平平平入去入

第一句第二字和第四字皆为平声,第四字和第六字平仄相间;第二句第四字和第六字皆为入声,第二字和第四字平仄相间。总的来说,两句在声调上异音交错。

(4) 节奏点声调相同,共 1 句。

FF+2+2 式,共 1 句。

安有丈夫学文 ○●●○●○ 平上上平入平

该句节奏点"夫"和"文"皆为平声,但第三、四字和第五、六字皆平仄相间,并且第三字和第五字的仄声声调不同。

六言句在节奏点上平仄相间的有 4 句,仄声不同声调相间的有 4 句,两者加起来占六言句总数的 73%。部分节奏点平仄相间的有 2 句,占六言句总数的 18%。

4. 七言句,共 27 句。

除去虚词和连词,主要由四言句和六言句组成。

(1) 节奏点平仄相间,共 12 句。

F+2+FF+2 式,共 1 句。

此江河所以腾涌 ●○○●●○● 上平平上上平上

此句的节奏点为“河”“涌”，两字平仄相间。

FF＋2＋F＋2式，共2句。

若夫屈贾之忠贞 ●○●●○○○ 入平入上平平平

固宜蓄素以弸中 ●○●●●○○ 去平入去上平平

节奏点“贾”与“贞”“素”与“中”皆平仄相间。

2＋FF＋3式，共2句。

摛文必在纬军国 ○○●●●○● 平平入上去平入

负重必在任栋梁 ●●●●●●○ 上去入上去去平

节奏点“文”与“国”“重”与“梁”皆平仄相间。

1＋F＋2＋F＋2式，共2句。

穷则独善以垂文 ○●●●●○○ 平入入上上平平

达则奉时以骋绩 ●●●○●●● 入入上平上上入

节奏点“穷”“善”“文”三字平仄相间，“达”“时”“绩”三字平仄相间。

2＋1＋F＋2＋1式，共1句。

垣墉立而雕杇附 ○○●○○○● 平平入平平平去

该句除去连词，由两个三言对句“垣墉立”“雕杇附”组成，第二、三、六、七字为节奏点，皆平仄相间。

2＋2＋F＋2，共2句。

孔璋惚恫以粗疏 ●○●●●○○ 上平去去上平平

傅玄刚隘而詈台 ●○○●○●○ 去平平去平去平

以上两句第二字、第四字和第七字节奏点平仄相间。

2＋F＋2＋2式，共2句。

杜笃之请求无厌 ●●○●○○● 上入平上平平去

文士以职卑多诮 ○●●●○○● 平上上入平平去

以上两句第二字、第五字和第七字节奏点平仄相间。

（2）节奏点上去入三声相间，共3句。

FF＋2＋F＋2式，共1句。

至如管仲之盗窃 ●○●●○●● 去平上去平去入

该句节奏点“仲”与“窃”去入相间。

2＋2＋F＋2，共2句。

路粹餔啜而无耻 ●●○●○○● 去去平入平平上

孙楚狠愎而讼府 ○●●●○●● 平上上入平去上

三个节奏点皆为仄声，声调各异。“粹”“啜”“耻”三字去入上相间，“楚”“愎”“府”三字上入上相间。

（3）节奏点错综相间，共2句。

主要是针对包含三个节奏点的七言句而言，所谓错综相间是指每句相连的两个节奏点既有平仄相间，又有上去入相间。

2＋2＋F＋2，共2句。

扬雄嗜酒而少算 ○○●●○●● 平平去上平上去
潘岳诡祷于愍怀 ○●●●○●○ 平入上去平上平

第一句，“雄”与“酒”平仄相间，“酒”与“算”上去相间；第二句，“岳”与“祷”入去相间，“祷”与“怀”平仄相间。

（4）部分节奏点平仄相间，共7句。

2＋2＋F＋2，共7句。

班固谄窦以作威 ○●●●●●○ 平去上去上入平
马融党梁而黩货 ●○●○○●● 上平上平平入去
文举傲诞以速诛 ○●●●●●○ 平上去上上入平

以上三句，第四、七节奏点平仄相间。第二、四字节奏点声调虽相同，但节奏点之间夹杂了其他声调。尤其是第一句和第三句，虽然五个仄声相连，但上去入错综变化，声调抑扬起伏。

仲宣轻脆以躁竞 ●○○●●●● 去平平去上去去
陆机倾仄于贾郭 ●○○●○●● 入平平入平上入

以上两句，第二、四字节奏点平仄相间，第四、七字节奏点声调相同。总体上声调间错。

正平狂憨以致戮 ●○○○●●● 去平平平上去入
丁仪贪婪以乞货 ○○○○●●● 平平平平上入去

以上两句，第四、七节奏点平仄相间。第一句前四字有三个平声，第二句有四个平声，为避免“声飏不还”的现象出现，每句后三字皆缀以上、去、入三声，第二句还使用叠韵词“贪婪”。在这两句中，平、上、去、入四声错综使用，极尽变化。

（5）节奏点声调相同，共3句。

2＋2＋F＋2，共2句。

相如窃妻而受金 ○○●○○●○ 平平入平平上平
浚冲不尘乎竹林（者） ●○●○○●○ 去平入平平入平

以上两句，二、四、七节奏点皆为平声，然而在节奏点之间夹以其他声调，声调抑扬起伏。

2+F+2+2式,共1句。

敬通之不循廉隅 ●○○●○○○ 去平平入平平平

二、五、七节奏点皆为平声,在第四字使用入声字,避免了声调的单调。

七言句在节奏点上平仄相间的有12句,上去入相间的有3句,节奏点错综相间的有2句,三者加起来占七言句总数的63%。部分节奏点平仄相间的有7句,占七言句总数的26%。

5. 八言句,共6句。

(1) 节奏点平仄相间,共3句。

FF+2+FF+2式,共2句。

岂以好文而不练武(哉) ●●●○○●●● 上上去平平入去上
岂以习武而不晓文(也) ●●●●○●●○ 上上入上平入上平

这两句中的“文”与“武”为节奏点,平仄相间。

F+2+F+2+2式,共1句。

然将相以位隆特达 ○●●●●○●● 平去去上去平入入

节奏点“相”“隆”“达”平仄相间。

(2) 节奏点上去入三声相间,共1句。

F+3+F+3,共1句。

盖贵器用而兼文采(也) ●●●●○○○● 去去去去平平平上

节奏点“用”和“采”去上相间。

(3) 部分节奏点平仄相间,共1句。

F+2+2+F+2式,共1句。

然子夏无亏于名儒 ○●●○○○○○ 平上去平平平平平

节奏点“夏”与“亏”平仄相间。

此句平声字有六个,并且连续使用五个平声字,其中,“无”“儒”在《广韵》中皆为虞韵,一句之中杂用了两个同韵字。刘勰《文心雕龙·声律》篇中认为,“叠韵杂句其必睽”,如按照黄侃《文心雕龙札记》对该句的解释,刘勰的理论与创作似乎存在矛盾。这一疑问有待进一步求证。

(4) 节奏点声调相同,共1句。

1+3+2+2式,共1句。

昔庾元规才华清英 ●●○○○○○○ 入上平平平平平平

该句连续使用六个平声字,为避免“声飏不还”,在四言句“才华清英”中使用了叠韵词"清英"。

八言句在节奏点上平仄相间的有3句，上去入相间的有1句，两者占八言句总数的67%。部分节奏点平仄相间的有1句，占八言句总数的17%。

6. 九言句，共1句。

FF+2+1+F+2+1式，第四、五、八、九字为节奏点。

是以朴斫成而丹雘施　●●●●○○○●○　上上入入平平平入平

该句除去连词，由两个三言对句"朴斫成""丹雘施"组成，节奏点平仄相间。

根据以上分析，可以作如下汇总：

节奏点声调配置	四言句	五言句	六言句	七言句	八言句	九言句	合计	占全篇总句数的百分比（118句）
平仄相间	27	15	4	12	2	1	61	52%
上去入相间	9	5	4	3	1		22	19%
错综相间				2			2	1.60%
部分平仄相间			2	7	1		10	8.50%
总计							95	81%

齐梁人刘滔云："平声赊缓，有用处最多，参彼三声，殆为大半。"[①]从上表中可以看出，在每句的节奏点上，刘勰有意识地配置不同的声调，使前后异音相从，音韵尽殊，其中平声与上去入三声调配所占的比重最大，占52%。由此看来，刘滔所论并非虚言。相比而言，平声的使用频率最高，与上去入的声调对比也最明显，从四声律逐渐发展为平仄律，恐怕与此有关。然而，四声律毕竟不同于平仄律。平仄律四声二分，格外看重的是四声之间的共性，即上去入三声同归仄声，平仄的对立也是以此为基础的；而四声律则"碎用四声"，强调的是平上去入四声之间的差异，即张洪明所说的"A调对非A调"。

《程器》篇中，每句节奏点，上去入三声间用所占的比重，虽然只有19%，远低于平仄相间所占的比重，然而，刘勰的骈文由句到联，由联到篇，异音相从，声调错综变化，如果忽略了这19%，自然也难以深入探究刘勰声律论的精奥之处。

（二）一联之中，异音相对

《程器》篇中的联句有四言、五言、六言、七言、八言等，其中，四言句和七言句的数量最多，六言句的数量较少，不过，七言句是在六言句的基础上发展而来的。刘勰不仅在每句的节奏点上力求异音相间，而且在一联之中，也注重异音相对。

① ［日］遍照金刚：《文镜秘府论》(文二十八种病)，北京：人民文学出版社，1975年，第185页。

《程器》中的联句没有声调完全相同的，最少也是在一联之中，只有一个字相对，如：

才华清英　○○○○　平平平平
勋庸有声　○○●○　平平上平

这两句“英”与“声”押韵，只有第三个字平仄相对。一个字相对的，在《程器》中只有这一个例子。

两个字相对的，数量也不多，如：

(盖)人禀五材　○●●○　平上上平
修短殊用　○●○●　平上平去

三个字和四个字相对的联句，数量最多，有的联句只有七个字，竟有六个字相对。如：

文举傲诞以速诛　○●●●●●○　平上去上上入平
正平狂憨以致戮　●○○○●●●　去平平平上去入

如果按平仄律来分析，这一联只有五个字相对，然而从四声律来看，“速”为入声，“致”为去声，两者声调相对。

再如：

(然)将相以位隆特达　●●●●○●●　去去上去平入入
文士以职卑多诮　○●●●○○●　平上上入平平去

这一联虽然只有两个字平仄相对，然而却有三个仄声字两两相对：“相”与“士”去上相对，“位”与“职”去入相对，“达”与“诮”入去相对。

《程器》篇中这样的例子还有很多，最有代表性的例子当是篇末的赞语。《文心雕龙》每篇的赞语是四言八句韵文，声调配置比正文还要严格。《程器》赞语如下：

瞻彼前修　○●○○　平上平平
有懿文德　●●○●　上去平入
声昭楚南　○○●○　平平上平
采动梁北　●●○●　上上平入
雕而不器　○○●●　平平入去
贞干谁则　○●○●　平去平入
岂无华身　●○○○　上平平平
亦有光国　●●○●　入上平入

在这八句韵文中，偶句押入声韵。每一句的第二字和第四字，除第三句和第七句皆为平声外，其余六句皆异音相间：“彼”与“修”上平相间，“懿”与“德”去入相间，“动”与“北”上入相间，“而”与“不”平入相间，“干”与“则”去入相间，“有”与“国”上入相间。

不仅如此，每一联出句的第二字、第四字，还分别与对句的第二字、第四字声调相对，如“彼”对“懿”、“修”对“德”、“昭”对“动”、“南”对“北”、“而”对“干”、“器”对“则”、

"无"对"有"、"身"对"国"等。其中,"彼"对"懿","器"对"则"分别是上去相对、去入相对。

(三)句脚之间,异音相从

蒋伯潜、蒋祖怡认为,骈文的特色是"前有浮声则后须切响",每句句末平顿、仄顿相间为用,用不同声音的平仄,可以使文章的节奏有抑扬顿挫的妙处。[①]沈约虽然发现了四声,然而在骈文创作中却未能完全使句调平仄起来。[②]蒋氏父子对骈文声律特点的概括,适用于四声二元化之后的骈文作品,其对沈约的批评显然受了平仄律的误导。沈约发现了四声,但是并没有发明平仄的规律。刘勰继承了沈约的声律论,他对于平仄律只是有一个模糊的认识,在骈文创作中也没有明确的平仄二分的意识。刘勰在一篇之中,追求句脚声调的变化,然而他采用的是平、上、去、入四声之间的交错,而非平仄之间的交错。

《程器》全篇句脚的声调分布如下(除个别地方外,不统计句末语气词):

《周书》论士(上),方之梓材(平),盖贵器用而兼文采(上)也。是以朴斫成而丹雘施(平),垣墉立而雕杇附(去)。而近代词人(平),务华弃实(入),故魏文以为(平):"古今文人(平),类不护细行(去)。"[③]韦诞所评(平),又历诋群才(平)。后人雷同(平),混之一贯(去),吁可悲矣(上)!

略观文士之疵(平):相如窃妻而受金(平),扬雄嗜酒而少算(去);敬通之不循廉隅(平),杜笃之请求无厌(去);班固谄窦以作威(平),马融党梁而黩货(去);文举傲诞以速诛(平),正平狂憨以致戮(入);仲宣轻脆以躁竞(去),孔璋偬恫以粗疏(平);丁仪贪婪以乞货(去),路粹餔啜而无耻(上);潘岳诡祷于愍怀(平),陆机倾仄于贾郭(入);傅玄刚隘而詈台(平),孙楚狠愎而讼府(上)。诸有此类(去),并文士之瑕累(去)。[④]

文既有之(平),武亦宜然(平);古之将相(去),疵咎实多(平)。至如管仲之盗窃(入),吴起之贪淫(平),陈平之污点(上),绛灌之谗嫉(入):沿兹以下(上),不可胜数(上)。孔光负衡据鼎(上),而仄媚董贤(平);况班马之贱职(入),潘岳之下位(去)哉?王戎开国上秩(入),而鬻官嚣俗(入);况马杜之磬悬(平),丁路之贫薄(入)哉?然子夏无亏于名儒(平),浚冲不尘乎竹林(平)者,名崇而讥减(上)也。若夫屈贾之忠贞(平),邹枚之机觉(入),黄香之淳孝(去),徐幹之沉默(入):岂曰文士

---

① 蒋伯潜、蒋祖怡:《骈文与散文》(第八章《声音的描写与文章的音节》),上海:上海书店出版社,1998年,第188页。

② 《骈文与散文》举沈约《为武帝与谢朏敕》为例,认为该文大体上平仄间用,但有不少平顿、仄顿连用的地方。书中标注平顿连用的地方共有两处,分别为"衮"和"朝",但"衮"其实为上声,这两处平仄间用。仄顿连用的地方总共有十六处,除"爽"和"美"皆为上声之外,其余十四处或为上去间用,或为上入间用,或为去入间用。见原书第190页。

③ "故魏文以为:'古今文人,类不护细行。'"共有三句,后两句句脚平仄间用,也有的版本将前两句合为一句。

④ "诸有此类,并文士之瑕累"中的"类"与"累"押韵。在《广韵》中,"类"为至韵,"累"为寘韵,至、寘两韵通押。

(上),必其玷缺(平)?

盖人禀五材(平),修短殊用(去);自非上哲(入),难以求备(去)。然将相以位隆特达(入),文士以职卑多诮(去),此江河所以腾涌(上),涓流所以寸折(入)者也。名之抑扬(平),既其然矣(上);位之通塞(入),亦有以焉(平)。盖士之登庸(平),以成务为用(去)。鲁之敬姜(平),妇人之聪明(平)耳,然推其机综(去),以方治国(入);安有丈夫学文(平),而不达于政事(去)哉?彼扬马之徒(平),有文无质(入),所以终乎下位(去)也。昔庾元规才华清英(平),勋庸有声(平),[1]故文艺不称(去);若非台岳(入),则正以文才(平)也。文武之术(入),左右惟宜(平)。郤縠敦书(平),故举为元帅(去),岂以好文而不练武(上)哉?孙武兵经(平),辞如珠玉(入),岂以习武而不晓文(平)也?

是以君子藏器(去),待时而动(上),发挥事业(入)。固宜蓄素以弸中(平),散采以彪外(去);楩楠其质(入),豫章其干(去)。摛文必在纬军国(入),负重必在任栋梁(平);穷则独善以垂文(平),达则奉时以骋绩(入):若此文人(平),应梓材之士(上)矣。

赞曰(入):瞻彼前修(平),有懿文德(入)。声昭楚南(平),采动梁北(入)。雕而不器(去),贞干谁则(入)。岂无华身(平),亦有光国(入)!

从上文标注可以看出,画横线处,或平声连用,或上声连用,或去声连用,或入声连用,除此之外,绝大部分句脚都能做到"A调对非A调"的间用。尤其是第四段,从"盖人禀五材"到"涓流所以寸折者也"总共有八句,竟有七句的句脚连续使用仄声。如果用平仄律来分析的话,或许以为该篇的音节不够整齐,声律不够规范。然而,仔细分析这七个句脚的声调:"去、入、去、入、去、上、入",便会发现,前后声调曲尽变化,节奏鲜明,旋律低沉。刘勰主张"为情而造文",这几句句脚声调的抑扬顿挫与刘勰内心的激愤息息相关。

总之,《程器》篇的声调配置极为精工,抑扬起伏,极尽变化,不仅具有音乐美,而且还极富声情美。《程器》不仅是《文心雕龙》中感情色彩最为强烈的篇章,而且也是创作理论与创作实践结合得最为成功、最能体现刘勰文论思想的篇章之一。通过分析《程器》篇对"异音相从"理论的具体运用,可以看出,刘勰所谓的"异音相从",强调的是四声声调之间的对立与差异,其中既包括平仄之间的对立与差异,同时也包括上去入三声之间的对立与差异。研究刘勰的骈文,乃至齐梁时期的诗文,使用平仄律或许也可以得出一些基本可靠的结论,然而一些精微之处,却是平仄律无法解释的。

(作者单位:山东大学儒学高等研究院)

① "昔庾元规才华清英,勋庸有声"中的"英"与"声"押韵。在《广韵》中,"英"为庚韵,"声"为清韵,庚、清两韵通押。

《文心雕龙》“六观说”与《精致的瓮》之文本细读法比较研究*

于秋漪

一、前言

刘勰在《文心雕龙·知音》中集中阐述了他关于文章批评的观念。他选择了“知音”的典故来为这一篇命名，也将“知音”——读者和作者之间情感和心灵的感通作为文章批评的最高理想。这非常符合中国古代的“诗言志”传统。有意思的是，刘勰对文章的审视并不止于感悟神会，他还针对具体作品的分析给出了切实可行的方法，也就是所谓的“六观说”：

> 是以将阅文情，先标六观：一观位体，二观置辞，三观通变，四观奇正，五观事义，六观宫商。斯术既行，则优劣见矣。①

“六观”的具体内容和含义，学界已经有了相对稳定的解释，即要分析文章的种种情况②，可以先从六个方面入手：一是考察作品的体裁运用，二是考察作品的文辞采饰，三是考察作品的变化创新，四是考察作品的写作风格，五是考察作品的事类征引，六是考察作品的音韵声律。③很多学者注意到，“六观”的方法暗示了作品客观存在的特性，是一种对语言结构进行分析的批评方法。这就突破了“知音”原始蕴含的体悟作者情志的意义，而向批评的客观性迈进了一步，也为与西方的文本细读的分析方法进行比较提供了可能。

---

* 基金项目：山东大学人文社会科学重大研究项目“《文心雕龙》汇释及百年‘龙学’学案”(17RWZD04)阶段性成果。

① 戚良德：《文心雕龙校注通译》，上海：上海古籍出版社，2008年，第549页。

② 关于此处“文情”的含义，陆侃如、牟世金《文心雕龙译注》中解释为“作品中的思想感情”，周振甫《文心雕龙今译》也译为“文章的情思”，而下文提到的六个方面，并不限于理解文章表现出的感情。故此处选择戚良德在《文心雕龙校注通译》中的解释，译为文章的种种情况。

③ 戚良德：《文心雕龙校注通译》，第553页。

二、“六观”说与细读法比较的基础

很多学者都注意到了“六观”说和细读法，中西各自对文本进行观照的方式存在对话的机会。比如香港的黄维梁先生就将《文心雕龙》中体现出的对作品结构的看法与新批评派理论家布鲁克斯在《精致的瓮》中对诗歌的分析作了比较。布鲁克斯细致分析了邓恩的《成圣》怎样通过看似矛盾的隐喻形成诗歌独特的张力。黄认为布氏的目的是解释种种具体的细节怎样交织镕裁成一个有机的整体。这恰恰符合观事义和观置辞的建议。他还指出，观位体中的“位体”除了主题、风格、体裁之外，还有结构的意思。刘勰是中国古代文论家中强调文章结构的先锋人物，这也是其看重文学作品艺术性的体现，他关于结构的看法集中在《附会》篇中。[①] 黄维梁先生的文章为刘勰与新批评家的比较提供了一个可行的思路，他将布鲁克斯的批评实践划归进了刘勰的“六观”体系之中，又将“位体”解释成“逻辑结构”，其他五观是与之对应的“局部肌理”，用新批评派的有机整体观念重新解释了“六观说”。但是这篇文章还只停留在简单的描述阶段，没有深入刘勰和布鲁克斯二人具体的分析过程的异同，以及背后的文学传统的比较。中国人民大学博士杨明刚的著作《古代人文思潮与知音论的审美生成》中，作者在总结古代知音体系论的时候，将对作品的文本细读作为批评的必要步骤。他指出以“六观”说为代表的中国古典文艺理论的细读方法，涉及文章的“气”“势”，文体风格，作品的继承和创新，行文的奇与正等诸多方面，对作品细读已经有了精深的见解，但其内容和背后的思想传统都不同于新批评派的 close reading。[②] 至于究竟是怎样的不同也没有给出解释。

新批评派所推崇的细读法，是一种非常实用的文本分析方法。它使得批评成为可以通过训练成就的技能，让文学系的学生有了自己的实用知识，而不再停留于拥有不可捉摸的趣味。细读法发端于 I. A. 瑞恰兹在剑桥大学进行的批评实验。他将经典诗作隐去了作者信息、日期甚至标点交给学生们点评。结果发现读者阐释诗歌内容、技巧和特殊意义都有困难之处。由此，他提出了旨在获取诗歌意义的复杂系统，包括从幽微处细查文本。文本细查或细读几乎成为新批评的同义语。[③] 细读法真正产生重要影响并被广泛接受，走进大学课堂，布鲁克斯无疑是最大的功臣之一。尤其是写于 1947 年的《精致的瓮——诗歌结构研究》，即是使用细读法进行批评实践的典范，也是布鲁克斯对于细读理论阐述的集中呈现。因此可以将《精致的瓮》作为新批评派细读法的典型与《文心雕龙》中的“六观”说作一对比。

实际上，《知音》篇中的“六观”说和新批评派的细读法确实体现出了相似的旨趣，才会不断有学者产生将它们相比照的想法。这主要表现为以文学文本为核心的共同的立足点，以批评者的身份关照文本的共同视角，在批评实践中细查文本的相似的维度以及

① 黄维梁：《精雕龙与精工瓮——刘勰和“新批评家”对结构的看法》，《中外文学》1989 年第 7 期。

② 杨明刚：《古代人文思潮与知音论的审美生成》，上海：上海人民出版社，2013 年，第 265 页。

③ ［美］查尔斯·E·布莱斯勒著，赵勇等译：《文学批评：理论与实践导论》，北京：中国人民大学出版社，2015 年，第 71 页。

殊途同归的价值追求。首先，六观说承认文学作品的客观性。刘勰提出的六个维度基本是立足于文本本身的，把文本当成客观对象来研究，没有关涉文学外部研究的内容，这与新批评文本本体的主张就有了相似之处。如果查验对每个方面进行具体阐说的篇章的话，又会发现文本的内部结构与外部世界不可分割。作者本身的性格对“位体”表示的文章体裁选择和整体风格有不小的影响；考察作品的变化创新也免不了要与经典作品和时代环境进行比较。作品的客观性不是绝对化的，只是在具体批评中需要树立的观念而已。同样，新批评派理论以“文本本体论”著称，强调摒除传记、社会学、历史学和哲学对文学批评的影响，单纯考察文本本身传递的信息。伊格尔顿曾说，新批评几乎物化了诗歌，把它从时间性的艺术转变成了空间中的硬块儿。第二，二者都是站在批评者的立场出发审视文本的。《文心雕龙》中对文章的掌控十分全面，“论文叙笔”的部分详细分析了各种文体，是站在作者的角度考虑怎样训练、熟习，最终自己选择文体进行创作。在“剖情析采”这一集中展示“六观”内容的部分中，刘勰又站在批评者的立场给出判断文章优劣的标准。在谈到读者欣赏、接受文章的时候，刘勰又能出乎文学活动之外，客观地看待文章对读者的功用和读者的接受心理。对新批评来说，批评者也不同于普通的读者。他不需要理解作者的感情，也无意于激发自身的感情，批评者应该拥有态度，而不是感情。第三，六观说涉及的价值判断基本是围绕作品的结构风格和文辞、事故、音韵的使用做出的，即对文章细节的分析。“位体”一项中涉及的《体性》《风骨》《定势》等篇，都是在判断作品呈现出的形式风貌。当然，思想内容的正统决定了作品磊落慷慨的风格，二者是一体两面的，风格不是文辞单方面可以决定的。新批评派在分析诗歌的时候也是聚焦于诗歌的意象使用、隐喻设计、韵律配合和化用经典等等方面。第四，二者都以价值判断作为批评的目的。学界对于“六观”说是批评标准还是批评方法也有过争论，现在主流的看法是批评方法。然而批评活动不会止于描述，批评方法当中必然也包含着价值取舍。毕竟“六观”的归宿是要“见优劣”，选出好的作品，淘汰差的。同样，布鲁克斯在《精致的瓮》中分析了一直受到贬抑的玄学诗，也考察了被奉为经典的莎士比亚，看似容易理解的华兹华斯和济慈。他想说的是这些都是好诗，他的工作是解释这些诗伟大的原因。他找到沉寂的佳作，也让经典重现光辉，这就是批评者的使命。还要提到的是，二者主要批评的对象都是诗歌，是韵文。《文心雕龙》作为一部体大虑周的批评著作，它所论之文，的确不限于文学作品，也包括各种应用性的文体。刘勰在专论文体的部分也论及了药方、账簿等日常实用文体的写作方法。但是，这些不是“六观”说针对的重点。在创作论和批评论这些讲文章理论的部分中，刘勰喜欢列举的作家有屈原、贾谊、司马相如，建安诗人等等，魏晋时期的三张、二陆、两潘、一左也常成为例证和被分析的对象。他引用辞赋和乐府古诗来解释理论问题，而没有引用古人的便签条，也少见史书和策论。此外，应用性的文体也可以具备典雅的文辞、骈俪的形式、和谐的音韵，但其本质是程序化的写作，主要目的不是表达和激发感情或者创造鲜活的语言表达。因而，具体到“六观”，它的对象至少是具有美学和情感追求的艺术写作，而非纯粹的应用文体。

那么究竟“六观”说和细读法的具体内容有哪些异同呢？在理论叙述和实际操作

中，它们都表现出了哪些特点呢？沿着黄维梁先生的思路，查询《文心雕龙》中具体阐释“六观”说的篇章，将它们与布鲁克斯的代表作《精致的瓮》相对照，我们或许可以得到新的发现。

三、关于细读的剖析

“六观”涉及的考察文章的六个方面，在《文心雕龙》中都有对应的篇章详细解释。前人做出过这样的总结：

一观位体：文体论中的“敷理以举统”部分、《体性》《风骨》《通变》《定势》
二观置辞：《丽辞》《比兴》《夸饰》《练字》
三观通变：《通变》
四观奇正：《辨骚》《定势》
五观事义：《事类》
六观宫商：《声律》①

由此，如果我们把刘勰的语言转化为现代汉语，那么分析文章时候就需要从这些方面入手：文章的体裁、体制、整体风格和结构；语言的设计，包括骈俪，意象和象征，隐喻和夸张等修辞，字形排列；文章对规则的遵守和创造性；风格的正统或新变；征引事故和化用经典的情况；声韵的配合。刘勰在这些方面之前还加上了序号，说明他有可能认为它们对于判断文章优劣的重要性并不等同，或者序号标志着批评者分析文本的顺序，先做什么，后做什么。也许这两个意思兼而有之：要先考察最重要的方面——整体体制和风格——是决定文章成败的根本，再逐步扩展到其他细节。

《精致的瓮》选择了十首诗歌进行细致的分析，其中玄学诗人邓恩的《成圣》充满奇崛的隐喻和象征，约翰逊博士以来的批评者对其评价不高，但它却是最明显富有反讽和悖论结构的诗歌。其他的都是公认的经典，不乏莎士比亚的《麦克白》、济慈的《希腊古翁颂》、格雷的《墓园挽歌》这样知名的作品。有意思的是，即使在读者认为主题比较确定的浪漫主义诗人的代表作中，也存在着大量朦胧的意象和自相矛盾的组合，只有通过细读才能发现这些诗歌中的张力结构。布鲁克斯往往是这样展开分析的：首先引入传统上对一首诗的认识，主题、风格和它最受推崇或最令人费解的部分。比如《克里娜去五朔节》显见的主题即是歌颂自然和青春，人生易逝，年轻人应该及时行乐；《墓园挽歌》证明了杰出的诗歌可以使用简单的措辞，直接用诗性素材而不加修饰；《不朽颂》常常被看作与华兹华斯的自传紧密相关，诗中描写的女郎有着真实的原型；《希腊古瓮颂》结尾的陈述“美即是真，真即美”损害了整首诗。这些结论都有值得推敲的地方，于是我们进入文本进行分析。

步骤一：考察文本的措辞。思考文本中所有词语的外延、内涵和词源学基础。

---

① 王运熙，周锋：《文心雕龙译注》，上海：上海古籍出版社，2012年，第326页。

步骤二：追索词根直到它的初始文本或来源，也即考虑可能出现的典故，进而考察文本中所有可以发现的暗示。

步骤三：分析文本中所有的意象、象征和修辞方式。注意意象之间的关系，意象和象征之间的关系。

步骤四：考察并分析文本中出现的不同的结构模式，比如诗人是如何使用韵律手法、语法结构、语调模式和句法模式的。确定这些模式是如何相互关联，以及如何与前三个步骤中的要素相关联。

步骤五：寻找前述步骤中所有要素之间的关联，它们是否与诗歌的戏剧性结构相关。[①] 注意张力、含混和悖论在何处产生，比如单独的词义、句义和整首诗的意义不一样的地方，罕见的搭配和隐喻，情感色彩和价值取向相左的组合等。

步骤六：考察上述所有要素后，阐释诗歌主要与首要的张力，解释诗歌是如何通过解决这种张力而获得自己的主导效果的。[②]

黄维梁先生主张可以将位体理解成逻辑结构，置辞、事义等作为局部肌理，这样两种方法就都展现了怎样处理整体和局部的关系。通过对比我们发现，"六观"的批评过程更加看重整体把握，再逐步进入细节；而细读法的关注点则始终在于个别要素之间的关系。它也希望寻找到一首诗的主导效果，这种效果其实是具体要素之间的对抗和和解达到的。种种细节最终融合成一个有机整体，整体反过来又与细节产生了张力关系，相互制约着意义的达成。有更多的张力结构指向同一种效果，就形成了它的主导效果。这与《文心雕龙》中由整体、关键环节决定文章的优劣，由思想和才学决定藻饰的成败这样的思路是很不一样的。不过，他们对于批评应该着眼于哪些细节又有着相似的选择。

对于作品体裁与整体风格的问题，刘勰认为写作的时候先要"设情以位体"，根据要表达的感情确定相应的体裁。这是作者要最先确定的，也是批评者分析文章最先要考虑的。"因情立体，即体成势"，文体还是决定文章之势的因素。我们把"势"理解为文章的风格，根据《体性》《定势》两篇的论述，文章风格主要与作家性格和文体的规定有关。"风骨"则是刘勰认可的一种风格的表现，是对于作家和文体的普遍性要求，不局限于某一种文体。比如在出色地呈现了与文体对应的风格之外，还能做到"结言端直""风清骨峻"，则可以得到更高的评价。风骨与作家个人修养也有密切关系，甚至就是高洁人格的直接体现。在西方古典时期也曾经出现过作家性格决定作品中人物性格的观点，然而相比之下，还是体裁对于文章风格的约束更为明确和严格。尤其是在新批评派理论家眼中，作者经历、心理和道德水平尤其不应该成为干扰文本分析的因素。他们不否认这些对文学批评的参考价值，但更重视文本本身。而对于文体，布鲁克斯还是给予了足够的关注，这体现在他对"诗歌"的特别限定。"在某种意义上，悖论适合于诗歌，并且是

① 戏剧性结构是布鲁克斯在《精致的瓮》中提出的对诗歌结构的描述，他主张一首诗像戏剧一样充满矛盾的张力，这种张力最终会得到和谐的解决。诗中的命题通过戏剧得体性原则加以证明，由与整体语境的关系赋予意义。

② 此处的步骤参考了布莱斯勒对细读法的总结，有删改，见[美]查尔斯・E・布莱斯勒著，赵勇等译：《文学批评：理论与实践导论》，第77—78页。

其无法规避的语言。”[①]在分析格雷的《墓园挽歌》时，布鲁克斯提出读者认为这首诗措辞简单，连瑞恰兹也说它是有明显的“散文感”，而非具有诗性结构的诗歌。但是布鲁克斯同样在其中找到了悖论的语言，证明它并非缺乏修饰，却恰恰是精雕细刻的结果。布鲁克斯没有细分文体，把颂诗、挽歌、田园诗、讽刺诗的写作要领都列举出来，他关注的是诗性语言的根本——悖论。诗超越文体而成为特殊的话语方式，在一定意义上也是一种“既体成势”。二人都承认文体限定会影响作品的风格，由此刘勰想到发散，描述种种具体风格；布鲁克斯则化约，从纷繁的修饰中找到共性。

作品使用语言的细节，包括意象组合，隐喻、象征、夸张等修辞，是两种方法中都关注的重点。刘勰专辟《丽辞》一篇说明文章中骈俪、对偶的问题，这与当时骈文兴盛有关。《文心雕龙》本身即以四六文写成，说明刘勰认可骈文的形式：文章天然应用对句，如同动物成双成对的肢体。布鲁克斯并没有特意强调对句，即使蒲柏善用英雄双韵体，如果这种形式不是造成悖论的因素，便不被作为分析的重点。刘勰看重的比兴、夸饰可以与布鲁克斯着重分析的隐喻、象征相对照。“附理者切类以指事，起情者依微以拟议；起情故兴体以立，附理故比例以生。”[②]“比”是用类似的例子来说明事理，“兴”是由微小的事物引发作者的感情。从下文的举例来看，“兴”特点是委婉，用普通事物蕴含深广的意义，或者用一个具体常见的事物表达抽象的概念和道理；“比”使用夸张的语言表现事物的本质，可能是以实物比实物，也可能是以实物比状态、道理、感情，本体和喻体之间存在一定差距。处理“兴”要善于解读深意，而欣赏“比”的时候需要联想，沟通本体和喻体。刘勰讲到夸饰，特别指出适当的夸张不能违背事理，“饰穷其要，则心声锋起；夸过其理，则名实两乖”[③]。他举例说，扬雄的《羽猎赋》和张衡的《羽猎赋》分别使用鞭打宓妃和囚禁玄冥的例子，完全是胡编乱造，不能为文章增添光彩。布鲁克斯处理不易理解的修饰时，则表现出更加相信作者的态度，他认为正是这些产生矛盾的地方才是诗歌语言的特色，他很善于发现和融合矛盾。《麦克白》中写邓肯的尸体被发现：“那儿，凶手就在那儿/浸透着他们可耻勾当的颜色。他们的刀/沾着血块儿(breech'd with gore)，令人不忍目睹。”这里使用 breech'd 一词，有罩上短裤的意思，历代批评者认为这样的隐喻牵强附会，都努力想将其修正。布鲁克斯联系剧中其他各处衣服的意象，指出此处匕首下半截滴血宛如人穿着粗野的衣服，这就成为一个贴切的隐喻。[④]同样在《麦克白》中，“怜悯像一个赤裸的新生儿/在疾风中阔步，或像苍穹中的小天使/驾驭着无形的风之信使/将会把可怖的恶行展示到每个人的眼前/让眼泪冲淡风声”。婴儿如何能在疾风中阔步，如何能既脆弱又有力，既有力又如何能获得怜悯？这就要联系婴儿在整部剧中的象征意义：象征未来，生命的意义，使人之为人的东西。从大的语境联系局部的组合，脆弱

① [美]克林斯·布鲁克斯著，郭乙瑶等译：《精致的瓮——诗歌结构研究》，上海：上海人民出版社，2008 年，第 5 页。

② [南朝梁]刘勰：《文心雕龙·比兴》，戚良德：《文心雕龙校注通译》，第 410 页。

③ [南朝梁]刘勰：《文心雕龙·夸饰》，戚良德：《文心雕龙校注通译》，第 423 页。

④ [美]克林斯·布鲁克斯著，郭乙瑶等译：《精致的瓮——诗歌结构研究》，第 30—38 页。

的象征就成了力量的象征，婴儿之所以强壮也正因为他的脆弱。[①]因而对处理隐喻，他们都看到了本体与喻体的差距让理解出现困难，刘勰的意见多体现为提出使用的原则或禁忌，追根溯源，找到作者应该学习的典范，而布鲁克斯看重解释的过程，从矛盾之处发现深意。

《通变》与《事类》都和作家如何处理与前代经典的关系相关。经典对于新的创作究竟是值得利用的资源还是拖累呢？刘勰主张文体规律是写文章的定数，文辞气力是可以产生无限变化的方面。学习古人的时候，要能“斟酌乎质文之间，而檃括乎雅俗之际”[②]，自己有一定的判断力，识别真正的经典，才能谈到继承与创新。操作的原则则是“凭情以会通，负气以适变”[③]，即以自己的情志融会历代创作，根据自己的个性进行创新。写文章是为表情达意，那么理应为了适应自身感情的表达而调整作文的方式。这其中包括：因为感情和理解的独特而形成了文辞的独特，从而不因循，因为取得真实深刻的领悟而创造自然的表达，从而不刻意生硬。刘勰将文章征引事类分为两种情况：略举人事，以征义者；全引成词，以明理者，即列举前人事迹和引用现成的文辞。想使文章写得闳深典雅，需要“多识前言往行”，由此刘勰想到了文章中天才与学问的问题。他还强调，引用典故也不能失实。布鲁克斯处理诗中引用典故和化用前人的诗句首先依靠发现典故（用词、意象、隐喻等），这非常考验读者的能力。他分析《墓园挽歌》的时候开始就提出格雷的诗很多地方受到弥尔顿的影响，还有诗人自己没有提到的《哈德良大帝临终前与灵魂的对话》。那么要解决的问题就是诗人如何将这些传统材料表现得生动感人，富有戏剧性。是《墓园挽歌》独特的结构，用乡村墓园和教堂墓地相对比，使用精妙的反讽和反用常用词使它脱颖而出。在这里，发现典故是评估诗人创造力的背景。在另一处，华兹华斯的《不朽颂》中，诗人将大地称作“家常的保姆”。布鲁克斯依据弥尔顿在《科马斯》中 homely 的用法，指出“家常”还有“不吸引人的、平凡的”意味，那么此句就形成了双关语，这也是张力结构可能出现的地方。在夸饰和事义的问题上，刘勰都强调了合于事理，避免失实的重要性，这不仅关系文章的品评，也与作家品行修养有关，人、文是一体的。布鲁克斯的注意力则始终保持在文本当中，他的目的就是找寻不合逻辑的因素。需要说明的一点是，布鲁克斯关注当下的文本并不意味着他的理论叙述是非历史的，将文本从历史语境中架空。实际上，刘勰和布鲁克斯都十分注重从文学史的角度评价作品。刘勰泛论文体的重要内容就是“原始以表末”讲清楚来源与发展。在《明诗》《时序》等篇中，也有清晰的构建文学史的意识，正面评价诗人和作品在文学史中的地位。布鲁克斯和其他的新批评家也可以说是重新解释和评价了整个英国诗歌的历史，这不仅体现在重新发现了玄学诗人，更在于他们相信历史的逻辑，并将历史作为评价诗歌的标准。

奇正处理的是文章风格正统还是新奇的问题，在《辨骚》和《定势》篇中都有论及。《辨骚》可以算是实际批评的样本。刘勰在简短的篇幅之内，先总结了前人对《离骚》的

① [美]克林斯·布鲁克斯著、郭乙瑶等译：《精致的瓮——诗歌结构研究》，第44—47页。

② [南朝梁]刘勰：《文心雕龙·通变》，戚良德：《文心雕龙校注通译》，第349页。

③ 同上，第351页。

评价，指出他们的问题："褒贬任声，抑扬过实，可谓鉴而不精，玩而未核者也。"[①]接着指出《离骚》与经典相同的地方有哪些，异于经典的地方有哪些，提出了它的风格特点——"体宪于三代，风杂于战国……虽取熔经旨，亦自铸伟词"[②]——简直是处理通变问题的典范。之后细论《楚辞》各篇，既观总体，亦察细节。最后还涉及的影响批评和读者反映批评，借《离骚》讲清楚了"奇正"的问题，提出自己的理论，真是完美！说回"奇正"，那么《离骚》也是将奇正关系在一篇之内处理得当的典型，"酌奇而不失其贞，玩华而不坠其实"[③]，它找到了恰当的平衡。其实刘勰的意思也是要中和，不偏不倚，关键不在于明确地体现出某种风格，而是要在奇正之间找到合适的度，这对作者的要求就很高了。在《定势》中刘勰提到"奇"有什么表现："效奇之法，必颠倒文句；上字而抑下，中辞而出外：回互不常，则新色耳。"[④]次序错乱违反常理，在刘勰眼中不可取的新奇之法，正是布鲁克斯苦心寻找的东西。比如《克里娜去五朔节》中显见的主题是及时行乐，而诗人在发出邀请的时候又说庆祝活动是"时光无害的荒唐"，诗中使用大量"颂歌""赞美诗"这样的宗教词汇出现在庆祝异教节日的场景中，通过这些矛盾诗歌可以传达什么呢？布鲁克斯不责备这是作者的失误，而是努力解释和弥合。

关于诗歌的声律与语调，布鲁克斯在《精致的瓮》中涉及不多，在《理解诗歌》中有一些讨论，此处就不展开谈了。"六观"体系和新批评派的细读理论作为中西方文论文本分析方法的代表，他们对于文本细部的关注点基本相似，而在具体处理的态度上有较大的区别。主要有两点：刘勰虽则站在客观角度分析文章，却处处不忘文章源于人表达感情的需要，其外部形态与作者的情感、修养、品味密不可分，然而抒情、个性化、谈论作者身世这些浪漫主义的趣味皆是布鲁克斯所反对的。在经典面前，刘勰保持着虔敬的态度，希望依靠正统的思想和典雅的风格来纠正文弊，他接受的"奇"和"变"在不与经典相悖的限度之内，布鲁克斯的悖论则以打破常规为起点，先破后立，创造新鲜的语言。这些差别源于他们各自所处的文学传统、时代精神和批评者的理论旨趣，只有回到他们各自历史的语境中才能看得透彻。有意思的是，我们对比两种致力于客观研究的方法，而想看清它们，最终还是要归入历史的河流。

（作者单位：山东大学儒学高等研究院）

① [南朝梁]刘勰：《文心雕龙·通变》，戚良德：《文心雕龙校注通译》，第43—44页。
② [南朝梁]刘勰：《文心雕龙·辨骚》，戚良德：《文心雕龙校注通译》，第47页。
③ 同上，第49页。
④ [南朝梁]刘勰：《文心雕龙·定势》，戚良德：《文心雕龙校注通译》，第360页。

论“五四”新文学革命对《文心雕龙》理论研究的影响[*]

——以杨鸿烈《〈文心雕龙〉的研究》为例

李　婧

“五四”新文学革命触发了对《文心雕龙》理论价值的新认识，在当时期刊上发表了一批论文，带来了二十世纪“龙学”史上最早的一次理论研究热潮。其中，发表于 1922 年的杨鸿烈《〈文心雕龙〉的研究》是较早也最有影响的一篇。杨鸿烈是现代学术史上著名的法律史学家，五四期间，正值青年时代的他在北京高等师范学校求学，喜好文史，发表过一系列关于中国古代文学与文论的文章，后来才考入清华国学研究院，师从梁启超研究法律史。他的这篇《〈文心雕龙〉的研究》得理论之先声，文中将刘勰视为“文学革新家”“主张自然的文学”“矫正当时不可一世的雕琢的文学”，这些观点在其后的二三十年中多被继承，成为建国前对《文心雕龙》的普遍共识。杨氏的观点以“新文学革命”的理论为指导，今天看来，既有真知灼见、也有偏见误解，其研究的得失对新世纪“龙学”研究起到重要的借鉴作用。

杨鸿烈此文分导言、刘勰的略传同他的论著、刘勰于当代文学革新积极的建设方面的言论、刘勰对于当代文学的批评方面的言论、刘勰论文学和时运的关系、《文心雕龙》全书的根本缺点、结论等七个部分。其中心观点是将刘勰定位为积极建设自然的文学、消极的破坏当时雕琢文学的文学革新家，这显然是以“新文学革命”的观点为准绳，打上了鲜明的时代烙印。“文学革命”正式发难的标志是 1917 年 1 月《新青年》第二卷上胡适发表的《文学改良刍议》，提出“文学革命”的八条纲领，即：“不用典；不用陈套语；不讲对仗（文当废骈，诗当废律）；不避俗字俗语（不嫌以白话作诗词）；须讲求文法之结构；不作无病之呻吟；不模仿古人，语语须有个我在；须言之有物。”[①]成为提倡新文学，反对旧文学的宣言书。同年 2 月陈独秀又在《新青年》发表了更富于战斗精神的《文学革命论》，高举“文学革命军”大旗，上书“三大主义”：“曰推倒雕琢的、阿谀的贵族文学，建设平易的、抒情的国民文学；推倒陈腐的、铺张的古典文学，建设新鲜的、立诚的写实文学；推倒迂晦的、艰涩的山林文学，建设明了的、通俗的社会文学。”[②]不难看出，“五四”新文学革命的贡献，一方面是对白话新文学的建设，一方面是对旧文学的批判。杨鸿烈此时

---

* 基金项目：山东大学人文社会科学重大研究项目“《文心雕龙》汇释及百年‘龙学’学案”（17RWZD04）阶段性成果。

① 陈寿立、胡钢：《中国现代文学简明教程》，北京：中国广播电视出版社，1989 年，第 17 页。

② 同上，第 18 页。

关注到《文心雕龙》正契合"新文学革命"的精神:"一方面可以知道他(刘勰)主张自然的文学,——要用自然的思想情感来描写,——是积极的建设;在另一方面,他矫正当时不可一世的雕琢的文学,依据他自定的标准去逐一的批评是消极的破坏"[①],最早提出刘勰是积极建设自然的文学、消极的破坏当时雕琢文学的文学革新家,"我们现在知道了许多文学革新家,也应该要知道一千多年前的一位郁而不彰的文学革新家"[②]。这在当时"新文学革命"的背景下,是对刘勰的高度评价,也因而得到后来不少研究者的附和。但今天看来,这样的观点不免有失偏颇。

一、刘勰为什么会被视为"文学革新家"

刘勰为什么会被杨鸿烈视为"文学革新家"呢?这是杨氏在"新文学革命"批判南朝文风的理论潮流下,以刘勰反对南朝讹滥文风为依据,而提出的。

新文学革命从其产生,就充满了对封建旧文学的批评。胡适的"八条纲领"中要求不摹仿古人,不用典,不讲对仗。陈独秀进一步在"三大主义"中号召:"推倒雕琢的阿谀的贵族文学","推倒陈腐的铺张的古典文学","推倒迂晦的艰涩的山林文学"。值得注意的是,这"三大主义"的提出,并不是空疏的虚语,而是建立在"文艺进化论"基础上,是陈独秀纵观中国古代文学发展的基础上提出的。因为,就在同一篇《文学革命论》中,陈独秀梳理了上起先秦下至清代的中国古典文学发展史,除了称誉元、明剧本和明、清小说这类国民通俗文学,是"近代文学之粲然可观者"之外,对正统文坛的两汉赋家、魏晋五言诗、明代前后七子、清代桐城派都大加批判,特别是讨伐了源于南北朝而大成于唐代的骈体文学,称:

> 东晋而后,即细事陈启,亦尚骈丽。演至有唐,遂成骈体。诗之有律,文之有骈,皆发源于南北朝,大成于唐代。更进而为排律,为四六。此等雕琢的阿谀的铺张的空泛的贵族古典文学,极其长技,不过如涂脂抹粉之泥塑美人,以视八股试帖之价值,未必能高几何,可谓为文学之末运矣![③]

陈独秀认为南北朝到唐代的古典文学过分追求艺术形式,为"泥塑美人",是"文学之末运",正是需要废除的"雕琢的阿谀的铺张的空泛的贵族古典文学"之封建旧文学的典型。

而刘勰在《文心雕龙》中正有对"雕琢的阿谀的铺张的空泛的贵族古典文学"之代表——南朝讹滥文风的批判,杨鸿烈敏锐地注意到这一点,并把这种批判进行放大,将之上升为一种"文学革新",进而视为刘勰立言的宗旨,称:"于是在这骈偶猖獗的时代,

---

① 杨鸿烈:《〈文心雕龙〉的研究》,原载于《晨报副刊》1922年10月24日至29日。今据叶树勋选编:《杨鸿烈文存》,南京:江苏人民出版社,2016年,第112页。

② 杨鸿烈:《〈文心雕龙〉的研究》,叶树勋选编:《杨鸿烈文存》,第122页。

③ 发表于《新青年》第二期,1917年2月1日。后收录于《独秀文存》,合肥:安徽人民出版社,1987年,第95—98页。

就暗伏着一位抱文学革新的刘彦和，可惜当时既无唱和，后人又只以他那部极有价值的《文心雕龙》当作修辞书去读，就把他立言的宗旨失掉了。”[①]可以说，在五四革命精神的指导下，杨鸿烈重新阐释了《文心雕龙》的理论意义，将刘勰抬高为一位“文学革新家”。

杨鸿烈还具体举出例证，“刘彦和既标出文学的自然主义，所以凡是雕琢的文品在当时极盛的，他都加以消极的破坏”[②]，如《比兴》《夸饰》《事类》《指瑕》《隐秀》等篇中多有批评宋齐文风讹滥之处，而“像这样的话，在别的篇章里是很多很多，总之，他是绝力的排斥雕琢的不自然的文学罢了”[③]，以此证明“刘彦和实在是有很大的抱负，有强烈的改革精神，对于那个时代雕琢的文学想把它改造成为自然的文学”[④]。

杨氏的观点在国民期间的龙坛激起了不少反响，但是，通过近百年的研究，今天看来，我们很容易看出其观点明显是站不住脚的。诚然针砭时弊，纠正南朝讹滥文风，是刘勰创作《文心》的动机之一，也是其贯穿全书的线索和理论的落脚点，但前提是，他对六朝骈体文学的整体发展是肯定和支持的。正如王运熙先生所说：“刘勰对汉魏六朝骈体文学作品语言诸要素，骈偶、辞藻、用典、声律等等，都是非常重视，积极肯定的，他是骈体文学主要表现手段的热烈拥护者和宣传者。当然，在讨论这方面问题时，他也对骈体文学的某些弊病加以指摘。”[⑤]还应该注意的是，即便刘勰有对骈体文学流弊的指摘，也是为了骈体文学更加规范长久地发展创新，与胡适要求的“不用典，不讲对仗”，和陈独秀倡导的彻底推倒“雕琢的阿谀的铺张的空泛的贵族古典文学”不可同日而语，具有本质上的区别。否则，何以解释一位旨在破坏当时雕琢文学的文学革新家，却以典雅华美的骈文来撰写其战斗檄文《文心雕龙》呢？杨鸿烈对《文心雕龙》的理论不甚了了，流于表面，便理论先行，他为刘勰戴上的“文学革新家”的这顶高帽实在有些不合适。

二、什么是刘勰积极建设的“自然的文学”

“五四”新文学革命到底要建设怎样的新文学呢？这需要理清对文学的认识，因此，对文学观念的探讨就成了当时的理论热点。“五四”新文学革命之所以比中国历史上任何一次文学改革都更为彻底，在于重建了新的文学观念。虽然清末民初的几十年里，已经有一些关于“文”“文学”的辨析，但还是基于中国传统的话语范畴，“五四”新文学革命大力宣传西方的文学观念，刷新了人们的认识，使西方对文学的界定越发深入人心。

杨鸿烈就深受影响，他专门撰写了《中国文学观念的进化》一文，在文中表示，“但中国人文学根本的改变发动处不能不数《新青年》杂志社的胡适之、陈独秀几位先生在五四前提倡文学革命的功劳了”[⑥]。并举陈独秀、刘半农、罗家伦等人文章中在西方影响下

---

① 杨鸿烈：《〈文心雕龙〉的研究》，叶树勋选编：《杨鸿烈文存》，南京：江苏人民出版社，2016年，第112页。

② 同上，第116页。

③ 同上，第117页。

④ 同上，第122页。

⑤ 王运熙：《刘勰对汉魏六朝骈体文学的评价》，《文学遗产》1980年6月。

⑥ 杨鸿烈：《中国文学观念的进化》，叶树勋选编：《杨鸿烈文存》，第160页。

的文学观念,认为这些才是对文学正确的界定,“这样由欧美文学集合而成的定义,使我们中国人得有一个正确明了的观念”[①]。可见,时人受“新文学革命”的影响,以及杨氏对源于西方的文学观念的认可和赞同。其时对文学本质的代表性看法有:

胡适《文学改良刍议》“文学革命”的八条纲领其一:一曰须言之有物。吾所谓“物”,约有二事。(一)情感,“情感者,文学之灵魂。文学而无情感,如人之无魂,木偶而已,行尸走肉而已”。(二)思想,吾所谓“思想”,盖兼见地、识力、理想三者而言之。……文学无此二物,便如无灵魂无脑筋之美人,虽有秾丽富厚之外观,抑亦未矣。[②]

陈独秀《答曾毅》:“文学之文特其描写美妙动人者耳。”

罗家伦《什么是文学》:“文学是人生的表现和批评,从最好的思想里写下来的,有想象、有感情、有题材,有合于艺术的组织,集此众长,能使人类普遍心理都觉得他是极明了极有趣味的东西。”

刘半农《我之文学改良观》:“凡可视为文学上有永久存在之资格与价值者,只诗歌戏曲,小说杂文二种也。”[③]

从中可见,“五四”新文学革命所界定的“文学”,内涵上具有情感性、思想性、艺术感染力等,外延上限定在诗歌、戏曲、小说、杂文等几种文体。

杨鸿烈认为刘勰就倡导建设这样一种具有情感性、思想性、艺术感染力的文学,将之归纳成“自然的文学”,视为刘勰作为“文学革新家”积极建设的一面。“一方面可以知道他(刘勰)主张自然的文学,——要用自然的思想情感来描写,——是积极的建设”。“他首先标出一个文学的自然主义[④]出来,就是要先有自然的情感和思想然后自然的描写”[⑤]。特别是杨氏引证《情采》篇“昔诗人什篇,为情而造文;辞人赋颂,为文而造情”,认为这一句已然揭示了文学的本质内涵,正与“五四”新文学革命以来的文学观是相通互证的,“‘为情造文’正如胡适之先生说:‘要有话说,方才说话’。‘为文造情’就是‘无病而呻’了。这几句话,真把文学的根本都揭明白了。”[⑥]显然,是称赞刘勰已经深入认识到了文学的情感本质,接近了现代意义上的文学观念。

那么,为什么杨鸿烈要将刘勰的文学观加上“自然”的定语呢?我们可以结合文中一段具体的论述分析,他引证了《原道》篇含有“(人)为五行之秀,实天地之心,心生而言立,言立而文明,自然之道也”“夫岂外饰,盖自然耳”的段落,以及《物色》篇首段至“诗人

① 杨鸿烈:《中国文学观念的进化》,叶树勋选编:《杨鸿烈文存》,南京:江苏人民出版社,2016年,第161页。

② 胡适:《文学改良刍议》,原载于《新青年》第2卷第5号。今据《新生活:胡适散文》,杭州:浙江文艺出版社,2015年,第95页。

③ 转引自杨鸿烈:《中国文学观念的进化》,叶树勋选编:《杨鸿烈文存》,第160—161页。

④ 需要注意的是,有的学者将杨氏这里所用的“自然主义”等同于西方的自然主义流派是一种误解,杨氏曾自我标注称:“这里所说‘自然主义’的诠意和 naturalism 完全两样,我不过为说明上便利而已,请读者毋误会。”详见《杨鸿烈文存》,第114页。

⑤ 杨鸿烈:《〈文心雕龙〉的研究》,叶树勋选编:《杨鸿烈文存》,第114页。

⑥ 同上,第115页。

感物，联类不穷，流连万象之际，沉吟视听之区”，他认为这几段“泛论人和自然界发生情感思想的情形”①，即指人受自然界的感召而产生情感思想。他认为刘勰倡导一种自然产生的充沛的不虚伪不做作的感情和思想。杨氏继而指出“既有了情感思想，就该自然的描写出来”②，并引用《物色》篇《诗经》“写气图貌，既随物以宛转；属采附声，亦与心而徘徊”的描写为例证，《诗经》的描写质朴、不雕琢、生动而有感染力，这就是“自然”的描写。从杨氏的界定和论证来看，他之所以将刘勰的文学观加上“自然”的定语，可能是在附和陈独秀“建设平易的、抒情的国民文学”；“建设新鲜的、立诚的写实文学”；“建设明了的、通俗的社会文学”，有意突出刘勰对文学情感思想与描写的要求，是不同于雕琢的陈腐的阿谀的铺张封建旧文学。这一观点虽然有一定的原文依据，但是不免有点以偏概全、过于拔高了。

杨鸿烈以现代文学观念为标准去衡量《文心雕龙》，揭示了刘勰的文学观与现代意义上文学观念的相通之处，由于他关于刘勰文学情感性、思想性、艺术感染力等的论述，基本上是符合《文心雕龙》本身的，这就彰显了《文心》在新的理论环境下的价值，是颇具卓识的。不过，他用“自然的文学”来加以概括，有些牵强拔高，又容易让人误解到“自然主义”或刘勰本身的“自然”范畴上去。因而，他的这一提法，虽然在当时的文章中有一些回响，但其后并没有被学者所沿用。

三、“文笔不分”是《文心雕龙》的白玉之玷吗？

杨鸿烈文中专列一节，指责刘勰“文笔不分”，混淆了纯文学和杂文学的界限，是文学观念的倒退，但这一结论不是建立在历史的具体的分析之上，因而并不准确。

杨鸿烈以上述西方舶来的文学观念为标准，去衡量中国古代的文论，认为中国从晋代以后，文学的观念就渐渐地确定，特别是南北朝时期的“文笔之分”，是指“纯文学和杂文学有分别，狭义的文学和广义的文学有分别”，“文”就是纯文学，“笔”就是杂文学。③代表了文学观念的进化。尤其是梁元帝《金楼子·立言》篇中言“屈原、宋玉、枚乘、长卿之徒，止于辞赋，则谓之文”“吟咏风谣，流连哀思者谓之文”“至如文者，惟须绮縠纷披，宫徵靡曼，唇吻遒会，情灵摇荡”，杨鸿烈认为是“对于文和笔的意义说得最明切透澈的”④，显然是认为其揭示了文学的情感性、艺术性等内涵特质。

基于这样的理论认识，杨鸿烈指出刘勰《文心雕龙》一书有一处矫枉过直的白玉之玷：“他这书最大的缺点，最坏的地方，就是‘文笔不分’；换句话说，就是他把纯文学和杂文学的界限完全的打破混淆不分罢了。在他那文学观念已经大为确定明了的时代，他偏要出来立异，要想以文载道，这是他最大的错处！”⑤“在这样文学观念明了确定的时代，偏偏这位不达时务的刘彦和就来打破这样的分别，使文学的观念，又趋于含混，又使

①② 杨鸿烈：《〈文心雕龙〉的研究》，叶树勋选编：《杨鸿烈文存》，南京：江苏人民出版社，2016年，第115页。

③ 同上，第119页。

④ 同上，第120页。

⑤ 同上，第112页。

文笔不分。”[1]

杨鸿烈对《文心雕龙》的批评看似中肯公正，实则并不准确。首先，其立论的理论基础就是错误的。至清代中期阮元以来，学界就对魏晋南北朝时期的“文笔之辨”较为关注，研究也越发深入，根据目前的研究，可以明显看出杨氏的问题所在。“文笔之辨”可分为表里两个层次，表层是对“文”“笔”的区分，深层是在这一过程中，对“文”与“笔”之文学性的认识。“文”和“笔”是魏晋南北朝时期对所有文章大致划分的两个集合，“纯文学”和“杂文学”是以西方文学观念为标准划分的两个集合，其中有古今之别，是不能完全对等的。杨鸿烈将“文”等同于纯文学，“笔”等同于杂文学，这显然是不合适的。比如，司马迁的《史记》、诸葛亮的《出师表》、李密《陈情表》等都是属于当时“笔”的范围，但以现代文学观点看，不正是富于情感与文采的纯文学吗？“文笔之辨”真正体现文学观念的进化之处，是深层对“文”与“笔”之文学性的认识。如梁元帝《金楼子·立言》篇中“流连哀思者”“绮縠纷披，宫徵靡曼，唇吻遒会，情灵摇荡”等对情感性、艺术性的认识，才是文学观念进步的体现。

从上述分析可见，刘勰对纯文学的认识不在于是否坚持“文笔之分”，而是体现在他对文学情感性、艺术性等本质的认识上，而后者，杨鸿烈已经有了较好的论述，这段对《文心雕龙》“文笔不分”混淆纯文学和杂文学的批评实在是画蛇添足，有失偏颇。

另一方面，杨鸿烈对刘勰“文笔不分”的这一判断本身也有问题，他主要的论据是《文心雕龙·总术》篇首段，原文如下：

> 今之常言，有“文”有“笔”，以为无韵者“笔”也，有韵者“文”也。夫文以足言，理兼《诗》《书》，别目两名，自近代耳。颜延年以为：“笔之为体，言之文也；经典则言而非笔，传记则笔而非言。”请夺彼矛，还攻其楯矣。何者？《易》之《文言》，岂非言文？若笔为言文，不得云经典非笔矣。将以立论，未见其论立也。予以为：发口为言，属翰曰笔，常道曰经，述经曰传。经传之体，出言入笔，笔为言使，可强可弱。《六经》以典奥为不刊，非以言笔为优劣也。

杨鸿烈认为刘勰在这段“骂那般主张文笔分判的”，“用那种自造的逻辑和经典的大帽子拿来反对‘文笔之分’”[2]，这实在是没有正确理解原文。刘勰首先引了当时“无韵者笔也，有韵者文也”的“常言”，但他并没有表示反对，相反，在其文体论中，正是按照这一准则，“论文叙笔，则囿别区分”，自《明诗》以至《谐隐》，皆文之属；自《史传》以至《书记》，皆笔之属。至于他对颜延之的批评，驳斥的是其“言”“笔”之分，是另外一个问题，诚如范文澜所注“谨案《文心》书中，屡以文笔分类，此处盖专指颜氏分经传为言笔论之”[3]。

事实上，刘勰是以通达的态度超越了文笔之分，这并不是其最大的缺点，相反，这说明他“未尝以笔非文而遂屏弃之”，“不以文笔为优劣”[4]，而是强调一切文章都需要具有情感性、艺术性等特质，这正是代表一种文学观念的进步。杨氏对刘勰的根本缺点的指

①② 杨鸿烈：《〈文心雕龙〉的研究》，叶树勋选编：《杨鸿烈文存》，南京：江苏人民出版社，2016年，第121页。

③ 范文澜：《文心雕龙注》，北京：人民文学出版社，1958年，第658页。

④ 黄侃：《文心雕龙札记》，北京：中国人民大学出版社，2004年，第204页。

责，是没有历史地具体地看待问题。

至于，杨鸿烈指责《文心雕龙》除了十来篇属于纯文学的范围内，其他篇章牵扯得宽泛了，“《原道》《宗经》就谈到哲学方面去了，《史传》就含混了文史的界限，此外杂文学里的什么《颂赞》《祝盟》《铭箴》《诔碑》……也都鱼龙不分，泾渭莫辨，随便的扯来，有什么价值？这真是全书的缺点，铸下了一个大错。”[①]这显然是以现代学科分类来乱解《文心》篇目，仅仅顾名思义，没有深入理解全书的体系。

综上可见，“五四”新文学革命确实对《文心雕龙》的理论研究产生了非常深刻的影响，杨鸿烈就是以当时的理论去重估《文心雕龙》的价值，打上鲜明的时代烙印。其中，有些观点是颇具卓识的，如文章着重论述的刘勰对文学本质的认识；再如在其时“文艺进化论”影响下，杨氏文中提及“我们中国第一能懂得文学和时运的关系的人，也是刘彦和”[②]；又如受西方文学批评理论的影响，揭示刘勰是“中国空前的一个文学批评家”[③]；后两个问题，虽未展开，却在今天有理论价值。可见，结合时代理论思潮，来发掘《文心雕龙》的价值，是“龙学”研究深化发展的必由之路。但读懂原文、历史地具体地还原《文心雕龙》本身的理论，更是立足之根。如果理念先行，量凿正枘、削足适履，就会像杨鸿烈夸大刘勰为“文学革新家”、错误指责刘勰“文笔不分”一样，曲解原文，缺乏依据，这样的观点是经不起学术史的检验，终将被学术的巨潮所吞噬的。

（作者单位：中国海洋大学文学与新闻传播学院）

① 杨鸿烈：《〈文心雕龙〉的研究》，叶树勋选编：《杨鸿烈文存》，南京：江苏人民出版社，2016年，第121页。
②③ 同上，第118页。

文苑之秘宝

——《文心雕龙》意大利文全译本“引言”

（附补记及新近书目）

［意大利］兰珊德 著　戚　悦 译

在公元六世纪初年，刘勰这位默默无闻的作家、僧人以及佛经翻译家，凭借大胆的计策，成功地将自己最新、最珍视的作品献给著名学者和显赫政客沈约翻阅[①]。那是一部文论专著，共有五十篇，既是一本富有诗意的散文集，又是一本修辞学手册，同时还是一份囊括了主要作家及其作品的目录，更是一份总结了从古代至当时的写作艺术的纲要。这部作品不仅被同时代的人仔细研读并极为尊重，而且数个世纪以来，它已经成为一部重要的文学文本，对中国作家及评论家的培养而言，至今依然是必不可少的。这部作品题为“文心雕龙”，乃是一部“文苑之秘宝”。

一

“文心雕龙”这四个汉字的组合可谓中国文学传统中最为精妙的组合之一，它利用了每一个字的不同含义以及这些含义之间的相关性，呈现出多样的美感和诗意的朦胧。那么，就让我们一个字一个字地来探讨其含义，充分认识这一组合带来的各种可能性，进而更好地、更贴切地理解整部作品。

“文”的意思是“符号、图式、形式、装饰”，又指“文字、文章、文学”，乃至“文化、文明”。它是中国书写传统中的基础汉字之一，在《文心雕龙》一书中共出现了583次，有时单独使用，有时跟其他字组合使用[②]。“心”的意思为“心脏、心灵、思想”，或者像某些学者所提倡的那样，意为“心思”，以此来表示这个字指的是思考能力与感受能力的复杂

---

① 根据刘勰的传记记载，刘勰无法接触到沈约及以朝廷为中心的文人圈子，于是他就在沈约的住处前等待，当沈约的马车经过时，他穿着商贩的衣服、带着自己的手稿拦在马蹄前。见季博思（唐纳德·吉布斯，Donald Gibbs）：《刘勰——〈文心雕龙〉的作者》（“Liu Hsieh, Author of the *Wen-hsin tiao-long*”），载于《华裔学志》（*Monumenta Serica*）第29期，1971年，第127—130页。

② 该字的含义非常广泛，见刘若愚（James J. Y. Liu）：《中国文学理论》（*Chinese Theories of Literature*），芝加哥：芝加哥大学出版社，1975年，第7—8页、第23—26页。而且在《文心雕龙》的文本中，刘勰在许多地方都颇为巧妙地利用了这些含义的丰富性和复杂性。

交织,而并非与这些功能有关的器官①,因此再延伸一下,也可理解为"中心、核心、本质"。"雕"就是"雕刻","龙"也就是一条"龙"。

从语法上来讲,标题的结构可以作此分析:两个名词("文"与"心")和一个动宾结构("雕龙")。所以,它的意思是"关于文之心的雕龙"②。"雕龙"二字在解读上并没有太大的困难,因为自古以来,"雕龙"就用来比喻"华丽的文辞",如刘勰本人在第五十篇(《序志》)中所说:"古来文章,以雕缛成体,岂取驺奭之群言雕龙也。"据此,"雕龙"二字可以译为"壮美的雕琢"。

在这四个字之中,理解起来最为关键的一个字便是"心",因为这个字包含了多种不同的解释:当强调"心思"时,也就是刘勰在第五十篇中提到的"为文之用心也",强调了文学创作中的个人因素、主观因素;不过,刘勰又接着谈到:"昔涓子《琴心》,王孙《巧心》,心哉美矣,故用之焉。"因此,他本人也强调了客观因素,也就是"核心、中心、本质"之意。所以,我们既可以将本书的标题译为"文学心灵的壮美表达",又可以将其译为"文学本质的壮美雕琢"③。然而,这道选择题只会困扰西方译者,因为在汉语里,"文心"二字明确地结合了"文学心灵"和"文学本质"的双重含义,同时囊括了二者的丰富意蕴。由此,我们可以看出,这四个汉字绝不仅仅是本书的标题,而且还成了一种复杂而完整的象征,代表了跟写作艺术相关的一切思考,也代表了文学创作及其形式。这一象征充分体现了这部非常系统的巨著的独特品质。这部作品留传至今虽有几个版本,但总体

① "心"能控制人的行为,但并不意味着能基于感受和欲望进行思考。见陈汉生(查德·汉森,Chad Hansen):《心灵中的语言》("Language in the Heart-mind"),收录于爱莲心(罗伯特·阿林森,Robert E. Allinson)主编的《理解中国思想:哲学根基》(*Understanding the Chinese Mind: The Philosophical Roots*),牛津:牛津大学出版社,1989年,第97页及其后。有些学者则通常采用"心/脑"的概念,如修中诚(欧尼斯特·理查德·修斯,Earnest Richard Hughes):《文之艺术:陆机〈文赋〉》(*The Art of Letters: Lu Chi's* Wen Fu),普林斯顿:普林斯顿大学出版社,1951年,第22页及其后;刘若愚:《语言、悖论与诗学》(*Language, Paradox, and Poetics*),普林斯顿:普林斯顿大学出版社,1988年。

② 因此,单从语法上来讲,这个标题确实支持两个词组并列的翻译方式,如 *The Literary Mind and the Carving of Dragons*(意为"文心与雕龙",这是施友忠在1959年提出的翻译方式,他在后来出版于1983年的译本中也延续了这个翻译),还有 *The Literary Mind and Its Carving of Dragons*(意为"文心与它的雕龙"),见修中诚:《文之艺术:陆机〈文赋〉》。

③ 迄今为止,学者们提出了许多解决方案,其中最著名的有:*The Anatomy of Literary Criticism: Dragon Carvings*(意为"文学批评的解剖:雕龙"),陈世骧:《中国文学批评溯源》("In Search of the Beginnings of Chinese Literary Criticism"),收录于沃尔特·费谢尔(Walter Fischel)主编的《闪米特与东方学研究》(*Semitic and Oriental Studies*),伯克利:加利福尼亚大学出版社,1951年;*The Carved Dragon of the Literary Mind*, which may be loosely translated as *Secrets to Literary Success*(意为"文心的雕龙,即文学成功的秘密"),陈受颐:《中国文学史》(*Chinese Literature: A Historical Introduction*),纽约:罗纳德出版社,1961年,第227页;*The Genesys and Artistry of Literature*(意为"文学之起源与艺术"),季博思:《〈文心雕龙〉中的文学理论》(Literary Theory in the *Wen-hsin tiao-long*),博士论文,安阿伯市:UMI论文服务中心,1970年;*The Literary Mind: Elaborations*(意为"文心:阐述"),刘若愚:《中国文学理论》,第147页;*Le Coeur de la littérature sculpte des dragons*(意为"文心雕刻龙"),雷威安(安德烈·列维,André Lévy):《中国文学:古代与经典》(*La littérature chinoise ancienne et classique*),巴黎:法国大学出版社,1991年,第52页;*L' ésprit littéraire et la gravure des dragons*(意为"文学精神与雕龙"),白寿彝:《中国通史纲要》(*Précis d'Histoire de Chine*,法语版),北京:外文出版社,1988年,第203页。

上是完整的，文本上没有重大的变动，足以证明各个时代的学者对这部作品的关注①。

关于《文心雕龙》的作者刘勰，有一篇官方传记，这是一篇标准化的人物传记，符合传记文体的一贯传统，其中讲到：刘勰出生于约公元465年，有王室血统，是汉朝皇帝刘邦的后人，但如今却家境清贫。他的寡母很快就意识到这个男孩儿勤奋好学，于是便将他送至一处佛寺，他在那里待了十几年，在佛僧僧祐的指导下，将梵文译为汉语。三十岁以后，他才迎来了文学的成功，进入受过良好教育的梁朝皇太子萧统的圈子，并成为其主要顾问之一，从而令自己的作品为人所知，并担任官职。晚年，他又回到佛寺的孤寂之中，在那里待到去世，约逝于公元530年②。

至此，读者诸君便可以用自己的方式去大胆探索和欣赏这部著作了，无须借助各种强制性的解释来形成先入为主之见。不过，我还是准备根据一些资料，谈谈《文心雕龙》在富有修辞传统的中国文学思想中的地位，这或许还是有好处的。中国的修辞传统始于公元前八世纪③，有涉及不同角度、不同深度的丰富作品，但这些作品在本质上却有着相似的特点。

二

这种本质上的相似性主要体现在“文”的概念上。正如前文所述，这个字的本来含义是“符号、形式、图式”。刘勰在第一篇《原道》中讲到：“文之为德也大矣，与天地并生者何哉？”从宇宙的诞生到人类的诞生，通过自然法则安排的一切都是自然之文的表达：每一样事物、每一个生命都有自己的“文”，这是与众不同的特征，标志着内在的自然秩序。在所有生命里，只有人类拥有更高的“文”，能够以之体现天地的意志，因为令人类与众不同的“文”是写作的能力、记录的能力。所谓“为五行之秀，实天地之心，心生而言立，言立而文明，自然之道也。”(《原道》)。

我们都知道，书面的符号，也就是文字的记录，拥有改变、教育和教化的力量。文人的地位高于农民，这种差别源于对“文”的掌握。因此，正是通过书面的符号，才凸显了个人的地位尊贵，而留传下来的文字记录具有重要的教化文明的功能。有趣的是，“文”的语义解释中就包括“文明美德”(与“武”相对，“武”意为“武器、军事力量”)，进一步证实了书面文字的力量和经典文献中记录的文明制度高于武力和通过军事力量获得的统

① 唯一有严重瑕疵的篇章是第四十篇。另外，在第二篇、第三篇、第十八篇、第三十九篇、第四十二篇和第四十四篇中，有一些片段的真实性可疑。根据写于刘勰死后近一个世纪的他的传记，其杰作起初不为人知，但很快就收获了坚实的好评，在此后的数个世纪间始终赞扬不断，并产生了大量的研究《文心雕龙》的著作，尤其是自明代起(见季博思：《〈文心雕龙〉中的文学理论》)。文心雕龙学会编辑的一份中文资料(按当指上海书店出版社1995年出版的《文心雕龙学综览》一书——译者)中包含了关于这部作品的完整书目，更新至1992年。

② 见约翰·马尼(John Marney)：《梁简文帝》(*Liang Chien-wen Ti*)，纽约：传文出版社，1976年。《梁书》中的《刘勰传》由季博思翻译成英文，见其《刘勰——〈文心雕龙〉的作者》。

③ 最早的书面记录可以追溯至远古时期，大约公元前十七世纪，参见罗杰瑞(杰瑞·诺曼，Jerry Norman)：《汉语》(*Chinese*)，剑桥：剑桥大学出版社，1988年，第58页。书面记录是渐渐成型，稳定为后来的文本的，从在动物骨头上的占卜刻字(甲骨文)，到青铜装饰上的铭文，最后到真正的书面作品。

治。实际上,中国传统文明的特征之一,正是"文"有着高于"武"的地位差别,因为通过文字和书面记录,能够教导、教育、教化,而诉诸武力的做法只不过显示了自己在"文"上的失败[①]。早在前帝国时期(即秦朝之前——译者),孔子及其门徒就从理论上阐述过这个观点,后来它还成了儒家学说之一。儒家是依托于孔子的思想建立并发展的学派,是后来构造中国帝国官僚系统的意识形态,持续了两千年之久。[②]

根据传统说法,孔子也是第一部著名的诗歌选集《诗经》的编纂者,这部诗集中的文本多数都是匿名作者的,有不同的主题和形式,可追溯至公元前八世纪。后来,《诗经》选择文本的标准和对于入选文本的解释成了儒家正统观念的一个重要方面:所有文本的选择和解释都是依据"诗教",也就是能够作用于人的教育功能。实际上,在儒家经典全集中,《诗经》的注释构成了"诗教"的第一个坚实例子,是儒家道德的支柱,也是中国传统诗歌必不可少的基础。《诗大序》是关于《诗经》文本的第一篇评论,也是关于诗歌创作本质的第一篇批判性思考,在开头便提出了"诗言志"的表述("志"的意思是"志向、心愿、意图"),在数个世纪间,这一观点指明了传统诗歌的基础。

《诗经》的文本与其指引向善的经典角色密不可分,数个世纪以来,书面文字之深远的伦理内蕴形成了一种知识结晶,在教育和道德方面具有明显的指导意义,极大地影响了对于文学的思考以及文学思想的形成。从这个层面来讲,对于书面文字之教化功能的高度尊重,在数个世纪之间体现为一种"注释"的热潮,并将会引起经典解释学的繁荣发展;自汉代起,这一学科便产生了许多杰出的作品[③]。

到刘勰的时代,注释之学得到了充分体系化的发展。刘勰重构了书写的神秘起源,记录了它的原始传说,亦即最早的证据,以及书写与自然力量的隐秘关系:"仓颉造之,鬼哭粟飞。"[④]

在留传下来的文字传统中,最早的书面符号是难以捉摸的卜卦:它们拥有至关重要的力量和改变世界的能力,因为它们具有多种多样的潜在变化,这些变化不仅取决于卦象的解释,还取决于未来的发展。预言和占卜的力量源于组合的符号,这些符号被神秘

---

① 见费正清(约翰·金·费尔班克,John King Fairbank)和弗兰克·基尔曼(Frank Kierman)主编的《中国式战争》(*Chinese Ways in Warfare*),坎布里奇:哈佛大学出版社,1974年,第2—11页。有些学者相信,正是由于文的美德高于武的力量,所以中国才从未发展出史诗(按指描述英雄或战争事迹的叙事诗——译者)这一文学形式。见王靖献(C. H. Wang):《从礼仪到寓言》(*From Ritual to Allegory*),香港:香港中文大学出版社,1988年,第50页及其后。

② 儒家传统在数个世纪的过程中建立的官僚体制对中国的文学遗产有深远的影响。必须明白,实际上作家和诗人在很多情况下也都是政府官员。直到整个清朝为止,选拔政府官员的科举考试都是基于儒家经典。见宫崎市定(Ichisada Miyazaki):《科举地狱》(*L'inferno degli esami*,意大利语版),都灵:博莱迪出版社,1988年。关于儒家思想对中国社会的影响,见狄百瑞(威廉·西奥多·迪·柏瑞,William Theodore de Bary):《儒家思想的问题》(*The Trouble with Confucianism*),坎布里奇:哈佛大学出版社,1991年。

③ 关于经典和注释的概念,见约翰·亨德森(John Henderson):《经、典、传:儒学注释与西方注释的比较》(*Scripture, Canon and Commentary: a Comparison of Confucian and Western Exegesis*),普林斯顿:普林斯顿大学出版社,1991年。跟《诗经》相关的解释学,见范佐伦(史蒂文·范·佐伦,Steven Van Zoeren):《诗歌与性格:中国传统的阅读、注释与解释学》(*Poetry and Personality: Reading, Exegesis, and Hermeneutics in Traditional China*),雷德伍德城:斯坦福大学出版社,1991年。

④ 出自第三十九篇《练字》。这一篇详细讨论了汉字与写作的关系。

地传给了古代圣贤统治者，它们虽然扎根于过去，却拥有控制未来选择的力量。

从卜卦到象形图，再到象形文字，最后到不同的文字形状，构成了世界上独一无二的书写系统。这个书写系统是如此紧密坚固，乃至于持续了三千年之久，作为整个远东地区的一种符号工具，几乎始终未变。而且，有关书写起源的魔幻而神秘的暗示至今仍遗留在一些非常重要的汉字之中，这些汉字的形态结构具有一种真正的生命力[①]。不过，书面文本不只是一种智慧的来源，或者如中国传统的比喻所言，是一种“映照过去的珍贵镜子”[②]；它还是对未来的有效指导，在反复的阅读中，可以达到温故知新的效果。这也就解释了为什么现存最古老的占卜文本《周易》直到今天仍在发挥作用。

因此，当孔子在其门徒转录的《论语》中敦促读者阅读并研讨《诗经》时，固然是基于审美标准或文学欣赏的目的，但是还有明确的教化及教育意图：那些书面文字包含着由纷扰走向条理的原则，所以经典文本不仅要被阅读，还要被记忆和反复吟诵，以便充分理解其中的奥妙。[③]

三

这个坚固的书写系统产生了一系列同样坚固的文本，这些文本构成了一张浓密的大网、一个结实的方块，其坚定的一致性是毋庸置疑的，并且不断地在注释传统中获得崭新的活力。这些文本就是经典全集，由儒家学派于汉代编纂而成，是中国所有文学遗产经常引用的内容。除了上面所提到的那些文本，儒家经典的核心作品还包括《尚书》《春秋》《礼记》等，后来，很快就出现了大量围绕着这些作品的各种各样的注释、评论、理论体系。《文心雕龙》在这个轨道上占据了显著的地位，这部作品也有着类似的传统背景，它设计阐述了一个思想和评论体系，这个体系至今无人能够超越。

实际上，在刘勰创作这本书的时候，对于书面文字的尊敬已经根深蒂固，乃至于构成了一种所谓的“书面符号宗教”[④]。在这条道路上，刘勰甚至更进一步：“夫经典沉深，载籍浩瀚，实群言之奥区，而才思之神皋也。扬班以下，莫不取资，任力耕耨，纵意渔猎，操刀能割，必裂膏腴。”（第三十八篇《事类》）这是首次从理论上探讨了中国文学传统中最有趣的现象之一——互文，不仅将互文理解为不同文本之间的连接与交织，还将互文

---

① 例如，在占卜书写和画符的时候用到的特殊汉字，仍然在道家修炼中广泛应用。见施舟人（克里斯托弗·施波尔，Kristofer Schipper）：《道学文集》（*Il Corpo taoista*），罗马：乌巴尔迪尼星盘出版社，1983年，第78页及其后。

② 即“鞶鉴”，意为“悬挂的镜子”，指的是官员腰带上悬挂的镜子，他们可以从中看到过去智慧教导的“映像”（见第十一篇《铭箴》）。

③ 见宇文所安（斯蒂芬·欧文，Stephen Owen）：《中国传统诗歌与诗学》（*Traditional Chinese Poetry and Poetics*），麦迪逊：威斯康星大学出版社，1985年，第45页及其后。

④ 见施舟人：《道学文集》（*Il Corpo taoista*）。有趣的是，刘若愚称之为“图像中心主义”。见其《语言、悖论与诗学》（*Language, Paradox, and Poetics*），普林斯顿：普林斯顿大学出版社，1988年，第16页及其后。这种对待书面文字的态度，跟德里达（Derrida）的“逻各斯中心主义”相反。见张隆溪：《道与逻各斯：关于德里达的逻各斯主义批评》，载于《批评探索》（*Critical Inquiry*）第11卷第3期，1985年，第385—398页。

当作“某些类型和形式跟某些主题和感受的自然联系”的结果①。

将别人的语句有技巧地嵌入自己的演说中，早有孔子的著名先例：在《论语》中，常常提及《诗经》里的片段或完整文本，并总是从教育和道德角度来对其进行评判和重新解释。随着时间的推移，通过联系许多别人的言语片段来构建一篇文本以表明自身的感受，这种能力不仅成了博学的标志，而且最重要的是，证明了自己是被这些过去的文本所选中的读者，即自己能够充分理解并利用这些文本。这可能是中国独有的现象，写作能够检验作者获得了多少文化遗产，作者必须小心翼翼、仔仔细细地引用、截取、拆解、重构，正如读者必须更加小心仔细地理解、剖析、识别和欣赏一样。互文的层理分析有时很复杂，构成了一种持续、严格的证据，证实了至少到刘勰的时代为止，所有互文都是跟留传下来的古代经典有关：

> 经籍深富，辞理遐亘。皓如江海，郁若昆邓。文梓共采，琼珠交赠。用人若己，古来无懵。（第三十八篇《事类》）

因此，对经典的频繁提及，即巧妙地在文章里穿插或明确或隐晦的用典，几乎成了《文心雕龙》所痴迷的一个话题。除了反复申明经典文本具有无可争议的启迪功能以外，刘勰还肯定了这些文本作为中国文化遗产的奠基之作具有不可替代的价值。②这就是《文心雕龙》的第三篇之所以题为“宗经”的原因。经典文本是最初的源头，是所有写作形式不可逾越的典范：“并穷高以树表，极远以启疆，所以百家腾跃，终入环内者也。”③

可以说，《文心雕龙》提出的是一个非常宽泛的“文学”概念，有些学者认为这个概念是玄学的④，还有的学者认为这个概念是宗教性的。然而，这个概念的形成其实是一个漫长而连贯的过程，要弄清楚刘勰思想的价值和独创性，就有必要重构这条道路，把握其基本阶段的大致轮廓。

四

首先需要注意的是，“模仿”的概念在中国文学思想中是完全没有的，或者至少没有对“模仿”有过系统化的考量。

---

① 见费维廉（威廉·克莱格·菲斯克，William Craig Fisk）：《中国中世纪形式主题和西方近代文学理论：模仿、互文、比喻及前景化》（*Formal Themes in Medieval Chinese and Modern Western Literary Theory: Mimesis, Intertextuality, Figurativeness and Foregrounding*），博士论文，安阿伯市：UMI论文服务中心，1977年，第54页及其后。

② 关于儒家经典在中国传统文学里的重要性，见弗朗西斯·朱利安（François Jullien）：《非经非典：儒家文本与中国文明》（Ni écriture sainte ni œuvre classique : du statut du texte confucéen comme texte fondateur vis-à-vis de la civilisation chinoise），载于《评论之难：远东，远西》（*De la difficulté de juger, Extrême-Orient Extrême-Occident*）第5期（1984年），第75—134页。

③ 见第三篇《宗经》。这一篇里谈到了详细的文学形式以及它们源自的经典，又见弗朗西斯·朱利安：《非经非典：儒家文本与中国文明》。

④ 在刘若愚《中国文学理论》的目录中，刘勰的这个观点被认为是文学的玄学论，包含了玄学暗示的所有局限。

假如说在孔子的时代里，写下来的作品只有作为实现社会和谐工具的道德体系的一部分才有意义，当时没有“文学”的概念，即“文学”并未区分于其他形式的书面作品，那么到了汉代，书面作品开始慢慢分化出多种独立的形式和类型①。在分类逐渐形成的过程中，也逐渐确立了陆机在《文赋》（公元三世纪）中提出的“诗缘情”的判断，这种判断意识到了个人在诗歌创作的主题和标准中所扮演的角色，此时的诗歌创作已经跟其他类型的作品截然不同。这一时期还有很多文人学者也作了类似的思考，对于个人与表达自身感受的书面作品之间的关系，这个时代很可能有最丰硕的思考成果②。

在刘勰之前早些时候有一个典型的例子，就是曹丕（魏文帝，公元220年至227年在位）所作的《论文》，其中第一次提出了文学中“气”的重要性，“气”是指“气息、精神”以及给予事物活力的物质力量，在这里还指“个人天赋的气质”“灵感”等。曹丕说：“文以气为主，气之清浊有体，不可力强而致。……虽在父兄，不能以移子弟。”③

个人天赋和才华是自然内在秩序所必不可少的一部分，也是文学创作的主要因素。对个人天赋的发现标志着一种显著的不同，迥异于将文学遗产单纯当作记录过去圣贤知识之书面材料的传统观念，同时，对个人天赋的发现还成为陆机之作的出发点：在《文赋》中，诗歌创作的关键成了作者本身，而儒家的“诗言志”，即写作的教育和教化目的，则成了附属的，至少在思考文学创作的顺序时，作者是第一位的，其次才是教育目的。陆机对“诗缘情”的肯定最终强调了诗学思想的重要核心是用言语表达隐藏的人类心灵的能力，尽管其中有许多困难和无法胜任之处，正如陆机所说：“恒患意不称物，文不逮意。”④

这个发现还成了理解文学创作基本要求的重要思想之一。在这条道路上，虽然先有挚虞、李充等人的尝试，但他们的著作仅有片段留存，信息量太少，使得我们无法充分地理解其思想，正是刘勰的著作才提供了答案、开启了崭新的问题。

---

① 术语的差别明显地反映了文学思想在一世纪的发展演变过程：“文学”（在现代汉语里指 literature）在《论语》中已经用来指所有知识和学问的分支，在汉代则产生了分化，用“文章”一词来代表那些形式优雅、符合美学要求的作品，而“文学”则泛指所有学术知识。这种术语的差别一直保持到三国时期，那时出现了更进一步的语义变化，“文学”和“文章”两个词的语义几乎重合，都用来指“literature”。参见兰珊德（亚历珊德拉·拉瓦尼诺，Alessandra Lavagnino）：《中国古代批判思维中的“文”与“气”》（“*Letteratura*” *e* “*Talento*” *nel pensiero critico della Cina antica*）一文。

② 在汉朝崩溃以后，政治和社会的动荡局面及政权的频繁更替、王室家族的转瞬即逝引发了深深的价值观危机，这种危机反应在所有文学作品中，不再像以前那样极为尊重儒家经典及其典范。在这个时代里，新观点的积累产生了新的思想流派，比如“玄学”（见第六篇），这是道家思想的分支，关注个人选择，拒绝政治和社会认同，支持归隐的生活，以寻求与自然之间的平衡。

③ 曹丕的作品只有部分幸存下来，收录于《文选》中。翻译见黄兆杰（Siu-kit Wong）：《中国早期文学批评》（*Early Chinese Literary Criticism*），香港：三联书店出版社，1983年。在这段话的上下文中，既插入了理论思辨，又提到加强个人之“气”的实践训练，这个“气”被认为是人与外界自然总体相和谐过程中的主观因素。

④ 见[西晋]陆机著、张少康集释：《文赋集释》，上海：上海古籍出版社，1984年，第1页。《文赋》有几种英文翻译，如修中诚：《文之艺术：陆机〈文赋〉》；方志彤（Achilles Fang）：《文赋》（“Rhymeprose on Literature”），载于《哈佛亚洲研究》（*Harvard Journal of Asiatic Studies*）第14期，1951年。

五

实际上，《文心雕龙》是一部奇异的调和之作，它以智慧的平衡成功地将儒家学说的道德理论跟个人情感相融合，显示了这两个方面并非是格格不入的，而是艺术思考的两个不同的维度，前者属于“表现力”，后者属于“感染力”。

这种折衷调和贯穿于整部著作：看起来，在中国传统典型的实用主义的驱使下，刘勰似乎首先想要对儒家经典致敬，承认它们是所有中国文学传统的奠基文本（《文心雕龙》的开篇庄严而华美，不时提及儒家经典文本，表达了对经典的尊重，这种尊重贯穿于前五篇）。一旦在形式上履行完这个责任，他便不受拘束，自由地在接下来的二十篇中分专题具体探讨各种体裁和文学形式，放手接纳“非正统”的学说，如道家思想。刘勰之作的一个显著特点就是将截然不同的学说范型浓缩在异常和谐的结构之中：实际上，如果说他常常在文中提及的是儒家正统原理，那么他同时也以一种微妙而持续的方式有意识地在整部论著中批判性地涉及道家的说法（对因政治和社会的衰败而出现的种种怪诞现象随时予以抨击），虽然并非真正的方法指示，却形成了一种不明显的引用网络，或者说是含蓄的用典。例如，刘勰在谈到写作的准备技巧时说：

> 是以陶钧文思，贵在虚静，疏瀹五藏，澡雪精神。积学以储宝，酌理以富才，研阅以穷照，驯致以怿辞，然后使玄解之宰，寻声律而定墨。（第二十六篇《神思》）

可以明显看出，这里不仅提到了道教的解剖学思想（“五藏”），而且还提到了集中精神的实践和心灵的训练，这些也是道教学说的基本要素。

这些建议多数见于《文心雕龙》的下篇，也就是探讨文学创作的方法和技巧以及其他有关文学思考的重大主题的二十五篇。例如，第二十六篇《神思》触及了创造力和想象力的主题，第四十二篇《养气》讲述了如何培养天赋，第四十六篇《物色》定义了外界与创作过程的关系，第三十一篇《情采》谈论了天赋与知识的关系……

而佛教学说对刘勰思想的影响也绝不仅仅局限于出现在《文心雕龙》中的一个佛教术语（在第十八篇《论说》中提到“般若”），因为我们已经知道，刘勰是将佛经从梵文译为汉文的翻译家①。实际上，在当时，道教思想已经被充分认可，不只是它的哲学和概念因素，而且还作为一个宗教的学说和实践得到了接纳；佛教是第一个主要的外国宗教，提出了来世和救赎未来的概念，在对中国传统文化的影响中有不确定性和困难性，但依然

① 另一部留传下来的刘勰作品《灭惑论》显然是受到佛教思想启发的，见季博思：《刘勰——〈文心雕龙〉的作者》。关于佛教思想对刘勰思想的影响，见孔繁：《刘勰与佛学》，载于《中国社会科学》1983 年第 4 期，第 188—213 页；以及宇文所安：《中国文学思想读本》(*Readings in Chinese Literary Thought*)，坎布里奇：哈佛大学出版社，1992 年，第 605 页。

是重要的丰富因素和崭新的促进因素①。

正是通过与这些学说相遇,才又一次浮现出重建儒家正统理念的愿望,而此时,儒家正统理念显然在汉代帝国瓦解以后迷失了,在这几个世纪里,中国领土分裂成若干个小国家,北边受到蛮夷拓跋魏的威胁,尽管他们也是热诚的佛教徒;南边则是一系列转瞬即逝的朝代,无法提供真正的支点。

道教、佛教与传统儒家思想的贡献虽然程度不同,但它们共同帮助建立了一个巨大的知识和经验宝库,通过适时的引用和大胆的类比,不断回归主题,呈现出一种惊人的功能互补的关系。所以,实际上,正是在这种引用的汇合与互文的指涉中,我们才认识了这部解释传统文学遗产的杰出著作。

六

即便在更严格的文学范围中,刘勰也是当时各种学派的调和者。他很清楚儒家正统的严格规定早已不能够满足急剧变化的形势的需要:新的文学趋势,以及对于哲学和宗教的新思考,已经极大地改变了文化景观。

在南朝的文学圈子里,那些活跃于宫廷的众多文人,遵循陆机之论、讲求华丽辞藻的美学趋势愈演愈烈(见第六篇《明诗》)。从儒家正统经典中彻底解放出来的做法已经极大地推动了过度描写的诗歌形式的发展,作品主题或晦涩难懂或正统经典,都以日渐显著的形式主义为特征,结构整齐,排比有序,过分修饰。

面对这一切,刘勰想通过自己的著作作出回应、重建秩序、提供标准,不仅在文学上如此,而且在政治上也是如此。实际上,第四十五篇(《时序》)就确定了一种文学与国家现状的稳定联系,政权的辉煌和衰落跟优秀文学的兴盛或凋零是一致的。这里谈到的不是"为艺术而艺术"的文学(其目的从来都不是取悦),而是一种有意识地对人们进行教导的作为权力工具的文学。刘勰认为,我们需要围绕着永恒经典所构成的支点重建这种文学,而永恒的经典本是至高无上的典范,自从汉代以来,却像一条淹没在泥沼中的壮美巨龙(见第四十五篇《时序》)。写作必须再一次成为受到尊崇的工具,来形成并巩固共识,在文学和权力之间建立紧密的关系。在中国,直到今天,这种关系几乎始终未被打乱,除了极少数特例以外②。

因此,显而易见,从经典而诞生的任何形式的写作,也就是在刘勰之作中出现的"文",它的范围十分广泛:实际上,谈论文学体裁的篇章将文学严格划分成韵文和散文

① 见李华德(沃尔特·利本塔尔,Walter Liebenthal):《四、五世纪中国佛学思想》("Chinese Buddhism during the Fourth and Fifthe Centuries"),载于《日本纪录》(*Monumenta Nipponica*)1955年第11期,第44—83页。将梵文写就的佛教传统神圣文本翻译成汉文是中国学者第一次面临对外国语言中的新概念和新术语进行转化的问题,见许理和(艾瑞克·苏希尔,Erik Zürcher):《佛教征服中国》(*The Buddhist Conquest of China*),共两卷,1957年;《佛教对早期道教思想的影响》("Buddhist Influence on Early Taoism"),载于《通报》(*T'oung Pao*)1980年第66期,第84—147页。

② 见宇文所安:《中国传统诗歌与诗学》,麦迪逊:威斯康星大学出版社,1985年,第29页。

的形式(从第六篇《明诗》到第十三篇《哀吊》为韵文形式,从第十六篇《史传》到第二十五篇《书记》是散文形式,第十四《杂文》、十五篇《谐讔》是"混合"形式),描述并举例说明了超过四十种重要性不等的文学形式,从诗到碑刻铭文,从赋到庄严的盟约,从编史到专题论文,从檄文到信函,甚至从药方到买卖合同,从宗谱到数学运算,可谓包罗万象。其中每一种都煞费苦心地诉诸词源的解释,时而是严格的文献学,时而又充满想象力和暗示性,并且全都始于儒家经典;在最重要的文学形式后面会跟上例证、观点和实践建议,其中还有丰富的引文、用典、回顾等。

书中还论述了包括檄文、祭文、誓词等在内的礼仪形式,作者之所以要作这方面的探讨,是因为这些写作形式与被编纂进儒家经典中的礼仪有关,而礼仪是构成儒家伦理学的基本要素之一①。

不过,在某种方式上可以跟《文心雕龙》互补的另一部同时代的文学选集《文选》,其在编纂时用到的文学概念却与此不同。这部作品由梁朝太子萧统所编,他是刘勰的保护者,并且鼓舞了当时最有活力的文人圈子之一。尽管他在《文选》中收录了有关礼仪形式的许多作品,但并未涉及如编史或哲学论文这类的重要文体,因为他认为这些文体并不属于"文":"老、庄之作,管、孟之流,盖以立意为宗,不以能文为本。"因此,《文选》是一部收录"文饰之作"的选集,其所收录的诗歌和其他文学形式,全都与"文学品质"有关②。

七

还有一个重要主题贯穿了《文心雕龙》全文,并构成了近乎痴迷的特征,那就是衰落的经典范式。尤其是第二十九篇(《通变》),系统地提出了"通"和"变"的问题。跟卓越超群的典范相比,"变"几乎总是用来作"衰"的同义字。要理解这一主题,最好的办法是回顾谢赫的一部作品,这部作品(按当指《古画品录》——译者)在理论上提出了绘画"六法"。"六法"之一便是模仿过去的杰作并创作复本("传移模写"),这个过程可以让艺术家通过模仿这些典范,来抓住被模仿的艺术家的气,也就是天赋的"气息""至关重要的精神";模仿者将被模仿者的气添加到自己的气上,使自己的气得到极大的丰富和发展③。在文学界也有十分相似的做法,参考过去那些典范的方式和格调,不仅是前面谈

① 中国术语"礼"最初指的是传统礼仪标准,即一套指导正确行为的正式的程序和要求。这些要求被认为是最正确的表达,是在儒家"人性"和"正义"的美德基础上构成的伦理学。见柯雄文(安东尼奥·柯,Antonio Cua):《儒家道德中"礼"的概念》("The Concept of Li in Confucian Moral"),收录于爱莲心(罗伯特·阿林森,Robert E. Allinson)主编《理解中国思想:哲学根基》(*Understanding the Chinese Mind: The Philosophical Roots*),牛津:牛津大学出版社,1989年,第211页及其后。因此,在儒家体系中,无法探讨那些作为礼仪组成部分的写作形式。

② 不过,编纂者本人并未清楚地说明这些品质。有一部《文选》的英文全译本,见康达维(大卫·涅特格斯,David Knechtges):《文选》(或"优雅文学选集")(*Wen Xuan*, or *Selections of Refined Literature*),普林斯顿:普林斯顿大学出版社,1982年第一卷,1987年第二卷。

③ 关于谢赫与绘画六法,见卜寿珊(苏珊·布什,Susan Bush)和孟克文(克里斯汀·默克,Christian Murck):《中国艺术理论》(*Theories of the Arts in China*),普林斯顿:普林斯顿大学出版社,1983年。

到的互文联系的完美因素,而且还成为创新的一种形式。

八

这部作品虽然内容复杂,但是有明确清晰的结构,这种结构的建立是有意识的、坚固的,留传至今,只有少数学者对某些章节的顺序表示过疑问①。

可是,对于西方读者而言,想要基于目前已经提供的指示在《文心雕龙》中寻求特定问题的直接答案,恐怕会令人失望。这并不是因为书中没有给出答案,而是因为答案都隐藏在推理论证的层叠之中,而这种推理论证的揭示方式有时跟我们西方人的方式截然不同。

实际上,我们不应忘记,作为一种孤立的语言,古汉语的结构没有曲折变化(指词形变化,即通过改变词根拼法,导致语法功能发生改变——译者),主要是单音节的,这一特点影响了阐述的过程,这个过程是建立在“实词”(名词、动词、形容词)和“虚词”(所谓的工具词:人称代词、副词、介词、小品词)的和谐转换和交替之上的。句子的结构建立在固定的模式上,短语和句子基本并列。这种现象在“骈文”中更为明显,这种写作风格自公元四世纪起被频繁使用,《文心雕龙》可谓是骈文的最好范例之一:句子都强制性地组成符合韵律的四字模块,在语法、句法、音调和语音上都平行相连;这些平行结构在组合的时候要求严格、准确,有时候,一个单独的元素就可以改变一句话表达的意思②。因此,推理论证是在逐步渐进的韵律排比和迭代中推进的,对于西方读者来说,看起来可能显得有些重复。但实际上,这是一个谨慎的过程,通过一点一点不断地增加含义,来展开推理论证;由于互文的层理性,这些含义的增加看起来遵循着一条原始的道路。有时候,作者好像一直在告诉我们同一件事情,但实际上却运用含义的微妙变化或隐藏在简短典故后的新的意象来引领我们迈出崭新的一小步。我们来看一个例子,在第三十六篇(《比兴》)中,介绍了写诗的两种基本方式:

> 故比者,附也;兴者,起也。附理者切类以指事,起情者依微以拟议。起情故兴体以立,附理故比例以生。

推理论证的蜿蜒展开是将一个“实词”与另一个并列(“比”是“附”,然后“附”又加上“理”,接着是明确的解释——“切类以指事”,最后回到最初的说法上,得出结论,“比”就是“附理”)。

初读之下,你也许会因为不能立刻找到自己想要的东西而感到失望,但很快,这种失望就会变成惊喜,你会收获完全意想不到的丰富答案,有时这些答案还光彩照人,令你眼花缭乱。比如,从词源学角度来看那些基于图形因素的汉字:“箴”,意为“警言”,在字形上与汉字“鍼”相似,“鍼”意同“针”:“箴者,针也,所以攻疾防患,喻针石也。”(第十

---

① 见郭晋稀:《文心雕龙注译》,兰州:甘肃人民出版社,1982 年。关于作品的年代问题,见杨明照:《文心雕龙校注拾遗》,上海:上海古籍出版社,1982 年。

② 有关古汉语结构之语法的各个方面,见第三十四篇和第三十九篇,排比结构见第三十五篇。

一篇《铭箴》)。“谐”字,意为“玩笑”,包含了“言”和“皆”,“言”意为“言语”,“皆”意为“每个人”:“谐之言皆也,辞浅会俗,皆悦笑也。”(第十五篇《谐讔》)……

能够利用汉字的视觉外观,即根据组成汉字的笔画不同而划分的“肥”或“瘠”(第三十九篇《练字》),对不同图形因素进行各种组合,不只是对语言学技巧的练习,而且还可以创造出诗歌形式,如“离合”“连珠”等(见第六篇《明诗》及第十四篇《杂文》)。

与众不同却又平实的意象、跟看似不协调的事实之间的联系、利用伟大经典制造的丰富隐喻和精心推敲的互文习惯,这一切构成了刘勰著作脉络的基本方面,他的著作不仅体现了对于繁杂内容的大师级的驾驭能力,而且还是一些实践做法的创始者和拥护者,数个世纪以来,这些做法已经成为博学之士的习惯了。比如,他提到了审查制度:“若乃尊贤隐讳,固尼父之圣旨,盖纤瑕不能玷瑾瑜也。”(第十六篇《史传》)他还首次描述了创作过程的运行:“至于草区禽族,庶品杂类,则触兴致情,因变取会。拟诸形容,则言务纤密;象其物宜,则理贵侧附。”(第八篇《铨赋》)这里便提到了直接技巧(比)和间接技巧(兴)相结合的重要性,首次将其作为诗歌创作的基本工具(第三十六篇《比兴》)。

刘勰是这样描述艺术创作的过程的:外面的世界,也就是所谓“万象”,触碰到艺术家的感官感觉[①],而后者则用言语来回应这种刺激。艺术家通过写作来表达自己的思想,利用只有经典传统才可以稳定提供的永不枯竭的知识宝库。如果没有总是作为对外界刺激的反应而产生的感受,以及持续、耐心、仔细地学习经典而积累的知识,没有这两者之间的互补关系,就不会有能够传之久远、教化后世的优秀文学作品。来自“万象”的刺激和阅读经典文本获得的知识财富之间的平衡是困难的,探讨这种困难的平衡,正是刘勰在《文心雕龙》中所作出的一种调和的努力。他一方面承认个人天赋的重要性,即能够捕捉最微小的灵感,如第四十六篇(《物色》)中说:“一叶且或迎意,虫声有足引心。”但天赋只有通过不断阅读经典文本进行培养和打磨,才能最终体现出来,因此经典文本对于任何艺术表现来说都是至关重要的财富。在这个意义上,便体现出刘勰思想的独创性:知识有利于个人感受的丰富和发展,却不能像腐儒那样保守地沉迷于经典,为经典所束缚。不过,这部作品留下的最重要的文化财富其实是构成这部作品的全部五十篇所赞颂的书面符号的魅力——“文”的真正胜利,以及这部作品所有文字的潜在组合所带来的神秘与蕴藏,这一切最终在阅读的过程中产生了无穷无尽的文学思想资源。这份宝贵的财富在许多方面还是未知的,不仅对于今天的西方世界而言是如此,很大程度上对今天的中国也是如此,因而值得我们好好去研究。

附:补记及新近书目

最近,戚良德教授给我写信,提出要在《中国文论》杂志上发表我于 1995 年出版的《文心雕龙》意大利语译本的完整引言[②]。该译本除“引言”之外,还有许多解释性的注释

① 这个思考在《乐记》中提出过:“凡音之起,由人心生也。人心之动,物使之然也。感于物而动,故形于声。”

② 该引言经过简化和修改后的部分译文,曾在当时发表,见[意大利]尚德拉:《与亚里士多德〈创作学〉相媲美的刘勰的〈文心雕龙〉》(沈萼梅译),载于《汉学研究》第一集,北京:中国和平出版社,1996 年,第 456—462 页。

和评论、一份有关书中提到的作家的词典，以及一个更新至1995年的参考书目①。

当然，我感到非常荣幸，这个提议让我能够跟诸位中国的专家学者分享我多年前的作品。

我刚刚读完了戚悦女士所作的精彩的中文翻译，并且衷心感谢她为此付出的专业知识和专业精神。一份好的翻译，基本的标准是信、达、雅，但是要尊重这些标准绝非易事。在我看来，她的翻译是非常成功的。不过，重读这篇文章后，我发现其中有许多信息，乃至对于《文心雕龙》文本的思考，可能对中国读者来说，其用处是要大打折扣的。然而，我还是想指出，该引言中所提供的说明和背景知识对意大利读者来说却是非常有必要的，他们对古代中国知之甚少，而这些内容可以帮助他们了解《文心雕龙》这部作品的历史、社会和文学背景。正因如此，当时我想在引言中提供作者的传记和主要思想，阐释作品的结构以及它在中国古代文学传统中的地位。同时，该引言的注释中提到了一些二十世纪九十年代早期的出版物，这些著作至今仍在被阅读。不过，自那时以来，有关《文心雕龙》的研究已经得到了长足的发展，尤其是在中国；甚至在西方，也出现了一些其他语言的《文心雕龙》全译本或选译本。

有鉴于此，我觉得有必要在这份优美的译文后补充一些新近的其他西方语言的翻译书目，以及与这个主题相关的研究论著。我希望这篇"引言"至今仍然能对中国的专家学者提供参考和帮助。

（一）《文心雕龙》全译本

西班牙语：《文心雕龙》(*El corazón de la literatura y el cincelado de dragones*)，翻译、引言及注释的作者为雷琳克(Alicia Relinque Eleta，艾丽西娅·瑞林克·艾利塔)，格拉纳达：科马雷斯出版社，1995年5月。

英语：黄兆杰、卢仲衡、林光泰译：《文心雕龙》(*The Book of Literary Design*)，香港：香港大学出版社，1999年。杨国斌译：《文心雕龙》(共两卷)，北京：外语教学与研究出版社，2003年。

法语：陈蜀玉，《文心雕龙》(*L'essence de la littérature et la gravure des dragons*)，北京：外文出版社，2010年。

（二）研究论著

1. 毕茉莉(Marie Bizais，玛丽·比在思)：《〈文心雕龙〉中的重要文体》("Formes

① 我对《文心雕龙》的研究始于20世纪70年代末，当时我在中国，作为意大利语专家在上海外国语学院工作。回到意大利以后，我继续进行《文心雕龙》的翻译和研究工作，从中国出版和发表的越来越多的相关著作和论文中获益匪浅。通过中国的朋友们，我有幸结识了王元化，他把我介绍给《文心雕龙》学会。因此，1988年11月，我在广州参加了"《文心雕龙》国际讨论会"，并做了一次大会发言，后来在中国发表了《文心雕龙中"文"字的解释和分析》(署名[意大利]尚德乐)，载于饶芃子主编：《文心雕龙研究荟萃》，上海：上海书店，1992年，第332—338页。其他我以中文发表的作品有：[意大利]珊德拉：《刘勰的"文之枢纽"》(王军译)，收于曹顺庆编：《文心同雕集》，成都：成都出版社，1990年，第44—51页；[意]珊德拉：《〈文心雕龙〉研究在欧洲》，杨明照主编：《文心雕龙学综览》，上海：上海书店出版社，1995年，第54—58页。

signifiantes dans le *Wenxin diaolong*”)，载于《中国研究》(*Études chinoises*)第 24 期(2005)，第 249—267 页。

2. 毕茉莉：《文体的思考——中国诗人刘勰(约 465—521)之〈文心雕龙〉(文学精神)中的文体思考》[*Pensée de la forme/Forme de la pensée dans le* Wenxin diaolong (*Esprit de littérature*) *du poéticien chinois Liu Xie* (*ca* 465—521)](博士论文)，巴黎：法国国立东方语言文化学院，2008 年。

3. 巴勃罗·阿里尔·布里茨坦恩(Pablo Ariel Blitstein)：《刘勰的制度思想：中国五、六世纪的书信、行政文件和政治想象》(“Liu Xie's institutional mind: Letters Administrative documents and political imagination in Fifth and Sixth-Century China”)，收于安特耶·里赫特(Antje Richter)主编：《中国书信文化史》(*A History of Chinese Letters and Epistolary Culture*)，莱顿—波士顿：布里尔出版社，2015 年，第 331—362 页。

4. 蔡宗齐主编：《中国文学思想——〈文心雕龙〉中的文化、创造力与修辞》(*A Chinese Literary Mind-Culture, Creativity and Rhetoric in* Wenxin diaolong)，加利福尼亚州斯坦福：斯坦福大学出版社，2001 年。

5. 蔡宗齐：《〈文心雕龙〉中“神”的多种含义》(“The Polysemous Term of Shen 神 in *Wenxin diaolong*”)，收于罗然(Olga Lomova，奥尔加·罗莫娃)主编：《龙之再雕》(*Recarving the Dragon*)，布拉格：卡罗里纳姆出版社，2003 年。

6. 蔡宗齐：《六朝有关文学和绘画文本中“神”的概念起源和美学意义》(“The Conceptual Origins and Aesthetic Significance of ‘*Shen*’ in Six Dynasties Texts on Literature and Painting”)，收于蔡宗齐主编：《中国美学：六朝时期的文学、艺术和宇宙的秩序》(*Chinese Aesthetics: The Ordering of Literature, the Arts, and the Universe in the Six Dynasties*)，火奴鲁鲁：夏威夷大学出版社，2004 年，第 310—342 页。

7. 张汉良：《中国文学理论的崛起：经典文本中的互文和体系变化》(“The Rise of Chinese Literary Theory: Intertextuality and System Mutations in Classical Texts”)，载于《美国符号学杂志》(*The American Journal of Semiotics*)第 23 卷第 1 期(2007 年)，第 1—18 页。

8. 兰珊德(Alessandra Lavagnino，亚历珊德拉·拉瓦尼诺)：《关于〈文心雕龙〉中“文”的一些思考》(“Alcune riflessioni intorno al termine *wen* nel *Wen xin diao long*”)，收于玛丽亚·安杰利洛(Maria Angelillo)主编：《亚洲安布罗西亚》(*Asiatica Ambrosiana*)第三卷，米兰—罗马：安布罗西亚·布尔佐尼图书馆出版社，2011 年，第 339—350 页。

9. 兰珊德：《文化大革命后一些中国杰出学者对〈文心雕龙〉研究之复兴所作出的贡献》(“Il contributo di alcuni eminenti studiosi cinesi alla rinascita degli studi sul *Wen xin diao long* dopo la Rivoluzione culturale”)，收录于玛格达·阿碧雅提(Magda Abbiati)和费德里科·格瑞赛林(Federico Greselin)主编：《笛子与书籍——纪念马里奥·萨巴蒂尼论文集》(*Il liuto e i libri. Studi in onore di Mario Sabattini*)，威尼斯：卡佛

斯卡利那出版社,2014 年,第 9—24 页。

10. 兰珊德:《符号的心脏:关于两个重要字体/象征的思考》(“Nel cuore del segno: riflessioni a proposito di due caratteri/sinogrammi importanti”),载于《心理分析》(*La Psicanalisi*),2015 年,第 189—200 页。

11. 年拉瓦(Valérie Lavoix,瓦莱瑞 · 拉瓦科斯):《刘勰(约 465—约 521)——文人、佛门俗家弟子、诗评家》[*Liu Xie (ca 465-ca 521) - Homme de lettres,bouddhiste laïc et juge des poètes*](博士论文),巴黎:法国国立东方语言文化学院,1998 年。

12. 年拉瓦:《一条象征之龙——〈文心雕龙〉题目的多重含义》(“Un dragon pour emblème-Variations sur le titre du *Wenxin diaolong*”),载于《中国研究》(*Etudes chinoises*)第 19 期(2000 年),第 197—247 页。

13. 年拉瓦:《从诗人到景观:观中世纪诗人》(“Du poète au paysage: le regard de la poétique médiévale”),《高山仰止——中国瑰宝博物馆》(Montagnes célestes-Trésors des musées de Chine),巴黎:法国国家博物馆联合会,2004 年,第 49—60 页。

14. 年拉瓦:《刘勰的清醒——从〈文心雕龙〉知音篇看文学批评家的态度和责任》(“Le désenchantement de Liu Xie-Postures et devoirs du critique littéraire selon le chapitre ‘Du connaisseur’ du *Wenxin diaolong*”),载于《评论之难:远东,远西》(*De la difficulté de juger, Extrême-Orient Extrême-Occident*)第 26 期(2004 年),第 33—53 页。

15. 李肇础:《刘勰〈文心雕龙〉中的修辞:中德修辞比较》(*Die Metapher im ‘Wen Xin Diao Long’ von Liu Xie: Ein Vergleich zwischen deutscher und chinesischer Metaphorik*)(博士论文),波恩,1984 年。

16. 刘颖:《刘勰文体论翻译中的诗歌含义》(“Designations of Poetry in Translations of Liu Xie Work on Literary Genres”),载于《比较文学与文化》(*Comparative Literature and Culture*),第 17 卷(2015 年),普渡:普渡大学出版社,第 1—7 页。

17. 迪努 · 路加(Dinu Luca):《重绘刘勰的地图:论〈文心雕龙〉的修辞》(“Re-figuring Liu Xie's Carpet: on the Rhetoric of the Wenxin diaolong”),载于《亚非研究》(*Asian and African Studies*)第 14 卷第 3 期(2010 年),第 3—18 页。

18. 玛尔歌泽塔 · 瑞利加(Malgorzata Religa):《“六义”与“六观”作为〈文心雕龙〉中评判文学价值的标准》[“The ‘Six principles’ (liuyi) and ‘Six considerations’ (liguan) as the standards and criteria of literary evaluation in *Wenxin Diaolong*”],收录于马尔辛 · 雅克比(Marcin Jacoby)主编:《中国今昔》(*In China Past and Present*),华沙:华沙大学出版社,2010 年,第 192—224 页。

19. 梅道芬(Ulrike Middendorf,乌尔里克 · 梅德恩多尔夫):《刘勰之骈文〈文心雕龙〉中的引文与典故——以“乐府诗”为例》(“Quotation and allusion in Liu Xie's parallel prose-*Wenxin diaolong* ‘Music Bureau poetry’,as a case study”),载于《华裔学志》第 56 期(2008 年),第 149—217 页。

20. 安特耶 · 里赫特(Antje Richter):《刘勰〈文心雕龙〉中的书信概念》(“Notions

of Epistolarity in Liu Xie's *Wenxin diaolong*"),载于《美国东方社会研究杂志》第 127 卷第 2 期(2007 年),第 143—160 页。

21. 赵和平:《〈文心雕龙〉中的修辞创造》("Rhetorical Invention in *Wen Xin Diao Long*"),载于《修辞学会季刊》(*Rhetoric Society Quarterly*)第 24 卷第 3/4 期(夏—秋,1994 年),第 1—15 页。

兰珊德,2017 年 5 月 8 日

(译者单位:清华大学人文学院)

下编　忆念与追思

纪念“《文心雕龙》的功臣”
——谈谈牟世金的《文心雕龙》研究

张少康

好像人们把《红楼梦》研究称为“红学”一样，我们也把《文心雕龙》的研究称为“龙学”。今年是中国《文心雕龙》学会成立三十周年，我们不应忘记创办《文心雕龙》学会和为《文心雕龙》研究做出重大贡献的两位著名的“龙学家”——王元化先生和牟世金先生。关于王元化先生和《文心雕龙》学会，我已经写过文章。今年在山东大学举行“龙学”研究三十年的盛大会议，我想专门谈谈牟世金在这方面的成就和贡献。

世金是我的好朋友，他不幸因癌症去世已经二十多年了。记得我最后一次去济南参加世金研究生的论文答辩，世金已经到了癌症的晚期，疲惫消瘦的身形至今仍在我脑海中。当时他是山大中文系主任，他已经感觉可能将不久于人世，但是他最后还在努力工作，仍在研究《文心雕龙》，他告诉我他的《文心雕龙研究》已经快完稿，然而也许他就看不到它的出版了。我是强忍着眼泪离开济南的。

《文心雕龙》学会之成立，牟世金是最主要的功臣。五十年代，他跟随陆侃如先生研究《文心雕龙》，在六十年代前期，就出版了他和陆先生一起署名的《文心雕龙选译》，其实主要是他写的，后来陆先生去世后，他完成了全部《文心雕龙》的译注，这就是我们大家都知道、产生过重大影响的《文心雕龙译注》，它现在还有着不朽的生命力。世金把《文心雕龙》研究看作是他整个生命的主体，所以在上个世纪八十年代初就在酝酿着创办《文心雕龙》学会，来推动《文心雕龙》的研究。而元化先生的《文心雕龙创作论》则是当时在《文心雕龙》理论研究方面成就最高、影响最为深远的著作，特别是元化先生在思想文化界的名望和地位，由他们两位发起和创办《文心雕龙》学会，确实也是最理想的了。1982 年，世金在山东济南举办了第一次《文心雕龙》学术研讨会，这是为成立《文心雕龙》学会做准备的。当时我也参加了这次会议，会上就成立了以元化先生为首的创建《文心雕龙》学会筹备组，而世金则是实际的具体操办人。为此，世金付出了巨大的努力，终于在 1983 年在山东青岛成功地举办了中国《文心雕龙》学会的成立大会。中共中央宣传部部长周扬和作家协会书记张光年先生也在元化先生的邀请下参加了会议，并荣任学会的名誉会长和会长。这年夏天，以元化先生为团长，带领章培恒先生和牟世金先生访问日本，在关西和九州岛与日本的著名“龙学”家相聚，这就为 1984 年秋的中日学者《文心雕龙》学术研讨会奠定了基础。1984 年秋的上海龙柏饭店会议具体是由复旦大学李庆甲先生主持筹办的，但都是在王元化先生指导和《文心雕龙》学会秘书长牟世金先生的协助下进行的。这是《文心雕龙》学会成立后的第一次国际会议，它为《文心雕龙》研究的发展和开展国际交流合作，起了重要的推动作用。紧接着就是1986年在安徽屯溪召开的第一次学会年会，会长张光年、副会长王元化、杨明照等主要学会领导均到会。安徽师大祖保泉教授为大会召开做出了重大贡献，而世金作为学会实际管事的秘书长，为会议的筹办和学术讨论的安排，付出了很多的心血，使会议在百家争鸣、自由讨论的风气下，顺利圆满地完成。会上展开了关于《刘子》是否为刘勰所作的学术论争。尽管对立双方的意见很尖锐，但是对学术发展是有好处的。随后就是1988年在广州暨南大学召开的《文心雕龙》会议，这时世金已经病重，他也清楚地意识到可能将不久于人世，因此是带着重病参加会议的。我记得那年初夏他曾对我说，这可能是他最后一次参加《文心雕龙》的学术会议了，所以无论如何是一定要去的。他的表情和话语，我是很悲哀和伤心的，但也让我深切地感到一个真正的学者对学术的深厚感情，体会到世金对《文心雕龙》研究的执着，他把《文心雕龙》研究看得比他生命还要珍贵。在《文心雕龙》学会的产生和发展过程中，世金是主要的核心人物和真正的功臣。在无数种类的学会中，《文心雕龙》学会是一个作风比较正派、学术气氛比较浓厚、很少争名夺利现象的学会。记得九十年代初，由于牟世金去世、接任的马白退休，学会处于接近瘫痪状况下，王元化先生一再要我来管学会工作时，主要就是讲的这点，说这样的学会如果散了很可惜，我也是基于这一点才接手管了十年学会工作。而学会这种优良的风气之形成，是和元化先生的指导和威望分不开的，也是和世金的辛勤努力分不开的。元化先生在为牟世金的《文心雕龙研究》写的序言中说："我尝戏言，世金同志可以说得上是《文心雕龙》的功臣。这一点，有他的大量论著可以为证。他也是全国《文心雕龙》学会的倡议筹建者，学会的繁杂事务几乎都是由他承担起来的，因此学会倘在学术界有所贡献，首先得归功于他。"①

牟世金能够在学会的成立和发展中起这么大的作用，又是和他在《文心雕龙》研究中的成就紧密相关的，如果没有一定的学术威望，他也起不到这样的作用。新中国成立后，《文心雕龙》研究的发展在六十年代前期是比较活跃的，牟世金教授的《文心雕龙选译》就是比较有影响的一部书。经过"文化大革命"的沉寂，至八十年代，《文心雕龙》研究开始繁荣，特别是王元化先生《文心雕龙创作论》的出版，使《文心雕龙》理论研究进入了一个新的高度。牟世金对《文心雕龙》研究和筹备成立《文心雕龙》学会，也主要是在八十年代，虽然他在1989年过早逝世，但是，他为后来《文心雕龙》研究的发展所做出的贡献是巨大的，也是影响深远的。

世金从六十年代到八十年代，是研究《文心雕龙》的学者中非常杰出的一位，他的成就比较集中地体现在三部主要著作中，这就是：《文心雕龙译注》《刘勰年谱汇考》《文心雕龙研究》。我在这里想就他这三部书的学术成就，说一点看法。

牟世金在他的老师陆侃如先生指导下，以陆先生和他合作名义出版的《文心雕龙选译》，既有很高的学术水平，又有通俗普及的意义。《文心雕龙》的翻译在大陆最早是张

---

① 王元化：《〈文心雕龙研究〉序》，牟世金：《文心雕龙研究》王序，北京：人民文学出版社，1995年，第2页。

光年先生，他在六十年代初给文艺报编辑、记者内部讲授《文心雕龙》时，曾以优美的现代骈文翻译了《文心雕龙》最重要的六篇论创作的篇章。可是并没有正式发表。台湾六十年代后期也有李景溁先生的《文心雕龙新解》，可惜影响不大。大陆当时主要的译注本就是陆侃如、牟世金的《文心雕龙选译》和郭晋稀先生的《文心雕龙译注十八篇》，而比较早的、流行较广的还是陆、牟本。《选译》实际上已经包括了《文心雕龙》中最重要的篇章，后来到“文革”结束后，牟世金把《文心雕龙》全部译注出来，成为一直到现在还很有影响的《文心雕龙译注》。自六十年代以来的五十多年中，有关《文心雕龙》的译注本是非常之多的，出了很多高水平的译注本，例如周振甫先生的《文心雕龙今译》，祖保泉先生的《文心雕龙解说》，王运熙、周锋的《文心雕龙译注》等等，世金虽然早在 1989 年去世，但是他的译注本至今仍然为大家所重视，盛行不衰，就是因为它确实有它明显的优点，这些我们可以“正确、精炼、通俗”六字来概括，具体说起来大致有以下几点：第一，本书体现了牟世金严谨的学风，译注的注释虽然简要，但要言不烦，基本上都是比较确切的；译文采用直译，我想是为了努力忠实于原著，没有主观的随意发挥。忠实于原著是注释的生命，例如他对“风骨”的解释，可能不一定为大家所认同，但是他的确是研究了众家之说，而比较稳妥地提出自己看法的。他说：“欲得确解，唯一的办法是考察刘勰自己是怎样的讲的，看他自己对‘风骨’二字的命意何在。”[①]他在《辨骚》中对“博徒”的解释，是按照一般的理解来说的，也就是“赌徒”“贱者”，我认为这是符合原意的，而我们现在有的把它解释为博学之徒，是为了强调刘勰对“四异”是肯定的，其实是不太妥当的。第二，世金是新中国培养起来的学者，他对现代文学理论还是比较熟悉的，因此他的译注在当时还是有相当的理论深度的。他能够对《文心雕龙》中的一些理论内容作出比较符合实际的翻译和注释。第三，它的注释和翻译都有较高的学术水平，反映了他对《文心雕龙》的相当深刻的认识。可以看出他是非常努力地要把《文心雕龙》的真实思想，用今天的话语通俗地阐说清楚。第四，它在翻译和注释中不回避难点，尽管他的解释不一定会让大家都满意，也可能认识很不同，但是他都尽量给以较为稳妥的回答。第五，他的注译本并不引用过多的材料，但是可以看出他是广泛研究了各家之说，在此基础上提出自己解释的。

世金的《刘勰年谱汇考》出版于 1988 年，但是它的实际写作还要早些。此书详细考辨了刘勰的生平事迹，在各家研究基础上，作出了刘勰的新年谱，是继杨明照《梁书刘勰传笺注》后最为重要的有关刘勰生平事迹考证的专著。他所收集的历史和现实的有关刘勰的生平和家世资料在当时是最齐全的。关于近人对刘勰年谱的研究，他一共汇总了十六种，其中有两种台湾学者的年谱，他没有具体看到，用的是别人转引的资料，这就是华仲麐先生的《刘彦和简谱》和王金凌先生的《刘勰年谱》。他曾经写信问我，是否有见到。但是当时我也没有见到，我是九十年代去台湾时在王更生先生帮助下才找到的。他当时已经找到的十四种，有好些我当时是没有看到的。他用力之勤和做学问的严谨踏实，我是非常钦佩的。《刘勰年谱汇考》不仅把各家对刘勰生平思想研究的见解作了

① 陆侃如、牟世金：《文心雕龙译注》（上），济南：齐鲁书社，1981 年，第 74 页。

综合分析，而且根据大量历史材料的分析，对很多重要问题提出了自己的新见。例如引《梁书·刘勰传》和《南史·刘勰传》之差异，及《南史·文学传》把很多人合入家传，而保留刘勰传等，提出刘穆之、刘秀之和刘勰“本非同宗”，就是很有根据的。《汇考》对刘勰父亲刘尚之卒年及其事迹的考证，也是他独到的新见。我虽然不同意世金的说法[①]，但是他的说法也可以成为一家之言，而且关于刘尚的情况是从来没有人论说过的。同时他对刘勰在任东宫通事舍人及其前后的事迹，以及刘勰的卒年等，也作了非常细致的考辨，而且都是有相当充分资料根据的。我们同不同意是可以研究的，但是他确实在杨明照先生《梁书刘勰传笺注》的基础上，对刘勰的生平家世作了更进一步详细深入的论证，至今还是研究刘勰生平家世最为重要的研究成果。

牟世金的《文心雕龙研究》是一部全面系统探讨《文心雕龙》理论体系的著作。可惜他还没有等到这部著作的出版就去世了，我想这也是他一生中最大的遗憾。世金对《文心雕龙》文学理论的看法，基本观点已经在他的《文心雕龙译注》的“引论”中作了说明。但是他的《文心雕龙研究》则是从各个方面更加深入具体地对《文心雕龙》中提出的重要理论内容作了很有深度的阐述。全书除绪论外，分别从刘勰的生平家世、《文心雕龙》的理论体系、文之枢纽、论文叙笔、创作论、批评论六个部分来论述，最后还有四个专题研究，对《文心雕龙》的现实主义理论性质、《文心雕龙》文学理论的民族特色、从“范注补正”看《文心雕龙》的注释、台湾《文心雕龙》研究鸟瞰，逐个作了论述。从二十世纪《文心雕龙》的研究来看，校勘、译注、考证的成就是比较大的，而在理论研究方面则相对来说是深度不太够的。到八十年代末、九十年代初，也只有王元化先生的《文心雕龙创作论》和牟世金的《文心雕龙研究》最为突出。王书主要是创作论，偏重在中西比较；牟书则是比较全面的综合性理论研究，也是二十世纪最完整的一部对《文心雕龙》的系统的理论研究专著。牟书收集了八十年代以前各家研究《文心雕龙》的丰富资料，考察了各家的研究成果，融会贯通加以评析，根据自己长期研究的心得，从正面阐述了自己很有深度的见解。从上个世纪九十年代以后，《文心雕龙》研究在理论上无疑有了很大的进展，有很多学者从各个方面作了十分深入的研究，也有很多重要的专著和论文发表。也许大家觉得牟世金《文心雕龙研究》的论述已经不能满足要求了，然而这并不奇怪，学术研究总是在不断发展的，长江后浪推前浪，很多年轻学者必然要青出于蓝而胜于蓝。可是，这种发展是不能脱离已有的研究成果的。我们总是在前人研究成果的基础上前进的。所以，我们不能不充分地估计到牟世金《文心雕龙研究》一书的历史功绩。更何况，牟世金的这本书现在还没有过时，我们目前有很多著作，从对刘勰《文心雕龙》的整体认识和理论深度上看，还远远达不到牟书水平的。对于牟世金《文心雕龙研究》中提出的有些看法，我也并不同意，譬如关于《辨骚》篇的归属问题，我认为它应该是属于总论的一部分，而不能归为文体论。但是，我们又应该看到世金在论述这个问题时，他是非常全面地研究了各家的不同意见的。他列举了刘师培、梁绳祎、范文澜、刘永济、段熙仲、马茂

① 见拙作《刘勰的家世和生平——有关刘勰身世几个问题的考辨》，载《文心与书画乐论》，北京：北京大学出版社，2006年。

元、王运熙、周振甫、詹锳、郭晋稀、朱东润、黄海章、赵仲邑、陆侃如、杨明照、杜黎均等十六家的说法，来加以综合分析。这就可以充分说明他的研究不是一般泛泛之论，而是广泛地搜集资料，进行综合评议、参考各家之说而提出的。全书大都是这样来论述的。我想再引元化先生在序中的一段话：“他在搜集资料上，用力甚勤，继承了清人不病琐、获之创的求实学风，决不贪图省力，以第二手资料充数。”[①]这也正是我们现在某些年轻人特别值得借鉴的。世金对《文心雕龙》是情有独钟，诚如元化先生说的：“世金同志对于《文心雕龙》怀有深厚的感情，他的研究工作数十年如一日，从未中辍，这种孜孜不倦的钻研精神，使我感到钦佩，也使我感到愧然。”[②]

世金有关《文心雕龙》的著作是很多的，但是我以为上述三部书可以代表他在《文心雕龙》研究上的主要成就。说明他对刘勰生平家世的研究、《文心雕龙》文本的研究、《文心雕龙》理论体系的研究，都有相当突出的成就和贡献。他不愧是“龙学”发展的一位卓越的功臣，在中国《文心雕龙》学会成立三十周年之际，我们不应当忘记牟世金的功绩，让我们永远纪念他！

（作者单位：北京大学中文系）

① 王元化：《〈文心雕龙研究〉序》，牟世金：《文心雕龙研究》，王序，北京：人民文学出版社，1995年，第1页。

② 同上，第2页。

忆念中国《文心雕龙》学会的成立

张可礼

一、成立概况及周扬和张光年的贡献

1983年，我时任山东大学中文系主任，协助牟世金等同志成立中国《文心雕龙》学会(以下简称“学会”)。如今“学会”已过“而立”之年，“学会”成立的一些情境，常常萦绕心中，历历在目，难以忘怀。

“学会”的成立是在1983年8月，不过在此前却经历了一个酝酿过程。其中特别重要的是1982年。这一年的10月下旬，在中共山东省委的关怀和支持下，全国第一次《文心雕龙》讨论会由山东省文联、省文化局、省出版局、山东大学和山东师范大学等单位联合发起，由山东大学主办，在济南召开。全国各高等院校、研究单位和出版机构的专家、学者以及年轻的业余研究者、老干部等，一百二十多人参加了讨论会。会议提交了五十多篇论文，展示交流了《文心雕龙》研究的新成果。会议期间，各组在讨论时，一致认为，为了推进《文心雕龙》的研究，把研究者组织起来，成立“学会”是十分必要的。会议推举王元化同志任组长，由牟世金、祖保泉等五位同志组成“学会”筹备小组；由王元化、王运熙、王达津、周振甫、徐中玉、詹锳等十五位同志，联合发起向中央有关部门申请成立“学会”。①

由于成立“学会”的筹备工作是在党的十二大闭幕后进行的，全国呈现出改革开放的新局面，很快得到了各方面的支持，再加上参加筹备工作的各位同志辛勤的工作、周全的考虑，筹备工作进行得相当顺利。经过近一年的筹备，成立学会的条件成熟了。1983年8月8日至13日，“学会”成立大会在青岛黄海饭店召开。这是一次盛会，有一百二十多人参加了会议。当时的交通很不便利，有些是远道来自云南、新疆、内蒙古、黑龙江、广西、福建等地。中国文联主席周扬、中国作家协会副主席张光年、上海市委宣传部部长王元化、山东省政协副主席余修和青岛市的领导等同志参加了会议。会议通过

---

① 关于此次会议的详细情况，参阅《开创〈文心雕龙〉研究新局面的一次重要会议》，载《文心雕龙学刊》第一辑，济南：齐鲁书社，1983年7月第1版。

了“学会”章程，推举周扬为名誉会长，聘请郭绍虞、朱东润为顾问。选举张光年为会长，王元化、杨明照为副会长，牟世金为秘书长，王运熙、詹锳、徐中玉、周振甫、祖保泉等三十位同志为理事。会议决定编辑出版《文心雕龙学刊》。“学会”设在山东大学。

从大会推举的“学会”负责人来看，特别突出了“学会”以学术研究为宗旨。周扬同志为名誉会长，张光年同志为会长，实至名归，也是多年来《文心雕龙》研究者和爱好者的愿望。这不仅是因为他们长期以来是文艺界的“大人物”，更重要的是，他们多年来一直重视《文心雕龙》，关注《文心雕龙》的研究，在“龙学”上做出了重要的贡献。

周扬同志在长期负责领导全国文艺工作时，十分看重中国古代文论、特别是对《文心雕龙》的研究。1958年6月1日，他在《红旗》杂志创刊号上发表的《新民歌开拓了诗歌的新道路》一文中，特别提到了《文心雕龙》，说一千多年以前，刘勰在《文心雕龙》中，“用‘酌奇而不失其真，翫华而不坠其实’这样两句话，来探索屈原诗歌的风格，可以说是我国关于文学中幻想和真实结合的最早的朴素的思想”。“一九六一年，毛主席提出文风问题，周扬同志当时也提倡对古代文论包括《文心雕龙》要加以重视。”[①]我的老师陆侃如先生在上世纪六十年代初，开始集中研究《文心雕龙》，也是在一次会议上，受到了周扬同志的启示。1960年初，当时还是“胡风反革命集团分子”的元化同志，也开始研究《文心雕龙》，陆续写出了部分《文心雕龙柬释》。周扬同志得知此事后，看到了元化同志研究成果的价值，把其中的两篇交给刊物，让其发表。《文艺报》1962年第三期刊登的元化同志的《〈明诗篇〉山水诗兴起说柬释》，就是其中之一。时过二十多年，周扬同志又热心为《文心雕龙学刊》题签。当他知道要成立《文心雕龙》学会时，十分高兴，特别翻阅了陆侃如和牟世金的《文心雕龙选译》。记得在“学会”开会的前一天晚上，世金同志和我陪同元化同志到青岛八大关疗养院去拜见周扬同志和张光年同志时，交谈中，周扬同志也谈及了研究《文心雕龙》的重要。在第二天举行的大会开幕式上，周扬同志又亲临会议，发表了讲话，论述了《文心雕龙》的重要价值。指出，文艺理论方面，要建立具有民族特点的马克思主义文艺理论体系。我们中国的文学艺术有自己的特点，我们的文艺理论也有自己的特点，《文心雕龙》就在许多方面体现了我国古代文学理论的民族特色。会议闭幕的当天，周扬同志接待了《社会科学战线》杂志的记者，回答了记者提出的问题，再次论述了《文心雕龙》，说：

> 《文心雕龙》在古文论中占有首屈一指的地位，它是中国古文论中内容最丰富、最有系统、最早的一部著作，在中国没有其他的文论著作可以与之相比，在外国，古希腊亚里斯多德的《诗学》当然比《文心雕龙》产生更早，他是欧洲美学思想的奠基者。古罗马则有贺拉斯的《诗艺》和郎吉纳斯的《崇高论》，都比《文心雕龙》早，但都不如《文心雕龙》完整绵密。……这样的著作在世界上是很稀有的。《文心雕龙》是一个典型，古代的典型，也可以说是世界各国研究文学、美学理论最早的一个典型，它是世界水平的，是一部伟大的文艺、美学理论著作。……《文心雕龙》这部书的价值，还有充分估价的必要。它确实是一部划时代的书，在文学理论范围内，它是百

---

① 引自《张光年同志的讲话》，载《文心雕龙学刊》第二辑，济南：齐鲁书社，1984年6月第1版，第1页。

科全书式的。

他还指出：我们要以马克思主义为指导，学会运用马克思主义的立场、观点和方法研究《文心雕龙》，“现在古文论的研究也存在着简单化、庸俗化的倾向，它脱离历史条件，违反科学来进行批判。所以，古文论的研究，要进一步发展，要提高，必须贯彻批判继承的方针。这一点很重要”①。

与会者听了周扬同志的讲话，看到了他的答记者问，沉潜思考，提高了认识，开阔了胸怀，受到了鼓舞。

作为诗人、文艺理论家和作家协会的主要负责人的光年同志，早在二十来岁时，就很喜欢阅读《文心雕龙》，其中的许多篇章，尤其是“下编”的大部分，他能够背诵下来，从中受到了深厚的教益。1961 年，他任《文艺报》主编时，给《文艺报》和作家协会的一些编辑同志讲《文心雕龙》。他利用夜晚和休息的时间，用骈体白话文翻译了《文心雕龙》中的十几篇。用白话文翻译《文心雕龙》，早在 1927 年 10 月，浙江湖州五州书局就出版了冯葭初编的《文心雕龙》。此书原文与白话译文对照，有眉批。但用骈体文翻译《文心雕龙》，光年同志是首创。他开拓了用骈体白话文译《文心雕龙》的新领域。当时他的译文，没有公开，但还是不胫而走，传播较广。光年同志到了晚年，体弱多病，但仍顽强地坚持工作，终于把《文心雕龙》的主要部分译述完毕。在他八十八岁高龄时，《骈体语译文心雕龙》于 2001 年 3 月由上海书店出版。元化同志说：“他的今译，笔势酣畅，传神达旨，在目前各译本中，可谓独树一帜。”②

“学会”推举周扬、光年等同志为负责人以及他们在会上的讲话，从组织上和指导思想上，为“学会”的发展奠定了坚实的基础，使“学会”守正出新，有活力，能健康地发展。

中国《文心雕龙》学会的成立引起了当时媒体的高度重视。《文史哲》1983 年第 2 期发表了《〈文心雕龙〉学会今秋在山东召开成立大会》；《光明日报》1983 年 8 月 11 日发表了《全国〈文心雕龙〉学会成立》；同日，《大众日报》发表了《〈文心雕龙〉学会成立》，《青岛日报》发表了《中国〈文心雕龙〉学会在我市举行成立大会》，《文汇报》发表了《〈文心雕龙〉学会理事会产生》；《人民日报》8 月 23 日发表了《中国〈文心雕龙〉学会成立》等通讯。当时，全国成立的学会很多，而像《文心雕龙》学会这样引起了这么多的媒体的迅即报导，确是比较罕见的。这从一个方面反映了人们对“龙学”的重视，对“学会”成立的关注。

二、学风、会风和开放的视野

中国《文心雕龙》学会成立以来，一至两年举办一次学术讨论会，至今已经举办了十一届，并先后在上海、广州、深圳、北京等地举办了多次国际学术讨论会。出版会刊《文

① 周扬：《关于建设具有中国特点的马克思主义文艺理论问题——周扬同志答〈社会科学战线〉记者问》，《社会科学战线》1983 年第 4 期。

② 王元化：《〈文心雕龙〉语译选编跋文》，1983 年 4 月 6 日。载镇江《文心雕龙》数据中心《信息交流》2001 年第 1 期。

心雕龙学刊》七辑，后又改名《文心雕龙研究》，已出版十辑。还编辑出版了《文心雕龙学综览》《文心雕龙资料丛书》等。会员相继出版和发表了数以百计的论著。镇江图书馆《文心雕龙》资料中心，在“学会”的支持下，制作完成了“《文心雕龙》全文数据库单机版”和“《文心雕龙》数据全文数据库”项目工程。上面列举的部分事实说明，中国《文心雕龙》学会的成立，有力地推动和促进了“龙学”的发展。实现了周扬同志在“学会”成立时的预言：

> 全国《文心雕龙》学会的成立，对于《文心雕龙》、对于古文论的研究都是一个推动。……学会应当是学术研究的组织，对于本学科的研究，应该有所促进，有所提高。①

“学会”之所以能取得多方面的成绩，是与“学会”成立时树立的学风、会风以及开放的研究视野密切相关的。

学风是“学会”的灵魂。《文心雕龙》学会成立时，就树立了以学术为本位的学风。《学会章程》明确规定：要把“体大思精”的《文心雕龙》的研究深入下去，开创新局面，从而促进中国古代文论的特点与规律的探讨，为建立具有民族特色的马克思主义文学理论体系，繁荣社会主义文学和建设社会主义精神文明做出应有的贡献。会员应坚持科学态度。在“学会”成立大会上，有许多同志提出，要把《文心雕龙》作为一门科学，倡导扎实、全面、系统的研究。

会议强调，要在前人研究的基础上，继续努力做好关于《文心雕龙》文本的整理工作。光年同志在讲话中指出：对《文心雕龙》作文字词句的考证工作很重要，“这是基本功，是我们得以前进的基础”。由于长期的“极左”的干扰、改革开放又来得急迫，不少研究者特别是一些青年的学养知识的积累，严重不足。针对这种情况，元化同志在讲话中，指出一些研究者在“训诂、校勘、考证和版本研究的基本功方面，底子薄，根基浅”，提出“应该学一些乾嘉学派的著作，加强自己的基本功。”②杨明照同志在讲话中，鉴于至今《文心雕龙》“并无一部完善的校注”，希望并且想身体力行编一本“能荟萃众家之长，会校会注于一编，集腋成裘，兼采为味”新的校注本。他从“定底本”“加标点”“勤校勘”“慎注释”“详附录”五方面，提出了整理《文心雕龙》的设想。他的设想，不仅是他自己要遵循的，同时也具有普遍的借鉴意义。

会议指出，对《文心雕龙》的解读，应当坚持科学的方法。光年同志强调：研究《文心雕龙》应当把它使用的概念搞清楚，“一千四百年前刘彦和用的概念，不能随意比附，把它现代化，跟今天的概念等同起来”。要用科学的分析的方法，既要看到《文心雕龙》“总结了一千多年文学史上的光辉成果，发前人所未发”，也要看到它的局限性。元化同志也强调：“研究《文心雕龙》，首先的一个问题，是弄清基本概念（或范畴）问题。”谈到研究

① 周扬：《关于建设具有中国特点的马克思主义文艺理论问题——周扬同志答〈社会科学战线〉记者问》，《社会科学战线》1983 年第 4 期。

② 《张光年同志的讲话》以及下引《王元化同志的讲话》《杨明照同志的讲话》，均载《文心雕龙学刊》第二辑，济南：齐鲁书社，1984 年 6 月第 1 版。

《文心雕龙》的思想体系问题时，他认为要注意两点。“一、不能用简单的语汇模拟法，即用这一著作出现了另一著作运用过的词语，就认为这一著作属于另一著作的思想体系。”二、《文心雕龙》是以前人和他同时代的思想资料为前提的。“我们不能采取‘抽刀断水’的方法，把各种思想因素截然分开。一部著作的思想体系是一个有机的整体，不能以形而上学的方法孤立看待。但作为思想体系，重要的是要搞清其中的骨干和精髓，即指导思想。”

《文心雕龙》不仅在中国古代文学理论批评史上占有重要地位，同时至今还具有生命力，具有现实意义，研究《文心雕龙》应当有现实的眼光，最终的关怀，应当从不同的方面、或多或少地落实在与我们切近的当代的精神世界上。这一点，周扬同志在上面的讲话中作了阐释，光年、元化等同志在大会上的讲话中也都有所强调。光年同志谈到，他自己在1961年之所以用骈体文翻译《文心雕龙》，目的是为了配合当时的改进文风。他十分赞赏有些同志的“研究工作注意同今天的创作实际结合起来，或多或少、直接间接地结合起来。”他希望“《文心雕龙》的研究，对建设具有时代独创性、阶级独创性、民族独创性和个人独创性的我国社会主义文学、文学理论批评和文学史这样的基本建设工程，发挥更大的助力，做出更大的贡献”。元化同志指出：“研究古代文论，研究《文心雕龙》，在今天的重要意义就在于以实事求是的科学精神，马克思主义的历史唯物主义和辩证唯物主义，揭示这部书里蕴涵的意蕴，探讨其中的文学规律，从而为建立具有我国民族特点的马克思主义做出一定的贡献。”

八十年代初期，改革开放，学术界思想解放，十分活跃，但也不乏清谈、说大话、浮躁、偏激、僵化。面对这样的态势，前面摘引的周扬以及光年、元化和明照同志的讲话，从不同角度强调了《文心雕龙》的重要价值，提出了应当在马克思主义的指导下，科学地、历史地、扎实地继续研究《文心雕龙》。他们的讲话，理论与实践相结合，为“学会”确立了正确的学风。

会风是一个学会生存和发展的重要根基。中国《文心雕龙》学会成立时，就奠定了一个好的会风。“学会”章程明确规定：“贯彻党的双百方针”，“鼓励不同的学术观点开展深入的探讨，互相尊重，避免意气用事，通过切磋琢磨，共同提高，增强团结，推动学术研究健康发展”。元化同志在讲话中也特别谈到了会风问题。他说：“我们提倡在‘两为’方针的指引下，开展百家争鸣、自由讨论。讨论中不要带有人身攻击，意气用事，而以追求真理为指归。”要“求同存异”，“不要由于观点不同，发生争论，就彼此相轻。应把争论当作探索真理的必然途径，推动学术发展的正常手段，我们不要以己之长攻人之短，而应提倡平心静气和互相磋商、取长补短的具有宽阔胸襟的科学态度。至于说到学术上的‘求异存同’，我认为没有必要大家都讲一样的话，人云亦云，千篇一律，这种文章还有什么价值？科研工作者必须在理论长河中增添新的一粒。”这次与会者，来自四面八方，其中有老一代的著名专家学者，有已经做出成就的中年学者，还有不少青年。在整个会议的学术讨论和在酝酿选举“学会”负责人时，大家为了发展“龙学”，探求真理，都能彼此尊重，各抒己见，相互切磋，同无妨异，异不害同。大会从指导思想和具体实践的结合上，树立了一个好的会风。这种好的会风，得以延续，并且受到国外学者的称赞。

1984年11月，在上海举行的中日《文心雕龙》学者讨论会就是一个证明。元化同志在这次讨论会的总结发言中特别指出：这次会议体现了很好的会风，就是在每次发言后，在座的可以自由提出问题来，让发言者答辩。大家共同研究，心平气和。“纵使彼此十分尊重、看法基本一致，但仍尽量找出值得商榷的问题，提出来讨论。我们在做学问方面就应该有这种求异存同的态度和锲而不舍追求真理的精神。”[①]会后《日本代表团致王元化先生的感谢信》中也特别首肯了这一点，说：这次讨论会，日中学者“亲切地促膝交谈，互相交流近来的研究成果，通过相互批评，深入地探讨了共同关心的问题，这种尝试差不多还是第一次，现在回想起来，那热情洋溢的会场上相互之间的直率讨论和深厚情意，还感到非常难忘，将长久地铭刻在我们心里”[②]。

优秀的文化成果，不仅具有民族性，还具有世界性和普世价值，会融入世界文化中。《文心雕龙》就属于这样的成果。二十世纪之前，国外知道《文心雕龙》的人不多，但到了二十世纪，《文心雕龙》传到了英、法、美、日、俄、韩和南洋诸国，有学者研究它，并出版了一些研究论著。以前，我们对国外的研究情况了解得很少。这很不利于我们的研究，不利于文化交流。为了弥补这方面的缺欠，学会成立前，1983年4月，齐鲁书社出版了元化同志选编的《日本研究〈文心雕龙〉论文集》，收录论文十一篇，其中有户田浩晓写的《〈文心雕龙〉小史》。7月，齐鲁书社出版的《文心雕龙学刊》第一辑刊载了元化同志写的《日本研究〈文心雕龙〉论文集序》和日本釜谷武志写的《日本研究〈文心雕龙〉简史》。学会成立时，关注国外的研究，更加自觉。“学会”章程明确提出：“组织力量，译介国外研究《文心雕龙》的有关论著和资料。”并做了具体的组织安排。研究《文心雕龙》，知中也要知外。“学会”确立开放的研究视野，在会后得到了贯彻，有了很大的发展。这不仅体现在注意引进、消化、吸收国外的理论观点，译介了不少国外研究“龙学”的论著，还开始自觉地把《文心雕龙》及其研究成果“送出去”。1983年9月，元化同志作为中国社会科学院委派的《文心雕龙》学者访问团团长率团访问日本。他在日本的京都、九州岛、广岛、东洋等七所大学发表演讲，向日本学术界介绍了中国《文心雕龙》研究的成果。此后，1984年在上海举办了中日学者《文心雕龙》研讨会，1988年后，又在广州、北京、镇江、深圳、台湾等地举办了多次国际《文心雕龙》讨论会。这些国际讨论会，交流了国内外新的研究成果，促进了《文心雕龙》及中国学者的研究成果向国外的传播。使“龙学”已经成为中外文化交流的一部分，在世界学术平台上，开始占有一席之地。现在，我们研究《文心雕龙》，不能在国内圈子里打转，只懂得《文心雕龙》本身是不够的，还应当具有开放的视野，放眼世界，研究国外的文化，扩大对国外文化的认知。以前我们闭关锁国，很少有域外文化作参照，识见局限，原非得已。现在对外开放，五洲便通，我们应当多吸收借鉴域外知识，以作参照。域外文化知识愈丰富，对《文心雕龙》的认识会愈精深。这是一种相当难以达到的境地，但我们应当努力践行之。这已经成为大家的共识。

---

① 参阅王元化《在中日学者〈文心雕龙〉学术讨论会上的总结发言》，载《文心雕龙学刊》第四辑，1986年12月第1版，第11页。

② 《日本代表团致王元化先生的感谢信》，载《文心雕龙学刊》第四辑，1986年12月第1版，第1—2页。

三、"学会"的功臣：王元化、牟世金

中国《文心雕龙》学会的成立及其"龙学"的发展，不仅是学术问题，更可视为改革开放在学术上的一种体现。"文革"结束后，长期被禁锢和压抑的学者自觉地顺应了改革开放的潮流，解放思想，沉潜探讨，并努力从学术方面推进改革开放。在这一潮流中，许多《文心雕龙》的热爱者、研究者为《文心雕龙》学会的成立和发展，怀有满腔热情，尽心尽力，持之以恒，令人感佩！就我个人的直接接触和感受来说，尤其值得怀念和学习的是元化同志和牟世金同志。

元化同志在学术上的贡献是多方面的。他不仅是国内外知名的"龙学"专家，而且是改革开放以来"龙学"繁荣的主要策划者和组织者。他担任过行政职务和上海市委宣传部长。但他并不热心官职。他不喜欢人们称他的官职"王部长"。称他"先生"或"教授"，他反倒不在意。他把学术视为自己的生命和思想。对于学术，他常常强调："理论不仅是求知，学问不仅是博闻，更重要的是人格的力量，燃烧自己，让学问融化到思想中去，让生命放出光来，这才是求学的真谛。"①他认为治学应当做到："根柢无易其固，裁断必出于己""为学不作媚时语，独寻真知启后人"。这些也充分地体现在他长期在"龙学"的建设上。

1982 年，元化同志到北京参加党的第十二次全国代表大会，会议结束后，他从北京直达济南，参加了全国第一次《文心雕龙》讨论会。在会上，他根据十二大的精神，讲了如何开展《文心雕龙》研究的新局面，提出了一些具体的意见。他建议并且热心筹备成立中国《文心雕龙》学会，被推举为筹备组组长。1983 年 8 月，他从上海乘船到青岛，自始至终地指导、参加了"学会"成立大会，并请周扬同志参加了开幕式。

八十年代中期以后，元化同志研究的重心已经不是文学和文学理论，他更关心的是文化史、思想史上的一些重要现象，撰写了一系列的有关文化史、思想史等方面的论文和札记。因为他在 1955 年被打成"胡风分子"，身心受到极大的摧残，加上后来随着年龄的增长和在学术研究上超负荷的工作，他经常失眠，身体比较虚弱。②就是在这样的情况下，他在先后任"学会"副会长和名誉会长时，一直关心"学会"的工作，重视国内外的《文心雕龙》研究。他热心、积极参加"学会"的活动，先后参加了 1988 年在广州、1995 年在北京、2000 年在镇江举行的国际《文心雕龙》讨论会，并在会上致辞。他对"龙学"如何深入和发展，提出了许多意见。1984 年在中日学者《文心雕龙》讨论会上，他提出了综合研究《文心雕龙》的方法，指出："需要开拓我们的领域，把中国各种艺术综合起来进行考察，找到它们之间的共性，这样，就可以把我们民族的艺术特点揭示出来。"③2000 年

---

① 引自胡晓明着《跨过的岁月——王元化画传》，上海：上海文艺出版社，1999 年 11 月第 1 版，第 160 页。

② 这方面的情况是 1995 年 7 月 28 日在北京举行《文心雕龙》国际学术讨论会，一天晚上，我陪同元化同志和徐中玉同志散步时，元化同志述及的。

③ 王元化：《在中日学者〈文心雕龙〉学术讨论会上的总结发言》，载《文心雕龙学刊》第四辑，齐鲁书社 1986 年 12 月第 1 版，第 6、11 页。

在镇江《文心雕龙》国际学术研讨会上，他认为要开拓研究的新领域，就是“怎样运用《文心雕龙》里面所揭示出来的艺术观、文学观、艺术方法、文学方法，来探讨我们中华民族的艺术传统、艺术理论里面的一些美学原则。”[①]元化同志诸如上述的建议，对“龙学”的深入和发展富有建设性。

资料是学术研究的重要基础。元化同志十分重视和关心“龙学”资料建设工作。1988年，在广州《文心雕龙》国际学术研讨会期间，他同其他同志为了总结近一个世纪“龙学”的研究成绩，共同协商，决定编纂出版《文心雕龙学综览》。从组织编纂者、拟定体例，到筹集款项和出版，元化同志付出了很多心血。由于他和其他各位同志的努力，历经六年多，这一大型的、综合性的“龙学”著作，于1995年6月由上海书店出版社出版。《综览》是由海内外七个国家和地区的七十多位学者参加撰写的，全书六十多万字。这在当时的大陆是一个创举。

元化同志热心、身体力行地支持镇江《文心雕龙》资料中心的建立。据初步统计，他赠送给中心的自己的著作有：《文心雕龙创作论》《文心雕龙讲疏》《文学沉思录》《清园论学集》《清园文存》《清园书简》，以及他收存的德文稿等。[②]

元化同志的为人和治学，持有一种谦谦之风。这一点也体现在他的“龙学”研究和对“学会”的建设上。1960年初，他在寒冷的岁月中，开始集中研究《文心雕龙》时，虚心向郭绍虞先生请教。他曾将自己所写的几篇《文心雕龙柬释》送给郭先生，请他审阅。[③]他勇于纠正自己的错误。1983年，他在日本九州岛大学作关于《文心雕龙》的演讲时，讲到《文心雕龙》与佛教的关系时说：

> 这里，我想订正我自己过去写的文章的错误。我说，刘勰当时看了两部有关因明学的著作，一部是《方便心论》，一部是龙树所造的《回诤论》。据《出三藏记集》，《方便心论》于北魏孝文帝（元宏）延兴二年（公元四七二年）译出，当时刘勰尚幼，所以他可能看到这部书。但是《回诤论》是在东魏孝静帝（元善见）兴和三年（公元五四一年）时才翻译过来，那时刘勰已殁。我在一篇文章说他可能看到这两本书，这是一个错误，后来我在另外一篇文章里，经过考据，作了订正。

元化同志不喜欢标榜自己，对年长的学者非常尊敬。八十年代初，学术界有人称钱锺书和王元化是中国比较文学的代表，并有“北钱南王（元化）”之说。对此，元化同志明确表示：“此说不妥，钱是前辈，在学术上我不能和他相比，我是晚辈，决不好这么说。”[④]1995年7月，在北京举行《文心雕龙》国际学术讨论会，会前，他特别建议派专车去接王利器、周振甫等几位老学者与会。

---

① 参阅林其锬《迈向新世纪的〈文心雕龙〉学——著名学者王元化论〈文心雕龙〉研究的新领域》，载镇江《文心雕龙》数据中心编《信息交流》2000年第2期。

② 据钱永波《留给镇江的珍贵财富——纪念王元化先生》，载镇江中国《文心雕龙》数据中心编辑《信息交流》2009年第1期。

③ 据王元化《记郭绍虞——纪念郭绍虞先生百年冥诞》，载王元化《清园论学集》，上海：上海古籍出版社1994年12月第1版，第683页。

④ 参阅胡晓明《跨过的岁月——王元化画传》，第138、139页。

元化同志热心奖掖后学,关心后学。他热心支持世金同志。1983 年 9 月,他率团访问日本,团员有世金同志。世金同志于 1989 年病逝后,元化同志关心他的夫人和子女。他曾让我转告世金同志的夫人,不必守旧,如果有合适的对象,应当组成新的家庭。我本人在同元化同志的交往中,也深受教益。他称我这晚辈为“老朋友”。1982 年 10 月在济南举行第一次《文心雕龙》学术讨论会时,他题字赐我他翻译的歌德等著、由上海译文出版社出版的《文学风格论》。2000 年,他又题字赐我由上海文艺出版社出版的《跨过的岁月——王元化画传》。这两本大著,我一直视为珍宝,置于案几,时常拜读。2000 年在镇江举行的《文心雕龙》国际学术讨论会期间,我曾同元化同志同乘一个游艇,游赏扬州的瘦西湖。游赏时,我曾向他请教了一些问题。他总是和颜悦色回答我的请教。

世金同志热爱《文心雕龙》。他从六十年代开始,就在陆侃如先生的指导下,潜心“龙学”,与陆先生共同出版了许多论著。陆先生辞世以后,他继续研究《文心雕龙》,先后出版了一些有分量的在国内外有影响的著述。他和元化同志为了把《文心雕龙》的研究者组织起来,积极倡议成立中国《文心雕龙》学会。“学会”成立前后的许多复杂的具体的工作,都是他承担的。他做事思考周全,认真负责,几乎是事必躬亲。在“学会”成立前的 1982 年,他组织举办了全国第一次《文心雕龙》学术讨论会,同时做了大量的成立学会的筹备工作,拟订了“学会”章程草稿,在广泛征求意见的基础上,提出了“学会”负责人及理事的候选人。由于筹备工作做得比较充分,使次年“学会”在青岛得以顺利成立。

世金同志重视“龙学”成果的刊布和史料的积累。早在“学会”成立前,他热心积极支持丛甫之等同志的《文心雕龙研究论文选》的编辑和出版,并为此书写了一万五千多字的序。同时他几次到齐鲁书社,请齐鲁书社出版《文心雕龙学刊》。《学刊》虽然有一个编辑组,但从编选到审稿等许多具体的工作都是世金同志承担的。世金同志生前,《学刊》共编印了五辑,选录的各类文章计有一百三十六篇,总字数达一百四十五万多。约在 1986 年,世金同志又代表学会,主持开始选编《文心雕龙研究论文集》。这是要耗费大量精力的一项学术工程。《论文集》从七十多年来发表的一千余篇论文中,选录了四十七篇,大体反映了研究《文心雕龙》全书各方面有代表性的成果,兼顾了各个时期各种不同观点的论文和研究者的主要成就。《论文集》最后附有世金同志和曾晓明同志编纂的《〈文心雕龙〉研究论著索引》(1907—1985)。世金同志还为此书撰写了三万五千多字的《序——“龙学”七十年概观》。《论文集》全书近六十二万字,1990 年 8 月由人民文学出版社出版。令人叹惋的是,天不予时,世金同志没有能等到看到此书问世时,就病逝了。

世金同志生前一直担任“学会”的秘书长。他特别重视组织、参加“学会”的年会,参加国际学术讨论会。学会成立的第二年(1984),他参加了在上海举行的中日学者《文心雕龙》学术讨论会;1986 年,他参加了在安徽屯溪举办的第二次“学会”年会;1988 年在广州召开《文心雕龙》国际学术讨论会前,他患癌症,已到晚期,但他坚持参加。为了不加重病情,他的亲属和我,曾多次劝慰他,不要参加会议,但最后他还是坚持,在其夫人的陪同下,自始至终地参加了会议。这是他最后一次参加“龙学”会议!

世金同志于1989年离开了我们，元化同志于2008年又离开了我们。逝者已矣，风范长存。他们为中国《文心雕龙》学会付出的心血和开创之功，他们的赤诚和奉献，他们的高度的责任感，不仅在“龙学”史上增添了新的篇章，同时也是留给我们的十分宝贵的精神财富，会不断地激励我们，启示后人！

2013年6月15日改定于山东大学农子晚学斋

（作者单位：山东大学文学院）

回忆《文心雕龙》学会成立三十年的艰难历程

刘文忠

1983年8月5日，中国《文心雕龙》学会在青岛黄海饭店成立。学会所以能在这时成立，与1982年10月下旬在济南南郊宾馆召开的《文心雕龙》研讨会有密切的关系。这是国内第一次召开的以《文心雕龙》为议题的会议，是开创《文心雕龙》研究新局面的一次重要的会议。也是我第一次参加的《文心雕龙》研讨会。这次会议是由山东省文联、省文化局、省出版局、山东大学、山东师范大学等单位联合发起。九十多名与会同志在学术交流的同时，深感这样的学术交流，极为必要。为了促进国内外的学术交流，扩大"龙学"在全世界的影响，推进"龙学"的研究发展，开创"龙学"的研究新局面，研讨会的各小组纷纷提出成立《文心雕龙》学会的要求。大会推举出王元化、孙昌熙、祖保泉、任孚先、牟世金五位先生为《文心雕龙》学会筹备小组，共推王元化先生为筹备组组长。以山东大学为学会基地，进行筹备工作；并由王元化、王运熙、王达津、周振甫、徐中玉、詹锳等十五位先生，联合发起向中央有关部门申请成立《文心雕龙》学会；编辑《文心雕龙学刊》，并由齐鲁书社出版发行。

经过半年多的筹备，申请成立中国《文心雕龙》协会的一切手续均已办好，在办好手续之后，牟世金先生到出版社去找我，告诉我一个信息：申办成立《文心雕龙》学会的事，有关部门已经批准，周扬同志题写刊名的《文心雕龙学刊》，已经在印刷过程中，不日即可印好。他还对我说：为了申报成立《文心雕龙》学会，他五次进京，拜访过周扬与张光年等同志。他付出的辛苦可想而知。不久我便收到了牟世金先生寄来的会议邀请函。1983年8月初，我从北京动身赴青岛。在列车的硬卧车厢中，正巧遇上新疆大学的马宏山先生，只见他满头大汗，身上的衣服全被汗水湿透了（当时的硬卧还没有空调）。1962年我在山大读研究生时，他在山大跟陆侃如先生进修过，专门师从陆先生进修《文心雕龙》。1963年陆先生曾经告诉我，马宏山是个三十年代参加革命的老干部，在解放前曾在西安蹲过监狱，解放后曾经当过教育厅长，行政级别很高，是十二级干部。我得知后对弃政从文的马先生肃然起敬。我和他已经二十年没见了，见面之后格外亲热。他乘坐了四天四夜的火车，从祖国的西边陲到东海之滨，可以说是不远万里而来。当时我就想到这次会议一定比1982年的济南会规模大人数多。果然，出席这次会议的竟有一百二十多人。1983年8月5日，中国《文心雕龙》学会成立大会在青岛的黄海饭店隆重开幕。会上选举产生了中国《文心雕龙》学会第一届理事会，推举周扬同志为学会的名誉会长，选出张光年同志为学会会长，王元化、杨明照为副会长，牟世金为秘书长，并聘请了郭绍虞为顾问。

在学会第一届领导班子中，具体工作做得最多的是秘书长牟世金先生，他组织了两次年会（第二次年会是在1986年4月，在安徽屯溪召开，由安徽师范大学祖保泉等先生协办）和两次《文心雕龙》国际研讨会。（第一次国际会议规模较小，是1984年在上海举办的中日学者《文心雕龙》讨论会）在齐鲁书社社长孟凡海、总编辑赵炳南的支持下，出版了《文心雕龙学刊》一至六辑，齐鲁书社未向学会要过一分钱，而且负责向入选文章发放稿费。一九八五年，他又以《文心雕龙》学会的名义，编选了厚厚一册《文心雕龙论文选编》，此书由人民文学出版社出版（出版时书名改为《文心雕龙研究论文集》）。书后有八十年代以前的《文心雕龙》研究论文索引，由他的研究生曾晓明协助牟先生完成，是当时最为完备的索引。可惜此书印数不大，出版社亏损了两万余元，为他日后完成的《文心雕龙研究》的出版造成阻力。1988年在广州召开的《文心雕龙》国际研讨会，有来自日本、俄罗斯、瑞士、意大利等国家和香港、澳门、台湾的代表，是规模比较大的第一次国际研讨会，协办单位出力最大的是暨南大学的副校长饶芃子先生，《文心雕龙研究荟萃》是由她和卓支中先生编选，并在王元化同志的帮助下，由上海书店1992年出版。1988年广州会议召开之时，牟世金先生已经知道他患有不治之症，他第一次带夫人参加会议。有一天他们夫妻俩来到我住的房间，牟先生让夫人赵璧清给我们两人照张相，我明白他的意思，他自知留给他的时间已经不多了，与老朋友、师兄弟合影留个纪念。看到面色苍白的世金兄，真有生离死别之感，我强忍着眼泪合完了影，心中有说不出来的滋味。1989年6月19日，年仅六十一岁的牟世金先生去世，他的去世不仅是《文心雕龙》学会的一大损失，也是“龙学”界的一大损失。

牟世金先生去世之后，接任秘书长的是汕头大学的马白先生，学会地址也由挂靠在山东大学改为挂靠在汕头大学。1990年11月10日至13日，在汕头大学召开了第三次年会，在这次会议的理事会上，理事们推选马白先生为秘书长。马白除了举办一次年会外，还出版了《文心雕龙学刊》第七辑，此书1992年由广东人民出版社年出版，得到了汕头大学学术基金的资助。这是《文心雕龙学刊》的最后一辑。从此开始了出版学刊拿钱的时代。1992年，马白离休后准备随女儿定居国外，主动地向学会领导提出辞职，会长张光年同志同意他的请求，在这种情况下，他召集了张少康、蔡钟翔、缪俊杰和我四人到他家开一个小会，当着我们四人的面，宣读了牟世金写给他的一封信，中心内容是推荐张少康为协会的秘书长。光年同志又说：“我已年过八十，不宜再当会长了，学会也该换届了，我退下来之后，我建议张少康任会长。你们几位都要为协会担点担子，多为学会做点工作。”

1992年10月，《文心雕龙》学会第四次年会，在协办单位山东枣庄市人民政府和枣庄师专的支持下，在枣庄薛国大酒店召开。这次年会进行了学会的换届选举。光年同志建议的由张少康任会长的事由于张少康的谦让发生了一点变化，他坚决不肯当会长，极力推举王运熙任会长。最后选举的结果是，原来的会长张光年与副会长王元化、杨明照，任名誉会长，王运熙先生任会长，张少康为常务副会长、法人代表，张文勋、缪俊杰为副会长，刘文忠为秘书长，蔡钟翔、林其锬为副秘书长。学会挂靠在北京大学，原来已经出版了七辑的《文心雕龙学刊》更名为《文心雕龙研究》，由北京大学出版社出版。当时的学会虽然主管单位是民政部，但没有注册资金的规定和年检，从学会成立之年开始，每年中国社会科学院有少量的资金资助，一年学会有五千元的拨款，资金来源于财政部，全国性的研究会和学会其拨款通过社科院科研处发放。我任秘书长之后，1991年度的财政部拨款五千元，因社科院科研处的通知寄到汕头大学，马白又转寄到张光年同志手中，光年同志又转到我手中，到我手中时，已经过期了。经我与负责拨款的社科院科研处王春生同志的多次交涉，王春生最后答应，1992年财政部再拨款时，多给《文心雕龙》学会五千元。1992年，学会终于拿到一万元的拨款。当时学会连个账户、账号也没有。只有借用北京大学中文系的账户、账号。用这一万块钱我们开了两次年会，枣庄会用了五千元，用于与会同志的住宿补贴和退休同志的会务费补贴。社科院的这次拨款是最后一次，以后便与社科院脱钩，业务主管部门变成教育部。

1995年7月28日至31日，《文心雕龙》国际学术讨论会在北京皇苑大酒店举行，会议是由中国《文心雕龙》学会和北京大学、韩国岭南中国语文学会、山东日照市联合召开的。台湾金瑞盛金银珠宝公司首席顾问宋春青先生资助会议人民币五万元。这次会议是学会常务副会长张少康筹备的。国内外专家一百多人，提交论文七十余篇。海内外学者来的比较多，仅八十岁以上的老专家就有八位，三个名誉会长张光年、王元化、杨明照都出席了会议。著名学者王利器、周振甫、徐中玉、王运熙、王达津、周勋初、张文勋、罗宗强等，台湾学者黄锦鋐、王更生、张敬等，香港学者黄维梁、罗思美等，日本学者冈村繁、兴膳宏等，俄罗斯学者李谢维奇，加拿大学者梁燕城，韩国学者李鸿镇，美国学者罗锦堂，马来西亚学者杨清龙等都出席了会议。

会议期间，由黄锦鋐、王更生、冈村繁、兴膳宏、周振甫、王利器、蔡宗阳、李景溁、黄景进、王运熙、张文勋、张少康、缪俊杰、蔡钟翔、刘文忠、邱世友、黄维梁、陈志诚、罗思美、宋春青、林中明、张可礼二十二人发起，发出关于建立《文心雕龙》研究发展基金的倡议，倡议立即得到海内外学者的响应，当天就有三十四人为《文心雕龙》研究发展基金捐款。捐款名单和捐款数曾在学会秘书处编的《文心雕龙》研究通讯第一号上予以公布，因是自编自印的，印数甚少，没有发给广大会员。虽是亡羊补牢，但我觉得应该在这里给大家一个交代。捐款名单及捐款数如下：

1. 冈村繁（日本久留米大学）	日元拾万元
2. 兴膳宏（日本京都大学）	日元拾万元
3. 黄锦鋐（台湾师范大学）	美元壹仟元
4. 王更生（台湾师范大学）	美元伍佰元
5. 林中明（美国莱提斯公司）	美元伍佰元
6. 彭正雄（台湾文史哲出版社）	台币壹万肆仟元
7. 蔡宗阳（台湾师范大学）	台币壹万元
8. 李景溁（台湾中国文化大学）	美元贰佰元
9. 洪顺隆（台湾中国文化大学）	美元贰佰元

10. 黄景进（台湾政治大学）	人民币壹仟陆佰元
11. 黄维梁（香港中文大学）	港币贰仟元
12. 陈志诚（香港城市大学）	港币贰仟元
13. 罗思美（香港浸会大学）	港币贰仟元
14. 李鸿镇（韩国庆北大学）	美元贰佰元
15. 金周汉（韩国庆北大学）	美元壹佰元
16. 釜谷武志（日本神户大学）	日元壹万元
17. 方元珍（台湾空中大学）	美元壹佰元
18. 吕武志（台湾师范大学）	美元壹佰元
19. 许玫芳（台湾师范大学）	美元壹佰元
20. 吴玉茹（台北市立大安国民中学）	台币贰仟柒佰伍拾元
21. 颜瑞芳（台湾师范大学）	台币贰仟柒佰伍拾元
22. 魏素足（台湾师范大学）	台币贰仟柒佰伍拾元
23. 冯水敏（台北市立师范学院）	台币贰仟柒佰伍拾元
24. 蔡宗齐（美国伊利诺伊州立大学）	人民币伍佰元
25. 吕新昌（台湾万能工商专科学校）	人民币捌佰贰拾壹元捌角
26. 王利器（人民文学出版社）	人民币壹仟元
27. 周振甫（中华书局）	人民币壹仟元
28. 王运熙（复旦大学）	人民币壹仟元
29. 张少康（北京大学）	人民币壹仟元
30. 张文勋（云南大学）	人民币壹仟元
31. 缪俊杰（人民日报）	人民币壹仟元
32. 蔡钟翔（中国人民大学）	人民币伍佰元
33. 刘文忠（人民文学出版社）	人民币捌佰元
34. 张可礼（山东大学）	人民币捌佰元

会后，学会很快就建立了学会的账号，制定了《文心雕龙》学会研究发展基金章程，设立了基金管理委员会和基金监督委员会，缪俊杰为管理委员会主任，蔡钟翔、刘文忠为副主任，袁济喜、汪春泓为委员。监督委员会主任为王运熙，副主任为张少康、张文勋。张可礼、林其锬、石家宜、汪涌豪为委员。1998 年出版的《文心雕龙研究》第三辑，载有《关于建立〈文心雕龙〉学会研究发展基金的简况》。这个基金是起了巨大作用的，不仅用于出版《文心雕龙研究》的资助，而且用作学会的注册资金。在 1998 年前后，民政部通知，不管是新成立的社会团体还是已经成立的社会团体，都要有至少十万元的注册资金，刚建立不久的研究发展基金，正好用在了学会的注册资金上，解了燃眉之急。

1996 年 10 月 11 日至 14 日，在山东省委宣传部、日照市委、市人民政府的大力支持下，《文心雕龙》第五次年会在山东日照市召开。会议的全部筹备工作都是在当时的日照市委常委、宣传部长李连成同志的主持下进行的。此次年会进行了学会的换届选举，选出新理事三十五人，常务理事十五人，继续推举张光年、王元化、杨明照为名誉会长，新聘徐中玉、祖保泉、吴林伯为顾问。选出会长王运熙，副会长张少康（常务）、缪俊杰、张文勋、蔡钟翔，推举刘文忠为秘书长，林其锬、刘联合、汪春泓为副秘书长。

1998年8月，《文心雕龙》第六次年会在湖南怀化召开，怀化师专协办，学会理事周绍恒在筹备过程中做了许多工作。

2000年4月，由《文心雕龙》学会、镇江市人民政府联合举办的《文心雕龙》国际研讨会在镇江召开。在会前原镇江市委书记，市人大常委会主任钱永波同志专门到北京在江苏饭店约见了张少康与刘文忠，商谈了筹备会议的有关事宜，学会又委托常务理事石家宜、理事孙蓉蓉两次去镇江与钱永波先生联系。经双方协商，决定在会前出版会议论文集，这在学会的历史上还是第一次。镇江市人民政府全额资助，学苑出版社的总编室主任郭强给予大力支持，五十万字的精装本《论刘勰及其文心雕龙》及时出版，满足了会议的需要。会议期间，刘勰塑像、文心阁、“龙学”家签名碑揭幕，《文心雕龙》资料中心成立。在会议期间的一个晚上，学会进行了换届选举，增选了钱永波为常务理事。推选年过七十的会长王运熙先生为名誉会长，上届三位名誉会长继续任职。年过七十的张文勋为顾问。推选张少康为会长，詹福瑞为常务副会长兼秘书长，缪俊杰、蔡钟翔、刘文忠、林其锬为副会长。

2002年8月，《文心雕龙》学会第七次年会在常务副会长詹福瑞的筹备下，在保定河北大学召开。这次会议增选了涂光社、曹旭、党圣元、袁济喜、汪春泓等同志为副会长，河北大学文学院院长李金善为秘书长，并议定学会挂靠在河北大学。

2003年5月，学会与深圳大学、社科院文学研究所联合举办的《文心雕龙》国际研讨会在深圳大学召开。这次会名曰国际研讨会，海外代表来的很少，与北京、镇江的两次国际研讨会不可比论。会上发生了一件令我很遗憾的事。会长张少康突然提出辞职。我从深圳回京后，在京的几位副会长都处在沉默过程中。这时候需要有人站出来维护学会的存在，我虽然不当秘书长了，但我还是副会长，涉及学会存亡的头等大事，总要有人出面联系。这时我找到了常务副会长詹福瑞同志，劝他出任会长与法人代表。因为会长是常务理事推选出来的，在暂时无法召开年会的情况下，我想出了一个办法，由我出面向各位常务理事发函，说明情况，征询由詹福瑞任会长的意见。发函十九封，诸位都回了信，大家一致同意詹福瑞为会长和法人代表。连同我自己的一份，一共二十份，收齐后我一并交给詹福瑞过目。这时詹福瑞才同意出任会长与法人代表。这件事按常规说应当由秘书长出面办理，但我考虑到李金善刚任秘书长不久，更换法人代表需要经过北京大学有关部门和教育部、民政部等部门，这些部门我去跑过多次，也认识不少人，所以我主动承担了这些跑腿的工作。变更法人是需要跑腿的。一切报表都填好之后，还要原法人任职期间的财务审计，财务审计要在会计事务所做。原法人要填写工作总结，因张少康远在香港，一式四份的表格我可以代张少康填写，但我无法代替张少康签名盖章。这时我想，张少康的图章有可能在京，我打电话问到少康夫人童老师，她给了我很大帮助，她不但找到了图章，而且答应把图章送到我认识的王桂玲会计那里，需要时让我去取。从我家去北大坐公交车单程就要两小时，工作效率太低，鉴于这种情况，詹福瑞在没有急事用车的时候，便让他的司机陈师傅拉着我跑北大、教育部、民政部等，这一切手续办好之后，詹福瑞一共给我派了八次车。其繁琐程度，远非第一次把张光年同志的法人证书变更为张少康时所可比拟。学会的第一个法人证书做的很讲究，有锦缎面的外套，并有民政部部长程子华的签名章，变更法人时，民政部社团司把旧的法人证书收回，把锦缎面的外套给了我。第二届法人为张少康，也盖有民政部部长的签名章，不过部长已换成多吉才让了，第三届法人为詹福瑞，部长的名字我已记不清了。当我把第二届法人证书交到民政部社团司一位工作人员手里的时候，我看到他随手就把旧的证书丢在废纸篓里，当时我心中动了一下，如果旧的法人证书他们不存盘，第一届的法人证书能够还给我该多好，我可以把它捐赠给《文心雕龙》资料中心，作为历史文献收藏起来。

2004 年有一次年检，教育部已经把民政部的年检通知寄给河北大学《文心雕龙》学会秘书处，刚上任的秘书长李金善虽然接到通知，由于他过去没有做过年检，也不知道贻误年检会被取消学会的资格这样严重的后果，他因为工作忙，没有抓紧时间进行。教育部社团处见年检截止日期只剩三天了，不见《文心雕龙》学会与年检有关的资料上报，社团处的孔祥彬与我打了一次电话，我知道年检过期的严重性，立即打电话给秘书长李金善，让他火速进京办理年检。并与他约定在国家图书馆詹福瑞处会合。李金善急速带车进京，我与李金善汇合后，立即驱车去北大找会计王桂玲，王桂玲又带着我们去了一家会计事务所，求他们作急件处理，我和李金善坐在会计事务所立等。当我们拿到财务审计表时，此时已经天黑了，又发现审计表上还缺少一个图章非找王桂玲不可。于是我又在夜间十点去王桂玲家去找她。这天晚上，李金善和司机在北京住了一个晚上，第二天李金善和我驱车去教育部，然后再去民政部，总算在年检的截止日期前通过了。这时我们才轻轻地松了一口气。从此也结束了学会挂靠在北大的历史，学会的财务移交图书馆学会的会计和出纳代管。

2005 年 8 月，《文心雕龙》国际研讨会暨第八次年会在贵阳师范大学召开，事前学会委托理事张灯与贵州方面联系，协办单位为贵阳师大等。会长詹福瑞出席了这次会议。我与李金善先期到达了贵阳。

2007 年 8 月，在南京市中山陵园林局的支持下，《文心雕龙》国际研讨会暨第九次年会在南京国际会议中心召开。在会期的半年前，李金善约我去了一次南京，与中山陵园林局的同志商量了会议的有关事宜。在南京会议召开期间，詹福瑞率全国各大图书馆馆长出国访问，不能出席会议，委托我主持会议并主持换届选举。我根据在北京反复酝酿的名单，在理事会上讨论时又进行了补充提名，并在会议中心当场打印出候选人的名单，用无记名投票的方式，选举出理事会和常务理事，理事们共同推选詹福瑞为会长，左东岭为常务副会长、法人代表（因詹福瑞是图书馆学会的法人，按规定一人不能兼任两个社会团体的法人）。涂光社、曹旭、袁济喜、党圣元、李建中、汪春泓、李金善为副会长。陶礼天为秘书长。到年龄的三位副会长缪俊杰、刘文忠、林其锬以及常务理事穆克宏，一律安置为顾问，并商定从本次会议开始，顾问不再兼任常务理事和理事（因顾问大多年事已高，多有不能参加会议者，如任常务理事和理事，可能会出现与会的常务理事不能超过半数的情况），学会秘书处设在挂靠单位的首都师大。至南京会议胜利闭幕，我的历史任务已经完成，从副会长的岗位上高高兴兴地退了下来。

我退下来之后，只出席过学会新领导班子召开的两次会议，一次是2006年12月在首都师大国际文化大厦举办的《文心雕龙》研究与当代文艺学学科建设学术研讨会，一次是2008年10月在北京紫玉宾馆召开的《文心雕龙》研讨会。2008年9月我突发脑梗，从此身体一蹶不振。由于身体原因，2009年在芜湖召开的《文心雕龙》第十次年会和2011年在武汉召开的第十一次年会我都未能参加。这次在我的母校山东大学召开的第十二次年会，也可能是我最后参加的一次会议。

2013年7月10日于北京寓所

（作者单位：人民文学出版社）

不道相逢泪更多

——牟世金和王更生的两岸情谊[①]

萧华荣

1988年11月在广州召开的《文心雕龙》国际研讨会上，决定编纂《文心雕龙研究年鉴》，我忝为副主编之一。仰仗海内外师友们的鼎力合作，三历寒暑，稿子已全部齐备，一俟统阅整理完毕，即将交出版社付梓面世。不过说是“年鉴”，实则从起初的策划，到中间的约稿，再到最后的佳构锦集，都已经远远溢出“年鉴”的范围，字数也接近百万，现正拟改称“研究会要”或“纵览”“事典”之类，以正其名。譬如书中设有“龙学家小传”一项，便从古今中外灿若繁星的《文心雕龙》研究者中遴选了二十二名，大陆学者牟世金教授和台湾学者王更生教授都荣列其间。即此一端，便是“年鉴”二字所难以蔽之的。

由于孤陋寡闻，也由于众所周知的一峡之隔的客观情势，我虽久仰王更生先生的大名，但对于他的生平履历和学术生涯，过去是所知甚少的。最近审阅稿件，拜读了他的小传，以及他本人亲手撰写的《龙学研究在台湾》，才略知一二——当然也仅止“一二”而已。不过读罢掩卷沉思，蓦然觉得他与牟世金先生有不少相似之处，又联想到他们之间的“神交久矣”“终未谋面”，直至无可如何地“天人永隔”，不禁怃然生感，便草成此文，以寄托对牟先生的余哀和对王先生的景慕。

牟先生倒是我所熟知的，因为我在济南山东大学中文系攻读研究生期间，他便是曾经执教的老师之一；我的毕业论文《钟嵘诗品之研究》，是由他具体指导的；1981年毕业后留校任教，又成为他的助手；1986年我因夫妻团聚转到上海华东师范大学之后，仍与他保持着比较频繁的通信联系，甚至在他从发现癌症到溘然长逝的一年多光景，彼此的书信往来仍逾十通，因而甚知他病中坚韧达观的风骨，曾经写过一篇名为《铁骨文心一例才》的哀诔之文追悼他，登在山东的《大众日报》上。所以我说他与王先生有不少相似之处，并不是没有依据的。

说来也巧，两位先生都出生于1928年，属龙，也果真与“龙”结下了不解之缘。牟先生曾说他特别喜爱龙。他称自己是“辛苦遭逢起一龙”“独抱一龙究终始”；他的论文集自定为《雕龙集》；他曾经不无幽默、不无自嘲地为自己刻了一枚“叶公好龙”的藏书章。王先生对龙是否也有这种特殊的偏爱，我不得而知，但他穷年累月孜孜矻矻，为“龙学”所耗费的巨大心力和所取得的累累硕果，则是海内外“龙学”界所公认的。此其一。

---

① 编者注：本文原载于台湾“中央日报”1992年6月13日“长河”版。

其二,两位先生的学术生涯都没有得天独厚的客观条件和幸运,当他们经过一番曲折的生活道路,而步入学苑的门槛时,都已经到了"苦不早"的年龄。王先生早岁曾当过中小学教员,年逾而立方考入台湾师大的师资专修科,始则半工半读,后则改读于夜间部,真所谓"艰辛备尝"。牟先生年轻时也作过中学教员,又当过兵,1956年考入山东大学时亦已年近而立,后来又遇上"文革"的十年动乱,被迫中断了学术研究。他们在较常人为短的时间内,取得了较常人为优的学术成就,其间所付出的较常人为多的辛勤劳作,是令人可以想见的,也令人敬佩不已。

其三,两位先生的学术生涯当然都不限于《文心雕龙》,但都主要以"龙学"名世。在他们众多的"龙学"著述中,有些恰巧是无独有偶,彼此对应的。王先生有《文心雕龙研究》,是他最早的一部"龙学"专著,可谓"先立乎其大者",高屋建瓴,统观全龙,然后才走向细致的注释考辨。牟先生恰好也有一部《文心雕龙研究》,不过却是他一生研究"龙学"的最后结晶。

他开始动笔时曾当面对我说过:"这恐怕是我最后一部专著了。"当时他身体颇健,我和他都没有意识到这竟然会成为他的恶谶!可惜因为"经济效益"之故,这部著作至今仍躺在出版社里,无缘与读者见面。他是从注释起步的,走的是"下学而上达"的路子。早在六十年代,他就同他的老师陆侃如先生合作,完成了《文心雕龙选译》廿五篇。七十年代末陆先生去世后,他又独立完成了其他部分,易名为《文心雕龙译注》,并撰写了长达十万字的"引论"。

王先生与之相应的著作,是耗时十三载的皇皇巨著《文心雕龙读本》,卷首也有剖析考订《文心雕龙》方面的长篇"总论"。二人对于《文心雕龙》这部文论宝典的普及,无疑都立下了不可磨灭的功勋。另外,牟先生编有《文心雕龙研究论文选》,王先生则编有《文心雕龙研究论文选粹》,后者说编选此书的用心,是属意于海峡两岸的学术交流。怀抱着同样的一份愿心,牟先生则专门撰写了《台湾文心雕龙研究鸟瞰》一书,我曾为之写过一篇题为《着眼于中华全龙的腾飞》的书评,发表在吉林省出版的大型学术季刊《社会科学战线》上。不知这样的一个题目,能得二位长者著书编文的深衷否?

对于两位知名"龙学家"的相似之处,我自然还可以再罗列一些。不过我如果满足于这些外在现象的罗列,那么这篇小文将没有多少存在的意义。我觉得更为重要更为可贵的,是二者内心深处为时已久的互相仰慕与想望。牟先生在其《台湾文心雕龙研究鸟瞰》中,曾对王先生再三致意,推之为"台湾龙学界的重要人物",将其《文心雕龙研究》列为台湾七种论著之首。

1988年的广州会议上,我在调离山大二年之后第一次重见到他,当时他病情已经沉重。他说他抱病与会的一个深愿,便是晤见应约前来的王更生先生,不意由于当时海峡两岸的情况,王先生竟没能来,牟先生竟未了此愿!我看到他在说这番话的当儿,脸上有一种黯然神伤的表情。在王先生方面,又何尝没有此种真挚的愿心呢?

1990年盛夏我重回山东大学,在牟先生人去室空,陈设依旧的书斋中怅然久之。他的夫人赵女士告诉我,王先生曾于半年之前专程前来,在牟先生遗像前垂泪默哀。事后他又应赵女士之请,为牟先生的遗著《雕龙后集》作了一篇序。这篇序文的复印件赵女士曾送我一份，此刻就放在我的案头。《雕龙后集》也同样由于学术著作销路不畅的经济原因，至今甚至连出路也未寻到，真可谓“寂寞身后事”了。王先生的序文自然也就无法面世。在这里我谨录其两节，公诸于世。

一节是其开头：

> 人之相知，贵相知心。我和世金先生神交久矣，但因海峡阻隔，终未谋面；等到可以把酒临风，晤言一室的时候，却又物换星移，天人永隔了。虽然面对故友，心香一瓣，但睹物神伤，难掩内心的悲痛。

另一节是快要收束之处：

> 今年(1990)2月6日，也就是农历的正月十一日，我远从台湾专程来吊祭这位志同道合永未谋面的知音；当时白雪映窗，落叶打阶，朔风伴着酷寒，面对遗照，抆泪相视，真有百感交集，莫知所云之痛！

我想这篇序文，王先生是可以权作挂墓之剑的，却永失了运斤之风，这是何等令人疾首扼腕的世间长恨和人生悲剧啊！

从未谋面，却又依凭学术因缘心心相通，我想人间的这种文字之交是最可珍贵最为纯洁的，因为它没有任何物质上和权势上的互相依借与利用，有的只是对于学术真理的一致追求，对于“弘扬民族文化”的同样诚心。是的，弘扬民族文化，这才是本文要说的两位先生最根本的相似相同之处。也正依靠着这条有名无形的纽带，才虽然“身无彩凤双飞翼”，却能够“心有灵犀一点通”，哪怕彼此对有些具体学术问题的诠释并不尽同……

牟世金先生逝世于1989年6月19日，光阴荏苒，倏忽又将三载，而据悉王先生强健如昔。存者且保重，逝者长已矣。

（作者单位：华东师范大学中文系）

追思牟世金先生

涂光社

牟世金先生对《文心雕龙》研究的贡献不仅在探讨全面、议论精深的丰硕成果方面，而且在上世纪八十年代与王元化先生创办学会、全面推动“龙学”发展之上。我作为后学，有得其点拨、引领之幸，更有本可入门而痛失机遇的遗憾。

我是“文革”后的首届研究生，我是1978年入学的，在辽宁大学研习《文心雕龙》。1980年6月随张震泽师访学山大，对牟先生作了专访，首次得聆训诲。我记得张可礼老师当时是系主任。当时这里的一些知名教授彼此之间关系不是很融洽，见到牟先生，虽然谈的时间不是很长，但是给我印象非常深刻。因为在这之前我已经读过他的东西，他写的很多东西在各方面见识非凡，对“龙学”的贡献很大。以后我写的文章也请他看，我发表的一些文章得到他的鼓励和支持。

1982年，我参加了在济南南郊宾馆举办的《文心雕龙》讨论会，那是学会成立之前的筹备会，我带着我们学校四个老师一块过来，把行李放在山大。会后，牟世金老师和我在一块儿谈了很多他对“龙学”特别深厚的情感，他认为山大是有传统的，陆侃如先生是花了很多精力的。很多说法对我有很大的鼓励，本来我是第一届研究生，年纪很大才进到这个学术的门槛里来，得到他很多鼓励，当然我也说了我很多的看法。1983年8月在青岛召开了学会成立大会，牟世金先生为此付出了极大的辛劳，做出了极大的贡献。从筹备到建立，《文心雕龙》学会耗费了牟先生很大的精力，我虽然没有能力参与，但是知道他的工作最多。他和王元化等先生建成了当时全国最好的一个学会，可以说是全国最有声望、最有影响的一个学会，团结了“龙学”界很多人，这一点我对牟世金先生是有深刻认识的。

青岛会后游崂山，曾随牟先生行，所闻是“龙学”的过往与前景(拙著《雕龙迁想·文心雕龙研究的反思与前瞻》有记)。牟先生给了辽大丛福滋(甫之)老师与我编选《文心雕龙研究论文选》(1949—1982)的任务，并说明交我们编选的缘故。当时我就感到诧异：“您是《文心雕龙》学会的秘书长，这个由您编不是挺好的吗?”他说：“你不知道，学会的很多人在不同方面有成就，但是有些人很倔强，要是我编出来他们一定会有意见，不利于学会里头的团结。我刚刚说你先编，你们也没有什么负担，以后有意见再说。”果然编出来以后，我把目录发给学会，就有些教授对我提出指责，我就想当时学会不去自己编，是有一定道理的。选录谁的论文与各选多少篇易生争议，由他这个秘书长选编不利学会的团结。有了这个论文选出版在前,他再编一本时间跨度稍大的就好办了。这个书最后由齐鲁书社出版了,当然是牟先生推荐的,这是与牟先生较深的一次接触。

1988年秋广州会后,牟师向我一吐心结:为承传由陆侃如先生开创的山大"龙学"传统,办好学会,他才同意担任系主任,这样便于与全国"龙学"界联系,并把要引进的人调入已经超编的山大中文系。任重道远(他当时已知身体状况不佳),望我这样年轻些的后学能调来山大,连同于维璋、滕咸惠等老师共建"龙学"基地,办好会刊、料理会务。随后找了一个刻有雕龙的照壁与我留影其下。他说"龙学"在我们中国是很有价值的,山大的传统必须传承下去。

回沈后我要求调动,辽大校系均不同意。恩师张震泽先生早年就读山东大学,抗战期间流亡川陕,是西北联大(包括山大等撤往西北地区的大学)丁山先生的研究生。他致力于先秦两汉典籍研讨,故总鼓励我转益多师。我即以专攻"龙学"的需要再三恳请,震泽师复念及所去的是自己母校,最后表示同意。然而不幸的是此时牟师病重,从在北京住院(来信称采用先进的滴注"干扰素"治疗)期间到回济南治疗均有信示,先是催办调动,不久则表示以自己的病状,无论人员调动还是振兴山大"龙学",均已难能如愿。最后一封信是由戚良德代写的,当时良德还是他的学生。

我得到信以后非常地难过。过了没多久就听到病重的消息,我就匆忙背了一点儿书来了济南,当时只有赵老师在家,牟先生已经住到医院里了。到医院看望,牟先生话都不能说了,隔着玻璃窗和我点头,说出来话他疼,我心里更疼,他巨痛难忍只能对躹躬致敬的我摇手示意作别。后来有时候我跟戚良德讲,我本来就是山大的人,可惜就是失去了这个机会,心里非常难受。渴望得其亲炙,却丧失机遇,有负牟师的提携与厚望,我愧憾无已。但后来,我每一本书都会提到牟世金先生对我的帮助。说实在的,他的学术品格,很多和我都是吻合的,我始终把他看成是我的老师。

我觉得牟世金老师对"龙学"的贡献非常了不起,他对山大"龙学"传统的传承也有重大的作用。在如今可谓英年早逝的牟世金先生,他的学术品格,其道德文章和音容笑貌将留存久远。可喜的是,山大的"龙学"传统并未就此中断,后继的学术传人通过不懈努力,如今又让人们在这里(学会创办处)一睹其振兴之势。我虽然没有到山大来,但还是尽了我的力量。2013年的山大纪念"龙学"学会成立三十周年大会上,我全力推荐良德出任学会副会长,我说山大现在"龙学"发展正好,我不是为了自己,也不是为了谁,我就为了"龙学",为了山大的"龙学"传统。这次纪念牟先生九十诞辰,又知道有这个重大项目,我感到很高兴,现在"龙学"的振兴在山大有这个势头,山大应该传承好。而且我说实在的,假如我还有余力,我一定好好支持这个项目搞成功。愚以为,此即对前辈"龙学"的先行者陆侃如、牟世金先生最好的纪念。

心血浇灌“龙学”，风谊长留人间

——忆牟世金教授[①]

徐尧琴

五年前，世金辞世。四十余年交谊，前尘历历，似在眼前，多少难以忘却的往事涌上心头。现记其二三事，以志哀思。

清贫的读书年代

记忆的流水倒流四十七年，那是风雨如晦的 1947 年，我到四川省立万县师范学校（简称省万师）教二十三班的历史课并兼任级任教师。牟世金就是这个班的学生。他白皙的脸庞，憨厚纯朴，勤奋好学。我很少看到他纵声笑闹或高谈阔论。他并非天资过人，但却有一股坚持不懈、锲而不舍的精神。渐渐地我了解了他的身世和爱好。知道他家原在农村，靠种田为生。以后他父亲到县城做小商贩谋生。那时兵荒马乱，物价飞涨，家庭生活窘迫，经济拮据。他五岁入私塾习经书，由于家境贫寒，自幼苦读。自从考入省万师后，他更加勤奋。设在万县亢家湾的省万师，曾培育过不少革命斗士和学者，驰誉省内外。学校环境幽静，藏书丰富，学风很好。牟世金真是如鱼得水，读书入了迷，几乎是唯书是务。我常常见他比其他学生早起读书，晚上在一盏昏暗的油灯下认真抄写。他酷爱文史，不满足课堂那点东西，在课外涉猎的书很广，像蜜蜂采蜜似的，如饥似渴地读，诸如《史记》《汉书》《诗经》《古文观止》等书。以后，我给他一些新书，他也非常感兴趣，而且异常认真。如有一次，我给他著名进步史学家翦伯赞先生著《中国史纲》远古卷及秦汉卷两册，不久他不仅读完，而且能将书中精彩的段落如项王垓下自刎的那段，饱含激情地背诵：“……夜已深沉了，项王军幕中，点燃巨大的蜡烛。楚歌四面，虞姬在侧，骏马在门。项王慷慨悲歌，虞姬和之……是酒，是泪，是血，是美人的幽灵，是英雄的歌声……”他既学了历史，又学了语文。他参加“虎啸文艺社”，我是该社的辅导老师。一次，该社布置读《红楼梦》，但学校图书馆仅有一部书，他抢先借到手，早起晚睡地读完，在讨论会上发了言。

为了练习书法、绘画和篆刻，他安排午休时间练书法，下午课余时间学绘画及篆刻。

---

① 编者注：本文写于 1994 年，原载于内部印刷的《万县市文史资料》（第二辑），流传不广，现略予校改，收入本书，并向作者表示感谢。

完全靠其勤奋和锲而不舍的毅力，练就了一笔遒劲流丽的毛笔字，并获得全校书法比赛第三名。他担任虎哮文艺社《虎哮》壁报画刊头、美术标题和缮写工作。顾名思义，刊头和插画都要画出虎在啸的雄姿。《虎哮》壁报每年出十期，刊头期期不重复，每期都有形态各异的虎啸图画，每期他都付出了辛勤的劳动。如有一期的刊头，他画一只咆哮的下山老虎，三易其稿，在旁的同学感到画得栩栩如生了，但他不满意，坚持重画，直至自己认为可以时为止。所以，当时《虎哮》壁报的美术版面，是全校最吸引观众的。

他做事不仅一丝不苟，而且虚怀若谷，“不耻下问”。他恭恭敬敬向老师请教，也向同学请教。在班上，他听说杨健远同学会《易经》，于是向杨健远学习，暑假期间还邀请杨到他家里去。他看到肖次虎同学擅长画山水花鸟，于是向肖虚心求教。我觉得他青年时期表现出的勤奋、坚韧，再加虚心求教的美德，就是他日后学有成就的坚实基础。

“路漫漫其修远兮，吾将上下而求索。”现代中国正直的知识分子，在黑暗中寻找光明，都经过一个漫长而曲折的思想历程。时代在前进，青年在前进，这是历史的辩证法。世金爱读古书，但并未沉溺于故纸堆里。由于整个革命形势的影响，以及实际生活的体验与观察，他渴望获得新的知识。1947 年，他参加了我组织的“读书会”，读了《中华民族解放运动史》《近廿年文艺思潮史》《哲学笔记》（这本书他一直保存到解放后）等书及当时昆、平、京、沪反内战的学运刊物后，扩大了视野。他又陆续阅读了鲁迅、高尔基的著作及《铁流》《毁灭》等书籍，思想有了明显的变化，要求阅读更进步的书刊，寻找光明之路。为了进一步开展活动并帮助他们读书、写作，1947 年底，通过牟世金邀请了杨健远、肖次虎、张安福组成了“流萤社”，有计划地阅读一些革命书籍，定期在《流萤》壁报上刊出他们的习作。当时，《川东日报》副刊《学苑》，是我们几个进步教师，为了团结青年学生，鼓舞他们的写作热情而开辟的园地。我推荐过牟世金多篇文章在《学苑》上发表。从他这时写的文章，可以看出他从《诗》云子曰到写白话文，从抒发个人感情到揭露黑暗现实的足迹。更可以看出他从两耳不闻窗外事到关心风雷激荡革命大局的痕迹。他曾写过一篇描写国文老先生，迈着方步，一入教室登上讲台，未开言就“啪”的一口浓痰，然后就拖声咿气地哼哼起来……描绘一个迂腐老朽真是惟妙惟肖。在强调写生活后，他逐渐冲出描写个人情感及学校生活的小圈子，写社会的不平，揭露陈腐与丑恶。如他在《学苑》上写过一篇《万开公路见闻》。有一段时间，他每晚在亢家湾看到对门山下挑灯夜战修万开公路的工人。经过他的实际观察，在文中描述了工头的贪婪、民工的苦楚。这一迹象，也标志着他经历过一个曲折的求索过程，他走着一个正直的知识分子应走的道路。当祖国面临风雨飘摇、危舟一叶的局面，严酷的现实是：到处是痛苦，到处是饥饿。人们卖儿鬻女，师范生成“稀饭生”。各式各样的反动势力，纠集在“戡乱”的破旗下，汉奸卖国贼摇身一变成为曲线救国的“党国英雄”。御用文人从历史垃圾堆里找根，妄图为民族败类开脱罪责时，省万师以中统特务杜××为首的学生，摇唇鼓舌，大肆鼓噪“要为秦桧翻案”。连篇累牍地写了“岳飞是奸臣，秦桧是忠臣”的文章，把一个校园弄得乌烟瘴气。在大是大非面前，牟世金针锋相对，写文批驳这些谬论。他和“流萤社”同仁在《流萤》壁报上发表文章，分析当时抗金的大好形势，歌颂岳飞“金人不可信，和好不可恃”的正确主张和崇高气节，诅咒秦桧和赵构制造的万古奇冤，揭露反动学生为秦桧翻案的险恶意图,博得了广大师生的赞扬。

牟世金在省万师求学时,生活是十分清苦的。政府发给学生少得可怜的一点伙食费,学校当局克扣后,在物价飞涨的当时,只能是“吃不饱,饿不死”,每周星期日下城,他不愿在城里吃饭,省下点钱购买书籍,然后走十多里赶回亢家湾学校。夜自习时,家庭富裕的学生是点用煤油的“美孚灯”,他却在昏暗的省油灯或桐油灯下苦读。物质生活是清苦的,但他精神生活是充实的,真是“穷且益坚,不坠青云之志”。

眷念故土,珍视友情

眷念自己生于斯、长于斯的故土,热爱自己的祖国,珍视友情,这是中华民族世世代代相传的优秀品质。牟世金也是深深地爱恋着故乡。他炽热的乡情,凝聚着对故土故人深深的爱。

1984年,有一个万县籍的新生到山东大学报到,牟世金急忙找她,详细询问故乡和母校万师的情况。七十年代末,有一次他从云南讲学过万县与我晤面,满怀深情地打听旧时师友的近况,谈起亢家湾的往事来如数家珍,他似乎又回到几十年前在省万师的峥嵘岁月了。我约请他到万县师范专科学校来教书,他欣然同意,并说:“我早就有落叶归根之意!”后来由于多种原因未果,至今我仍引以为憾!

他是个很重感情的人。回忆他在省万师时,每逢寒暑假,他都要向师友致书问候,有时还寄赠诗句。1948年假期,他从忠县书赠肖次虎词一首,其中有:

望南浦,
寄语东游舟,
凭报相思人已瘦。
离愁几度诉东流,
流水告君不?

1948年夏,我被迫离开省万师,以后辗转漂泊外地。这期间,他曾寄出一些无法回复的信。当一群反动学生造谣攻击我和《流萤》时,他不畏强暴,与肖次虎在省万师举办了一次别开生面的“牟世金、肖次虎书画展”,三十幅书画全是画的松竹梅,书写的是鲁迅的“横眉冷对千夫指,俯首甘为孺子牛”之类诗句,寓意不言自明。这是一次无声的抗争,也是对师友的怀念。

建国后,直至他辞世,他都十分关心万县地区的进步,关心母校的进步。1984年8月5日来信说:“我对万师一直是十分怀念的,这个学校的光荣传统应该发扬。……待有机会,我一定回来看看老师,看看母校。”

我曾期待他早日归来,而今他却永无归期!天公愦愦,致使他抱恨九泉!

他珍视友情,终生不渝。记得古诗有“君乘车,我戴笠,他日相逢车下揖;君担簦,我跨马,他日相逢为君下”之句,世金颇有此古风。当他成为知名教授后,对儿时师友仍不时问候。如历经坎坷仍是农村小学教师的旧友张安福、肖次虎,他总是不时写信,语言亲切，殊多鼓励，寄赠其著作时均恭恭敬敬写上“指正”“惠正”等字样。1982 年 5 月 28 日山东大学校刊上，有他题为《教书必教人》的文章，针对教育战线的时弊，提出一些很有现实意义的见解。他将此文寄我，并附信说明其中有一段怀念我的文字。情词恳切，令我感动。

辛勤耕耘，硕果累累

1956 年 8 月，牟世金考入山东大学中文系，1960 年 8 月毕业。这所遐迩闻名坐落在泉城的学府，在孔老夫子的故乡，有很高的学术水平和良好的治学风气。山东大学中文系图书馆藏书十二万册，藏书之多，为国内高等学府系属图书馆所罕见，加之名师荟萃，世金是一个潜心伏案做学问的人，有幸进入这样一所学府，从此就走上了研治中国古代文学和文艺理论的道路。他毕业留校执教，成为学术界后起之秀，被誉为山东大学中文系的“四大金刚”之一。在《文心雕龙》等学术研究领域，有所建树，开拓了新的研究途径，成为中国学术理论界极富生机的后续力量。

世金到山东大学后，师从陆侃如、冯沅君等大师。陆侃如慧眼识英才，谆谆教诲。同时，用世金自己的话说：“我能识迷途而知返，完全是党的指引。”党组织要他三五年内把陆教授的一整套学问学到手。当他感到为难时，党组织指出：不要一字一句向陆学，而要学方法。“不要现存的产品，而要生产这些产品的机器，要制造机器的方法。”牟世金依此而行，辛勤垦拓，悉力耕耘，遂大有成就。从 1981 年到 1984 年间，我收到过他寄赠的《刘勰和文心雕龙》《文心雕龙译注》《文学艺术民族特色试探》《雕龙集》等大著，洋洋洒洒竟八十万字之多。这些著作得到国内同行的赞誉，也受到港台及俄、美、日等国汉学家的好评。其中有一本书，三版达十多万册。在“龙学”方面，他的著作已有注、译、编、系统的理论研究和年谱汇考等不下十种之多。某些方面有所突破，如他提出《文心雕龙》的理论体系就是以物、情、言三者关系为纲，以“衔华佩实”为主干构成的。此说第一次全面系统地论证了《文心雕龙》的理论体系，为多数同行学者所首肯和采用。他的《文心雕龙译注》一书，是“龙学”史上第一个《文心》全译注本。它在六十年代的《选译》的基础上，统一重写长篇“引论”和各篇“题解”。此书论证周密，注释精当，解决和纠正了前人注释的不少疑难和谬误。世金成为公认的我国“龙学”的重要奠基人之一。在短短几年中，他不仅出版了多种专著，而且在国内外发表了论文八十余篇，共计一百四十多万字。他的《雕龙集》一书，被评为山东省 1981—1983 年度文学研究方面唯一的一等奖。

我浏览了他的一些著作后，惊叹其深厚的学术功底，真是“士别三日当刮目相看”也。我更惊叹他超人的勤奋。我潜意识里也曾对他这样拼命地干，身体能否支持得了而隐忧过。试想他于 1960 年山大毕业，抛开十年动乱，真正安心做学问也不过十五年。他从 1978 年以来，短短五年里，就出版和发表了专著多部，论文数十篇。他的勇猛精进、日新月异的成就，实在令人钦佩。他的著作涉及的范围较广，除“龙学”外，在经学、玄学、文字学和比较文学方面，都有引人注目的专论问世。特别是《文学艺术民族特色试探》一书，对中国古代诗文、绘画、音乐、舞蹈、书法等多种文艺理论进行了综合研究，在探讨文学艺术的民族特色和总结艺术规律方面，颇多创见，被认为“是全国古代文论研究的一个突破”。其论著多次获山东省和山东大学社会科学优秀成果奖。

他善于思考，治学有方。他的治学经验“友、师、敌”三字读书法，在《文史哲》发表后，几经转载，在学术界产生了广泛的影响。“友”，就是和书本交朋友。“敌”，就是要视书本为敌，攻而破之，才能察其虚实，辨其真伪，识其精华而补其不足。即使像《辞源》这样较好的工具书，他也要“如临大敌”一番，发现其中某些错误。有关《文心雕龙》注释的著作，向来是以范文澜本为权威的。但牟世金既尊重它，又不轻信它。比如，《史传》中说：“宣后乱秦，吕氏危汉”，范文澜引用《史记·匈奴列传》中的话，将“乱”解释为“淫乱”。牟世金仔细研究原文，认为“宣后乱秦”与“吕氏危汉”性质相同，都属政治问题，与淫乱无关，于是引用《史记·穰侯列传》和《范雎列传》的史实，正确地解释了“宣后乱秦”的意思。他的“三字读书法”的“师”字，就是拜书本为师。对待书本要先兵后礼，当攻之不下，扫之不了时，可能就是正确的了，对这种内容，只得老老实实，拜它为师。

他的教育思想非常鲜明，力主“教书必教人”“师不必贤于弟子”，鼓励学生超越自己，深为青年学子所称道。他讲古论今，教书教人。有学生说：“有一次，牟老师一进教室，发现教室没有打扫，当时正讲曹操《观沧海》，他风趣地说，曹操这样一个大政治家，在戎马倥偬之中还能留意周围环境的美丽壮观，而我们的同学连地也不打扫。下课后大家立刻把教室打扫得干干净净。”他渊博的知识和对学生思想成长的关心，博得大家的尊敬。

纵观牟世金一生，辛勤垦拓，所研究的领域很宽广，但近三十年看来，其主要精力是贯注在中国古代文论领域和“龙学”的研究上。这里有一桩趣事：他属龙，在少年时，一个偶然的机会他知道并爱上了《文心雕龙》，以后更为“龙学”献出了毕生心力。1983年，他把自己的论文集命名为《雕龙集》，他刻了一枚“叶公好龙”的印章，他与龙结下了不解之缘。他虽活过了龙年，但他逝世这年仍是“小龙”！他该无愧地去见《文心雕龙》的作者刘勰了。龙年他已癌魔缠身，但仍由夫人陪同到广州参加“龙学”国际研讨会。与会者除大陆的“龙学”专家外，还有香港、日本、意大利、瑞典、苏联的学者六十余人。众多“龙学”专家汇集珠海之滨，犹如龙游于水，又如探龙得珠之盛会。会前人们预期有二“龙”珠岛之会，即大陆牟世金与台湾王更生，海峡两岸最著名的“龙学”家。按说台湾学术界龙的传人颇多，崇龙者甚至有将自己子女命名为“文心”“雕龙”者。而牟世金、王更生碰巧都属龙。此次盛会，牟世金是抱病前往，但王更生却因故未到，二“龙”珠岛之会便成泡影，与会者大为惋惜。更令人悲痛的是，自从他主持这次国际“龙学”研讨会后不久，就悄然离去了。

最近，为了写此短文，清理世金寄赠我的书籍及书信。可惜几经沧桑，多已散失。在翻阅仅存的他的几本著作时，竟意外发现了他给我的来信三封，字迹娟秀，情词恳切。触景生情，心头难免浮动着人琴俱亡之感！

鞠躬尽瘁,死而后已

世金对党和人民赤胆忠心,他献出一腔热血,也献出了生命。1985年,他在《台湾文心雕龙研究鸟瞰》一书中提到"龙学"家徐复礼时,赞颂他在与癌魔搏斗中,自知生命快要结束,仍钻研"龙学"不止。这不正是他自己的写照吗?三十年中,他全身心地投入到中国古代文论研究中,做到"衣带渐宽终不悔",最后累死在书桌上。壮哉,世金!

他1960年在山东大学毕业后,工资低,他的妻子是小学教员,工资更低,子女又多,他们长期过着艰难的日子。他又从不肯要学校补助,即使别人把申请表送到他家中,他也照样退回。因而用他的话说,他也不得不拼命地"卖文为生"。当他病情严重后,他坚持与癌魔作斗争,仍然坚持有规律的生活:练气功,打针,取报纸、信件,散步。他不能做"千古文章未尽才"。据他亲人说,临终前他说:"我还有多少腹稿没有写出来,我要是能再活五年也好啊!"

1988年8月27日,这是他给我的最后一封信。信中说他得了肾癌,并有信心地说:"病情已得到基本控制。"我猜想他明知生命已将终结,但他想的却是当时有一股全盘否定中华民族传统文化的思潮,感到忧心忡忡。他在信中说:

> ……近来否定历史、否定传统的观点相当时髦。但也恐不过是一阵浪潮而已,历史是谁也否定不了的。我完全赞同您的意见(注:指对《河殇》的批判)。我偶尔也讲一点传统,曾被年轻同志写为保守派,我是引以为荣的……

世金自知生命即将到头,但他心中想的却是民族传统、千秋大业。爱祖国,讲气节,自古以来就是中国知识分子高贵的品格。在旧社会,他处淤泥而不染,追求真理,向往革命;在新社会,他端端正正做人,勤勤恳恳做学问。当堂堂学府也掀起"下海热",在学术殿堂里,有人追名逐利,要钱不要脸,要钱不要命,满身铜臭味时,牟世金却"安贫乐道",乐共产主义之道。将其才华、青春、生命、赤心都无私地献给祖国,为繁荣社会主义学术鞠躬尽瘁,死而后已。

世金崇高的品德和光辉业绩,为党树立了一个真正的共产党人的光辉形象和无产阶级知识分子的楷模,为我们家乡争了光。山东大学称赞他是:"中国共产党优秀党员、中国知识分子的优秀代表。"牟世金当之无愧!

牟世金匆匆地来到人间,又匆匆地离去。他的一生虽很短促,却永远闪耀着光芒,像一支明亮的蜡烛,点的时间不长,但闪着耀眼的亮光,虽死犹生。有的人庸碌一生,正事外行,邪事内行;语言无味,面目可憎;行同狗彘,虽生犹死。牟世金留在人间的著作,对今天和今后研究古代文学者都很有教益。他辞世前所说的"我也讲传统""历史是谁也否定不了的",这也提醒我们老同志,应该坚定不移、坚信不疑地讲民族的、革命的传统。传统是人类的财富,"不忘传统",便是对本民族在悠久的历史过程中积淀的民族精神特征的眷念和反思。

"诗言志",1984年世金曾寄给我《翠楼吟》词一首。1988年,他听说我打算写回忆录时，再将这首词，及他在山东大学校刊上发表的对此词的解释一并寄我。我觉得此词是他对世人最好的自白：

翠楼吟(迎春)

澡雪精神，清除污染，逐妖驱神拿魅！万民欢未了，凯歌里，迎来新岁。文翰呈瑞：写壮举思深，宏图笔锐。献聪慧，槐厅书满，洛阳纸贵。

往事，幸有流萤，纵茫茫长夜，予心攸寄。红旗扬四海，更承受，三春嘉惠。怀羞抱愧，愿不负残年，有酬素志。揽长辔，前程似锦，江山如绘。[①]

世金言行一致，虽英年早逝，但求仁得仁，确实实践了自己的诺言！往事都成陈迹，思之徒增悲痛。今值逝世五周年祭，遥望北国，远道无从临吊，写此短章，以抒永怀！安息吧，世金！

1994.5.21

---

① 此词上阕歌颂大好形势，欢呼清除污染和打击罪犯等；下阕写自己。"流萤"一典，指1947年他在省万师参加"流萤社"。下面说"怀羞抱愧"者盖以此。他自己解释说："接受党教育，时间不算短了。而'红旗扬四海'(全国解放以来)，又长期受到党的'嘉惠'(内容太多，如1962年系总支定为中文系第一批重点培养教师，近年尤甚)。'三春'用语双关，既取'多年'之间，更取唐人'谁云寸草心，报得三春晖'之意。原诗用'三春晖'喻'慈母'的养育之恩，我主要是取这个意思(也和'迎春'的题意吻合)。我由一个沿街叫卖的小贩被党培养成大学教师，确是'谁云寸草心，报得三春晖'，视党为养育我的'慈母'，心情是真切的。不能不'怀羞抱愧'的是自己老不长进，难报'慈母'于万一。但仍有以余年酬素志的决心，词的结尾，正表示了这种信心……"爱党爱国之心溢于言表。

龙　之　梦

——追忆"龙学"家牟世金先生①

赵璧清

1988 年春节，世金格外高兴。他说："今年是龙年，我的本命年，六十岁喽！我的《文心雕龙研究》也恰能在今年完成，可谓与龙有缘啊！"的确，他属龙，又好龙，喝水的茶杯、坐的沙发、铺的毛巾上都有龙的图案，他还刻了一枚"叶公好龙"的印章。更重要的是，他研究《文心雕龙》，他把自己的毕生精力献给了"龙学"事业。

然而，致他于死命的恶疾也发现在龙年，小龙年又夺走了他宝贵的生命。真是"与龙有缘"吗？追悼会的挽联上写着："誉浃龟沙地不霾公宏博，名标日月天胡歼我贞良？"是啊，世金才六十一岁，他还有着很多很多的梦，龙的梦……

1928 年 7 月 19 日，世金出生于山清水秀、钟灵毓秀的长江岸边——四川忠县东坡镇。家里弟妹十三个，生活十分困难，作为老大，世金肩上担子的分量是可想而知的。但母亲抱定不吃不穿也要供他读书的信念，使他五岁便入私塾、习经书，从小打下了坚实的国学基础。1943 年，他家租得一套住房，坐落在白居易贬忠州刺史时"东坡种花"的东坡之下，正门前竖着一块巨大的"东坡"石碑。母亲为他找到一间不足六平米、且一半要承担储藏室任务的地下室，作为他的"书斋"。世金也便乐进小屋成一统，读书、写字，填词、作画，陶然其间。1946 年，他以全县第一名的优异成绩考入四川省立万县师范学校，毕业以后，当上了忠县南赍中学的语文教师。

大约在十二三岁的时候，世金知道了有一个为穷人打天下的共产党；到十七八岁，他终于知道自己的一位老师便是共产党员，他叫徐明基。从此，他想方设法接近徐老师，终于在解放前夕，四川的白色恐怖甚严的时候，被吸收为革命组织——"流萤社"的社员。毛泽东的《辩证法唯物论》，艾思奇等人译的《新哲学大纲》等，给他展示了一种新的人生境界。1949 年 12 月，世金考入了军政大学，并任革命军人委员会副主任。毕业后分配到二野十一军军部，寻调海军青岛基地军械处组织计划科，从事绝密工作。

在结束六年部队生涯准备返回四川的站台上，世金被分配到山东省供销社工作，成了商业战线上的一兵。直到 1956 年，他才考入山东大学中文系，此时已二十八岁，快入

---

① 编者注：本文作于牟先生去世不久，收录在《世纪之光》(中国工人出版社 1991 年 4 月出版)，现略作校改，收入本书。

而立之年了。四年之后毕业，留校任教，从此走上研治中国古代文学和中国古代文论的漫漫征程。世金曾自谓："我毕竟是在教育、军事、商业方面绕行一圈，然后才半路出家，进入我后半生从事的古典文学工作。"这种在学业上起步较晚的紧迫意识，可以说一直伴随着世金后半生的学术生涯。

世金与"龙学"结下不解之缘，是颇富戏剧性的。1958年，山大校长成仿吾组织中文系师生编写"中国大文学史"，著名学者陆侃如先生和世金被任命为汉魏六朝段的段长。等组员们挑选完课题，只剩下了《文心雕龙》。于是，世金自谓"逼上梁山"，捡起了这块"硬骨头"。他一口气将范文澜的《文心雕龙注》读了五遍，从此《文心雕龙》这座中国古代文艺理论的宝库，开始向不畏艰难的探索者敞开自己的大门。他与陆先生合作的《文心雕龙选译》和《刘勰论创作》相继出版，这两本书成为"龙学"史上的重要奠基作。

十年"文革"，"王风委蔓草，战国多荆榛"，文教科研一片荒芜。然而，在冬天的荒原上，在简陋的书斋里，世金仍默默地耕耘着，治学之志并未消泯。且又重操旧业，习诗填词、写书作画。他至今尚存的一幅画上，题有这样一首小诗："投笔未从戎，画犬避狂风；龙虎何须斗，余年且雕虫。"当科学文教事业的春天到来之时，世金便以全部精力从事教学和科研工作，希图夺回被荒废的时间，更希望赶上以至超过国内外同龄的学者。他坚信，人生的价值在有自己的作为，辛勤地耕耘总会有收获。在不太长的时间里，他除了参加山大中文系《中国古代文学作品选》《杜甫诗选》《中国古代文艺理论资料目录汇编》等书的编写以外，又与陆先生合作出版了《刘勰和文心雕龙》《文心雕龙译注》等书。进入八十年代，世金陆续出版了《文学艺术民族特色试探》《雕龙集》《台湾文心雕龙研究鸟瞰》《刘勰年谱汇考》等多种"龙学"著作和中国古代文论研究著作，他还主编了《中国古代文论家评传》等著作，而发表于《中国社会科学》《文学评论》《社会科学战线》和《文史哲》等刊物的近百篇论文，也记载着世金辛勤耕耘的一串串脚印。

学界以为，世金的《文心雕龙》研究，在八十年代跃上了新的高峰。1981年出版的《文心雕龙译注》虽以六十年代的《选译》为基础，但其面目却是焕然一新了。世金统一重写了全书"引言"和各篇"题解"，体现了对《文心》的新的认识和评价。评家以为："一篇引言，洋洋洒洒达六七万字，纵横捭阖，层层推进，条分缕析，益见谨细。从《文心》整个体系上作出这样全面深入的理论剖析，目前是不多见的。"此书注释，以大量的第一手材料为依据，解决和纠正了前人注释中的不少疑难和谬误，评家亦多有指出。其译文，则更是圆润畅达，既忠实于原著，又灵活变通，力求以现代的文艺理论语言准确地传达出一千五百年前的文学思想。著名学者王元化先生以为，其"治学严谨，掌握资料丰富而全面，持论公允，为目前同类著作中所罕见"。

1985年，世金撰成《台湾文心雕龙研究鸟瞰》一书，对近三十年来台湾的"龙学"作了全面介绍，并以自己多年研治《文心》的心得，本着知无不言、言无不尽的遗训，就"龙学"的诸多问题，与台湾学者展开了严肃认真的讨论。同时，他又寓深意于学术研究，寄至情于字里行间，希望自己的著作为早得中国的"全龙"而鸣锣开道，而这"全龙"之获得，不正是祖国的统一大业吗？也许正因有这深一层的愿望，当世金身染恶疾以后，仍坚持参加1988年11月在广州举行的首届国际《文心雕龙》研讨会。因为他得知台湾的几位学者也将出席会议，其中还有与他同年同月生的著名的王更生先生。令人遗憾的是，海峡两岸的两条龙未能相会于花城。王更生先生后来深有感慨地说："他（指世金）那种具有深度和广度的分析与组织，洋溢着智慧的火花，给台湾学者极大的鼓励。先生不仅学有专精，对龙学的研究和推广，付出极大的心力，从每本书的行文措词上，还肯定知道他是一位古道热肠、外刚内柔、彬彬多礼的君子。所以先生的去世，不但在学术上，使我失去一位可供切磋的知己，就在为人处世方面，也使我失去一位学习取法的楷模。"使人欣慰的是，1990年2月，王先生终于回大陆探亲了，虽再也见不到世金，但《鸟瞰》一书，不正起了"鸣锣开道"的作用么？

1986年，世金写成《刘勰年谱汇考》一书，总结了自己多年以来一直在思考的有关刘勰生平的许多问题。其中对刘勰的生卒年、《灭惑论》撰年、《文心》成书年代等"龙学"的许多至关重要的问题，根据大量史料，作出了新的论证。这本书被认为是"刘勰生平研究的集大成之作"，世金去世以后，它获得了山东省社会科学优秀成果二等奖。

龙年之春，世金完成了四十万字巨著《文心雕龙研究》，了却了他多年的愿望。王元化先生在为此书所作序言中说："世金同志的这部书毫无哗众取宠之心，也许会被认为过于质朴，但这也是它的长处。因为从这种质朴中可以看到一种实事求是的治学态度，既不刻意求新，也不苟同于人。……他力图揭示原著的本来意蕴，而决不望文生解，穿凿附会。书中那些看起来平淡无奇的文字，都蕴涵着作者的反复思考，慎重衡量，其立论之严谨，断案之精审，我想细心的读者是可以体察到作者的用心的。"评者以为，此书的完成，标志着世金成为一位全面的龙学家。"放眼七十年龙学史，龙学家们或长于校勘，或重在注释，或精于评点，或深于论证。牟世金则以其不下十种龙学著作，成为对注、译、考、论各方面都有重要贡献的龙学家。"

也许正因世金与"龙学"有着密不可分的关系，当他应邀参加香港第四届国际比较文学讨论会并提交了《中西戏剧艺术共同规律初探》的论文时，人们不免有些惊奇。其实，世金从来强调研究工作不能拘于一隅，而必须具有广博的学识和开阔的胸襟。既要能专、能精，又要能博、能弘，从而做到"取精用宏，博而能一"，这是世金所追求的学问之境。即如《文心译注》，虽译注《文心》一书，但原文不过三万七千字；而《译注》洋洋六十万言，搜罗经史子集，详稽诸子百家，若非博览群书，何以能为？他的《文学艺术民族特色试探》一书，更将中国古代诗文、绘画、音乐、书法、戏剧、舞蹈等理论熔于一炉，从不同的文学艺术理论着眼，总结文学艺术发展的共同规律。这种研究，被认为是"古代文论研究的一个突破"。那么，世金能写出探讨中西戏剧艺术共同规律的有分量的文章，也确实"决非偶然"了。

在世金的近百篇文章中，既有对曹丕、钟嵘、陈子昂、刘知几等文论家的专题研究，更有对纵贯中国文艺理论史的重要理论问题的综合探讨；既有对中国文学史和中国古代文论研究方法问题的专论，更有关于儒家、墨家、道家以及经学、玄学等重要思想史课题的探讨，甚至还有文字学、历史学等方面的论文发表。除其《中西戏剧艺术共同规律初探》一文被上海、香港合编的《比较戏剧论文集》选列首篇外，又有《门外字谈》一篇，也被刊于《字词天地》1985年第一期的首篇，且加编者按谓："作者文题谦作《门外字谈》，但它指示给读者的乃是一条深入古代学术堂奥的重要途径。"世金的《漫说〈世说新语〉人物描写及其史料价值》一文，也被《中国古典文学论丛》第三辑刊于首篇；他的《六朝经学的中衰与发展》在《青海社会科学》发表后，又被《中国史研究文摘》选摘。人们说，这两篇文章俨然出自史学家之手。

世金能取得这样的成就，除了他的基础扎实和治学勤奋外，人们说他治学有方，这主要是指他的"读书三字法"。他在虚心接受前辈学者治学经验的基础上，经过多年实践，总结成一套行之有效的"友、敌、师"的读书三字法。以书为友，以书为师，都是容易理解的，而以书为敌，且以"敌"为中心环节联结"友"与"师"，则是"读书三字法"富有生命力的关键。要和书本交朋友，且要广交深交，但同时又要时时带有"敌"意，因为朋友有真诚虚伪之分。只有察其虚实，辨其真伪，识其精华与不足，方能从而师之，也才能在这个过程中发现问题、解决问题。当世金把这一自己积五十年读书经验而形成的读书方法在《文史哲》发表后，不仅被收入《治学之道》《读书方法探寻》等书，且被《中学生》杂志、《吉林日报》《博览群书》等加以转载或介绍，以致成为《新闻与成才》"优秀读者奖"测试题之一，其影响之广是显而易见的，也是世金始料未及的。

世金执教近三十年，先后为本科生、研究生开设"汉魏六朝文学""古代文论""中国文学批评史"和"《文心雕龙》研究"等多门课程。在基础课的教学中，他既强调培养学生扎扎实实的基本功，又时时引导学生跳出教材的框框，去独立地思考问题，培养他们独立解决问题的能力。他每每把自己的科研成果首先用于教学，既使课堂讲授内容充实、丰富而新颖，又培养学生从事科研的兴趣。如发表于《中国社会科学》上的《〈文心雕龙〉的总论及其理论体系》一文，就是首先运用于课堂，而后发表的。

对本科生如此，对研究生，世金更以高标准要求，注意培养他们独立的科研能力，尤其重视研究生的独到见解。每当讨论课上，研究生们提出自己的观点时，世金总是热情鼓励，即使与自己的意见相左，也决不以师道尊严自居，而是敢于打破传统，鼓励学生超越自己。有一位研究生对《文心》的《总术》篇有新的见解，而这种见解与世金原有的看法不一致，但他不仅鼓励这位研究生把自己的见解写成文章，而且还推荐发表了。学生们说他"胸襟宽宏，情怀空阔"，作为教师，他的确衷心希望自己的学生能有超越自己的成就。他的书房里，有这样一副对联："书城高大能藏道，心地光明始爱才。"对世金而言，他的书城所藏，正是"爱才"之道。

世金既爱及身边之才，更给素不相识的求教者以真诚的帮助。上至白发苍苍的老者，下至十几岁的娃娃，他都有求必应。世金在日记中写道："人家满怀求知欲望来函求教，我的时间确实不够用，但自己是教师，无论校内校外，相识不相识，凡自己能起到一点作用，就应起一点作用。……只有如此，才能于心无愧。"1984年元月，《大众日报》转来莒县邵立均的两篇文章，世金便按所示地址立即回信至黄台电厂。令人惊奇的是，来访者竟是八十七岁高龄的老人。后来他在《文史哲》上发表了自己的文章。1984年冬，一位外地学生寄来一篇文章，与世金商榷，世金在较短的时间里便予以认真答复，表示重视后学者的意见。就这样，世金赢得了青年学子的敬重。

在恪守教职、致力科研之外，世金还积极从事社会学术文化活动，而不把自己封闭在狭小的天地中。1983 年 8 月，由他倡议并积极筹备的中国《文心雕龙》学会在青岛成立，世金也在会上当选为常务理事、秘书长，并被推举为《文心雕龙学刊》编辑组组长。王元化先生曾指出："全国《文心雕龙》学会是他以他一人的心血筹备而成的，如果不是为他的埋头苦干和对学术的真诚精神所感动，这个学会是不会成立并维持到今天，我也不会滥竽充数地来充当这个学会的负责人之一的。"又说："他也是全国《文心雕龙》学会的倡议筹建者，学会的繁杂事务几乎都是由他承担起来的，因此学会倘在学术界有所贡献，首先得归功于他。"除了承担《文心》学会的繁杂事务，世金还是《文史哲》编委、《古代文学理论研究》编委以及古文论学会的常务理事；他还先后担任山东大学文科学术委员会主任、山东大学中文系主任等行政领导职务。对自己所承担的职务，世金从不虚应世故，而是兢兢业业、恪尽职守，全力去做好工作。

世金身体一向很好，连感冒也很少有。然而，不断加快的紧张的工作节奏，在慢慢损害着他的健康的身体。厄运在龙年之初降临了。CT 诊断，世金患了肾癌、膀胱癌，必须立即入院手术。但他却执意再坚持十天，以期完成《文心雕龙研究》一书。入院时，他硬是带了满满一包书，还有研究生们的毕业论文初稿。3 月 16 日手术，切除左肾，电切膀胱肿瘤。两个手术后不久，放疗十一次，膀胱灌注四次。然而，出院后，世金却坚持到系里上班，以尽系主任之责。当我们告诉他真实的病情时，他表现出令人难以置信的镇定和达观。6 月 1 日拍片胸透，已是弥漫型双肺广泛转移，但他还是坚持参加了广州的国际《文心雕龙》研讨会，并提交了《"龙学"七十年概观》的长篇论文。

人生是美好的，是值得留恋的。为了配合治病，世金接受友人的建议，每天坚持练气功。他不无风趣地说："我一生的三部曲——智、德、体。各个不同时期有所侧重，大概今后要转向以'体'为重点的时期了。"在北京肿瘤医院里，记得那是一场大风雪的第二天，北风夹着雪片飞来，天边露出丝丝寒光；而这时的世金，却早已做完气功，等待着早餐的送来了！若非对人生、对事业的无限热爱，哪有这坚韧不拔的毅力和顽强的精神？

小龙年的第一个学期开始了，世金坚持去参加系务会。没有办法，我只好用自行车推着他来到系里主持全体教师会。这是他最后一次面对全系教师。也许他有这种预感，他向教师们说："我不知道还能够与大家相处多少时间，但无论如何，我们还是要各负其责，做好系里的工作。"他并且语重心长地要求青年教师，一定要扎扎实实地工作，要干出成绩。

此后，世金又开始了长卧病榻的生活。他几乎完全是靠意志和精神来维持自己的生命。他不相信自己会死，他说他还有很多事情要做。国家教委批准的博士点基金项目才刚刚开始动手，他还要从美学的角度重新认识《文心雕龙》的贡献和意义，他还没能见到海峡对面的知音——著名"龙学"家王更生先生，他还要培养专门研究《文心雕龙》

的博士生……

1989年6月19日18时10分，世金带着满腹遗憾，恋恋不舍地离开了人间。往事历历，犹如昨日。王元化先生说："我相信牟世金先生可敬的人格和他那些严谨的著作，将永传于后世。"若能如此，世金也会含笑九泉了！

（作者单位：山东大学文学院）

牟世金传

倪志云

一

牟世金教授,1928 年 7 月 19 日出生在四川省忠县东坡镇。四川省位于我国西南,山川壮美,钟灵毓秀。牟世金先生虽然在二十二岁时,就远别故土,但直到晚年,他仍然用那浓重的乡音不无自豪地说:“我是四川人。”牟先生体貌魁岸质朴而不失灵秀之气。在考入山东大学之前,他任过中学语文教师,参加过解放军,还做过商业工作。他精力充沛,兴趣广泛,习诗词,好书画,能篆刻。如此广泛的爱好和多方面的修养,为他后来在古典文学、古代文艺理论及《文心雕龙》研究等学术领域创获丰硕的成果,成为博而能一的“龙学”家,提供了良好的素质。

1956 年 8 月,牟世金先生考入山东大学中文系,此时他已二十八岁。四年之后毕业留校,走上治学之路,已逾而立之年。牟先生自谓:“我毕竟是在教育、军事、商业方面绕行一圈,然后才半路出家,进入后半生才从事古典文学工作的。”这种“在学业上起步较晚”的紧迫意识,显然一直伴随着牟先生后半生的学术生涯,熟悉他的人都不难感觉到他那寸阴必惜的紧迫感。这种紧迫感正是他在学术上能够获得高度成功的一个重要的心理因素。

牟先生为人宽厚朴实。1958 年,山东大学校长成仿吾先生亲率中文系师生编写《中国大文学史》,陆侃如教授与学生牟世金被任命为汉魏六朝段的正、副段长。课题先让组员们挑选,最后留给两位段长的只剩下《文心雕龙》。《文心雕龙》为公元六世纪初南朝齐梁时人刘勰所著,是中国古代文论中内容最丰富、最有系统、最早的一部著作。它的文学理论的巨大价值,从本世纪二十年代起,即受到现代学者们的关注。现代《文心雕龙》研究(或简称“龙学”)因而诞生。但用骈文写成的《文心雕龙》颇不易读,在五十年代,“龙学”仍不是一个热门课题。人弃我取,牟世金先生一鼓作气将范文澜的《文心雕龙注》通读了五遍。尤为幸运的是,陆侃如先生是当代杰出的中国文学史及古代文论研究专家,素以治《楚辞》学、中国文学史及《文心雕龙》著称于世。牟世金先生在大学期间,即从陆侃如先生学习汉魏六朝文学史基础课及《文心雕龙》选修课。从在陆侃如先生指导下共同承担《文心雕龙》研究课题任务后，牟世金更与“龙学”结下不解之缘。

1960年8月，牟世金留校任陆侃如先生的助手。陆先生为他制定了长期的培训计划，指定逐年必读和参考书目一百多种，并且具体周密地规定了各个阶段的详细进度、要求达到的目标和相应的措施等。1962年至1963年，牟世金与陆侃如先生合著的《文心雕龙选译》《刘勰论创作》相继出版，可谓牟先生研治“龙学”的坚实起步。1964年初，牟先生发表《近年来〈文心雕龙〉研究中存在的几个问题》一文，这是牟先生首次独自发表关于《文心雕龙》研究的论文。尽管由于撰作时期主、客观条件的限制，文中有个别观点不尽正确（牟先生晚年也颇有“悔其少作”之意），然而这篇文章不但深刻地指出当时《文心雕龙》研究中存在的某些非唯物史观的方法及由此导致的琐细概念争论问题，而且在“龙学”史上第一次明确提出“有探讨刘勰自己的文学理论体系的必要。目前注意于此的还不多见，我希望《文心雕龙》的研究者们考虑这个问题”。这一问题的提出，表现出牟先生在学术研究中的敏锐目光与卓识。

“文革”十年动乱，严肃的社会科学研究被各种各样的“大批判”所取代。“王风委蔓草，战国多荆榛”。但又有多少怀正志道之人仍在那冬天的荒原上默默耕耘。牟世金先生在十年动乱中，其“龙学”研究也不得不中辍，但他的治学之志却未因此而消泯，在贤淑的夫人赵璧清的全力支持下，他在自己简陋的书斋中仍尽其可能地致力于学问。窗外风风雨雨，窗里青灯黄卷。

当十年动乱结束之后，科学文教事业复兴繁荣之时，牟世金先生方得以专心致志于教学和学术研究。辛勤的耕耘总会有收获。1978年以后的十年间，牟先生在“龙学”领域奉献出精研深思的累累硕果。1978年，牟先生与陆侃如先生合著的《刘勰和文心雕龙》出版。陆侃如先生还拟与牟先生合著《文心雕龙》的全注译本。不幸的是陆侃如先生于1978年12月病逝。牟先生便请蒋维崧先生支持和帮助，以《文心雕龙选译》为基础，完成了《文心雕龙》全书的译注，并重写了长篇引论和题解，最终完成《文心雕龙译注》一书，1981年和1982年分上下册出版。此外，牟先生的“龙学”专著还有1983年出版的《雕龙集》，1985年出版的《台湾文心雕龙研究鸟瞰》，1986年出版的《文心雕龙精选》，1988年出版的《刘勰年谱汇考》，1988年完成的《文心雕龙研究》等。牟先生发表在《中国社会科学》《文学评论》《文史哲》等刊物上的九十余篇论文中，有关《文心雕龙》的专题论文在半数以上。这些论著涉及《文心雕龙》的注、译、考、论等多层次、多方面，其卓著的“龙学”成就为海内外同行所瞩目。

二

牟世金师从陆侃如先生二十年。陆先生对古代文论研究从朴学做起的踏实审慎的治学态度，对牟世金影响至深。《文心雕龙》成书距今已近一千五百年，而且是用骈文写成的“体大而虑周”的文论巨著。现代研读者要读懂原文，充分而准确地注释难度较大。在牟先生完成《文心雕龙译注》之前，已有著名学者范文澜的《文心雕龙注》久享盛誉，其他选注本也有多种。牟先生著《文心雕龙译注》，做到博取众长，匡谬补正，力求准确，从而使自己的著作在已有的基础上更趋完善。例如《史传》篇有“宣后乱秦”一句，范注沿前人之说引《史记·匈奴列传》：“秦昭王时，义渠戎王与宣太后乱，有二子。”据此则宣后之“乱”就是淫乱。此注征于史传，似无不当。其他注本也都从此说。但牟先生详审原文，认为“宣后乱秦”与“吕氏危汉”的史事性质应相似，均是用以论证下文的“政事难假”“名号宜慎”的论题，释“乱秦”为淫乱便与上下文义不相切合。牟先生据《史记·穰侯列传》“穰侯魏冉者，秦昭王母宣太后弟也。……昭王少，宣太后自治，任魏冉为政”撰注，并加评语道：“宣太后理政期间，用魏冉、白起等，对秦国的强大起过一定作用。刘勰所谓‘乱秦’，完全从封建正统观念出发。”这不仅纠正了流传已久的误注，而且以历史唯物主义的观点评判了历史事件和刘勰的偏见。牟先生的《文心雕龙译注》对古代文论中同一语词在不同语境中的概念意义不尽相同的问题也能细心明察。《原道》篇中两用“天地之心”一语，注家多未注意它们的不同语义。前句出自《礼记·礼运》已见范注。而牟先生指出后句是出自《易·复》。与前一句意指人处在天地之间的位置之义不同，后句“‘心’是本性，指天地有文，是其本来就有的特点”。牟先生的《文心雕龙译注》对全部原文的今译也同样表现出匠心独见、锋颖精密的特点。例如《练字》篇有这样几句：“是以前汉小学，率多玮字，非独制异，乃共晓难也。”不仅没有援用典故，文字上也没有什么特别须要注解的。但对这几句的今译，已有的译本多未允当。牟先生经推敲所撰译文始使原义昭然，文理畅达。《文心雕龙译注》是“龙学”史上第一部全今译本，其精审准确的注释，畅达的译文，以及其着意于刘勰文学理论体系分析的严谨的引言和题解，受到学术界专家和广大读者的高度评价。

牟世金先生在六十年代初即明确提出应探讨刘勰自己的文学理论体系。牟先生恰当地把握了辩证唯物论的方法论原则，在“龙学”领域，以至在古代文艺理论研究中，坚持微观研究与宏观研究的辩证统一，主张对于《文心雕龙》具体理论概念的阐释，应不背离其自身的理论体系，而对于其完整的理论体系的探索，也应以对原文准确的理解为基础。牟先生在这一学术主张下执着地进行探索。1981 年第二期《中国社会科学》发表牟世金先生的《〈文心雕龙〉的总论及其理论体系》一文，是他多年潜心研究的结晶，也是《文心雕龙》研究史上明确着意于全面探求刘勰的文学理论体系的第一篇专论。牟先生认为：“《文心雕龙》的理论体系是以‘衔华佩实’为核心，以研究物、情、言的相互关系为纲组成的。”只有全面了解《文心雕龙》的理论体系，才能科学地评估《文心雕龙》的文学理论价值，准确认识其成就和不足，并可为《文心雕龙》研究中一些长期争论不休的具体问题的解决提供切实的坐标依据。从牟先生发表这篇论文以来，《文心雕龙》的文学理论体系的问题已日益为研究者所重视，而且已有多种不同的意见先后提出。在各家之论中，牟先生的观点仍是最有影响的一种。而牟先生在这一方面的开辟作用，更是功不可没。

牟先生治“龙学”，坚持微观与宏观研究的有机结合。他认为：“《文心雕龙》研究中存在一些长期争论不休的问题，如果从刘勰的整个理论体系着眼来研究，把这些问题放到刘勰的理论体系中去考察，是很容易辨识清楚的。”(《〈文心雕龙〉的总论及其理论体系》，《中国社会科学》1981 年第二期)牟先生对于《文心雕龙》许多具体问题的深入探讨和精当的见解，正是他自己所倡导的这一方法的实践及其成果。《文心雕龙》的首篇为《原道》，刘勰在《序志》篇中说："盖《文心》之作也，本乎道。"牟先生因而曾断言："可以毫不夸大地说，若不知'原道'之'道'为何物，便无'龙学'可言。"(《〈文心雕龙〉研究的回顾与展望》，《文心雕龙学刊》第二辑)刘勰"原道"论在《文心雕龙》理论中的关键性越来越受到《文心雕龙》研究者的普遍重视。但论者关于"原道"之"道"的解释众说纷纭，有"儒道"说、"佛道"说、"宇宙本体"、"自然规律"等种种不一。牟世金先生坚持从《文心雕龙》自身的文学理论体系着眼，在陆侃如先生首创"'自然之道'就是自然的道理或规律"(陆侃如、牟世金《刘勰和文心雕龙》第 15 页)之说的基础上，以及在周振甫先生"刘勰的原道，完全着眼在文上"(周振甫《〈文心雕龙〉的〈原道〉》，《光明日报》1962 年 12 月 30 日)一说的启发下，提出"原道"之"道""是指万物自然有文的法则或规律"(《刘勰思想三论》，《文史哲》1981 年第一期)，"《原道》全篇严密的逻辑和明确而纵贯首尾的论旨，都说明刘勰'本乎道'的'道'，就是天地万物都具有自然美的规律。"(《刘勰"原道"论管见》，《文史哲》1984 年第六期)牟先生的见解代表了在"原道"论的探讨中越来越趋近的一些解说。而这些解说的趋于近似，也许就是"原道"论问题将得以辨识清楚的很好的迹象。此外，如对刘勰的"征圣""宗经"思想、《文心雕龙》的"风骨"论、"通变"论、创作论等问题，牟先生都着意以刘勰的理论体系为坐标轴进行具体的分析论述，由此获得的一系列见解，不刻意求新而新意迭出，不苟同于他人而立论严谨，为揭示《文心雕龙》文学理论的本来意蕴进行了坚实的探索。

牟世金先生治"龙学"，不仅有自己明确的宗旨，以及围绕这一宗旨进行的一系列独到的探索，而且一贯关注"龙学"史及海内外《文心雕龙》的研究状况与动态。六十年代初，他之所以能最先提出"有探讨刘勰自己的文学理论体系的必要"，就是基于他对"龙学"史、尤其是五十年代中期以来的关于《文心雕龙》研究中存在的问题的清楚认识。1977 年以后，"龙学"进入兴盛时期。牟先生为总结前人与当代海内外学人的经验，先后撰写了《〈文心雕龙〉研究的回顾与展望》(该文是为甫之、涂光社主编《〈文心雕龙〉研究论文选(1949—1982)》一书所作序文)、《龙学七十年概观》(该文是为人民文学出版社拟出的牟先生与于维璋先生主选之七十年来《〈文心雕龙〉研究论文选》所作序文)、《日本研究文心雕龙一瞥》、《台湾文心雕龙研究鸟瞰》及《刘勰年谱汇考》等论著。著名学者王元化先生评价牟先生这一类论著说："他在蒐集资料上，用力甚勤，继承了清人不病琐、获之创的求实学风，决不贪图省力，以第二手资料充数。"(王元化先生 1988 年 6 月为牟先生所作《〈文心雕龙研究〉序》)在 1985 年撰著的《台湾文心雕龙研究鸟瞰》一书中，牟先生力图就其所知，对近三十年来台省《文心雕龙》研究的得失予以客观中肯的述评，并期以此促进海峡两岸的共相切磋得以早日实现。《〈文心雕龙〉研究的回顾与展望》一文，是对于五十年代至八十年代初期中国大陆"龙学"的总结。而洋洋四万字的《龙学七十年概观》一文，更是七十年"龙学"研究史的总结性文献。在这篇长文中，牟先生将"龙学"史划分为诞生、发展和兴盛三个时期，并分别对这三个时期的"龙学"成就与存在的问题作出概要的评介。1988 年出版的《刘勰年谱汇考》一书，则是牟先生在充分掌握海内外已有的刘勰年谱资料的基础上，对刘勰生平做出的"力求其详而突出重点"的深入研究。其中关于刘勰的生卒年、《灭惑论》撰年、《文心雕龙》成书年代等"龙学"中至为关键的问题，均以对可靠史料的详考为证，提出自己独到的见解。因而，《刘勰年谱汇考》一书被誉为集大成之作。

从六十年代初起，牟世金先生的《文心雕龙》研究成果便一直受到海内外"龙学"界的注意。他与陆侃如先生合著的《刘勰论创作》于1963年出版，香港文昌书局当年便翻印出版了此书。1982年，《刘勰论创作》经牟先生增修再版，香港三联书店又以此书作为向国外重点推荐书目之一，香港、台湾、日本的许多"龙学"论著，都列此书为重要参考书。他的以《文心雕龙》研究为主要内容的论文集《雕龙集》获得1981—1983年山东省社会科学优秀成果一等奖。日本东京东方书店1985年7月出版的《中国文学语学论文集》将牟先生的《刘勰"原道"论的实质和意义》一文置于六篇《文心雕龙》论文之首。至于国外汉学家对于牟先生论著更是屡见称引，如日本安东谅在一篇论文中反复援引牟先生《雕龙集》的观点，并称之为"牟世金精密的理论"([日]安东谅《〈文心雕龙〉下篇的篇次》，原载东京东方书店1985年出版的《中国文学语学论文集》，另见《中华文史论丛》1985年第二辑)。苏联季谢维奇在其专著《中国的文心》一书中，也多次提及牟先生的观点。美国的刘若愚、香港的陈耀南等学者对牟先生的论著也每有称引，并给予高度评价。

1983年秋，牟世金先生参加中国社会科学院文心雕龙考察团访问日本。虽然他的"龙学"成果受到日本汉学家们的称赞，但他并未满足于自己个人的已有成绩。他了解到日本汉学家及港、台学者对《文心雕龙》都极为重视，其论著之多及部头之巨都使他感到意外。而神州大陆的"龙学"经历"文革"十年的"抛荒"，竟曾蒙台省孤岛学者"空山不见人"之讥(台湾师范大学国文系王更生教授在所著《近六十年来〈文心雕龙〉研究概观》一文中，对大陆"文革"时期的"龙学"有"顿成绝响""空山不见人"等讥评。但是，王更生教授后来读到牟世金先生的《〈文心雕龙〉研究的回顾与展望》等论著，对大陆"龙学"已有重新肯定的评价。作为"龙"的故乡的"龙学"家的强烈责任感，促使牟先生为"龙学"在本土的兴盛更加发愤努力。从日本回国后，牟先生便接受人民文学出版社之约，着手撰写巨著《文心雕龙研究》，并决定招收以《文心雕龙》为研究方向攻读硕士学位的研究生，为培养"龙学"新军倾注心血。在此后五年的时间里，牟先生指导的两届六位专攻《文心雕龙》的研究生均以优良的成绩毕业。他结合教学工作，在日益增多的学术行政事务之余，争分夺秒地撰著《文心雕龙研究》。他在日记中精细地记录着撰写每一个章节所花去的时间，他要求自己保持平均每日千字的速度，有时甚至日成近三千字。他珍惜时间，从来不睡午觉；他那堆满书籍的书斋，灯光常常亮到子夜时分。1988年初春，他终于完成了四十万字的《文心雕龙研究》巨著。

牟世金先生在《文心雕龙研究》一书的自序中说，他的有关《文心雕龙》的种种注、译、考、论，以及对"龙学"史的总结，都是为撰著《文心雕龙研究》一书所作的准备。王元化先生在为牟先生《文心雕龙研究》所作序言中盛称此书的"立论之严谨，断案之精审"，并说："世金同志可以说得上是《文心雕龙》的功臣，这一点，有他大量论著可以为证。"程千帆先生也在为牟世金先生主编的《中国古代文论家评传》所写的序言中称赞："世金先生……研究《文心雕龙》，卓著成绩，蜚声海内外。”《文心雕龙研究》的完成，“标志着牟世金成为一位全面的龙学家。放眼七十年龙学史，龙学家们或长于校勘，或重在注释，或精于评点，或深于论证。牟世金则以其不下十种龙学著作，成为注、译、考、论各个方面都有重要贡献的龙学家”（傅合远、戚良德《取精用宏，博而能一——记牟世金教授》，《古典文学知识》1988 年第五期）。

三

牟世金先生在《文心雕龙》研究中取得了卓著的成绩。但牟先生治“龙学”，并不是着意于成为守此一“经”的专家。他不仅在“龙学”领域坚持微观与宏观研究的紧密结合，而且更将“龙学”置于“在马克思主义思想指导之下，探索、总结我国古代文艺理论自己的体系”（《雕龙集》第 157 页）的宏观目标之中。牟世金先生在深入研究《文心雕龙》的同时，也致力于古代文艺理论的综合研究。1980 年出版的《文学艺术民族特色试探》一书，即是牟先生对中国古代文学、绘画、书法、音乐、舞蹈等各种艺术理论进行综合研究以总结艺术规律的一个成果。这一成果被认为是古代文论研究的一个突破。1987 年 8 月，牟先生应邀参加香港第四届国际比较文学讨论会，这位著名“龙学”家提交的论文却是《中西戏剧艺术共同规律初探》，这不免有些令人惊奇。但熟悉牟先生的人都知道，牟先生的学术功底是颇为宽博的。《文心雕龙译注》的精详的注释，充分表现出牟先生对经、史、子、集的博学多识。而在他已发表的九十多篇论文中，除“龙学”专题占半数以外，其他论述涉及古代作家及作品、古代文论、古代思想史上的儒家、墨家、道家、经学、玄学等在文学及文论中的影响等众多课题。《中西戏剧艺术共同规律初探》一文，则以其坚实的质量被选入大陆与香港合编的《比较戏剧学论文集》，并列为首篇。

1985 年秋，国家教委批准由牟世金先生主持的古代文艺理论综合研究的博士点基金项目。牟先生在山东大学校、系领导的支持下，不辞奔波之劳，积极组织人力，设想以集体研究、分工合作的方式，计划近期完成一部《中国古代文艺理论史》，而长远的目标就是研究和总结中国古代文学艺术的共同规律及特质。牟先生把《文心雕龙》研究作为一个先期深入的典型探方，设想以此为基础，由点及面地进行对古代文艺理论的全面发掘和综合研究。他满怀信心，满怀至诚的使命感。他曾说：“我余生能完成这一任务也就很满足了。”但令人叹惋的是，这竟成了牟先生未竟的遗愿！

牟世金年逾而立，才师从陆侃如先生治“龙学”，当在学术上刚刚确立了良好的开端，便遭“文革”十年动乱。直到“文革”结束，党的十一届三中全会之后，牟先生才得以潜心致力于学术研究。他在短短几年内便为“龙学”奉献出累累硕果，因而被学术界视为“速成”的专家学者。明确的治学宗旨，广博的学识基础，高远的奋斗目标，都是牟先生在学术上取得卓著成绩的关键因素。此外，牟先生的成功还得力于他自己总结的“友、敌、师”读书三字法。牟先生认为，应以“友、敌、师”的态度对待书本知识，勤读书而不轻信书，不重简单的记诵接受而重自得，化书本知识为自己的学问。牟先生说：“据我的实践，‘友、敌、师’辩证统一的读书法，确能迅速培养和提高敏锐的思考、辨析或判断问题的能力。”有效的读书法被学术界认为是“牟世金教授的速成之秘”(戚良德《怎样博览群书——牟世金教授的速成之秘》,《博览群书》1987 年第九期)。但牟先生的“秘诀”并不自秘,而是乐于度人金针的。1982 年第 4 期《文史哲》“学者谈治学”专栏发表牟先生《我的读书法》一文,经《治学之道》《读书方法探寻》《吉林日报》《博览群书》及《中学生》等书刊转载或介绍,在读者中有广泛的影响。1985 年 10 月号《新闻与成才》将牟先生“三字读书法”列入首届“《新闻与成才》优秀读者奖”诗题。据该刊编者反映,三字及其基本含义为绝大多数应试者所掌握。当然,牟先生同时强调方法的掌握者是人,“善读书者,当以此法对待此法”(《我的读书法》,《文史哲》1982 年第四期)。

四

牟先生执教近三十年,先后为本科生、研究生开设过汉魏六朝文学、古代文论、中国文学批评史、文心雕龙研究等多门课程。牟先生学识深富,重视教法。在基础课教学中,不取照宣现成讲稿方式,注重引导学生理解研究教材,强调培养学生的基本功。牟先生说:“居今而言基本功,并不是记诵某些死的知识和条文,而是活的创造能力;它应该是一个研究者必备的基本知识、基本理论、基本技能和基本方法的总合。”(《基本功和新方法》,《文史知识》1986 年第四期)他以培养学生的真才实学为己任,竭诚奉献自己的心血。他每每将自己精湛的科研成果及时运用于教学以提高教学质量。例如 1980 年,牟先生即将多年研究所得关于刘勰的文学理论体系的学说首先用于《文心雕龙》选修课的教学,次年才将此成果撰成论文发表于《中国社会科学》。他的《文赋的主要贡献何在》等重要论文也都是在发表之前就作为讲稿而用于课堂讲学。牟先生的课堂讲授内容充实而生动,很受学生们的欢迎。

牟世金先生身为教师,胸襟宽宏。他认为,要使学术不断发展和前进,就不能重复汉儒严守师法、家法的老路。牟先生风趣地说:“要是夫子步亦步,夫子趋亦趋,只能在老师已有见解的范围内做学问,我们怎能从孔夫子发展到今天?”(《“近亲繁殖”小议》,《山东大学学报》1987 年第二期)牟先生奖掖后学,勉励学生努力超越老师。他培养的两届主攻《文心雕龙》的批评史研究生,即既以高标准严格要求,又热诚指导,循循善诱。香港友人给他寄来新书,他浏览后认为书中某一部分的新观点与一位研究生的毕业论文有关,便将此书先借给这位研究生研读。另一位研究生对《文心雕龙·总术》篇的理论性质有新见解,学术界一向认为《总术》篇只是创作论的总结,这位研究生则认为此篇不仅是创作论的总结,同时也是文体论的总结。这一见解虽与牟先生已有的意见不尽一致,但他为学生有言之成理的创见而感到十分高兴,鼓励这位研究生将其想法撰成论文,并热心推荐发表。牟先生不但对自己的学生竭诚扶植,而且对素不相识的登门、寄文求教者,也一向一视同仁。1984 年冬,一位外地学生写了一篇“龙学”论文,文中对牟先生的观点提出商榷。这位学生与牟先生向无交往,但十分敬重牟先生的学识,便径将文稿寄给牟先生以求指教。半个月后,这位学生便收到牟先生字迹工整的复函,他表示非常欢迎别人与自己讨论问题,牟先生并将这位学生的论文推荐给有关刊物。牟先生以他高尚的品格、无私的精神而深受青年学人的尊敬。

由于牟世金先生在科研、教学方面不断做出新的贡献，1978年他晋升为讲师，1980年晋升为副教授，1983年晋升为教授；1984年5月，加入中国共产党；1987年7月，名列《光明日报》"优秀知识分子光荣榜"。在恪守教职、致力科研之外，牟先生还积极从事社会学术文化活动。在这方面，牟先生表现出敢于超越中国知识分子传统的消极观念，有不逐虚名、力求务实的勇气。牟先生这一思想作风的确立，是在深受老校长吴富恒先生的思想影响和直接鼓励下的一个跃进。吴富恒先生对于牟先生学术上的精进深有影响。牟先生关于《文心雕龙》的文学理论体系的研究，就曾受到吴富恒先生介绍自己留学时所师从的语义学派美学与文学批评的创立者瑞恰兹的学说的启发。而牟先生倡议筹建全国文心雕龙学会，更直接受到吴校长的热情鼓励和切实支持。1983年8月，在中国文心雕龙学会成立大会上，牟先生当选为常务理事兼秘书长，并任《文心雕龙学刊》编辑组组长。此后，他为把这个学会的工作做好而尽心尽力。文心雕龙学会副会长王元化先生说："学会的繁杂事务几乎都是由他承担起来的，因此学会倘在学术界有所贡献，首先得归功于他。"（王元化《〈文心雕龙研究〉序》）在中国古代文论学会分别于1983年及1987年召开的第三次及第五次年会上，牟先生均当选为理事。此外，牟先生还先后担任山东大学文科学术委员会主任，山东大学中文系主任，山东大学中文学科组组长，山东大学中文系学术委员会主任，山东大学《文心雕龙》研究室主任，山东省高校技术职务评审委员会中文学科组成员，山东省古典文学研究会常务理事，山东大学《文史哲》编委，《中国古典文学研究年鉴》编委，《古代文学理论研究丛刊》编委，国际《文心雕龙年鉴》编委等学术、行政领导职务。他是一个质朴踏实、富于责任感的学者，他对自己所承担的工作总是兢兢业业。众多的职务，繁忙的工作，使他的生活节奏过分紧张。1987年底，他出任中文系主任，系主任是一个事务尤繁的重担，他表示将尽力秉公办事，不谋私利，发扬民主，加强团结，领导同志们把中文系办得更好。当时，他正忙于《文心雕龙研究》一书的紧张撰写，但因分心力于系务工作，每月三万字的写作量不得不降至每月两万字。虽然如此，他的实际工作强度还是大大增加了。

1988年是农历的"龙年"。这一年春节，牟世金先生格外高兴，他说："今年是龙年，我属龙，六十岁喽！我的《文心雕龙研究》也正巧能在今年完成。真是与'龙'有缘啊！"为尽快写成《文心雕龙研究》一书，龙年春节期间，牟先生也没有暂搁纸笔，仍以一日千字的速度写成《作家论》一节。

但万万没想到，厄运竟在龙年之初降临。不断加速的过度紧张的工作节奏，损害了牟先生的健康。这一年的二月末，身体一向结实的牟先生忽然病了，医生说必须立即住院治疗。他却执意要再推迟十天左右，以期完成《文心雕龙研究》一书。经过手术和一个月的治疗，牟先生自认为病已无妨，坚持要继续从事日常工作。为让牟先生配合治疗，医生、领导和牟先生家属决定告诉牟先生，他患的是癌症。牟先生表现出令人难以置信的镇定和达观。对于医生和家人为安慰他而说的手术及治疗都很成功的话，他信而不疑。为配合治病，在坚持适当的工作之余，他也接受了友人们的建议，每天坚持练气功。他说："我一向注重德、智方面的上进，本来自以为身体不成问题，所以忽视了体育。现在该补补体育课了。"他一直爱好书法,书法被认为是有益于养生的活动。这期间,他便也搦管作书,并以之赠送大夫、友人。他仍然谈笑风生,关心系务工作,每天都兴冲冲地忙碌着。他说:"人生价值在于有自己的作为。这就是我最基本的人生信条。它促使我'走着一条艰苦的道路',也促我'速成'。当前,正促我战胜恶疾:双重癌症。"癌——这个病魔,对他来说似乎肯定是要败阵的杀手。

1988年11月,牟世金先生极力说服医生、校领导和家人同意让他出席在广州举行的《文心雕龙》国际研讨会。校领导决定由牟先生夫人赵璧清老师亲自陪同牟先生前往广州,牟先生由衷地感激校领导对他的关照。在广州会上,他与来自大陆各地及香港、日本、意大利、瑞典、苏联的"龙学"专家们欢聚一堂,切磋学问。这是"龙学"史上的盛会。牟世金先生提交大会的长文《龙学七十年概观》,总结七十年"龙学"史,欣然作出"龙学具有强大的生命力"的结论。

但令人悲切的是,为"龙学"的发展和兴盛做出杰出贡献的牟世金先生,终因癌症医治无效,于1989年6月19日黄昏,在济南不幸逝世,年仅六十一岁。牟世金先生的盛年早逝,是"龙学"研究的巨大损失!是社会科学界的巨大损失!是教育界的巨大损失!但牟世金先生可敬的人格,生命不息、奋进不止、鞠躬尽瘁、严肃治学、诲人不倦的崇高精神,以及他那些渊博精深的著作,都将永传于后世。

附言:此文写于1990年,原载山东教育出版社1991年出版的《山东现代著名社会科学家传(第一集)》。因为书名统称为"传",故所收录的学者传记题目就都只是其姓名,如本文原题即《牟世金》。现在单提出来,为使读者易知其为牟世金先生的传记,故标题为《牟世金传》。今由作者本人据《山东现代著名社会科学家传(第一集)》录入电脑,录入过程中,添补了原书排印时的几处漏字,订正了几处文字,修改了几处不够通顺或不够准确的文句,其他皆依原样。因为重录自己的旧文,也就细细重读了一遍牟世金先生的事迹,不禁十分怀念牟世金先生!

2018年3月13日,倪志云记于重庆大学城四川美术学院寓舍

(作者单位:四川美术学院美术学系)

怀念恩师牟世金先生

徐传武

戚良德先生对我说，准备开个纪念牟先生诞辰九十周年的纪念会，并希望我写点什么。我很感谢他发起并主持召开这个纪念会，纪念牟先生，这对于我们山东大学，对于《文心雕龙》研究，对于中国文论研究，都是很有意义的。我对戚良德先生说，我就写篇《怀念牟先生二三事》吧。现在我把题目改为《怀念恩师牟世金先生》，一则因为我除去记事之外，还有一些是议论，是感想，二则因为牟先生是我的恩师，我更应该从这个角度说点什么。

我说牟先生是我的恩师，这“恩师”二字，的确是我发自肺腑的话，我个人认为，牟先生对我的教导、帮助、扶持，影响，是很多的，不愧为“恩师”的称号；另外，我称牟先生为“恩师”，也是久有来自的。并非临时起意，攀附名家，谬托知己。早在十几年前我为《文心雕龙通论》写的序言中，我就说：“写至此，不仅想起我的恩师牟世金先生。今天要是他健在，这篇序言要是由他来写该多么好啊！苍天无眼，却在他最有作为的时期，让他不得不舍下自己所钟爱的古代文论研究事业撒手西去。”①我在一篇和牟先生有关的小文的“附记”中说：“对我关心、爱护的牟先生不幸已去世四载，读此旧文不禁热泪盈眶，此小文也算是对先生的一点纪念吧。”②在牟先生的追悼会上，据赵璧清师母回看录像说，我在牟先生的遗体前泪流满面，泣不成声。“出师未捷身先死，长使英雄泪满襟”（杜甫《蜀相》）。我非英雄，但却真诚地表现了对一个我心目中英雄长者的崇敬，真诚地表现了对一个我心目中英雄长者不幸早逝的痛心。

上个世纪七十年代末，牟先生给萧涤非先生的博士生上中国古代文论的课，我刚刚留校工作几年，也去旁听，感到受益匪浅。牟先生讲课，很重要的一点，常常讲到一些读书、写作、治学的方法。其中有一次讲到关于读书的方法，我后来写成《读书三喻》一文，拙文曾在1979年10月22日《山东大学报》发表，后来又被1980年1月15日《大众日报》转载。牟先生讲的这几点很重要。拙文不长，而且还有我的体会和理解，现在很难查找到了，录以备考吧：

讲古典文学的一位老师给我们介绍读书经验时说过这样三句话：“以书为友，

---

① 徐传武：《序言》，王少良：《文心雕龙通论》，北京：中国文史出版社，2002年。

② 徐传武：《文史论集》，济南：山东大学出版社，1993年，第558页。

以书为敌，以书为师。”粗看这话也平淡无奇，并且似乎还有点矛盾，细细咀嚼起来却是颇有味道的。

“以书为友”者，是说读者和书的关系非常密切，“有利家国书常读”，手不释卷，形影难离；既为“友”，何又为“敌”哉？前者说的是人和书的关系，从读书的经常性与对书的热爱而言，后者是就书中的内容和学习、钻研的态度来说。要把书中的内容当成自己准备攻取的阵地，不论遇到多大的艰难险阻，都要想法把它占领，常说“攻书”，“攻读”即指此而言；还有层含意是说对书中的内容可以持怀疑态度，不要轻易相信，要进行经常的，艰苦的，认真的分析，研究、实践，分清正误，辨明是非；然后才把正确的，有道理的，有积极意义的东西，当成自己的“师”，从中得到教益和提高。

不把书看作来往密切的“朋友”，就不能博览群书，从而“浏览于中外，借鉴于古今”，却如孤陋寡闻的夜郎国君；读书时缺乏“以书为敌”，没有那种攻关夺隘、冲锋陷阵的精神，就难以得到书中的“精髓”，即使读的书汗牛充栋，充其量不过是一部储存资料的“活字典”；没有一种虚心好学、甘拜真理为师的小学生精神，“以书为师”，也难以大量地从书中吸取营养，滋育自己尽快地、健康地成长。难道读现代的经典著作也能“为敌”吗？一切比喻都是跛脚的，我们不应死扣字眼。如果以上面说的“以书为敌”的精神实质理解是完全可以的。经典著作的论述也要受实践的检验，有的也要受客观条件的制约，也要经过读者肠胃的“消化”。如果不认真攻读，也是不能很好地掌握革命的道理的，也就难以把正确的理论和客观的实际准确而密切地结合起来，去指导自己的行动的。

给我们介绍经验的这位老师读书时有了这种“为友”“为敌”“为师”的勤奋、认真、虚心的态度，所以学业上进展颇快。有志献身于文学、科学等事业的攻关者也不妨试试看。

这篇小文当时并未提牟先生的大名，但明眼人一看，就知道是写的牟世金先生。

我认为牟先生“以书为敌”的读书方法，虽然新鲜，但也非空穴来风，应当是受到苏轼“八面受敌”读书法的启示，但由于加上他自己很多具体的事例和体会，仍然让我们觉得很有价值。牟先生的“以书为敌”，实际上就是多思善疑，读书时勤于思考，敢于提出疑问，而不是书上讲什么就信什么。他给我们说，他读书时总是一边读一边在书上画着红色和蓝色的道道，那蓝道道便是表示有疑问的地方。即使是像《辞源》这样比较好的工具书，他也要“以书为敌”，发现其中的某些错误。他说，有关《文心雕龙》注释的著作，多年以来都是以范文澜本为权威的，牟先生对范本是非常尊重的，但尊重归尊重，却不能迷信，不能轻信，而是从尊重历史、尊重事实的科学态度出发，对其中存在的许多问题也要给予纠正。他曾经举《文心雕龙·史传》篇中一句话“宣后乱秦，吕氏危汉”为例说：范文澜本引用《史记·匈奴列传》中的话，将“乱”解释为“淫乱”。牟先生仔细研究原文，认为“宣后乱秦”与“吕氏危汉”性质相同，都是属于政治问题，与“淫乱”毫不相干，于是引用《史记·穰侯列传》和《范雎列传》中的史实，正确地解释了“宣后乱秦”的含义。

牟先生讲课，总是有些新东西，总是有些自己的研究和体会。比如他讲到曹操的

《短歌行》中“对酒当歌,人生几何”这句话,那时人们对“对酒当歌”的理解,大概都是“面对美酒应该高歌,人生短促日月如梭”的意思,把“当”理解成“应当”“应该”。而牟先生认为,其中的“当”字不做“应当”解释。在古汉语、古代诗文中(现代也有时候用到),有种“互文见意”的现象:古文中的“当”与“对”字同时出现在一个词语中,往往是同样的意思,如“当窗理云鬓,对镜贴花黄”(《木兰辞》),“门当户对”,“当面锣对面鼓”,“有意见不要背后说,要当着鼻子对着眼,面对面地讲清楚”,等等。牟先生认为,曹操的“对酒当歌”之“对”和“当”就应该是这种“互文见意”。曹操的这句“对酒当歌”,意思应该是“面对着美酒,面对着欢歌”,而不是“面多着美酒,自己去高声歌唱”。牟先生这种解释更加符合曹操彼时彼地的身份和心境,很有说服力。我们听了,都觉得很有收获。

牟先生在讲课时,经常谈到他在注译《文心雕龙》中的体会,比如注释一字一词要顾及全篇,这一字一词要和全篇的整体思想协调,不能矛盾;注释六朝的东西要对六朝各种有关问题都有所研究,否则就不可能把问题解决透彻;注释六朝的东西还要对六朝之外各种有关问题都有所研究,搞清楚一些词语或事情的来龙去脉,否则也不可能把问题解决透彻,甚至会搞错了。写东西要有个整体规划,哪个问题条件成熟了先写哪个,不成熟的、条件还不完全具备的,可以先放一放,继续准备条件。等条件完全具备时,再来动笔就容易得多,也容易写好全篇。他还举他搞《刘勰年谱汇考》为例,他说早有此心,但直到广泛收集了十六种有关刘勰年谱的资料后,才敢着手,结果几乎是一气呵成。像《刘勰年谱汇考》这种著作,要吸收继承前人的许多东西,别人对的,我们就要理直气壮地汲取,哪怕是名不见经传的小人物的观点;别人错的或不准确或可以前进一步的地方,我们也要理直气壮地纠正或改进或发展,当仁不让于师,哪怕是名满天下的名家或权威人物的看法。牟先生在注译《文心雕龙》的过程中,常常会碰到一些难以讲通之处,当时可查的字典词典甚少,而旧《辞海》《辞源》收词释义会让你感到很不够用(当时新版《辞海》《辞源》等还未出版),他就经常查阅《中华大字典》《中文大辞典》等辞书,这些书有的一个字有十几个义项,也许并不太精道,但给人提供了可供参考、选择的较为广阔的园地。我后来在注释《世说新语》《李贺诗集》《左思左棻集》中,《中文大辞典》也都起了颇好的作用。我认为这些都是经验之谈,对搞研究、写论著都是很值得借鉴和效仿的。

牟先生很重视讲课,要求一些青年教师必须过好讲课关。他说,不要有讲课吃亏论的思想。要把讲课当科研来搞,他自己的好些闪光的东西,有时就是在讲课时产生的。教学相长,教学和科研也是可以相互促进的。他说,讲课不能有丝毫的应付、马虎或过关思想,要如临大敌,真正做到给学生一碗水,自己要有一桶水;你哪些地方讲错了,讲得不深透,哪些地方讲得有创见,学生都会如鱼饮水,体会得出来的。牟先生对学生要求也很严格。有一次我听到他批评他的研究生古文基础太差:“台湾的学生好多都用文言文写作论文,你们却看不懂他们写的文言文。”他严厉地要求他的研究生,一定要在这方面多下功夫。

在牟先生的书房里,挂着一幅醒目的对联:“书城高大能藏道,心地光明始爱才。”牟先生非常喜欢并多次和我说起这副对联。我就由此先说说他的“书城”吧。牟先生生活是非常艰辛的，他子女多，工资低，评上正教授时工资才六十八元，但他还是尽可能地多买书。原来住房太小，繁多的书籍实在无法摆放，由于他后来影响大，到家中拜访的中外名家越来越多，实在需要一个较大的书房了，当时的邓从豪校长专门特批给他一个较大的住房。牟先生用最大的一间做了书房：两面墙壁被书架遮满了，我看牟先生面对几乎顶到天花板的书籍，真有“漫卷诗书喜欲狂”(杜甫《闻官军收河南河北》)的欢快之感。他在经济条件相当困难的条件下，买了那么多书，正是因为他确信“书城高大能藏道”的道理。搞学术，特别是古代学术，没有“高大的书城”做后盾，想玩“空手道”，即便有绝顶的聪明，也是玩不转的。他的这些书，还有一些是他的先生陆侃如教授送给他的，他常常对人说起，一则表现了陆先生对他的爱护和重视，二则也表现了他对陆先生的感戴和怀念。

牟先生对人对事都是“心地光明”的。他当中文系主任后，多次讲过要“善待所有人”。不要搞“小圈圈”，要搞“五湖四海”。他第一次系务会做了类似于就职报告的讲话，当时留任的一位副系主任佩服得五体投地，说牟主任讲得太好了，完全是出于公心，有宏大而又切实可行的规划。牟先生做通了中文系两位殷先生的工作，小殷先生主动拜访老殷先生。二人握手言欢了。这预示着牵扯好多人的积怨就要瓦解冰释了。牟先生对我谈到这些情况非常兴奋，他认为中文系大团结的局面即将出现了，这对中文系的发展是至关重要的。有些人说，牟先生不当领导，以为是个只会做学问的书呆子，做了领导，才认识到他在领导艺术方面还真有一套。唉，可惜不久牟先生患了重病，他的一些美好愿望也只好付之东流了。牟先生对年轻一辈，不论你是哪个“圈圈”内的，都极端热情，极端负责，无论巨细，有求必应。只要有某些特长，或者所论问题有某些可以成长的余地，他都极力扶持。他爱才、惜才、养才，他认为这是对学术事业负责的表现，是义不容辞的责任和义务。他认为嫉贤妒能、压制人才是很不道德的，特别是负有领导责任的人。他愤怒地斥责这种人：“治学无能，捣鬼有术。简直是对学术事业的犯罪。”

我原来和牟先生接触不多，关系也很一般。但“望之俨然，即之也温”(《论语・子张》)。越接触越想接触，越接触收获越大。他“平生不解藏人善，到处逢人说项斯”(［唐］杨敬之《赠项斯》)，对有丝毫长处者也都披肝沥胆，倾心扶持。我虽为不舞之鹤，原来也没有特殊的交往，但他对我的进步却非常关心。比如我想搞《世说新语》，他非常鼓励我搞一部全注全译本，我好些问题向他请教，他也不厌其烦。他帮助我联系出版等等，不遗余力。他还为我的《世说新语选译》写了《序言》，结末曰：

> 徐传武同志为学勤奋，为扫除《世说新语》的文字障碍作出自己的贡献，这是很值得欢迎的。他经过多年努力，广泛研究前人成果，搜集中外有关大量资料，然后逐条细究，加以详注和翻译，在译注过程中，可谓一字不苟，有时遇到一条或一词难以把握，不惜花费几天时间，遍查有关资料，请教有关专家，直到求得到较为正确的理解为止。这种精神是十分可贵的。虽还难说现在的译注已全部准确无误，尽善尽美。但著者是尽了最大努力的。这本注译不仅完成了《世说新语》的普及工作，

还在前人的基础上，纠正了某些旧注的失误。原书共一千一百多条，徐传武同志首先全部加以注译，然后精选出四百条而成此书；如上举许询例，也从二十条中选出八条。《世说新语》全书的基本内容，也可谓大备于此了。牟世金一九八五年元月八日。

当时我刚刚毕业工作不久，能得到他的扶持和提携是多么难得和幸运的事情啊！

我在搞《世说新语》中，凡有些有点价值的看法，牟先生也极力赞扬。比如《世说新语·政事》有段关于陶侃竹头木屑的故事："陶公性检厉，勤于事。作荆州时，敕船官悉录锯木屑，不限多少。咸不解此意。后正会，值积雪始晴，听事前除雪后犹湿，于是悉用木屑覆之，都无所妨。"其中"听事前除雪后犹湿"，传统的看法是"听事前除——雪后犹湿"，听事前除，一般解作"大厅前面的台阶上"，"除"作"台阶"讲，但"雪后犹湿"的情况下，就直接去撒锯末，就会搅成烂泥，还不如不撒呢——于理不合。我找出五六个方面的理由，并对照《晋书》对此事的记载，力主此处的"除"，应该做"扫除、清除"讲，牟先生非常支持我的看法，我写成了《"听事前除雪后犹湿"新解》。我后来把文稿投给了《中国语文》，《中国语文》赞扬有加，并且给了我用稿通知。那年的高考语文试题中，恰恰选有这段话，标准答案要求"除"就应该作"台阶"讲。不知是否是这个原因，《中国语文》用稿的事情后来也就没有了下文。但我的这个对"听事前除雪后犹湿"的看法，应该说还是经得住推敲的。我把这个看法，写在《世说新语漫谈》中，后来发表在一个师专学报上[①]，也收到我的论文集《古代文学与古代文化》（天津古籍出版社，1997年）中。后来吴金华在《〈世说新语〉考释》一书中，就这段话，特别是"除"字，专门做了考释[②]，和我的见解一致，"英雄所见略同"吧，说明我的看法还是有道理的。

在牟先生指导下，我们决定对左思的作品进行整理和校释，并由牟先生牵头，申报山东省社科项目并得到批准。因为左思的妹子左棻也被人关注不够，我们决定搞个《左思左棻集校释》。牟先生要求我先把他们的作品搜集完全，首先特别是辑佚部分，一定要越全越好。除去左思左棻全部作品外，我搜集的左思的辑佚部分就有十六七处之多，左棻的辑佚部分就更多了。牟先生很满意。左思的作品，《三都赋》是重头。牟先生要我一定找到高步瀛的《文选李注义疏》，那时该书只有线装本，费了九牛二虎之力，终于找到，材料丰富极了。我感到校释《三都赋》，如果找不到高步瀛的《文选李注义疏》，那是一个极大的缺憾，特别是三十年前查找资料手段还很匮乏的时期。在牟先生的指导下，我们还从台湾找到些资料。当时我搜集的有关左思左棻的资料非常齐全，除去左思左棻的作品外，各种有关评论资料几乎可以说是竭泽而渔、巨细无遗了。比如当时搜集到了"左棻墓志"，就很有价值。可以据此纠正史书记载的"左芬"，名字为"左棻"应该更为确切；据此知晓了左思两个女儿的名字（左思有《娇儿诗》就是写他两个女儿的）等等有关情况。牟先生看了十分满意，经过一番思考和研究，他写出了《左思文学业绩新论》

① 徐传武：《世说新语漫谈》，《临沂大学学报》1990年第1期。

② 吴金华：《〈世说新语〉考释》，合肥：安徽教育出版社，1994年。

的论文，让我寄给了《文学遗产》，不久，就给发表了[①]。这篇论文牟先生也署上了我的名字，我只是参与了一些意见，整篇论文全是牟先生执笔写成的。当时我对论文的观点是完全认同的，后来又经过一些仔细研究，在有些地方我又提出了一些新的看法。当时主要是我们认同《晋书·皇甫谧传》的记载，认为皇甫谧卒于“太康三年(282)”，这样皇甫谧给左思《三都赋》写序的时间只能在此之前等等，我经过一番较长时间的研究，我用“理校”的方法，发现《晋书·皇甫谧传》记载的“太康三年”，当为“元康三年(293)”。否则，《晋书·皇甫谧传》的记载就有许多矛盾和讲不通之处。这样皇甫谧卒年就比原来《晋书·皇甫谧传》的记载晚了十一年，这样皇甫谧给左思《三都赋》写序的可能性和写序的时间，以及左思创作和完成《三都赋》的时间，都和原来我同意的《左思文学业绩新论》的论述有所不同。我写了非常翔实的论证，连续两篇长文《皇甫谧卒年新考》《皇甫谧卒年新考补证》[②]来论述这一问题，我的观点得到了许多专家特别是皇甫谧家乡学人的赞同。如果牟先生还健在，我想他对我的看法也会同意的，因为我和牟先生相处，发现他对学术问题非常重视有价值的意见和看法，总是非常耐心地听取别人的解释，可以说是“从善如流”的。

牟先生病重时，我们的《左思左棻集校释》已经初具规模。牟先生病危时，我去医院探望，他拉住我的手，叮嘱我：“要把左思搞完。”我含泪点了点头。后来搞完后，我让一个打字社去做清样，准备出版，因为难字僻字太多，拖了好久。后来山大文史哲研究院编辑出版《文史哲》辑刊，想出这部书。我赶紧去找打字社，结果他们的电脑被盗走好几台，她手下的人也七零八散，连手稿也只找回了很少的十几页。单是校释《三都赋》，工作量就太大，加上又有其他更紧迫的工作，这个事情竟然成了这个结局。我觉得很对不起牟先生。如果牟先生还健在，出版也不会有困难，《左思左棻集校释》可能也就不会有这样的下场了。所以牟先生不幸去世，我非常非常地悲痛，后来我在评职称等好多问题上受阻，在好些事情上看着某些人几乎是胡作非为，心中非常激愤，也跟失去了牟先生这样心地光明、办事公道的领导有很大关系。

牟先生喜欢晚饭后散步，如果不是有什么特殊情况，他好些时候都和赵璧清师母一起在南院家属院或者到路北山大校园里转悠一二圈(个别时候牟先生一个人也出来散步)。他一方面休息休息，散散心，他说这是他唯一锻炼的方式；同时也在考虑一些问题，主要是学术上的，写作中遇到难点、疑点，换个环境，在散步中有时候得到解决。“晴空一鹤排云上，便引诗情到碧霄”(刘禹锡《秋词》)。坐在书房里半天解决不了的问题，有时候散步中忽然就想通了。后来因为他要组织《文心雕龙》学会和出任中文系主任，散步中有时候也考虑《文心雕龙》学会或者中文系的一些人事问题等。那时我住在路北山大校园的学生楼中，晚饭后就经常过去陪牟先生散步。除去聆听他讲一些学术问题、治学方法之外，他讲到的几个和《文心雕龙》及中国古代文论有关的事情，给我留下的印象还是比较深刻的。

---

① 牟世金、徐传武：《左思文学业绩新论》，《文学遗产》1988年第2期。

② 载台湾《中国文哲集刊》总第十期(1997)和总第十四期(1999)。后收入徐传武《左思左棻研究》，北京：中国文联出版社，1999年。

先说一件有关“龙学”称呼的小事吧。牟世金先生生前曾和我多次谈过想把《文心雕龙》研究称为“龙学”的打算，所以在我的印象中，“龙学”最早是由他提出的。牟先生属“龙”，“龙”又是中华民族的象征，气象宏恢，所以他对“龙”特别钟爱，当时《红楼梦》研究被称为“红学”，已经叫响。把《文心雕龙》研究称为“龙学”，牟先生担心还是有些人一时不能接受。我说不要担心这个。龙学，多么响亮，多么简洁明快，多么有气魄，一定会被大家接受和喜欢的。可以先提出这个称呼，逐步扩大，接受的人会越来越多，慢慢就会叫响的。所以牟先生在上个世纪八十年代后期写的《“龙学”七十年概观》就堂堂正正地用了“龙学”这个名称。待到1988年“龙年”开《文心雕龙》研究会时，已经被人比较普遍接受了，现在更是对此称呼习以为常甚至赞赏有加了。

牟先生多次谈到古代文论的民族特色问题。他一生特别是晚年更加致力于对这个问题的研究。他认为，很长一段时间内，古代文学、古代文论研究领域出现过机械地生硬地简单化地硬搬西方或苏俄理论来研究古代文学、古代文论的现象。牟先生认为这种情况必须彻底改变，才能恢复中国古代文论的本来面目。不能简单地用“现实主义”“浪漫主义”等一些域外词汇来硬套中国古代的文艺理论和文学思想，我们有我们的特色，我们有我们的一套专门的话语，我们有我们自己的一套完备的体系。马列主义的精髓，就是要和具体实践相结合，就是要具体问题具体分析，难就难在分析得要对路，要具体而微，不是简单地用几句马列语录就是马列主义了。他要用马列主义作为指导思想，作为分析问题解决问题的灵魂。他为贯彻这种想法说，他尽量不用马列语录，而是用马列主义作为指导思想来分析具体问题。他甚至说，他正在写作中的《文心雕龙研究》，就一句马列语录也不用(他还未完成《文心雕龙研究》的书稿，就发现患了重病，但还是坚持基本写完了书稿再去住院。《文心雕龙研究》出版后，我仔细拜读了一篇，好像只有一处引用了马列语录)。牟先生认为中国古代文论是丰富多彩的，是很成系统的，是有自己独特的风格和特点的。揭示这一些，任重而道远，必须下大功夫去做。

牟先生多次谈到古代文论、古代美学的关注点，过去我们多是联系诗文辞赋比较多，而对音乐、美术、书法、篆刻、戏剧，甚至建筑、服饰、棋艺等等中所表现出来的美学思想、文艺思想关注不够，应该给以足够的重视。他自己就曾写过一篇戏剧理论的文章，参加了在香港举办的一个学术会议，而且得到了好评。他写古体诗词(他写的《旅日诗词》就是用的格律体，很有韵味)，他练习书法，他还学习绘画——他曾画过一幅老虎的国画，行家也说有些功力，这幅老虎的国画后来发表在山大的一个刊物上。牟先生从这些不同的艺术门类中，领悟古代文论、古代美学的神韵，来丰富和加强他的古代文论思想的研究。

牟先生多次谈到《文心雕龙》的文字还是比较艰涩的，一般大学生也难以看懂原文，所以他不惜下大功夫搞了《文心雕龙》的全译全注，就是希望更多的人读懂它，利用它。牟先生有时候给工人去讲《文心雕龙》，有时候给青年文学爱好者去讲《文心雕龙》，就是希望做好《文心雕龙》的普及工作，希望《文心雕龙》这一宝贵遗产能为我们的社会主义建设事业发挥更大的作用。当时有人歪曲和贬低《文心雕龙》的思想和艺术价值，把《文心雕龙》说得一无是处，这种观点还被《文摘报》摘引，牟先生和我在散步中说到此事，他愤怒地斥责道："完全是胡说八道。""文革"结束多年以后，也还有人从"评法批儒"的观点，把刘勰说成是落后甚至腐朽思想的人，牟先生也义正辞严地给以抨击。

牟先生多次谈到他在搞《文心雕龙》研究的过程中，用到的一些他自己认为是比较特别的方法。比如他在部队时，曾经较长时间做统计工作，经常绘制图形、表格，统计一些数字数据，他把这些方法也运用到《文心雕龙》研究工作中，列制表格，画出《文心雕龙》体系中各个部分的相互联系和统属关系，统计一些字词运用的数据，简洁醒目，很有说服力。再如比较的方法，这个方法虽然不少人都喜欢用，但他认为应该使用得更加普遍、更加广泛才好，鲁迅先生说："比较是医治受骗的好方子。"（《随便翻翻》）牟先生说："比较还是科学研究的好方子。"研究《文心雕龙》，不妨用用中西对比，古今对比，把刘勰和他同时代人对比，把刘勰和他不同时代人对比，把《文心雕龙》和它相同体裁的文论作品对比，把《文心雕龙》和它不同体裁的其他作品对比，等等。牟先生说他已经这样做了，如中西戏剧的比较等，他说他做了但还很不够，还比较零星，他还要努力继续做下去，他认为，搞《文心雕龙》研究，这方面还是可以大有作为的。

牟先生多次谈到他写作论文的体会。他认为，动手之前，一定先做好比较充分的准备，然后再动笔开始写，有些像鲁迅先生说的先"烂熟于心"，然后再"一挥而就"。[①]他的书桌上，永远都是整洁干净的，他写作时，也只有一纸一笔和当时需要参考的书籍，需要参考的书籍这本用完了，就放到书架上，需要时再拿出另一本来，书桌上永远是干净整洁的。他给我的《世说新语选译》写《序言》就是这样，有一次写到中间需要更改，他剪下几行稿纸来，写好后又贴在需要更改的地方。我总结这种方法是"搓麻线式"的写作方法。我自己也推荐给我的研究生可以尝试用这种方法写作。只是我的书桌是"闻一多的书桌"[②]，乱的不能再乱了，但写作时思想上思路上应该条理和不乱还是对的。牟先生出版著作、发表重要文章，他的思路和想法，有时也和我说说。他有一篇五万多字的长文，在一次开会时，就被三家刊物争着"瓜分"了。我由此也感到，只要是好东西，不怕没人要。打铁先要本身硬。所以名啊利啊，不要劳心费力地去争，做好自己该做的，自然就会水到渠成的。

牟先生多次谈到搞《文心雕龙》研究，要有"世界性眼光"：要把《文心雕龙》和《文心雕龙》研究推向世界。牟先生到台湾访学，到日本访学，他带回了台湾和日本的好多成果，对台湾和日本的《文心雕龙》研究都写出来了总结性的专著（《台湾文心雕龙研究鸟瞰》和《日本文心雕龙研究一瞥》）。他 1988 年初冬抱病参加广州《文心雕龙》国际研讨

---

① 鲁迅《且介亭杂文末编·"出关"的"关"》："例如画家的画人物，也是静观默察，烂熟于心，然后凝神结想，一挥而就。"

② 闻一多的书桌，十分凌乱，参见《闻一多先生的书桌》诗：忽然一切的静物都讲话了，忽然间书桌上怨声腾沸：墨盒呻吟道"我渴得要死！"字典喊雨水渍湿了他的背；信笺忙叫道弯痛了他的腰，钢笔说烟灰闭塞了他的嘴，毛笔讲火柴烧秃了他的须，铅笔抱怨牙刷压了他的腿；香炉咕喽着，这些野蛮的书，早晚定规要把你挤倒了！大钢表叹息快睡锈了骨头；"风来了！风来了！"稿纸都叫了；笔洗说他分明是盛水的，怎么吃得惯臭辣的雪茄灰；桌子怨一年洗不上两回澡，墨水壶说"我两天给你洗一回。""什么主人？谁是我们的主人？"一切的静物都同声骂道，"生活若果是这般的狼狈，倒还不如没有生活的好！"主人咬着烟斗迷迷的笑，"一切的众生应该各安其位。我何曾有意的糟蹋你们，秩序不在我的能力之内"。

会，很多人都十分为之感动。牟先生认为刘勰和《文心雕龙》是具有世界影响的名人和名著，应该让全世界的人民都了解和参与对他们的研究。他说："把刘勰和《文心雕龙》推向世界，这是我们的骄傲，也是我们的责任和义务。山东大学是《文心雕龙》研究的重镇，我们要保持这一优势，并努力做得更好。"他把《文心雕龙学刊》这一刊物拉到山东齐鲁书社来出，也是这一设想的举措之一。

牟先生多次谈到由于十年动乱，搞古代文化、古代文论的人太缺乏了，已经面临着"断档"和青黄不接的严峻局面。幸亏改革开放以来，恢复了高考和研究生招生制度，这种青黄不接的严峻局面虽然有所改善，但仍然不能满足新时代发展的迫切需要。所以他对青年人寄予厚望，希望青年人更加努力，希望青年人尽快承担重任。牟先生特别希望多招个研究生，特别希望尽快地能成为博士生导师，尽快地招收博士生。系里本来还留了一个喜欢魏晋六朝阶段的博士毕业生做他的助手，可是这位博士毕业生后来也调走了。他太需要些得力助手，他太需要一个战斗力强的团队了。他读大学时年龄已经较大，又经过十年动乱，时不我待啊，我感到他这种紧迫感特别强烈，他奔命般的工作和研究也是这种紧迫感的一种外在表现。

牟先生多次谈到他的《文心雕龙》研究，至上个世纪八十年代中后期，他想基本上告一段落，他下一步的重点要转向对中国古代文论的全面研究，他要探讨和总结中国古代文论的全貌、本质、特点、价值和规律，这些东西之前也有人搞过，也出了不小的成绩，但还很不够，还有非常广阔的研究天地，还应该出现一个全新的局面。比如在此之前，他已经带头编辑了《中国古代文艺理论资料目录汇编》，开始广泛搜集有关资料。我在山大图书馆发现台湾出版的十二卷本的《中国古代文论资料汇编》，他马上让我想法借出来，他让资料员复印装订得非常精美，他认为这是非常丰富而宝贵的资料，对全面研究中国古代文论是非常有价值的基础性工作。他已经有了比较成熟的设想和规划，他已经准备和着手要火力全开，向中国古代文论的全面研究开始进军了。有一次在和牟先生散步时，我听到他的这些设想和规划，想搞一部《中国古代文论诗词汇编》，请教牟先生，牟先生很支持，他把这个内容也当成他全面研究中国古代文论基础性工作的一部分。我着手搞了一年左右的时间，东西还真多。我汇集的这些诗词，内容包括论及作家的，论及作品的，也有作者谈及自己的创作的（如体会、写作经验或教训），甚至论及作者背景的，也有从欣赏作品角度着眼的，等等，凡有所涉，皆入我彀中。"论诗绝句"我都全诗收录；其他诗词或收录全诗，或只摘录两句、四句不等，后来把部分内容拿给牟先生看，牟先生很满意，鼓励我尽量收全，尽量少有"遗珠"。后来他还告诉我已经给我联系了一家出版社，说把一部好书稿给他们，搞完后，他们给出版没问题。后来因为牟先生不幸去世，再加上人民文学出版社于 1991 年 2 月就出版了《万首论诗绝句》，单是"论诗绝句"就收录了一万首，我觉得和人家重复太多（当然有些我也未收录到），我也就没再继续搞下去。我写过一篇《谢启昆的论诗绝句》的论文①，谢启昆有一组五百八十首的论诗绝句，是中国古代最长的论诗绝句和组诗，算是这件事情的一点"遗痕"吧。

---

① 徐传武：《谢启昆的论诗绝句》，《文学遗产》1992 第 5 期。

但，天不作美。突然传来了牟先生患重病的噩耗。“斯人也而有斯疾也！斯人也而有斯疾也！”(《论语·雍也》)在牟先生的追悼会上，殷焕先老先生颤巍巍地说：“白发人送黑发人，悲痛啊！”牟先生的不幸逝世，是中国古代文论领域的一大损失，是中国学术界的一大损失，也是我们山东大学特别是中文系的一大损失。“千古文章未尽才”[①]，“一生襟抱未曾开”[②]，我在给别人书中的《序言》中，提到牟先生时，悲愤地说：

> 他(牟先生)取得了举世瞩目的业绩，却在博士导师的遴选中“落马”了。人们说，那些“捣鬼有术”的人十个捆在一起也不如他一个人的成就，但那些捣鬼者如今却个个“博导”，洋洋得意，而我们的牟先生至死也咽不下这口气——所以我恨“苍天无眼”！但从长远看，牟先生的业绩却永在，百年以后牟先生的业绩仍然光照人寰，而当年那些“不学有术(捣鬼术)”的捣鬼者却早已灰飞烟灭，“知向谁边”？这样看，历史又是公正的。[③]

当年牟先生参加“博导”遴选时，普遍认为，牟先生是山东大学最有可能被选中的人，结果，“最有可能被选中的人”却落马了。我们有些职能部门在“博导”遴选时，某些非学术、非正常的因素在起作用，不敢说牟先生患病和这种事情有必然的联系，但这种结果给牟先生的伤害是巨大的、沉重的，至少对他的情绪、病情也不会起到什么好作用，而且这种结果在群众中的影响也是很坏的。牟先生的不幸去世，对中国古代文论全面研究新局面的开拓是一个巨大的损失。“无可奈何花落去”(晏殊《浣溪沙·一曲新词酒一杯》)，这真是谁也没有办法，谁也无法挽回的事情。作为后人的我们，只能继承前人的遗志，竭尽全力地去做，以告慰牟先生的在天之灵吧。

这里，我想说说赵璧清师母。我们当年不少年轻人到她家去，她从来都没有表现出一点不耐烦的态度，学生们都很感谢她。她家生活是非常艰辛的，他们子女多，工资低，牟先生又好抽烟，他经常抽那种价格最低廉的纸烟，工资常常接不上茬，他几乎每月借一位中文系领导的钱。每次只借五元，发了工资马上还钱。好借好还，再借不难，人家也乐意借给他。他还要尽可能地多买书。赵师母都非常支持他的工作，毫无怨言。那时候在阳台上养了一只鸡，赵师母和牟先生都舍不得吃个鸡蛋，经常互相推让好久。1988年初冬，赵师母陪同牟先生抱病参加广州《文心雕龙》国际研讨会，生怕牟先生外出有闪失。牟先生病重期间，赵师母更是寸步不离、全心全意地照顾牟先生，可谓无微不至。牟先生去世后，她整理牟先生遗稿，帮助编辑出版了《雕龙后集》；她写的怀念牟先生的文章，在《山东大学报》上登载了一满版，我们读后都非常感动。她把三个孩子都继续培养成才，又把孙子辈的好几个孩子都带大，尽心培养，现在也都很有出息。牟先生不幸去世，赵师母不容易，我这里也向她表示深深的敬意，希望她安度晚年，幸福长寿。

说到赵师母，我再提一些小事。牟先生中午一直不午休，我劝他休息一刻钟也好，下午也有精神。他说当年生活非常艰辛，为了节省电费，他中午舍不得休息一会儿，晚

---

① 据郭沫若等考证，“千古文章未尽才”，这是夏完淳哭他的内兄钱漱广的诗句。

② [唐]崔珏：《哭李商隐》：“虚负凌云万丈才，一生襟抱未曾开。”

③ 徐传武《序言》，王少良：《文心雕龙通论》，北京：中国文史出版社，2002年。

上也不睡太晚，养成了这么个习惯，也改变不了了。想起来真让人心酸。那几年内子在山大面包房，做一种叫牛舌酥的点心，牟先生很爱吃，我每个月都给他买几斤送去，赵师母都事先付我钱。牟先生病重时，住院前两个月，我还给他买几斤送去。最后牟先生住院，一再叮嘱赵师母把几斤点心钱给我。我再三推辞，赵师母还是把钱一分不差地给了我。我到现在经常想，当时要是没有把钱给我多好，算是我献给牟先生一点爱戴孝敬之心多好。牟先生和赵师母都是光明磊落之人，和人都是君子之交。对人好，也是为了学术，为了事业。牟先生去世后，赵师母和孩子含泪整理他的遗容，赵师母和我送牟先生遗体到太平间去时，赵师母还拿出二十元钱让我给送遗体的师傅。赵师母哭着对那位师傅说，请他好好照顾牟先生。那位师傅坚决不要钱，他说，他对牟先生早就知晓，也很敬仰，坚决不要这个钱，是我硬塞到他工作服兜中去的。那位师傅又掏出来还我。给他时是四张五元的钱，匆忙中他只掏出三张，我还给赵师母时心中还很有些尴尬，四张变成了三张，有些不好解释的难处。那位师傅不知为何，过了一会又掏了掏兜中，又掏出另外一张五元的钱，我又给了赵师母。后来我和赵师母说起这件事情，赵师母一点印象也没有。当时她处在极度悲痛之中，这些小事她哪里还有心顾及啊。但我心中还是很感慨的，牟先生病重和住院期间，山大领导还有当时山东医科大学附属医院的领导及专家、护士，都对牟先生很好，就连送遗体的师傅对牟先生也这样好，足见牟先生在人们心目中的形象，是多么高尚，多么受人尊崇。

我当年听牟先生讲课时，牟先生把他和陆侃如先生合搞的《文心雕龙选译》送给我们每人一本，后来凡是他出的书，应该都给过我。《文心雕龙译注》《刘勰论创作》《刘勰和〈文心雕龙〉》(以上为与陆侃如先生合作)；还有《文学艺术民族特色试探》《雕龙集》《台湾文心雕龙研究鸟瞰》《刘勰年谱汇考》《中国古代文艺理论资料目录汇编》，等等。牟先生去世后出版的《雕龙后集》《文心雕龙研究》，赵师母也都给过我。我都好好地保存着，视若珍宝。如今，面对着牟先生的这些著作，常常想起牟先生当年勤奋劳作的情境，催我们努力不懈，催我们奋进不止。

赵师母在发言中提到，希望我们在牟先生诞辰一百周年时，我们再相会，牟先生诞辰一百周年时的2028年，下一个"红羊劫"(2016年和2017年为"红羊劫"年)已经过去，我觉得那时候台湾问题应该已经解决，我们的国家更强大，我们的学术事业更加兴旺。在那种形势下再来召开牟先生诞辰一百周年纪念会，我们的纪念活动规模会更大一些，探讨的问题会更全面、更深入一些。牟先生健在时，我还很年轻，如今也已年过古稀，身体也不好，不知是否还有机会参与牟先生诞辰一百周年的盛会，啰啰嗦嗦地多说几句，也算是我的提前发言吧。

去年我写过《论学诗1600首》，谈尊师，谈重教，谈读书，谈写作，谈做人，谈治学。其中有两首是写牟世金先生的。其一曰："龙学有牟师，雕龙论著译；步步稳营寨，重点大突击。"其二曰："宏图文论史，全面展翅翼；正攀最高峰，中离实堪惜。"[①]虽然太一般化，一则本人才拙识浅，难有高精之作，只能这样打打油；二则百年山大，我总共才写到

① 徐传武《论学诗》之一，见2016年11月11日《山东侨报》。

寥寥几人，但也足见我对牟先生的敬意了；三则受我自己规定的体例的限制，特别是五言四句，"一韵到底"的局限，只能这样点到为止，不可能全面深入地论述牟先生成就和业绩。如果读者还能从拙诗中悟出点什么，我也就心满意足了。

（作者单位：山东大学儒学高等研究院）

春风化雨，润物无声

——纪念牟世金先生九十诞辰

黄　河

自从1987年毕业离开山东大学以后，我就再也没有见到我所敬重的牟世金先生了。三十一年间，光阴荏苒，人世沧桑，山大的面貌发生了巨大的变化，先生已离开我们驾鹤西去，我也从当年的未脱稚气变成今天的鬓发斑白。但在我的内心，母校山大，恩师世金先生，都还是一如当年的样子。时光的流逝，不但没有改变母校和先生在我心里留下的深刻印象，相反，通过岁月的洗刷，这印象反而显得越来越鲜明，越来越生动。

三十年前的山东大学，并没有今天这么大的规模，也没有像今天这样壮观巍峨的校门和众多富丽堂皇的大楼。单从校园来看，即使在国内高校中，似乎也只能用"寒碜"二字来形容。但就是这寒碜的校园，却拥有一群名震遐迩，学术成就至今让人称道不已的学者。他们传承着老一辈山大学人严谨扎实的治学精神，兢兢业业，勤于著述，造就了山东大学朴实深沉开阔博大的学术氛围，使山东大学成为五湖四海青年学子心目中的一座学术殿堂。我的导师，著名的《文心雕龙》研究专家牟世金先生，即是这些学者中的一员。

先生谦谦然有君子风。初见先生，那是在1984年9月，我们这届研究生刚入学不久的一天。那天，作为先生首届独力招收的研究生，我与师兄晓明、师妹章伟相约一起前往先生寓所看望先生。其时，先生在《文心雕龙》和古代文论研究上取得的成就已为学界所共知。但先生见到我们的第一句话竟是"如果陆侃如先生还健在，见到你们，真不知是如何高兴"。看似简单的一句话，反映出的是先生为人的谦恭和他对老师的尊重。虽然我们早已知道先生是陆侃如先生的学生和一直以来的助手，但真没想到先生会这样开始他对研究生的教育。他全不因自己的学术成就而自得，他总是将自己放在陆侃如先生的学生的位置上，深沉地在内心深处怀念着将他领进学术之门的陆侃如先生，并将自己所以能取得学术成就完全归功于陆先生的栽培。在先生门下的三年，我们随时随处可以感觉到先生对陆先生的那种由衷的尊重。当时，《文心雕龙译注》一书刚由齐鲁书社出版，是书虽基本上是由先生完成，但先生在写著者姓名时，从来都将陆先生的名字置于自己名字之前，所得稿费，大半也交给了陆先生的家人。在我们和先生的日常相处中，先生经常向我们谈起陆先生的往事。谈陆先生对治学精益求精的严格要求，谈陆先生平易近人的为人处世，谈陆先生日常生活中的俭朴与大度。那个现在已为学界所共知的陆先生在巴黎大学博士论文答辩时的学林典故——当有人问陆先生"孔雀东南飞，何不言西北？”时，陆先生当场应声回答：“西北有高楼。”就是先生告诉我们的。陆先生和冯沅君先生这一对学术伉俪、一级教授，为了从自己的工资中储蓄十万元人民币作为山大中文系学生的奖学金基金，长期以来，一直自奉甚严，生活朴素得他人无法理解。但尽管如此，两位先生的美好愿望，直至他们临终时仍然无法实现的故事，也是先生告诉我们的。三十多年了，至今我仍清楚地记得先生每次在谈及陆先生时那种眉间微锁，目光凝重，语速缓慢，语调低沉的神态。这是一个人只有在虔诚真切地怀念着一个足以值得他一辈子尊崇的人时才能自然而然地呈现出来的十分动人的神情。作为追随陆先生时间最长的学生和助手，先生以他对陆先生毕生的崇敬，教育着我们作为一个学生应该如何尊敬自己的老师。一场春雨，随风入夜，润物无声，我们从先生那里得到的教益，其实何止于学业。

先生为人朴实敦诚，儒雅和善，对学生关爱备至。逢年过节，必邀我们几个从南方来的研究生到他家里和家人一起用餐，以慰我们的乡愁。做一桌菜，在今天看来也许不是一件难事，但在“文革”刚刚结束，生活中的一切都有赖于各种票证的上个世纪八十年代，它却需要先生和家人很早就开始着手做各种准备。我们曾多次对先生说实在不必要这么麻烦，我们几个人在食堂吃饭就可以了。但先生仍然坚持他的一贯做法，不肯有一点改变，他的理由就是一句话：“当年陆先生就是这样待我的。”当时我还不大明白先生这样说的意思所在。后来，等我自己也带了研究生，也像先生那样逢年过节请研究生们一起来家吃饭以后，我觉得我才对先生这话有了一点理解。那就是既作为陆先生的学生，就应该继承光大由陆先生开创的爱护学生的师门传统，以身作则，像陆先生那样关爱学生，将学生视同亲人。记得是入学后不久，先生就给我们订下一条规矩，那就是每周必须要有一个晚上到先生寓所，谈谈本周所读的书及所产生的疑问。而每周这一天的到来，也就成为我们几个研究生在这周最高兴的日子。因为在这个时候，我们可以在先生的书房里随意地和先生讨论各种学术问题，向先生提出盘绕于自己脑海中的各种疑问，不受任何拘束地翻阅先生的藏书。先生书房不是很大，除去一面是窗，剩下三面都是高及天花板且摆满了藏书的书橱。窗前摆着先生的书案及座椅，书橱前悬挂一副对联，联曰：“书城高大能藏道；心地光明始爱才。”冬令时节，书房中央则放着一个总是有着跳动着的火苗和通往窗外的长长铁皮烟囱的，兼顾取暖和烧水两用的蜂窝煤炉。这里，就是研究生三年我们与先生交往最为频繁的地方，也是我们心中最为温暖的地方。毕业三十年，我从来没有忘记济南冬夜室外料峭寒风的呼啸声和先生书房里炉火带给我们那种贴心的温暖。每次在我们还未到先生寓所的时候，先生便已经为我们准备好了茶水。当我们在先生书房里高谈阔论，聊起自己所读的各种书籍，提出各式各样的疑问，谈到心中五花八门的看法时，先生总是以一种安详且慈爱的目光注视着我们，耐心地听我们把要说的话全部说完。通常，先生不会直接指出我们所读的书是否对，所存的想法和所提的疑问是否有道理。当他认为我们读的书不对时，他只说“你还可以读一下某人所著的另一本书”；当他认为我们的疑问和想法不够成熟时，他的通常做法是提示我们应该参考某某人的某某文章。而当他认为我们的想法或疑问有点道理时。他会要求我们谨慎对待这个问题，千万不要急于写成文章，并且鼓励我们围绕着这个问题作进一步的阅读和思考。每每此时,先生惯于自己走到书橱前,取出他觉得应该让我们研读的书籍或文章递给我们,让我们参考。有时,先生也会和我们分享一些有关学坛的掌故和他自己的读书心得,谈的兴起,他常常也和我们一起开怀大笑,而这时也就是我们在先生书房里最轻松的时候了。先生曾有叮嘱,只要是他书橱里的书,我们都可以随意翻动借阅。所以,在先生书房,我们可以不顾通常检阅书籍和借阅书籍的规矩,听凭自己兴趣和需要,任意抽出或借走。先生收藏的国内外有关《文心雕龙》的研究资料,我至今仍然相信,在国内学者中,无人能出其右。当年,我们之所以能在读研究生时就做出一些成绩,实与先生对我们的这种厚爱密切相关。这种和先生其乐融融的见面交流,时间总是过得很快。我们每次向先生告辞,差不多都是已经到了午夜时分。而这时,师母总是静静地从卧室内走出,坚持将我们送到楼下的楼道门口,悄悄告诉我们,欢迎我们常来。师母告诉我们说,先生由于长年埋头案前超负荷地阅读思考和写作,每天其实都非常紧张疲惫。只有在我们到来的时候,先生才能放松一下神经,让自己过于劳累的大脑得到片刻的休息。

先生从不认为自己的学术观点就是完全正确和无懈可击,相反,在他看来,只有不断地推陈出新,才能促进学术研究事业的健康发展。因此,对当时刚刚走出自己学术生涯第一步的我们,先生总是鼓励我们对他的学术观点提出质疑和批评,以此推动《文心雕龙》研究的深入。先生是《文心雕龙》研究的大家,在《文心雕龙》研究中,一直认为《文心雕龙》是古代文论中最为体大思精的一部文学理论专著。但当时年少轻狂的我却在入学后不久,就对先生的这一看法提出了疑问。我以为由于刘勰并没有意识到文学创作实际上是一个作家和读者都通过其而使自己的精神及个性超越现实束缚,最终得到升华解放的过程,所以,刘勰不可能对文学的审美意义作出深刻的论述。正是在这个基础上,我以为《文心雕龙》实际上并不是一部系统的文学理论著述,只是一部虽然系统但同时也是朴素的文学创作论。所以,尽管在《文心雕龙》中,刘勰也谈到诸如神思、体性、风骨、物色等似乎不属于纯粹的写作学范畴之内的问题,但其实依然是在围绕文章的写作,阐述他对决定创作成败与否的种种主客观因素的认识。让我没有想到的是,当我把我的想法向先生说明之后,先生即对我本着近代西方美学角度来说明《文心雕龙》的想法给以积极的鼓励。先生以为,当前的《文心雕龙》研究亟需有一个新的突破才能发展,至于突破口选在哪里,可以见仁见智,由研究者根据自己的学养和兴趣自行选择。先生同时又嘱我,千万不可望文生义,自我作古。一定要多读深读细读《文心雕龙》原文,准确把握刘勰本意。当我按照自己对刘勰的认识写了《试论文心雕龙的创作理论体系》一文后,先生亲自加以审核,并将其发表于《文心雕龙学刊》。我的毕业论文,同样本着我对《文心雕龙》的这一认识而展开。我选择了在我看来最富于近代思想特征的王国维先生的文学观,将其与刘勰的文学观进行比较,试图说明典型的中国古代文学观与近代受到西方美学思想影响的文学观的不同。论文写作期间,为了帮我更全面更准确地了解近代西方美学思想和认识《文心雕龙》究竟是一部什么样的著述,先生又亲自写信,介绍我前往上海拜谒学贯中西的著名学者王元化先生和在《文心雕龙》研究中一向坚持是书实为一部文章论看法的王运熙教授,当面向两位先生请教。我的论文写好后,先生一稿即予通过，并给予了较高的评价。先生如此博大开阔的人品气度胸怀，现在回想起来，仍然使人感佩不已。

1989年先生辞世，当时我曾接到山大中文系的电报，邀请我返校参加先生的追悼会。但不巧的是其时也正值先严处于病危期间，每隔几天，医院就会给家属发一份病危通知。作为家中长子，我实在无法离开。我曾写信向师母禀明我当时的尴尬处境和复杂心情。固然此事得到了师母谅解，但在内心深处，长期以来，我一直为未能赶赴济南见先生最后一面而深深自责。离开山大的数十年中，我也曾几次出于各种原因到过济南。只要不是太匆忙，我都会赶往山大看望师母。记得一次在师母家的客厅中，我无意间看到先生书房的门半掩着，就走过去往里看了一眼。那个曾经是我那么熟悉的地方，师母还是按照原来的样子保留着。藏书依旧，案椅仍存，窗明几净，纤尘不染，一切宛如昨日，先生仿佛只是到系里开会去了。所缺少的，似乎只有因为有了暖气而不见了的蜂窝煤炉和我们少不更事的任性喧闹。炉火映书城，喧声动夜寒，此景当日寻常有，而今只能梦里寻。我不敢再往前走了。我怕因我的鲁莽，影响了先生的沉思，干扰了先生的写作。今年，是先生的九十诞辰。良德师弟不惮辛劳，几经辗转，终于联系上已退休并已定居国外的我，又邀我回校参加先生九十诞辰的纪念活动。于情于理，这次我都没有任何可以推辞的依据。但还是因为不巧，就在前不久，我不慎摔了一跤，左手手腕骨折，做了手术，打了钉子，现在手上还挂着吊带，个人生活也不能完全自理，可谓是“身欲奋飞病在床”。我仍然无法返回学校纪念先生。我只能在大洋彼岸，遥望东方天边的母校，以此实不能尽衷情之万一的一篇短文，诉说自己对先生永远无尽的怀念。

真真是“彼苍者天，此恨何极”。

（作者单位：华侨大学文学院）

再回母校忆恩师

——纪念牟世金先生九十诞辰

刘玉彬

说来是缘分，我1985年考入山东大学中文系，随牟世金先生学习《文心雕龙》，当时我二十四岁，牟先生五十七岁；我生于1961年，这次重返母校纪念恩师牟世金先生诞辰九十周年，我恰好也是五十七岁。今年春节期间我去看望一位忘年交老朋友，他九十二岁，依然健硕，而牟世金先生离世已有二十九年，时年仅六十一岁——先生走得太早了！

第一次见到先生是1984年，我报考牟先生的研究生，就想去拜见先生当面请教。我1981年毕业于泰安师专中文系，当时在山东省体育运动技术学院（原省体育工作大队）任语文老师。少年时期就曾读过陆侃如、牟世金两先生合著的《刘勰与文心雕龙》，自学中国文学批评史期间，先生大名更是如雷贯耳，令我心仪敬仰。和先生素不相识，没有人介绍，一个"体工大队"的教师，一个同等学力的报考者，一个不速之客，就这样通过问询敲开了先生的家门。开门的正是先生，他一头浓密略有花白的头发，背有些驼，目光炯炯有神。说明来意，先生把我请进书房，热情为我泡茶，并指点我如何读《文心雕龙》。还记得先生问我，读过《文心雕龙》哪些注本，读过哪些文学批评史著作。告诉我《文心雕龙》要通读，更要注意刘勰写作《文心雕龙》的背景，从发展源流上学习研究。先生还说，准备考试，要重点研读《原道》《明诗》《神思》《体性》《通变》《物色》《序志》等篇目。临别时，先生说，这次报考他的学生有二十多人，鼓励我好好准备，争取考出好成绩。

1985年初，研究生入学考试结束。记得是三四月份，我在新华书店遇到负责监考的中文系资料室老师，他告诉我，我考上了，但未必是牟老师研究生，可能会调剂到其他专业。我谢过他，转身骑自行车直奔牟老师家。牟老师祝贺我考上研究生，说今年全国才招两万三千人，我能考上值得祝贺。又说："我这里录取了一位保送的同学（即师妹李景梅），还有一位也是山大本校的（即师弟戚良德），另外一名打算录取川大中文系应届毕业的。你们俩成绩差不多，我这里只招三个，所以打算把你调剂到其他专业。"我当即表示，我是因为喜欢《文心雕龙》并且景仰先生才报考先生，如果今年不能录取，我就明年再考，但我不愿意被调剂到其他专业。先生后来告诉我，正是因为我的这个态度，先生才最后决定把我收到他的门下。

第一学期先生每周为我们上一次课，每周读一篇《文心雕龙》，要求最好不看注解翻译，仅凭查阅工具书读懂各篇，争取背过，写小论文，老师指导我们讨论。当时觉得很枯燥,多年以后才懂得,这个功夫必不可少。现在可以读懂古典文献,可以写过得去的文言文,全凭当年先生教诲。

第一堂课至今记忆犹新,先生把《艺文类聚》《渊鉴类函》《太平御览》《四库全书总目提要》和《说文解字》《尔雅》《康熙字典》以及各类论文索引等,摆列在两个磨得发光的长条凳上,为我们三个学生一一解读,说这是进入古典文献库,掌握专业研究情况的钥匙,嘱咐我们要用好这些钥匙,打开学术研究之门。还说,本科阶段学会的是自学,研究生则要学会治学,古代文论治学的基础正是要熟悉类书和其他工具书。这些知识和方法,无论在学术领域还是其他领域,直到今天的互联网时代,仍有很大用处。

入学后不久,恰逢中秋节,先生特意请烧得一手好菜的中文系秘书帮忙,在家设宴招待他的研究生。我们两届共六位同学在牟老师家打牙祭,加上牟老师的家人等,共有十二人。大家挤在一张桌子上,鸡鸭鱼肉俱全,还有当时罕见的对虾,缺少油水的我们大快朵颐,也不知道让牟老师破费多少。记得吃完回来,颇让那些中秋无处可去的同学欣羡不已。

给牟先生搬家是个苦差事。1985 年秋天,牟老师乔迁,由三室一厅迁入四室一厅的新居。时逢牟老师率上届师兄师姐外出参加学术会议,师母指挥两子一女和我们三位学生搬家。我们把书架的书装箱编号,要确保每一本书放在原来的位置。说是苦差事,主要是因为先生藏书太多,除了他自己几十年的积累,又蒙先生岳父赵省之、老师陆侃如以及日本友人馈赠,整个一面墙以及床下、走廊、箱子里到处都是书。我们一个少年,两个姑娘、三个小伙子,从前楼三楼,到后楼四楼,早上开始直到晚上才搬完。除了书,家具很少,书搬完,就已经完成 80%的工作量。记得搬先生不知什么年代的写字台,往上一提,只搬起桌面。其他不过衣橱、木板床之类而已,简单得很。

那时候的济南,除了党政机关,其他单位宿舍多半没有暖气,冬天靠煤炉取暖,还记得老师为我们上课,中间还要拿着铁夹子换蜂窝煤,想来让人唏嘘。

1987 年 10 月,牟先生计划带领戚良德、李景梅和我去成都参加中国古代文艺理论年会,当时从济南到成都要转道西安坐火车,我先去西安打前站,找原来体育系统的前辈孙先生帮忙为先生买去成都的软卧票。买到票与先生联系时,得知先生病了,不能参会。当时没有在意,以为只是偶感微恙。从成都回来,才知道先生得了膀胱癌。手术后看起来恢复得不错,我们也都松了一口气。

我入学时基本不会写学术文章,先生就鼓励我多写,多看前人文章。1986 年暑假,我写了一篇《文心之道,道心惟微》,先生说,进步很大,入门了。毕业论文开题,我说我的观点和先生不同,是不是不好。先生说,没有关系啊,都和老师一样,我们岂不还是孔夫子的水平? 论文写就,先生抱病审阅,连错字和标点符号也不放过,看着先生手改的苍劲文字,每个字都像重锤,令我感激,更令我羞愧汗颜。后来的论文答辩会上,先生用慈爱欣赏的目光看着我,那眼神至今让我感动、温暖。

我们在校时,牟先生从来不让我们做帮他查资料、整理文档之类的工作。他凡事亲力亲为,不肯占用我们的时间。他说过,他给自己的要求是,每天至少写一千字。牟先生写文章,从头到尾工整正楷,没有草稿,写错了不会涂改重写,而是用相同的稿纸挖补改正。我有幸收藏了先生的一份手稿，有时会拿出来看看，并用它教育孩子。

唯一的一次要我们协助他，是先生编纂陆侃如先生古典文学论文集，他说："陆先生是我的老师，让你们参与校对，是想让你们学习陆先生，让你们感受传承。"牟先生对陆侃如先生的尊重，学术界有口皆碑，这里就无需赘言了。

1988年夏天毕业后，我经常去看望先生。记得在单位报到后去看望先生，见先生半躺在床上看电视剧《红楼梦》，这是我第一次见先生看电视。他好像有点不好意思，说，病了嘛，只好看看电视。年底，牟先生抱病去广州参加《文心雕龙》国际研讨会，见到了日本学者，也见到了他在《台湾文心雕龙研究鸟瞰》一书中提到的几位台湾学者。回来后我去看望他，他说，能参加这样的会议是他多年夙愿，也算是雕中华全龙了。

之后每次探望他，他都渐趋衰弱，直到发现癌细胞转移住进医院。1989年6月10日左右，我去山东医科大学附属医院，师母在，先生女儿在。他问，能不能找到气功大师调理，还有好多事情没做完。又问他关心的人，他们怎么样了？1989年6月19日，先生带着不尽的遗憾和牵挂，永远离开了这个世界。

毕业后，我先后在山东省人大常委会、山东省国际信托和招商银行工作。先生的道德文章，令我受益至今；《文心雕龙》"圆鉴区域""唯务折衷"的思想方法，始终是我做人做事的指南。离开学术界，经常会感到有些遗憾，所幸，师弟戚良德教授几十年耕耘雕龙，所著数量、种类卓荦学界，足以告慰先生。良德领衔的国家社科基金"龙学"重大项目即将开题，先生有知，必含笑九泉。

（作者单位：招商银行）

追忆牟先生

李景梅

牟先生去世将近二十九年了。

先生去世时，社会正在剧烈震荡，我渺小的内心也在痛惜之中余震不断。然而，那时年轻，于很多事情实在是懵懵懂懂，却并不自知，还意气风发……

将近二十九年过去了，灰白头发陡然占据了双鬓，骄傲地攀在额头，太多的往事似乎也随之隐匿、消散在庸庸碌碌的营生之中。但是，牟先生手夹大鸡牌香烟、背微驼、循循善诱、微微抑扬顿挫地讲课的情景依然清晰，竟似没有岁月尘埃。

记忆中，没有先生高谈阔论的样子，去先生家听课，就像读先生的文章，朴素、不疾不徐，很少有惊人之语，但是总有实实在在的干货相授。

一次，牟先生大概是写完《台湾文心雕龙研究鸟瞰》一书后，感叹台湾古典文化保存之好、学生文言文水平不错，然后，他说，文言文简洁，你们是不是尝试用文言文写论文。在先生门下学习三年，他对我们没有做过什么强制性规定，那次说用文言文写论文，自然也并不是必须做的，而那时，我更多地被各种新鲜的事物吸引，新鲜的诗坛、新鲜的文坛、新鲜的文学批评……我搬弄着用新鲜的观点来看刘勰的《文心雕龙》，对“用文言文写论文”，并不在意。转眼，许多年过去了，我游荡在学术圈之外，了无长进。一次，想不起来是受到什么触动，想起牟先生这句话，瞬间像被惊着了一样：用文言文写论文，不就是模拟古人的思维论证方法吗？这应该是一种途径：通过模拟是不是能更接近古人，更好地与古人对话、“知”古人而论世？更精准地把握古人所思所想？用文言文写论文，是不是能更透彻地了解文言文这种文体的优劣、是不是能更好地体悟古典语言的表现力和限制性？……当时，受古典文论浸润，背得出《文心雕龙》重要篇目，词汇语感皆有，用文言文写论文，并非不可及之事，然而，时光不可逆转……

牟先生治学注重考据、实证，不做空泛之论，但他并不古板保守。那时，许多新“主义”、新思维方法、新概念为封闭多年的我们打开了一道又一道门，激荡着我们的思想，当然食而不化、拿来便用的也大有人在，年轻的我就囫囵吞枣，毫无顾虑地以“刘勰论创作主体”作为硕士论文，这一想法竟顺利通过牟先生许可，遗憾的是自己力所不逮，研究不深不透。

牟先生是严于律己之人。记得我和两位师兄去成都参加学术研讨会，当时去成都必经西安，于是，很想从西安奔敦煌拜谒仰慕已久的莫高窟，先生说，“这样影响不太好”，他还安抚我们说，那里风沙很大……万万没想到，不久之后他便身患癌症……

为雕画一条“全龙”，牟先生曾“打外围战”，遍搜、考证海内外的刘勰年谱年表、研究“龙学”七十年的历史、探究六朝儒道玄佛之争，对《文心雕龙》本身更是“从逐字逐句、一篇一题到全书，由全书的理解再回到字句”，“如此反复”……当扎实、厚重的积累正在喷薄而出时，先生走了，他走的时候仅仅六十一岁，这怎能不是我们的巨大伤痛……可以告慰先生的是，良德师兄正继承光大先生的学问、精神，“龙学”在发展。

（作者单位：中央电视台）

一入龙门，恩情似海

——纪念牟世金先生诞辰九十周年

戚良德

写过好几篇有关牟先生"龙学"成就的文章，但很少涉及跟从先生治学的一些琐事。在纪念先生诞辰九十周年的时候，很想静下心来，回顾随侍先生左右的日子。那些充满温馨的时刻，那些不足挂齿的小事，并未如烟消散，而是历久弥新，镶嵌在记忆深处。据说，这便是人老的标志，该记的没记住，该忘的忘不了。

一、龙门翘望

1981 年 9 月 1 日早上 6 点，我在沂水长途汽车站坐上开往省城济南的长途汽车，经过六个多小时的颠簸，到达济南长途汽车站。下车等了约半小时后，连行李带人一起乘上了山东大学迎接新生的大卡车，经过约一个小时后到达学校的报到处，爬下大卡车，一位和蔼的中年女老师给我办理了入学手续。一位陌生而热情的男同学帮我提着行李，领我来到一栋新落成的六层楼，告诉我六楼西头的 638 就是我的宿舍。后来知道，那是 10 号宿舍楼，这里就是山东大学新校（也就是现在的中心校区），我将在这里度过四年的大学生活。

随后，我买到了一本大红色封面的"山东大学手册"，装帧很像我见过的一种"毛选"，塑料封皮、软精装，封面上印着金色的"山东大学"（篆体）字样。手册的前半部分有关于山大的介绍，图文并茂，还有《常用古诗名句选注》《标点符号用法》，大概因为这个手册是山东大学校刊编辑室编的，所以里面还有一篇《校对符号及其用法》（我后来校对清样时，都是按照这个用法做的）。手册的后半部分是笔记本，那是我平生第一次拥有如此奢华的笔记本。这个手册我一直保存至今。手册中有一篇《山东大学的沿革和现状》，我当时读了不知多少遍，里面介绍了不少山大名人，尤其是后面的图片中，不时出现陆侃如的形象和他的大名，尽管那图片不甚清晰，但还是给我留下了最深刻的印象。

入学一年半后的 1983 年 3 月 9 日，我在山大新校著名的小树林旁边的山大书亭，买下了我的第一本《文心雕龙》书——陆侃如、牟世金先生的《文心雕龙译注》下册（齐鲁书社 1982 年 9 月出版）。我没说"买到了"，而是说"买下了"，是因为那是略有犹豫之后才买的。这还要从刚入学说起。那时候大学新生没有军训，第一周是入学教育。在入学教育的间隙，好像是被上一级的老乡领到了山大书亭，看到了《文心雕龙译注》的上册

(齐鲁书社 1981 年 3 月出版),当时之所以关注这本书,是因为看到封面上陆侃如的名字,感到非常亲切,很想买下,但不知道自己是否应该读《文心雕龙》,刚入校的我,对这么一大笔开支(上册定价 1.25 元),非常慎重。犹豫再三,还是放弃了。随着读书生活的开始,我熟悉了牟世金先生的大名,并从中文系图书馆借到了他的《文学艺术民族特色试探》(齐鲁书社 1980 年 9 月出版)一书。读完这本薄薄的大著之后,我毫不犹豫地跑到山大书亭,但那本《文心雕龙译注》(上册)已经没有了。这件事情也就暂时被搁置,直到我在书亭看到了《文心雕龙译注》的下册。我没有上册,先买下册吗?但一想到很快就没有了的上册,我来不及多想,便买下了。这就是上文所说的略有犹豫。买到下册之后,我开始寻找上册,3 月 28 日,我在济南火车站附近的古旧书店买到了。从此之后,我就准备做牟先生的学生了。屈指算来,至今正好三十五年。

二、龙门初入

大四上学期,也就是从 1984 年 9 月份开始,我便全力备考牟先生的研究生。与现在相比,那时的考研有两个明显不同:一是没有今天的考研大军,招的少,考的也少,由于本科毕业便可有不错的去处,多数同学也就不准备考研,凡是考研的同学,大概都是对学术研究有兴趣的。二是要先确定自己准备报考的导师,类似于今天考博,专业和研究方向的划分比现在要细得多。牟先生招生的专业是中国文学批评史,研究方向是《文心雕龙》。大约在 10 月份的一天,我壮着胆子敲开了先生的家门。我告诉先生,我要报考他的研究生,先生微笑着说,当然欢迎。然后说:“也有来信问考研问题的,我都告诉他们《文心雕龙》可重点看七篇,你也可以以这七篇为主。”今天想来,具体是哪七篇,却不能十分确定了。

大四下学期,也就是 1985 年的春天,牟先生为我们开设“《文心雕龙》研究”的选修课。那时考研结束不久,尚未出成绩,学习委员田晓明同学知道我报考了牟先生的研究生,就安排我做了课代表。第一次上课前,先生告诉我这门课就用他和陆先生的《文心雕龙译注》做教材,但当时书店里已经没有这套书,我便辗转找到位于胜利大街的齐鲁书社,为选课的同学每人买了一套。选课的有二十人左右,平时听课的则只有十几位同学。实事求是地说,牟先生的课讲得并不十分生动,但平实质朴,没有任何废话,在诠释《文心雕龙》文本的同时,不时介绍“龙学”研究情况,以及他自己的研究观点,由于我刚刚考过研,听得极为认真,或者说,我大概是课上听得最为认真的一个学生了。不仅认真,而且由于我已经读过先生不少文章,特别是《文心雕龙译注》前面那个长长的“引论”,我已经读了好几遍,所以先生的讲课,我自然听得进去,非常投入。我自己觉得,牟先生应该也是这么认为的,因为我经常感觉到先生讲课间,不时略带嘉许地微笑着看看我,那若有所思的神情,还有那带有明显四川口音的普通话(先生自称“南腔北调”),至今想起,仍宛在目前,萦绕耳畔。

课程进行了不久,研究生初试成绩便出来了,我的成绩可以说喜忧参半,两门专业课分别是 93 分、91 分(满分 100 分),自然是最高的,总分也是最高的,但英语没过线(好像是差4分)。我不知道能否上学,也没有问牟先生,就是傻傻地等着,先生也没有为此找过我,一如既往地上课,直到我被通知参加面试。面试小组只有牟先生和萧华荣先生两位,萧先生给我上过文学史,主讲魏晋南北朝文学。牟先生问我念过谁的批评史,我说读了郭绍虞和敏泽的,他就问我喜欢谁的,我说喜欢郭先生的。他听了略显惊讶,说:“噢?那你说说为什么喜欢郭先生的?”萧先生兼做记录,问了我几个有关文学史的问题,我在回答过程中说到了文学发展与社会经济发展不平衡的问题,萧先生让我展开谈谈这个问题。面试结束后没有几天,我在文史楼北边的路上遇见了散步的萧华荣先生,我只叫了一声萧老师,他便说:“复试没问题,你的理论功底不错。”其实,他不说,我也不会问,我根本没有准备问,不是不想问,那时我的性格比较内向,根本不敢问。后来,萧老师调到了华东师大,我留校当了老师后去上海看他,他亲赴菜市场买菜,亲自掌勺,请我喝啤酒,自然说起了这件事情。萧老师说:“我知道你不会问,所以特地告诉你的,你那时候有些自卑,农村来的孩子都这样。”我默默点头承认。不过萧老师只说对了一大半,像我这种一个小县城的文科最高分考入山大的学生,自卑中都还带有一点点不服气,现在想来殊为可笑。

后来,中文系分管研究生招生工作的副主任徐超先生(他是我的古代汉语老师)给我讲了我被录取的经过。他说,牟先生想收我,可是外语没过线,他们二人便去研究生处找领导。牟先生对处长说:“你不让我收这个学生,今年的两个名额我就不要了(牟先生那年有三个名额,已经录取了一个推免生,就是李景梅师妹)。”就这样我如愿参加了面试,并最后被录取了。可以看出,当时的研究生招生政策相对较为灵活一些,同时,著名导师的话语权也比较大。要是现在,你那两个名额不要更好,能吓到谁呢?我被录取的这个过程,牟先生从未对我提起过。

如愿以偿地成了牟先生的研究生,本科毕业论文指导教师自然也就选择了先生。我给自己定了一个大题目:从孔夫子到白居易——中唐以前中国古代现实主义理论的发展。这个题目完全来自先生发表在《文心雕龙学刊》第一辑上那篇《刘勰对古代现实主义理论的贡献》的启发。初稿写了大概三万字,虽有“半折心始”之感,但还是不无得意地交给了先生。一个多星期后,先生便将改好的稿件给了我。记得先生说,文章还可以缩短一些,语言要精炼。那是先生第一次为我修改文章,工整的小楷遒劲有力,在我那有些潦草的字迹边,显得颇为醒目。我按照先生的要求,把文章删减了不少,但什么是“精炼”,当时并没有很深的体会。

本科毕业前夕,我抱着我们中文八一级专门印制的毕业纪念册,来到先生的书房,请他题字。先生思索片刻,拿起毛笔,在第一页上写下了八个字:继续前进,从头开始。下面还有一行略小的字“良德同志毕业志念”,后面是先生的署名,日期是7月2日(1985年)。

三、龙门问学

研究生期间,牟先生给我们开设了三门课程:六朝文学、古代文论和《文心雕龙》研究，上课地点都是先生的书房。先生不再像给本科生上课那样，按部就班地讲课，而是先听我们说。比如《文心雕龙》，我们每周读一篇，上课的时候便就这一篇谈自己的想法。先是我们三个研究生各自谈，谈着谈着便产生不同的看法，大家开始争论，有时候还颇为激烈。牟先生听得很认真，略带微笑地看着我们的争执，偶尔会插几句话。待我们说得差不多了，他开始进行总结性的讲解，讲解的过程中便会涉及我们刚刚产生的争论，分析我们的主要观点，并略加评论。但他一般不会点出是谁的观点，只是把我们的一些看法融入其中，进行综合性的评说。我们三个从先生家（就在校园对面，中间只隔着一条马路）回到宿舍的路上，记得景梅师妹有时会指着我说："老师总是偏向他，从不批评他的观点。"这时候，大师兄刘玉彬便宽厚地笑笑，不置可否。我听了自然是有些得意，便盼望下一次上课的日子，就像中学时代盼着周五下午的作文课一样。现在想来，亦颇为可笑，但那样单纯而温馨的学生时代，令人难忘。

先生鼓励我们提出自己的观点，尤其不止一次地说，"要敢于向老师挑战"。我一直记着这个话，并寻找机会。但那时读先生的书，读先生的文章，只觉得神完气足，论述精当，实在无从下手。但当我们讨论到《总术》篇的时候，机会终于来了。先生在他的《文心雕龙译注》的长篇"引论"中，有一小节的标题是"《总术》——创作论的总结"，但《总术》的开篇却是"今之常言，有文有笔；以为无韵者笔也，有韵者文也"，然后是一大段论述文笔之分的话。对此，纪昀曾表示有些不解。他说："此一段辨明文笔，其言汗漫，未喻其命意之本。"又说："此一段剖析得失，疑似分明，然与前后二段不甚相属，亦未喻其意。"黄侃在他的《文心雕龙札记》中则说："纪氏于前段则云汗漫，于次节则云与前后二段不相属，愚诚未喻纪氏之意也。"但黄侃还是从刘勰的本意来把握的，他说："案彦和云：文笔别目两名自近代；而其区叙众体，亦从俗而分文笔，故自《明诗》以至《谐隐》，皆文之属；自《史传》以至《书记》，皆笔之属。"此虽就事论事，但我联系到《总术》篇的赞词："文场笔苑，有术有门。"觉得刘勰先讲文笔之分，可能是有意的，则前后两段也就未必"不甚相属"，所谓"术"，不仅是创作论的问题，而且也是文体论的问题，刘勰所讲的每一种文体，不是都有其"术"在吗？则所谓"总术"，就不仅是"创作论的总结"，而是意味着，所谓创作论，乃是从"论文叙笔"的文体论而来的。于是，我把这些想法写在了自己的笔记上，讨论课上便大体读了一遍。记得当时先生总结时，并没有对我的想法做过多的评论，只是说：把你这个想法写成一篇小文章给我。很快，我就整理了一篇四千多字的短文面呈先生，题目是"《文心雕龙·总术》篇的地位及其理论意义"。牟先生接过文章翻阅一遍，提笔（毛笔）把题目改成了"《文心雕龙·总术篇》新探"，说："我给《文史哲》试试。"我知道，先生是《文史哲》的编委。

大约 1986 年底的一天上午，我正躲在研究生宿舍的小壁橱里用功，同宿舍的李蓝一下拉开壁橱的小门，大喊："戚良德，你先生来找你！"我钻出壁橱，先生略为惊讶地笑了，说："你在这里面？"我们的宿舍进门后，两边各有一个小壁橱，本来是供放置衣物用的，但都被我们改造成了一个读书的小窝，虽仅能容身，但躲进里面极为安静。我没想到先生到宿舍找我，显得颇为尴尬，手足无措，根本没注意到先生手里拿着几页纸。先生说："你尽快校一下，然后交给我。"我慌忙接过那几页纸，等先生离开宿舍，我才看到，那上面印着我的“《文心雕龙·总术篇》新探”。我还没来得及多看几眼,李蓝兄便一把夺过去,说:“先让我看一下。”他很快看完了,我也很快校了一遍,然后午饭都没有来得及吃,便直奔先生家。先生显然心情不错,他笑眯眯地说:“我把文章给《文史哲》,他们说,‘老牟啊,你这只是研究生的文章,《文史哲》能发吗?’我说:‘虽然是研究生,但这篇文章解决了自黄侃以来的一个小问题,你们不发,我就给《文学评论》。’他们说:‘那就发吧。’”这篇小文发在了《文史哲》1987 年的第二期。

四、龙门寒冬

1987 年中秋节前夕,我们三个研究生一起到成都参加在四川大学举行的中国古代文论学会年会。牟先生原本说好带我们同行,但由于身体不适,未能成行,结果成了我们师兄妹三人的自由之旅。先生一向身体很好,中午没有午休,平时连感冒都很少有,所以偶尔的不适,我们都没往心里去,更不知道病魔已向先生袭来。我们三人先去了西安,然后去成都参会。说是开会,但没有老师跟着,我们三个都是第一次参加这样严肃的学术会议,谁也不认识,很难说上话,开始颇有些无所适从。但当说起我们是牟先生的学生,那些早闻其名但从未谋面的大家学者,顿时便热情有加,令人如沐春风。这不仅让我们感觉到牟先生的人缘极好,而且也使得自己颇增几分神气,现在想来也真是好笑。当时给我留下深刻印象的有两位学者,一位是祖保泉先生,一位是蔡厚示先生。蔡先生仪表堂堂、神采奕奕,说起牟先生来滔滔不绝。祖先生则温文尔雅、忠厚长者,那脱掉鞋子、挽起裤腿,赤脚趟过都江堰的情景,颇为有趣,至今仍历历在目。

会议组织游览青城山的时候,我在山路旁边的小摊上,花了好像五块钱(现在记不清了),买了三块大理石的镇纸,一块是纯黑的,一块是花白的,一块是比较纯的白玉色。会议结束后,我们先去了重庆,过三峡时,我没能和师兄师妹同乘一艘船,结果一个人早到了武汉,又一个人坐火车至郑州,一路把那几块石头背回了济南。我拿了那块白玉色的镇纸,兴冲冲地来到先生家。牟先生给我开门,略显惊讶地说:“哦,你回来了?”甫一坐定,我鼓起勇气,拿出那块石头,说:“这是我从青城山上买的。”先生慈祥地笑笑,说:“你自己留着用吧。”我说,我还有两块,一起买了三块。先生便收下了。那是我平生送给先生的唯一一件礼物。然后先生说:“你把会议资料给我看看。”我说,那些资料我们嫌重,都留在宾馆了。先生听了脸色一沉,说:“那个怎么能扔了呢?”从那以后,三十多年来,我无论参加什么样的学术会议,所有的资料,都是片纸不落地带回来,再也不敢丢了。

1987 年的冬天,我们开始写毕业论文。我给自己定的题目是“论刘勰的文艺观念”,下面列了十多个标题,满怀豪情地准备写一篇大文章。但听说不管写多长,只能打印三万字(那时的打印技术还比较落后,先用打字机打在蜡纸上,然后油印)。我用了一个星期左右的时间写完了第一章“道之文与文之道”的初稿,正好接近三万字,便以此为大题目,加了一个副标题“论刘勰的文艺观念之一”,誊写在每页四百字的稿纸上,交给了牟先生。当我拿回自己的稿子时,已经是在医院的病房里了。记得当时一进病房,便看见先生倚靠在病床上，手里拿的正是我的那摞黄黄的稿纸。虽在病房，但没觉得先生与平时有什么两样。他说，文章已经看完，并在上面做了一些修改，建议我不要指名道姓地批评别人，直接谈自己的观点就行了。

农历的1988年是戊辰龙年，牟先生的本命年，他的六十大寿。3月份，他完成了自己最重要的一部"龙学"著作——《文心雕龙研究》，他称这部著作是自己平生所能雕刻的一条"全龙"。不过，后来我才知道，这部著作的最后一章（第八章）"几个专题研究"，当时只在"目录"上列了四节标题的题目，只是从这些题目看，都是先生发表过的文章。大概正因如此，先生没有及时整理这一章。直到一年以后的1989年春天，当先生再次住院以后，由于出版社催稿，先生才让我根据目录，把那一章整理出来。先生当时还说，"你整理完后，可以写个后记，把情况说明一下"。但当我整理完那四节内容后，直接寄给了人民文学出版社，并没有写后记。我当时想，说是整理，那其实是先生发表过的四篇文章，我只是把它们略微连缀了一下，成为一章的四节而已，没有什么好说明的吧？

戊辰龙年对先生有着非比寻常的意义，但这都是我后来才意识到的，当时并没有什么特别的感觉。甚至虽然知道先生得了大病，做了手术，但也没觉得有什么了不起，因为每次见到先生，从心理上从未承认他是个病人。我们研究生毕业了，师兄师妹都离开了学校，但我自己则好像没有毕业的感觉，还是在老师身边，和老师一个教研室，见老师的次数更多了。也许唯一的不同，是先生告诉我，以后我就是《文心雕龙》学会的秘书了，要处理学会来往的信件，并准备编辑一期《文心雕龙学刊》。当然，还要接替先生给本科生开设"《文心雕龙》研究"的选修课，毕竟自己已经是老师了。

1989年从春至夏，我基本每两天去一趟医院，偶尔晚上也留下来，好让一直陪伴先生的师母休息一下。我一直觉得，先生当然会痊愈出院的，这还有问题吗？但事实是，先生的病情越来越严重，直到6月19日的下午，我眼睁睁地看到先生慢慢耗尽了他原本旺盛无比的生命力。看着师母给先生擦洗好身体，换上一套崭新的中山装，看着医护人员把先生推出病房，我不记得自己是否流泪了，只是怔怔地跟在后面，直到看不见先生为止。几天后，我再次来到先生躺着的冰冷的房间，和工作人员一起把先生抬上一辆大卡车，我和先生的两位公子一起蹲坐在先生的脚边，一路颠簸护送先生到了济南粟山殡仪馆。那是我平生第二次乘坐大卡车，应该也是最后一次乘坐这种车了吧。

送走先生，我病倒了，发了几天烧，休息了一个星期，然后开始为先生编辑《雕龙后集》，并把已经编好的《文心雕龙学刊》第六辑送到齐鲁书社。第六辑学刊里有我两篇文章，一篇是关于先生《刘勰年谱汇考》的书评，"汇考"一书出版时，先生正在北京做化疗，我赴京探望，先生亲手给我做了一个黄瓜炒鸡蛋，那应该是我吃到的先生亲手做的唯一一个菜（我们读研的时候常在先生家吃饭，但印象中先生一般不下厨），吃饭的时候，我告诉先生，"汇考"我看完了，准备写个书评，先生点头应允。另一篇是谈"论文叙笔"的文章，那是师母为我争取到的。记得研究生毕业后，先生让我帮助他编第六辑学刊，师母在旁边说："你光让人家干活，也不给人发篇文章！"先生听了微微一笑，对着我说："那你写篇放上吧。"我很快写了一篇《"论文叙笔"初探》面呈先生，先生拿过去翻了翻，说："你倒是快啊，等我看看吧。"没过几天，先生把文章交给我，没说好也没说不好，只是说放上吧。我拿回去认真翻阅,上面依然有先生熟悉的修改笔迹,但不算多。没想到,那是先生为我看的最后一篇文章。从此之后,没有人再给我那样认真修改文章了。

五、龙门之道

从 1984 年 10 月份算起,到先生去世,我跟随先生正好五年时间。耳濡目染,耳提面命,潜移默化,有形无形,先生对我的影响,从人生态度到读书为学,可以说无处不在。比如,我从未想过要跟先生练习书法,也并没有意识地模仿先生的字,但先生说:“你的字写得很像我。”以至于先生主编的《中国古代文论家评传》出版时,先生正好躺在病床上,他说:“你帮我题字送人吧,看不大出来。”不只是先生这么认为,我后来的同事、精于书道的傅合远老师也经常说:“你的字像极了牟先生的字。”其实,他们说的都是我的硬笔字,我不懂书法,所谓像,当然只是字的外形;先生书法的风神骨力,我自然是并不具备的。但仅此一点便可说明,先生的言传身教,无形之中已成为我人生的楷模。

读研之前,先生对我最大的影响,不是《文心雕龙》研究,而是古代文学艺术理论的综合探索,因为我最先读到的先生的书是《文学艺术民族特色试探》,先生明确的综合研究意识给我留下了深刻印象。正是在那本书的影响下,当我读了莱辛的《拉奥孔》和钱锺书的《旧文四篇》之后,我试着写了一篇《“诗画一律”初探》的长文,请我当时的辅导员凌南申先生批改,凌老师是牟先生同乡和同学,那时我还见不到牟先生。那篇文章写了三万多字,里面抄了不少牟先生那本书里的资料。凌老师看完后对我说:“你读了不少书啊。”我只好承认,那是抄的。但凌老师还是说:“你把文章第二部分整理出来给我。”后来,凌老师把我整理出来的那篇文章推荐到我们学校的《稚虬》(《山东大学报》文艺增刊)发表了,凌老师给定的题目是《试论诗画艺术的意境》,那时候我还是大三的学生,那也是我平生发表的第一篇文章。

跟随先生读研之后,潜移默化之下,先生的很多为学理念融入了我的学术生命之中。举其荦荦大者,当有以下数端。首先,要建一座属于自己的图书馆。记得我们三个研究生第一次上课时,先生说“你们就算《文心雕龙》的专家了”,还没听下一句,我们都笑了。先生显然看出我们的不以为然或愧不敢当,便说:“全国专门研究《文心雕龙》的研究生没有几个,怎么不算专家?”然后先生说,“以后碰见《文心雕龙》方面的书,不管水平如何,只要自己没有,都要买下来”。三十多年来,我认真执行了先生这一不成文的规定,因而积累了比较齐全的“龙学”著作。当然,不仅仅是“龙学”,先生还有个很有名的主张:一个人文领域的学者,一辈子要建一座适合自己的图书馆。对此,我也全力贯彻到了自己的实践中。尤其是信息数字时代到来后,不仅纸质书,我还特别喜欢收集电子资料。这样做的结果,那就是一般情况下,不必再去各种图书馆了,真正体会到了刘勰所谓“任力耕耨,纵意渔猎,操刀能割,必裂膏腴”之随心所欲的快意。

其次,要用第一手资料。这显然是和上面一点密切相关的。为什么要建一座图书馆?因为书到用时方恨少。更重要的是,先生说,真正的研究,决不能依靠二手资料,而必须找到原文,找到出处。先生还说,“你可以通过别人的引文顺藤摸瓜,但决不可直接拿来用，尤其要看看别人没有使用的上下文，很可能你会有新的发现”。我当了老师后，也经常跟学生这么说，其中的道理很容易理解，但真正这么做，才会让人受益无穷。比如，《文心雕龙·乐府》有“好乐无荒，晋风所以称远”二句，这个“远”字，我后来校勘时，根据唐写本，把它改成了“美”字。但唐写本的价值大家都是知道的，何以诸家《文心雕龙》校本皆作“远”，而不从唐写本作“美”呢？盖以各家均据《左传·襄公二十九年》所载吴公子季札观周乐时的一段话：“思深哉！其有陶唐氏之遗民乎？不然，何忧之远也？”(陶唐氏，即唐尧，其后裔建立唐国，周成王时改为晋国，所以刘勰称“唐风”为“晋风”)既然这里有“何忧之远”，则所谓“晋风所以称远”，似乎是确凿无疑的。但我想，“远”与“美”二字不同，唐写本何以抄成“美”字？只要我们继续往下看《左传》，问题便可解决，可惜一般注本不再往下征引了。其实，“何忧之远也”一句的后面，紧接着还有两句话：“非令德之后，谁能若是?”这才是吴公子季札这段话的中心所在。“令德”者，美德也。所以，还是唐写本的“晋风所以称美”更符合刘勰之本义。“称美”者，称赞其美德之意也，较之“忧远”之“远”，不是更为合适而贴切吗？

第三，要敢于向老师挑战，尤其是先生“友、敌、师”的读书三字法，其中的“敌”给我以深刻影响。先生说，每当他翻开书本，便如临大敌，因此不少介绍读书方法的文章把他的这个读书方法叫作“如临大敌”法。当然，所谓“如临大敌”，并非真的把书本当成敌人，而是以此警示自己“尽信书，则不如无书”，尤其是必须提出自己的观点，在前人论述的基础上有所创造。我在当老师的过程中，经常听到研究生说，看人家的文章，觉得说的都对，自己提不出想法。每当这时，我就给学生们介绍牟先生的读书三字法，尤其是这个“敌”字。它的精义在于，不盲从，不迷信，从不同方面提出自己的问题或疑问。先生说，无论什么样的文章，很难经得起这样的“攻击”；当然，不是真的要“攻击”别人，而是在这样一个严格审视的过程中，锻炼了自己的思维，多方面深入地考察了研究对象，从而真正看清了人家的优点和长处所在，就算没有什么新的发现，也切实地提高了自己。

第四，就《文心雕龙》的研究而言，先生使我受益无穷的理念和方法是“读懂原文，搞清本义”这八个字。我经常想起先生的一个说法：“龙学”的起点是读《文心雕龙》，“龙学”的终点是读懂《文心雕龙》。曾经有好多年，我一直有些疑惑：先生所说的这个“龙学”的终点，会到来吗？什么时候到来呢？后来，我宁愿把先生所说的“终点”的问题，理解成对“读懂原文”的大力强调，实际上，现代“龙学”一百多年，著述丰富，但我们离刘勰的原文和原意有时反而越来越远了。应该说，这也并不奇怪，一个时代有一个时代的“龙学”，谁能说自己离刘勰最近或更近呢？但这却恰恰彰显出，“读懂原文，搞清本义”乃是“龙学”的第一要务，应是我们的基本追求，只有以此为基础，才能进一步作出自己的阐释。多年来，我一直按照这样的要求去做，尽管有时会切实感觉到，每个人的“读懂原文”其实是非常不一样的，但是不是贯彻这样的要求，结果是完全不同的。

第五，就写文章而言，先生给我最大的影响是文章要老练。记得先生开设的“六朝文学”课结束时，我交了一篇写王粲《登楼赋》的小文章，先生说，“我看你文笔比较老练了”，那是我第一次听到先生说“老练”两个字。后来不止一次地听到先生这么要求，但我不记得先生有什么具体的解释，于是只能从先生的文章来体会。我们三个研究生共同的感受就是，先生的文章少用关联词语，没有很长的句子，更不会有废话，字字句句，铿锵有力，掷地有声，真正达到了“意少一字则义阙，句长一言则辞妨”的“精要”之境。后来，看到台湾王更生先生为牟先生《雕龙后集》写的序里，有这样一段话：“书中第七十七页把我写的《文心雕龙研究》列为台湾七种论著之首；并率直地说：‘此人（王更生）是台湾龙学界的重要人物。’当时觉得世金先生措语虽不修饰，自有一股撼人心弦的力量；从他那行文如流水的字里行间，透出高妙的学养和皎洁的人格。”我觉得，王先生所说，正是牟先生所谓“老练”的含义和境界了。以此而论，即使到今天，我也仍然觉得自己的文章离这样“老练”的境界还差得很远，但虽不能至，心向往之，老师的要求，却是从不敢忘的。

六、龙门启程

今年的3月18日，正是农历二月初二，龙抬头的日子，我们选择在这一天纪念牟先生诞辰九十周年，同时进行国家社科基金“龙学”重大项目的开题报告。牟先生生于1928年7月19日，我们没有等到7月份开这个会，因为开题报告不能太晚了。为什么一定要和开题报告一起呢？

去年，国家社科基金专门为“龙学”设立了一个重大招标项目：《文心雕龙》汇释及百年“龙学”学案。这是空前的，我想在可以预见的未来几年，可能也不会再有专门“龙学”的重大项目了。这个项目之所以花落山东大学，主要归功于牟先生所奠定的山大“龙学”的基石。前人栽树后人乘凉，没有牟先生三十年前为山大栽下的“龙学”之树，就不可能有今天供我们乘凉的硕大树荫。所以，我觉得，这个项目的开题报告是纪念先生诞辰九十周年的最佳方式。

我们在大会主席台的背景上特别设计了两条龙。一条当然是刘勰在一千五百多年前为我们雕刻的，是我们要研究的《文心雕龙》，另一条则象征着牟先生，这不仅因为先生毕生研究《文心雕龙》，是中国《文心雕龙》学会的创始人，而且还因为先生属龙，先生出生的1928年是戊辰龙年。同时，三十年前的1988年也是戊辰龙年，牟先生在那一年的3月完成了他最后一部也是最重要的一部“龙学”著作——《文心雕龙研究》，难怪先生说自己的一生与龙有缘。所以，我们选择龙抬头的日子纪念先生诞辰九十周年，并进行“龙学”重大项目的开题报告，以此寄托我们对先生的深切怀念。

我相信，先生在天有灵，仍旧是嘉许的目光，依然是慈祥的凝视。

2018年3月
写于鸢都白浪河畔
修改于泉城济南

附　　录

一、牟世金论著目录

（一）专著

1. 陆侃如、牟世金:《文心雕龙选译》(上),济南:山东人民出版社,1962 年 9 月。收入《陆侃如冯沅君合集》第柒卷(陆侃如古代文论研究集),合肥:安徽教育出版社,2011 年 8 月。

2. 陆侃如、牟世金:《文心雕龙选译》(下),济南:山东人民出版社,1963 年 7 月。收入《陆侃如冯沅君合集》第柒卷(陆侃如古代文论研究集),合肥:安徽教育出版社,2011 年 8 月。

3. 陆侃如、牟世金:《刘勰论创作》,合肥:安徽人民出版社,1963 年 5 月。收入《陆侃如冯沅君合集》第柒卷(陆侃如古代文论研究集)(《文心雕龙》原文译注部分略),合肥:安徽教育出版社,2011 年 8 月。

4. 陆侃如、牟世金:《刘勰论创作》,香港:文昌书局,1970 年。

5. 山东大学中文系"毛主席诗词"教研组编:《毛主席诗词浅释》(主要编者),济南:山东人民出版社,1974 年 4 月。

6. 陆侃如、牟世金:《刘勰和文心雕龙》,上海:上海古籍出版社,1978 年 8 月。收入《陆侃如冯沅君合集》第柒卷(陆侃如古代文论研究集),合肥:安徽教育出版社,2011 年 8 月。

7. 山东大学中文系古典文学教研室:《中国古代文学作品选》(上册,第二作者,与董治安、张可礼合作),济南:山东人民出版社,1980 年 2 月。

8. 山东大学中文系古典文学教研室选注:《杜甫诗选》(参编),北京:人民文学出版社,1980 年 8 月。

9. 牟世金:《文学艺术民族特色试探》,济南:齐鲁书社,1980 年 9 月。

10. 山东大学中文系中国古代文艺理论史编写组:《中国古代文艺理论资料目录汇编》(主持编纂),济南:齐鲁书社,1981 年 8 月。

11. 陆侃如、牟世金:《文心雕龙译注》(上),济南:齐鲁书社,1981 年 3 月。

12. 陆侃如、牟世金:《文心雕龙译注》(下),济南:齐鲁书社,1982 年 9 月。

13. 陆侃如、牟世金:《刘勰论创作》(修订本),合肥:安徽人民出版社,1982 年 4 月。

14. 牟世金:《雕龙集》,北京:中国社会科学出版社,1983 年 5 月。

15. 牟世金:《台湾文心雕龙研究鸟瞰》,济南:山东大学出版社,1985 年 12 月。

16. 牟世金:《文心雕龙精选》,济南:山东大学出版社,1986 年 12 月。

17. 牟世金:《刘勰年谱汇考》,成都:巴蜀书社,1988 年 1 月。

18. 牟世金主编:《中国古代文论家评传》(上册、下册),郑州:中州古籍出版社,1988 年 8 月。

19. 中国文心雕龙学会选编:《文心雕龙研究论文集》(主持编选),北京:人民文学出版社,1990 年 8 月。

20. 牟世金、罗宗强等:《中国古代文论精粹谈》,济南:齐鲁书社,1992 年 6 月。

21. 牟世金:《雕龙后集》,济南:山东大学出版社,1993 年 11 月。

22. 陆侃如、牟世金:《文心雕龙译注》,济南:齐鲁书社,1995 年 4 月。

23. 牟世金:《文心雕龙研究》(中国古典文学研究丛书),北京:人民文学出版社,1995 年 8 月。

24. 牟世金:《刘勰年谱汇考》(附:刘彦和世系表),刘跃进、范子烨编:《六朝作家年谱辑要》(下册),哈尔滨:黑龙江教育出版社,1999 年 1 月。

25. 陆侃如、牟世金:《文心雕龙译注》(齐鲁文化经典文库),济南:齐鲁书社,2009 年 4 月。

26. 陆侃如、牟世金:《刘勰和文心雕龙》,上海:上海古籍出版社,2011 年 7 月。

27. 牟世金:《刘勰年谱汇考》,范子烨编:《中古作家年谱汇考辑要》(卷三),西安:世界图书出版西安有限公司,2014 年 6 月。

(二) 论文

1.《"神化境界"由何而来?》,人民文学出版社编辑部编:《中国古典文学厚古薄今批判集》第三辑,北京:人民文学出版社,1958 年 9 月。

2.《陈子昂诗风初探》,《山东大学学报》1961 年第 4 期。

3.《刘勰的生平和思想——〈文心雕龙〉简介之一》(与陆侃如合作),《山东文学》1962 年第 1 期,收入《陆侃如古典文学论文集》(下),上海:上海古籍出版社,1987 年 1 月。收入《陆侃如冯沅君合集》第柒卷(陆侃如古代文论研究集),合肥:安徽教育出版社,2011 年 8 月。

4.《〈文心雕龙·序志〉译注——〈文心雕龙译注〉之一》(与陆侃如合作),《文史哲》1962 年第 1 期。

5.《刘勰的文体论——〈文心雕龙〉简介之二》(与陆侃如合作),《山东文学》1962 年第 2 期,收入《陆侃如古典文学论文集》(下),上海:上海古籍出版社,1987 年 1 月。收入《陆侃如冯沅君合集》第柒卷(陆侃如古代文论研究集),合肥:安徽教育出版社,2011 年

8月。

6.《钟嵘的诗歌评论》,《文学评论》1962年第2期。收入《雕龙集》。

7.《〈文心雕龙·诠赋〉今译》(《文心雕龙》选译之八)(与陆侃如合作),《山东大学学报》1962年第2期。

8.《〈文心雕龙·镕裁〉今译》(与陆侃如合作),《山东大学学报》1962年第4期。

9.《刘勰论文学与现实的关系——〈文心雕龙〉简介之三》(与陆侃如合作),《山东文学》1962年第4期,收入《陆侃如古典文学论文集》(下),上海:上海古籍出版社,1987年1月。收入《陆侃如冯沅君合集》第柒卷(陆侃如古代文论研究集),合肥:安徽教育出版社,2011年8月。

10.《刘勰论内容与形式的关系——〈文心雕龙〉简介之四》(与陆侃如合作),《山东文学》1962年第5期,收入《陆侃如古典文学论文集》(下),上海:上海古籍出版社,1987年1月。收入《陆侃如冯沅君合集》第柒卷(陆侃如古代文论研究集),合肥:安徽教育出版社,2011年8月。

11.《刘勰的创作论——〈文心雕龙〉简介之五》(与陆侃如合作),《山东文学》1962年第6期,收入《陆侃如古典文学论文集》(下),上海:上海古籍出版社,1987年1月。收入《陆侃如冯沅君合集》第柒卷(陆侃如古代文论研究集),合肥:安徽教育出版社,2011年8月。

12.《刘勰有关现实主义的论点——〈文心雕龙〉简介之六》(与陆侃如合作),《山东文学》1962年第7期,收入《陆侃如古典文学论文集》(下),上海:上海古籍出版社,1987年1月。收入《陆侃如冯沅君合集》第柒卷(陆侃如古代文论研究集),合肥:安徽教育出版社,2011年8月。

13.《刘勰有关浪漫主义的论点——〈文心雕龙〉简介之七》(与陆侃如合作),《山东文学》1962年第8期,收入《陆侃如古典文学论文集》(下),上海:上海古籍出版社,1987年1月。收入《陆侃如冯沅君合集》第柒卷(陆侃如古代文论研究集),合肥:安徽教育出版社,2011年8月。

14.《刘勰和他的创作论》(与陆侃如合作),《大众日报》1962年8月12日。

15.《〈文心雕龙选译〉序例》(与陆侃如合作),陆侃如、牟世金:《文心雕龙选译》(上),济南:山东人民出版社,1962年9月。收入《陆侃如冯沅君合集》第柒卷(陆侃如古代文论研究集),合肥:安徽教育出版社,2011年8月。

16.《〈文心雕龙选译〉引言》(与陆侃如合作),陆侃如、牟世金:《文心雕龙选译》(上),济南:山东人民出版社,1962年9月。收入《陆侃如冯沅君合集》第柒卷(陆侃如古代文论研究集),合肥:安徽教育出版社,2011年8月。

17.《物色》(与陆侃如合作),《大众日报》1962年9月12日。

18.《神思》(与陆侃如合作),《大众日报》1962年10月24日。

19.《刘勰的批评论——〈文心雕龙〉简介之八》(与陆侃如合作),《山东文学》1962年第10期,收入《陆侃如古典文学论文集》(下),上海:上海古籍出版社,1987年1月。收入《陆侃如冯沅君合集》第柒卷(陆侃如古代文论研究集),合肥:安徽教育出版社,

2011年8月。

20.《刘勰的作家论——〈文心雕龙〉简介之九》(与陆侃如合作),《山东文学》1962年第11期,收入《陆侃如古典文学论文集》(下),上海:上海古籍出版社,1987年1月。收入《陆侃如冯沅君合集》第柒卷(陆侃如古代文论研究集),合肥:安徽教育出版社,2011年8月。

21.《葛洪的文学观》(与陆侃如合作),《山东大学学报》1963年第1期。收入刘固盛、刘玲娣编:《葛洪研究论集》,武汉:华中师范大学出版社,2006年10月。收入《陆侃如冯沅君合集》第柒卷(陆侃如古代文论研究集),合肥:安徽教育出版社,2011年8月。

22.《〈刘勰论创作〉序例》(与陆侃如合作),陆侃如、牟世金:《刘勰论创作》,合肥:安徽人民出版社,1963年5月。收入《陆侃如冯沅君合集》第柒卷(陆侃如古代文论研究集),合肥:安徽教育出版社,2011年8月。

23.《〈刘勰论创作〉引言》(与陆侃如合作),陆侃如、牟世金:《刘勰论创作》,合肥:安徽人民出版社,1963年5月。收入《陆侃如冯沅君合集》第柒卷(陆侃如古代文论研究集),合肥:安徽教育出版社,2011年8月。

24.《〈文心雕龙〉中有关现实主义的论点》(与陆侃如合作),陆侃如、牟世金:《刘勰论创作》,合肥:安徽人民出版社,1963年5月。收入《刘勰论创作》(修订本),合肥:安徽人民出版社,1982年4月。收入《陆侃如冯沅君合集》第柒卷(陆侃如古代文论研究集),合肥:安徽教育出版社,2011年8月。

25.《〈文心雕龙〉中有关浪漫主义的论点》(与陆侃如合作),陆侃如、牟世金:《刘勰论创作》,合肥:安徽人民出版社,1963年5月。收入《刘勰论创作》(修订本),合肥:安徽人民出版社,1982年4月。收入《陆侃如冯沅君合集》第柒卷(陆侃如古代文论研究集),合肥:安徽教育出版社,2011年8月。

26.《刘勰论诗的幻想和夸饰》(与陆侃如合作),陆侃如、牟世金:《刘勰论创作》,合肥:安徽人民出版社,1963年5月。收入《刘勰论创作》(修订本),合肥:安徽人民出版社,1982年4月。收入《陆侃如冯沅君合集》第柒卷(陆侃如古代文论研究集),合肥:安徽教育出版社,2011年8月。

27.《〈文心雕龙〉术语初探》(与陆侃如合作),陆侃如、牟世金:《刘勰论创作》,合肥:安徽人民出版社,1963年5月。收入《刘勰论创作》(修订本),合肥:安徽人民出版社,1982年4月。收入《陆侃如冯沅君合集》第柒卷(陆侃如古代文论研究集),合肥:安徽教育出版社,2011年8月。

28.《近年来〈文心雕龙〉研究中存在的几个问题》,《江海学刊》1964年第1期。收入《雕龙集》。

29.《关于〈中国文学史〉一书中的批判继承问题——与〈中国文学史〉编者游国恩等同志商榷》(第二作者,与颜学孔、朱德才、袁世硕合作),《文史哲》1965年第2期。

30.《文心雕龙原道译注》(与陆侃如合作),周康燮编选:《文心雕龙选注》,香港:龙门书店,1970年3月。

31.《文心雕龙辨骚译注》(与陆侃如合作),周康燮编选:《文心雕龙选注》,香港:龙门书店，1970 年 3 月。

32.《文心雕龙神思译注》(与陆侃如合作)，周康燮编选：《文心雕龙选注》，香港：龙门书店，1970 年 3 月。

33.《文心雕龙风骨译注》(与陆侃如合作)，周康燮编选：《文心雕龙选注》，香港：龙门书店，1970 年 3 月。

34.《文心雕龙情采译注》(与陆侃如合作)，周康燮编选：《文心雕龙选注》，香港：龙门书店，1970 年 3 月。

35.《文心雕龙知音译注》(与陆侃如合作)，周康燮编选：《文心雕龙选注》，香港：龙门书店，1970 年 3 月。

36.《文心雕龙序志译注》(与陆侃如合作)，周康燮编选：《文心雕龙选注》，香港：龙门书店，1970 年 3 月。

37.《曹操为其法治路线服务的诗歌创作》，《文史哲》1974 年第 4 期。

38.《斩断“四人帮”伸进文学史领域的黑手——评梁效〈杜甫的再评论〉》，《文史哲》1977 年第 3 期。

39.《评新版〈中国文学发展史〉》，《文学评论》1978 年第 2 期。

40.《古代文论家刘勰》，《大众日报》1978 年 8 月 23 日。

41.《从文与道的关系看儒家思想在古代文学发展中的作用》(上、下)，《文史哲》1978 年第 6 期、1979 年第 1 期。收入《雕龙集》。

42.《景无情不发，情无景不生——关于情景交融》，《学术月刊》1979 年第 7 期。收入《文学艺术民族特色试探》，收入《雕龙集》，题为《景无情不发，情无景不生——艺术构思民族特色试探之一》。

43.《诗学之正源，法度之准则——关于赋比兴》，《古代文学理论研究》第一辑，上海：上海古籍出版社，1979 年 12 月。收入《文学艺术民族特色试探》，收入《雕龙集》，题为《诗学之正源，法度之准则——艺术构思民族特色试探之二》。

44.《中国古代文学艺术的形神问题》，《文学评论》1980 年第 1 期。收入《文学艺术民族特色试探》，收入《雕龙集》。

45.《〈文赋〉的主要贡献何在》，《文史哲》1980 年第 1 期。收入《文学艺术民族特色试探》，收入《雕龙集》。收入文史哲编辑部编：《中国古代文学：作家·作品·文学现象》，北京：商务印书馆，2012 年 5 月。

46.《刘勰的文学批评论》，《欣赏与评论》1980 年第 1 期。

47.《墨家的“贱民”文艺观》，《文艺理论研究》1980 年第 2 期。收入《雕龙后集》。

48.《刘勰论文学欣赏》，《社会科学战线》1980 年第 4 期，《中国古代、近代文学研究》(复印报刊资料)1980 年第 33 期，收入《雕龙集》，收入《文心雕龙研究论文选》(齐鲁书社，1988 年 1 月)，《文心雕龙学综览》(上海书店出版社，1995 年 6 月)摘编。

49.《杜甫的〈春望〉》，《教学与研究》1980 年第 7 期。收入《文学艺术民族特色试探》，题为《杜甫的〈春望〉——情景交融一例》。

50.《〈文学艺术民族特色试探〉前言》，《文学艺术民族特色试探》，济南：齐鲁书社，

1980 年 9 月。

51.《刘勰思想三论》,《文史哲》1981 年第 1 期,《中国哲学史》(复印报刊资料)1981 年第 6 期。

52.《意得神传,笔精形似——关于形神统一》,《古代文学理论研究》第三辑,上海:上海古籍出版社,1981 年 2 月。收入《文学艺术民族特色试探》,收入《雕龙集》,题为《意得神传,笔精形似——艺术构思民族特色试探之三》。

53.《〈文心雕龙译注〉说明》,陆侃如、牟世金:《文心雕龙译注》,济南:齐鲁书社,1981 年 3 月上册,1995 年 4 月一卷本,2009 年 4 月一卷本。

54.《〈文心雕龙译注〉引论》,陆侃如、牟世金:《文心雕龙译注》(齐鲁书社,1981 年 3 月上册,1995 年 4 月一卷本,2009 年 4 月一卷本),收入《雕龙集》。

55.《〈文心雕龙〉的总论及其理论体系》,《中国社会科学》1981 年第 2 期,收入《文心雕龙研究论文选》(齐鲁书社,1988 年 1 月),收入《文学探讨撷英——〈中国社会科学〉文学论文集》(1980—1985,陕西人民出版社,1988 年 7 月),收入《文心雕龙研究论文集》(人民文学出版社,1990 年 8 月),《文心雕龙学综览》(上海书店出版社,1995 年 6 月)摘编。

56.《〈文心雕龙〉成书的历史条件和作者思想——〈文心雕龙译注〉引论之一》,《齐鲁学刊》1981 年第 2 期。

57.《刘勰的"论文叙笔"——〈文心雕龙译注〉引论之一》,《东岳论丛》1981 年第 2 期。

58.《刘勰论"图风、势"——〈文心雕龙译注〉引论之一》,《文学遗产》1981 年第 2 期。

59.《释"苞会、通"——〈文心雕龙译注〉引论中的一节》,《南开学报》1981 年第 2 期。

60.《刘勰的诗歌理论》(上、下),《文学知识》1981 年第 2、3 期。

61.《景无情不发,情无景不生》,山东大学中文系编:《文与情》(研究资料),1981 年 3 月。

62.《刘勰的创作论》(与陆侃如合作),《编辑之友》1981 年第 3 期。收入《陆侃如冯沅君合集》第柒卷(陆侃如古代文论研究集),合肥:安徽教育出版社,2011 年 8 月。

63.《从刘勰的理论体系看风骨论》,《古代文学理论研究》第 4 辑,上海:上海古籍出版社,1981 年 10 月。收入《文心雕龙研究论文选》(齐鲁书社,1988 年 1 月),收入《文心雕龙研究论文集》(人民文学出版社,1990 年 8 月),收入《雕龙后集》,《文心雕龙学综览》(上海书店出版社,1995 年 6 月)摘编。

64.《风骨辨》,《活页文史丛刊》(《淮阴师专学报》增刊)第六辑(1981 年)。

65.《〈文心雕龙〉创作论新探》(上、下),《社会科学战线》1982 年第 1、2 期,《中国古代、近代文学研究》(复印报刊资料)1982 年第 12 期,收入陆侃如、牟世金:《刘勰论创作》(修订本,安徽人民出版社,1982 年 4 月),收入《文心雕龙研究论文选》(齐鲁书社,1988 年 1 月),收入《雕龙后集》,《文心雕龙学综览》(上海书店出版社,1995 年 6 月)摘编。

66.《刘知几对古代文论的新贡献》,《唐代文学论丛》1982 年第 1 期。收入《雕龙后集》。

67.《我的读书法》,《文史哲》1982 年第 2 期,收入《文史哲》编辑部编:《治学之道》,济南:齐鲁书社,1983 年 10 月。收入《雕龙后集》。收入老品、柯扬选编:《书山有路勤为径——名人谈读书》,北京:同心出版社,1997 年 10 月。收入邓九平主编:《中国名家随笔》,北京:经济日报出版社,2004 年 8 月。收入王宗仁主编:《好读书》,北京:中国华侨出版社,2008 年 8 月。收入蒙田等著、张恒主编:《读书记》,北京:新星出版社,2010 年 5 月。收入文史哲编辑部编:《考据与思辨:文史治学经验谈》,北京:商务印书馆,2013 年 5 月。

68.《〈刘勰论创作〉再版前言》,陆侃如、牟世金:《刘勰论创作》(修订本),合肥:安徽人民出版社,1982 年 4 月。

69.《刘勰及其文学理论》(与陆侃如合作),陆侃如、牟世金:《刘勰论创作》(修订本),合肥:安徽人民出版社,1982 年 4 月。

70.《怎样读〈文心雕龙〉》,《文史知识》1982 年第 7 期。收入《雕龙后集》。收入《文史知识》编辑部编:《怎样读文学古籍》,北京:中华书局,1994 年 3 月。

71.《文章得江山之助》,《文苑纵横谈》(4),济南:山东人民出版社,1982 年 10 月。收入《雕龙后集》。

72.《刘勰对古代现实主义理论的贡献》,《文史哲》1983 年第 1 期,《中国古代、近代文学研究》(复印报刊资料)1983 年第 3 期,《文心雕龙学刊》第一辑(齐鲁书社,1983 年 7 月)。

73.《建立有中国特色的文艺理论是研究古代文论的首要任务》,《中国古代文论研究和建立民族化的马克思主义文艺理论问题》(座谈纪要),《文史哲》1983 年第 1 期。

74.《刘勰论建安文学》,《柳泉》1983 年第 1 期。

75.《古代的文学概论〈文心雕龙〉》,《语文教研》1983 年第 2 期。

76.《〈雕龙集〉前言》,作者《雕龙集》,北京:中国社会科学出版社,1983 年 5 月。

77.《〈文心雕龙〉理论体系初探》,收入《雕龙集》,北京:中国社会科学出版社,1983 年 5 月。

78.《刘勰》,吕慧鹃、刘波、卢达编:《中国历代著名文学家评传》(第一卷),济南:山东教育出版社,1983 年 5 月第一版,1997 年 9 月第二版,2009 年 3 月第三版。收入《雕龙后集》,题为《刘勰评传》。

79.《钟嵘》(第一作者,与萧华荣合作),吕慧鹃、刘波、卢达编:《中国历代著名文学家评传》(第一卷),济南:山东教育出版社,1983 年 5 月第一版,1997 年 9 月第二版,2009 年 3 月第三版。

80.《刘勰》,吕慧鹃、刘波、卢达编:《山东历代作家传略》,济南:山东教育出版社,1983 年 7 月。

81.《陆侃如传略》(第一作者,与龚克昌合作),《晋阳学刊》1983 年第 5 期。收入晋阳学刊编辑部编:《中国现代社会科学家传略》第八辑,太原:山西人民出版社,1987 年 7

月。收入夏晓虹、吴令华编:《清华同学与学术薪传》,北京:三联书店,2009 年 7 月。

82.《从两个结合着手改进文学史编写工作》,《光明日报》1983 年 8 月 9 日,《新华文摘》1983 年第 10 期。收入《中国少数民族文学史编写参考资料》,中国社会科学院少数民族文学研究所编印,1984 年 3 月。

83.《从〈文心雕龙〉看中国古代文论的民族特色》,《学术研究》1983 年第 4 期,《中国古代、近代文学研究》(复印报刊资料)1983 年第 9 期。收入赵利民主编:《儒家文艺思想研究》(20 世纪儒学研究大系),北京:中华书局,2003 年 12 月。

84.《从〈文心雕龙〉看中国古代文论的民族特色》(续),《学术研究》1983 年第 5 期,《中国古代、近代文学研究》(复印报刊资料)1983 年第 11 期。收入赵利民主编:《儒家文艺思想研究》(20 世纪儒学研究大系),北京:中华书局,2003 年 12 月。

85.《〈文心雕龙〉研究的新起点》,《光明日报》1983 年 9 月 13 日,《中国古代、近代文学研究》(复印报刊资料)1983 年第 9 期。

86.《〈文心雕龙〉研究》,《中国百科年鉴 1983》,北京:中国大百科全书出版社,1983 年 10 月。

87.《实事求是地研究〈文心雕龙〉——答马宏山同志》,《学术月刊》1983 年第 10 期。收入《雕龙后集》。

88.《说"风骨"》,《文史知识》1983 年第 11 期。收入文史知识编辑部编:《中国文学史百题》,北京:中华书局,1990 年 12 月。

89.《关于〈辨骚〉篇的归属问题》,《中州学刊》1984 年第 1 期。

90.《捐躯赴国难,视死忽如归——曹植〈白马篇〉》,《名作欣赏》1984 年第 1 期。收入《名作欣赏》编辑部编:《诗词曲赋名作赏析》(1),太原:山西人民出版社,1985 年 11 月。

91.《日本〈文心雕龙〉研究一瞥》(附:日本《文心雕龙》论著目录),《克山师专学报》1984 年第 1 期。收入《雕龙后集》。

92.《善于捕捉思想教育的结合点》,《大众日报》1984 年 2 月 7 日。

93.《访日诗钞》,《柳泉》1984 第 3 期。

94.《从〈文赋〉到〈神思〉——六朝艺术构思论研究》,《中国文艺思想史论丛》第一辑,北京:北京大学出版社,1984 年 5 月。

95.《〈文心雕龙〉研究的回顾与展望——祝〈文心雕龙〉学会成立并序〈文心雕龙研究论文选〉》,《文心雕龙学刊》第二辑,济南:齐鲁书社,1984 年 6 月。

96.《〈文心雕龙〉的"范注补正"》,《社会科学战线》1984 年第 4 期,《中国古代、近代文学研究》(复印报刊资料)1984 年第 24 期。

97.《〈文心雕龙〉在国外》,《文科月刊》1984 年第 8 期,《中国古代、近代文学研究》(复印报刊资料)1984 年第 18 期,收入《雕龙后集》。

98.《读书三字法》,《吉林日报》1984 年 10 月 10 日。

99.《刘勰"原道"论管见》,《文史哲》1984 年第 6 期。

100.《在古典文学教学中怎样进行爱国主义教育》,《高教战线》1984 年第 6 期。

101.《赵盛德〈古文论的民族特色〉序》,赵盛德:《古文论的民族特色》,南宁:广西民族出版社,1984年11月。

102.《六朝经学的中衰与发展》,《青海社会科学》1985年第1期。收入《雕龙后集》。

103.《门外字谈》,《字词天地》1985年第1期。收入《雕龙后集》。

104.《什么是古诗中的"兴寄"》,《文史知识》1985年第2期。收入《雕龙后集》。

105.《玄学与文学》,《文史哲》1985年第3期,《中国哲学史》(复印报刊资料)1985年第6期。收入《雕龙后集》。收入文史哲编辑部编:《道玄佛:历史、思想与信仰》,北京:商务印书馆,2012年4月。

106.《台湾的〈文心雕龙〉研究与出版》,《古籍整理情况简报》第140期(1985年5月20日)。

107.《刘勰原道论的实质和意义》,《古田教授退官纪念·中国文学语学论集》,日本东方书店,1985年7月。

108.《曹植〈白马篇〉赏析》,《汉魏六朝诗歌鉴赏集》,北京:人民文学出版社,1985年7月。

109.《曹植〈美女篇〉赏析》,《汉魏六朝诗歌鉴赏集》,北京:人民文学出版社,1985年7月。

110.《近三十年来的〈文心雕龙〉研究》,《语文导报》1985年第7期,《中国古代、近代文学研究》(复印报刊资料)1985年第16期。

111.《古代文论研究现状之我见》,《文学遗产》1985年第4期,《中国古代、近代文学研究》(复印报刊资料)1986年第2期。收入中国社会科学院文学研究所《中国文学研究年鉴》编辑委员会编:《中国文学研究年鉴1986》,北京:中国文联出版公司,1988年2月。收入《雕龙后集》。

112.《〈文心雕龙论稿〉序》,毕万忱、李淼:《文心雕龙论稿》,济南:齐鲁书社,1985年9月,收入《鲁版图书序跋集》(山东人民出版社,1987年8月)。

113.《台湾学者〈文心雕龙〉研究鸟瞰》,《中国社会科学》1985年第6期,《中国古代、近代文学研究》(复印报刊资料)1985年第24期。

114.《〈台湾文心雕龙研究鸟瞰〉前言》,作者《台湾文心雕龙研究鸟瞰》,济南:山东大学出版社,1985年12月。

115.《台湾省〈文心雕龙〉研究专书目录》,作者《台湾文心雕龙研究鸟瞰》,济南:山东大学出版社,1985年12月。

116.《台湾省〈文心雕龙〉研究论文目录》,作者《台湾文心雕龙研究鸟瞰》,济南:山东大学出版社,1985年12月。

117.《漫说〈世说新语〉的人物描写及其史料价值》,《中国古典文学论丛》第三辑,北京:人民文学出版社,1985年12月。收入《雕龙后集》。

118.《致力于发展民族文学之一翼——台湾〈文心雕龙〉研究鸟瞰之一》,《社会科学战线》1986年第1期,《中国古代、近代文学研究》(复印报刊资料)1986年第3期。

119.《古代文艺的形神论》,《文艺学习》1986年第1期(复刊号)。收入《雕龙后集》。

120.《刘勰的"征圣"、"宗经"思想》,《文史哲》1986年第2期。

121.《基本功和新方法》,《文史知识》1986年第4期。收入《雕龙后集》。收入《文史知识》编辑部编:《文史专家谈治学》(文史知识文库),北京:中华书局,1994年6月。

122.《评〈文心雕龙论稿〉》(第一作者,与罗宗强合作),《学术研究丛刊》1986年第3期。

123.《六朝经学的中衰与发展》(摘录),赖长扬等编:《中国史研究文摘》(1985年1—6月),郑州:中州古籍出版社,1986年6月。

124.《四十年的愿望》,《光明日报》1986年7月12日。收入《雕龙后集》。收入《光明日报》原周末生活编辑组编:《我的书斋》,北京:科学普及出版社,1998年3月。

125.《刘勰》,吕慧鹃等编:《中国古代著名文学家》(高等学校文科教学参考书),济南:山东教育出版社,1986年9月。

126.《文学创作的"铁门限"》,《文学知识》1986年第11期。收入《雕龙后集》。

127.《〈文心雕龙释义〉序》,冯春田:《文心雕龙释义》,济南:山东教育出版社,1986年11月。

128.《〈文心雕龙精选〉前言》,作者《文心雕龙精选》,济南:山东大学出版社,1986年12月。

129.《刘勰"原道"论的实质和意义——兼答刘长恒同志》,《文心雕龙学刊》第四辑(齐鲁书社,1986年12月)。收入《雕龙后集》。

130.《刘勰生平新考》,《山东大学学报》1987年第1期(复刊号)。收入《雕龙后集》。

131.《试论六朝时期儒道玄佛的斗争与融汇》,《古籍研究》1987年第1期。收入《雕龙后集》。

132.《刘勰〈文心雕龙〉》,吴文治主编:《中国古代文学理论名著题解》,合肥:黄山书社,1987年2月。

133.《古代文论研究述评》,《中国古典文学研究年鉴1984》,上海:上海古籍出版社,1987年2月。

134.《"近亲繁殖"小议》,《山东大学学报》1987年第2期。

135.《〈文章流别志、论〉原貌初探》,《中华文史论丛》1987年第2、3期合刊。

136.《中西戏剧艺术共同规律初探》,《文史哲》1987年第3期。收入《比较戏剧论文集》(中国戏剧出版社,1988年12月),收入《雕龙后集》。

137.《"龙学"七十年概观》(上、中、下),《社会科学战线》1987年第3、4期,1988年第1期,收入饶芃子主编:《文心雕龙研究荟萃》(上海书店,1992年6月),收入《雕龙后集》。

138.《〈刘勰年谱汇考〉序例》,收入《刘勰年谱汇考》,成都:巴蜀书社,1988年1月。

139.《〈文心雕龙研究论文选〉序——〈文心雕龙〉研究的回顾与展望》,甫之、涂光社主编:《文心雕龙研究论文选》,济南:齐鲁书社,1988 年 1 月。

140.《从汉人论赋到刘勰的赋论》,《文史哲》1988 年第 1 期,《高等学校文科学报文摘》1988 年第 3 期摘编,题为《刘勰的赋论》,收入《雕龙后集》。

141.《左思文学业绩新论》(第一作者,与徐传武合作),《文学遗产》1988 年第 2 期。《中国古代、近代文学研究》(复印报刊资料)1988 年第 7 期。

142.《怎样读〈文心雕龙〉》,《古典文学知识》1988 年第 3 期。

143.《香港第四届国际比较文学会议概述》,《国际学术动态》1988 年第 4 期。

144.《〈中国古代文论家评传〉前言》,牟世金主编:《中国古代文论家评传》(上册),郑州:中州古籍出版社,1988 年 8 月。

145.《挚虞》,牟世金主编:《中国古代文论家评传》(上册),郑州:中州古籍出版社,1988 年 8 月。收入《雕龙后集》,题为《挚虞评传》。

146.《刘勰》,牟世金主编:《中国古代文论家评传》(上册),郑州:中州古籍出版社,1988 年 8 月。

147.《刘知几》,牟世金主编:《中国古代文论家评传》(上册),郑州:中州古籍出版社,1988 年 8 月。

148.《刘勰论民间文学》,《青海社会科学》1988 年第 5 期,《中国古代、近代文学研究》(复印报刊资料)1989 年第 1 期。

149.《刘勰艺术构思论的渊源与发展》,《江海学刊》1989 年第 3 期,《中国古代、近代文学研究》(复印报刊资料)1989 年第 10 期。收入《雕龙后集》。

150.《文律运周,日新其业——〈文心雕龙·通变〉新探》,《文史哲》1989 年第 3 期,《中国古代、近代文学研究》(复印报刊资料)1989 年第 8 期,收入《雕龙后集》。

151.《文心雕龙·情采》(注释鉴赏)(第一作者,与戚良德合作),徐中玉主编:《古文鉴赏大辞典》,杭州:浙江教育出版社,1989 年 11 月。

152.《文心雕龙·知音》(注释鉴赏)(第一作者,与戚良德合作),徐中玉主编:《古文鉴赏大辞典》,杭州:浙江教育出版社,1989 年 11 月。

153.《挚虞》,吕慧鹃、刘波、卢达编:《中国历代著名文学家评传》(续编一),济南:山东教育出版社,1989 年 12 月第一版,1997 年 9 月第二版。

154.《美女篇》,《先秦汉魏六朝诗鉴赏辞典》编委会编:《先秦汉魏六朝诗鉴赏辞典》,西安:三秦出版社,1990 年 6 月。

155.《陆侃如传》(附:论著目录)(第一作者,与龚克昌、唐子恒合作),陈翔华等编:《中国当代社会科学家传略》(第 11 辑),北京:书目文献出版社,1990 年 7 月。

156.《〈文心雕龙研究论文集〉序——"龙学"七十年概观》,中国文心雕龙学会编:《文心雕龙研究论文集》,北京:人民文学出版社,1990 年 8 月。

157.《〈文心雕龙〉研究论著索引》(1907—1985)(第一作者,与曾晓明合作),中国文心雕龙学会编:《文心雕龙研究论文集》,北京:人民文学出版社,1990 年 8 月。

158.《才思之神皋》,庄焕先主编:《著名学者谈利用图书馆》,济南:山东大学出版社,1990 年 9 月。

159.《嘉惠士林的陆侃如教授》，山东省政协文史资料委员会编：《悠悠岁月桃李情》，北京：中国文史出版社，1991 年 1 月。收入樊丽明、刘培平主编：《我心目中的山东大学》，济南：山东大学出版社，2005 年 9 月。

160.《有关忠县历史的几个问题》，中国人民政治协商会议忠县委员会学习文史工作委员会编：《忠县文史》（文史资料选编，第一辑），1991 年 2 月。

161.《风骨考论》，《文心雕龙学刊》第六辑，济南：齐鲁书社，1992 年 1 月。

162.《刘勰和文心雕龙》（第一作者，与萧洪林合作），牟世金、罗宗强等：《中国古代文论精粹谈》，济南：齐鲁书社，1992 年 6 月。

163.《〈文心雕龙〉研究论著目录索引》（1907—1990）（第一作者，与曾晓明、戚良德合作），《文心雕龙学综览》，上海：上海书店出版社，1995 年 6 月。

164.《论著者索引》（第一作者，与曾晓明、戚良德合作），《文心雕龙学综览》，上海：上海书店出版社，1995 年 6 月。

165.《〈文心雕龙研究〉自序》，收入《文心雕龙研究》，北京：人民文学出版社，1995 年 8 月。

166.《牟世金》，国务院学位委员会办公室编：《中国社会科学家自述》，上海：上海教育出版社，1997 年 12 月。

167.《闻名海内的古典文学研究专家陆侃如》（第一作者，与龚克昌合作），江苏省政协文史资料委员会南通市政协学习、文史委员会编：《文海星光——南通文化名人》（一），《江苏文史资料》编辑部，1999 年 12 月。

168.《书斋》，国务院学位委员会办公室编著：《中国社会科学家自述》（青少年版），上海：上海教育出版社，2000 年 3 月。

169.《刘勰的生平》（与陆侃如合作），张光年：《骈体语译文心雕龙》，上海：上海书店出版社，2001 年 3 月。

170.《〈文心雕龙〉的理论体系》，《山东大学百年学术集粹・文学卷》（上），济南：山东大学出版社，2001 年 9 月。

171.《富于创新精神的古典文学专家陆侃如》，张体勤主编：《百年山大群星璀璨》，济南：山东大学出版社，2001 年 9 月。

172.《"体大思精"的理论体系》，张少康主编：《文心雕龙研究》，武汉：湖北教育出版社，2002 年 8 月。

173.《"龙学"七十年概观》（摘录），钱钢编：《一切诚念终将相遇——解读王元化》，武汉：湖北教育出版社，2003 年 4 月。

174.《备考（对本书的品评）》，王元化：《文心雕龙讲疏》，桂林：广西师范大学出版社，2004 年 11 月。

175.《刘勰》，吕慧鹃等主编：《中国古代著名文学家》，济南：山东教育出版社，2008 年 1 月。

176.《白马篇》，袁行霈主编：《历代名篇赏析集成》（魏晋南北朝隋唐五代卷，上）北京：高等教育出版社，2009 年 3 月。

177.《挚虞》，吕慧鹃、刘波、卢达编：《中国历代著名文学家评传》（第7卷），济南：山东教育出版社，2009年3月。

178.《“体大思精”的理论体系》，李建中主编：《龙学档案》（中国学术档案大系），武汉：武汉大学出版社，2012年3月。

179.《古诗中的“兴寄”》，《文史知识》编辑部编：《怎样鉴赏古诗词》，北京：中华书局，2013年8月。

180.《怎样读〈文心雕龙〉》，《中华活页文选》（教师版）2016年第12期。

二、牟世金研究论著目录

1. 江行：《究竟怎样继承文艺理论遗产——评〈文心雕龙选译〉和〈刘勰论创作〉》，《文史哲》1963年第6期。

2. 王文生：《正确对待文学理论遗产——评陆侃如、牟世金的〈文心雕龙〉研究倾向》，《文汇报》1964年1月27日。

3. 殷孟伦：《文心雕龙选译》（提要），《中国古典文学名著题解》，北京：中国青年出版社，1980年6月。

4. 王树村：《评〈文心雕龙译注〉》，《文学评论》1984年第3期。

5. 董学清：《揭开新的一页——牟世金谈〈文心雕龙〉》，《济南日报》1985年9月19日。

6. 萧华荣：《着眼于中华“全龙”的腾飞——读牟世金〈台湾文心雕龙研究鸟瞰〉》，《社会科学战线》1986年第4期，《出版工作、图书评介》（复印报刊资料）1987年第2期。

7. 李昭恂、王汝梅：《文心雕龙选译》（提要），李昭恂、王汝梅编：《文史书目手册》，长春：吉林大学出版社，1986年7月。

8. 黄新根：《“友、敌、师”——牟世金的读书诀窍》，黄新根编著：《勤学与巧读》，南宁：广西人民出版社，1987年2月。

9. 黄立振：《中国古代文艺理论资料目录汇编》（牟世金等编），黄立振编著：《800种古典文学著作介绍续编》，郑州：中州古籍出版社，1987年8月。

10. 戚良德：《怎样博览群书——牟世金教授的速成之秘》，《博览群书》1987年第9期。

11. 傅合远：《牟世金教授与古代文论研究》，《文史哲》1988年第1期。

12. 李树兰：《雕龙集》（简介），李树兰编著：《中国文学古籍博览》（上），太原：山西人民出版社，1988年3月。

13. 李树兰：《文心雕龙选译》（简介），李树兰编著：《中国文学古籍博览》（下），太原：山西人民出版社，1988年3月。

14. 李树兰：《文心雕龙译注》（下册，简介），李树兰编著：《中国文学古籍博览》（下），太原：山西人民出版社，1988年3月。

15. 李树兰：《刘勰论创作》（简介），李树兰编著：《中国文学古籍博览》（下），太原：山西人民出版社,1988年3月。

16. 李树兰:《刘勰和〈文心雕龙〉》(简介),李树兰编著:《中国文学古籍博览》(下),太原:山西人民出版社,1988年3月。

17. 马瑞芳:《他走着一条艰苦的道路——记"龙学"家牟世金》,《人民日报》1988年4月16日。

18. 傅合远、戚良德:《取精用弘,博而能一——记牟世金教授》,《古典文学知识》1988年第5期。

19. 王元化:《〈文心雕龙研究〉序》,《文学报》1988年7月,牟世金:《文心雕龙研究》,北京:人民文学出版社,1995年8月。收入王元化:《集外旧文钞》,上海:上海文艺出版社,2001年1月。

20. 陈仁德:《牟世金》,《万县地区方志通讯》1989年第4期。

21. 《牟世金的"敌、师、友"读书法》,钟雨主编:《中学生阅读方法词典》,西安:陕西师范大学出版社,1989年8月。

22. 《牟世金读书方法》,汪少林、杭丹编著:《书的知识手册》,南昌:百花洲文艺出版社,1990年2月。

23. 《牟世金》,陈荣富,洪永珊主编:《当代中国社会科学学者大辞典》,杭州:浙江大学出版社,1990年3月。

24. 《牟世金》,山东省地方史志编纂委员会编:《山东风物大全》,北京:世界知识出版社,1990年6月。

25. 《牟世金》,梁自洁主编:《山东社会科学人名辞典》,济南:山东人民出版社,1990年10月。

26. 刘堂江:《如临大敌法(牟世金)》,作者《读书百法》,北京:中国少年儿童出版社,1991年1月。

27. 赵璧清:《龙的梦——追忆"龙学"家牟世金先生》,《世纪之光》,北京:中国工人出版社,1991年4月。

28. 《牟世金》,任孚先、武鹰主编:《中外文学评论家辞典》,长春:吉林教育出版社,1991年5月。

29. 晓咏:《牟世金》,马良春、李福田主编:《中国文学大辞典》,天津:天津人民出版社,1991年10月。

30. 王佑夫:《刘勰论创作》(陆侃如、牟世金著),马良春、李福田主编:《中国文学大辞典》,天津:天津人民出版社,1991年10月。

31. 王佑夫:《雕龙集》(牟世金著),马良春、李福田主编:《中国文学大辞典》,天津:天津人民出版社,1991年10月。

32. 钟兴麒:《台湾文心雕龙研究鸟瞰》(牟世金著),马良春、李福田主编:《中国文学大辞典》,天津:天津人民出版社,1991年10月。

33. 旭初:《刘勰年谱汇考》(牟世金著),马良春、李福田主编:《中国文学大辞典》,天津:天津人民出版社,1991年10月。

34. 罗宗强等:《文心雕龙译注》(简介),罗宗强等:《古代文学理论研究概述》,天津:天津教育出版社,1991 年 12 月。

35. 罗宗强等:《台湾文心雕龙研究鸟瞰》(简介),罗宗强等:《古代文学理论研究概述》,天津:天津教育出版社,1991 年 12 月。

36. 倪志云:《牟世金》,梁自洁主编:《山东现代著名社会科学家传》(第一集),济南:山东教育出版社,1991 年 12 月。

37. 戚良德:《刘勰生平研究的集大成之作——读牟世金〈刘勰年谱汇考〉》,《文心雕龙学刊》第 6 辑,济南:齐鲁书社,1992 年 1 月。

38. 王更生:《〈雕龙后集〉序》,《文心雕龙学刊》第六辑,济南:齐鲁书社,1992 年 1 月。牟世金:《雕龙后集》,济南:山东大学出版社,1993 年 11 月。

39. 萧华荣:《不道相逢泪更多——牟世金和王更生的两岸情谊》,台湾"中央日报"1992 年 6 月 13 日"长河"版。

40.《文心雕龙选译》(陆侃如、牟世金译注),贾锦福主编:《文心雕龙辞典》,济南:济南出版社,1993 年 6 月。贾锦福主编:《文心雕龙辞典》(增订本),济南:济南出版社,2010 年 4 月。

41.《牟世金》,贾锦福主编:《文心雕龙辞典》,济南:济南出版社,1993 年 6 月。贾锦福主编:《文心雕龙辞典》(增订本),济南:济南出版社,2010 年 4 月。

42.《文心雕龙译注》(陆侃如、牟世金著),贾锦福主编:《文心雕龙辞典》,济南:济南出版社,1993 年 6 月。贾锦福主编:《文心雕龙辞典》(增订本),济南:济南出版社,2010 年 4 月。

43.《文心雕龙精选》(牟世金选译),贾锦福主编:《文心雕龙辞典》,济南:济南出版社,1993 年 6 月。贾锦福主编:《文心雕龙辞典》(增订本),济南:济南出版社,2010 年 4 月。

44.《刘勰论创作》(陆侃如、牟世金著),贾锦福主编:《文心雕龙辞典》,济南:济南出版社,1993 年 6 月。贾锦福主编:《文心雕龙辞典》(增订本),济南:济南出版社,2010 年 4 月。

45.《刘勰和文心雕龙》(陆侃如、牟世金著),贾锦福主编:《文心雕龙辞典》,济南:济南出版社,1993 年 6 月。贾锦福主编:《文心雕龙辞典》(增订本),济南:济南出版社,2010 年 4 月。

46.《雕龙集》(牟世金著),贾锦福主编:《文心雕龙辞典》,济南:济南出版社,1993 年 6 月。贾锦福主编:《文心雕龙辞典》(增订本),济南:济南出版社,2010 年 4 月。

47.《台湾文心雕龙研究鸟瞰》(牟世金著),贾锦福主编:《文心雕龙辞典》,济南:济南出版社,1993 年 6 月。贾锦福主编:《文心雕龙辞典》(增订本),济南:济南出版社,2010 年 4 月。

48.《刘勰年谱汇考》(牟世金著),贾锦福主编:《文心雕龙辞典》,济南:济南出版社,1993 年 6 月。贾锦福主编:《文心雕龙辞典》(增订本),济南:济南出版社,2010 年 4 月。

49.《文心雕龙研究》(牟世金著),贾锦福主编:《文心雕龙辞典》,济南:济南出版社,

1993年6月。贾锦福主编:《文心雕龙辞典》(增订本),济南:济南出版社,2010年4月。

50.《雕龙后集》(牟世金著),贾锦福主编:《文心雕龙辞典》,济南:济南出版社,1993年6月。贾锦福主编:《文心雕龙辞典》(增订本),济南:济南出版社,2010年4月。

51.《文心雕龙研究论文集》,贾锦福主编:《文心雕龙辞典》,济南:济南出版社,1993年6月。贾锦福主编:《文心雕龙辞典》(增订本),济南:济南出版社,2010年4月。

52. 戚良德:《牟世金传略》,牟世金:《雕龙后集》,济南:山东大学出版社,1993年11月

53. 戚良德:《〈雕龙后集〉编后记》,牟世金:《雕龙后集》,济南:山东大学出版社,1993年11月。

54. 陈端等:《〈文心雕龙〉的总论及其理论体系》(提要),陈端等编:《〈中国社会科学〉总目提要》第一辑(1980—1989),北京:中国社会科学出版社,1993年12月。

55. 陈端等:《台湾学者〈文心雕龙〉研究鸟瞰》(提要),陈端等编:《〈中国社会科学〉总目提要》第一辑(1980—1989),北京:中国社会科学出版社,1993年12月。

56. 白岚玲:《雕龙集》(牟世金)(提要),乔默主编:《中国二十世纪文学研究论著提要》,北京:北京大学出版社,1994年1月。

57. 张健:《刘勰论创作》(陆侃如、牟世金)(提要),乔默主编:《中国二十世纪文学研究论著提要》,北京:北京大学出版社,1994年1月。

58.《牟世金》,忠县志编纂委员会编:《忠县志》,成都:四川辞书出版社,1994年3月。

59.《牟世金》,异天、戈德主编:《中国当代艺术界名人录》,北京:中国国际广播出版社,1994年5月。

60. 徐尧琴:《心血浇灌"龙"学,风谊长留人间——忆牟世金教授》,中国人民政治协商会议四川省万县市委员会文史资料委员会编:《万县市文史资料》(第二辑),1994年12月。

61. 滕咸惠:《牟世金》(1928—1989),杨明照主编:《文心雕龙学综览》,上海:上海书店出版社,1995年6月。

62. 滕咸惠:《文心雕龙选译》(简介),杨明照主编:《文心雕龙学综览》,上海:上海书店出版社,1995年6月。

63. 滕咸惠:《刘勰论创作》(简介),杨明照主编:《文心雕龙学综览》,上海:上海书店出版社,1995年6月。

64. 滕咸惠:《刘勰和文心雕龙》(简介),杨明照主编:《文心雕龙学综览》,上海:上海书店出版社,1995年6月。

65. 滕咸惠:《文心雕龙译注》(简介),杨明照主编:《文心雕龙学综览》,上海:上海书店出版社,1995年6月。

66. 滕咸惠:《雕龙集》(简介),杨明照主编:《文心雕龙学综览》,上海:上海书店出版社,1995年6月。

67. 滕咸惠:《台湾文心雕龙研究鸟瞰》(简介),杨明照主编:《文心雕龙学综览》,上

海:上海书店出版社,1995 年 6 月。

68. 滕咸惠:《文心雕龙精选》(简介),杨明照主编:《文心雕龙学综览》,上海:上海书店出版社,1995 年 6 月。

69. 滕咸惠:《刘勰年谱汇考》(简介),杨明照主编:《文心雕龙学综览》,上海:上海书店出版社,1995 年 6 月。

70.《牟世金》,柏世友等主编:《中国长江三峡大辞典》,武汉:湖北少年儿童出版社,1995 年 9 月。

71.《牟世金》,四川省万县市文化局编纂:《万县地区文化艺术志》,成都:四川人民出版社,1996 年 7 月。

72. 刘跃进等:《刘勰和文心雕龙》(陆侃如、牟世金),周振甫主编:《文心雕龙辞典》,北京:中华书局,1996 年 8 月。

73. 刘跃进等:《文心雕龙译注》(陆侃如、牟世金),周振甫主编:《文心雕龙辞典》,北京:中华书局,1996 年 8 月。

74. 刘跃进等:《刘勰论创作》(修订本)(陆侃如、牟世金),周振甫主编:《文心雕龙辞典》,北京:中华书局,1996 年 8 月。

75. 刘跃进等:《雕龙集》(牟世金),周振甫主编:《文心雕龙辞典》,北京:中华书局,1996 年 8 月。

76. 刘跃进等:《台湾文心雕龙研究鸟瞰》(牟世金),周振甫主编:《文心雕龙辞典》,北京:中华书局,1996 年 8 月。

77. 刘跃进等:《刘勰年谱汇考》(牟世金),周振甫主编:《文心雕龙辞典》,北京:中华书局,1996 年 8 月。

78. 刘跃进等:《文心雕龙研究论文集》,周振甫主编:《文心雕龙辞典》,北京:中华书局,1996 年 8 月。

79.《牟世金》,武金铭等主编:《中华文化人物辞典》,北京:中国国际广播出版社,1998 年 1 月。

80.《牟世金》,史仲文、胡晓林主编:《中华文化大辞海》,北京:中国国际广播出版社,1998 年 1 月。

81. 张景义:《牟世金的“友・敌・师”读书法》,张景义编写:《名人读书方法 100 例》,太原:山西教育出版社,1999 年 1 月。

82.《牟世金》,《重庆百科全书》编纂委员会编:《重庆百科全书》,重庆:重庆出版社,1999 年 12 月。

83. 孙蓉蓉:《文心雕龙译注》(提要),赵宪章主编:《美学精论》,北京:中国青年出版社,2000 年 5 月。

84.《牟世金的敌、师、友法》,丁楠、白宇编著:《成功的学习方法与科学用脑》,北京:新华出版社,2001 年 1 月。

85. 周琴:《牟世金读书法》,周琴撰稿:《读书手册》,呼和浩特:远方出版社,2001 年 3 月。

86. 陶礼天:《牟世金〈文心雕龙研究〉评述——兼评作者毕生之〈文心〉研究著述及其贡献》,《镇江师专学报》2001 年第 2 期。

87. 张少康等:《张光年、陆侃如、牟世金、郭晋稀、周振甫等的〈文心雕龙〉译注》,张少康、汪春泓、陈允锋、陶礼天:《文心雕龙研究史》,北京:北京大学出版社,2001 年 9 月。

88. 张少康等:《陆侃如、牟世金的〈文心雕龙译注〉》,张少康、汪春泓、陈允锋、陶礼天:《文心雕龙研究史》,北京:北京大学出版社,2001 年 9 月。

89. 张少康等:《牟世金的〈文心雕龙研究〉》,张少康、汪春泓、陈允锋、陶礼天:《文心雕龙研究史》,北京:北京大学出版社,2001 年 9 月。

90. 王元化:《牟世金及其〈文心雕龙研究〉》,作者《清园文存》第 2 卷,南昌:江西教育出版社,2001 年 12 月。

91. 孔庆国:《牟世金的敌、师、友法》,孔庆国编著:《高效学习秘诀》,济南:山东教育出版社,2003 年 10 月。

92. 戚良德:《牟世金与文心雕龙学》,《山东大学报》2004 年 6 月 8 日。

93. 范伟军:《论牟世金校注〈文心雕龙〉的特点与方法》,《古籍研究》2004·卷下(总第 46 期),合肥:安徽大学出版社,2004 年 12 月。

94.《牟世金读书法》,翟文明主编:《读书手册》,北京:中央民族大学出版社,2005 年 6 月。

95. 戚良德:《牟世金与龙学》,戚良德编:《文心雕龙学分类索引》(山东大学文史哲研究院专刊),上海:上海古籍出版社,2005 年 12 月,2011 年 9 月。

96.《牟世金——如临大敌法》,钟雪风主编:《名人读书法》,呼和浩特:远方出版社,2006 年 1 月。

97. 李平、范伟军:《试论牟世金对〈文心雕龙〉理论体系的研究》,《安徽商贸职业技术学院学报》2006 年第 4 期。

98. 刘德龙等:《牟世金》,刘德龙、袁红英、崔凤祥编著:《山东当代著名学者》,济南:山东人民出版社,2006 年 12 月。

99. 朱文民:《陆侃如、牟世金及其〈文心雕龙译注〉、〈文心雕龙研究〉》,朱文民主编:《刘勰志》(齐鲁诸子名家志),济南:山东人民出版社,2009 年 4 月、2010 年 7 月。

100. 李平:《论牟世金的〈文心雕龙〉研究》,李平等:《〈文心雕龙〉研究史论》,合肥:黄山书社,2009 年 10 月。

101. 戚良德:《"龙学"里程碑——纪念牟世金先生逝世 20 周年》,《中国诗学研究》第 8 辑,合肥:安徽大学出版社,2011 年 2 月。

102. 戚良德:《"龙学"里程碑——牟世金先生与 20 世纪的〈文心雕龙〉研究》,《文史哲》,2011 年第 5 期。

103. 戚良德:《〈文心雕龙〉的功臣——牟世金先生与"龙学"》,《〈文心雕龙〉与当代文艺学》,北京:中央编译出版社,2012 年 3 月。

104. 阮亚奇:《〈"体大思精"的理论体系〉评介》,李建中主编:《龙学档案》(中国学术档案大系),武汉:武汉大学出版社,2012 年 3 月。

105. 张清河:《文心雕龙选译》(提要),李建中主编:《龙学档案》(中国学术档案大系),武汉:武汉大学出版社,2012 年 3 月。

106. 张清河:《刘勰论创作》(提要),李建中主编:《龙学档案》(中国学术档案大系),武汉:武汉大学出版社,2012 年 3 月。

107. 林国兵:《刘勰和文心雕龙》(提要),李建中主编:《龙学档案》(中国学术档案大系),武汉:武汉大学出版社,2012 年 3 月。

108. 赵坤:《文心雕龙译注》(上、下册,提要),李建中主编:《龙学档案》(中国学术档案大系),武汉:武汉大学出版社,2012 年 3 月。

109. 潘桂林:《雕龙集》(提要),李建中主编:《龙学档案》(中国学术档案大系),武汉:武汉大学出版社,2012 年 3 月。

110. 刘海:《台湾文心雕龙研究鸟瞰》(提要),李建中主编:《龙学档案》(中国学术档案大系),武汉:武汉大学出版社,2012 年 3 月。

111. 刘海:《文心雕龙精选》(提要),李建中主编:《龙学档案》(中国学术档案大系),武汉:武汉大学出版社,2012 年 3 月。

112. 胡东波:《刘勰年谱汇考》(提要),李建中主编:《龙学档案》(中国学术档案大系),武汉:武汉大学出版社,2012 年 3 月。

113. 胡东波:《文心雕龙研究论文集》(提要),李建中主编:《龙学档案》(中国学术档案大系),武汉:武汉大学出版社,2012 年 3 月。

114. 阮亚奇:《雕龙后集》(提要),李建中主编:《龙学档案》(中国学术档案大系),武汉:武汉大学出版社,2012 年 3 月。

115. 徐海涛:《文心雕龙研究》(提要),李建中主编:《龙学档案》(中国学术档案大系),武汉:武汉大学出版社,2012 年 3 月。

116. 李平:《论牟世金的〈文心雕龙〉研究》,作者《20 世纪〈文心雕龙〉研究史论》(上、下),新北:花木兰出版社,2012 年 9 月。

117. 梁金豹:《牟世金——如临大敌法》,梁金豹编著:《百位名人读书心法》,郑州:中州古籍出版社,2012 年 12 月。

118. 戚良德:《"龙学"与山大》,《山东大学报》2013 年 9 月 18 日。

119. 张少康:《纪念"〈文心雕龙〉的功臣"——牟世金的〈文心雕龙〉研究》,《文史哲》2014 年第 1 期。

120. 张少康:《纪念"〈文心雕龙〉的功臣"——谈谈牟世金的〈文心雕龙〉研究》,戚良德主编:《儒学视野中的〈文心雕龙〉》,上海:上海古籍出版社,2014 年 5 月。

121. 刘文忠:《回忆〈文心雕龙〉学会成立三十年的艰难历程》,戚良德主编:《儒学视野中的〈文心雕龙〉》,上海:上海古籍出版社,2014 年 5 月。

122. 张可礼:《忆念中国〈文心雕龙〉学会的成立》,戚良德主编:《儒学视野中的〈文心雕龙〉》,上海:上海古籍出版社,2014 年 5 月。

123. 朱文民:《"龙学"家牟世金与王更生先生比较研究》,戚良德主编:《儒学视野中的〈文心雕龙〉》,上海:上海古籍出版社,2014 年 5 月。

124. 关玉国:《牟世金"三个比喻"读书法》,作者《述作集——报刊发表文章选编》,郑州:大象出版社,2014 年 9 月。

125. 刘堂江:《牟世金:如临大敌法》,作者《读书百法》(书魅文丛),南昌:江西高校出版社,2015 年 10 月。

126.《牟世金读书法》,王余光、徐雁主编:《中国阅读大辞典》,南京:南京大学出版社,2016 年 4 月。

127. 韩湖初:《牟世金先生考证〈文心雕龙〉成书年代和刘勰生卒之年的贡献》,戚良德主编:《中国文论》第三辑,上海:上海古籍出版社,2016 年 12 月。

128. 戚良德:《〈文心雕龙〉研究的里程碑——牟世金与二十世纪的"龙学"》,《〈文心雕龙〉与中国文论》,北京:中国书籍出版社,2017 年 4 月。

129. 范伟军:《论牟世金的〈文心雕龙〉研究》,安徽师范大学硕士学位论文,2003 年 5 月。

130. 孙玮志:《牟世金〈文心雕龙研究〉辨要》,内蒙古师范大学硕士学位论文,2007 年 6 月。

131. 王云鹏:《牟世金、王更生、户田浩晓〈文心雕龙研究〉之比较》,安徽师范大学硕士学位论文,2015 年 5 月。

编 后 记

2018年3月18日，农历的二月初二，是“龙抬头”的日子。上午8点30分，纪念牟世金先生诞辰九十周年暨国家社科基金“龙学”重大项目开题研讨会在山东大学中心校区知新楼校董厅开幕。来自中国《文心雕龙》学会的各位领导和专家，以及牟世金先生生前的各位好友和故交汇聚一堂，纪念著名“龙学”家牟世金先生诞辰九十周年，并进行国家社科基金重大项目“《文心雕龙》汇释及百年‘龙学’学案”的开题报告。中国《文心雕龙》学会会长左东岭教授、山东大学原校长曾繁仁教授、山东省政协原副主席王志民教授、山东大学常务副校长王琪珑教授等，在大会开幕式上分别致辞。

开幕式之后，举行了纪念牟世金先生诞辰九十周年大会报告，报告由中国《文心雕龙》学会副会长、中国社科院外国文学研究所党委书记党圣元先生主持，中国《文心雕龙》学会副会长李建中先生担任评议人，中国《文心雕龙》学会的两位副会长陶礼天教授和李平教授，以及“龙学”专家朱文民、万奇等先生，就牟世金先生对“龙学”的贡献做了专题学术报告，高度评价了牟先生在二十世纪“龙学”史上的贡献，认为他是刘勰的知音、《文心雕龙》的功臣，具有里程碑意义。中国《文心雕龙》学会顾问、原副会长涂光社教授，著名学者张可礼教授、徐传武教授等，则深情回顾了牟先生的为人和处世风格，认为他人格皎洁、学术纯正，不愧为一代学者的风范。

这本《千古文心——牟世金先生诞辰九十周年纪念文集》，即是上述大会的主要成果汇编。明年是牟先生去世三十周年，我们也希望以这本文集表达对先生的深切怀念，因此，除了这次会议提交的论文和纪念文章以外，我们还选择了部分以往的文章，其中有师母赵璧清女士在先生去世不久写的怀念文章，也有牟先生的中学老师徐尧琴的回忆文章，还有牟先生最早的助手萧华荣教授写的怀念文章，以及牟先生另一位助手倪志云教授为先生写的传记等。另外，我还新编了两个目录：一是“牟世金论著目录”，乃目前收录较为齐全的牟先生已经发表和出版的著作和文章目录；一是“牟世金研究论著目录”，收录对牟先生进行研究和评介的著作和文章目录，这个目录可能还不够全，我会进一步搜集和完善。

请允许我向这本文集中的作者表达深深的敬意和感谢！中国《文心雕龙》学会原会长詹福瑞教授本拟出席本次会议，但因故未能前来，却始终关心会议的召开，会后还专门选出一篇重要论文，让我收入文集。中国《文心雕龙》学会原副会长林其锬教授因身体原因未能出席本次会议，但他也极为关心会议的召开，并一直准备论文，只是尚未完成，这次同意我先收入他的另一篇文章。中国《文心雕龙》学会副会长袁济喜教授也因故未能出席会议，会后专门把自己新写的一篇论文提交给我。我一向尊敬的“龙学”前辈韩湖初教授未能出席本次会议，但他对牟先生的“龙学”著作研究有日，几年前便提交给我相关论文，希望将来收入纪念牟先生的文集之中。

最后，我还要对凤凰出版社的姜小青社长表达由衷的谢意！他不仅全力支持这本文集的出版，而且表示将为我们后续“龙学”成果的出版提供支持。我对小青兄说，我特别希望这本文集能在凤凰出版社出版，这是我的一点小小的私心。“渊岳其心，麟凤其采”，本是刘勰对文人的要求和理想，“唯藻耀而高翔，固文笔之鸣凤也”，牟先生的人格和著作，正堪称文坛之凤凰。

戚良德

2018年5月6日